O Novo CPC e o Processo do Trabalho

I
Parte Geral

Bruno Freire e Silva

Advogado em São Paulo, Rio de Janeiro e Brasília.
Graduado em Direito na Universidade Federal da Bahia.
Especialista em Direito Processual do Trabalho na Fundação Faculdade de Direito da Bahia.
Mestre e Doutor em Direito Processual Civil na Pontifícia Universidade Católica de São Paulo.
Professor Adjunto de Direito Processual Civil e Direito Processual
do Trabalho na Universidade do Estado do Rio de Janeiro.
Professor do Programa de Mestrado da Universidade de Ribeirão Preto.
Membro do Instituto Brasileiro de Direito Processual.

O Novo CPC e o Processo do Trabalho

I

Parte Geral

EDITORA LTDA.
© Todos os direitos reservados

Rua Jaguaribe, 571
CEP 01224-001
São Paulo, SP — Brasil
Fone: (11) 2167-1101
www.ltr.com.br
Junho, 2015

Projeto Gráfico e Editoração Eletrônica: Peter Fritz Strotbek
Projeto de Capa: Fabio Giglio
Impressão: Paym Gráfica e Editora

Versão impressa: LTr 5338.8 – ISBN 978-85-361-8507-1
Versão digital: LTr 8750.7 – ISBN 978-85-361-8494-4

Dados Internacionais de Catalogação na Publicação (CIP)
(Câmara Brasileira do Livro, SP, Brasil)

Silva, Bruno Freire e

O novo CPC e o processo do trabalho I : parte geral / Bruno Freire e Silva. — São Paulo : LTr, 2015.

Bibliografia.

1. Direito processual do trabalho — Brasil 2. Processo civil — Legislação — Brasil I. Título.

15-05033   CDU-347.9(81)(094.4):331

Índice para catálogo sistemático:

1. Brasil : Código de processo civil e processo
do trabalho : Direito   347.9(81)(094.4):331

Dedico

Aos meus pais Haga e Dione,
que me ensinaram os valores da integridade e honestidade.

Aos meus sogros Jorge e Clara,
pela carinhosa hospitalidade no Rio de Janeiro

A tia Dida,
pela disponibilidade de sempre

A minha esposa Pati e meus filhos Pedro e Isabela,
os grandes amores de minha vida,
com um pedido de perdão pelas ausências que a vida
profissional impõe a nossa convivência familiar.

Sumário

Prólogo 11

Apresentação.. 13

Prefácio... 15

Introdução e Justificativa.. 17

O Agradecimento de um Processualista Baiano às Escolas Processuais de São Paulo e Rio de Janeiro................. 19

O Agradecimento de um Sócio a uma Família 21

LIVRO I — DAS NORMAS PROCESSUAIS CIVIS
Título Único — Das Normas Fundamentais e da Aplicação das Normas Processuais
Capítulo I — Das Normas Fundamentais do Processo Civil

Arts. 1º ao 12... 23

Capítulo II — Da Aplicação das Normas Processuais

Art. 13 ao 15... 35

LIVRO II — DA FUNÇÃO JURISDICIONAL
Título I — Da Jurisdição e da Ação

Art. 16 ao 20... 38

Título II — Dos Limites da Jurisdição Nacional e da Cooperação Internacional
Capítulo I — Dos Limites da Jurisdição Nacional

Arts. 21 ao 25... 45

Capítulo II — Da Cooperação Internacional
Seção I — Das Disposições Gerais

Arts. 26 e 27... 49

Seção II — Do Auxílio Direto

Arts. 28 ao 34... 50

Seção III — Da Carta Rogatória

Arts. 35 e 36... 52

Seção IV — Das Disposições Comuns às Seções Anteriores

Arts. 37 ao 41... 53

Título III — Da Competência Interna
Capítulo I — Da Competência
Seção I — Das Disposições Gerais

Arts. 42 ao 53... 55

Seção II — Da Modificação da Competência

Arts. 54 ao 63... 66

Seção III — Da Incompetência
Arts 64 ao 66 71

Capítulo II — Da Cooperação Nacional
Arts. 67 ao 69 74

LIVRO III — DOS SUJEITOS DO PROCESSO
Título I — Das Partes e dos Procuradores
Capítulo I — Da Capacidade Processual
Arts. 70 ao 76 76

Capítulo II — Dos Deveres das Partes e de seus Procuradores
Seção I — Dos Deveres
Arts. 77 e 78... 81

Seção II — Da Responsabilidade das Partes por Dano Processual
Arts. 79 ao 81 83

Seção III — Das Despesas, dos Honorários Advocatícios e das Multas
Arts. 82 ao 97 84

Seção IV — Da Gratuidade da Justiça
Arts 98 ao 102 93

Capítulo III — Dos Procuradores
Arts. 103 ao 107 98

Capítulo IV — Da Sucessão das Partes e dos Procuradores
Arts. 108 ao 112 101

Título II — Do Litisconsórcio
Arts. 113 ao 118 104

Título III — Da Intervenção de Terceiros
Capítulo I — Da Assistência
Seção I — Das Disposições Comuns
Arts. 119 e 120 108

Seção II — Da Assistência Simples
Arts 121 ao 123 109

Seção III — Da Assistência Litisconsorcial
Art. 124 111

Capítulo II — Da Denunciação da Lide
Arts. 125 ao 129 112

Capítulo III — Do Chamamento ao Processo
Arts. 130 ao 132 115

Capítulo IV — Do Incidente de Desconsideração da Personalidade Jurídica
Arts. 133 ao 137 117

Capítulo V — Do *Amicus Curiae*
Art. 138 120

Título IV — Do Juiz e dos Auxiliares da Justiça
Capítulo I — Dos Poderes, dos Deveres e da Responsabilidade do Juiz

Arts. 139 ao 143 121

Capítulo II — Dos impedimentos e da Suspeição

Arts 144 ao 148 125

Capítulo III — Dos Auxiliares da Justiça

Art. 149 129

Seção I — Do Escrivão, do Chefe de Secretaria e do Oficial de Justiça

Arts. 150 ao 155 129

Seção II — Do Perito

Arts. 156 ao 158 132

Seção III — Do Depositário e do Administrador

Arts 159 ao 161 133

Seção IV — Do Intérprete e do Tradutor

Arts. 162 ao 164 135

Seção V — Dos Conciliadores e Mediadores Judiciais

Arts. 165 ao 175 135

Título V — Do Ministério Público

Arts. 176 ao 181 142

Título VI — Da Advocacia Pública

Arts. 182 ao 184 146

Título VII — Da Defensoria Pública

Arts. 185 ao 187 147

LIVRO IV — DOS ATOS PROCESSUAIS
Título I — Da Forma, do Tempo e do Lugar dos Atos Processuais
Capítulo I — Da Forma dos Atos Processuais
Seção I — Dos Atos em Geral

Arts. 188 ao 192 149

Seção II — Da Prática Eletrônica de Atos Processuais

Arts. 193 ao 199 152

Seção III — Dos Atos da Parte

Arts. 200 ao 202 156

Seção IV — Dos Pronunciamentos do Juiz

Arts. 203 ao 205 157

Seção V — Dos Atos do Escrivão ou do Chefe de Secretaria

Arts. 206 ao 211 159

Capítulo II — Do Tempo e do Lugar dos Atos Processuais
Seção I — Do Tempo

Arts. 212 ao 216 161

Seção II — Do Lugar

Art. 217 163

Capítulo III — Dos Prazos
Seção I — Das Disposições Gerais
Arts. 218 ao 232 164

Seção II — Da Verificação dos Prazos e das Penalidades
Arts. 233 ao 235 172

Título II — Da Comunicação dos Atos Processuais
Capítulo I — Disposições Gerais
Arts. 236 e 237 173

Capítulo II — Da Citação
Arts. 238 ao 259 175

Capítulo III — Das Cartas
Arts. 260 ao 268 185

Capítulo IV — Das Intimações
Arts. 269 a 275 188

Título III — Das Nulidades
Arts. 276 ao 283 192

Título IV — Da Distribuição e do Registro
Arts. 284 ao 290 198

Título V — Do Valor da Causa
Arts. 291 a 293 201

LIVRO V — DA TUTELA PROVISÓRIA
Título I — Das Disposições Gerais
Arts. 294 a 299 204

Título II — Da Tutela de Urgência
Arts. 300 ao 302 208

Capítulo I — Do Procedimento da Tutela Antecipada Requerida em Caráter Antecedente
Arts. 303 e 304 210

Capítulo II — Do Procedimento da Tutela Cautelar Requerida em Caráter Antecedente
Arts. 305 ao 310 212

Título III — Da Tutela da Evidência
Art. 311 215

LIVRO VI — FORMAÇÃO, SUSPENSÃO E EXTINÇÃO DO PROCESSO
Título I — Da Formação do Processo
Art. 312 217

Título II — Da Suspensão do Processo
Arts. 313 ao 315 218

Título III — Da Extinção do Processo
Arts. 316 e 317 221

Referências Bibliográficas 223

Prólogo

Honrado com a eleição para elaborar um prólogo da mais recente obra do talentoso Professor Bruno Freire e Silva, *"O Novo Código de Processo Civil e o Processo do Trabalho — Parte Geral"*, registro que se trata de um privilégio, na medida em que me permite a especial oportunidade de participar dessa análise de "heterointegração" de normas processuais promovida por um corajoso jurista, editada com erudição e, ao mesmo tempo, proclamar a admiração e a estima por este filho *in pectore*.

O Professor Bruno Freire e Silva é um jurista em ascensão permanente, forjado na atividade acadêmica e nas lides trabalhistas. É um estudioso incansável das normas processuais de natureza civil e trabalhista, daí a edição de uma obra voltada exatamente para aplicação desses dois ramos da ciência jurídica. O Autor, na louvável iniciativa de promover esta análise das disposições do novo código de processo civil, ainda no prazo da "vacatio legis", compatibilizando-as com as normas processuais celetistas, sai na frente com elogiável cultura jurídica e didática exemplar.

O acentuado conteúdo dogmático é uma continuidade de obras anteriores do Autor, como a "Ação Rescisória — Possibilidade e Forma de Suspensão da Execução da Decisão Rescindenda (Editora Juruá) e "A Aplicação do CPC Reformado às Execuções Trabalhista e Fiscal" (LTr Editora), com profusão de referencias bibliográficas, normativas e jurisprudenciais que lhe conferem uma ratificação do seu certificado doutoral.

O jurista e o advogado se harmonizam e se identificam no decorrer dos comentários realizados, em artigo por artigo, do novo diploma processual civil e sua compatibilidade ao processo do trabalho. O primeiro cultua o processo civil, certificado com o doutoramento e o magistério. O segundo, se volta para uma militância efetiva da advocacia na área trabalhista, com a preocupação de unificar procedimentos e esclarecer a aplicação subsidiária dos institutos processuais civis na seara trabalhista. Da análise científica, pratica e erudita emergem os comentários do Autor que a sua obra "O Novo Código de Processo Civil e o Processo do Trabalho" anota.

Neste contexto, o Professor Bruno Freire promove a "heterointegração", para usar a expressão utilizada pelo Autor, do novel dispositivo estabelecido no art. 15 que, expressamente, fixa a regra sobre a aplicação do Código, na ausência de norma, ao processo do trabalho, corroborando a previsão existente no art. 769 da CLT, para concluir que "o sistema adotado pelo legislador brasileiro de aplicação do processo comum ao processo do trabalho é misto ou eclético", a justificar a relevância dessa obra para os advogados e magistrados com atuação, especialmente, no judiciário trabalhista.

A análise realizada destaca que, "não basta a omissão da CLT para que se aplique o Código de Processo Civil." O instituto a ser acionado há de ser compatível com o processo do Trabalho, a exemplo do que ocorre com o foro de eleição para a fixação da competência territorial, em face da observância da hipossuficiência econômica do Autor da ação, em regra, o empregado.

É relevante observar que o Autor, aliando a sua condição de Professor, busca elucidar as controvérsias de forma didática, trazendo a lume fonte jurisprudencial, com a transcrição de julgados oriundos dos Tribunais Regionais do Trabalho e, também, de Cortes Superiores (TST e STJ), que emprestam consistência aos comentários oferecidos a cada artigo do novo Código em cotejo concomitante com as disposições da CLT. Promovida esta análise, as conclusões são apresentadas a deixar o leitor certo da posição assumida nos comentários realizados, como o se poderá constatar em o conteúdo da obra.

São inúmeras as alterações e inovações introduzidas pelo novo Código, que irão afetar muitos atos processuais trabalhistas e, principalmente, aqueles que mais afligem os advogados: os prazos. Sobre estes, o autor promove uma análise elucidativa a respeito da substancial modificação instituída na sua contagem, com a exclusão dos dias de sábado, domingos e feriados e esclarece, de modo claro e professoral, que o antigo CPC, no art. 178, dispõe que "iniciada a contagem de um prazo na quinta feira, seriam computados os dias de sábado, domingo e feriado, se houvesse", e que a sobredita regra sofreu modificação substancial ao excluir do computo dos prazos os dias não úteis, de sábado domingos e feriados: "É uma inovação consistente".

Mas, com a mesma clareza e firmeza, leciona o Autor que "infelizmente para os advogados militantes no foro trabalhista esta regra não é aplicável ao processo do trabalho" e aponta as razões jurídicas, sinalizando para a ausência de omissão da CLT, que tem tratamento específico como se vê do Capitulo II — Seção I — DOS ATOS, TERMOS E PRAZOS PROCESSUAIS em que a disposição estabelecida no art. 775 é da continuidade de sua contagem, sem a interrupção desejada pelos advogados e implantada pelo novo CPC.

É digno de destaque no minucioso estudo e, consequente, comentário sobre o avanço do novo código relativo às intimações, disciplinado no § 2º, do art. 271, com a faculdade deste ato processual ser efetivado na pessoa da sociedade de advogados, desde que assim requerido, com aplicação no processo do trabalho.

Por fim, poderia e deveria sublinhar uma série de outros pontos que a obra traz ao debate nesses comentários precisos, ilustrativos e didáticos, mas posso concluir que a iniciativa do autor em sair na dianteira, permitirá que, com o estudo do seu incisivo e elucidativo texto, encontraremos alternativas cientificas, doutrinárias e jurisprudenciais para tudo que pesquisarmos em busca de soluções pragmáticas para o dia a dia forense e, principalmente, para as respostas às questões processuais que tanto nos afligem na análise dos processos.

Roberto Pessoa
Desembargador aposentado. Ex-Presidente do Tribunal
Regional do Trabalho da 5ª Região. Ex-Ministro convocado
do Tribunal Superior do Trabalho. Advogado sócio da
Sociedade Abdala Castilho e Fernandes Advogados Associados.

Apresentação

Fiquei muito honrado com o convite do Prof. Bruno Freire para fazer a apresentação do seu novo livro "O Novo Código de Processo Civil e o Processo do Trabalho — Parte Geral".

Trata-se de uma obra da maior importância para aqueles que lidam com direito processual em geral, especialmente com o processo do trabalho.

O trabalho, que é inédito e pioneiro, comenta os artigos do novo Código de Processo Civil com os olhos voltados para a Justiça do Trabalho, buscando uma heterointegração das normas destes dois diplomas legais.

O autor supre as deficiências do processo do trabalho trazendo luzes para a aplicação supletiva e subsidiária do novo Código, constituindo-se numa importante contribuição cientifica e prática para todos aqueles que lidam com as lides trabalhistas.

O novo Código de Processo Civil trouxe importantíssimas inovações que deverão ser aplicadas ao direito processual do trabalho, destacando-se dentre outras:

- a concentração da defesa, inclusive as exceções, como a de incompetência, na contestação (art. 336);
- as férias previstas para os advogados (art. 220);
- a questão prejudicial suscitada, que passa a ser coberta pela coisa julgada (art. 503, § 1º);
- o prequestionamento na própria petição de embargos (art. 1.025);
- a possibilidade de inversão do ônus da prova (art. 373, § 1º);
- a tutela da evidência (art. 311);
- a ação monitória (art. 700 a 702);
- a possibilidade da intervenção do *amicus curiae* (art. 138);
- a desconsideração da personalidade jurídica.

A metodologia básica utilizada pelo autor partiu das interpretações já existentes nos Tribunais do Trabalho em relação ao Código de 1973, além dos enunciados e sumulas oriundos dos mesmos.

É certo que o novo Código de Processo Civil trará uma influência muito mais intensa e forte na justiça trabalhista, na medida em que o novo diploma determina não somente uma aplicação subsidiária, mas também supletiva, pelo que os novos instrumentos e mecanismos previstos no novo CPC deverão ser obrigatoriamente aplicados na justiça trabalhista.

Parabenizo o Prof. Bruno Freire com a certeza do sucesso do seu livro.

Paulo Cezar Pinheiro Carneiro
Professor Titular de Teoria Geral do Processo
da Universidade do Estado do Rio de Janeiro.

Prefácio

A tarefa de determinar como normas *gerais* se aplicam de forma subsidiária a situações reguladas por normas *especiais* nem sempre é fácil: nem sempre basta recorrer à máxima de que o *especial* derroga o *geral*. Também não basta invocar a ausência de uma norma específica na lei especial para autorizar a aplicação supletiva da norma geral: em determinados casos, é a ausência da regra geral que confirma a especialidade; que, portanto, deve ser considerada não a partir de regras isoladas, mas vistas em seu conjunto. A especialidade, portanto, não é apenas desta ou daquela norma, mas de um dado sistema, visto como tal.

Como tenho dito quando chamado a debater o assunto, é preciso evitar dois erros: de um lado, não se deve desvirtuar o escopo da norma especial e o sistema no qual ela se insere, a pretexto de aplicar uma regra geral; de outro lado, não é correto deixar de aplicar a norma geral de forma subsidiária por se confundir especialidade com casuísmo ou até arbitrariedade do aplicador da lei.

No caso do processo do trabalho, a especificidade do direito material — como sói acontecer em outras searas — dita o modo de ser do processo. Seus institutos são permeados pelos valores tutelados no plano substancial, de sorte a permitir que o processo cumpra sua função instrumental, de atuar o direito objetivo em concreto; de pacificar mediante a superação da controvérsia; e de reafirmar o poder estatal — dentre outros objetivos. Assim, o reconhecimento da vulnerabilidade de um dos protagonistas tem desdobramentos importantes sobre o princípio da demanda, em matéria de ônus da prova e na disciplina das regras que regulam o cumprimento de sentença, dentre vários outros.

Mas, também é preciso reconhecer que o processo, independentemente do direito material que busque atuar, é instrumento de exercício do poder. Portanto, seja o processo trabalhista, eleitoral, militar ou qualquer outro, ele está sujeito a regras que limitam a atuação estatal, dando-lhe contornos de legalidade e, principalmente, conferindo-lhe legitimidade ao respectivo resultado prático, pela estrita observância do devido processo legal.

Todas essas dificuldades foram bem detectadas por Bruno Freire e Silva, nesta obra que tenho a honra de prefaciar. O autor — acadêmico dedicado, mas também advogado experiente — bem identificou o risco acima mencionado, de soluções que, a pretexto de se fundarem na independência do magistrado e na especial tutela do trabalhador, podem enveredar para o arbítrio; e, principalmente, para a falta de uniformidade. Daí sua percepção de que, no seio de uma mesma Justiça, diferentes Códigos de Processo Civil acabam, de forma distorcida, sendo aplicados.

Apresentada sob a forma de comentários aos dispositivos legais, esta obra oferece ao leitor o resultado de reflexões que o autor tem feito sobre o tema desde sua tese de doutorado. Há aí, portanto, anos de amadurecimento. Na obra há diálogo proveitoso com a doutrina, aí incluídas as conclusões resultantes de debates mantidos em periódicas reuniões de processualistas; e especialmente com a jurisprudência, que é analisada como um dado relevante, porém não absoluto — justamente agora, diante do advento da nova lei. Portanto, é inevitável aqui o emprego do clichê: trata-se de trabalho com perfil acadêmico, mas com o objetivo aberto e a verdadeira aptidão de auxiliar os profissionais do direito em sua experiência concreta.

Com honestidade intelectual, o autor reconhece que a agilidade necessária para rápida divulgação do conteúdo da obra pode ensejar juízos sujeitos a sua oportuna revisão. Mas, a opção foi consciente e ela tem seu lado positivo: é preciso que a boa doutrina seja acessível aos tribunais no momento em que se forma a interpretação sobre a nova legislação. Alvitra-se que isso efetivamente ocorra e que também as Cortes estejam abertas aos subsídios que lhes podem fornecer os acadêmicos.

Espera-se também que outras obras nos proporcione o autor, que tivemos a felicidade de acolher na nossa Faculdade de Direito da Universidade de São Paulo, inicialmente pela feliz sensibilidade do Professor Paulo Lucon. A partir daí, foram relevantes e inúmeras as contribuições que nos proporcionou Bruno Freire E Silva, cuja carreira acadêmica segue agora — e com méritos próprios — junto à Universidade do Estado do Rio de Janeiro — UERJ. Que ela seja longa e proveitosa.

Flávio Luiz Yarshell
Professor Titular de Direito Processual Civil da
Faculdade de Direito da Universidade de São Paulo.

Introdução e Justificativa

Desde que comecei a estudar o Direito Processual Civil e a atuar como advogado na Justiça do Trabalho, a aplicação subsidiária do processo comum ao processo do trabalho sempre despertou o meu interesse, seja pela ausência de estudos sobre o tema, seja pela insegurança jurídica que essa heterointegração de normas enseja nos operadores do direito do trabalho. Não há uma uniformidade nessa supletividade normativa.

Essa falta de uniformidade foi corroborada na pesquisa de campo que fiz quando de meu doutoramento, onde pude constatar que cada juiz, em primeira instância ou Tribunal, aplica o Código de Processo Civil de forma diferente. Na tese que desenvolvi sobre a aplicação das Reformas do CPC na execução trabalhista e fiscal acabei por propor uma unificação de tratamento no procedimento executivo, mas a minha maior contribuição científica foi a análise da subsidiariedade das normas do CPC ao processo do trabalho.

Com a elaboração de um Novo Código de Processo Civil, recentemente sancionado, essa inquietação voltou a tirar o meu sono e resolvi elaborar um comentário do Código com os olhos voltados para a Justiça do Trabalho, elaborado por alguém que cultua o processo civil, milita na área trabalhista e busca a correta interpretação dos novos institutos no tocante a sua aplicação subsidiária ao processo do trabalho.

Para conseguir desempenhar tal mister, examinei as matérias em conjunto com a Consolidação das Leis do Trabalho, buscando a correta aplicação do novo diploma nas omissões da lei processual trabalhista, bem como a compatibilidade com esta. Nas posições que assumi, também busquei me guiar pela interpretação já realizada pelos Tribunais Regionais do Trabalho e Tribunal Superior do Trabalho em relação ao Código de Processo Civil de 1973, além dos enunciados e súmulas produzidas por este tribunal superior. Também recorri aos enunciados produzidos pelo Fórum Permanente de Processualistas Civis, pois participei dos eventos de Salvador, Rio de Janeiro e Vitória. Dividi o trabalho em quatro etapas e comentei artigo por artigo, de acordo com os livros do Código: Parte Geral, Processo de Conhecimento e Cumprimento de Sentença, Execução e Recursos.

Logicamente, como se trata de uma obra pioneira no tema, que analisa um Código ainda no prazo de *"vacacio legis"* e sua aplicação a um procedimento especial, certamente poderão ocorrer erros de interpretação nessa heterointegração de normas. Mas, tive a coragem de me posicionar e espero poder aperfeiçoar o trabalho com as críticas que surgirão da comunidade jurídica.

O Agradecimento de um Processualista Baiano às Escolas Processuais de São Paulo e Rio de Janeiro

No ano de 1998 me formei em Direito na Universidade Federal da Bahia. Naquela faculdade minha geração foi influenciada por um grande processualista, o saudoso Professor Calmon de Passos.

No ano de 2000, após finalizar a especialização em Direito processual naquela faculdade, fiz uma grande mudança na minha vida, radicando-me em São Paulo para fazer o Mestrado e Doutorado na Pontifícia Universidade Católica de São Paulo. Esse período que durou até 2008 foi inesquecível. Por conta dele, desisti do sonho de voltar para a Bahia. Na PUC-SP fiz grandes amigos como Fabiano Carvalho, Rodrigo Mazzei, Rodrigo Barioni, Leonardo Ferres, Olavo de Oliveira Neto, José Roberto Neves Amorim, Rogério Licastro, todos eminentes processualistas, além de Ivani Bramante, estudiosa do Direito do Trabalho. E fui muito influenciado na minha formação pelo meu orientador e amigo, o Professor João Batista Lopes, e pelos demais Professores que tive a felicidade de conviver, como Arruda Alvim, Teresa Arruda Alvim Wambier, Thereza Arruda Alvim, Sérgio Seiji Shimura, Cassio Scarpinella Bueno, Renato Rua e Pedro Paulo Manus. Esse período foi marcante na minha vida e formação acadêmica.

Em 2009, por indicação de meu ex-sócio, o Professor Paulo Lucon, por quem tenho uma imensa gratidão pela valiosa oportunidade, comecei a trabalhar como colaborador voluntário na Faculdade de Direito do Largo São Francisco. Esse trabalho voluntário durou quatro anos e o aprendizado que obtive foi fundamental na minha formação de processualista. Na Universidade de São Paulo também fiz grandes amigos como Heitor Sica, Fábio Tabosa, Helena Abdo, Marcelo Bonício, Ricardo Barros Leonel, Oreste Laspro, Guilherme, Daniel Penteado, Fábio Peixinho, entre outros. No último ano em que trabalhei como colaborador voluntário na São Francisco, por indicação dos amigos Heitor e Ricardo, tive a honra e oportunidade de trabalhar na disciplina "Objeto Litigioso do Processo", ministrada por eles e pelos Professores Titulares José Rogério Cruz e Tucci, atual diretor da faculdade e José Roberto dos Santos Bedaque, que me examinou, junto com o Professor Dinarmarco, no concurso de ingresso na Universidade do Estado do Rio de Janeiro. A minha amizade e gratidão a esses Professores é eterna e a influência dessa escola no meu pensamento é marcante.

Não poderia deixar de registrar que foi nessa escola, num dos momentos mais difíceis de minha vida, que fui acolhido por outro Professor Titular dessa Instituição, que tenho hoje como meu grande mestre e mentor. O Professor Flávio Yarshell, tendo participado de minhas bancas de Doutorado na PUC-SP e Professor Adjunto na UERJ, me acolheu entre seus discípulos no Largo São Francisco. Trabalhei com ele, tanto na graduação como na pós-graduação. Durante quatro anos, além de coordenar junto com os demais colaboradores voluntários os seminários na graduação e pós-graduação, tive a valiosa oportunidade de assistir, nas matérias que trabalhei, todas as aulas ministradas na Faculdade pelo Professor Flávio. Tenho profunda admiração e gratidão por todo aprendizado que tive e atenção que ele sempre me dispensou, tanto na vida acadêmica, como na minha vida pessoal.

No ano 2013 fui aprovado no concurso para Professor Adjunto de Teoria Geral do Processo na UERJ-Universidade do Estado do Rio de Janeiro, em banca presidida pelo Professor Leonardo Greco, que infelizmente se aposentou no ano seguinte. Tomei posse em março de 2014, lecionando direito processual civil e direito processual do trabalho. Estou encantado com a UERJ e a escola processual formada pelo Professor Barbosa Moreira. Já me sinto em casa em tão pouco tempo, pois fui muito bem acolhido no Departamento de Direito Processual, cujos Professores Titulares são Luiz Fux e Paulo Cezar Pinheiro Carneiro. Este último, como chefe do departamento, sempre me motivou, me ajudou e continua a ajudar. Ele exerce uma liderança marcante na faculdade. Não poderia deixar de registrar a ajuda que também recebi dos Professores e amigos Antonio do Passos Cabral e Humberto Dalla, aquele sempre me apoiando desde o concurso e este último, como sub-chefe do departamento, sempre atendendo qualquer solicitação minha, sempre com uma grande paciência. Nessa escola também surgiu a oportunidade de conviver com outro Professor que sempre admirei, Aluísio de Castro Mendes, que tem me proporcionado muitas oportunidades no Rio de Janeiro. Além deles, fui muito bem recebido por Carolina Tupinambá, Nelson Luiz Pinto, Flávio Galdino, Marco Antonio, Leonardo

Shenk, Flávia Hill e, às sextas-feiras, pela manhã, tenho a valiosa oportunidade de, no intervalo das aulas, tomar um café na sala dos Professores ouvindo o Professor Titular de Direito Constitucional Luiz Roberto Barroso, por quem sempre tive grande admiração.

O meu agradecimento final é para os alunos da UERJ, que efetivamente me conquistaram. Tenho medo de viajar de avião e odeio aeroporto, mas todas as quintas-feiras, quando estou na ponte aérea minha felicidade aumenta. A despeito das turbulências aéreas que enfrento, quando entro em sala de aula o prazer é imenso e me realizo completamente. Com certeza eles perceberam isso, pois, ainda em estágio probatório, fui indicado como paraninfo de minha primeira turma, maior reconhecimento que tive no magistério. Não posso deixar de registrar, outrossim, que esse livro não seria possível sem a contribuição importantíssima de duas alunas: Sofia Temer, aluna do Mestrado, e Michelle da Costa, aluna e monitora na graduação. Ambas foram imprescindíveis na elaboração do livro e, com certeza, vejo um futuro promissor a Sofia no processo civil e Michelle no processo do trabalho.

O Agradecimento de um Sócio a uma Família

No final de 2011, junto com Valton Pessoa, fundamos o Pessoa & Freire Sociedade de Advogados. Éramos apenas nós dois. Após quase quatro anos da fundação, já somos mais de 20 pessoas, entre advogados, estagiários e funcionários. Gostaria de aproveitar esse momento para agradecê-los.

O primeiro agradecimento é ao meu sócio Valton Pessoa, grande amigo, Professor Universitário e exímio advogado, que figura sempre nas pesquisas como um dos mais admirados do Brasil. Com ele ganhei não apenas um sócio, mas uma família, liderada por seu pai Roberto Pessoa, que me trata como "filho in pectore". Nos inspiramos nos valores cultivados por ele, do trabalho, da família e da conduta ilibada. Homem culto, que presidiu o Tribunal Regional do Trabalho da 5ª Região e trabalhou como Ministro convocado no Tribunal Superior do Trabalho. Sempre foi um exemplo de honestidade, caráter e equilíbrio. Influenciou bastante minha geração de advogados. Além do irmão e pai, também ganhei uma irmã, Beta, que cuida da área administrativa e financeira do escritório. Como irmãos, brigamos muito, mas o carinho é enorme, tanto por ela, como pelos demais irmãos Roberto e André.

Não poderia deixar de agradecer a toda equipe do Pessoa & Freire Advogados. A Lilian, Felipe, Daniel, Tamires, Juliana Leony, Mirella, Juliana Luz, Renata, Cecília, Fabiana, Viktor, Camila, Michelle, Marcelo e Suellen. Às minhas secretárias Márcia e Cláudia, a Lorena, Daiane, Rafaela e Plínio.

Livro I — Das Normas Processuais Civis

TÍTULO ÚNICO
DAS NORMAS FUNDAMENTAIS E DA APLICAÇÃO DAS NORMAS PROCESSUAIS

CAPÍTULO I
DAS NORMAS FUNDAMENTAIS DO PROCESSO CIVIL

Artigo 1º

O processo civil será ordenado, disciplinado e interpretado conforme os valores e as normas fundamentais estabelecidos na Constituição da República Federativa do Brasil, observando-se as disposições deste Código.

(Sem correspondente no CPC revogado)

O novo Código de Processo Civil se inicia com a consolidação de uma tendência do processo contemporâneo, consistente na chamada Constitucionalização do Processo. O direito processual do trabalho, como ramo do direito processual, também é influenciado por esse novo método de estudo da ciência processual.

Mas, diante de tal contexto, em que consiste efetivamente a chamada constitucionalização do processo, que agora é consolidada no texto do novo Código de Processo Civil?

Trata-se de uma tendência de dar *status* constitucional a algumas garantias que o jurisdicionado deve ter numa demanda judicial, como o direito de petição, o devido processo legal, a ampla defesa com os recursos a ela inerentes, e agora, a mais recente, dentro desse contexto de busca da efetividade, a garantia de um prazo razoável de duração do processo, introduzido na Carta Magna pela Reforma do Judiciário (Emenda Constitucional n. 45/2004).

Agora, com a redação do novo Código de Processo Civil, tais garantias estão positivadas não somente no texto da Constituição Federal, mas no próprio texto da lei ordinária. A grande inovação, portanto, observa-se pela introdução de um Título específico para disciplinar e positivar as normas fundamentais do processo, justamente nos arts. 1º a 12.

Ada Pellegrini Grinover analisa essa tendência da constitucionalização do processo sob o prisma da hierarquia e importância da Constituição no ordenamento jurídico, com a consequente busca de uma fundamentação das linhas principais do direito processual nesse diploma:

> Todo o direito processual tem suas linhas fundamentais traçadas pelo direito constitucional, que fixa a estrutura dos órgãos jurisdicionais, que garante a distribuição da justiça e a declaração do direito objetivo, que estabelece alguns princípios processuais. Todo o direito processual, que disciplina o exercício de uma das funções fundamentais do Estado, além de ter pressupostos constitucionais — como os demais ramos do direito — é fundamentalmente determinado pela Constituição, em muitos de seus aspectos e institutos característicos.[1]

Em suma, a tendência de constitucionalização do processo, com o fim de assegurar aos litigantes uma demanda justa e segura, de modo a alcançar um processo efetivo e de resultados, agora tem os seus princípios inseridos não apenas na Constituição Federal, mas no corpo do próprio Código de Processo Civil, como norte para a interpretação deste e com aplicação ao processo do trabalho, naquilo que for compatível com esse procedimento especial.

Artigo 2º

O processo começa por iniciativa da parte e se desenvolve por impulso oficial, salvo as exceções previstas em lei.

(Arts. 2º e 262 do CPC revogado)

O art. 2º do Novo Código de Processo Civil tem correspondência com art. 2º do antigo Código, que estabelecia que "Nenhum juiz prestará a tutela jurisdicional senão quando a parte ou o interessado a requerer, nos casos e forma legais".

Ambos tratam do princípio da inércia ou princípio da demanda, no sentido de que o juiz não pode atuar de ofício para iniciar um processo, mas apenas quando a parte postular a tutela jurisdicional. A autonomia individual, portanto, é fortalecida, especialmente no que se refere à provocação da atuação jurisdicional por meio do direito de ação.

Cintra, Grinover e Dinamarco lecionam que: "chama-se poder dispositivo a liberdade que as pessoas têm de exercer ou não seus direitos. Em direito processual tal poder é configurado pela possibilidade de apresentar ou não sua pretensão em juízo, bem como de apresentá-la da maneira que melhor lhe aprouver e renunciar a ela (desistir da ação) ou a certas posições processuais. Trata-se do princípio da disponibilidade processual"[2].

Embora se aplique como regra o princípio da demanda, ou princípio dispositivo, o que também é extensível ao processo do trabalho[3], o dispositivo legal, no que tange à iniciativa

---

(1) GRINOVER, Ada Pellegrini. *Os Princípios Constitucionais e o Código de Processo Civil*. São Paulo: José Bushatsky Editor, 1975. p. 4-5.

(2) CINTRA, Antonio Carlos de Araújo; GRINOVER, Ada Pellegrini; DINAMARCO, Candido Rangel. *Teoria Geral do Processo*. 28. ed. São Paulo: Malheiros, 2012. p. 69.

(3) EXTINÇÃO DO FEITO SEM RESOLUÇÃO DO MÉRITO. ABANDONO DA CAUSA. O processo trabalhista prima pela informalidade, celeridade e impulso oficial, tendo sempre em mira a condição de hipossuficiente do trabalhador

para propor a demanda, ressalva exceções legais em que será possível a atuação *ex officio*.

No processo do trabalho, há duas exceções previstas na lei: a) a instauração de dissídio coletivo e b) a execução trabalhista.

No capítulo IV da Consolidação das Leis do Trabalho, que trata dos Dissídios Coletivos dentro do Título X (Do Processo Judiciário do Trabalho), o art. 856 estabelece que "A instância será instaurada mediante representação escrita ao Presidente do Tribunal. Poderá ser também instaurada por iniciativa do presidente, ou, ainda, a requerimento da Procuradoria da Justiça do Trabalho, sempre que ocorrer suspensão do trabalho".

Apesar da previsão legal, grande parcela da doutrina laboral sustenta a não recepção do dispositivo pela Constituição Federal, tendo em vista o art. 8º, I, da Carta Magna, que veda interferência do Estado na organização sindical, além da Emenda Constitucional n. 45/2004, que ao inserir o § 3º no art. 114, não contemplou a possibilidade de o presidente do tribunal instaurar o dissídio no caso de greve de serviço essencial.

Já o art. 878 do diploma processual trabalhista, no capítulo V que trata "DA EXECUÇÃO", dispõe que "a execução poderá ser promovida por qualquer interessado, ou *ex oficio*, pelo próprio juiz ou presidente ou tribunal competente, nos termos do artigo anterior."

Por outro lado, o mesmo dispositivo legal dispõe que, uma vez proposta a demanda, o processo se desenvolverá por impulso oficial, revelando também o caráter publicista do processo.

Sobre a questão, Humberto Dalla B. de Pinho aponta que "enquanto o processo só pode ser instaurado pela iniciativa das partes — uma vez que, pelo princípio da inércia da jurisdição, o juiz não age de ofício, mas apenas quando provocado —, instaurada a relação jurídica processual, o magistrado não pode paralisá-la, cabendo-lhe zelar pelo andamento contínuo do processo"[4], o que também encontra aplicação no processo do trabalho.

Artigo 3º

Não se excluirá da apreciação jurisdicional ameaça ou lesão a direito.

§ 1º É permitida a arbitragem, na forma da lei.

§ 2º O Estado promoverá, sempre que possível, a solução consensual dos conflitos.

§ 3º A conciliação, a mediação e outros métodos de solução consensual de conflitos deverão ser estimulados por juízes, advogados, defensores públicos e membros do Ministério Público, inclusive no curso do processo judicial.

(Sem correspondente no CPC revogado)

O art. 3º do Novo Código de Processo Civil consiste na positivação no Novo CPC do princípio da inafastabilidade do controle jurisdicional, consignado no art. 5º, inc. LV, da Constituição Federal: "a lei não excluirá da apreciação do Poder Judiciário lesão ou ameaça a direito". Trata-se de consequência do que a doutrina chama de constitucionalização do processo.

Ao lado da resolução de conflitos pela jurisdição estatal, o novo Código amplia o âmbito do acesso à justiça, consagrando expressamente no texto legal meios alternativos de resolução de conflitos. O parágrafo primeiro trata da arbitragem e os parágrafos segundo e terceiro dispõem sobre a solução consensual, notadamente por meio da mediação e da conciliação.

Os conceitos podem gerar certa confusão. Por meio de uma negociação as partes envolvidas num litígio buscam diretamente e sem interveniência de uma terceira pessoa chegar a uma solução consensual. Frustrada essa tentativa, pode-se passar à mediação, por meio da qual se insere a figura de um terceiro, que irá atuar junto às partes litigantes para conseguir obter a pacificação do conflito. Fala-se em modalidade passiva, quando o mediador apenas escuta as versões, tenta apaziguar as partes, mas não introduz o seu ponto de vista. E, modalidade ativa, quando o mediador interage com as partes e apresenta propostas para solução do conflito. No direito brasileiro esse último modelo recebe o nome de conciliação e está ligado ao Poder Judiciário. E, por fim, na arbitragem, um terceiro, que não pertence ao Poder Judiciário, na hipótese de as partes não conciliarem, profere uma decisão para solução da controvérsia, que deverá ser respeitada pelas partes.

Acerca desta tendência do direito processual de busca de alternativas para solução dos conflitos, agora adotada no novo CPC, Cintra, Grinover e Dinamarco lecionam que "alarga-se o conceito de acesso à justiça, compreendendo os meios alternativos, que se inserem em um amplo quadro de política judicial".[5] Vejamos cada um deles e sua aplicação ao processo do trabalho.

A arbitragem pode ser definida como "um meio essencialmente privado e efetivo, escolhido pelas partes com o objetivo de obter um provimento resolutivo final e vinculante para uma dada disputa, sem a necessidade de se recorrer à Corte Estatal".[6]

---

e o caráter alimentar do direito vindicado. Assim, a demanda trabalhista começa por iniciativa das partes, mas se desenvolve por impulso oficial, não encontrando lugar, portanto, a extinção do feito sem resolução do mérito pela ausência de comunicação, pelo autor, de trânsito em julgado de ação diversa, mas conexa a esta. Retorno dos autos à origem que se impõe. (TRT-4 – RO: 0000609-31.2011.5.04.0011 RS, relator: Marcos Fagundes Salomão, Data de Julgamento: 21.8.2013, 11ª Vara do Trabalho de Porto Alegre)

(4) PINHO, Humberto Dalla Bernardina de. *Direito Processual Civil Contemporâneo*. vol. 1. 4 ed. São Paulo: Saraiva, 2012. p. 71.

(5) CHAVES, Luciano Athayde. Curso de Processo do Trabalho. São Paulo: LTr, 2012. p. 44.

(6) REDFERN, Alan; HUNTER, Martin. *Internacional Arbitration*. Fifth Edition. Oxford; New York: Oxford University Press, 2009. P. 2.

No Brasil, a arbitragem é regulada pela Lei n. 9.307/96 e diante de anterior polêmica quanto à natureza do instituto, o Fórum Permanente de Processualistas Civis editou enunciados que apontam para o seu caráter jurisdicional[7], diante da desnecessidade de posterior validação da decisão arbitral ou homologação estatal.

Não obstante a opção legislativa do Novo Código de Processo Civil, que consolida no processo comum a arbitragem como meio alternativo de solução de conflitos, o tema ainda gera bastante polêmica no processo do trabalho.

A jurisprudência trabalhista majoritária, na verdade quase unânime, não admite a arbitragem como solução alternativa para solução de lides na seara das relações trabalhistas[8].

Luciano Athayde Chaves ressalva que:

> É de se considerar que a legislação trabalhista tem viés protetor em relação ao trabalhador, em razão de suas vulnerabilidades (técnica, econômica e social), o que implica a necessária intervenção do Estado ou de entidade delegada para a realização de atos relacionados com o contrato de trabalho.[9]

E, assim, conclui:

> Parece-me, contudo, que a vedação à arbitragem — salvo situações excepcionais, em que ausentes as vulnerabilidades que, de ordinário, tocam ao sujeito ativo do contrato de trabalho, com ou sem subordinação — é medida que melhor se ajusta ao nosso sistema social e jurídico.[10]

Na verdade, quanto a esse tema, é necessário perquirir se o crédito trabalhista é passível de ser objeto de transação ou não. A mera alegação de que se trata de direito indisponível não nos parece a melhor solução.

A questão merece maior reflexão, uma vez que após a extinção da relação de trabalho, desde que haja controvérsia quanto às parcelas objeto do litígio, não vislumbramos impedimento para utilização de tal forma de solução de conflitos judiciais, especialmente naquelas situações em que inexiste a hipossuficiência econômica.

Nesse sentido, é digno de registro que a arbitragem é plenamente aceita e aplicada nos dissídios coletivos, conforme previsão do art. 114, §§ 1º e 2º da Constituição Federal. Nesse caso, não há que se falar em hipossuficiência econômica em razão da participação dos sindicatos, conforme entendimento da jurisprudência laboral[11].

Não são todos os direitos trabalhistas que são irrenunciáveis. Há alguns que podem ser objeto de transação, como redução de jornada de trabalho e consequente redução salarial. O art. 7º, inciso VI, da Constituição Federal é clara no sentido de que "são direitos dos trabalhadores urbanos e rurais, além de outros que visem à melhoria de sua condição social: irredutibilidade do salário, salvo o disposto em convenção ou acordo coletivo".

Ora, conforme o texto expresso da Constituição Federal, desde que disposto em convenção ou acordo coletivo, é possível a redução salarial. Tal disposto visa resguardar o trabalhador para os momentos de crise financeira. Pergunta-se: é melhor perder o emprego num momento de crise econômica ou ter o salário reduzido?

Nesse contexto, ganha espaço a corrente de flexibilização das normas trabalhistas que deixam de ser intocáveis, para se adaptarem a novas realidades econômicas. Flexibilizar significa adaptar, tornar flexível. Permite-se, pois, a atenuação das formas rígidas do direito do trabalho em determinadas situações econômicas, em oposição a um direito inflexível e engessado.

Conforme ressaltam Fabíola Marques e Cláudia José Abud:

> Não equivale à desregulamentação, ou seja, à eliminação de normas do ordenamento jurídico estatal, mas sim à promoção do ajustamento da legislação trabalhista, contratual, à realidade sem atingir seus fundamentos dogmáticos nem modificar sua estrutura normativa. Em outras palavras, significa a busca de novo paradigma para o contrato individual de trabalho, sem abandonar o protecionismo clássico da legislação trabalhista cogente.[12]

É conhecido no meio jurídico o caso da Volkswagen que em vez de realizar uma dispensa em massa, optou por, com a intervenção do sindicato, reduzir a carga horária

---

(7) 1. Art. 3º; art. 42. O árbitro é dotado de jurisdição para processar e julgar a controvérsia a ele apresentada, na forma da lei. (Grupo: Arbitragem — Enunciado aprovado por aclamação)

3. Art. 16; art. 42; art. 69, § 2º O árbitro é juiz de fato e de direito e como tal exerce jurisdição sempre que investido nessa condição, nos termos da lei. (Grupo: Arbitragem – Enunciado aprovado por aclamação)

(8) AÇÃO CIVIL PÚLICA. ARBITRAGEM. DIREITO INDIVIDUAL. IMPOSSIBILIDADE. Tendo em vista o caráter de indisponibilidade e irrenunciabilidade dos direitos trabalhistas, é vedada a arbitragem nas relações individuais de trabalho. Inteligência do art. 1º da Lei n. 9.307/96. Precedentes do C. TST. Recurso ordinário a que se nega provimento. (TRT 2ª Região, Proc. RO 00712001120095020442, rel. Juiz Edilson Soares de Lima, 23.9.2011)

(9) CHAVES, Luciano Athayde. *Curso de Processo do Trabalho*. São Paulo: LTr, 2012. p. 147.

(10) *Ibidem*, p. 149.

(11) RECURSO DE REVISTA. ARBITRAGEM. DISSÍDIOS INDIVIDUAIS TRABALHISTAS. INCOMPATIBILIDADE. Nos dissídios coletivos, os sindicatos representativos de determinada classe de trabalhadores buscam a tutela de interesses gerais e abstratos de uma categoria profissional, como melhores condições de trabalho e remuneração. Os direitos discutidos são, na maior parte das vezes, disponíveis e passíveis de negociação, a exemplo da redução ou não da jornada de trabalho e de salário. Nessa hipótese, como defende a grande maioria dos doutrinadores, a arbitragem é viável, pois empregados e empregadores têm respaldo igualitário de seus sindicatos. (...) Recurso de revista conhecido e provido. (RR 13100-51.2005.5.20.0006, red. Min. José Roberto Freire Pimenta, 14.10.2011)

(12) MARQUES, Fabíola; ABUD, Cláudia José. *Direito do Trabalho*. 3. ed. São Paulo: Atlas, 2007. p. 13.

e consequente salário de seus operários, para que fossem respeitados a garantia do emprego e um de seus principais corolários, a dignidade da pessoa humana. A flexibilização, pois, é um válido caminho a seguir.

É lógico que existem inúmeras vozes desfavoráveis a ela. Algumas mais radicais, conforme o autor Luís Souto Maior[13] e outras mais moderadas, como a do Ministro do Tribunal Superior do Trabalho Mauricio Godinho Delgado[14]. De toda sorte, repetimos, trata-se de um válido caminho a seguir[15].

Nesse diapasão é a jurisprudência do Tribunal Superior do Trabalho, que admite a flexibilização, mas excepciona alguns direitos, como aqueles relativos a segurança e medicina do trabalho:

INTERVALO INTRAJORNADA. REDUÇÃO. PREVISÃO DA HORA CORRIDA EM ACORDOS COLETIVOS. A Constituição Federal de 1988 conferiu maiores poderes aos sindicatos, de modo que essas entidades podem, no interesse de seus associados e mediante negociação coletiva, restringir certos direitos assegurados aos trabalhadores a fim de obter vantagens não previstas em lei. Não obstante, tal flexibilização não autoriza a negociação coletiva que atente contra as normas referentes à segurança e saúde no trabalho. De fato, o estabelecimento do intervalo mínimo de uma hora para refeição e descanso dentro da jornada de trabalho é fruto da observação e análise de comportamento humano, e das reações de seu organismo quando exposto a várias horas de trabalho. Doutrina e jurisprudência evoluíram no sentido da necessidade desse intervalo mínimo para que o trabalhador possa não apenas ingerir alimento, mas também digeri-los de forma adequada, a fim de evitar o estresse dos órgãos que compõe o sistema digestivo, e possibilitar maior aproveitamento dos nutrientes pelo organismo, diminuindo também a fadiga decorrente de horas de trabalho. Sede um lado a Constituição prevê o reconhecimento das convenções e acordos coletivos de trabalho como direitos dos trabalhadores urbanos e rurais (art. 7º, XXVI da Constituição Federal), de outro estabelece ser a saúde um direito social a ser resguardado (art. 6º da Carta Política). Recurso de Revista não reconhecido." (TST – RR 619.959.99.7 – Rel. Min. Rider Nogueira de Brito – Publ. em 14.3.2003)

Diante de tal contexto e do Novo Código de Processo Civil que ratifica a Arbitragem como meio alternativo de resolução de conflitos e de acesso à justiça, no art. 3º ora examinado, resta consignada a nossa reflexão para que os operadores do direito processual do trabalho reflitam e repensem sobre a aplicação do instituto no processo do trabalho, como já o fez o atual presidente do Tribunal Superior do Trabalho, Antonio José de Barros Levenhagem, em julgamento de um recurso de revista:

Desse modo, não se depara, previamente, com nenhum óbice intransponível para que ex-empregado e ex-empregador possam eleger a via arbitral para solucionar conflitos trabalhistas, provenientes do extinto contrato de trabalho, desde que essa opção seja manifestada em clima de ampla liberdade, reservado o acesso ao judiciário para dirimir possível controvérsia sobre a higidez da manifestação volitiva do ex-trabalhador, na esteira do art. 5º, inc. XXXV, da Constituição. (TST – RR 144300-80.2005.5.02.0040 – 4ª Turma – julgado em 15 de dezembro de 2010)

Paralelamente à arbitragem, o dispositivo legal examinado também concretiza outras importantes inovações no que tange a métodos de resolução de conflitos, como a conciliação e a mediação. Tais institutos figuram não apenas como normas fundamentais do processo, mas estão previstos de forma esparsa em todo o Código, tanto no que se refere aos deveres do juiz, das partes e dos demais sujeitos do processo, como na criação de centros judiciários de mediação e conciliação (art. 165 e ss).

Falamos em concretização dessa tendência de busca de meios alternativos de resolução de conflitos pois o art. 331 do vigente Código de Processo Civil já havia tornado obrigatória a tentativa judicial de conciliação. E o Conselho Nacional de Justiça, por meio da Resolução n. 125, determinou que cabe ao Judiciário estabelecer política pública de tratamento adequado dos problemas jurídicos e dos conflitos de interesse...

---

(13) "É totalmente equivocado, considerar que os acordo e convenções coletivas de trabalho possam sem qualquer avaliação de conteúdo reduzir direitos trabalhistas legalmente previstos, simplesmente porque a Constituição previu o reconhecimento das convenções e acordos coletivos de trabalho (inciso XXVI, do art. 7º), redução de salário (inciso VI, art. 7º e a modificação dos parâmetros da jornada reduzida para o trabalho em turnos ininterruptos de revezamento (inciso XIV, art. 7º)". MAIOR. Luís Souto. *Negociação Coletiva do Trabalho em Tempos de Crise.* Justiça do Trabalho, v. 26, 2009, p. 27.

(14) "Entendo que existem direitos de indisponibilidade absoluta e direitos de indisponibilidade (ou disponibilidade) relativa". DELGADO, Mauricio Goldinho. *Curso de Direito do Trabalho.* São Paulo: LTr, 2002. p. 212.

(15) É a jurisprudência dos Tribunais Pátrios: "PRINCÍPIO DA ADEQUAÇÃO SETORIAL NEGOCIADA. FLEXIBILIZAÇÃO DE DIREITOS DE INSDISPONIBILIDADE RELATIVA. O princípio da adequação setorial negociada, que retrata o alcance da contraposição das normas coletivamente negociadas àquelas de cunho imperativo, emanadas do Estado, viabiliza que as normas autônomas construídas para incidirem no âmbito de certa comunidade econômico-profissional possam prevalecer sobre aquelas de origem heterônoma, desde que transacionem parcelas de indisponibilidade apenas relativa, como, e.g, as concernentes à manutenção da hora noturna em sessenta minutos, vez que não caracteriza alteração em patamar prejudicial à saúde do trabalhador e desde que não traduza simples renúncia, mas transação de direitos." (TRT/MG – 01512.2001.018.03.00.4 – Rel. Designado: Juiz Júlio Bernardo do Campo – Publ. em 7.6.2002)

"ADICIONAL DE PERICULOSIDADE. ÍNDICE INFERIOR AO LEGAL. PACTUAÇÃO EM INSTRUMENTO NORMATIVO. VALIDADE. A Constituição Federal de 1988 trouxe à ordem jurídica trabalhista brasileira maior possibilidade de flexibilização, permitindo, inclusive, a redução salarial, desde que por intermédio da negociação coletiva, como dispõe expressamente o art. 7º, em seu inciso VI. O art. 195, § 1º, da CLT, por sua vez, já permitia ao sindicato intentar reclamatória visando à apuração da condição perigosa ou insalubre em ambiente de trabalho. A conjunção dos dispositivos legais em tela e a natureza salarial do adicional de periculosidade revelam a possibilidade de a empresa e o sindicato dos trabalhadores pactuarem o pagamento do referido adicional de forma parcial, considerando os parâmetros estabelecidos na transação havida. Válidos, portanto, os termos do acordo firmado em dissídio coletivo, onde restou estipulado que o percentual a ser aplicado seria 22,5%." (TRT/SP – 02531-2003-2010-02-00-4 – Rel. designada: Juíza Mércia Tomazinho – Publ. em 14.10.2008)

não somente nos processos judiciais, mas mediantes outros mecanismos de solução de conflitos, em especial dos consensuais, como a mediação e a conciliação.

É digno de registro que a conciliação é um dos princípios norteadores do processo do trabalho. O juiz do trabalho é obrigado a tentar a conciliação na abertura da audiência e antes de proferir a sentença e a decisão que a homologa é irrecorrível, salvo para a Previdência Social quanto às contribuições que lhe são devidas, como se observa respectivamente dos arts. 846, 850 e 831, parágrafo único da CLT. [16]

No dissídio coletivo a conciliação também é obrigatória, como se pode constatar do art. 764 da CLT: "os dissídios individuais ou coletivos submetidos à apreciação da Justiça do Trabalho serão sempre sujeitos à conciliação".

Nesse diapasão, podemos concluir que o Novo Código de Processo Civil, ao dispor sobre a conciliação no seu art. 3º, como meio alternativo de resolução de conflitos, está em total consonância com o processo do trabalho, que já prioriza essa forma de solução dos litígios, com sucesso, há bastante tempo.

Quanto à mediação, não podemos dizer o mesmo, pois, assim como a arbitragem, sofre grande preconceito pela grande maioria dos operadores do processo do trabalho e é rechaçada pela magistratura trabalhista para solução de conflitos individuais.

Na seara dos conflitos coletivos do trabalho, a mediação já é admitida de forma pacífica, por meio de sucessivas regulamentações legais. Em 28 de julho de 1995 foi publicado o Decreto n. 1.572 que regulamentou a mediação nas negociações coletivas, atribuindo ao Ministério do Trabalho e Emprego o exercício da atividade. Os principais critérios para participação do mediador na negociação de conflitos coletivos foram estabelecidos pela Portaria n. 817, de 20 de agosto de 1995. E o Decreto n. 5.063, de 3 de maio de 2004, definiu como competência da Secretaria de Relações do Trabalho, a promoção do planejamento, coordenação, orientação e promoção da prática de negociação coletiva, mediante arbitragem e mediação.

Ocorre que na seara dos conflitos individuais, ainda há bastante preconceito, especialmente no seio da magistratura trabalhista. Exemplo deste consiste na intervenção da Anamatra (Associação Nacional dos Magistrados Trabalhistas) no Projeto de Lei n. 7.169/14 (Nova Lei de Mediação Brasileira), que teve o condão de extrair o termo "trabalhista" do art. 41 da lei, por meio da incorporação da Emenda n. 5/2014 de autoria do Deputado Alessandro Molon, que atendeu ao argumento de que "a aplicação da mediação no âmbito das relações de trabalho é medida que afronta a essência própria do Direito do Trabalho...[17]".

O deputado Alessandro Molon apresentou ainda, recentemente, propostas de emendas aditivas ao substitutivo do PL n. 7.169 (ESB n. 8 e n. 9), com o objetivo de excluir qualquer possibilidade de realização de mediação privada ou obrigatória quando envolver direito individual do trabalho, especialmente durante a vigência do contrato de trabalho, restringindo-a a procedimentos que versarem sobre interesses difusos, coletivos e individuais homogêneos, mediados por órgãos do Ministério Público do Trabalho ou Ministério do Trabalho ou negociações coletivas por meio dos sindicatos. Como sempre, o argumento é a suposta indisponibilidade que reveste os direitos trabalhistas.

Não vemos razão para excluir de forma absoluta na solução dos conflitos trabalhistas individuais a mediação. Será que o trabalhador sempre está numa situação de hipossuficiência frente ao seu empregador, de forma a estar incapacitado de negociar os seus direitos por outros meios sem intervenção estatal, como ocorre na mediação e arbitragem? Ora, tudo que foi dito em relação a esta última, no que tange a essa possibilidade de solução alternativa do conflito e flexibilização de direitos trabalhistas repetimos aqui para a mediação.

É importante voltarmos os olhos para o Direito Comparado e o que ocorre atualmente em outros países, como exemplos positivos que possamos adotar e seguir. A experiência com a mediação nos Tribunais do Trabalho do Reino Unido, por exemplo, é muito válida. O recente *Employment tribunal claim form* está em vigor desde 29 de junho de 2013.

Conforme ressalta Michele Pedrosa Paumgartten ao comentar o novo *Employment tribunal claim form*:

> Entre as inúmeras alterações às regras procedimentais trabalhistas que ocorreram a partir de 2013, está a maior ênfase dada à mediação como meio de resolução de conflitos. Os juízes do trabalho são obrigados,

---

(16) Art. 846 da CLT: "Aberta a audiência, o juiz ou presidente proporá a conciliação".
Art. 850 da CLT: "Terminada a instrução, poderão as partes aduzir razões finais, em prazo não excedente a 10 minutos para cada uma. Em seguida, o juiz ou presidente renovará a proposta de conciliação, e não se realizando esta, será proferida a decisão."
Art. 831, parágrafo único, da CLT: "No caso de conciliação, o termo que for lavrado valerá como decisão irrecorrível, salvo para a Previdência Social quanto às contribuições que lhe forem devidas".

(17) A nota que consta do *site* da instituição diz o seguinte: "A pretensão legislativa da aplicação da mediação no âmbito das relações de trabalho é medida que afronta a essência própria do Direito do Trabalho, bem como o patamar mínimo de dignidade conferido ao trabalhador. Tal inviabilidade decorre do fato de que as normas de direito do trabalho são normas de ordem pública, assim consideradas porque estabelecem os princípios cuja manutenção se considera indispensável à organização da vida social, segundo os preceitos de direito, sendo que a ordem pública interna denota a impossibilidade de disponibilidade pela vontade privada". Extraído de: <http://www.anamatra.org.br/index.php/anamatra-na-midia/mediacao-de-conflitos-que-inclui-relacoes-trabalhistas-aguarda-parecer-n-ccj> Consulta em: 29 out. 2014.

sempre que possível e apropriado, a encorajar as partes na utilização da conciliação, da mediação judicial, extrajudicial ou outros meios que possam viabilizar a celebração de um acordo entre as partes.[18]

Merece registro nessa leitura do art. 3º do Novo Código de Processo Civil sob o viés do processo do trabalho a existência das chamadas comissões de conciliação prévia, incluídas na Consolidação das Leis do Trabalho por meio da Lei n. 9.958/2000, como exemplo de mediação trabalhista.

A despeito de o Supremo Tribunal Federal ter considerado inconstitucional o art. 625-D da CLT que submete obrigatoriamente qualquer demanda trabalhista ao crivo das Comissões de Conciliação Prévia antes da propositura da ação trabalhista e efetivamente na prática as partes não procurarem tais instituições de composição paritária entre empresas e sindicatos para solução de seus conflitos, se corretamente implantada, seria uma boa alternativa para solução das lides trabalhistas, uma vez que a homologação dos acordos pelas comissões dá quitação geral para as parcelas objeto da transação (exceto para eventuais ressalvas consignadas no termo), além de a submissão da lide à comissão ter o condão de suspender o prazo prescricional para a propositura da ação trabalhista, conforme regem os arts. 625-E e 625-G do Diploma Trabalhista. Ou seja, não obtida a composição por meio dessa espécie de mediação, a parte pode recorrer ao Poder Judiciário Trabalhista sem qualquer prejuízo processual.

As comissões de conciliação prévia, apesar de constituição distinta, têm a mesma função dos Centros Judiciários de Solução Consensual de Conflitos previstos nos arts. 165 e seguintes do Novo Código de Processo Civil, que, por meio de conciliação e mediação, também buscam uma forma alternativa e célere de solucionar os conflitos.

Enfim, a arbitragem e a mediação não afrontam a essência do direito do trabalho e devem ser incentivadas como mais uma forma de resolução de conflitos trabalhistas à disposição das partes litigantes, seja em dissídios coletivos, como já é aceito, seja em dissídios individuais, desde que acompanhado das devidas cautelas de representação.

Artigo 4º

As partes têm o direito de obter em prazo razoável a solução integral do mérito, incluída a atividade satisfativa.
(Sem correspondente no CPC revogado)

A Reforma do Judiciário (Emenda Constitucional n. 45), incluiu no inc. LXXVIII do art. 5º da Carta Magna a garantia de que "a todos, no âmbito judicial e administrativo, são assegurados a razoável duração do processo e os meios que garantam a celeridade de sua tramitação", garantia que agora é repetida no texto do Novo Código de Processo Civil.

O Código revogado continha uma previsão bastante tímida quanto à duração da tramitação dos processos judiciais, no art. 125, II, que previa como dever do juiz "velar pela rápida solução dos litígios".

A duração razoável do processo agora vem expressa na legislação infraconstitucional, na condição de norma fundamental do processo, o que orienta e ilumina toda a tramitação processual e a atuação dos sujeitos do processo.

Leonardo Greco aponta que "o direito à prestação jurisdicional em prazo razoável é uma exigência da tutela jurisdicional efetiva. A demora no julgamento cria uma instabilidade na situação jurídica das partes, incompatível com a noção de segurança jurídica exigível em toda sociedade democrática. A jurisdição deve assegurar a quem tem razão o pleno gozo do seu direito durante o máximo tempo possível"[19].

No que se refere ao novo CPC, o destaque deve ser feito também à inclusão da referência à atividade satisfativa, consistente na execução dos jugados e decisões judiciais. O referido destaque é necessário, pois a execução é o "calcanhar de aquiles" do processo. Em muitas situações o jurisdicionado é vencedor na demanda, mas não consegue receber o bem da vida e satisfazer o seu direito. Tal dispositivo está em total sintonia com o processo do trabalho, cujo um dos principais princípios norteadores é o da celeridade, tendo em vista a natureza alimentar do crédito objeto de suas lides que, assim, necessita ser provido com a maior rapidez possível. Têm extrema relevância a duração razoável do processo e a tempestiva satisfação da determinação judicial na seara trabalhista. Tal princípio encontra fértil aplicação em se tratando de execuções trabalhistas, especialmente para fundamentar a prática de atos satisfativos, como penhora de dinheiro em conta[20].

Artigo 5º

Aquele que de qualquer forma participa do processo deve comportar-se de acordo com a boa-fé.
(Art. 14, II, do CPC revogado).

---

(18) PAUMGARTTEM, A Mediação de Conflitos Trabalhistas no Brasil e a Mediação Judicial no Tribunal do Trabalho do Reino Unido. *Revista Eletrônica de Direito Processual da UERJ*, Rio de Janeiro, ano 8, vol. XIV, p. 427, jul./dez. 2014.

(19) GRECO, Leonardo. Garantias fundamentais do processo: o processo justo. *Estudos de direito processual*. Campos dos Goytacazes: Ed. Faculdade de Direito de Campos, 2005. p. 225-286.

(20) "AGRAVO DE PETIÇÃO DA PRIMEIRA EXECUTADA. PENHORA DE CRÉDITOS. LEGALIDADE. É legal a penhora de créditos da OSCIP executada, nos moldes procedidos na origem, por aplicação da disposição contida no art. 655 do CPC e da própria garantia constitucional de razoável duração do processo, pelos meios que garantam a celeridade da sua tramitação, contida no art. 5º, LXXVII, da Constituição Federal." (TRT-4 – AP: 00002348620206050632 RS 0000234-86.2010.5.04.0521, relator: Lucia Ehrenbrink, Data de Julgamento: 27.9.2013, 1ª Vara do Trabalho de Erechim)

No Código revogado, a boa-fé era prevista tão somente como um dos deveres dos sujeitos processuais, no art. 14, inciso II. No novo Código, a boa-fé foi elevada para a condição de norma fundamental do processo, o que deve gerar efeitos em todo o ordenamento processual civil, estando especialmente ligada ao dever de cooperação, consagrado no art. 6º.

O dispositivo legal enuncia a boa-fé objetiva como norma de conduta de todos os sujeitos processuais. Acerca do tema, Fredie Didier aponta que ""sempre que exista um vínculo jurídico, as pessoas envolvidas estão obrigadas a não frustrar a confiança razoável do outro, devendo comportar-se como se pode esperar de uma pessoa de boa-fé. Como acontece em qualquer relação jurídica, a boa-fé recai também sobre as relações processuais"[21].

Do mesmo modo, Paulo Cezar Pinheiro Carneiro já defendia que um dos princípios que informam o acesso à justiça seria a "operosidade", caracterizada pela exigência da atuação ética e leal dos sujeitos do processo, visando obter os melhores resultados possíveis com o processo judicial. Nesse contexto, destaca a importância da boa-fé na atuação dos advogados, enquanto essenciais à administração da justiça (art. 133 da Constituição Federal)[22].

A norma fundamental de boa-fé relaciona-se intimamente às condutas processuais, exigindo-se dos sujeitos que não atuem com más ou ilícitas intensões. Fredie Didier destaca que "o princípio da boa-fé é a fonte normativa da proibição do exercício inadmissível de posições jurídicas processuais, que podem ser reunidas sob a rubrica do 'abuso de direito' processual (desrespeito à boa-fé objetiva)."[23].

No que se refere ao processo do trabalho, a norma da boa-fé é plenamente aplicável. Nesse aspecto, a jurisprudência trabalhista já vinha adotando a aplicação do art. 17 do CPC revogado quanto à litigância de má-fé[24], o que seguirá sendo aplicável, com as inovações do novo Código.

Os acórdãos abaixo ilustram a aplicação subsidiária da legislação processual civil ao processo trabalhista, especificamente quanto ao dever de probidade processual e a vedação de condutas de má-fé:

AGRAVO DE INSTRUMENTO. RECURSO DE REVISTA. LITIGÂNCIA DE MÁ-FÉ. MULTA. PROCESSO DO TRABALHO. APLICAÇÃO SUBSIDIÁRIA DO DIREITO PROCESSUAL COMUM. 1. Consoante o art. 769 da CLT, nas causas trabalhistas, permite-se a adoção supletiva de normas do processo comum desde que: a) a CLT seja omissa quanto à matéria; e b) não haja incompatibilidade com as normas e princípios do Processo do Trabalho. 2. As normas do Direito Processual Civil que regem a aplicação de multa por litigância de má-fé aplicam-se subsidiariamente ao Processo do Trabalho, tão cioso quanto aquele na preservação da probidade processual. 3. Sujeita-se à sanção da litigância de má fé a parte que provoca inocuamente a máquina judiciária através de processo já reproduzido anteriormente, patrocinado pelo mesmo escritório e pelo mesmo causídico. Decididamente não age em conformidade com os parâmetros de lealdade e boa-fé o litigante que provoca incidentes inúteis e/ou infundados. 4. Agravo de instrumento de que se conhece e a que se nega provimento. (TST – AIRR: 1655-91.2010.5.02.0481, relator: João Oreste Dalazen, Data de Julgamento: 4.9.2013, 4ª Turma, Data de Publicação: DEJT 13.9.2013)

MULTA. LITIGÂNCIA DE MÁ-FÉ. Um dos princípios que norteiam todas as relações contratuais, dentre as quais as trabalhistas é o princípio da boa-fé. Constitui uma das chaves-mestras do novo Código Civil, sinalizando para o modo como devem ser interpretados os negócios jurídicos (art. 113 do CCB). A boa-fé consiste na intenção moralmente reta no agir, que se supõe na conduta normal da pessoa. Assim, a conduta, quer processual, quer negocial, das partes no Direito e no Processo do Trabalho deve ser interpretada como um agir de boa-fé, até que se demonstre, por provas ou indícios concretos que se agiu de má-fé. (TRT-1 2 RO: 2088620125010041 RJ, relator: Jose Antonio Piton, Data de Julgamento: 4.9.2013, Segunda Turma, Data de Publicação: 17.9.2013)

O dever de abstenção da prática de incidentes desnecessários e procrastinatórios está relacionado com a necessidade de atuação leal das partes, cujo desatendimento enseja a imputação

---

(21) DIDIER JR., Fredie. *Curso de Direito Processual Civil*. vol. 1. 16. ed. Salvador: Juspodivm, 2014. p. 75.

(22) CARNEIRO, Paulo Cezar Pinheiro. *Acesso à justiça*: juizados especiais cíveis e ação civil pública. 2. ed. Rio de Janeiro: Forense, 2007.

(23) DIDIER JR., Fredie. *Curso de Direito Processual Civil*. vol. 1. 16. ed. Salvador: Juspodivm, 2014. p. 78.

(24) "AGRAVO DE INSTRUMENTO LITIGÂNCIA DE MÁ-FÉ. CONDENAÇÃO SOLIDÁRIA DO ADVOGADO DA PARTE. Demonstrada a afronta a dispositivo da Constituição da República, nos moldes do § 2º do art. 896 da Consolidação das Leis do Trabalho, dá-se provimento ao agravo de instrumento a fim de determinar o processamento do recurso de revista. RECURSO DE REVISTA EXECUÇÃO. NULIDADE. NEGATIVA DE PRESTAÇÃO JURISDICIONAL. Não se reconhece violação do art. 93, IX, da Constituição da República em face de julgado cujas razões de decidir são fundamentadamente reveladas, abarcando a totalidade dos temas controvertidos. Uma vez consubstanciada a entrega completa da prestação jurisdicional, afasta-se a arguição de nulidade. Recurso de revista não conhecido. LITIGÂNCIA DE MÁ-FÉ. ART. 17 DO CÓDIGO DE PROCESSO CIVIL. CONDENAÇÃO SOLIDÁRIA DO ADVOGADO DA PARTE.

1. Correta a decisão que, diante de circunstâncias de fato indicativas do manifesto propósito da parte de se beneficiar indevidamente do processo mediante dedução de pretensão já quitada, impõe a penalidade por litigância de má-fé. Não há falar, em tais circunstâncias, em violação do princípio assecuratório do contraditório e da ampla defesa, uma vez que dele não se extrai salvaguarda à parte que deixa de atentar para a obrigação de proceder com boa-fé no processo. 2. Por outro lado, a condenação solidária do advogado ao pagamento da multa por litigância de má-fé, imposta ao seu cliente, não é cabível nos próprios autos da ação trabalhista em que configurada a temeridade da lide. Estabelece o art. 32, parágrafo único, da Lei n. 8.906/94, que, em caso de lide temerária, o advogado será solidariamente responsável com seu cliente, desde que coligado com este para lesar a parte contrária, o que será apurado em ação própria, pressupondo, dessa forma, obviamente, a dilação probatória em processo autônomo no juízo próprio. Precedentes. 3. Recurso de revista conhecido parcialmente e provido." (TST – RR: 756408219985020071 75640-82.1998.5.02.0071, relator: José Maria Quadros de Alencar, Data de Julgamento: 30.10.2013, 1ª Turma, Data de Publicação: DEJT 8.11.2013).

das penas relativas à litigância de má-fé[25], cuja aplicação na seara trabalhista é pacífica.

São exemplos de tal conduta na seara laboral os pedidos de adiamento de audiência por não comparecimento da testemunha convidada para tanto, quando na verdade esta é convidada pela parte a não comparecer, prática muito comum no Fórum Trabalhista e que leva alguns juízes a exigir apresentação de rol na hipótese de necessidade de intimação das testemunhas, justamente para evitar o adiamento do ato processual, a interposição de recursos protelatórios e sem fundamento, os pedidos desnecessários de cartas rogatórias, com o fim de procrastinar o feito, entre outras estratégias desleais que devem ser coibidas pelo magistrado.

Artigo 6º

Todos os sujeitos do processo devem cooperar entre si para que se obtenha, em tempo razoável, decisão de mérito justa e efetiva.

(Sem correspondente no CPC revogado)

Além de enunciar a boa-fé como norma fundamental do processo, o artigo institui o dever de cooperação, com o objetivo de atingir decisões justas, efetivas e tempestivas. Trata-se de uma opção legislativa por um processo cooperativo. Conforme ressaltam Luiz Guilherme Marinoni e Daniel Mitidiero[26]:

> O projeto é fértil em normas sobre colaboração. É possível afirmar sem qualquer dúvida que o modelo de processo civil proposto pelo Projeto é indubitavelmente um modelo de processo civil cooperativo. No Estado Constitucional, o direito fundamental ao processo justo implica direito à colaboração no processo civil.

O dever de cooperação ou colaboração no processo judicial tem fundamento no Estado Democrático de Direito e, especialmente, na constatação da importância da atuação e participação das partes na solução judicial. A cooperação é essencial à configuração do processo democrático e dialógico.

Paulo Cezar Pinheiro Carneiro aponta que "podemos extrair uma meta, um referencial, delimitar um campo ético que deve impregnar o processo, servir de norte para o comportamento de todos os personagens que o integram, principais ou secundários, traduzido numa expressão, a que denominamos de solidariedade. A solidariedade aqui congrega os participantes do processo, seja em que posição estiverem, sem nenhuma contradição. Todos eles imbuídos de suas próprias e únicas responsabilidades, mas juntos solidários quanto ao fim comum, não permitindo que seus respectivos comportamentos possam se afastar deles"[27].

Como o objetivo da tutela jurisdicional, seja na seara civil seja na seara trabalhista é o mesmo, ou seja, a solução rápida e justa do litígio, certamente a Justiça Laboral também deve atender ao princípio da colaboração, tentando instituir esse modelo de processo.

Parece-nos, entretanto, conforme já diagnosticaram os autores supracitados, que o dispositivo não está bem redigido, pois, num processo contencioso não há que se falar em cooperação entre partes, mas sim entre o juiz e as partes, tendo em vista que estas litigam para ter suas pretensões acolhidas em juízo. E, na hipótese de a colaboração entre o juiz e uma das partes para obtenção do resultado final depender de um ato da parte contrária para solução da controvérsia, o magistrado poderá impor multa coercitiva ou sancionatória para obter o cumprimento.

É o que está previsto, por exemplo, nos arts. 17 e 18 do antigo CPC[28], nos arts. 69 e 70 do novo CPC[29] e 903 da CLT[30], que preveem a aplicação de multas pelo magistrado.

Os deveres das partes são objeto de artigos específicos[31], porém, nessa parte introdutória do Código, já são ressalvados, até de forma repetitiva, os deveres de contribuição

---

(25) Art. 70 do CPC – O juiz ou Tribunal, de ofício ou a requerimento, condenará o litigante de má-fé a pagar a multa não excedente a dois por cento sobre o valor da causa e a indenizar a parte contrária dos prejuízos que esta sofreu, além de honorários advocatícios e de todas as despesas que efetuou.

(26) MARINONI, Luiz Guilherme; MITIDIERO, Daniel. *O Projeto do CPC Crítica e Propostas*. 2ª tir. São Paulo: Revista dos Tribunais. 2 set. 2010.

(27) CARNEIRO, Paulo Cezar Pinheiro. *A ética e os personagens do processo*. Aula magna do ano acadêmico 2000, da Faculdade de Direito da Universidade do Estado do Rio de Janeiro e discurso na cerimônia de posse dos novos professores titulares (22 mar. 2000).

(28) Art. 17 do antigo CPC – Reputa-se litigante de má-fé aquele que: I – deduzir pretensão ou defesa contra texto expresso de lei ou fato incontroverso; II – alterar a verdade dos fatos; III – usar do processso para conseguir objetivo ilegal; IV – opuser resistência injustificada ao andamento do processo; V – proceder de modo temerário em qualquer incidente ou ato do processo; VI – provar incidentes manifestamente infundados; VII – interpuser recurso com intuito manifestamente protelatório.

Art. 69 – Responderá por perdas e danos aquele a quem incumbia a nomeação: I – deixando de nomear à autoria, quando lhe competir; II – nomeando pessoa diversa daquela em cujo nome detém a coisa demandada.

Art. 18 – O juiz ou tribunal, de ofício ou a requerimento, condenará o litigante de má-fé a pagar multa não excedente a 1% (um por cento) sobre o valor da causa e a indenizar a parte contrária dos prejuízos que esta sofreu, além de honorários advocatícios e todas as despesas que efetuou.

(29) Art. 70 do CPC – O juiz ou tribunal, de ofício ou a requerimento, condenará o litigante de má-fé a pagar a multa não excedente a dois por cento sobre o valor da causa e a indenizar a parte contrária dos prejuízos que esta sofreu, além de honorários advocatícios e de todas as despesas que efetuou.

(30) Art. 903 da CLT – As penalidades estabelecidas no Título anterior serão aplicadas pelo Juiz, ou Tribunal, que tiver de conhecer da desobediência, violação, recusa, falta ou coação, *ex officio*, ou mediante representação de qualquer interessado ou da Procuradoria da Justiça do Trabalho.

(31) Art. 66 e 67 do CPC.

das partes para a rápida solução da lide e cooperação para identificação das questões de fato e de direito, repetindo-se o já disposto nos arts. 4º e 5º acima comentados.

Artigo 7º

É assegurada às partes paridade de tratamento em relação ao exercício de direitos e faculdades processuais, aos meios de defesa, aos ônus, aos deveres e à aplicação de sanções processuais, competindo ao juiz zelar pelo efetivo contraditório.

(Art. 125, I, do CPC revogado)

O dispositivo legal consagra como normas fundamentais do processo a isonomia e o contraditório efetivo, reflexos do direito fundamental de igualdade e do contraditório, previstos nos arts. 3º e 5º, LV, da Constituição Federal. Cintra, Grinover e Dinamarco, sobre o princípio da isonomia, apontam que "a igualdade perante a lei é premissa para a afirmação da igualdade perante o juiz: da norma inscrita no art. 5º, *caput*, da Constituição, brota o princípio da igualdade processual. As partes e os procuradores devem merecer tratamento igualitário, para que tenham as mesmas oportunidades de fazer valer em juízo as suas razões"[32].

Contudo, a igualdade das partes no processo judicial deve ser concreta, efetiva, e não meramente formal. Sobre este aspecto, Leonardo Greco aponta o seguinte:

> As partes devem ser tratadas com igualdade, de tal modo que desfrutem concretamente das mesmas oportunidades de sucesso final, em face das circunstâncias da causa. Para assegurar a efetiva paridade de armas o juiz deve suprir, em caráter assistencial, as deficiências defensivas de uma parte que a coloquem em posição de inferioridade em relação à outra, para que ambas concretamente se apresentem nas mesmas condições de acesso à tutela jurisdicional dos seus interesses. Essa equalização é particularmente importante quando entre as partes exista relação fática de subordinação ou dependência, como nas relações de família, de trabalho, de consumo.[33]

Esta regra, portanto, merece especial atenção no que se refere ao processo do trabalho, seja pelo *jus postulandi* do trabalhador admitido nessa seara, seja pelo princípio da proteção ao hipossuficiente econômico que, a despeito de ser um princípio de direito material, traz repercussões na seara processual.

Assim, a paridade de tratamento no processo do trabalho revela um significado especial, para apontar a necessidade de se atingir uma igualdade concreta, por vezes nivelando uma condição de desigualdade preexistente.

Com efeito, diante da presunção de hipossuficiência do empregado (que em muitas situações inexiste, como no caso de executivos e diretores), o juiz deverá ter uma atuação destinada a garantir a efetiva paridade de armas. Há vários exemplos que demonstram tal assertiva, como a exigência de depósito para interposição de recursos apenas para o empregador[34], a possibilidade de a execução ser iniciada de ofício pelo juiz[35], as diferentes consequências do não comparecimento numa audiência inaugural, no caso a revelia para ausência do empregador e arquivamento do feito na hipótese de ausência do empregado[36], e, ainda, a possibilidade de inversão do ônus da prova pacificamente admitido pela doutrina e jurisprudência[37]. Sobre esse tema ver nosso artigo sobre a "Inversão do Ônus da Prova no Processo do Trabalho".[38]

---

(32) CINTRA, Antonio Carlos de Araújo; GRINOVER, Ada Pellegrini; DINAMARCO, Candido Rangel. *Teoria Geral do Processo*. 28 ed. São Paulo: Malheiros, 2012, p. 62.

(33) GRECO, Leonardo. Garantias Fundamentais do Processo: O Processo Justo. Disponível em: <onde?> Acesso em: 10 abr. 2015.

(34) Art. 899 da CLT – Os recursos serão interpostos por simples petição e terão efeito meramente devolutivo, salvo as exceções previstas neste Título, permitida a execução provisória até a penhora.

(35) Art. 878 da CLT – A execução poderá ser promovida por qualquer interessado, ou *ex officio* pelo próprio Juiz ou Presidente ou Tribunal competente, nos termos do artigo anterior.

(36) Art. 844 da CLT – O não comparecimento do reclamante à audiência importa o arquivamento da reclamação, e o não comparecimento do reclamado importa revelia, além de confissão quanto à matéria de fato.

(37) "EMENTA: RECURSO ORDINÁRIO. JORNADA DE TRABALHO. REGISTRO. ÔNUS DA PROVA. A CLT, ao determinar, no § 2º de seu art. 74, a obrigatoriedade da empresa que possua mais de 10 funcionários em manter controle de jornada dos mesmos, nada mais fez do que transferir para a própria empresa o ônus probatório com relação ao período de trabalho e, consequentemente, com relação às horas extras. Dessa forma, se a lei exige que a empresa mantenha o controle da jornada de seus funcionários, ao empregador cabe a demonstração da existência ou não das horas extras no processo, já que a prova haverá de ser feita por quem a possui. Percebe-se, portanto, que o § 2º do art. 74 da CLT é de suma importância, até mesmo modificando, dentro da relação processual, o ônus probatório. O C. TST tratou do assunto com a edição da Súmula n. 338. Logo, certo é que o empregador que possui mais de 10 funcionários está obrigado por lei a efetuar controle de jornada. A não apresentação injustificada dos controles de jornada faz prova a favorável à parte contrária. Não se pode aceitar que a empresa desrespeite a lei e não faça controle de jornada ou, fazendo, não junte os cartões de ponto. Sendo a prova documental e negado o labor extraordinário ocorrerá a inversão do ônus da prova, ficando a empresa adstrita justamente àqueles cartões que deveria juntar mas que, por sua própria inércia e desrespeito à lei, sequer foram produzidos. Conclui-se, portanto, que a lei não pode ser artifício de manobra a fim de prejudicar o empregado. Possuindo, pois, mais de 10 (dez) funcionários, era obrigação da reclamada efetuar o controle da jornada da reclamante. Não há, pois, razão para que a reclamada queira se esquivar de seu ônus." (TRT 2ª Região, Acórdão n. 20131323614, RO 00012490620115020006 A28, Décima Segunda Turma, rel. Des. Marcelo Freire Gonçalves, DOJ n. 5.12.2013).

(38) SILVA, Bruno Freire e. A inversão e a distribuição dinâmica do ônus da prova no Processo do Trabalho. *In: OLIVEIRA NETO*, Olavo de; MEDEIROS NETO, Elias Marques de; AUGUSTO, Ricardo (Orgs). *A prova no Direito*

A mitigação do tratamento isonômico, entretanto, especialmente quando não estiver expressamente positivado na lei, deve ser exercida dentro de um mínimo de razoabilidade, de forma que não sejam cometidas injustiças, como algumas vezes pode ocorrer na hipótese de o magistrado trabalhista conduzir o processo pautado em ideologias. Discordamos por exemplo, de afirmações aduzidas por alguns operadores do direito do trabalho de que a execução trabalhista deve ser "truculenta", bem como de outras posições que em nome da suposta hipossuficiência conduzam às arbitrariedades.[39].

Por outro lado, o artigo do novo Código também consagra a garantia do contraditório efetivo, que tem íntima relação com a isonomia processual, pois apenas esta assegura que as partes possam paritariamente participar em juízo.

O contraditório também se aplica ao processo do trabalho. Segundo Leonardo Greco, tal garantia pressupõe: a) audiência bilateral; b) direito de apresentar alegações, propor e produzir provas; c) congruidade de prazos; d) contraditório prévio; e) participação de todos os contrainteressados[40].

Artigo 8º

Ao aplicar o ordenamento jurídico, o juiz atenderá aos fins sociais e às exigências do bem comum, resguardando e promovendo a dignidade da pessoa humana e observando a proporcionalidade, a razoabilidade, a legalidade, a publicidade e a eficiência.

(Sem correspondente no CPC revogado)

Em qualquer seara do direito, ao aplicar a lei, o juiz deve atender aos fins sociais a que ela se dirige e às exigências do bem comum. Daí, a melhor técnica de hermenêutica ser sempre a finalística, que busca alcançar os fins, objetivos e princípios de determinado ordenamento jurídico, jamais a mera interpretação literal.

Processual Civil — Estudos em homenagem ao Prof. João Batista Lopes. 1. ed. São Paulo: Verbatim, 2013. v. 1, p. 77-93.

(39) Entre outros há o exemplo de sentença proferida pela 3ª Vara Trabalhista de Jundiaí, no interior de São Paulo, que determinou que o reclamante "recebesse 110 000 reais de indenização por ter trabalhado durante três meses sem registro em carteira e não ter recebido as garantias estabelecidas na lei quando foi demitido. O veredicto surpreendeu não só os empregadores acionados por Ricardo — entre os quais a Spal, adquirida posteriormente pela Femsa, maior engarrafadora da Coca-Cola no país — mas também o próprio advogado do motorista. "Acho que a indenização será derrubada na segunda instância, porque o valor é desproporcional ao pedido do cliente", afirmou José Aparecido de Oliveira, que representa o motorista. (O caso aguarda julgamento do recurso aberto pelas empresas no tribunal de Campinas)." Disponível em: <http://exame.abril.com.br/revista-exame/edicoes/0900/noticias/o-juiz-robin-hood-m0136646>. Acesso em: 13 jan. 2014.

(40) GRECO, Leonardo. Garantias fundamentais do processo: o processo justo. *Estudos de direito processual*, Campos dos Goytacazes, Ed. Faculdade de Direito de Campos, 2005. p. 225-286.

Conforme ressalta Carlos Maximiliano, em reconhecida obra sobre hermenêutica e aplicação do direito:

> Não se admite interpretação estrita que entrave a realização plena do escopo visado pelo texto. Dentro da letra rigorosa dele procura-se o objetivo da norma suprema; seja este atingido, e será perfeita a exegese. Quanto às palavras forem suscetíveis de duas interpretações, uma estrita, outra ampla, adotar-se-á aquela que for mais consentânea com o fim transparente da norma positiva.[41]

Não é por acaso, pois, que o legislador indica a necessidade de atenção e observância dos princípios da dignidade da pessoa humana, da razoabilidade, da legalidade, da impessoalidade, da moralidade, da publicidade e da eficiência, os quais são princípios fundamentais da atuação do Estado (art. 37, Constituição Federal), no que se compreende o Poder Judiciário.

No âmbito trabalhista, diante da natureza alimentar do direito que é objeto de seus litígios, destaca-se, por sua importância, o princípio da dignidade da pessoa humana, que tem grande influência na solução das lides.[42]

Atualmente há nova compreensão acerca do papel dos princípios constitucionais fundamentais, pois estes não visam revogar outros princípios, devem ser aplicados harmonicamente, realizando o ideal da justiça no caso concreto.

> Tanto las reglas como los princípios son normas porque ambos dicen lo que debe ser. Ambos pueden ser formulados co la ayuda de las expresiones deónticas básicas del mandato, la permisión y la proibición. Los princípios, al igual que las reglas, son razones para juicios concretos de deber ser, aun cuando sean razones de un tipo muy

(41) MAXIMILIANO, Carlos. *Hermenêutica e aplicação do direito*. 20. ed. Rio de Janeiro: Forense, 2011.

(42) EMENTA. RECURSO DE REVISTA. 1. PRESCRIÇÃO. ACIDENTE DO TRABALHO. AUXÍLIO DOENÇA. SUSPENSÃO. VERBAS TRABALHISTAS. DECLARAÇÃO EX OFFÍCIO. IMPOSSIBILIDADE. O cerne da controvérsia está em saber se o juízo de primeiro grau poderia, ex offício, declarar a prescrição total e quinquenal de pretensões declinadas na inicial do reclamante. A jurisprudência desta colenda Corte Superior caminha no sentido de que o art. 219, § 5º, do CPC, com a redação dada pela Lei n. 11.280/2006, não é aplicável à Justiça do Trabalho, que, por seus princípios e peculiaridades, impedem seja declarada, de ofício, a prescrição de pretensões dos trabalhadores. Isso porque o trabalhador, além de parte hipossuficiente, busca com o processo do trabalho o reconhecimento de verbas alimentares, que, apesar de protegidas constitucionalmente (art. 7º, X, da Constituição Federal), deixaram de ser pagas no curso do contrato de trabalho. Dessa forma, seja pela incidência do princípio intuitivo ou da proteção ao hipossuficiente, seja pelo caráter alimentar das verbas trabalhistas, a prescrição de pretensões relacionadas aos contratos de trabalho não podem ser declaradas ex offício. Com esse entendimento privilegia-se não só à dignidade do trabalhador, mas a especialidade do ramo jus laboral, que não tem regra legal específica permitindo tal declaração. Precedentes. Recurso de revista conhecido, mas não provido. (RR 103500-65.2007.5.23.0004, rel. Min. Guilherme Augusto Caputo Bastos, 14.9.2011, 2ª Turma – TST).

diferente. La distinción entre reglas y princípios es, pues, una distinción entre dos tipos de normas.[43]

Artigo 9º

Não se proferirá decisão contra uma das partes sem que ela seja previamente ouvida.

Parágrafo único. O disposto no *caput* não se aplica:

I – à tutela provisória de urgência;

II – às hipóteses de tutela da evidência previstas no art. 311, incisos II e III;

III – à decisão prevista no art. 701.

(Sem correspondente no CPC revogado)

Este dispositivo consagra uma regra decorrente do princípio do contraditório efetivo, vedando a prolação de decisões à revelia da parte interessada, sem que haja sua prévia oitiva.

Leonardo Greco aponta que "contraditório eficaz é sempre prévio, anterior a qualquer decisão, devendo a sua postergação ser excepcional e fundamentada na convicção firme da existência do direito do requerente e na cuidadosa ponderação dos interesses em jogo e dos riscos da antecipação ou da postergação da decisão"[44], exatamente o que vem a ser positivado na legislação processual civil.

Assim sendo, como regra geral a parte deverá ser ouvida sempre antes de as decisões judiciais serem proferidas, para viabilizar a possibilidade efetiva de influenciar na formação da convicção judicial.

Contudo, em situações excepcionais o contraditório poderá ser postergado, notadamente quanto houver urgência na concessão do provimento judicial, e, ainda, em se tratando de casos em que haja evidência do direito pretendido.

Na verdade toda vez que a medida é concedida com o fim de se evitar o perecimento de direito ela é uma medida de urgência, bastando ao legislador fazer menção a essa situação, que enseja a possibilidade de concessão de tutelas de urgência, cujas espécies são a tutela antecipada e a tutela cautelar, de plena aplicação no processo do trabalho.

Artigo 10

O juiz não pode decidir, em grau algum de jurisdição, com base em fundamento a respeito do qual não se tenha dado às partes oportunidade de se manifestar, ainda que se trate de matéria sobre a qual deva decidir de ofício.

(Sem correspondente no CPC revogado)

Novamente aqui é prestigiado o princípio do contraditório. As partes devem ter a oportunidade de debater os fatos e fundamentos jurídicos da decisão, sob pena de cerceamento de defesa. Mesmo na hipótese de matéria sobre a qual tenha de decidir de ofício, como aquelas de ordem pública, a exemplo da prescrição e decadência, o magistrado deve dar a oportunidade de as partes se manifestarem.

O dispositivo legal veda a prolação de decisões-surpresa, determinando a indispensabilidade de oitiva das partes de forma prévia. Novamente é ressaltada a importância da participação das partes no processo e a formação democrática das decisões judiciais.

Fredie Didier Jr. aponta que "o princípio do contraditório é reflexo do princípio democrático na estruturação do processo. Democracia é participação, e a participação no processo opera-se pela efetivação da garantia do contraditório. O princípio do contraditório deve ser visto como exigência para o exercício democrático de um poder"[45].

Complementa o autor: "Não pode o magistrado decidir com base em questão de fato ou de direito, ainda que possa ser conhecida *ex officio*, sem que sobre elas sejam as partes intimadas a manifestar-se. Deve o juiz consultar as partes sobre esta questão não alvitrada no processo, e por isso não posta em contraditório, antes de decidir. Eis o dever de consultar. Trata-se de manifestação da garantia do contraditório, que assegura aos litigantes o poder de tentar influenciar na solução da controvérsia"[46].

Esta regra tem plena aplicabilidade ao processo do trabalho, como, aliás, já se observa de julgados[47] proferidos antes mesmo da vigência do novo Código.

Artigo 11

Todos os julgamentos dos órgãos do Poder Judiciário serão públicos, e fundamentadas todas as decisões, sob pena de nulidade.

---

(43) ALEXY, Robert. *Teoría de los derechos fundamentales*, p. 83.

(44) GRECO, Leonardo. Garantias fundamentais do processo: o processo justo. *Estudos de direito processual*, Campos dos Goytacazes, Ed. Faculdade de Direito de Campos, p. 225-286, 2005.

(45) DIDIER JR., Fredie. *Curso de Direito Processual Civil*. Vol. 1. 16 ed. Salvador: Juspodivm, 2014. p. 56.

(46) DIDIER JR., Fredie. O princípio da cooperação: uma apresentação. *Revista de Processo*, vol. 127, p. 75, set. 2005.

(47) "CERCEAMENTO DE DEFESA NULIDADE — AUSÊNCIA DE OPORTUNIDADE PARA MANIFESTAÇÃO SOBRE A DEFESA E DOCUMENTOS OFERTADOS PELA PARTE CONTRÁRIA. Muito embora tivesse constado em ata que o reclamante falaria sobre a prejudicial de prescrição e documentos apresentados pela empresa, não lhe tendo sido concedida tal oportunidade, já que a Vara, tão logo transitada em julgado a decisão que lhe reconheceu a competência para apreciar a lide, julgou, incontinenti, a ação em seu desfavor, há de ser acatada a preliminar de nulidade, por flagrante cerceamento de defesa, notadamente quando o fundamento da sentença (prescrição) foi, justamente, aquilo que a parte não pode contrariar." (TRT-7– RO: CE 0134200-5419965070004, relatora: Lais Maria Rossas Freire, Data de Julgamento: 6.9.2005, PLENO DO TRIBUNAL, Data de Publicação: 9.11.2005 – DOJT 7ª Região).

> Parágrafo único. Nos casos de segredo de justiça, pode ser autorizada a presença somente das partes, de seus advogados, de defensores públicos ou do Ministério Público.
> (Arts. 131, 155 e 165 do CPC revogado)

A publicidade dos julgamentos é outra garantia do Estado de Direito, que assegura transparência nas decisões. Tal princípio está disciplinado no art. 93 da Constituição Federal. Conforme ressalta Carlos Alberto Álvaro de Oliveira: "A regra geral é a publicidade dos atos processuais, ressalvados aqueles casos em que o processo correr em segredo de justiça". [48]

As exceções à publicidade estão consignadas nos incisos do art. 152 do novo Código. Nesses casos e em outras situações autorizadas por lei, pode ser autorizada somente a presença das partes ou de seus advogados nas audiências, bem como também somente a elas a possibilidade de vistas e cópias dos autos.

No antigo Código de Processo Civil de 1973 as exceções estavam previstas nos incisos I e II do art. 155[49], que tratava dos casos cujos atos processuais correriam em segredo de justiça.

Conforme pode-se observar de uma leitura comparativa, o art. 152 do novo CPC repete as exceções dos incisos I e II do Código anterior e insere mais uma previsão para as hipóteses "em que constem dados protegidos pelo direito constitucional à intimidade", que será objeto de comentários oportunamente:

> Art. 152. Os atos processuais são públicos. Correm, todavia, em segredo de justiça os processos:
> I – em que o exigir o interesse público;
> II – que dizem respeito a casamento, filiação, separação dos cônjuges, conversão deste em divórcio, alimentos e guarda de menores;
> III – em que constem dados protegidos pelo direito constitucional à intimidade.
> § 1º O direito de consultar os autos e de pedir certidão de seus atos é restrito às partes e seus procuradores. O terceiro que demonstrar interesse jurídico pode requerer ao juiz a certidão do dispositivo da sentença, bem como de inventário e partilha resultante da separação judicial.
> § 2º O processo eletrônico assegurará às partes sigilo, na forma deste artigo.

Os casos essenciais ao segredo de justiça não se estendem à Justiça do Trabalho, pois dizem respeito ao estado de pessoa, recato e paz familiar. De toda sorte, nada impede, especialmente com a ampliação da competência da Justiça do Trabalho pela Reforma do Judiciário, a existência nessa seara de casos que demandem a tramitação em segredo de justiça. Tanto é assim que recentemente o Tribunal Superior do Trabalho publicou o Ato n. 589/SEGJUD.GP[50], que regulamenta a tramitação de processos em segredo de Justiça.

Por outro lado, o artigo também disciplina que além de públicas, as decisões judiciais devem ser fundamentadas, o que também encontra previsão na Constituição Federal, no art. 93, IX.

A motivação protege interesses das partes, que poderão compreender os motivos que fundamentam determinada decisão judicial, mas também atende ao interesse público como um todo, por assegurar a possibilidade de revisão e controle da atuação do órgão jurisdicional.

Acerca desta garantia, Leonardo Greco aponta que "todo provimento jurisdicional deve ser motivado, apresentando justificação suficiente do seu conteúdo e evidenciando o respeito ao contraditório participativo através do exame e consideração de todas as alegações e provas pertinentes apresentadas pelas partes"[51].

A jurisprudência do TST é pacífica no que tange à nulidade das decisões que não observam os deveres de publicidade e fundamentação.

> RECURSO DE REVISTA. PRELIMINAR DE NULIDADE POR NEGATIVA DE PRESTAÇÃO JURISDICIONAL. A obrigatoriedade da fundamentação das decisões judiciais é princípio constitucional que não pode ser desconsiderado pelo julgador. O impedimento de alçar o tema a debate ao Tribunal Superior, porque não examinada matéria sobre a qual a parte buscou manifestação, em embargos de declaração, denota a nulidade do julgado por negativa de prestação jurisdicional, com a consequente violação do art. 93, inciso IX, da Constituição Federal. Recurso de revista conhecido e provido. (TST – RR: 7111520105050511, relator: Aloysio Corrêa da Veiga, Data de Julgamento: 19.3.2014, 6ª Turma, Data de Publicação: DEJT 21.3.2014)

> RECURSO DE REVISTA. NULIDADE DO V. ACÓRDÃO RECORRIDO POR NEGATIVA DE PRESTAÇÃO JURISDICIONAL. A prestação jurisdicional não foi plenamente entregue, a evidenciar a nulidade do julgado. A obrigatoriedade de fundamentação da decisão judicial decorre da ampla defesa e do contraditório, e do direito constitucional ao acesso à jurisdição, a permitir que a instância *ad quem* aprecie o tema controvertido. Constata-se que o v. acórdão regional restou omisso ao não pronunciar se estava o reclamante afastado em razão de enfermidade à época da dispensa, conforme instado por meio de embargos de declaração. Recurso de revista conhecido e provido. (TST – RR: 2830004919995050012, relator: Aloysio Corrêa da Veiga, Data de Julgamento: 4.12.2013, 6ª Turma, Data de Publicação: DEJT 6.12.2013)

---

(48) OLIVEIRA, Carlos Alberto Álvaro de. *Comentários à Consolidação das Leis do Trabalho*. 3. ed. São Paulo: Revistas dos Tribunais, 2005. p. 647.

(49) Art. 155 do CPC – I – em que o exigir o interesse público; II – que dizem respeito a casamento, filiação, separação dos cônjuges, conversão desta em divórcio, alimentos e guarda de menores (...).

(50) Disponível em: <http://www.tst.jus.br/documents/10157/2d73537c-52e8-4b6e-88c0-c2e70d1878ee>. Acessado em 03/04/2014.

(51) GRECO, Leonardo. Garantias fundamentais do processo: o processo justo. *Estudos de direito processual*. Campos dos Goytacazes: Ed. Faculdade de Direito de Campos, 2005, p. 225-286.

Artigo 12

Os juízes e os tribunais deverão obedecer à ordem cronológica de conclusão para proferir sentença ou acórdão.

§ 1º A lista de processos aptos a julgamento deverá estar permanentemente à disposição para consulta pública em cartório e na rede mundial de computadores.

§ 2º Estão excluídos da regra do *caput*:

I – as sentenças proferidas em audiência, homologatórias de acordo ou de improcedência liminar do pedido;

II – o julgamento de processos em bloco para aplicação de tese jurídica firmada em julgamento de casos repetitivos;

III – o julgamento de recursos repetitivos ou de incidente de resolução de demandas repetitivas;

IV – as decisões proferidas com base nos arts. 485 e 932;

V – o julgamento de embargos de declaração;

VI – o julgamento de agravo interno;

VII – as preferências legais e as metas estabelecidas pelo Conselho Nacional de Justiça;

VIII – os processos criminais, nos órgãos jurisdicionais que tenham competência penal;

IX – a causa que exija urgência no julgamento, assim reconhecida por decisão fundamentada.

§ 3º Após elaboração de lista própria, respeitar-se-á a ordem cronológica das conclusões entre as preferências legais.

§ 4º Após a inclusão do processo na lista de que trata o § 1º, o requerimento formulado pela parte não altera a ordem cronológica para a decisão, exceto quando implicar a reabertura da instrução ou a conversão do julgamento em diligência.

§ 5º Decidido o requerimento previsto no § 4º, o processo retornará à mesma posição em que anteriormente se encontrava na lista.

§ 6º Ocupará o primeiro lugar na lista prevista no § 1º ou, conforme o caso, no § 3º, o processo que:

I – tiver sua sentença ou acórdão anulado, salvo quando houver necessidade de realização de diligência ou de complementação da instrução;

II – se enquadrar na hipótese do art. 1.040, inciso II.

(Sem correspondente no CPC revogado)

O dispositivo legal traz uma das relevantes inovações do novo Código de Processo Civil. Com fundamento no direito à razoável duração dos processos e, ainda, na isonomia das partes, o texto legal institui norma referente à observância de ordem cronológica de julgamentos.

Assim, para proferir sentença ou acórdão, os magistrados deverão respeitar a ordem de conclusão dos feitos, ressalvadas algumas hipóteses especiais, as quais estão identificadas no parágrafo segundo deste artigo.

A lista com a ordem cronológica de conclusão dos feitos deverá ser pública e estar disponível para consulta por qualquer interessado, o que também atende ao princípio da publicidade e da transparência nas atividades judiciais.

A observância de uma ordem para julgamento pode ser aplicada ao processo do trabalho, como manifestação dos princípios da duração razoável, da isonomia e da publicidade, porém com uma regulamentação própria, tendo em vista a necessidade de algumas adaptações procedimentais.

CAPÍTULO II
DA APLICAÇÃO DAS NORMAS PROCESSUAIS

Artigo 13

A jurisdição civil será regida pelas normas processuais brasileiras, ressalvadas as disposições específicas previstas em tratados, convenções ou acordos internacionais de que o Brasil seja parte.

(Art. 1.211 do CPC revogado)

A soberania de um Estado revela-se, entre outros fatores, pela aplicação de sua legislação no seu território e, no que tange às normas processuais brasileiras, como destaca o legislador, não é diferente.

Há ressalva, entretanto, às disposições específicas previstas em tratados ou convenções internacionais de que o Brasil seja signatário como, por exemplo, o Pacto de San José da Costa Rica, que veda a prisão por dívidas com exceção apenas a créditos alimentares, o que gerou grande polêmica em relação à prisão do depositário infiel.

A questão sobre o depositário infiel já trouxe inúmeras decisões divergentes no Brasil. Após a adesão ao Pacto de San José, o STF manifestou-se acerca do assunto no julgamento do Recuso Extraordinário 349.703-1, que envolvia a prisão civil do devedor-fiduciante.

O relator, Ministro Gilmar Mendes afirmou que desde a adesão do Brasil sem qualquer reserva ao Pacto Internacional dos Direitos Civil e Políticos e a Convenção Americana sobre os Direitos Humanos (Pacto de São José da Costa Rica), não há mais base legal alguma para que continue havendo a prisão civil por dívida de depositário infiel, haja vista ser a norma trazida pelo tratado de natureza supralegal, estando abaixo da Constituição Federal e acima da legislação interna, isto é, resta inaplicável toda legislação infraconstitucional com ela conflitante.

Diante de tal entendimento restaram inaplicáveis os arts. 1.217 do Código Civil de 1916, Decreto-lei n. 911/69 e art. 652

do Código Civil de 2002, ainda que o art. 5º, inciso LXVII da Constituição Federal, preveja que não haverá prisão civil por dívida, salvo a do responsável voluntário de obrigação alimentícia e a do depositário infiel.

No âmbito do direito do trabalho, importante destacar as convenções da OIT — Organização Internacional do Trabalho, das quais o Brasil é signatário.

Nessa seara, dignas de destaque as seguintes convenções da OIT[52]:

Convenção 29 – Convenção Concernente ao Trabalho Forçado ou Obrigatório, modificada pela Convenção de Revisão dos artigos finais, de 1946 (1930);

Convenção 100 – Convenção Concernente à Igualdade de Remuneração para a Mão de Obra Masculina e a Mão de Obra Feminina por um Trabalho de Igual Valor (1951);

Convenção 105 – Convenção Concernente à Abolição do Trabalho Forçado (1957);

Convenção 111 – Convenção Concernente à Discriminação em Matéria de Emprego e Profissão (1958);

Convenção 138 – Convenção sobre Idade Mínima de Admissão ao Emprego (1973);

Convenção 182 – Convenção sobre a Proibição das Piores Formas de Trabalho Infantil e a Ação Imediata para a sua Eliminação (1999).

Artigo 14

A norma processual não retroagirá e será aplicável imediatamente aos processos em curso, respeitados os atos processuais praticados e as situações jurídicas consolidadas sob a vigência da norma revogada.

(Art. 1.211 do CPC revogado)

O dispositivo legal repete a regra do art. 1.211 do Código revogado, especificamente quanto à aplicação da lei processual no tempo. Em suma, serão aplicáveis aos processos em andamento as novas regras processuais, respeitando-se, contudo, o direito adquirido, a coisa julgada e o ato jurídico perfeito, por força do art. 5º, XXXVI, da Constituição Federal. Vige, no processo civil brasileiro, a regra do isolamento dos atos processuais, o que é enunciado neste dispositivo legal.

A lei não retroage, mas se aplica imediatamente aos processos em curso, respeitando-se os atos processuais já praticados e as situações jurídicas consolidadas pela lei anteriormente vigente.

Diante da omissão da lei processual trabalhista, também será o sistema que se aplicará no processo do trabalho. Por exemplo, se houver alteração na CLT que permita a aplicação de multa ao devedor que intimado não cumpre a obrigação prevista na decisão, consistente na obrigação de pagar valor já liquidado no prazo de 05 (cinco) dias, esse ônus processual não poderá ser aplicado nas situações anteriores, já transcorrido o prazo, mas nas atuais, em que ainda não houver ocorrido a intimação.

Artigo 15

Na ausência de normas que regulem processos eleitorais, trabalhistas ou administrativos, as disposições deste Código lhes serão aplicadas supletiva e subsidiariamente.

(Sem correspondente no CPC revogado)

O dispositivo enuncia norma já vigente no ordenamento brasileiro, segundo a qual o processo comum é fonte subsidiária dos processos especiais, como no caso do processo do trabalho, objeto do presente trabalho.

O Título X da CLT trata "Do Processo Judiciário do Trabalho". Em suas disposições preliminares, determina o art. 763, *caput*, que:

Art. 763. O processo da Justiça do Trabalho, no que concerne aos dissídios individuais e coletivos e à aplicação de penalidade, reger-se-á, em todo o território nacional, pelas normas estabelecidas neste Título.

Ocorre que a Consolidação das Leis Trabalhistas é omissa em muitos pontos e, assim, aplica-se a lei processual comum subsidiariamente. Há, inclusive, previsão expressa da aplicação subsidiária do Código de Processo Civil nas hipóteses de omissão da lei trabalhista, como preveem os arts. 769 e 889 da CLT[53].

A aplicação subsidiária da legislação processual civil ao processo do trabalho foi, inclusive, objeto de súmula do TST, editada sob o n. 435:

ART. 557 DO CPC. APLICAÇÃO SUBSIDIÁRIA AO PROCESSO DO TRABALHO. Aplica-se subsidiariamente ao processo do trabalho o art. 557 do Código de Processo Civil.

Com efeito, alguns estudiosos chegam até a negar a existência de uma autonomia do Direito Processual do Trabalho. Octávio Bueno Magno afirmou que:

A pertinência do processo à atividade jurisdicional, e a sua não pertinência ao direito material, mostra ser impossível sustentar-se a autonomia de um processo trabalhista pela simples circunstância de se estatuírem procedimentos especiais para a composição de lides do trabalho. Quanto aos princípios que estadeariam o seu particularismo, é preciso ter presente, em primeiro lugar, que surgiram quase todos a modo de contraponto

---

(52) Disponível em: <http://www.oitbrasil.org.br/convention>. Acesso em: 26 fev. 2014.

(53) Art. 769 da CLT – Nos casos omissos, o direito processual comum será fonte subsidiária do direito processual do trabalho, exceto naquilo em que for incompatível com as normas deste Título.

Art. 889 da CLT – Aos trâmites e incidentes do processo da execução são aplicáveis, naquilo em que não contravierem ao presente Título, os preceitos que regem o processo dos executivos fiscais para a cobrança judicial da dívida ativa da Fazenda Pública Federal.

aos princípios e peculiaridades do processo comum, quando este possuía feições marcadamente individualistas, o que não mais ocorre nos dias atuais. A conclusão no sentido de não passar o processo de um ramo ou divisão do direito processual civil, desprovido de autonomia, além de lastreada no magistério de renomados juristas, constitui, no Brasil, consectário da regra inserta no art. 8º, XVII, b, da Constituição vigente (art. 22, I, CF/1988), que se refere a um único Direito Processual.[54]

A despeito da existência ou não da referida autonomia, enquanto os inúmeros projetos de reforma não se concretizam, é necessário uma incessante complementação das regras do processo do trabalho com os institutos de outros ramos da ciência processual.

É digno de registro que há duas formas de aplicação subsidiária do processo comum ao processo do trabalho: 1º) Supletividade expressa — indica pontualmente os dispositivos do processo comum a serem aplicados no processo do trabalho. 2º) Supletividade aberta — dispõe genericamente que as normas do processo comum são subsidiárias do processo do trabalho.

Na Consolidação das Leis do Trabalho encontramos dispositivos que indicam pontualmente os artigos do Código de Processo Civil a serem aplicados no processo do trabalho, como o 836 que dispõe sobre a utilização da ação rescisória[55] e o 882 que estabelece a observância da ordem de gradação legal prevista no art. 655 do CPC[56], que deverão ser atualizados diante do novo Código de Processo Civil.

Além dessa previsão de supletividade expressa, com indicação pontual dos dispositivos do CPC a serem aplicados no processo do trabalho, não se pode olvidar a previsão de supletividade aberta, por meio da previsão genérica de aplicação subsidiária do CPC no já citado art. 769 da CLT, *in verbis*:

> Nos casos omissos, o direito processual comum será fonte subsidiária do direito processual do trabalho, exceto naquilo em que for incompatível com as normas desse Título.

Podemos concluir, pois, que o sistema adotado pelo legislador brasileiro de aplicação do processo comum ao processo do trabalho é misto ou eclético, isto é, utiliza tanto os subsídios da supletividade expressa como aberta.

Assim, o direito processual civil é fonte subsidiária do direito processual do trabalho, além daquelas situações expressamente previstas pelo legislador, nas hipóteses de omissão desta e compatibilidade daquela, de acordo com os termos já transcritos do art. 769 da Consolidação das Leis do Trabalho.

Na verdade, de acordo com a leitura do referido dispositivo, podemos extrair os seguintes requisitos para aplicação subsidiária do CPC na supletividade aberta: I – A matéria não esteja regulada de outro modo na CLT (omissão na lei trabalhista); II – Não viole os princípios do processo do trabalho; III – Adapte-se às peculiaridades do procedimento da Reclamação Trabalhista.

Esse autêntico exercício de heterointegração do direito, de supletividade do processo comum ao sistema processual trabalhista, não é exclusividade do ordenamento jurídico brasileiro.

Em Portugal, o Decreto-lei n. 480/99 que consiste no Código de Processo do Trabalho, estabelece em seu art. 1º que "nos casos omissos, recorre-se sucessivamente à legislação processual comum." [57].

Na Argentina, o art. 155 da Lei n. 18.345/69, consistente na Organización y Procedimiento Laboral, adota dois critérios para a matéria: a) o da supletividade expressa, que indica pontualmente os dispositivos do Código Procesal Civil y Comercial de la Nación que são aplicáveis ao processo; e b) o de supletividade aberta, que é semelhante à regra brasileira:

> Las demás disposiciones del Código Procesal Civil y Comercial de la Nación serán supletorias en la medida que resulten compatibles con el procedimiento reglado en esta ley.[58]

Em síntese, portanto, diante da norma do art. 769 da CLT e, agora, do art. 15 do novo Código, tem-se fortalecida a aplicação subsidiária e supletiva do processo civil ao processo do trabalho, o que justifica a relevância da análise dos institutos processuais do novo Código de Processo Civil sob o prisma das lides trabalhistas.

---

(54) MAGANO, Octavio Bueno. *Manual de direito do trabalho — Parte Geral*. São Paulo: LTr, 1990. p. 78-79.

(55) Art. 836: "É vedado aos órgãos da Justiça do Trabalho conhecer de questões já decididas, excetuados os casos expressamente previstos neste Título e a ação rescisória, que será admitida na forma do disposto no Capítulo IV do Título IX da Lei n. 5.869, de 11 de janeiro de 1973, Código de Processo Civil, dispensando o depósito referido nos arts. 488, inc. II, e 494 daquele diploma legal".

(56) Art. 882: "O executado que não pagar a importância reclamada poderá garantir a execução mediante depósito da mesma, atualizada e acrescida das despesas processuais, ou nomeando bens à penhora, observada a ordem preferencial estabelecida no art. 655 do Código de Processo Civil."

(57) NETO, Abílio. *Código de Processo do Trabalho anotado*. Lisboa: Ediforum, 2002. p. 22.

(58) PIROLO, Miguel Angel *et alli*. *Manual de Derecho Procesal del Trabajo*. Buenos Aires: Astrea, 2006. p. 424-425.

Livro II — Da Função Jurisdicional

TÍTULO I
DA JURISDIÇÃO E DA AÇÃO

Artigo 16

A jurisdição civil é exercida pelos juízes e pelos tribunais em todo o território nacional, conforme as disposições deste Código.
(Art. 1º do CPC revogado)

O dispositivo legal repete a regra do art. 1º do CPC revogado. A jurisdição civil não só é exercida conforme as disposições do novo CPC, mas, principalmente, à luz da Constituição Federal.

É o que lecionam Marinoni e Mitidiero, já que "no Estado Constitucional essa atividade deve ser levada a efeito na dimensão da Constituição, sem descuidar da eficácia direta dos direitos fundamentais materiais e processuais sobre o problema debatido em juízo e da possibilidade de controle de constitucionalidade das leis e dos atos normativos em geral pelo Poder Judiciário, tendo por objetivo realizar a justiça do caso concreto"[59].

Assim como a jurisdição civil, a jurisdição trabalhista é exercida em todo o território nacional e é composta pelas Varas do Trabalho, Tribunais Regionais do Trabalho e Tribunal Superior do Trabalho.

As Varas do Trabalho são os órgãos de primeira instância que compõem a Justiça do Trabalho. Não há Varas do Trabalho em todas as comarcas. Onde inexistem estas, os juízes das Varas Cíveis exercerão a jurisdição trabalhista.

É o que rege o art. 112 da Constituição Federal:

> A lei criará varas da Justiça do Trabalho, podendo, nas comarcas não abrangidas por sua jurisdição, atribuí-la aos juízes de direito, com recurso para o respectivo Tribunal Regional do Trabalho.

Em suma, conforme estabelece a Constituição Federal, nos locais onde não há juiz do trabalho, a competência jurisdicional trabalhista será exercida pelos Juízes de Direito que, excepcionalmente, comporão a estrutura do Poder Judiciário Trabalhista.[60]

É importante lembrar que inicialmente a 1ª instância trabalhista era formada por um colegiado, as chamadas Juntas de Conciliação e Julgamento. Estas foram instituídas pelo Decreto n. 22.132 de 1932 e eram constituídas por um juiz presidente (togado), dois juízes classistas, um representante dos empregados e outro representante dos empregadores, ambos com mandato de três anos.

Anteriormente subordinadas ao Ministério do Trabalho, em 1946 a Constituição estabeleceu que as Juntas passassem a integrar a Justiça do Trabalho, como órgãos do Poder Judiciário (art. 122, III da CF/1946).

Em 1999 com a promulgação da Emenda Constitucional n. 24/99, a representação classista, por intermédio de tais Juntas, foi extinta. Assim, passaram a existir as atuais Varas do trabalho, nas quais a jurisdição é exercida por um juiz singular (titular ou substituto) [61].

Conforme esclarece Amauri Mascaro Nascimento:

> O juiz é bacharel em direito que ingressa na magistratura trabalhista por meio de concurso de provas e títulos realizado perante o Tribunal Regional, válido por dois anos. Aprovado no concurso, o juiz é nomeado para as vagas que se abrem no quadro de juízes substitutos da região e, por antiguidade e merecimento, alternadamente, tem acesso ao cargo de juiz titular da Vara (...). A posse dos juízes é dada pelo presidente do Tribunal Regional. Os juízes devem residir nos limites da sua jurisdição, manter perfeita conduta pública e privada, abster-se de atender a solicitações ou recomendações relativamente aos feitos que haja sido ou tenham de ser submetidos à sua apreciação e manter pontualidade, sob pena de descontos de vencimento, no cumprimento das atribuições do seu mister.[62]

O art. 659 da CLT estabelece como atribuições do juiz do trabalho:

> Competem privativamente aos Presidentes das Juntas, além das que lhe foram conferidas neste Título e das decorrentes de seu cargo, as seguintes atribuições:
>
> I – presidir às audiências das Juntas;
>
> II – executar as suas próprias decisões, as proferidas pela Junta e aquelas cuja execução lhes for deprecada;
>
> III – dar posse aos Vogais nomeados para a Junta, ao chefe da Secretaria e aos demais funcionários da Secretaria;
>
> IV – convocar os suplentes dos Vogais, no impedimento destes;

---

(59) MARINONI, Luiz Guilherme; MITIDIERO, Daniel. *Código de Processo Civil comentado artigo por artigo*. São Paulo: RT, 2010. p. 93.

(60) Art. 111 da CF – São órgãos da Justiça do Trabalho: I – o TST; II – os Tribunais Regionais do Trabalho; III – Juízes do Trabalho.

Art. 644 da CLT – São órgãos da Justiça do Trabalho: a) O Tribunal Superior do Trabalho; b) os Tribunais Regionais do Trabalho; c) as Juntas de Conciliação e Julgamento ou os Juízes de Direito. Obs: a despeito de o texto da CLT não ter sido atualizado, a Emenda Constitucional n. 24, de 9.12.1999 extinguiu as Juntas de Conciliação e Julgamento.

(61) Art. 116 da CF – Nas Varas do Trabalho, a jurisdição será exercida por um juiz singular.

(62) NASCIMENTO, Amauri Mascaro. *Curso de Direito Processual do Trabalho*. 22. ed. São Paulo: Saraiva, 2007. p. 172.

V – representar ao Presidente do Tribunal Regional da respectiva jurisdição, no caso de falta de qualquer vogal a 3 (três) reuniões consecutivas, sem motivo justificado, para os fins do art. 727;

VI – despachar os recursos interpostos pelas partes fundamentando a decisão recorrida antes da remessa ao Tribunal Regional, ou submetendo-se à decisão da Junta, no caso do art. 894;

VII – assinar as folhas de pagamento dos membros e funcionários da Junta;

VIII – apresentar ao Presidente do Tribunal Regional, até 15 de fevereiro de cada ano, o relatório dos trabalhos do ano anterior;

IX – conceder medida liminar, até decisão final do processo em reclamações trabalhistas que visem a tornar sem efeito transferência disciplinada pelos parágrafos do art. 469 desta Consolidação;

X – conceder medida liminar, até decisão final do processo, em reclamações trabalhistas que visem reintegrar no emprego dirigente sindical afastado, suspenso ou dispensado pelo empregador.

Já os Tribunais Regionais do Trabalho compõem a segunda instância da Justiça do Trabalho e gozam de autonomia administrativa e financeira, conforme preceitua o art. 99 da Constituição Federal.

O art. 115 da Carta Magna dispõe que:

Os Tribunais Regionais do Trabalho compõem-se de, no mínimo, sete desembargadores federais do trabalho, recrutados, quando possível, na respectiva região, e nomeados pelo Presidente da República dentre brasileiros com mais de trinta e menos de sessenta e cinco anos, sendo:

I – um quinto dentre advogados com mais de dez anos de efetividade profissional e membros do Ministério Público do Trabalho com mais de dez anos de efetivo exercício, observado o disposto no art. 94;

II – os demais, mediante promoção de juízes do trabalho por antiguidade e merecimento, alternadamente.

§ 1º – Os Tribunais Regionais do Trabalho instalarão a justiça itinerante, com a realização de audiências e demais funções de atividade jurisdicional, nos limites territoriais da respectiva jurisdição, servindo-se de equipamentos públicos e comunitários.

§ 2º – Os Tribunais Regionais do Trabalho poderão funcionar descentralizadamente, constituindo Câmaras regionais, a fim de assegurar o pleno acesso do jurisdicionado à Justiça em todas as fases do processo.

No Brasil há 24 (vinte e quatro) Tribunais Regionais Federais, um em cada Estado da Federação, com exceção de São Paulo, onde há dois Tribunais Regionais do Trabalho, o da 2ª Região (capital, região metropolitana de São Paulo e Baixada Santista) e o da 15ª Região (Campinas e demais cidades do interior do Estado de São Paulo).

Por fim, também exerce a jurisdição trabalhista como órgão de cúpula o Tribunal Superior do Trabalho, instituído em 1946 quando a Justiça do Trabalho passou a integrar o Poder Judiciário.

O Tribunal Superior do Trabalho, conforme dispõe o art. 111-A da Constituição Federal, é composto por 27 (vinte e sete) Ministros. Sua composição é organizada da seguinte forma: Tribunal Pleno, Órgão Especial, Seção Especializada em Dissídio Coletivo – SDC, Seção Especializada em Dissídios Individuais (subseções I e II) e por oito Turmas.

O Tribunal Pleno é composto por, no mínimo, 14 (quatorze) ministros. O Órgão Especial também é composto por 14 (quatorze) ministros, mas o quórum de funcionamento é de 8 (oito) ministros. A Seção de Dissídios Coletivos é composta por 9 (nove) ministros e funciona com 5 (cinco) ministros. Já a Seção de Dissídios Individuais é dividida em duas subseções. A SBDI-1 é composta por 14 (quatorze) ministros e funciona com 8 (oito) julgadores. A SBDI-2 é composta por 10 (dez) ministros e funciona com 6 (seis) julgadores. Por fim, as Turmas são compostas por 3 (três) ministros. Seu quórum deve ser integral.

Artigo 17

Para postular em juízo é necessário ter interesse e legitimidade.

(Art. 3º do CPC revogado)

Conforme a doutrina clássica desenvolvida no Brasil pelo processualista italiano Enrico Tullio Liebman, as condições da ação, ou seja, pressupostos ou requisitos para que o mérito, pedido, possa ser examinado pelo juiz são: interesse de agir, legitimidade *ad causam* e possibilidade jurídica do pedido.

Interesse processual é o interesse da parte de socorrer-se ao Judiciário para que tenha seu direito reconhecido. A própria Carta Magna em seu art. 5º, XXXV, dispõe que: "a lei não excluirá da apreciação do Poder Judiciário lesão ou ameaça a direito".

Conforme lições do próprio Liebman:

> O interesse de agir é o elemento material do direito de ação e consiste no interesse em obter o provimento solicitado. Distingue-se do interesse substancial para cuja proteção se intenta a ação, da mesma maneira como se distinguem os dois direitos correspondentes: o substancial que se afirma pertencer ao autor e o processual que se exerce para a tutela do primeiro. Interesse de agir é, por isso, um interesse processual, secundário e instrumental com relação ao interesse substancial primário: tem por objeto o provimento que se pede ao juiz como meio para obter satisfação de um interesse primário lesado pelo comportamento da parte contrária, ou, mais genericamente, pela situação de fato objetivamente existente. O interesse de agir decorre da necessidade de obter através do processo a proteção do interesse substancial; pressupõe, por isso, a assertiva de lesão a esse interesse e a aptidão do provimento pedido para protegê-lo e satisfazê-lo.[63]

---

(63) LIEBMAN, Enrico Tullio. *Manual de Direito Processual.* v. 1. 3. ed. São Paulo: Malheiros, 2005. p. 206.

O interesse de agir é aferido, pois, sob dois prismas: utilidade e necessidade. Todavia, vale destacar que grande parte da doutrina considera que existe mais um aspecto a ser analisado: o da adequação. Sérgio Pinto Martins, por exemplo, considera que o interesse de agir "compreende o trinômio utilidade/necessidade/adequação."[64].

O interesse-utilidade busca propiciar algum resultado/proveito àquele que se socorreu da esfera jurisdicional. O interesse-necessidade mostra que é necessária a intervenção estatal para aquele que foi lesado ou ameaçado receber a indenização, ou, conforme o caso, evitar a lesão. Já o interesse-adequação é o mais polêmico ante as inúmeras divergências doutrinárias.

Cândido Dinamarco em sua tese de livre-docência nega a existência dessa categoria de interesse processual:

> Aberra até o bom-senso afirmar que uma pessoa não tem interesse em determinada providência só porque se utilize de via inadequada. Pode inclusive acontecer que a própria escolha da via inadequada seja uma consequência do interesse particularmente intenso; se alguém requer a execução sem título, não será possível enxergar-se aí uma tentativa, ilegítima embora, de satisfazer interesse tão premente, aos olhos do titular, que lhe pareça incompatível com os incômodos e delongas da prévia cognição? Seria antes o caso de falar em excesso do que em falta de interesse.[65]

Já Humberto Theodoro Júnior afirma que:

> O interesse processual, a um só tempo, haverá de traduzir-se numa relação de necessidade e também numa relação de *adequação* do provimento postulado, diante do conflito de direito material trazido à solução judicial. Mesmo que a parte esteja na iminência de sofrer um dano em seu interesse material, não se pode dizer que exista o interesse processual, se aquilo que se reclama do órgão judicial não será útil juridicamente para evitar a temida lesão.[66]

E, também, Vicente Greco Filho:

> Porque é inútil a provocação da tutela jurisdicional se ela, em tese, não for apta a produzir a correção arguida na inicial. Haverá, pois, falta de interesse processual se, descrita determinada situação jurídica, a providência pleiteada não for adequada a essa situação.[67]

Os dois últimos autores não negam a existência dessa categoria do interesse processual, a adequação, mas a aproximam e confundem com a utilidade, de modo que, por esse prisma, podemos aceitar o binômio interesse processual configurado na necessidade e adequação, desde que referindo esta última à utilidade do provimento jurisdicional pleiteado.

Quanto à legitimidade de partes ou *ad causam*, trata-se de condição da ação relacionada àqueles que figurarão nos polos ativo e passivo da demanda, ou seja, os titulares da ação.

A legitimidade *ad causam* refere-se àquele que tem o direito de ação sobre determinada questão. Por exemplo, aquele que nunca trabalhou em determinada empresa e quer demandar em face desta a existência de um vínculo empregatício não poderá fazê-lo, haja vista nunca ter sido empregado de tal empresa.

Conforme explica Sérgio Pinto Martins: "Legitimação para a causa (*Legitimatio ad causam*) diz respeito ao direito de ação para determinada demanda. A ação só pode ser proposta por quem é titular do direito. É a legitimação para agir. Um trabalhador não pode cobrar verbas trabalhistas de uma empresa se nela nunca trabalhou"[68].

E, por fim, a possibilidade jurídica como condição da ação é a previsão no ordenamento jurídico do pedido aduzido pelo autor da ação. Ele não pode postular algo que não seja possível obter pelas leis vigentes no país. Por exemplo, o empregado não pode postular a prisão do empregador por não ter lhe proporcionado o aumento previsto na convenção coletiva de sua categoria.

Tais categorias jurídicas foram amplamente acolhidas pelo Código de Processo Civil de 1973, capitaneado pelo professor Alfredo Buzaid. As condições da ação podem ser localizadas tanto no art. 3º como nos arts. 267, VI e 295, parágrafo único, III.

E, diante da completa omissão da Consolidação das Leis do Trabalho, jamais houve qualquer dúvida na exigência de tais requisitos para apreciação de mérito nas lides trabalhistas.

A jurisprudência trabalhista é praticamente uníssona em afirmar que ao reconhecer a impossibilidade jurídica do pedido, a ausência de legitimidade ou interesse processual, a coisa julgada é apenas formal, ou seja, só gera efeitos dentro daquela mesma relação processual. Poderá o autor ingressar com nova ação e obter uma sentença definitiva, isto é, de mérito, desde que preenchido o pressuposto faltante. Eis alguns exemplos de julgados do TST e do TRT da 10ª Região:

> RECURSO ORDINÁRIO EM AÇÃO RESCISÓRIA. PRETENSÃO DE CORTE RESCISÓRIO DIRIGIDA CONTRA ACÓRDÃO QUE CONCLUIU PELA INCOMPETÊNCIA DA JUSTIÇA DO TRABALHO PARA APRECIAR DEMANDA QUE ENVOLVE PEDIDO DE INDENIZAÇÃO POR DANOS MORAL E PATRIMONIAL DECORRENTES DE ACIDENTE

---

(64) MARTINS, Sérgio Pinto. *Direito Processual do Trabalho*. 34. ed. São Paulo: Atlas, 2013. p. 239

(65) DINAMARCO, Cândido. *Execução Civil*. 7. ed. São Paulo: Malheiros, 2000. p. 405-406.

(66) THEODORO JÚNIOR, Humberto. *Curso de Direito Processual Civil — Teoria Geral do Direito Processual Civil e Processo de Conhecimento*. 51. ed. Rio de Janeiro: Forense, 2010. p. 72.

(67) GRECO FILHO, Vicente. *Direito Processual Civil Brasileiro*. 11. ed. São Paulo: Saraiva, 1995, n. 14-2, p. 81.

(68) MARTINS, Sérgio Pinto. *Direito Processual do Trabalho*. 34. ed. São Paulo: Atlas, 2013. p. 239.

DE TRABALHO. EXTINÇÃO DO PROCESSO SEM RESOLUÇÃO DO MÉRITO. FORMAÇÃO DA COISA JULGADA FORMAL. IMPOSSIBILIDADE JURÍDICA DO PEDIDO. A pretensão de corte rescisório dirige-se a acórdão regional em que declarada a incompetência da Justiça do Trabalho para dirimir pedido de indenização por danos moral e patrimonial decorrentes de acidente de trabalho. Os fatos narrados evidenciam que o acórdão rescindendo não constitui decisão de mérito apta a ensejar o corte rescisório, tendo em vista que não foi decidido o mérito do pedido formulado em recurso ordinário. Nessa hipótese, está evidenciada a impossibilidade jurídica do pedido, por se tratar de questão processual que não consistiu em pressuposto de validade de uma decisão de mérito da causa, este não invadido, formando-se a coisa julgada formal, e não material, como exige o art. 485 do CPC. Recurso ordinário em ação rescisória conhecido e desprovido. (TST – RO: 444-26.2012.5.06.0000, relator: Alberto Luiz Bresciani de Fontan Pereira, Data de Julgamento: 12.11.2013, Subseção II Especializada em Dissídios Individuais, Data de Publicação: DEJT 22.11.2013)

EXTINÇÃO DO PROCESSO SEM RESOLUÇÃO DO MÉRITO. COISA JULGADA FORMAL. A coisa julgada formal só produz eficácia dentro do processo em que surgiu. No entanto, quando houver a apreciação do mérito da contenda, não pode a ação ser reproduzida, ainda que tenha constado expressamente da sentença a extinção do processo sem julgamento do mérito. Recurso conhecido e desprovido. (TRT-10 – RO: 01954201300810009 DF 01954-2013-008-10-00-9 RO, relator: Juiz Mauro Santos de Oliveira Goes, Data de Julgamento: 3.9.2014, 3ª Turma, Data de Publicação: 12.9.2014 no DEJT)

Ocorre que no ano de 1970 foi instituída na Itália a Lei do Divórcio (Lei n. 898 de 1º.12.1970) e, com isso, Liebman, ao editar seus posteriores livros, passou a não incluir a possibilidade jurídica do pedido como condição da ação, haja vista que para ele este era o clássico exemplo de tal categoria.

Nesse diapasão, Cândido Dinamarco chama a atenção para essa mudança de paradigma no tocante à matéria condições da ação:

> É notório que a possibilidade jurídica como condição da ação foi uma proposta muito bem sucedida por Liebman, formulada em famosa aula inaugural (Turim, 1949). Apesar de muitas dúvidas que a doutrina brasileira lançou sobre a pertinência dessa condição, o Código de Processo Civil a incluiu ao lado das outras duas (art. 267, inc. VI) — mas logo em seguida o autor da tese renunciou a ela e passou a incluir no requisito de interesse de agir os exemplos antes apontados como casos de impossibilidade jurídica. Como também é notório, Liebman o fez quando a lei italiana passou a admitir o divórcio, sendo este o exemplo mais expressivo de impossibilidade jurídica que vinha sendo utilizado em seus escritos.[69]

Além da condição da ação, a legitimidade de parte também passou a sofrer os ataques da doutrina. Nosso colega dos bancos acadêmicos na graduação da Universidade Federal da Bahia, Fredie Didier Júnior, defende não somente a exclusão da possibilidade jurídica, mas também da legitimidade como condição da ação para exame do mérito:

> A posição deste trabalho sobre as condições da ação já foi posta, e é muito clara: prega-se a abolição como categoria jurídica. Na tutela jurisdicional individual, ao menos nos casos de legitimidade de agir ordinária e possibilidade jurídica do pedido, é impossível extremá-las do mérito da causa, fato que por si só justificaria a exclusão dessa categoria da dogmática jurídica e, consequentemente, do texto legal.[70]

O Novo Código de Processo Civil fez a opção legislativa de excluir apenas a possibilidade jurídica como condição da ação. Manteve-se a legitimidade de partes e interesse processual, como se desdobra da leitura do artigo ora comentado[71].

---

(69) DINAMARCO, Cândido Rangel. *Instituições de Direito Processual Civil II*. 4. ed. São Paulo: Malheiros, 2004. p. 302.

(70) DIDIER JÚNIOR, Fredie. *Curso de Direito Processual Civil*: Teoria Geral do Processo de Conhecimento. v. I. 6. ed. Salvador: Juspodivm, 2009. p. 171.

(71) Eis alguns julgados e orientações jurisprudenciais sobre o tema na seara laboral:

OJ n. 237 – SDI-1. MINISTÉRIO PÚBLICO DO TRABALHO. ILEGITIMIDADE PARA RECORRER (inserida em 20.6.2001) – O Ministério Público não tem legitimidade para recorrer na defesa de interesse patrimonial privado, inclusive de empresas públicas e sociedades de economia mista.

OJ n. 130 – SDI-1. PRESCRIÇÃO. MINISTÉRIO PÚBLICO. ARGUIÇÃO. "CUSTOS LEGIS". ILEGITIMIDADE (nova redação) – DJ 20.4.2005 — Ao exarar o parecer na remessa de ofício, na qualidade de "custos legis", o Ministério Público não tem legitimidade para arguir a prescrição em favor de entidade de direito público, em matéria de direito patrimonial (arts. 194 do CC de 2002 e 219, § 5º, do CPC).

OJ n. 338 – SDI-1. MINISTÉRIO PÚBLICO DO TRABALHO. LEGITIMIDADE PARA RECORRER. SOCIEDADE DE ECONOMIA MISTA E EMPRESA PÚBLICA. CONTRATO NULO (DJ 4.5.2004) — Há interesse do Ministério Público do Trabalho para recorrer contra decisão que declara a existência de vínculo empregatício com sociedade de economia mista ou empresa pública, após a CF/88, sem a prévia aprovação em concurso público.

OJ n. 188 – SDI-1. DECISÃO NORMATIVA QUE DEFERE DIREITOS. FALTA DE INTERESSE DE AGIR PARA AÇÃO INDIVIDUAL (inserida em 8.11.2000) — Falta interesse de agir para a ação individual, singular ou plúrima, quando o direito já foi reconhecido através de decisão normativa, cabendo, no caso, ação de cumprimento.

AGRAVO DE INSTRUMENTO. INTERESSE E LEGITIMIDADE. O exequente tem interesse e legitimidade de requerer a restituição do valor pago a maior pela executada, por ter o dever processual de proceder com lealdade e boa-fé, de acordo com o inciso II do art. 14 do CPC, bem como por não querer participar de enriquecimento sem causa com o recebimento de valor que não lhe é devido, mesmo que irregularmente tenha o juízo de origem dado autorização para sacar os alvarás com valores indevidos. Logo, impõe-se a reforma da decisão que deixou de receber o agravo de petição interposto pelo autor, por ausência de interesse e legitimidade para requerer a restituição daqueles valores à executada. Agravo de instrumento interposto pelo reclamante a que se dá provimento. (TRT-4 – AIAP: RS 0000003-80.2014.5.04.0016, relator: JOÃO ALFREDO BORGES ANTUNES DE MIRANDA, Data de Julgamento: 1º.7.2014, 16ª Vara do Trabalho de Porto Alegre).

RECURSO ORDINÁRIO. NÃO CONHECIMENTO. HONORÁRIOS ASSISTENCIAIS. INTERESSE RECURSAL. LEGITIMIDADE. Hipótese em que não se conhece do recurso ordinário interposto pela parte autora, por ausência

Os arts. 472 e 305 também não mencionam em nenhum momento a possibilidade jurídica do pedido.

Por que o legislador optou por excluir a possibilidade jurídica dessa categoria? Segundo manifestação da Comissão de Juristas responsável pela reforma da Lei Processual:

> Com o objetivo de se dar maior rendimento a cada processo, individualmente considerado, e, atendendo a críticas tradicionais da doutrina, deixou a possibilidade jurídica do pedido, de ser condição da ação. A sentença que, à luz da lei revogada seria de carência da ação, à luz do Novo CPC é de improcedência e resolve definitivamente a controvérsia.[72]

Pois bem. E essa opção legislativa foi acertada? Parece-nos que sim. Não há dúvida de que uma das tendências atuais do direito processual é justamente buscar dar ao jurisdicionado sempre que possível uma decisão de mérito. De que vale uma sentença terminativa se a parte beneficiada por tal decisão não terá a segurança jurídica e tranquilidade de não ser mais demandada? Ora, se o juiz ao aferir que o pedido não tem qualquer respaldo no ordenamento jurídico, deve efetivamente julgar improcedente a ação, de forma que o autor da demanda não possa vir a molestar novamente o réu naquilo que ele não tem qualquer direito conforme o ordenamento jurídico vigente.

E quanto à legitimidade? Como se posicionar sobre o tema? Aqui, como o Código a manteve entre as condições da ação, a solução do problema é delegada aos juízes, que terão de usar da criatividade para solucionar a questão caso a caso. Sugerimos a utilização da teoria da asserção já bastante reconhecida pela doutrina processual pátria.

A teoria da asserção, também conhecida como *prospettazione*, primeiramente, consiste da análise das condições da ação, conforme o quanto alegado pelo autor em sua inicial, sem um maior desenvolvimento do processo para aferição das alegações das partes litigantes por meio da instrução probatória.

Conforme alerta José Roberto dos Santos Bedaque:

> Por isso, não obstante haja carência da ação, por desnecessidade da tutela, essa solução técnica é insatisfatória, pois, apesar de já haver elementos para ditar definitivamente o regime da relação material, a sentença não disporá a respeito. É preciso, portanto, buscar alternativa compatível com a natureza instrumental do processo.[73]

E, continua o Professor Titular da Faculdade de Direito da Universidade de São Paulo:

> Produzida a prova quanto aos fatos impugnados na contestação, poderá o juiz concluir pela não ocorrência da dúvida. A solução, à luz de denominada "teoria da asserção" — segundo a qual as condições da ação devem ser examinadas tão somente pelo que fora afirmado na inicial —, seria a improcedência do pedido de tutela declaratória.[74]

Por fim, conclui:

> Se o juiz realizar cognição profunda sobre as alegações contidas na petição, depois de esgotados os meios probatórios, terá, na verdade, proferido juízo sobre o mérito da questão.[75]

Em nosso entendimento, assim como concluiu José Roberto dos Santos Bedaque, realizada a instrução probatória, não há porque o juiz proferir uma decisão terminativa, quando pode solucionar a lide de forma definitiva. E tal raciocínio se aplica inteiramente ao processo do trabalho, principalmente nas hipóteses em que se discute a existência ou não de um vínculo empregatício.

Artigo 18

Ninguém poderá pleitear direito alheio em nome próprio, salvo quando autorizado pelo ordenamento jurídico.

Parágrafo único. Havendo substituição processual, o substituído poderá intervir como assistente litisconsorcial.

(Art. 6º do CPC revogado)

Em regra, apenas o suposto integrante da relação jurídica-material está autorizado a pleitear em Juízo. É a chamada legitimação ordinária, ou seja, o demandante do processo

---

de interesse recursal e legitimidade, pressupostos intrínsecos de admissibilidade do recurso. (TRT-4 – RO: RS 0000716-51.2012.5.04.0331, relator: Fernando Luiz de Moura Cassal, Data de Julgamento: 20.6.2013, 1ª Vara do Trabalho de São Leopoldo)
AGRAVO EM AGRAVO DE INSTRUMENTO EM RECURSO DE REVISTA. RESPONSABILIDADE SUBSIDIÁRIA. LITISCONSORTE PASSIVO. INTERESSES DISTINTOS. LEGITIMIDADE. Conquanto tenha se estabelecido o litisconsorte passivo, o recurso interposto pelos demais reclamados não aproveita o terceiro litisconsorte, porquanto se tratam de pretensões distintas, haja vista que as condenações observaram períodos de prestação de serviços diversos (arts. 48 e 509 do CPC). Hipótese na qual o segundo reclamado deixou transcorrer in albis o prazo para interpor recurso de revista e, somente após as decisões proferidas nos agravos de instrumentos dos demais litisconsortes propôs o presente recurso. Agravo não conhecido. (TST – Ag-AIRR: 121441-76.2005.5.02.0038, relatora: Delaíde Miranda Arantes, Data de Julgamento: 29.2.2012, 7ª Turma, Data de Publicação: DEJT 2.3.2012).

(72) Disponível em: <http://processoemdebate.com/2010/10/15/novo-codigo-de-processp-civil-a-possibilidade-juridica-do-pedido/>. Acesso em: 24 fev. 2014.

(73) Disponível em: <http://www.jusbrasil.com.br/diarios/32567408/djsp-judicial-1a-instancia-interior-parte-ii-24-11-2011-pg-3064>. Acesso em: 15 abr. 2014.

(74) BEDAQUE, José Roberto dos Santos. *Efetividade do Processo e Técnica Processual*. 3. ed. São Paulo: Malheiros, 2010. p. 322.

(75) BEDAQUE, José Roberto dos Santos. *Direito e Processo*. São Paulo: RT, 1995. p. 78.

é o próprio titular do suposto direito material, que é objeto do litígio.

Todavia, na mesma linha da legislação anterior, o novo Código de Processo Civil abre exceção ao que se denomina de legitimação extraordinária. Assim, nem sempre aquele que é titular do direito material é o mesmo que possui legitimidade ativa para compor o polo ativo ou passivo da demanda (legitimidade *ad causam*).

A novidade em relação ao revogado art. 6º consta do parágrafo único, que permite a intervenção do substituído como assistente litisconsorcial. A possibilidade, aliás, foi disposta na forma de poder-dever do magistrado no Enunciado n. 10 do Fórum Permanente de Processualistas Civis, que dispõe que: "Havendo substituição processual, e sendo possível identificar o substituto, o juiz deve determinar a intimação deste último para, querendo, integrar o processo".

Quando, contudo, não for viável identificar os sujeitos substituídos, o que ocorrerá em especial em litígios relativos a direitos difusos e coletivos em sentido estrito, não será viável essa integração como assistente litisconsorcial.

No que se refere ao processo do trabalho, como a Consolidação das Leis do Trabalho é omissa no que tange à autorização para a legitimação extraordinária, entendemos pela aplicabilidade do presente artigo. Inclusive, é o que acontece no tocante aos dissídios coletivos e ações civis públicas, em que, respectivamente os Sindicatos[76] e Ministério Público atuam nas ações em nome próprio para defesa de direito de terceiros, nos casos os empregados hipossuficientes, conforme expressa autorização legal.

Nesse passo, nos casos de dissídios coletivos, tutela de direitos fundamentais de natureza transindividual (difusos, coletivos e individuais homogêneos), os legitimados para propor ação na defesa de seus direitos são, além do próprio trabalhador lesado: o Ministério Público do Trabalho; a Defensoria Pública; a União, os Estados, os Municípios e o Distrito Federal; os órgãos da administração pública direta e indireta, ainda que sem personalidade jurídica; as associações profissionais constituídas há pelo menos um ano, que incluam entre seus fins a defesa de direitos e interesses coletivos; a associação sindical.

Todos esses órgãos ou pessoas jurídicas poderão propor ação civil coletiva não por serem titulares do direito material, mas por possuírem legitimidade extraordinária para tanto, ou seja, postulam em juízo em nome próprio para tutela de direito alheio.

Aliás, conforme já diagnosticou Paulo Cezar Pinheiro Carneiro[77], podemos afirmar sem temor que a tutela coletiva, diferentemente do que pregam muitos autores, tem a sua gênese na Justiça do Trabalho, nos chamados dissídios coletivos, nos quais os Sindicatos agem em nome próprio para defesa da categoria de trabalhadores que representam.

Na hipótese de desistência ou abandono da ação por alguma associação legitimada à tutela coletiva, quem assumirá o polo titular da demanda será o Ministério Público ou outro legitimado (art. 5º, §§ 1º a 3º da Lei n. 7.347/1985).

> **Artigo 19**
>
> O interesse do autor pode limitar-se à declaração:
> I – da existência, da inexistência ou do modo de ser de uma relação jurídica;
> II – da autenticidade ou da falsidade de documento.
> (Art. 4º do CPC revogado)

O Código de Processo Civil de 1973, recentemente revogado, previa em seu art. 4º disposição normativa muito semelhante à que traz o novo CPC neste art. 19 que ora comentamos.

Entre as diversas espécies de tutelas jurisdicionais possíveis, como a constitutiva, a condenatória, a executiva, a cautelar, a antecipada, a inibitória e a meramente declaratória, o presente artigo trata justamente desta última, o que demanda uma definição de tal espécie de provimento jurisdicional.

O Professor Titular do Departamento de Direito Processual da Universidade do Estado do Rio de Janeiro Luiz Fux explica o instituto, quando utilizado de forma incidental:

> O caráter preventivo e didático da sentença declaratória e a função definidora que lhe é peculiar são responsáveis pelo seu prestígio histórico. Desse dado não se desprendeu o sistema nacional, prevendo, ao lado da declaratória autônoma, também a *declaratória incidental* que, manejada no curso do processo, permite que se dissipem, com força do caso julgado, as incertezas acerca

---

(76) OJ n. 121 – SDI-1. SUBSTITUIÇÃO PROCESSUAL. DIFERENÇA DO ADICIONAL DE INSALUBRIDADE. LEGITIMIDADE. (nova redação) – DJ 20.4.2005 — O sindicato tem legitimidade para atuar na qualidade de substituto processual para pleitear diferença de adicional de insalubridade. OJ n. 359 – SDI-1. SUBSTITUIÇÃO PROCESSUAL. SINDICATO. LEGITIMIDADE. PRESCRIÇÃO. INTERRUPÇÃO (DJ 14.3.2008) — A ação movida por sindicato, na qualidade de substituto processual, interrompe a prescrição, ainda que tenha sido considerado parte ilegítima *"ad causam"*.
"LEGITIMIDADE ATIVA DO SINDICATO AUTOR. SUBSTITUIÇÃO PROCESSUAL. O Sindicato está legitimado, na condição de substituto processual, a pleitear direito alheio em nome próprio, à luz do inciso III do art. 8º da Constituição Federal, como ocorre no caso, em que se postula a incidência do art. 384 da CLT c/c art. 71, § 4º, da CLT, com a integração das horas extras em outras vantagens aos substituídos processuais que laboraram em horário extraordinário (direitos individuais homogêneos, a teor do art. 81, inciso III, do Código de Defesa do Consumidor). Apelo provido. (TRT-4 – RO: RS 0000763-93.2013.5.04.0103, relatora: Rosane Serafini Casa Nova, Data de Julgamento: 26.2.2014, 3ª Vara do Trabalho de Pelotas)."

(77) CARNEIRO, Paulo César Pinheiro. *Acesso à justiça*: juizados especiais cíveis e ação civil pública: uma nova sistematização da teoria geral do processo. Rio de Janeiro: Forense, 2007. p. 3.

da relação jurídica que está fora da causa, mas que figura como premissa inafastável do julgamento da lide, por lhe ser "prejudicial". Por seu turno, essa incerteza há de derivar da dúvida objetiva e jurídica que autoriza essa propositura da ação independente, bem como daquela cujo interesse exsurgiu supervenientemente em face da impugnação do demandado.[78]

Acerca da tutela declaratória, Marinoni e Mitidiero apontam que "com a propositura de ação declaratória busca-se a prestação de tutela certificatória, espacando-se eventual estado de dúvida a respeito da existência ou da inexistência de determinada relação jurídica (ou de seus efeitos) ou da autenticidade ou falsidade documental. O que se quer é a obtenção de certeza"[79].

Com efeito, a ação meramente declaratória é aquela na qual o autor busca a declaração de existência ou inexistência de uma relação jurídica material. Conforme o nosso mestre Flávio Luiz Yarshell:

> A tutela jurisdicional declaratória presta-se a sanar "crises de incerteza", prestando-se a eliminar dúvida objetiva acerca da existência, inexistência ou modo de ser de uma relação jurídica. O direito à certificação — ou o direito à certeza jurídica — embora possa ser divisado no plano substancial, reputa-se uma decorrência inafastável do próprio direito de ação e da garantia de acesso à tutela jurisdicional.[80]

Não se pode olvidar que como é direcionada a eliminar incerteza jurídica, a ação declaratória é imprescritível, conforme a jurisprudência dominante de nossos Tribunais, inclusive os Regionais do Trabalho:

> É cediço em doutrina e jurisprudência que, enquanto declaratória, a ação não prescreve, já que busca apenas tornar certa e conforme o direito a existência ou inexistência de uma relação jurídica, ou autenticidade ou a falsidade de documento. (TRT 4ª Região, RO 01668.231/96-4, rel. Juiz André Avelino Ribeiro Neto, 6ª Turma, jul. 11.5.2000)

Todavia, caso o direito material subjetivo que se queira declarar esteja prescrito, faltará ao demandante interesse processual para postular a eliminação da dúvida e incerteza na ação declaratória.

A novidade que se observa em relação ao tema no novo CPC é sutil e está compreendida no inciso I do artigo. Este inciso admite a existência de interesse processual para obter declaração acerca "do modo de ser de uma relação jurídica", ampliando-se, assim, a previsão anterior. Não obstante a inovação legislativa, a ação declaratória em tais casos já era admitida pela jurisprudência, conforme se observa da Súmula n. 181 do Superior Tribunal de Justiça[81].

Por outro lado, quanto à obtenção de declaratória no que se refere à autenticidade ou falsidade do documento, assim já decidiu o Superior Tribunal de Justiça:

> Não se admite ação declaratória de falsidade ideológica. O art. 4º, inciso II, do CPC, refere-se à falsidade material." (STJ, REsp 73.560/SP, rel. Min. Garcia Vieira, 1ª Turma, jul. 16.6.1998, DJU 24.8.1998, p. 9). [82]

Entendemos plenamente cabível a ação declaratória no âmbito do direito do trabalho, seja no que tange à existência ou inexistência de relação jurídica, seja em relação à validade ou invalidade de documento, conforme exemplos colhidos da doutrina e jurisprudência. Seguir decisão proferida pelo TST sobre o tema:

> AGRAVO EM AGRAVO DE INSTRUMENTO EM RECURSO DE REVISTA. AÇÃO DECLARATÓRIA. AUSÊNCIA DE INTERESSE DE AGIR. A autora não tem interesse de agir pois busca em ação declaratória o reconhecimento do direito de demitir empregado. Confirmado não seguimento do agravo de instrumento e do recurso de revista. Agravo não provido. Busca a empresa autora que seja declarada a inexistência de qualquer óbice ao exercício do seu poder de gestão, inclusive no que respeita ao direito potestativo de resilir o contrato de trabalho. A sentença extinguiu o processo sem resolução do mérito, nos termos do art. 267, VI do CPC, entendendo que o provimento jurisdicional declaratório é sem qualquer utilidade para a autora, uma vez que o contrato de trabalho está em vigor, não tendo o réu procurado se beneficiar da suposta estabilidade como dirigente de uma cooperativa. As ações declaratórias têm por objetivo conseguir uma certeza jurídica, certificar a existência de um direito. Serve, tão somente, para saber que o direito existe ou para exclusão do direito do adversário. Não se colima a realização de um direito. Tem-se como pressuposto da ação declaratória a incerteza derivada de um conflito de interesses, não apenas aquela incerteza resultante de dúvidas ou circunstâncias subjetivas. Como toda ação, devem ser observadas as condições gerais, do interesse de agir, legitimidade ad causam e da possibilidade jurídica do pedido. O interesse de agir, consubstanciado na necessidade e utilidade do provimento jurisdicional, na ação declaratória, confunde-se com o próprio mérito da causa, qual seja, a busca de um provimento jurisdicional acerca de uma incerteza jurídica. Porém, como anteriormente verificado, esta incerteza deve ter como nascedouro um conflito de interesses, que na hipótese dos autos inexiste, uma vez que não há alegação ou prova de que o réu tenha procurado se beneficiar da suposta estabilidade de dirigente de cooperativa. Neste diapasão, inexistente o conflito de interesses, não há supedâneo a embasar a declaração ora perseguida. Destarte, correto o julgado que extingui o feito sem resolução do mérito, por ausência de interesse de agir. Nego provimento. (TST – Ag-AIRR: 144500-10.2009.5.01.0482, relatora: Maria das Graças Silvany Dourado Laranjeira, Data de Julgamento: 7.8.2012, 3ª Turma)

---

(78) FUX, Luiz. *Informativo Jurídica da Biblioteca Ministro Oscar Saraiva*, v. 14, n. 2, p. 107-231, jul./dez. 2002.

(79) MARINONI, Luiz Guilherme; MITIDIERO, Daniel. *Código de Processo Civil comentado artigo por artigo*. São Paulo: RT, 2010. p. 97.

(80) YARSHELL, Flávio Luiz. *Tutela Jurisdicional*. São Paulo: Atlas, 1999. p. 142.

(81) Súmula n. 181 – STJ: É admissível ação declaratória, visando a obter certeza quanto à exata interpretação de cláusula contratual.

(82) Disponível em:<http://stj.jusbrasil.com.br/jurisprudencia/493901/recurso--especial-resp-73560-sp-1995-0044356-2>. Acesso em: 7 abr. 2014.

Do mesmo modo, Sérgio Pinto Martins comenta a respeito:

> Embora na prática não seja muito comum o uso da ação declaratória incidental, pode ela ocorrer, como na hipótese de o autor pedir verbas trabalhistas, mas se esquecer de pedir o reconhecimento do vínculo de emprego. Poderia requerer nos dez dias após a contestação que o juiz declarasse a respeito da existência do vínculo de emprego para que haja coisa julgada em relação a este aspecto ou proporia ação declaratória incidental, distribuída por dependência à primeira, com o mesmo objetivo.[83]

Nessa mesma linha de raciocínio Amauri Mascaro Nascimento dá o seguinte exemplo:

> Se A move reclamação trabalhista contra B e este se defende, alegando que, do mesmo modo que A também é empregado de C, patrão de ambos, pode o interessado, no caso B, requerer um pronunciamento incidental para que a Junta declare a existência ou inexistência da relação entre B e C, questão fundamental para a solução da lide.[84]

Assim sendo cabível a ação declaratória no âmbito do processo do trabalho, esta deve ser admitida de acordo com os novos limites operados pelo novo CPC, especialmente no que se refere à discussão acerca do "modo de ser" da relação jurídica, o que tem especial relevância no âmbito de relações empregatícias.

Artigo 20

É admissível a ação meramente declaratória, ainda que tenha ocorrido a violação do direito.
(Art. 4º, parágrafo único)

O artigo repete a regra que era prevista no parágrafo único do art. 4º do CPC revogado. O texto legal prestigia a autonomia particular dos indivíduos e a sua liberdade individual, ao dispor que, ainda que já tenha ocorrido a violação do direito, o interesse do autor poderá se limitar a obter provimento de natureza declaratória.

Marinoni e Mitidiero explicam que "a justificativa reside no prestígio que se deve reconhecer à autonomia individual, sendo lícito ao demandante escolher a espécie de tutela que melhor atende à sua necessidade e ao seu interesse no plano do direto material".[85]

O artigo deve ser visto com algumas reservas no processo do trabalho, diante da natureza alimentar do direito que é objeto de sua tutela, o que leva alguns doutrinadores a admitirem sentenças *extra petita* nessa seara[86].

TÍTULO II
DOS LIMITES DA JURISDIÇÃO NACIONAL E DA COOPERAÇÃO INTERNACIONAL

CAPÍTULO I
DOS LIMITES DA JURISDIÇÃO NACIONAL

Artigo 21

Compete à autoridade judiciária brasileira processar e julgar as ações em que:
I – o réu, qualquer que seja a sua nacionalidade, estiver domiciliado no Brasil;
II – no Brasil tiver de ser cumprida a obrigação;
III – o fundamento seja fato ocorrido ou ato praticado no Brasil.
Parágrafo único. Para o fim do disposto no inciso I, considera-se domiciliada no Brasil a pessoa jurídica estrangeira que nele tiver agência, filial ou sucursal.
(Art. 88 do CPC revogado)

No Código de Processo Civil revogado, os limites da jurisdição brasileira eram tratados no art. 88. Tais regras de competência determinam os limites de nossa jurisdição perante outra nação estrangeira e são definidos com base na soberania nacional.

Humberto Theodoro Júnior explica:

> Essa delimitação decorre do entendimento de que só deve haver jurisdição até onde o Estado efetivamente consiga executar soberanamente suas sentenças. Não interessa a nenhum Estado avançar indefinitivamente sua área de jurisdição sem que possa tornar efetivo o julgamento de seus tribunais. Limita-se, assim, especialmente a jurisdição pelo princípio da efetividade.[87]

---

(83) MARTINS, Sérgio Pinto. *Direito Processual do Trabalho*. 34. ed. São Paulo: Atlas, 2013. p. 245.

(84) NASCIMENTO, Amauri Mascaro. *Curso de Direito Processual do Trabalho*. 13. ed. ampl. e atual. São Paulo: Saraiva, 1992. p. 152.

(85) MARINONI, Luiz Guilherme; MITIDIERO, Daniel. *Código de Processo Civil comentado artigo por artigo*. São Paulo: RT, 2010. p. 97.

(86) Conforme pondera MARTINS, Sérgio Pinto. *Direito Processual do Trabalho*. 34. ed. São Paulo: Atlas, 2013. p. 46: "Estaria o princípio da ultra ou extrapetição incluído na autorização que o juiz teria para julgar por equidade (art. 8º da CLT), permitindo a correção de erros manifestos. Entretanto, essa questão tem de ser analisada com mais acuidade. Não concordo com certos autores que entendem que o princípio da ultra ou extrapetição devesse ser aplicado em todos os casos, mas apenas naqueles previstos em lei...".

(87) THEODORO JÚNIOR, Humberto. *Código de Processo Civil anotado*. Humberto Theodoro Júnior: colaboradores, Humberto Theodoro Neto, Adriana Mandim Theodoro de Mello, Ana Vitoria Mandim Theodoro. 17. ed. Rio de Janeiro: Forense, 2013. p. 130.

A competência poderá ser concorrente, com outro Estado estrangeiro (art. 23 do CPC) ou exclusiva (art. 22 do CPC).

O artigo ora comentado trata de competência concorrente, ou seja, as hipóteses em que o litígio pode ser julgado por autoridade nacional ou internacional. Neste último caso a sentença estrangeira deverá ser homologada pelo Superior Tribunal de Justiça, conforme o disposto no art. 105, I, *i*, da Constituição Federal.[88]

O inciso I do presente artigo determina que deverá ser julgado no Brasil o réu que, independentemente de sua nacionalidade, estiver domiciliado no território brasileiro. É importante analisar o inciso I deste artigo em sintonia com o art. 32 do CPC[89].

Já no inciso II, a autoridade judiciária brasileira será competente quando determinada obrigação tiver de ser cumprida no Brasil, ou seja, as partes pactuam algum tipo de obrigação a ser cumprida no território brasileiro.

Caso a ação se origine de fato ocorrido ou de ato praticado no Brasil, independentemente de qualquer outra circunstância, também será competência da autoridade judiciária brasileira.

Por fim, o parágrafo único determina também ser competente a Justiça nacional caso haja pessoa jurídica estrangeira que aqui tiver agência, filial ou sucursal.

No processo do trabalho há norma específica no art. 651, § 2º, da CLT, que rege:

> Art. 651. A competência das Juntas de Conciliação e Julgamento é determinada pela localidade onde o empregado, reclamante ou reclamado, prestar serviços ao empregador, ainda que tenha sido contratado noutro local ou no estrangeiro.
>
> § 2º A competência das Juntas de Conciliação e Julgamento, estabelecida neste artigo, estende-se aos dissídios ocorridos em agência ou filial no estrangeiro, desde que o empregado seja brasileiro e não haja convenção internacional dispondo em contrário.

É digna de registro a desatualização da norma celetista, uma vez que a Extinção das Juntas de Conciliação e Julgamento ocorreu desde a Emenda Constitucional n. 24 de 9.12.1999.

Uma observação importante em relação ao tema consiste no fato de que a jurisprudência do TST e dos TRTs tem mitigado imunidade de jurisdição dos Estados estrangeiros[90][91].

Ainda sobre a matéria, é digno de registro a orientação jurisprudencial n. 416 da SDI-1 do TST, *in verbis*:

> OJ-SDI1-416 – IMUNIDADE DE JURISDIÇÃO. ORGANIZAÇÃO OU ORGANISMO INTERNACIONAL. (DEJT divulgado em 14, 15 e 16.2.2012)
>
> As organizações ou organismos internacionais gozam de imunidade absoluta de jurisdição quando amparados por norma internacional incorporada ao ordenamento jurídico brasileiro, não se lhes aplicando a regra do Direito Consuetudinário relativa à natureza dos atos praticados. Excepcionalmente, prevalecerá a jurisdição brasileira na hipótese de renúncia expressa à cláusula de imunidade jurisdicional.

---

(88) Art. 105 – Compete ao Superior Tribunal de Justiça: I – processar e julgar, originariamente: *i* – a homologação de sentenças estrangeiras e a concessão de *exequatur* às cartas rogatórias.

(89) Art. 32 do CPC – A ação fundada em direito pessoal ou em direito real sobre bens imóveis será proposta, em regra, no foro do domicílio do réu. § 1º – Tendo mais de um domicílio, o réu será demandado no foro de qualquer deles; § 2º – Sendo incerto ou desconhecido o domicílio do réu, ele será demandado onde for encontrado ou no foro do domicílio do autor; § 3º – Quando o réu não tiver domicílio nem residência no Brasil, a ação será proposta no foro do domicílio do autor. Se este também residir fora do Brasil, a ação será proposta em qualquer foro; § 4º – Havendo dois ou mais réus, com diferentes domicílios, serão demandados no foro de qualquer deles, à escolha do autor.

(90) AGRAVO DE INSTRUMENTO. RECURSO DE REVISTA. REINO DA ARÁBIA SAUDITA. ESTADO ESTRANGEIRO. IMUNIDADE DE JURISDIÇÃO RELATIVIZADA. DECISÃO DENEGATÓRIA. MANUTENÇÃO. É entendimento jurisprudencial desta Corte Especializada que a imunidade de jurisdição dos Estados estrangeiros é relativa, em relação às demandas que envolvam atos de gestão e em que se debate o direito a parcelas decorrentes da relação de trabalho. Na hipótese, sendo o Reclamado pessoa jurídica de Direito Público Externo, Estado Estrangeiro, não se há falar em imunidade de jurisdição relativamente a parcelas oriundas de contrato de trabalho (atos de gestão). Não há como assegurar o processamento do recurso de revista quando o agravo de instrumento interposto não desconstitui os fundamentos da decisão denegatória, que ora subsiste por seus próprios fundamentos. Agravo de instrumento desprovido. (TST – AIRR: 56000-56.2009.5.10.0016, relator: Mauricio Godinho Delgado, Data de Julgamento: 14.12.2011, 6ª Turma, Data de Publicação: DEJT 19.12.2011)

(91) ESTADO ESTRANGEIRO. IMUNIDADE DE JURISDIÇÃO ABSOLUTA. INEXISTÊNCIA. O Supremo Tribunal Federal decidiu em maio de 1989, à unanimidade, que o Estado estrangeiro não tem imunidade em causa de natureza trabalhista (Apelação Cível n. 9.696, RTJ n. 133/159). A Corte entendeu, pois, pela insubsistência da norma costumeira garantidora da imunidade absoluta. Tal posicionamento está refletido atualmente nas decisões do c. TST, que entende estar pacificado na jurisprudência a máxima de que os Estados estrangeiros não gozam de imunidade de jurisdição no processo de conhecimento. Assim, na linha da evolução jurisprudencial dos nossos Tribunais, resta afastada a imunidade absoluta de jurisdição para do Estado estrangeiro, seguindo o processo até sua execução. (TRT-10 – RO: DF 00304-2011-003-10-00-2 RO, relator: Desembargador José Leone Cordeiro Leite, Data de Julgamento: 25.1.2012, 3ª Turma, Data de Publicação: 3.2.2012 no DEJT)
AGRAVO DE INSTRUMENTO. RECURSO DE REVISTA. REINO DA ARÁBIA SAUDITA. ESTADO ESTRANGEIRO. IMUNIDADE DE JURISDIÇÃO RELATIVIZADA. DECISÃO DENEGATÓRIA. MANUTENÇÃO. É entendimento jurisprudencial desta Corte Especializada que a imunidade de jurisdição dos Estados estrangeiros é relativa, em relação às demandas que envolvam atos de gestão e em que se debate o direito a parcelas decorrentes da relação de trabalho. Na hipótese, sendo o Reclamado pessoa jurídica de Direito Público Externo, Estado Estrangeiro, não se há falar em imunidade de jurisdição relativamente a parcelas oriundas de contrato de trabalho (atos de gestão). Não há como assegurar o processamento do recurso de revista quando o agravo de instrumento interposto não desconstitui os fundamentos da decisão denegatória, que ora subsiste por seus próprios fundamentos. Agravo de instrumento desprovido. (TST – AIRR: 56000-56.2009.5.10.0016, relator: Mauricio Godinho Delgado, Data de Julgamento: 14.12.2011, 6ª Turma, Data de Publicação: DEJT 19.12.2011)

Artigo 22

Compete, ainda, à autoridade judiciária brasileira processar e julgar as ações:

I – de alimentos, quando:

a) o credor tiver domicílio ou residência no Brasil;

b) o réu mantiver vínculos no Brasil, tais como posse ou propriedade de bens, recebimento de renda ou obtenção de benefícios econômicos;

II – decorrentes de relações de consumo, quando o consumidor tiver domicílio ou residência no Brasil;

III – em que as partes, expressa ou tacitamente, se submeterem à jurisdição nacional.

(Sem correspondente no CPC revogado).

O dispositivo legal aprimora a regra instituída pelo artigo anterior quanto à competência da autoridade judiciária brasileira. Trata-se de outras hipóteses em que o conflito deverá ser submetido ao Poder Judiciário brasileiro, notadamente alguns casos de ação de alimentos e relação de consumo, visando proteger o hipossuficiente, o que é também consequência da regra da isonomia material das partes, norma fundamental do processo prevista no art. 7º do novo CPC, bem como quando as partes se submeterem à jurisdição nacional.

Não há a aplicação deste dispositivo ao processo do trabalho, seja por não tratar de matéria trabalhista, seja pela regra do art. 651 da CLT ser cogente e abordar a matéria.

Artigo 23

Compete à autoridade judiciária brasileira, com exclusão de qualquer outra:

I – conhecer de ações relativas a imóveis situados no Brasil;

II – em matéria de sucessão hereditária, proceder à confirmação de testamento particular e ao inventário e à partilha de bens situados no Brasil, ainda que o autor da herança seja de nacionalidade estrangeira ou tenha domicílio fora do território nacional;

III – em divórcio, separação judicial ou dissolução de união estável, proceder à partilha de bens situados no Brasil, ainda que o titular seja de nacionalidade estrangeira ou tenha domicílio fora do território nacional.

(Art. 89 do CPC revogado)

O presente artigo repete, com algumas modificações, regra que era prevista no art. 89 do antigo Código de Processo Civil, disciplinando a competência internacional exclusiva da Justiça brasileira.

Caso haja sido proferida sentença estrangeira acerca das matérias disciplinadas acima, tal decisão não produzirá efeito algum no território nacional:

> Tratando-se de ação de reconhecimento de filiação cumulada com petição de herança, competente para sua apreciação é a Justiça brasileira, embora o autor seja estrangeiro, bem como seu pai, porém domiciliados no Brasil, onde se localizam os seus bens.[92]

Não obstante, no tocante a imóvel, o Superior Tribunal de Justiça admite a homologação de sentença proferida por juízo estrangeiro, desde que respeitada a legislação nacional:

> O fato de determinado imóvel estar localizado no Brasil não impede a homologação da sentença estrangeira de partilha quanto ao mesmo bem, não ofendido o art. 89, II, do Código de Processo Civil nos termos de reiterados precedentes do Supremo Tribunal Federal. Hipótese em que, apesar da sentença estrangeira não fazer menção expressa à legislação brasileira, esta foi respeitada, tendo em vista que coube 50% dos bens para cada cônjuge. Homologação deferida.[93]

De todo sorte, tanto as matérias imobiliárias como de sucessão hereditária, não têm interesse no processo do trabalho, tendo em vista que as relações jurídicas materiais, objeto de tutela, são distintas daquelas que são objeto das lides trabalhistas, tuteladas nas relações de trabalho.

Sérgio Pinto Martins, em suas lições, dispõe sobre a competência da Justiça do Trabalho quando o empregado trabalha no estrangeiro:

> A ação deverá ser proposta perante a Vara onde o empregado tenha sede no Brasil ou também onde o empregado foi contratado antes de ir para o exterior. Se a empresa não tiver sede no Brasil, haverá impossibilidade da propositura da ação, pois não será possível sujeitá-la à decisão de nossos tribunais.[94]

Já Carlos Henrique Bezerra Leite, doutrina de forma distinta que:

> Pouco importa se a empresa é brasileira ou estrangeira, pois o critério subjetivo adotado pelo art. 651, § 2º, da CLT diz respeito ao brasileiro, nato ou naturalizado, que prestar serviços no estrangeiro (...). Cremos, porém, que, não obstante os obstáculos operacionais para a propositura da demanda em face de empresa que não tenha sede ou filial no Brasil mostra-se perfeitamente possível a notificação do empregador por carta rogatória, sendo competente a Vara do Trabalho, por aplicação analógica do art. 88, I e II, do CPC. Se ele aceitará ou não submeter-se à jurisdição da Justiça laboral brasileira já é problema alheio à questão de competência.[95]

---

(92) TJSP, Ap. Cív. n. 266.225, rel. Cardoso Rolim, 1ª Câm., jul. 27.12.1977, RT 519/89.

(93) STJ, SEC n. 878/PT, rel. Min. Carlos Alberto Menezes Direito, Câm. Especial, jul. 18.5.2005, SJ 27.6.2005, p. 203.

(94) MARTINS, Sergio Pinto. *Direito Processual do Trabalho*. 26. ed. São Paulo: Atlas, 2006. p. 128.

(95) BEZERRA LEITE, Carlos Henrique. *Curso de Direito Processual do Trabalho*. 5. ed. São Paulo: LTr, 2007. p. 269-270.

Contudo, há discussão acerca da ausência de agência ou filial no Brasil. Alguns, como Sérgio Pinto Martins[96], entendem que, neste caso, não teria como ajuizar ação, por impossibilidade de sujeitá-la à decisão de nossos Tribunais. Outros, como Carlos Henrique Bezerra Leite[97], entendem que seria possível suprir tal situação com a notificação do empregador via carta rogatória, conforme aplicação analógica do art. 88, I e II do CPC.

Desde que atendidos os requisitos legais, o empregado brasileiro poderá se valer da jurisdição do país no qual laborou, com posterior homologação pelo Superior Tribunal de Justiça para que a decisão gere efeitos em nosso país.

Artigo 24

A ação proposta perante tribunal estrangeiro não induz litispendência e não obsta a que a autoridade judiciária brasileira conheça da mesma causa e das que lhe são conexas, ressalvadas as disposições em contrário de tratados internacionais e acordos bilaterais em vigor no Brasil.

Parágrafo único. A pendência de causa perante a jurisdição brasileira não impede a homologação de sentença judicial estrangeira quando exigida para produzir efeitos no Brasil.

(Correspondente: art. 90 do CPC revogado)

O art. 90 do antigo CPC[98] tratava tal matéria; todavia, não incluía em seu texto legal o parágrafo único trazido pelo novo Código.

Tal dispositivo traz a possibilidade que a parte tem de propor demanda no Brasil mesmo que já tenha ajuizado perante Estado estrangeiro. Mesmo que haja trânsito em julgado, caberá à parte requerer a homologação de tal sentença para que esta produza todos os seus efeitos no território nacional.

É válido frisar que se deve sempre preservar a soberania nacional, não se configurando como ressalva ao *caput* do artigo litispendência da demanda em trâmite no Brasil e nem ação proposta no exterior.

Marinoni e Mitidiero entendem que há litispendência, embora ineficaz: "a ação intentada perante órgão jurisdicional estrangeiro não tem a eficácia de obstar o exame da mesma causa e das que lhe são conexas pela jurisdição nacional. Se há competência internacional concorrente e há duas ações tramitando simultaneamente no Brasil e no estrangeiro há, por óbvio, litispendência. Essa, contudo, não determina a extinção do segundo processo sem resolução de mérito (art. 267, V, CPC). Vale dizer: há litispendência, mas não há eficácia de litispendência. À jurisdição brasileira é indiferente a que se tenha ajuizado ação em país estrangeiro, ainda que idêntica à outra que aqui tramite"[99].

Nestes casos, a solução a ser adotada deverá ser a seguinte: a ação estrangeira apenas provocará a extinção do processo que tramite no Brasil após a sua homologação pelo STJ, quando passará a surtir efeitos no território nacional. Contudo, caso já tenha havido o trânsito em julgado da ação em território nacional, a homologação não poderá ocorrer, sendo eficaz a decisão brasileira.

O parágrafo único trata da homologação de decisão estrangeira, o que é aplicável ao processo do trabalho, conforme se observa da jurisprudência do Superior Tribunal de Justiça:

HOMOLOGAÇÃO DE SENTENÇA ESTRANGEIRA — AÇÃO TRABALHISTA — RESOLUÇÃO N. 09/2005 DO STJ — REQUISITOS LEGAIS PREENCHIDOS. 1. Sentença estrangeira que preenche as exigências formais constantes do arts. 5º e 6º da Resolução n. 09/2005 do STJ. 2. Homologação de sentença estrangeira deferida. (STJ – SEC: 5781 EX 2010/0166059-3, relatora: Ministra Eliana Calmon, Data de Julgamento: 25.4.2013, CE – Corte Especial, Data de Publicação: DJe 10.5.2013)

HOMOLOGAÇÃO DE SENTENÇA ESTRANGEIRA. URUGUAI. CONDENAÇÃO EM AÇÃO TRABALHISTA. REQUISITOS PREENCHIDOS. 1. A sustentada nulidade da citação pelo suposto encerramento das atividades empresarias da Requerida à época da ação alienígena esbarra na ausência de provas dessa alegação e, mais, na contra-prova dos Requerentes que atestam a existência legal da pessoa jurídica perante os órgãos oficiais uruguaios. Ademais, não há razões para supor a irregularidade da declaração de revelia feita pela Justiça Trabalhista estrangeira, diante das circunstâncias fático-jurídicas apresentadas. 2. As questões meritórias resolvidas na sentença estrangeira, referentes à existência tanto de vínculo empregatício quanto de dívidas trabalhistas, não estão sujeitas à revisão nestes autos. 3. Restaram atendidos os requisitos regimentais com a constatação da regularidade da citação para processo julgado por juiz competente, cuja sentença, transitada em julgado, foi autenticada pela autoridade consular brasileira e traduzida por profissional juramentado no Brasil, com o preenchimento das demais formalidades legais. 4. Pedido de homologação deferido. Custas *ex lege*. Condenação da Requerida ao pagamento dos honorários advocatícios. (STJ – SEC: 3772 EX 2008/0283448-6, relatora: Ministra Laurita Vaz, Data de Julgamento: 5.10.2011, CE – Corte Especial, Data de Publicação: DJe 8.3.2012)

---

(96) MARTINS, Sergio Pinto. *Direito Processual do Trabalho*. São Paulo: Atlas, 2000. p. 130.

(97) BEZERRA LEITE, Carlos Henrique. *Curso de Direito Processual do Trabalho*. 12. ed. São Paulo, LTr. 2014. p.315.

(98) Art. 90 – A ação intentada perante tribunal estrangeiro não induz litispendência, nem obsta a que a autoridade judiciária brasileira conheça da mesma causa e das que lhe são conexas.

(99) MARINONI, Luiz Guilherme; MITIDIERO, Daniel. *Código de Processo Civil comentado artigo por artigo*. São Paulo: RT, 2010. p. 156.

Artigo 25

Não compete à autoridade judiciária brasileira o processamento e o julgamento da ação quando houver cláusula de eleição de foro exclusivo estrangeiro em contrato internacional, arguida pelo réu na contestação.

§ 1º Não se aplica o disposto no *caput* às hipóteses de competência internacional exclusiva previstas neste Capítulo.

§ 2º Aplica-se à hipótese do *caput* o art. 63, §§ 1º a 4º.

(Sem correspondente no CPC revogado)

O dispositivo legal institui regra relativa ao foro convencional. Assim, em âmbito do processo civil, caso haja cláusula de eleição de foro estrangeiro, não competirá o julgamento à autoridade judiciária brasileira.

Deve-se respeitar, entretanto, os casos estabelecidos por lei em que a autoridade judiciária brasileira é competente exclusivamente para julgar determinada ação (parágrafo único do presente artigo), como são os casos descritos no art. 23 do novo Código.

No que tange ao processo do trabalho não há possibilidade de aplicação do presente artigo, tendo em vista os princípios norteadores deste, principalmente o da proteção ao hipossuficiente econômico, que norteia a definição da competência para julgamento do feito. Nesse diapasão é a jurisprudência, que apenas admite cláusula de eleição de foro quando proteger o hipossuficiente:

> CONFLITO NEGATIVO DE COMPETÊNCIA EM RAZÃO DO LUGAR. RECLAMAÇÃO TRABALHISTA. AJUIZAMENTO NO LUGAR DO DOMICÍLIO DA RECLAMANTE. POSSIBILIDADDE DE ELEIÇÃO DO FORO APENAS SE COINCIDENTE COM O LOCAL DA CONTRATAÇÃO OU DA PRESTAÇÃO DE SERVIÇOS (art. 651, § 3º, da CLT). Conflito negativo de competência suscitado pelo Juízo da 81ª Vara do Trabalho de São Paulo (2ª Região), que se declarou incompetente, em razão do lugar, para julgar a reclamação trabalhista ajuizada pela reclamante em São João da Boa Vista (15ª Região), no intuito de dar garantia e efetividade ao princípio constitucional de acesso a Justiça. Esta Subseção Especializada já firmou posicionamento no sentido de que prevalecem os critérios objetivos de fixação da competência territorial, consoante as regras do art. 651, *caput* e § 3º, para admitir-se o ajuizamento da ação no domicílio do reclamante apenas se este coincidir com o da contratação ou o da prestação dos serviços, caso em que a eleição do foro será possível. Conflito de competência que se julga improcedente, para declarar competente o Juízo da 81ª Vara do Trabalho de São Paulo. (TST – SDI II – CC 1221.76.2012.5.00.0000 – Rel. Ministro Pedro Paulo Manus – DJU 15.6.2012)

CAPÍTULO II
DA COOPERAÇÃO INTERNACIONAL

Seção I
Das Disposições Gerais

Artigo 26

A cooperação jurídica internacional será regida por tratado de que o Brasil faz parte e observará:

I – o respeito às garantias do devido processo legal no Estado requerente;

II – a igualdade de tratamento entre nacionais e estrangeiros, residentes ou não no Brasil, em relação ao acesso à Justiça e à tramitação dos processos, assegurando-se assistência judiciária aos necessitados;

III – a publicidade processual, exceto nas hipóteses de sigilo previstas na legislação brasileira ou na do Estado requerente;

IV – a existência de autoridade central para recepção e transmissão dos pedidos de cooperação;

V – a espontaneidade na transmissão de informações a autoridades estrangeiras.

§ 1º Na ausência de tratado, a cooperação jurídica internacional poderá realizar-se com base em reciprocidade, manifestada por via diplomática.

§ 2º Não se exigirá a reciprocidade referida no § 1º para homologação de sentença estrangeira.

§ 3º Na cooperação jurídica internacional não será admitida a prática de atos que contrariem ou que produzam resultados incompatíveis com as normas fundamentais que regem o Estado brasileiro.

§ 4º O Ministério da Justiça exercerá as funções de autoridade central na ausência de designação específica.

(Sem correspondente no CPC revogado)

O novo Código de Processo Civil positivou um capítulo destinado a estabelecer as regras relativas à Cooperação Internacional. Desse modo, sempre que haja necessidade de prática de atos superando as barreiras nacionais, deverão ser observadas as normas ora previstas.

Tais regras representam importante inovação do novo Código, ao tratar de forma ampla sobre a prática de atos, uma vez que o CPC revogado limitava-se a dispor sobre a homologação de sentença estrangeira e a carta rogatória.

Em regra, a cooperação internacional deverá ser objeto de tratado do qual o Brasil seja signatário, mas tal poderá ocorrer também com base em reciprocidade manifestada por meio das vias diplomáticas próprias, salvo para a homologação de sentença, hipótese em que este requisito é dispensável (§ 2º).

A cooperação poderá ser ativa e passiva. Segundo leciona Flávia Pereira Hill, "diz-se que a cooperação jurídica internacional é *ativa* quando solicitada pela autoridade brasileira a prática de determinado ato processual ou a efetivação de decisão proferida por órgão jurisdicional brasileiro, devendo ser cumprido por autoridade estrangeira, enquanto se considera cooperação jurídica internacional *passiva*, quando autoridade estrangeira solicita à autoridade brasileira a prática de determinado ato processual ou o cumprimento de decisão estrangeira"[100].

A cooperação internacional deverá observar os direitos fundamentais processuais do devido processo legal, da isonomia e da publicidade processual e, por consequência, não poderá acarretar em resultados ou efeitos que violem as normas fundamentais do Estado brasileiro.

Diante da omissão da lei trabalhista, não vemos óbice à aplicação das normas de cooperação internacional na solução das lides trabalhistas que, em relação ao direito material, já vem sendo realizada pela Organização Internacional do Trabalho — OIT.

Artigo 27

A cooperação jurídica internacional terá por objeto:

I – citação, intimação e notificação judicial e extrajudicial;

II – colheita de provas e obtenção de informações;

III – homologação e cumprimento de decisão;

IV – concessão de medida judicial de urgência;

V – assistência jurídica internacional;

VI – qualquer outra medida judicial ou extrajudicial não proibida pela lei brasileira.

(Sem correspondente no CPC revogado)

O novo Código prevê a cooperação internacional de forma ampla para a prática de variados atos processuais. Em suma, poderão ser objeto de pedido de cooperação internacional ou atos de comunicação, como citação e intimação, atos referentes à instrução probatória, homologação e cumprimento de decisão, concessão de medidas de urgência e, ainda, quaisquer outras medidas não previstas expressamente, desde que não vedadas pela legislação brasileira.

A mesma disciplina se aplica ao processo do trabalho, com as necessárias adaptações em relação às peculiaridades do seu procedimento.

---

(100) HILL, Flávia Pereira. A cooperação jurídica internacional no projeto de novo Código de Processo Civil. O alinhamento do Brasil aos modernos contornos do direito processual. *Revista de Processo*, vol. 205, p. 347, mar. 2012.

Seção II
Do Auxílio Direto

Artigo 28

Cabe auxílio direto quando a medida não decorrer diretamente de decisão de autoridade jurisdicional estrangeira a ser submetida a juízo de delibação no Brasil.

(Sem correspondente no CPC revogado)

O auxílio direto é uma das modalidades da cooperação jurídica internacional e será destinado aos atos que não exigirem a prática de atos decisórios pela autoridade brasileira.

Flávia Pereira Hill aponta que "a origem do instituto se encontra no Direito Comunitário Europeu, precisamente no chamado "auxílio judiciário mútuo", previsto no art. 3º, I, da Convenção de Auxílio Judiciário Mútuo em Matéria Penal da União Europeia. Caberá auxílio direto passivo, a ser encaminhado diretamente à autoridade central brasileira, sempre que o Estado estrangeiro solicitar a prática de ato judicial sem conteúdo decisório ou de ato administrativo por autoridade brasileira"[101].

Artigo 29

A solicitação de auxílio direto será encaminhada pelo órgão estrangeiro interessado à autoridade central, cabendo ao Estado requerente assegurar a autenticidade e a clareza do pedido.

(Sem correspondente no CPC revogado)

O dispositivo legal dispõe que o pedido de auxílio deverá ser encaminhado à autoridade central, que será definida nos tratados firmados entre os Estados. Na ausência dessa designação, a autoridade central será o Ministério da Justiça, por força da regra prevista no art. 26, § 4º, do novo CPC. Assim, a despeito do nome do instituto, Tesheiner explica que "o auxílio direto, apesar do nome, não ocorre por comunicação direta entre o juiz brasileiro e a autoridade estrangeira. É exigida a intermediação de duas autoridades centrais, a brasileira e a estrangeira. O pedido de cooperação jurídica internacional oriundo de autoridade brasileira competente é encaminhado à autoridade central para posterior envio ao Estado requerido para lhe dar andamento (art. 37). O pedido de cooperação oriundo de autoridade brasileira competente e os documentos anexos que o instruem são encaminhados à autoridade central, acompanhados de tradução para a língua oficial do Estado requerido (art. 38)"[102].

---

(101) *Idem*.

(102) TESHEINER, José Maria. Cooperação judicial internacional no novo Código de Processo Civil. *Revista de Processo*, vol. 234, p. 331, ago. 2014.

Artigo 30

Além dos casos previstos em tratados de que o Brasil faz parte, o auxílio direto terá os seguintes objetos:

I – obtenção e prestação de informações sobre o ordenamento jurídico e sobre processos administrativos ou jurisdicionais findos ou em curso;

II – colheita de provas, salvo se a medida for adotada em processo, em curso no estrangeiro, de competência exclusiva de autoridade judiciária brasileira;

III – qualquer outra medida judicial ou extrajudicial não proibida pela lei brasileira.

(Sem correspondente no CPC revogado)

O dispositivo legal explicita hipóteses de cabimento do pedido de auxílio direto além dos que já tiverem sido objeto de tratados assinados pelo Brasil. Em suma, poderão ser objeto de pedido de auxílio direto informações sobre o ordenamento jurídico ou sobre processos específicos, colheita de provas, bem como outras medidas não vedadas por lei, desde que também não se enquadrem nas demais modalidades de cooperação internacional, como a carta rogatória e a homologação de sentença estrangeira.

Não há qualquer empecilho para aplicação deste, dos anteriores e dos demais dispositivos do novo CPC sobre o instituto do auxílio direto ao processo do trabalho.

Artigo 31

A autoridade central brasileira comunicar-se-á diretamente com suas congêneres e, se necessário, com outros órgãos estrangeiros responsáveis pela tramitação e pela execução de pedidos de cooperação enviados e recebidos pelo Estado brasileiro, respeitadas disposições específicas constantes de tratado.

(Sem correspondente no CPC revogado)

A regra reforça, portanto, o que prevê o art. 29, dispondo sobre a comunicação entre as autoridades de cada Estado para a prática dos atos de cooperação internacional.

Artigo 32

No caso de auxílio direto para a prática de atos que, segundo a lei brasileira, não necessitem de prestação jurisdicional, a autoridade central adotará as providências necessárias para seu cumprimento.

(Sem correspondente no CPC revogado)

Este dispositivo legal regula a autonomia da autoridade central para a prática dos atos em que não seja necessária atuação jurisdicional, tais como relativos aos processos administrativos e atos que podem ser praticados nas serventias extrajudiciais.

Com efeito, a doutrina aponta que "no caso de auxílio direto para a prática de prestação jurisdicional que, segundo a lei brasileira, não exija prestação jurisdicional, a autoridade central adotará as providências necessárias para o seu cumprimento (art. 32). Incluem-se, entre esses casos, a notificação extrajudicial, a obtenção e prestação de informações sobre o ordenamento jurídico e sobre processos administrativos ou jurisdicionais findos ou em curso e qualquer medida extrajudicial não proibida pela lei brasileira"[103].

Artigo 33

Recebido o pedido de auxílio direto passivo, a autoridade central o encaminhará à Advocacia-Geral da União, que requererá em juízo a medida solicitada.

Parágrafo único. O Ministério Público requererá em juízo a medida solicitada quando for autoridade central.

(Sem correspondente no CPC revogado)

O dispositivo legal regula que a Advocacia-Geral da União e o Ministério Público (quando este for a autoridade central) serão os responsáveis para requerer em juízo a medida solicitada no pedido de auxílio direto e, logicamente, na seara laboral, o Ministério Público do Trabalho.

Artigo 34

Compete ao juízo federal do lugar em que deva ser executada a medida apreciar pedido de auxílio direto passivo que demande prestação de atividade jurisdicional.

(Sem correspondente no CPC revogado)

O artigo dispõe sobre a competência da Justiça Federal para apreciar os pedidos de auxílio direto que demandem atividade de natureza jurisdicional. Tal regra justifica-se à luz do art. 109, X, da Constituição Federal, que já previa a competência da Justiça Federal para processar e julgar "os crimes de ingresso ou permanência irregular de estrangeiro, a execução de carta rogatória, após o *exequatur*, e de sentença estrangeira, após a homologação, as causas referentes à nacionalidade, inclusive a respectiva opção, e à naturalização".

E, no caso das lides trabalhistas, o juízo competente para aplicar o pedido de auxílio direto será, logicamente, a Justiça do Trabalho.

---

(103) TESHEINER, José Maria. Cooperação judicial internacional no novo Código de Processo Civil. *Revista de Processo*. vol. 234, p. 331, ago. 2014.

Seção III
Da Carta Rogatória

Artigo 35

Dar-se-á por meio de carta rogatória o pedido de cooperação entre órgão jurisdicional brasileiro e órgão jurisdicional estrangeiro para prática de ato de citação, intimação, notificação judicial, colheita de provas, obtenção de informações e cumprimento de decisão interlocutória, sempre que o ato estrangeiro constituir decisão a ser executada no Brasil.

(Art. 211 do CPC revogado)

As cartas rogatórias atuam com o objetivo de dar cumprimento, em Estado estrangeiro, de atos de natureza não decisória, especialmente referente à instrução probatória, bem como a atos de natureza decisória, desde que não definitivos, como medidas liminares[104].

As chamadas cartas ou comissões rogatórias poderão ser ativas ou passivas. A carta rogatória ativa é aquela expedida pela autoridade judiciária brasileira para a realização de diligência em outro país. Tal carta deverá preencher os requisitos previstos pela lei brasileira no que se refere à forma e maneira de expedição e respeitar a legislação estrangeira[105]. Os requisitos para expedição da carta rogatória estão previstos no art. 216 do Código de Processo Civil atual[106].

Já a carta rogatória passiva é aquela advinda de autoridade judiciária estrangeira e que tem por objeto a prática de ato processual no Brasil, após a concessão do *exequatur* pelo Superior Tribunal de Justiça.

Pontes de Miranda bem explica:

> Carta rogatória é o ato de solicitação do juiz de um Estado à justiça de outro, para que tenha efeitos no território estrangeiro algum ato seu, ou que algum ato se pratique como parte da sequência de atos que é processo. A citação, por exemplo, faz-se no Estado estrangeiro, mediante acolhida legislativa ou judicial do Estado estrangeiro; mas para figurar no processo com ato do juiz do Estado que rogou fosse feita.[107]

A natureza jurídica do instituto é de incidente processual, uma vez que busca a realização de um ato processual específico relativo a outro processo já iniciado em outro país.

O procedimento que seguem é o seguinte: recebimento por via diplomática, no Ministério das Relações Exteriores, juntamente com a tradução em língua nacional por tradutor juramentado; encaminhamento ao Presidente do Superior Tribunal de Justiça; comunicação ao Procurador-Geral da República que deverá ser ouvido e que poderá impugnar o cumprimento se lhe faltar autenticidade, contrariar a ordem pública ou a soberania nacional. E, por fim, após o cumprimento de todos esses requisitos é que se concederá o *exequatur*.

Compete, em regra, ao Presidente do Superior Tribunal de Justiça conceder ou denegar a exequibilidade das cartas rogatórias. Da decisão monocrática presidencial proferida caberá agravo regimental para a Corte Especial, em cinco dias, conforme o disposto no art. 39 da Lei n. 8.038 de 1990, combinado com o art. 11 da Resolução n. 9 de 2005.

E, ainda, os acórdãos proferidos pela Corte Especial do Superior Tribunal de Justiça, serão recorríveis por meio de recurso extraordinário para o Supremo Tribunal Federal, cabível nas hipóteses do inciso II do art. 102 da Constituição Federal.

Por fim, tanto a decisão presidencial quanto o acórdão da Corte Especial são impugnáveis por meio de embargos de declaração, admissíveis nas hipóteses do art. 937 do Código de Processo Civil.

A carta rogatória obedecerá, quanto à sua admissibilidade e modo de seu cumprimento, ao disposto na convenção internacional existente entre o Brasil e o país destinatário. Na falta de convenção entre os países, a rogatória será remetida à autoridade judiciária brasileira, por via diplomática, depois de traduzida para a língua do país em que o ato houver de ser praticado.

Após o seu cumprimento, a carta rogatória deverá ser devolvida no prazo de cinco dias, independentemente de

---

(104) HILL, Flávia Pereira. A cooperação jurídica internacional no projeto de novo Código de Processo Civil. O alinhamento do Brasil aos modernos contornos do direito processual. *Revista de Processo*, vol. 205, p. 347, mar. 2012.

(105) Art. 224 do CPC – As cartas rogatórias ativas obedecerão, quanto à sua admissibilidade e ao modo de seu cumprimento, ao disposto em convenção internacional; à falta desta, serão remetidas à autoridade judiciária estrangeira, por via diplomática, depois de traduzidas para a língua do país em que há de praticar-se o ato. Parágrafo único – O requerimento de carta rogatória deverá estar acompanhado da tradução dos documentos necessários para o seu processamento ou de protesto por sua apresentação em prazo razoável.

(106) Art. 216 do CPC – São requisitos essenciais da carta de ordem, da carta precatória e da carta rogatória: I – a indicação dos juízes de origem e de cumprimento do ato; II – o inteiro teor da petição, do despacho judicial e do instrumento do mandato conferido ao advogado; III – a menção do ato processual que lhe constitui objeto; IV – o encerramento com a assinatura pelo juiz. § 1º O juiz mandará translardar na carta quaisquer outras peças, bem como instruí-la com mapa, desenho ou gráfico, sempre que esses documentos devam ser examinados, na diligência pelas partes, pelos peritos ou pelas testemunhas. § 2º Quando o objeto da carta for exame pericial sobre documento, este será remetido em original, ficando nos autos reprodução fotográfica. § 3º As cartas de ordem, precatória e rogatória deverão, preferencialmente, ser expedidas por meio eletrônico, caso em que a assinatura do juiz deverá ser eletrônica, na forma da lei.

(107) MIRANDA, Francisco Cavalcanti Pontes de. *Tratado das Ações*. Tomo III – Ações Constitutivas, São Paulo: Revista dos Tribunais, 1972. p. 183.

traslado, havendo apenas uma exigência: o pagamento das custas pela parte interessada, sob pena de retenção da carta[108]. O prazo se conta a partir da data em que a comunicação foi realizada, conforme disposto no art. 774 da CLT[109].

O antigo art. 210 do CPC/73 ressalta que a carta rogatória deverá obedecer ao estabelecido em Convenção Internacional para sua admissibilidade e cumprimento. O atual art. 260 NCPC elenca os requisitos.

Os requisitos para cumprimento de carta rogatória encontram-se estabelecidos na Portaria n. 26/90, do Ministério das Relações Exteriores. Por meio de tal instituto deve ser realizada citação de empresas reclamadas no processo do trabalho e não por edital, conforme já estabeleceu o Tribunal Regional do Trabalho da 5ª Região:

> NULIDADE DA CITAÇÃO POR EDITAL. CONHECIMENTO DO ENDEREÇO DA RECLAMADA NO EXTERIOR. Se o reclamante tinha conhecimento de que o endereço da ré era no exterior, deveria ter requerido a citação por carta rogatória e não por edital. (TRT-5 – RO: 0012500-12.2003.5.05.0008 BA, relatora: Vânia Chaves, 1ª Turma, Data de Publicação: DJ 22.5.2006)

Artigo 36

O procedimento da carta rogatória perante o Superior Tribunal de Justiça é de jurisdição contenciosa e deve assegurar às partes as garantias do devido processo legal.

§ 1º A defesa restringir-se-á à discussão quanto ao atendimento dos requisitos para que o pronunciamento judicial estrangeiro produza efeitos no Brasil.

§ 2º Em qualquer hipótese, é vedada a revisão do mérito do pronunciamento judicial estrangeiro pela autoridade judiciária brasileira.

(Correspondente: art. 211 do CPC revogado)

O artigo reforça a competência do Superior Tribunal de Justiça para analisar os pedidos constantes de cartas rogatórias, o que decorre do art. 105, I, *i*, da Constituição Federal.

Do mesmo modo, dispõe que o procedimento deve observar o devido processo legal, no que está compreendida a citação da parte adversa para, querendo, impugnar o pedido constante da carta.

Sobre o procedimento, Tesheiner leciona que se trata de "procedimento de jurisdição contenciosa, com observância do devido processo legal. Recebida a carta, o Presidente determina a citação da parte adversa para, no prazo de 15 dias, impugnar o pedido. Eventualmente, pode determinar a realização da medida, sem ouvir a parte, quando de seu conhecimento prévio puder resultar sua ineficácia. A defesa somente pode versar sobre autenticidade dos documentos, inteligência da decisão e observância de seus requisitos"[110].

O § 2º dispõe que o STJ, ao apreciar o pedido constante da carta rogatória, realizará apenas um juízo de delibação, para averiguar se estão presentes os requisitos formais para o seu cumprimento, sem adentrar na apreciação do mérito do ato. Os limites, contudo, estão na soberania nacional e ordem pública, hipóteses em que o STJ poderá negar cumprimento à carta rogatória.

Seção IV
Das Disposições Comuns às Seções Anteriores

Artigo 37

O pedido de cooperação jurídica internacional oriundo de autoridade brasileira competente será encaminhado à autoridade central para posterior envio ao Estado requerido para lhe dar andamento.

(Sem correspondente no CPC revogado)

As disposições constantes desta Seção tratam de procedimentos e requisitos comuns às modalidades de cooperação internacional, notadamente o auxílio direto e a carta rogatória. Como mencionado nos comentários precedentes, os pedidos de cooperação internacional deverão se realizar por intermédio das autoridades centrais de cada Estado, o que deverá ser regulado por tratados.

No caso de o pedido ser oriundo do Brasil, ou seja, em se tratando de cooperação internacional ativa, este deverá ser primeiramente encaminhado para a autoridade central — que, na ausência de tratado, será o Ministério da Justiça —, para que, após, seja encaminhado para o Estado no qual o ato deverá ser cumprido.

Artigo 38

O pedido de cooperação oriundo de autoridade brasileira competente e os documentos anexos que o instruem serão encaminhados à autoridade central, acompanhados de tradução para a língua oficial do Estado requerido.

(Sem correspondente no CPC revogado)

O dispositivo apenas complementa a previsão do artigo anterior, ao dispor que o pedido de cooperação deverá ser

---

(108) Art. 227 do CPC – Cumprida a carta, será devolvida ao juízo de origem no prazo de dez dias, independentemente de traslado, pagas as custas pela parte.

(109) Art. 774 da CLT – Salvo disposição em contrário, os prazos previstos nesse Título contam-se, conforme o caso, a partir da data em que for feita pessoalmente, ou recebida a notificação, daquela em que for publicado o edital no jornal oficial ou no que publicar o expediente da Justiça do Trabalho, ou, ainda, daquela em que for afixado o edital na sede da Junta ou Tribunal.

(110) TESHEINER, José Maria. Cooperação judicial internacional no novo Código de Processo Civil. *Revista de Processo*, vol. 234, p. 331, ago. 2014.

encaminhado com os documentos, todos com a respectiva tradução para a língua do Estado para o qual se dirigir o pedido.

> **Artigo 39**
>
> O pedido passivo de cooperação jurídica internacional será recusado se configurar manifesta ofensa à ordem pública.
>
> (Sem correspondente no CPC revogado)

O dispositivo representa um dos limites ao atendimento dos pedidos de cooperação jurídica internacional dirigidos ao Brasil, tanto no que se refere ao auxílio direto quanto à carta rogatória e homologação de sentença estrangeira.

Assim, ainda que o órgão competente no Poder Judiciário brasileiro não realize uma análise meritória dos atos e pedidos, deverá recusar o pedido de cooperação quando ofender a ordem pública.

É o que consta do art. 17 da Lei de Introdução às Normas do Direito Brasileiro, *in verbis*: "Art. 17. As leis, atos e sentenças de outro país, bem como quaisquer declarações de vontade, não terão eficácia no Brasil, quando ofenderem a soberania nacional, a ordem pública e os bons costumes".

A ausência de ofensa à soberania nacional e à ordem pública são requisitos indispensáveis, conforme pacífica jurisprudência do STJ:

> HOMOLOGAÇÃO DE SENTENÇA ESTRANGEIRA. DIVÓRCIO. CITAÇÃO POR EDITAL. CUMPRIMENTO DOS REQUISITOS DOS ARTS. 5º E 6º DA RESOLUÇÃO STJ N. 9/2005. DEFERIMENTO DO PEDIDO. (...)
>
> 5. A sentença estrangeira encontra-se apta à homologação, quando atendidos os requisitos dos arts. 5º e 6º da Resolução STJ n. 9/2005: (i) a sua prolação por autoridade competente; (ii) a devida ciência do réu nos autos da decisão homologanda; (iii) o seu trânsito em julgado; (iv) a chancela consular brasileira acompanhada de tradução por tradutor oficial ou juramentado; (v) a ausência de ofensa à soberania ou à ordem pública. 6. Pedido de homologação de sentença estrangeira deferido. (STJ – SEC 9618/EX, Corte Especial, relª Minª Nancy Andrighi, j. em 28.11.2013)

Tais requisitos também devem ser observados no âmbito do processo do trabalho, por terem fundamento na Constituição Federal e diante da omissão da CLT em relação ao instituto.

> **Artigo 40**
>
> A cooperação jurídica internacional para execução de decisão estrangeira dar-se-á por meio de carta rogatória ou de ação de homologação de sentença estrangeira, de acordo com o art. 960.
>
> (Correspondente: art. 211 do CPC revogado)

A execução de decisões estrangeiras deverá ser feita de acordo com o procedimento previsto para as cartas rogatórias, na hipótese de decisões não definitivas, ou segundo o procedimento para homologação de sentença estrangeira, caso se trate de decisão estável ou definitiva.

O procedimento referente à carta rogatória está previsto nos arts. 35 e 36, neste capítulo. Por outro lado, a homologação de sentença estrangeira está regulada nos arts. 960 a 965 do novo diploma.

A competência para tais atos será do Superior Tribunal de Justiça, por força do previsto no art. 105, I, *i*, da Constituição Federal, alterada após a Emenda Constitucional n. 45/2004. O Superior Tribunal de Justiça, em tais casos, limitar-se-á a realizar um juízo de delibação, sem reanalisar o mérito das decisões judiciais estrangeiras[111], salvo se importarem na violação à soberania nacional ou à ordem pública[112], quando poderá julgar improcedente o pedido de homologação.

Teori Zavascki leciona que "em nosso sistema constitucional, conforme visto, os atos de órgãos judiciários estrangeiros, para serem aqui executados, dependem de um juízo de delibação do STJ, que tem competência para "homologação de sentenças" e para "concessão de *exequatur*" a cartas rogatórias estrangeiras, cabendo, depois, aos juízes federais a correspondente "execução". Em qualquer caso, o juízo de delibação se dá mediante procedimento formado em contraditório, que, mesmo em se tratando de carta rogatória, supõe a participação dos interessados, a quem é assegurado direito de defesa, e do Ministério Público, com a faculdade de impugnar o pedido (arts. 8º a 10, Resolução n. STJ 9/2005)"[113].

A homologação de sentença estrangeira também é exigida em âmbito do processo do trabalho, conforme se observa do julgado destacado:

> SENTENÇA ESTRANGEIRA. EFICÁCIA CONDICIONADA. DEPENDÊNCIA DA POSTERIOR CONCESSÃO DE EXEQUATUR. Condicionada a eficácia da sentença estrangeira à homologação pelo E. STJ (exequatur), nos moldes do art. 105, *"i"*, da Carta Magna, a decisão alienígena só produzirá efeitos depois de realizado o juízo de delibação por aquela Corte. (TRT-3 – AP: 0199800-20.2009.5.03.0152, relator: convocado Carlos Roberto Barbosa, Terceira Turma, Data de Publicação: 27.2.2012 24.2.2012. DEJT. Página 87. Boletim: Não)

---

(111) Na jurisprudência do Superior Tribunal de Justiça há diversos precedentes neste sentido: SEC 6.377, Corte Especial, j. em 25.4.2013; SEC 9.419, Corte Especial, j. em 16.10.2013.

(112) Por exemplo, decisão que não homologou a sentença estrangeira por entender que haveria obstáculo à ordem pública: STJ, SEC 8.440, j. em 16.10.2013.

(113) ZAVASCKI, Teori. Cooperação jurídica internacional e a concessão de *exequatur*. *Revista de Processo*, vol. 183, p. 9, maio 2010.

Artigo 41

Considera-se autêntico o documento que instruir pedido de cooperação jurídica internacional, inclusive tradução para a língua portuguesa, quando encaminhado ao Estado brasileiro por meio de autoridade central ou por via diplomática, dispensando-se ajuramentação, autenticação ou qualquer procedimento de legalização.

Parágrafo único. O disposto no *caput* não impede, quando necessária, a aplicação pelo Estado brasileiro do princípio da reciprocidade de tratamento.

(Sem correspondente no CPC revogado)

O artigo rompe com obstáculos extremamente formalistas para a prática de atos de cooperação internacional, conferindo presunção de autenticidade aos documentos constantes dos pedidos de cooperação, dispensando ajuramentação ou autenticação, desde que o pedido seja feito por intermédio de autoridade central ou por via diplomática.

Sobre esta questão específica, Flávia Pereira Hill aponta que "fica afastada, nessa *hipótese específica de solicitação através da autoridade central ou diplomática,* o disposto no art. 129, item 6º, da Lei Federal n. 6.015/1973 (Lei de Registros Públicos), que exige o registro dos documentos estrangeiros acompanhados de suas respectivas traduções no cartório de títulos e documentos para que produzam efeitos em repartições brasileiras, em qualquer instância"[114].

Tal disposição é plenamente aplicável ao processo do trabalho.

TÍTULO III
DA COMPETÊNCIA INTERNA

CAPÍTULO I
DA COMPETÊNCIA

Seção I
Das Disposições Gerais

Artigo 42

As causas cíveis serão processadas e decididas pelo juiz nos limites de sua competência, ressalvado às partes o direito de instituir juízo arbitral, na forma da lei.

(Correspondente: art. 86 do CPC revogado)

(CLT: art. 643)

Essencialmente a jurisdição é una e indivisível, porém, por opção legislativa, é repartida com a finalidade de alcançar a efetiva tutela e proteção dos direitos e garantias. Para tanto, tradicionalmente evoca-se a concepção clássica de que a competência é a medida da jurisdição.

Conforme o conceito clássico de jurisdição formulado por Chiovenda, a jurisdição consiste no poder avocado pelo Estado de dizer o direito, isto é, realizar a atuação concreta da lei.

Atualmente, com a instituição do Estado Democrático de Direito, o referido conceito foi amplificado, em que a jurisdição é compreendida, ao mesmo tempo, como o poder atribuído constitucionalmente ao Judiciário de dizer o direito e, sobretudo, de efetivá-lo.

Piero Calamandrei afirma que:

> A competência é acima de tudo uma determinação dos poderes judiciais de cada um dos juízes. (...) Perguntar qual é a competência de um juiz equivale, por conseguinte, a perguntar quais são os tipos de causas sobre as quais tal juiz é chamado a prover.[115]

Assim, diante de um litígio, é possível definir o juízo competente para processar e julgar determinada causa por meio da análise da referida medida da jurisdição.

A Consolidação das Leis do Trabalho não é omissa em relação ao tema e será necessário a ela recorrer incessantemente nos comentários do presente capítulo. Vejamos o que rege o art. 643, *in verbis*:

> Art. 643. Os dissídios, oriundos das relações entre empregados e empregadores bem como de trabalhadores avulsos e seus tomadores de serviços, em atividades reguladas na legislação social, serão dirimidos pela Justiça do Trabalho, de acordo com o presente Título e na forma estabelecida pelo processo judiciário do trabalho.
>
> § 1º As questões concernentes à Previdência Social serão decididas pelos órgãos e autoridades previstos no Capítulo V deste Título e na legislação sobre seguro social.
>
> § 2º As questões referentes a acidente do trabalho continuam sujeitas à justiça ordinária, na forma do Decreto n. 24.637, de 10 de julho de 1934, e legislação subsequente.
>
> § 3º A Justiça do Trabalho é competente, ainda, para processar e julgar as ações entre trabalhadores portuários e os operadores portuários ou o Órgão Gestor de Mão de Obra — OGMO decorrentes da relação de trabalho.

É imprescindível ressaltar, em relação ao tema, que em 2004 foi instituída a Emenda Constitucional n. 45/04, comumente conhecida como a "reforma do judiciário", que modificou substancialmente a competência originária da Justiça do Trabalho em razão da matéria e da pessoa, quando englobou as relações de trabalho e não somente as relações

---

(114) HILL, Flávia Pereira. A cooperação jurídica internacional no projeto de novo Código de Processo Civil. O alinhamento do Brasil aos modernos contornos do direito processual. *Revista de Processo*, vol. 205, p. 347, mar. 2012.

(115) CALAMANDREI, Piero. *Instituições de Direito Processual Civil*. v. II. Campinas: Bookseller, 2002. p. 108.

Art. 42

de emprego como de sua competência, conforme redação do *caput* do art. 114 da Carta Magna[116].

Assim, é importante distinguir a relação de trabalho da relação de emprego, pois aquela engloba esta. Mauricio Godinho Delgado explica com propriedade que:

> A primeira expressão tem caráter genérico: refere-se a todas as relações jurídicas caracterizadas por terem sua prestação essencial centrada em uma obrigação de fazer consubstanciada em labor humano. Refere-se, pois, a toda modalidade de concentração de trabalho humano modernamente admissível. A expressão relação de trabalho englobaria, desse modo, a relação de emprego, a relação de trabalho autônomo, a relação de trabalho eventual, de trabalho avulso e outras modalidades de pactuação de prestação de labor (como trabalho de estágio, etc.). Traduz, portanto, o gênero a que se acomodam todas as formas de pactuação de prestação de trabalho existentes no mundo jurídico atual.
>
> A relação de emprego, do ponto de vista técnico-jurídico, é apenas uma das modalidades específicas de relação de trabalho juridicamente configuradas. Corresponde a um tipo legal próprio e específico, inconfundível com as demais modalidades de relação de trabalho ora vigorantes[117].

---

(116) Art. 114. Compete à Justiça do Trabalho processar e julgar:

I – as ações oriundas da relação de trabalho, abrangidos os entes de direito público externo e da administração pública direta e indireta da União, dos Estados, do Distrito Federal e dos Municípios;

II – as ações que envolvam exercício do direito de greve;

III – as ações sobre representação sindical, entre sindicatos, entre sindicatos e trabalhadores, e entre sindicatos e empregadores;

IV – os mandados de segurança, *habeas corpus* e *habeas data*, quando o ato questionado envolver matéria sujeita à sua jurisdição;

V – os conflitos de competência entre órgãos com jurisdição trabalhista, ressalvado o disposto no art. 102, I, *o*;

VI – as ações de indenização por dano moral ou patrimonial, decorrentes da relação de trabalho;

VII – as ações relativas às penalidades administrativas impostas aos empregadores pelos órgãos de fiscalização das relações de trabalho;

VIII – a execução, de ofício, das contribuições sociais previstas no art. 195, I, *"a"*, e II, e seus acréscimos legais, decorrentes das sentenças que proferir;

IX – outras controvérsias decorrentes da relação de trabalho, na forma da lei.

§ 1º Frustrada a negociação coletiva, as partes poderão eleger árbitros.

§ 2º Recusando-se qualquer das partes à negociação coletiva ou à arbitragem, é facultado às mesmas, de comum acordo, ajuizar dissídio coletivo de natureza econômica, podendo a Justiça do Trabalho decidir o conflito, respeitadas as disposições mínimas legais de proteção ao trabalho, bem como as convencionadas anteriormente.

§ 3º Em caso de greve em atividade essencial, com possibilidade de lesão do interesse público, o Ministério Público do Trabalho poderá ajuizar dissídio coletivo, competindo à Justiça do Trabalho decidir o conflito.

(117) DELGADO, Mauricio Godinho. *Curso de Direito do Trabalho*. 6. ed. São Paulo: LTr, 2007. p. 285.

Diante do quanto descrito acima podemos concluir que a relação de trabalho é o gênero, ou seja, compreende o trabalho laboral, enquanto a relação de emprego é a espécie, ou seja, encontra-se abrangido pelo gênero relação de trabalho.

E, conforme já advertiu o Tribunal Regional do Trabalho da 1ª Região, se a lide é oriunda de uma relação de trabalho, independentemente do pedido que for aduzido na demanda, a competência será da Justiça do Trabalho:

> Competência da justiça do trabalho — determina-se pela natureza jurídica da relação subjacente à lide — irrelevância do objeto do pedido para a determinação da competência uma visão tacanha, senão indigente, tende a identificar a competência dos diferentes segmentos judiciários pelo objeto do pedido. assim, se o pedido tem por objeto, por exemplo, reintegração no emprego, justa causa ou horas extras, a competência é deste segmento judiciário; se trata-se de interdito proibitório, reintegração de posse de estabelecimento ou complementação de aposentadoria, a competência seria, segundo essa visão atécnica, da justiça comum. contudo, o objeto do pedido é de todo irrelevante para a determinação da competência. no que toca à justiça do trabalho, a competência é determinada pela natureza da relação jurídica subjacente à lide. se esta decorre de uma relação de trabalho, compete a este segmento judiciário processá-la e julgá-la. de todo irrelevante que o objeto do pedido consista no pagamento de salários em atraso ou na busca e apreensão da gaiola de um trinca-ferro que o peão de obra deixou no canteiro e que o empregador retém ou, ainda, a reintegração de posse de um estabelecimento bancário ocupado por grevistas. (TRT-1 – RO: 00015001219975010016 RJ, relator: Luiz Carlos Teixeira Bonfim, data de julgamento: 5.12.2006, primeira turma, data de publicação: 27.3.2007)

No que tange à arbitragem, o art. 1º da Lei n. 9.307/96 expressamente dispõe que "as pessoas capazes de contratar poderão valer-se da arbitragem para dirimir litígios relativos a direitos patrimoniais disponíveis".

A jurisprudência trabalhista majoritária, entretanto, não admite a arbitragem como solução alternativa para solução de lides na seara das relações trabalhistas, por confrontar-se com o princípio da indisponibilidade dos direitos trabalhistas. É o que se observa do julgado abaixo:

> SOLUÇÃO DE CONFLITO TRABALHISTA EM JUÍZO ARBITRAL. A Câmara Arbitral, criada pela Lei n. 9.307/96, destina-se a resolver litígios relativos a direitos patrimoniais disponíveis e não se aplica aos conflitos decorrentes das relações de trabalho. Isso equivale a dizer que a lei da arbitragem veda seu uso em matérias indisponíveis, como é o caso dos direitos trabalhistas individuais, notadamente a quitação do contrato de trabalho. A sentença arbitral não produz efeito de coisa julgada, diante da indisponibilidade dos direitos em questão, garantidos pela legislação trabalhista. (TRT-2 – RO: 00011440420125020391 SP 00011440420125020391 A28, relatora: Maria José Bighetti Ordoño Rebello, Data de Julgamento: 11.3.2014, 11ª Turma, Data de Publicação: 18.3.2014)

Todavia, a arbitragem é plenamente cabível e aplicável nos dissídios coletivos em razão da participação dos sindicatos, que buscam a tutela de interesses gerais e abstratos de uma categoria profissional e, assim, não restaria configurada a hipossuficiência econômica, conforme entendimento da jurisprudência laboral e §§ 1º e 2º do art. 114 da Constituição Federal. Em suma, conforme o TST já decidiu, há vedação à arbitragem no direito individual do trabalho, admitindo-se, contudo, conforme previsão expressa da Constituição Federal, na solução dos conflitos coletivos:

> AGRAVO DE INSTRUMENTO. PROVIMENTO. ARBITRAGEM. INAPLICABILIDADE AO DIREITO INDIVIDUAL DO TRABALHO. Caracterizada a divergência jurisprudencial, merece processamento o recurso de revista. Agravo de instrumento conhecido e provido. II – RECURSO DE REVISTA. 1. ARBITRAGEM. INAPLICABILIDADE AO DIREITO INDIVIDUAL DO TRABALHO. 1.1. Não há dúvidas, diante da expressa dicção constitucional (CF, art. 114, §§ 1º e 2º), de que a arbitragem é aplicável na esfera do Direito Coletivo do Trabalho. O instituto encontra, nesse universo, a atuação das partes em conflito valorizada pelo agregamento sindical. 1.2. Na esfera do Direito Individual do Trabalho, contudo, outro será o ambiente: aqui, os partícipes da relação de emprego, empregados e empregadores, em regra, não dispõem de igual poder para a manifestação da própria vontade, exsurgindo a hipossuficiência do trabalhador (bastante destacada quando se divisam em conjunção a globalização e tempo de crise). 1.3. Esta constatação medra já nos esboços do que viria a ser o Direito do Trabalho e deu gestação aos princípios que orientam o ramo jurídico. O soerguer de desigualdade favorável ao trabalhador compõe a essência dos princípios protetivo e da irrenunciabilidade, aqui se inserindo a indisponibilidade que gravará a maioria dos direitos — inscritos, quase sempre, em normas de ordem pública — que amparam a classe trabalhadora. 1.4. A Lei n. 9.307/96 garante a arbitragem como veículo para se dirimir-litígios relativos a direitos patrimoniais disponíveis (art. 1º). A essência do instituto está adstrita à composição que envolva direitos patrimoniais disponíveis, já aí se inserindo óbice ao seu manejo no Direito Individual do Trabalho (cabendo rememorar-se que a Constituição Federal a ele reservou apenas o espaço do Direito Coletivo do Trabalho). 1.5. A desigualdade que se insere na etiologia das relações de trabalho subordinado, reguladas pela CLT, condena até mesmo a possibilidade de livre eleição da arbitragem (e, depois, de árbitro), como forma de composição dos litígios trabalhistas, em confronto com o acesso ao Judiciário Trabalhista, garantido pelo art. 5º, XXXV, do Texto Maior. 1.6. A vocação protetiva que dá suporte às normas trabalhistas e ao processo que as instrumentaliza, a imanente indisponibilidade desses direitos e a garantia constitucional de acesso a ramo judiciário especializado erigem sólido anteparo à utilização da arbitragem no Direito Individual do Trabalho. Recurso de revista conhecido e desprovido. (...). (TST – RR: 89000-85.2008.5.02.0022, relator: Alberto Luiz Bresciani de Fontan Pereira, Data de Julgamento: 6.2.2013, 3ª Turma, Data de Publicação: DEJT 15.2.2013)

Quanto ao tema, especialmente a aplicação eventual da arbitragem aos dissídios individuais, remetemos o leitor aos comentários que realizamos ao art. 3º do Novo CPC.

Artigo 43

Determina-se a competência no momento do registro ou da distribuição da petição inicial, sendo irrelevantes as modificações do estado de fato ou de direito ocorridas posteriormente, salvo quando suprimirem órgão judiciário ou alterarem a competência absoluta.

(Art. 87 CPC revogado)

O presente artigo dita que competência é firmada no momento do registro ou da distribuição da petição inicial, sendo irrelevantes as mudanças ocorridas posteriormente, salvo quando ocorrer a supressão do órgão jurisdicional ou alteração de competência absoluta.

Nas localidades onde houver mais de uma Vara do Trabalho e todas forem competentes para conhecer da matéria, dar-se-á a competência por distribuição[118], ou seja, os processos serão distribuídos conforme forem apresentadas novas ações. O mesmo ocorrerá nos órgãos de segunda instância que possuam mais de uma Turma para as ações de competência originária dos Tribunais. Em qualquer situação são irrelevantes as alterações fáticas posteriores.

Assim como no processo civil, no processo do trabalho a regra comentada revela o princípio da perpetuação da jurisdição, que traduz o fenômeno em que, uma vez firmada a competência, esta permanecerá até o fim da relação processual. Conforme as lições de Pontes de Miranda,

> O juízo não muda se ocorre alguma modificação do dado determinador ou dos dados determinadores da competência. A superveniência é, de regra, inoperante, quer se trate de alterações voluntárias, quer não. As mudanças legislativas têm os efeitos que lhe dá a lei nova, porque a regra jurídica do art. 87 não é regra de direito intertemporal do processo que tivesse de ser protegida pelo princípio da irretroeficácia das leis.[119]

Nelson Nery Jr. e Rosa Nery apontam que "a norma institui a regra da perpetuação da competência (*perpetuatio iurisdictionis*), com a finalidade de proteger a parte (autor e réu), no sentido de evitar a mudança do lugar do processo toda vez que houver modificações supervenientes, de fato ou de direito, que possam, em tese, alterar a competência do juízo. Estas modificações são irrelevantes para a determinação da competência, que é fixada quando da propositura da ação. Só incide a regra se o juízo for competente relativamente, pois não há estabilização da competência em juízo incompetente. A regra da *perpetutatio iurisdictionis* somente se aplica às hipóteses de competência relativa. Em se tratando

---

(118) Art. 713 da CLT – Nas localidades em que existir mais de uma Junta de Conciliação e Julgamento haverá um distribuidor.

(119) *Comentários ao Código de Processo Civil*. São Paulo: Forense, 1973. t. II, p. 164.

de competência absoluta (material e hierárquica), a regra não se aplica"[120].

Assim, nos casos de competência relativa — em razão do valor e do território, conforme prevê o art. 63 do novo Código — haverá a perpetuação da competência. A perpetuação não ocorrerá, contudo, caso a ação seja proposta perante juízo absolutamente incompetente — determinada em razão da matéria, da pessoa ou da função, nos termos do art. 62 do novo CPC.

A regra da perpetuação da jurisdição já tinha vigência no regime do CPC/73, tendo como exemplo claro de aplicação da norma a Súmula n. 58 do Superior Tribunal de Justiça, segundo a qual "proposta a execução fiscal, a posterior mudança de domicílio do executado não desloca a competência já fixada".

A competência poderá ser modificada após o registro ou distribuição da petição inicial; contudo, caso haja supressão do órgão julgador e alteração das normas referentes à competência absoluta.

Quando a Emenda Constitucional n. 45/2004 alterou a competência da Justiça do Trabalho, incluindo causas que antes tramitavam sob a Justiça Comum[121], ocorreu hipótese de alteração de competência absoluta, possibilitando, nesses casos, a mudança de órgão julgador.

É o que lecionam Nelson Nery Jr. e Rosa Nery: "foram alteradas, pela CF 114 (redação dada pela EC n. 45/04), as competências *material* (tema da causa) e *funcional* (justiça competente) para o julgamento de certas ações de natureza trabalhista, a justiça comum estadual deixou de ser competente a e Justiça do Trabalho passou a ser competente. Desse modo, incide a parte final do CPC/87 (atual art. 43) e a *perpetuatio* não se aplica a essas hipóteses"[122].

Ainda na esfera trabalhista, importante observar o quanto dispõe a Súmula n. 10 do Superior Tribunal de Justiça[123], que trata justamente de alteração de competência absoluta, no caso de instalação de Vara do Trabalho em local no qual anteriormente não existia Justiça do Trabalho e a jurisdição trabalhista era exercida por juiz cível.

> Instalada a Junta de Conciliação e julgamento, cessa a competência do juiz de direito em matéria trabalhista, inclusive para a execução das sentenças por ele proferidas.

A perpetuação da jurisdição aplica-se, portanto, ao processo do trabalho[124], de modo que eventuais alterações de fato ou de direito não alteram a competência para julgar as ações trabalhistas. A título de exemplo, se o empregado no transcurso do processo informa a mudança de seu domicílio, essa simples mudança não ensejará a mudança da competência previamente fixada, em função do local em que laborou.

Artigo 44

Obedecidos os limites estabelecidos pela Constituição Federal, a competência é determinada pelas normas previstas neste Código ou em legislação especial, pelas normas de organização judiciária e, ainda, no que couber, pelas Constituições dos Estados.

(Correspondente: art. 93 do CPC revogado)

(CLT: arts. 651, 652, 653, 678 e 682)

O artigo estabelece que os critérios determinativos da competência são fixados por normas previstas no CPC, legislação especial e normas de organização judiciária, respeitados logicamente os limites da Constituição Federal.

No processo do trabalho os critérios de fixação da competência estão na CLT, cujo critério genérico é o local onde o empregado laborou, conforme o art. 651 da lei trabalhista, *in verbis*:

> Art. 651. A competência das Juntas de Conciliação e Julgamento é determinada pela localidade onde o empregado, reclamante

---

(120) NERY JR., Nelson; NERY, Rosa. *Código de Processo Civil comentado e legislação extravagante*. São Paulo: Revista dos Tribunais, 2013.

(121) Cita-se, a este respeito, a Súmula n. 392 do TST: DANO MORAL E MATERIAL. RELAÇÃO DE TRABALHO. COMPETÊNCIA DA JUSTIÇA DO TRABALHO. Nos termos do art. 114, inc. VI, da Constituição da República, a Justiça do Trabalho é competente para processar e julgar ações de indenização por dano moral e material, decorrentes da relação de trabalho, inclusive as oriundas de acidente de trabalho e doenças a ele equiparadas.

(122) NERY JR., Nelson; NERY, Rosa. *Código de Processo Civil comentado e legislação extravagante*. São Paulo: Revista dos Tribunais, 2013.

(123) Sobre o deslocamento de competência, em se tratando de competência absoluta em razão da matéria trabalhista: "EMENTA. JURISDIÇÃO TRABALHISTA DELEGADA. Súmula n. 10 DO STJ. A função jurisdicional trabalhista, nas localidades não abrangidas pela jurisdição das varas do trabalho, é atribuída aos juízes de direito da respectiva comarca, nos termos do art. 688, da CLT, e o art. 112 da Constituição Federal. Instituída a vara do Trabalho, cessa a competência do Juiz de Direito em matéria trabalhista, inclusive para a execução das sentenças por ele proferidas. (Inteligência da Súmula n. 10 do STJ). TRT-7 – RO: CE 0232500-3720095070023, relator: emmanuel teófilo furtado, Data de Julgamento: 13.12.2010, Primeira Turma, Data de Publicação: 7.2.2011 DEJT)."

(124) Sobre a aplicação do princípio ao processo do trabalho: "COMPETÊNCIA RELATIVA EM RAZÃO DO LUGAR. PRINCÍPIO DA PERPETUAÇÃO DA JURISDIÇÃO (ART. 87 DO CPC). SÚMULA N. 33 DO SUPERIOR TRIBUNAL DE JUSTIÇA — Tratando-se de competência relativa, aplica-se o princípio da perpetuação da jurisdição, esculpido no art. 87 do CPC, pelo qual determina-se a competência no momento em que a ação é proposta, sendo irrelevantes as modificações do estado de fato ou de direito ocorridos posteriormente, salvo as exceções legais, ligadas à competência absoluta. A exclusão de municípios da jurisdição da Vara do Trabalho onde tramita a reclamação, por meio da Resolução Administrativa n. 26/2010/TRT 3ª R./STPOE, não autoriza a declaração de ofício da incompetência relativa, nos termos da Súmula n. 33 do Superior Tribunal de Justiça. Somente as demandas ajuizadas posteriormente à publicação da Resolução Administrativa n. 26/2010/TRT 3ª R./STPOE (DEJT 26.2.2010) deverão ser distribuídas ao MM. Juízo da Vara do Trabalho de Pirapora". (TRT-3, relator: Antonio Fernando Guimaraes, Nona Turma)

ou reclamado, prestar serviços ao empregador, ainda que tenha sido contratado noutro local ou no estrangeiro.

§ 1º Quando for parte de dissídio agente ou viajante comercial, a competência será da Junta da localidade em que a empresa tenha agência ou filial e a esta o empregado esteja subordinado e, na falta, será competente a Junta da localização em que o empregado tenha domicílio ou a localidade mais próxima.

§ 2º A competência das Juntas de Conciliação e Julgamento, estabelecida neste artigo, estende-se aos dissídios ocorridos em agência ou filial no estrangeiro, desde que o empregado seja brasileiro e não haja convenção internacional dispondo em contrário.

§ 3º Em se tratando de empregador que promova realização de atividades fora do lugar do contrato de trabalho, é assegurado ao empregado apresentar reclamação no foro da celebração do contrato ou no da prestação dos respectivos serviços.

É digno de registro que a jurisprudência trabalhista mitiga esta regra, na hipótese de impossibilidade de deslocamento do reclamante para a comarca que prestou serviços, diante de sua hipossuficiência econômica e com o fim de assegurar seu acesso à justiça:

INCOMPETÊNCIA EM RAZÃO DO LUGAR. A interpretação do art. 651 da CLT deve levar em consideração os princípios do livre acesso ao Judiciário e da proteção, para que seja oportunizado ao trabalhador, parte economicamente hipossuficiente, condições mais favoráveis para a defesa de seus direitos. (TRT da 4ª Região, Relatora: Tânia Regina Silva Reckziegel, Data de Julgamento: 24.6.2014, Vara do Trabalho de Frederico Westphalen)

INCOMPETÊNCIA EM RAZÃO DO LUGAR. ART. 651, *CAPUT*, DA CLT. HIPOSSUFICIÊNCIA. PRORROGAÇÃO DA COMPETÊNCIA. A fixação da competência territorial se define, no Processo do Trabalho, pela regra geral do art. 651, *caput*, da CLT, isto é, no local onde ocorreu a prestação de serviços. Contudo, os critérios para a fixação da competência devem visar facilitar o acesso do empregado à Justiça, já que ele é a parte economicamente mais frágil na relação formada entre os litigantes, vez que esta justiça laboral não deve incidir em conduta incongruente com os princípios que são seus pilares, excluindo do reclamante o direito de ver seus pedidos julgados. Estando o reclamante impossibilitado de se deslocar à Comarca em que prestou serviços, em face da sua hipossuficiência, deve ser declarada a competência do Juízo em que reside para julgar seus pedidos. (TRT da 16ª Região, Proc. N. 00623-2007-005-16-00-1, relator: James Magno Araújo Farias, Data de Julgamento: 9.3.2010, Data de Publicação: 7.4.2010)

Apesar do vínculo entre as relações de trabalho e a de emprego, aquelas são tratadas por legislação distinta. As relações de emprego são tratadas pela Consolidação das Leis Trabalhistas e por legislação complementar. Já a relação de trabalho (estágio, contrato de empreitada etc.) é tratada pelas leis especiais ou residualmente pelas disposições do Código Civil, conforme o quanto dispõe o art. 593: "A prestação de serviços que não estiver sujeita a leis trabalhistas ou a lei especial, reger-se-á pelas disposições deste Capítulo".

A Justiça do Trabalho é a competente para definir casuisticamente a espécie de relação de trabalho na hipótese de litígio:

RELAÇÃO DE EMPREGO. MOTORISTA TRANSPORTADOR. Restando demonstrado que o trabalho realizado pelo reclamante era de caráter pessoal, diário, oneroso, subordinado e inserido diretamente em atividade essencial à consecução dos fins econômicos da reclamada, empresa do setor de alimentos, mas que tem o transporte destes com um dos seus objetivos sociais, é de provido o recurso ordinário do reclamante para reconhecer a existência de relação emprego entre as partes. (TRT 4. Acórdão do processo 0013900-35.2009.5.04.0281 (RO), redator: Wilson Carvalho Dias, Data: 19.5.2011 – Origem: Vara do Trabalho de Esteio)

Assim, de forma harmônica ao processo civil, a competência se vale de critérios de determinação, tais como a matéria em questão e a qualidade das partes, além da hierarquia do órgão julgador, o lugar e o valor da causa.

A competência em razão da matéria, *ratione materiae*, e da pessoa, *ratione personae*, são fixadas em decorrência da fundamentação da causa de pedir e do pedido no art. 114 da CF/88[125].

A competência em razão da pessoa é fixada de acordo com a qualidade da parte presente na relação processual. Em geral, podem demandar na Justiça do Trabalho todos os trabalhadores abarcados pelo conceito estabelecido no art. 7º, *caput*, da Constituição Federal. Ademais, algumas situações específicas encontram-se estabelecidas nos incisos do art. 144 da Constituição Federal, como as ações que envolvam exercício do direito de greve, as ações sobre representação sindical, os mandados de segurança, *habeas corpus* e *habeas data*, quando o ato questionado envolver matéria sujeita à jurisdição trabalhista, os conflitos de competência entre órgãos com jurisdição trabalhista, as ações de indenização por dano moral ou patrimonial, decorrentes da relação de trabalho, as

---

(125) Art. 114 da CF – Compete à Justiça do Trabalho processar e julgar: I – as ações oriundas da relação de trabalho, abrangidos os entes de direito público externo e da administração pública direta e indireta da União, dos Estados, do Distrito Federal e dos Municípios; II – as ações que envolvam exercício do direito de greve; III – as ações sobre representação sindical, entre sindicatos, entre sindicatos e trabalhadores, e entre sindicatos e empregadores; IV – os mandados de segurança, *habeas corpus* e *habeas data*, quando o ato questionado envolver matéria sujeita à sua jurisdição; V – os conflitos de competência entre órgãos com jurisdição trabalhista, ressalvado o disposto no art. 102, I, *o*; VI – as ações de indenização por dano moral ou patrimonial, decorrentes da relação de trabalho; VII – as ações relativas às penalidades administrativas impostas aos empregadores pelos órgãos de fiscalização das relações de trabalho; VIII – a execução, de ofício, das contribuições sociais previstas no art. 195, I, *a*, e II, seus acréscimos legais, decorrentes das sentenças que proferir; IX – outras controvérsias decorrentes da relação de trabalho, na forma da lei.
§ 1º Frustrada a negociação coletiva, as partes poderão eleger árbitros.
§ 2º Recusando-se qualquer das partes à negociação coletiva ou à arbitragem, é facultado às mesmas, de comum acordo, ajuizar dissídio coletivo de natureza econômica, podendo a Justiça do Trabalho decidir o conflito, respeitadas as disposições mínimas legais de proteção ao trabalho, bem como as convencionadas anteriormente. § 3º Em caso de greve em atividade essencial, com a possibilidade de lesão do interesse público, o Ministério Público do Trabalho poderá ajuizar dissídio coletivo, competindo à Justiça do Trabalho decidir o conflito.

ações relativas às penalidades administrativas impostas aos empregadores pelos órgãos de fiscalização das relações de trabalho e a execução das contribuições sociais[126].

No processo do trabalho, conforme já dito, a determinação da competência em razão do lugar constitui regra geral e está disposta no art. 651 da CLT[127]. Desse modo, originariamente, o local da prestação de serviços determina o foro competente para a propositura de reclamação trabalhista. Porém, alguns casos são regidos por regras especiais.

No art. 651, § 1º, por exemplo, há o tratamento especial em relação ao empregado viajante e empregado agente[128]. O empregado viajante deverá propor a reclamação na Vara da localidade em que seu empregador possua agência ou filial e em que esteja subordinado e, efetivamente, prestando o serviço. Caso haja dúvidas na aplicação da primeira regra, passa-se à segunda, isto é, a competência será a da Vara do domicílio do empregado ou localidade mais próxima, desde que declare na petição inicial e comprove sua hipossuficiência para deslocar-se até a agência ou filial da reclamada.

E, na hipótese de ser impossível definir a competência conforme as regras citadas, a mesma será definida com base na localidade mais próxima ao domicílio do empregado.

Já com relação aos agentes viajantes, uma empresa poderá ter na mesma cidade mais de um representante. Caso isso ocorra, a ação deverá ser proposta perante a Vara em que estiver localizada a agência ou filial, isto é, no local onde se prestam os serviços. Por outro lado, se houver apenas um representante, a ação deverá ser apresentada no local onde se encontra sediada a empresa. Isto porque não há ninguém, fora o próprio representante, que responda pela empresa naquele local.

O art. 651, § 2º, da CLT refere-se ao trabalhador brasileiro que trabalha no exterior. Este pode propor a ação em território brasileiro caso não haja convenção internacional dispondo em sentido contrário.

Inexistindo convenção, nosso entendimento é que deverá prevalecer o princípio da territorialidade, isto é, a competência será do foro da execução do serviço, em consonância com o princípio da *lex loci executionis*. A doutrina, em razão do cancelamento da Súmula n. 207 do TST, não é harmônica e, dentre os diversos entendimentos, há quem diga que será competente a Vara do Trabalho da sede ou filial da empresa no Brasil ou do local da contratação do empregado antes de ir para o exterior.

Caso não haja sede ou filial no Brasil, salienta Sérgio Pinto Martins que "haverá a impossibilidade de propositura da ação, pois não será possível sujeitá-la à decisão de nossos tribunais".[129] Outros trazem como solução a possibilidade de notificação do empregador via carta rogatória.

Amauri Mascaro Nascimento traz a seguinte possibilidade:

> Supondo-se que o empregado mova a ação no país onde se acha, pode, novamente, abrir processo no Brasil? Entendemos que não. Há, aqui, um foro optativo, de modo que a propositura da ação em um local exclui o direito de fazê-lo em outro.[130]

Por fim, dispõe o § 3º do art. 651 da CLT que, "em se tratando de empregador que promova realização de atividade fora do lugar do contrato de trabalho, é assegurado ao empregado apresentar reclamação no foro da celebração do contrato ou no da prestação dos respectivos serviços".

O referido dispositivo apresenta opção legal ao empregado de ajuizar a ação no foro do lugar da contratação ou no da prestação do serviço em se tratando de empresa que exerce atividades fora do local de contratação, como ocorre, por exemplo, com empregados de empresas circenses, construtoras de pontes, túneis, entre outros.

Autores como Sérgio Pinto Martins interpretam restritivamente a regra, ressaltando que apenas se aplica à hipótese de empregador que desenvolve sua atividade em lugar incerto, transitório ou eventual[131].

O princípio da economia processual e do acesso à Justiça deverá nortear a aplicação da referida regra, a fim de resguardar o corolário previsto no art. 5º, XXXV, da Constituição Federal.

A competência em razão da função e localização dos órgãos da Justiça do Trabalho é fixada por lei e não pela Constituição, conforme redação do art. 113 da CF/88. Vale ressaltar que, conforme art. 22, I da CF/88, legislar sobre tal matéria é de competência privativa da União.

No processo do trabalho a competência funcional dos Tribunais é regida por normas estabelecidas na Carta Magna

---

(126) Não há qualquer dúvida sobre a importância para a previdência social dessa competência da Justiça do Trabalho, que pode ser instaurada até mesmo de ofício. Sobre o tema indicamos nosso texto "Alguns Aspectos Processuais da Execução Previdenciária na Justiça do Trabalho", in: Prática Previdenciária — A Defesa do INSS em Juízo, Coordenação André Studart Leitão e Augusto Grieco Sant'anna Meirinho. São Paulo: Quartier Latin, 2008. p. 689-702.

(127) Art. 651 da CLT – A competência das Juntas de Conciliação e Julgamento é determinada pela localidade onde o empregado, reclamante ou reclamado, prestar serviços ao empregador, ainda que tenha sido contratado noutro local ou no estrangeiro.

(128) Art. 651, § 1º, da CLT – Quando for parte no dissídio agente ou viajante comercial, a competência será da Junta da localidade em que a empresa tenha agência ou filial e a esta o empregado esteja subordinado e, na falta, será competente a Junta da localização em que o empregado tenha domicílio ou a localidade mais próxima.

(129) MARTINS, Sérgio Pinto. *Direito Processual do Trabalho*. São Paulo: Atlas, 2000. p. 130.

(130) NASCIMENTO, Amauri Mascaro. *Curso de Direito Processual do Trabalho*. 28. ed. São Paulo: Saraiva, 2013. p. 343.

(131) MARTINS, Sérgio Pinto. *Direito Processual do Trabalho*. São Paulo: Atlas, 2000. p.131.

e por suas respectivas normas de organização judiciária. Já a competência dos juízes de primeiro grau é estabelecida, especialmente, pela legislação processual trabalhista e, subsidiariamente, pelo Código de Processo Civil.

Os arts. 652 e 653 da CLT preveem a competência funcional das Varas do Trabalho. O art. 678 da CLT, a competência dos órgãos dos Tribunais Regionais do Trabalho. O art. 682, dos presidentes de tais tribunais. A Lei n. 7701/98 trata da competência do TST. E, além de todos esses dispositivos, o operador do direito do trabalho deve checar ainda os regimentos internos dos Tribunais, além das súmulas e orientações jurisprudenciais sobre a matéria[132].

---

(132) Súmulas 300, TST: COMPETÊNCIA DA JUSTIÇA DO TRABALHO. CADASTRAMENTO NO PIS (mantida) – Res. n. 121/2003, DJ 19, 20 e 21.11.2003 Compete à Justiça do Trabalho processar e julgar ações ajuizadas por empregados em face de empregadores relativas ao cadastramento no Programa de Integração Social (PIS).

SUM-389 – SEGURO-DESEMPREGO. COMPETÊNCIA DA JUSTIÇA DO TRABALHO. DIREITO À INDENIZAÇÃO POR NÃO LIBERAÇÃO DE GUIAS (conversão das Orientações Jurisprudenciais ns. 210 e 211 da SBDI-1) – Res. n. 129/2005, DJ 20, 22 e 25.4.2005.
I – Inscreve-se na competência material da Justiça do Trabalho a lide entre empregado e empregador tendo por objeto indenização pelo não fornecimento das guias do seguro-desemprego.
II – O não fornecimento pelo empregador da guia necessária para o recebimento do seguro-desemprego dá origem ao direito à indenização.

OJ n. 126 da SDI, TST: COMPETÊNCIA DA JUSTIÇA DO TRABALHO. COMPLEMENTAÇÃO DE PENSÃO REQUERIDA POR VIÚVA DE EX-EMPREGADO (inserido dispositivo) – DJ 20.4.2005. A Justiça do Trabalho é competente para apreciar pedido de complementação de pensão postulada por viúva de ex-empregado, por se tratar de pedido que deriva do contrato de trabalho.

OJ n. 09 da SDC, TST: Enquadramento sindical. Incompetência material da Justiça do Trabalho (inserida em 27.3.1998). O dissídio coletivo não é meio próprio para o Sindicato vir a obter o reconhecimento de que a categoria que representa é diferenciada, pois esta matéria – enquadramento sindical – envolve a interpretação de norma genérica, notadamente do art. 577 da CLT.

Precedente Normativo n. 29 – GREVE. COMPETÊNCIA DOS TRIBUNAIS PARA DECLARÁ-LA ABUSIVA (positivo) Compete aos Tribunais do Trabalho decidir sobre o abuso do direito de greve.

SUM-189 – GREVE. COMPETÊNCIA DA JUSTIÇA DO TRABALHO. ABUSIVIDADE (nova redação) – Res. n. 121/2003, DJ 19, 20 e 21.11.2003. A Justiça do Trabalho é competente para declarar a abusividade, ou não, da greve.

Súmula n. 54, TST – COMPETÊNCIA DA JUSTIÇA DO TRABALHO. EXECUÇÃO DE OFÍCIO. CONTRIBUIÇÃO SOCIAL REFERENTE AO SEGURO DE ACIDENTE DE TRABALHO (SAT). ARTS. 114, VIII, E 195, I, "A", DA CONSTITUIÇÃO DA REPÚBLICA. (conversão da Orientação Jurisprudencial n. 414 da SBDI-1) – Res. n. 194/2014, DEJT divulgado em 21, 22 e 23.5.2014. Compete à Justiça do Trabalho a execução, de ofício, da contribuição referente ao Seguro de Acidente de Trabalho (SAT), que tem natureza de contribuição para a seguridade social (arts. 114, VIII, e 195, I, "a", da CF), pois se destina ao financiamento de benefícios relativos à incapacidade do empregado decorrente de infortúnio no trabalho (arts. 11 e 22 da Lei n. 8.212/1991).

OJ n. 138 da SDI1 – COMPETÊNCIA RESIDUAL. REGIME JURÍDICO ÚNICO. LIMITAÇÃO DA EXECUÇÃO (nova redação em decorrência

---

Artigo 45

Tramitando o processo perante outro juízo, os autos serão remetidos ao juízo federal competente se nele intervier a União, suas empresas públicas, entidades autárquicas e fundações, ou conselho de fiscalização de atividade profissional, na qualidade de parte ou de terceiro interveniente, exceto as ações:

I – de recuperação judicial, falência, insolvência civil e acidente de trabalho;

II – sujeitas à justiça eleitoral e à justiça do trabalho.

§ 1º Os autos não serão remetidos se houver pedido cuja apreciação seja de competência do juízo perante o qual foi proposta a ação.

§ 2º Na hipótese do § 1º, o juiz, ao não admitir a cumulação de pedidos em razão da incompetência para apreciar qualquer deles, não examinará o mérito daquele em que exista interesse da União, de suas entidades autárquicas ou de suas empresas públicas.

§ 3º O juízo federal restituirá os autos ao juízo estadual sem suscitar conflito se o ente federal cuja presença ensejou a remessa for excluído do processo.

(Art. 99 do CPC revogado)

A competência do juízo federal encontra-se disposta no art. 109 da CF/88, que acaba prevalecendo, por ser norma mais nova e hierarquicamente superior em face do art. 99 CPC/73, antigo dispositivo que tratava do assunto.

O dispositivo regula a competência em razão da pessoa, absoluta, portanto (art. 62 do novo Código). Assim, caso algum dos entes dispostos no *caput* do artigo, ou seja, a União, suas empresas públicas, entidades autárquicas e fundações, ou conselho de fiscalização de atividade profissional que atue no processo judicial na condição de parte ou de terceiro interveniente, os autos deverão ser transferidos para a Justiça Federal, competente por força do art. 109 da Constituição Federal.

A existência de interesse jurídico do ente público, suficiente para deslocar a competência, será analisada pelo próprio Juízo Federal, o que é objeto da Súmula n. 150 do STJ[133] e

---

da incorporação da Orientação Jurisprudencial n. 249 da SBDI-1) – DJ 20.4.2005. Compete à Justiça do Trabalho julgar pedidos de direitos e vantagens previstos na legislação trabalhista referente a período anterior à Lei n. 8.112/90, mesmo que a ação tenha sido ajuizada após a edição da referida lei. A superveniência de regime estatutário em substituição ao celetista, mesmo após a sentença, limita a execução ao período celetista. (1ª parte – ex-OJ n. 138 da SBDI-1 – inserida em 27.11.1998; 2ª parte – ex-OJ n. 249 – inserida em 13.3.2002)

(133) Súmula n. 150 do Superior Tribunal de Justiça: 'Compete a Justiça Federal decidir sobre a existencia de interesse jurídico que justifique a presença, no processo, da União, suas autarquias ou empresas públicas".

não poderá ser revista pelo Juízo Estadual, a teor da Súmula n. 254 também do STJ[134].

A inovação no que se refere ao Código de Processo Civil revogado diz respeito ao procedimento a ser adotado quando forem cumuladas na mesma ação pretensões que devam ser processadas perante juízos diversos, o que é regulado nos parágrafos primeiro e segundo.

Por outro lado, o artigo dispõe que, uma vez que haja a exclusão do ente a que se refere o *caput* do artigo, os autos devem ser restituídos para o juízo em que tramitava originariamente. É o que entendia o STJ, tendo inclusive editado a Súmula n. 224 a este respeito[135].

São exceções a esta regra de deslocamento da competência as ações que versem sobre recuperação judicial, falência, insolvência civil e acidente de trabalho, bem como as causas que tramitem nas justiças especializas: eleitoral e trabalhista.

Assim sendo, no que se refere ao processo do trabalho, não há aplicação do dispositivo, uma vez que o inciso II excepciona as ações que tramitam nas jurisdições especiais, entre elas a trabalhista.

Por outro lado, o § 3º do art. 109 da CF/88 estabelece que nas ações em que forem partes a Instituição de Previdência Social e o segurado, serão processadas no âmbito da Justiça Estadual, no foro do domicílio do segurado, quando a comarca não possuir sede de Vara de Juízo federal. Nesta mesma condição, o dispositivo deixa margem para que outras causas sejam julgadas pela justiça estadual.

Artigo 46

A ação fundada em direito pessoal ou em direito real sobre bens móveis será proposta, em regra, no foro de domicílio do réu.

§ 1º Tendo mais de um domicílio, o réu será demandado no foro de qualquer deles.

§ 2º Sendo incerto ou desconhecido o domicílio do réu, ele poderá ser demandado onde for encontrado ou no foro de domicílio do autor.

§ 3º Quando o réu não tiver domicílio ou residência no Brasil, a ação será proposta no foro de domicílio do autor, e, se este também residir fora do Brasil, a ação será proposta em qualquer foro.

§ 4º Havendo 2 (dois) ou mais réus com diferentes domicílios, serão demandados no foro de qualquer deles, à escolha do autor.

---

(134) Súmula n. 254, STJ: A decisão do Juízo Federal que exclui da relação processual ente federal não pode ser reexaminada no Juízo Estadual.

(135) Súmula n. 224, STJ: Excluído do feito o ente federal, cuja presença levara o Juiz Estadual a declinar da competência, deve o Juiz Federal restituir os autos e não suscitar conflito.

§ 5º A execução fiscal será proposta no foro de domicílio do réu, no de sua residência ou no do lugar onde for encontrado.

(Art. 94 do CPC revogado)

O dispositivo legal enuncia a regra geral acerca da competência territorial — portanto, relativa — para o processo civil brasileiro. Assim, as ações que se referirem a direitos pessoais ou reais sobre bens imóveis deverão ser propostas no foro de domicílio do réu, com as possíveis variações descritas nos parágrafos do artigo, que se referem ao desconhecimento do domicílio do réu e de litisconsórcio passivo com réus domiciliados em diversas localidades.

Acerca desta regra, a doutrina aponta que "os direitos de personalidade e os direitos obrigacionais, por exemplo, ingressam no conceito de direito pessoal; os direitos reais estão arrolados expressamente em lei (art. 1.225, CC). O domicílio da pessoa natural é o lugar onde ela estabelece a sua residência com animo definitivo (art. 70, CC). Se o demandado é pessoa jurídica, considera-se seu domicílio o lugar onde funcionarem as respectivas diretorias e administrações, ou onde elegerem domicílio especial no seu estatuto ou atos constitutivos (art. 75, IV, CC)"[136].

A definição da competência territorial por esta regra é feita à luz das condições do(s) autor(es) e réu(s) que integram originariamente a lide, de modo que a intervenção de terceiros domiciliados em locais diversos não tem o condão de alterar a competência, salvo se o interveniente for um dos entes elencados no art. 45, quando ocorrerá o deslocamento de competência para a Justiça Federal, como visto nos comentários anteriores.

Tal regra, contudo, não encontra aplicabilidade no processo do trabalho, diante das regras especiais de competência já tratadas nos comentários do art. 44, para onde remetemos o leitor.

Artigo 47

Para as ações fundadas em direito real sobre imóveis é competente o foro de situação da coisa.

§ 1º O autor pode optar pelo foro de domicílio do réu ou pelo foro de eleição se o litígio não recair sobre direito de propriedade, vizinhança, servidão, divisão e demarcação de terras e de nunciação de obra nova.

§ 2º A ação possessória imobiliária será proposta no foro de situação da coisa, cujo juízo tem competência absoluta.

(Art. 95 do CPC revogado)

---

(136) MARINONI, Luiz Guilherme; MITIDIERO, Daniel. *Código de Processo Civil Comentado*. São Paulo: RT, 2012.

Este dispositivo legal dispõe sobre a regra de competência territorial para as ações que versem sobre direitos reais. Os direitos reais estão previstos no rol do art. 1.225 do Código Civil e se referem a: I – a propriedade; II – a superfície; III – as servidões; IV – o usufruto; V – o uso; VI – a habitação; VII – o direito do promitente comprador do imóvel; VIII – o penhor; IX – a hipoteca; X – a anticrese; XI – a concessão de uso especial para fins de moradia; XII – a concessão de direito real de uso.

Contudo, o parágrafo primeiro traz a possibilidade de o autor adotar o foro de domicílio do réu (conforme regra do art. 46) ou o foro de eleição, quando o litígio não tratar de propriedade, vizinhança, servidão, divisão e demarcação de terras e nunciação de obra nova.

A novidade mais relevante em relação ao CPC revogado consta do parágrafo segundo, que dispõe que a ação possessória imobiliária será proposta também no foro do imóvel, o que não era previsto expressamente no regime legal anterior e gerava inúmeras controvérsias.

Tal regra, contudo, igualmente não encontra aplicabilidade ao processo do trabalho, tendo em vista tratar de demanda com natureza completamente diversa da trabalhista.

Artigo 48

O foro de domicílio do autor da herança, no Brasil, é o competente para o inventário, a partilha, a arrecadação, o cumprimento de disposições de última vontade, a impugnação ou anulação de partilha extrajudicial e para todas as ações em que o espólio for réu, ainda que o óbito tenha ocorrido no estrangeiro.

Parágrafo único. Se o autor da herança não possuía domicílio certo, é competente:

I – o foro de situação dos bens imóveis;

II – havendo bens imóveis em foros diferentes, qualquer destes;

III – não havendo bens imóveis, o foro do local de qualquer dos bens do espólio.

(Art. 96 do CPC revogado)

O novo Código repete regra do CPC revogado no que se refere à competência para ações que envolvam o espólio, mesmo que o óbito tenha ocorrido em outro país. A novidade em relação ao Código anterior refere-se à inclusão das hipóteses de impugnação ou anulação de partilha extrajudicial, como consequência da possibilidade de realização de partilha de forma extrajudicial, o que ocorreu com a promulgação da Lei n. 11.441/2007.

Não obstante tal regra seja relevante para o processo civil, para o processo do trabalho é irrelevante por não ter qualquer relação com este.

Artigo 49

A ação em que o ausente for réu será proposta no foro de seu último domicílio, também competente para a arrecadação, o inventário, a partilha e o cumprimento de disposições testamentárias.

(Art. 97 do CPC revogado)

O artigo trata da competência para processar e julgar ações em que o demandado seja ausente. A ausência referida neste artigo é a disciplinada pelos arts. 22 a 25 do Código Civil[137], a qual deve ser declarada pelo juiz, que nomeará curador ao ausente.

Contudo, tal regra aplica-se tão somente aos casos em que o ausente for réu, de modo que quando for autor deverão ser observadas as regras gerais de competência estabelecidas neste Código.

No que se refere ao processo do trabalho devem prevalecer as regras especiais previstas na CLT e na legislação específica, objeto dos comentários do art. 44.

Artigo 50

A ação em que o incapaz for réu será proposta no foro de domicílio de seu representante ou assistente.

(Art. 98 do CPC revogado)

(CLT: art. 793)

O dispositivo prevê regra de competência que é destinada a proteger o incapaz, cuja hipossuficiência é presumida. Assim, as ações movidas contra aqueles deverão ser processadas e julgadas perante o foro de domicílio de seus representantes (no caso de absolutamente incapazes — nos termos do art. 3º do

---

(137) Art. 22. Desaparecendo uma pessoa do seu domicílio sem dela haver notícia, se não houver deixado representante ou procurador a quem caiba administrar-lhe os bens, o juiz, a requerimento de qualquer interessado ou do Ministério Público, declarará a ausência, e nomear-lhe-á curador.

Art. 23. Também se declarará a ausência, e se nomeará curador, quando o ausente deixar mandatário que não queira ou não possa exercer ou continuar o mandato, ou se os seus poderes forem insuficientes.

Art. 24. O juiz que nomear o curador, fixar-lhe-á os poderes e obrigações, conforme as circunstâncias, observando, no que for aplicável, o disposto a respeito dos tutores e curadores.

Art. 25. O cônjuge do ausente, sempre que não esteja separado judicialmente ou de fato por mais de dois anos antes da declaração da ausência, será o seu legítimo curador.

§ 1º Em falta do cônjuge, a curadoria dos bens do ausente incumbe aos pais ou aos descendentes, nesta ordem, não havendo impedimento que os iniba de exercer o cargo.

§ 2º Entre os descendentes, os mais próximos precedem os mais remotos.

§ 3º Na falta das pessoas mencionadas, compete ao juiz a escolha do curador.

Código Civil) ou de seus assistentes (no caso de relativamente incapazes — a teor do art. 4º do Código Civil).

A competência definida pelo presente artigo é de direito material haja vista que o parágrafo único do art. 76 do Código Civil [138] determina o local de onde será o domicílio do incapaz, ou seja, o mesmo de seu representante ou assistente.

No que se refere ao âmbito do direito trabalhista, antes de tudo, é válido frisar que o art. 7º, inciso XXXIII, combinado com o art. 227, § 3º, inciso I, da Constituição Federal, determinam que é proibido o trabalho aos menores de 16 (dezesseis) anos, com exceção daquele na condição de aprendiz.

No âmbito trabalhista, o art. 793 da CLT dispõe que:

> Art. 793. A reclamação trabalhista do menor de 18 (dezoito) anos será feita por seus representantes legais e, na falta destes, pela Procuradoria da Justiça do Trabalho, pelo sindicato, pelo Ministério Público estadual ou curador nomeado em juízo.

Diante desse cenário, tal artigo autoriza que o menor ingresse com ação trabalhista, todavia, deverá estar devidamente representado em juízo e, diante da omissão da CLT, entendemos que a ação deve ser proposta no domicílio de seu representante, com aplicação do presente dispositivo de forma subsidiária.

O TST tem esse entendimento, porém, fundamenta o posicionamento com a aplicação analógica do art. 147, I, do Estatuto da Criança e Adolescente:

> RECURSO DE REVISTA. JUSTIÇA DO TRABALHO. COMPETÊNCIA TERRITORIAL. DISSÍDIO INDIVIDUAL. ACIDENTE DE TRABALHO. FALECIMENTO DO EMPREGADO. AÇÃO DE INDENIZAÇÃO POR DANOS MORAL E MATERIAL. HERDEIRAS MENORES DE IDADE. PRETENSÃO DEDUZIDA EM NOME PRÓPRIO. 1. A determinação da competência territorial para o dissídio individual típico, no processo do trabalho, define-se, em regra, pelo local da prestação dos serviços do empregado, seja ele reclamante ou reclamado (art. 651, *caput*, da CLT), norma de cunho protecionista e ditada pela observância do princípio constitucional da acessibilidade (art. 5º, inciso XXXV). Excepcionalmente, toma em conta o juízo da localidade da contratação (§ 3º do art. 651 da CLT). 2. Em alguns casos, as regras objetivas de fixação da competência territorial do art. 651 da CLT revelam-se insuficientes, sobretudo em virtude de não abarcarem o complexo mosaico de lides hoje confiadas à competência material da Justiça do Trabalho, mormente a partir da Emenda Constitucional n. 45/04. Nesses casos, à falta de norma específica definidora da competência territorial, cumpre ao órgão jurisdicional colmatar a lacuna mediante a aplicação de norma compatível com o princípio da acessibilidade por que se norteia o sistema processual trabalhista.

---

(138) Art. 76. Têm domicílio necessário o incapaz, o servidor público, o militar, o marítimo e o preso.

Parágrafo único – O domicílio do incapaz é o de seu representante ou assistente; o do servidor público o lugar em que exercer permanentemente suas funções; o do militar, onde servir, e, sendo da Marinha ou da Aeronáutica, a sede do comando a que se encontrar imediatamente subordinado; o do marítimo, onde o navio estiver matriculado; e o do preso, o lugar em que cumprir a sentença.

3. Ação de indenização movida por filhas menores de idade de ex-empregado falecido, na defesa de direito próprio e não fruto de transmissão do "de cujus". Ausente disciplina legal específica na CLT. Admite-se a fixação da competência territorial, no caso, pelo foro do local de domicílio das Reclamantes, por aplicação analógica do disposto no art. 147, I, do Estatuto da Criança e do Adolescente. A prevalência do foro da localidade de prestação de serviços do falecido empregado, além de contemplada para lide de natureza diversa em que o próprio empregado figure como demandante ou demandado, poderia implicar denegação de justiça em situações que tais. 4. Recurso de revista do Reclamado de que se conhece, no particular, e a que se nega provimento (TST, relator: João Oreste Dalazen, Data de Julgamento: 25.3.2015, 4ª Turma).

Artigo 51

É competente o foro de domicílio do réu para as causas em que seja autora a União.

Parágrafo único – Se a União for a demandada, a ação poderá ser proposta no foro de domicílio do autor, no de ocorrência do ato ou fato que originou a demanda, no de situação da coisa ou no Distrito Federal.

(Art. 99 do CPC revogado)

O artigo disciplina a competência territorial da Justiça Federal, que deve julgar as causas em que for parte ou interveniente a União, por força do art. 109, I, da Constituição Federal.

A União poderá figurar tanto no polo ativo quanto no passivo. Na primeira hipótese, o foro competente será o da Vara Federal de domicílio do réu e na segunda, teremos situação de competência concorrente, sendo facultado ao autor da ação escolher o foro para ajuizar a ação.

Não obstante, tal regra não se aplica ao processo do trabalho, por força da previsão do art. 109, I, da CF, que, expressamente excepciona a competência desta Justiça especializada, *in verbis*:

> Art. 109. Aos juízes federais compete processar e julgar:
>
> I – as causas em que a União, entidade autárquica ou empresa pública federal forem interessadas na condição de autoras, rés, assistentes ou oponentes, exceto as de falência, as de acidentes de trabalho e as sujeitas à Justiça Eleitoral e à Justiça do Trabalho.

Artigo 52

É competente o foro de domicílio do réu para as causas em que seja autor Estado ou o Distrito Federal.

Parágrafo único. Se Estado ou o Distrito Federal for o demandado, a ação poderá ser proposta no foro de domicílio do autor, no de ocorrência do ato ou fato que originou a demanda, no de situação da coisa ou na capital do respectivo ente federado.

(Sem correspondente no CPC revogado)

O novo CPC traz uma previsão análoga à do artigo anterior para as causas em que o Estado ou o Distrito Federal forem partes. Trata-se de uma aplicação extensiva do art. 109, §§ 1º e 2º, da Constituição Federal, reiterando-se, aqui, o que foi dito no artigo anterior em relação ao processo do trabalho.

Em relação ao § 3º do art. 109 da CF, quando inexiste na comarca Justiça Federal, há previsão de julgamento das ações em que forem parte instituição de previdência social e segurado pela Justiça Estadual, de forma análoga às lides trabalhistas quando não há Justiça do Trabalho.

Artigo 53

É competente o foro:

I – para a ação de divórcio, separação, anulação de casamento e reconhecimento ou dissolução de união estável:

a) de domicílio do guardião de filho incapaz;

b) do último domicílio do casal, caso não haja filho incapaz;

c) de domicílio do réu, se nenhuma das partes residir no antigo domicílio do casal;

II – de domicílio ou residência do alimentando, para a ação em que se pedem alimentos;

III – do lugar:

a) onde está a sede, para a ação em que for ré pessoa jurídica;

b) onde se acha agência ou sucursal, quanto às obrigações que a pessoa jurídica contraiu;

c) onde exerce suas atividades, para a ação em que for ré sociedade ou associação sem personalidade jurídica;

d) onde a obrigação deve ser satisfeita, para a ação em que se lhe exigir o cumprimento;

e) de residência do idoso, para a causa que verse sobre direito previsto no respectivo estatuto;

f) da sede da serventia notarial ou de registro, para a ação de reparação de dano por ato praticado em razão do ofício;

IV – do lugar do ato ou fato para a ação:

a) de reparação de dano;

b) em que for réu administrador ou gestor de negócios alheios;

V – de domicílio do autor ou do local do fato, para a ação de reparação de dano sofrido em razão de delito ou acidente de veículos, inclusive aeronaves.

(Art. 100 do CPC revogado)

O dispositivo legal regula as hipóteses de competência territorial específica para determinadas situações, descritas em seus incisos, quando não for aplicável a regra geral constante do art. 46 do novo Código.

Trata-se de regras para proteger o hipossuficiente (incisos I, II e III, *e*) e regras que visam facilitar a instrução probatória e o cumprimento dos julgados (III, IV e V).

Quanto a demandas trabalhistas, a Súmula n. 366 do Superior Tribunal de Justiça dispunha que "compete à Justiça estadual processar e julgar ação indenizatória proposta por viúva e filhos de empregado falecido em acidente de trabalho", o que acabou por invocar a aplicação do artigo de competência territorial específica para tais lides, especialmente no que se refere à regra do atual inciso IV, no que se refere ao local do dano.

Contudo, especialmente após a EC 45/2004, a jurisprudência firmou-se pela competência da Justiça do Trabalho, independentemente de ser a ação ajuizada por sucessores do falecido. Neste sentido, julgados do STF: CC 7.294; ED em RE n. 509.353[139]; Ed em RE n. 482.797[140], CC 7.545[141],

---

(139) I. Embargos de declaração convertidos em agravo regimental. II.Competência. Justiça do Trabalho. Ação de indenização por danos resultantes de acidente do trabalho, proposta contra o empregador perante a Justiça estadual, que pendia de julgamento de mérito quando do advento da Emenda Constitucional n. 45/04. 1. Ao julgar o CC 7.204, 29.6.2005, Britto, Inf. STF 394, o Supremo Tribunal, revendo a entendimento anterior, assentou a competência da Justiça do Trabalho para julgar as ações de indenização por danos, morais ou materiais, decorrentes de acidente de trabalho, ajuizadas após a EC n. 45/04. 2. A nova orientação alcança os processos em trâmite pela Justiça comum estadual, desde que pendentes de julgamento de mérito (*v.g.*, AI 506.325-AgR, 23.5.2006, 1ª T., Peluso; e RE n. 461.925-AgRg, 4.4.2006, 2ª T., Celso), o que ocorre na espécie. 3. Irrelevante para a questão da competência que se cuide de ação proposta por viúvo de empregada das embargantes, falecida em decorrência do acidente de trabalho: trata-se de direito patrimonial, que, com a morte do trabalhador, se transmitiu aos sucessores. 4. Agravo regimental desprovido. (STF – RE: 509353 SP, relator: Min. Sepúlveda Pertence, Data de Julgamento: 25.6.2007, Primeira Turma, Data de Publicação: DJe-082 DIVULG. 16.8.2007 PUBLIC. 17.8.2007 DJ 17.8.2007 PP-00057 EMENT. VOL-02285-08 PP-01660)

(140) CONSTITUCIONAL. EMBARGOS DE DECLARAÇÃO EM RECURSO EXTRAORDINÁRIO. CONVERSÃO EM AGRAVO REGIMENTAL. CONSTITUCIONAL. COMPETÊNCIA PARA JULGAR AÇÕES DE INDENIZAÇÃO DECORRENTE DE ACIDENTE DE TRABALHO PROPOSTA PELOS SUCESSORES. COMPETÊNCIA DA JUSTIÇA LABORAL. AGRAVO IMPROVIDO. I – É irrelevante para definição da competência jurisdicional da Justiça do Trabalho que a ação de indenização não tenha sido proposta pelo empregado, mas por seus sucessores. II – Embargos de declaração convertidos em agravo regimental a que se nega provimento. (STF – RE: 482797 SP, relator: Min. Ricardo Lewandowski, Data de Julgamento: 13.5.2008, Primeira Turma, Data de Publicação: DJe-117 DIVULG. 26.6.2008 PUBLIC. 27.6.2008 EMENT VOL-02325-06 PP-01109)

(141) CONFLITO DE COMPETÊNCIA. CONSTITUCIONAL. JUÍZO ESTADUAL DE PRIMEIRA INSTÂNCIA E TRIBUNAL SUPERIOR. COMPETÊNCIA ORIGINÁRIA DO SUPREMO TRIBUNAL FEDERAL PARA SOLUÇÃO DO CONFLITO. ART. 102, I, O, DA CB/88. JUSTIÇA COMUM E JUSTIÇA DO TRABALHO. COMPETÊNCIA PARA JULGAMENTO DA AÇÃO DE INDENIZAÇÃO POR DANOS MORAIS E MATERIAIS DECORRENTES DE ACIDENTE DO TRABALHO PROPOSTA PELOS SUCESSORES DO EMPREGADO FALECIDO. COMPETÊNCIA DA JUSTIÇA LABORAL. 1. Compete ao Supremo Tribunal Federal dirimir o conflito de competência entre Juízo Estadual de primeira instância e Tribunal Superior, nos termos do disposto no art. 102, I, o, da Constituição do Brasil. Precedente [CC n. 7.027, relator o

o que levou ao cancelamento da mencionada Súmula e, por consequência, ao afastamento da aplicação deste artigo ao processo do trabalho.

Seção II
Da Modificação da Competência

Artigo 54

A competência relativa poderá modificar-se pela conexão ou pela continência, observado o disposto nesta Seção.
(Art. 102 do CPC revogado)

O dispositivo comentado era anteriormente tratado pelo antigo CPC no art. 102, que também se localizava na sessão "Das Modificações da Competência".

No que tange à modificação da competência relativa, a Consolidação das Leis do Trabalho é omissa, abrindo espaço para a aplicação subsidiária do presente capítulo do Código de Processo Civil, desde que a aplicação não constitua óbice aos princípios nucleares do processo do trabalho.

A competência é relativa quando, nos termos do art. 63, for definida em razão do valor ou do território. Nestas hipóteses, poderá ser modificada por convenção das partes, por conexão e por competência, como disposto neste artigo.

Por sua vez, a competência absoluta, que é definida em razão da matéria, da pessoa ou da função (art. 62 do novo Código) é imutável e não pode ser modificada por meio dos institutos da conexão ou continência e tampouco por convenção das partes.

É importante destacar que se estiver presente um dos fenômenos entre ações de competência absoluta e relativa, a primeira prevalecerá, cabendo ao juiz reunir as ações e julgá-las conjuntamente, conforme entendimento jurisprudencial:

> Somente os juízos determinados pelos critérios territorial ou objetivo em razão do valor da causa, chamada competência relativa, estão sujeitos à modificação de competência por conexão (art. 102, CPC). A reunião dos processos por conexão, como Ministro Celso de Mello, DJ de 1º.9.1995] 2. A competência para julgar ações de indenização por danos morais e materiais decorrentes de acidente de trabalho, após a edição da EC n. 45/04, é da Justiça do Trabalho. Precedentes [CC n. 7.204, relator o Ministro Carlos Britto, DJ de 9.12.2005 e AgR-RE n. 509.352, relator o Ministro Menezes Direito, DJe de 1º.8.2008]. 3. O ajuizamento da ação de indenização pelos sucessores não altera a competência da Justiça especializada. A transferência do direito patrimonial em decorrência do óbito do empregado é irrelevante. Precedentes. [ED-RE n. 509.353, relator o Ministro Sepúlveda Pertence, DJ de 17.8.2007; ED-RE n. 482.797, relator o Ministro Ricardo Lewandowski, DJe de 27.6.2008 e ED-RE n. 541.755, relator o Ministro Cézar Peluso, DJ de 7.3.2008]. Conflito negativo de competência conhecido para declarar a competência da Justiça do Trabalho. (STF – CC: 7545 SC, relator: Min. Eros Grau, Tribunal Pleno, Data de Publicação: DJe-152 DIVULG. 13.8.2009 PUBLIC. 14.8.2009 EMENT. VOL-02369-04 PP-00769)

forma excepcional de modificação de competência, só tem lugar quando as causas supostamente conexas estejam submetidas a juízos, em tese, competentes para o julgamento das duas demandas. Sendo a justiça federal absolutamente incompetente para julgar ação monitória entre competência por conexão. (STJ, AgRg no CC 35.129/SC, rel. Min. Cesar Asfor Rocha, 2ª Seção, jul. 26.6.2002, *DJ* 24.3.2003, p. 136)

Nos artigos subsequentes trataremos com mais especificidade dos temas suscitados no *caput* acima e sua aplicação no processo do trabalho.

Artigo 55

Reputam-se conexas 2 (duas) ou mais ações quando lhes for comum o pedido ou a causa de pedir.

§ 1º Os processos de ações conexas serão reunidos para decisão conjunta, salvo se um deles já houver sido sentenciado.

§ 2º Aplica-se o disposto no *caput*:

I – à execução de título extrajudicial e à ação de conhecimento relativa ao mesmo ato jurídico;

II – às execuções fundadas no mesmo título executivo.

§ 3º Serão reunidos para julgamento conjunto os processos que possam gerar risco de prolação de decisões conflitantes ou contraditórias caso decididos separadamente, mesmo sem conexão entre eles.

(Art. 103 do CPC revogado; Ref.: art. 842, CLT)

A conexão reúne processos que têm mesmo objeto ou causa de pedir para que não haja decisões conflitantes acerca do mesmo tema. Temos, por exemplo, a reunião de processos de divórcio e de separação judicial, de prestação de contas e consignatória, entre outros.

Conforme esclarece Fredie Didier, conexão é um fato processual "que normalmente produz o efeito jurídico de determinar a modificação da competência relativa, de modo que um único juízo tenha competência para processar e julgar todas as causas conexas. [...] A continência é um exemplo de conexão, produzindo os mesmo efeitos desta"[142].

Ao verificar a conexão entre duas ou mais causas o magistrado poderá, de ofício ou a requerimento das partes, determinar a união dessas ações que foram propostas em separado com o fim específico de que sejam julgadas simultaneamente. Embora haja alguma controvérsia acerca da faculdade de o juiz determinar a conexão, a doutrinária majoritária entende que é dever do juiz ordená-la, justamente para evitar decisões conflitantes e insegurança jurídica[143]. Trata-se, portanto, de uma prorrogação legal de competência[144].

---

(142) DIDIER JR., Fredie. *Curso de direito processual civil*. v. 1, 11. ed. Salvador: Juspodivm, 2009, p. 137.

(143) *Ibidem*, p. 178.

(144) CINTRA, Antonio Carlos de Araújo; GRINOVER, Ada Pellegrini; DINAMARCO, Cândido Rangel. *Teoria Geral do Processo*. 28 ed. São Paulo: Malheiros, 2012. p. 272.

No mesmo sentido, a Súmula n. 235 do STJ dispõe que não haverá conexão se um dos processos já foi julgado, já que a ilustrada situação contraria a finalidade do instituto, que é atendimento ao princípio da economia processual, evitando gastos desnecessários com o trâmite de duas ações semelhantes, decisões contraditórias e perda de tempo, entendimento jurisprudencial que acabou sendo adotado no novo Código, no parágrafo primeiro.

Por outro lado, o novo CPC também admite a reunião de causas para julgamento, ainda que não haja conexão, para evitar decisões conflitantes ou contraditórias (§ 3º). Outra novidade em relação ao CPC revogado se observa no parágrafo segundo, que permite expressamente a conexão de execuções.

Por fim, a conexão é completamente aplicável ao processo do trabalho e não há qualquer incompatibilidade à aplicação subsidiária dos novos dispositivos. Conforme dispõe o art. 842 da CLT:

> Art. 842. Sendo várias as reclamações e havendo identidade de matéria, poderão ser acumuladas num só processo, se se tratar de empregados da mesma empresa ou estabelecimento.

Exemplo comum de conexão no processo do trabalho ocorre quando o empregador, após rescisão do contrato de trabalho, ingressa com ação de consignação em pagamento pelo fato de o empregado não ter comparecido para receber as verbas rescisórias e este ajuíza reclamação trabalhista ou contesta a ação de consignação e propõe reconvenção.

Artigo 56

Dá-se a continência entre 2 (duas) ou mais ações quando houver identidade quanto às partes e à causa de pedir, mas o pedido de uma, por ser mais amplo, abrange o das demais.
(Art. 104 do CPC revogado)
(CLT: art. 842)

A continência ocorrerá quando houver identidade de partes e causa de pedir, contudo, uma das ações possui um objeto mais amplo que acaba por abarcar os das demais. Ou seja, sempre que ocorrer a continência também haverá conexão.

No processo do trabalho, pelas mesmas razões da conexão, é plenamente aplicável o instituto da continência. Exemplo de tal instituto ocorre quando o Ministério Público do Trabalho ajuíza ação para anular as cláusulas 2ª e 3ª de um acordo coletivo entre uma empresa e um sindicato representativo da categoria de empregados e, posteriormente, ingressa com ação idêntica para anular as mesmas cláusulas 2ª e 3ª, acrescentando ao pedido de anulação a cláusula 4ª.

Fredie Didier Jr. entende que

> "o conceito de continência, curiosamente, está contido no conceito de conexão, pois para que haja continência é necessária a identidade de causa de pedir, e se isso ocorre já é caso de conexão; a continência é exemplo de conexão, sem qualquer tratamento, jurídico diferenciado[145]".

Por tal motivo, o autor, nosso contemporâneo na graduação que realizamos na Universidade Federal da Bahia, adota unicamente o termo conexão como gênero. Embora no Código anterior não houvesse diferenciação substancial quanto à disciplina dos dois institutos, o novo Código adota uma alteração quanto à consequência da continência, que é tratada no artigo seguinte.

Artigo 57

Quando houver continência e a ação continente tiver sido proposta anteriormente, no processo relativo à ação contida será proferida sentença sem resolução de mérito, caso contrário, as ações serão necessariamente reunidas.
(Art. 105 do CPC revogado)

O artigo adota uma nova regra no que se refere ao processamento das ações em que haja continência. A reunião dos processos não necessariamente deverá ocorrer, já que, se a ação mais abrangente (ou continente) for proposta antes, a ação contida deverá ser extinta sem resolução de mérito, por verificar-se a litispendência.

Tal regra deve ser adotada no âmbito do processo do trabalho. E, utilizando-se do exemplo dado no artigo anterior, as ações seriam reunidas, mas, na hipótese da ação mais abrangente (ou continente), no caso em que o Ministério Público do Trabalho postulou a anulação das cláusulas 2ª, 3ª e 4ª do acordo coletivo, ter sido proposta anteriormente, a ação contida, isto é, a que postula anulação somente das cláusulas 2ª e 3ª, deverá ser extinta sem resolução de mérito.

Artigo 58

A reunião das ações propostas em separado far-se-á no juízo prevento, onde serão decididas simultaneamente.
(Arts. 105 e 106 do CPC revogado)

O dispositivo legal adota a regra da reunião dos processos, para não correr o risco de decisões divergentes em processos conexos que correm separadamente, o que deverá ocorrer no juízo prevento.

Quanto à reunião das ações, Cintra, Grinover e Dinamarco apontam que tanto na conexão quanto na continência "a semelhança das causas apresentadas ao Estado-Juiz (mesmos fatos a provar; mesmo bem como objeto de dois conflitos de interesses) aconselha que, a propósito de ambas, forme o juiz

---

(145) DIDIER JR., Fredie. *Curso de direito processual civil*. v. 1, 11. ed. Salvador: Juspodivm, 2009. p. 179.

uma única convicção, de modo a evitar decisões contraditórias em dois processos distintos e, em qualquer hipótese, atendendo ao princípio da economia processual"[146].

O presente dispositivo que regula a reunião das ações é aplicável ao processo do trabalho, tanto em hipótese de conexão como de continência, conforme se observa da jurisprudência:

> CONFLITO DE COMPETÊNCIA. CONEXÃO E CONTINÊNCIA. PREVENÇÃO DO JUÍZO. Não se deve interpretar o art. 106 do CPC literalmente, como se dele tivesse sido excluído a continência, pois esta nada mais é que uma espécie do gênero conexão e, assim, o critério de prevenção previsto no art. 106 do CPC deve ser entendido como aplicável tanto para a conexão *strictu sensu* como para a continência. Aplicação dos critérios de modificação de competência, por prevenção e *perpetuatio jurisdictionis*, tanto em um caso como no outro. (TRT-1 – CC: 17368420125010000 RJ, relator: Jorge Fernando Gonçalves da Fonte, Data de Julgamento: 17.5.2012)

O juízo prevento — perante o qual devem ser processadas as ações —, por sua vez, é definido nos termos do artigo subsequente, ou seja, a partir do registro ou distribuição da petição inicial, o que também consiste no marco temporal para fixar a competência, conforme visto no art. 43 do novo Código.

Artigo 59

O registro ou a distribuição da petição inicial torna prevento o juízo.
(Arts. 106 e 219 do CPC revogado)

O dispositivo legal unifica a regra da prevenção no âmbito do processo civil, regulando que será prevento o juízo em que primeiro ocorrer o registro ou distribuição da petição inicial.

O CPC revogado adotava duas regras distintas para a prevenção, nos arts. 106 e 219. O primeiro dispositivo enunciava que a prevenção ocorreria perante o juiz que despachasse primeiro e o segundo, que a prevenção decorreria da citação.

A questão era especialmente complexa em âmbito do processo do trabalho, já que, embora a regra do art. 106 revogado previsse que a prevenção dar-se-ia perante o juiz que despachou primeiro, no Processo do Trabalho, a citação, denominada como *notificação*, é ato automático, inexistindo despacho de citação. Tal cenário trazia dúvida em relação à aplicabilidade do dispositivo ao processo do trabalho, formando-se diversas correntes doutrinárias com a finalidade de determinar o critério de prevenção. Colhe-se, da jurisprudência, tal controvérsia:

> CONTINÊNCIA. JUÍZO PREVENTO. Levando-se em conta que no Processo do Trabalho o juiz não despacha a petição inicial, tem-se por inaplicável a regra do art. 106 do CPC, no que pertine à prevenção, resolvendo-se a competência em favor do Juízo a quem a ação foi distribuída em primeiro lugar.[147]

Diante da modificação operada pelo novo Código de Processo Civil, contudo, a controvérsia deixa de existir e a prevenção na seara do processo do trabalho também deve ser aferida pelo momento do registro ou distribuição da petição inicial, nos termos deste artigo.

Artigo 60

Se o imóvel se achar situado em mais de um Estado, comarca, seção ou subseção judiciária, a competência territorial do juízo prevento estender-se-á sobre a totalidade do imóvel.
(Art. 107 do CPC revogado)

O dispositivo traz regra referente à competência para julgar as ações referentes aos imóveis, nos termos do art. 47 do novo código. Tal dispositivo, portanto, não encontra aplicação no processo do trabalho.

Artigo 61

A ação acessória será proposta no juízo competente para a ação principal.
(Art. 108 do CPC revogado)

Trata-se de regra de competência para a propositura de ação acessória, o que deverá ocorrer no foro competente para a ação principal. São exemplos de ações acessórias a oposição, a habilitação, a sobrepartilha, os embargos de terceiro, embargos à execução, a ação cautelar, enfim, todas as ações conexas por acessoriedade.

Marinoni e Mitidiero apontam que "se entre duas ou mais ações existe conexão qualificada por acessoriedade, a ação acessória tem de ser proposta perante o juiz competente para a ação principal. Ação acessória é aquela dependente de outra, sendo aquela que exige complementação posterior ou que é oriunda de outra ação"[148].

Caso a ação acessória seja antecedente, deverá ser proposta no foro que será competente para julgar a ação principal; se for posterior, deverá ser distribuída perante o mesmo juízo em que aquela tramitar, por dependência. A regra deverá ser seguida mesmo que já tenha havido o julgamento da ação principal, o que ocorre, por exemplo, na ação de nulidade de partilha, de sobrepartilha, entre outros.

A relação entre ação acessória e ação principal também se observa no processo do trabalho, valendo, nesta hipótese,

---

(146) CINTRA, Antonio Carlos de Araújo; GRINOVER, Ada Pellegrini; DINAMARCO, Candido Rangel. *Teoria Geral do Processo*. 28 ed. São Paulo: Malheiros, 2012. p. 273.

(147) TRT-19 – CONFL. DE COMPETÊNCIA E ATRIB: 00305.2000.000.19.00-6 AL, relator: Pedro Inácio, Data de Publicação: 22.5.2001.

(148) MARINONI, Luiz Guilherme; MITIDIERO, Daniel. *Código de Processo Civil Comentado*. São Paulo: RT, 2012.

a mesma regra do processo civil, conforme se denota da jurisprudência trabalhista:

> AÇÃO DE EXIBIÇÃO — JUÍZO COMPETENTE. Em sendo a ação de exibição tipo específico de processo cautelar previsto nos arts. 844 e 845 do CPC, o Juízo competente para julgamento será o juiz competente para conhecer da ação principal, nos termos do art. 800 do mesmo diploma legal. Contexto em que, se a pretensão deduzida na petição inicial é o conhecimento do número e da relação com os devidos endereços dos condutores/proprietários de Vans e Similares cadastrados e devidamente regularizados na condição de transportadores por fretamento, escolares, mototaxi e outros, para mover futura ação de cobrança de contribuições sindicais, a propositura da presente ação deve ser efetivada perante o Juízo competente, no caso, na comarca a que pertence o Município do Prata. (TRT-3 – RO: 0000728-80.2012.5.03.0044, relator: convocado Vicente de Paula M. Junior, Quarta Turma, Data de Publicação: 8.10.2012 5.10.2012. DEJT. Página 79. Boletim: Não)
>
> CONFLITO NEGATIVO DE COMPETÊNCIA — AÇÃO CAUTELAR INCIDENTAL À RECLAMAÇÃO TRABALHISTA E AO INQUÉRITO JUDICIAL PARA APURAÇÃO DE FALTA GRAVE — JUÍZO COMPETENTE É O DA AÇÃO PRINCIPAL — ART. 800, *CAPUT*, DO CPC — PROCEDÊNCIA. 1. Trata-se de conflito negativo de competência suscitado pelo Juízo da 2ª Vara do Trabalho de Curitiba (PR), em face da sentença proferida pelo Juízo da 1ª Vara do Trabalho de Blumenau (SC), que declarou a incompetência *ratione loci* para julgar a ação cautelar inominada incidental ajuizada pelo Reclamante. 2. O Reclamante ajuizou ação cautelar inominada incidental às ações RT n. 647/87 e IAFG n. 478/89, perante a 1ª Vara do Trabalho de Blumenau (SC), requerendo liminarmente que o Reclamado não praticasse o ato demissional, tendo em vista a determinação constante nos processos acima, no sentido de que somente poderia ser demitido por justa causa ou se o seu desempenho fosse considerado insatisfatório. 3. As ações cautelares, por serem acessórias, devem ser propostas perante o Juiz competente para apreciar a ação trabalhista principal, uma vez que se prestam a assegurar a eficácia de outro processo, nos termos do art. 800 do CPC, *verbis*: — as medidas cautelares serão requeridas ao juiz da causa; e, quando preparatórias, ao juiz competente para conhecer da ação principal. 4. Logo, comprovado o fato de que o Reclamante ajuizou ação cautelar incidental em relação a duas ações principais que tramitaram na 1ª Vara do Trabalho de Blumenau (SC), este é. 4. Logo, comprovado o fato de que o Reclamante ajuizou ação cautelar incidental em relação a duas ações principais que tramitaram na 1ª Vara do Trabalho de Blumenau (SC), este é o juízo competente para apreciar a referida ação, nos termos do art. 800, *caput*, do CPC, para onde deverão ser remetidos os autos. Conflito negativo de competência julgado procedente. (TST – CC: 1754136-54.2006.5.00.0000, relator: Ives Gandra Martins Filho, Data de Julgamento: 26.6.2007, Subseção II Especializada em Dissídios Individuais, Data de Publicação: DJ 3.8.2007)
>
> CONFLITO NEGATIVO DE COMPETÊNCIA. AÇÃO CAUTELAR PREPARATÓRIA. COMPETÊNCIA PARA JULGAMENTO DA AÇÃO PRINCIPAL. Conforme se extrai do art. 796 do CPC, a ação cautelar é sempre dependente da ação principal, de modo que é competente para processamento e julgamento desta ação o juízo no qual tramitou e foi julgada a ação cautelar preparatória, cujo objeto era, no caso, a exibição de documentos necessários à propositura de futura demanda trabalhista. (TRT-4 – CC: 0000834-02.2013.5.04.0231 RS, relator: Marcelo José Ferlin D'Ambroso, Data de Julgamento: 14.3.2014, 1ª Vara do Trabalho de Gravataí)
>
> CONFLITO NEGATIVO DE COMPETÊNCIA. PROCEDÊNCIA. Se a competência territorial para a ação principal é de opção dos autuados, na ação anulatória de auto de infração decorrente da auditoria fiscal do MTE, por certo que assim será também com a cautelar preparatória, dá a procedência deste conflito negativo, pois os requerentes fizeram a distribuição no foro do juízo suscitado. (TRT-3 – CC: 0000360-26.2014.5.03.0101, relator: Fernando Luiz G. Rios Neto, 1ª Seção Espec. de Dissidios Individuais, Data de Publicação: 5.9.2014 4.9.2014. DEJT/TRT3/Cad.Jud. Página 36. Boletim: Não)

Artigo 62

A competência determinada em razão da matéria, da pessoa ou da função é inderrogável por convenção das partes.

(Arts. 111 e 112, parágrafo único, do CPC revogado)

O artigo trata das hipóteses de competência absoluta. As regras de competência absoluta foram criadas para atender precipuamente ao interesse público, e não aos interesses das partes, daí a natureza de improrrogável e inderrogável.

A competência em razão da pessoa é determinada levando-se em conta os participantes da relação processual, como entes públicos.

A competência em razão da matéria é aferida à luz da relação jurídica discutida em juízo, levando-se em conta sua natureza. Fredie Didier Jr. aponta que "é a causa de pedir, que contém a afirmação do direito discutido, o dado a ser levado em consideração para a identificação do juízo competente. É com base neste critério que as Varas de família, cível, penal, etc., são criadas"[149].

A competência em razão da função, por sua vez, leva em consideração as funções a serem exercidas em determinado processo, que pode ser definida em razão do grau de jurisdição em que determinada demanda deve tramitar, em razão da fase processual em que o processo se encontra. Aponta-se que a competência funcional "relaciona-se com a distribuição das funções que devem ser exercidas em um mesmo processo. Toma-se por critério de distribuição aspectos endoprocessuais (internos), relacionados ao exercício das diversas atribuições que são exigidas do magistrado durante toda a marcha processual".[150]

Acerca das modalidades de competência absoluta, Humberto Dalla leciona que estas podem ser:

> Em razão da matéria ou natureza (*ratione materiae*): considera a natureza do direito material controvertido, a saber, se o litígio versa sobre Direito Civil, Penal,

---

(149) DIDIER JR., Fredie. *Curso de direito processual civil*. v. 1, Salvador: Juspodivm, 2014, p. 161.

(150) *Ibidem*, p. 162.

Trabalhista etc. De um modo geral, constitui meio de especializar a Justiça, na medida em que leva à criação de varas exclusivas para a apreciação de pedidos relacionados com determinado ramo do direito público ou privado. (...) Em razão da função: É utilizado na busca do juiz competente para um processo subsequente ou simultâneo a outro previamente instaurado (relacionando-se os dois processos pela unidade de conflitos que visam a debelar), bem como na determinação da competência recursal e na fixação da competência para uma fase subsequente do processo. Em razão da pessoa (*ratione personae*): leva em conta a prerrogativa expressa em lei e decorrente de motivos de interesse público, exercida por uma das partes envolvidas no litígio. Baseia-se no princípio constitucional da isonomia que assegura tratamento desigual aos desiguais, na medida de suas diferenças. Assim, por exemplo, se o Presidente da República cometer crime comum, será julgado pelo STF. Não obstante, é muito comum encontrarmos em doutrina severas críticas contra esse tipo de medida, principalmente, quando voltadas a beneficiar o Poder Público. Deve-se observar que, visualizadas sob esse prisma, as qualidades especiais da pessoa são consideradas para ditar regras que regulam as denominadas competências de jurisdição e de juízo.[151]

A competência, nestes casos, não pode ser modificada, justamente por proteger interesse público. No que se refere ao processo do trabalho, a competência que for fixada em função dos critérios de matéria, pessoa ou função também são inderrogáveis por convenção das partes, pois, assim como no processo civil, são criadas em função do interesse público.

Artigo 63

As partes podem modificar a competência em razão do valor e do território, elegendo foro onde será proposta ação oriunda de direitos e obrigações.

§ 1º A eleição de foro só produz efeito quando constar de instrumento escrito e aludir expressamente a determinado negócio jurídico.

§ 2º O foro contratual obriga os herdeiros e sucessores das partes.

§ 3º Antes da citação, a cláusula de eleição de foro, se abusiva, pode ser reputada ineficaz de ofício pelo juiz, que determinará a remessa dos autos ao juízo do foro de domicílio do réu.

§ 4º Citado, incumbe ao réu alegar a abusividade da cláusula de eleição de foro na contestação, sob pena de preclusão.

(Arts. 111 e 112, parágrafo único do CPC revogado)

O dispositivo legal trata da competência relativa — determinada em razão do valor e do território — a qual pode ser modificada pela vontade das partes, por conexão, continência e, ademais, pela prorrogação. Trata-se de competência estabelecida precipuamente de acordo com os interesses das partes e, por isso, ao contrário da competência absoluta, pode ser modificada.

A doutrina leciona que "tratando-se de competência de foro, o legislador pensa preponderantemente no interesse de uma das partes em defender-se melhor (no processo civil, interesse do réu; no trabalhista, do economicamente fraco). Assim sendo, a intercorrência de certos fatores (entre os quais, a vontade das partes) pode modificar as regras ordinárias de competência territorial. A competência, nesses casos, é então relativa. Também relativa é, no processo civil, a competência determinada pelo critério do valor"[152].

O artigo permite a convenção sobre o foro de eleição, possibilitando que as partes contratantes escolham um foro específico onde serão dirimidas eventuais controvérsias decorrentes do negócio jurídico firmado.

O novo código, contudo, mesmo admitindo o foro de eleição, estabelece regras que visam constituir algumas garantias e segurança às partes. Assim, apenas será admitida a cláusula que for expressa e especificamente vinculada a uma determinada relação jurídica, na forma escrita. Ainda permite a possibilidade de ser declarada pelo juiz ou alegada pelo réu a abusividade da cláusula de eleição de foro.

A legislação trabalhista é omissa no que tange esta questão, o que poderia induzir o mais desatento à aplicação subsidiária do dispositivo acima. Ocorre que para aplicação subsidiária do processo comum não basta a omissão da CLT, mas o instituto também deve ser compatível com o processo do trabalho. E, conforme já advertiu a jurisprudência trabalhista, a simples omissão não possibilita a aplicação subsidiária de tal regra, uma vez que o foro de eleição é incompatível com os preceitos trabalhistas:

FORO DE ELEIÇÃO — JUSTIÇA DO TRABALHO — INCOMPATIBILIDADE — Conquanto não haja vedação expressa no Texto Celetizado, a eleição de foro revela-se incompatível com o processo trabalhista, na medida em que a orientação é facilitar o acesso do trabalhador ao órgão jurisdicional, considerando a sua hipossuficiência econômica — Inteligência do art. 651 da CLT e seus parágrafos — Preliminar que ora se rejeita. (TRT-15 — RO: 37713 SP 037713/2000, relator: Levi Ceregato, Data de Publicação: 3.10.2000)

Parte da doutrina laboral se posiciona, à luz do princípio constitucional do acesso à justiça (art. 5º, XXXV), pela aplicação do foro de eleição quando restar demonstrado no caso concreto que a situação firmada é benéfica ao trabalhador,

---

(151) PINHO, Humberto Dalla B. de. *Direito Processual Civil Contemporâneo*. vol. 1. São Paulo: Saraiva, 2012.

(152) CINTRA, Antonio Carlos de Araújo; GRINOVER, Ada Pellegrini; DINAMARCO, Candido Rangel. *Teoria Geral do Processo*. 28. ed. São Paulo: Malheiros, 2012. p. 272.

assegurando, desta feita, seu amplo acesso à justiça. E, uma vez firmado o foro de eleição, não poderá o empregador alegar incompetência territorial, já que esta decorre da mútua vontade das partes.

Entendemos, ademais, que, se admitida a cláusula de eleição de foro no processo do trabalho, poderá o magistrado, com maior razão, declarar de ofício a invalidade da cláusula, quando se demonstrar abusiva, à luz do caso concreto, com a aplicação do § 3º do presente artigo e envio ao foro competente, no caso, onde o empregado prestou serviço.

Seção III
Da Incompetência

Artigo 64

A incompetência, absoluta ou relativa, será alegada como questão preliminar de contestação.

§ 1º A incompetência absoluta pode ser alegada em qualquer tempo e grau de jurisdição e deve ser declarada de ofício.

§ 2º Após manifestação da parte contrária, o juiz decidirá imediatamente a alegação de incompetência.

§ 3º Caso a alegação de incompetência seja acolhida, os autos serão remetidos ao juízo competente.

§ 4º Salvo decisão judicial em sentido contrário, conservar-se-ão os efeitos de decisão proferida pelo juízo incompetente até que outra seja proferida, se for o caso, pelo juízo competente.

(Arts. 112, 113 e 301, II, do CPC revogado e ref.: art. 795, § 1º, e art. 799, § 2º, da CLT)

O novo CPC altera a regra do Código revogado no que se refere à alegação de incompetência. No regime legal anterior, a incompetência relativa deveria ser alegada por meio de exceção e a incompetência absoluta, nos autos do processo principal, em preliminar da contestação.

A questão é unificada, dispondo o novo Código que, em qualquer das hipóteses, a alegação deverá ser feita como preliminar de contestação, eliminando, portanto, a exceção de incompetência. Não obstante, a competência absoluta, por ser improrrogável, poderá ser alegada e reconhecida a qualquer tempo.

Uma relevante inovação do novo CPC está presente no parágrafo terceiro deste artigo, que dispõe que haverá a remessa dos autos e a conservação dos efeitos da decisão proferida pelo juízo incompetente, consagrando, portanto, a *translatio iudicii*.

Acerca deste instituto, Leonardo Greco defende que "a continuidade no juízo competente do processo iniciado perante o juízo incompetente ou a retomada do seu curso através do procedimento adequado, em razão do princípio da unidade da jurisdição e por imposição das garantias constitucionais da tutela jurisdicional efetiva e da celeridade, devem ocorrer sem extinção do processo, através da sua reassunção, preservando-se, em princípio, todos os efeitos processuais e substanciais dos atos já praticados no juízo ou no procedimento originários, salvo os diretamente contaminados pela incompetência ou pelo erro de procedimento"[153].

Sob o regime processual anterior, o autor defendia que a nulidade dos atos decisórios apenas deveria ocorrer se a incompetência versasse sobre matéria que houvesse sido objeto da decisão. De acordo com a nova disciplina legal, serão conservados os efeitos das decisões proferidas pelo juiz incompetente, salvo se decidir em sentido contrário o juiz competente, o que demonstra o acerto da tese defendida anteriormente pelo Professor da Universidade do Estado do Rio de Janeiro.

No processo do trabalho não há aplicação do presente dispositivo do novo CPC pelo fato de a CLT possuir regime próprio para aquisição das exceções de incompetência no art. 799, *in verbis*:

Art. 799. Nas causas da jurisdição da Justiça do Trabalho, somente podem ser opostas, com suspensão do feito, as exceções de suspeição ou incompetência.

§ 1º As demais exceções serão alegadas como matéria de defesa.

§ 2º Das decisões sobre exceções de suspeição e incompetência, salvo, quanto a estas, se terminativas do feito, não caberá recurso, podendo, no entanto, as partes alegá-las novamente no recurso que couber da decisão final.

Quando à possibilidade de reconhecimento de ofício, o parágrafo primeiro do art. 795 da CLT estabelece que:

Art. 795. As nulidades não serão declaradas senão mediante provocação das partes, as quais deverão argui-las à primeira vez em que tiverem de falar em audiência ou nos autos.

§ 1º Deverá, entretanto, ser declarada *ex officio* a nulidade fundada em incompetência de foro. Nesse caso, serão considerados nulos os atos decisórios.

Valentin Carrion esclarece que "a incompetência de foro do texto legal não é a incompetência territorial ou em razão do local, que não é absoluta, mas prorrogável. O legislador teve em mente a incompetência em razão da matéria, que é sempre improrrogável; usou o "foro" no sentido impróprio de foro trabalhista, distinguindo-o de foro comum, foro criminal etc.[154]

No processo do trabalho, as exceções de incompetência devem ser aduzidas em audiência de forma oral, no prazo

---

(153) GRECO, Leonardo. *Translatio iudicii* e reassunção do processo. *Revista de Processo*, vol. 166, p. 9, dez. 2008.

(154) CARRION, Valetin, *Comentários à Consolidação das Leis do Trabalho*. 38. ed. São Paulo: Saraiva: 2013. p. 717.

de vinte minutos, conforme interpretação do art. 847 da CLT[155]. Mas, na prática, assim como a contestação, os advogados costumam apresentá-la de forma escrita.

Problema que surge nessa seara processual consiste na irrecorribilidade imediata da decisão que julga a exceção de incompetência, conforme os termos do § 2º do art. 799 da CLT: "Das decisões sobre exceções de suspeição e incompetência, salvo, quanto a estas, se terminativas do feito, não caberá recurso, podendo, no entanto, as partes alegá-las novamente no recurso que couber da decisão final".

Assim, a parte precisa aguardar a decisão final do litígio para, quando da interposição do recurso ordinário contra a sentença, suscitar a matéria da incompetência para ser apreciada pelo Tribunal Regional do Trabalho, com perda de tempo e enorme custo para o jurisdicionado que, mesmo tendo razão, terá que litigar em comarca distinta daquela prevista por lei.

Artigo 65

Prorrogar-se-á a competência relativa se o réu não alegar a incompetência em preliminar de contestação.

Parágrafo único. A incompetência relativa pode ser alegada pelo Ministério Público nas causas em que atuar.

(Art. 114 do CPC revogado)

A competência relativa, determinada em razão do lugar ou do valor, poderá ser prorrogada, tornando-se competente juízo que, em tese, não seria destinado a processar e julgar determinada causa. Como tais hipóteses de competência são fixadas sobretudo em razão do interesse das partes, a incompetência deve ser alegada por estas — não podendo ser reconhecida de ofício — e a matéria está sujeita à preclusão. Com efeito, a Súmula n. 33 do Superior Tribunal de Justiça dispõe que "a incompetência relativa não pode ser declarada de ofício", embora possa ser alegada também pelo Ministério Público (parágrafo único).

Assim, caso o demandado não suscite a incompetência relativa em preliminar de contestação, nem o Ministério Público alegue nos casos em que atuar como parte, a competência será prorrogada. Trata-se de prorrogação voluntária tácita[156].

A prorrogação, em suma, "determina a modificação, em concreto, na esfera de competência de um órgão (isto é, com referência a determinado processo): trata-se, assim, de uma modificação da competência já determinada segundo outros critérios"[157].

A impossibilidade de reconhecimento de ofício da incompetência relativa é reconhecida tanto pela jurisprudência dos TRTs, como por orientação jurisprudencial do TST:

EMENTA. COMPETÊNCIA EM RAZÃO DO LUGAR. PRORROGAÇÃO. Ao estabelecer os critérios para se determinar a competência trabalhista em razão do lugar, o legislador teve a intenção de facilitar o acesso do empregado ao órgão jurisdicional, em face de sua hipossuficiência. Se o trabalhador, na maioria das vezes desempregado, tivesse de percorrer longas distâncias para ajuizar uma ação, ficaria praticamente impossibilitado de exercer o seu direito, porque certamente não teria como suportar as despesas econômicas advindas do transporte, da acomodação e da alimentação. Destaca-se que, em geral, o jurisdicionado comparece, no mínimo, três vezes na Vara: para ajuizar a demanda, para participar da audiência rotulada de inicial e para depor na instrução processual. Assim, no art. 651, parágrafo 3o., da CLT, tem-se o caso típico de prorrogação de competência o que ocorre extraprocessualmente cuja opção é dada ao empregado, que tanto pode escolher o local da contratação quanto o da prestação de serviços. (TRT-3 – RO: 1579803 00224-2003-082-03-00-7, Relator: Bolivar Viegas Peixoto, Setima Turma, Data de Publicação: 11/11/2003 DJMG. Página 15. Boletim: Não)

OJ-SDI2-149 – CONFLITO DE COMPETÊNCIA. incompetência territorial. hipótese do art. 651, § 3º, da CLT. impossibilidade de declaração de ofício de incompetência relativa. (DEJT divulgado em 03, 04 e 05.12.2008). Não cabe declaração de ofício de incompetência territorial no caso do uso, pelo trabalhador no caso do uso, pelo trabalhador, da faculdade prevista no art. 651, § 3º da CLT. Nessa hipótese, resolve-se o conflito pelo reconhecimento da competência do juízo do local onde a ação foi proposta.

Artigo 66

Há conflito de competência quando:

I – 2 (dois) ou mais juízes se declaram competentes;

II – 2 (dois) ou mais juízes se consideram incompetentes, atribuindo um ao outro a competência;

III – entre 2 (dois) ou mais juízes surge controvérsia acerca da reunião ou separação de processos.

Parágrafo único – O juiz que não acolher a competência declinada deverá suscitar o conflito, salvo se a atribuir a outro juízo.

(Art. 115 do CPC revogado, ref. CLT: arts. 803, 804, 805, 806 e 807)

As regras processuais definem, de modo abstrato, a competência para processamento e julgamento de cada causa, objetivando delimitar o âmbito de atuação de cada órgão jurisdicional e indicar um único juízo competente para cada causa, em regra. Contudo, podem surgir conflitos na

---

(155) "Não havendo acordo, o reclamado terá vinte minutos para aduzir sua defesa, após a leitura da reclamação, quando esta não for dispensada por ambas as partes".

(156) CINTRA, Antonio Carlos de Araújo; GRINOVER, Ada Pellegrini; DINAMARCO, Candido Rangel. *Teoria Geral do Processo*. 28 ed. São Paulo: Malheiros, 2012. p. 275.

(157) CINTRA, Antonio Carlos de Araújo; GRINOVER, Ada Pellegrini; DINAMARCO, Candido Rangel. *Teoria Geral do Processo*. 28 ed. São Paulo: Malheiros, 2012. p. 275.

definição de competência, por divergirem os juízes acerca da competência para julgamento de um determinado processo judicial.

Humberto Theodoro Jr. aponta que "é inadmissível que, simultaneamente, mais de um órgão judiciário seja igualmente competente para processar e julgar a mesma causa. Acontece, na prática, que, às vezes, diversos juízes se dão por competentes para um mesmo processo ou todos se recusam a funcionar no feito, dando origem a um conflito, que o Código soluciona através do incidente denominado 'conflito de competência'"[158].

O conflito, portanto, pode ser positivo — quando mais de um juiz entende ser competente para julgar a mesma demanda —, ou negativo — quando nenhum dos juízes reconhece sua competência para apreciar a causa.

Quanto ao primeiro, Humberto Theodoro Jr. explicita que "para dar surgimento ao conflito positivo, não é necessário que haja decisão expressa de um ou de ambos os juízes a respeito da própria competência e da incompetência de outro. Basta que ambos os juízes pratiquem atos em causa idêntica, com reconhecimento implícito da própria competência, como se dá, por exemplo, quando o mesmo inventário é requerido perante dois juízes diferentes e ambos lhe dão curso"[159].

Quanto ao conflito negativo, não é necessário que os juízes atribuam a outros a competência, mas apenas que se declarem incompetentes.

O novo Código traz uma novidade no inciso III, ao admitir que o conflito de competência pode ocorrer quando houver divergência entre juízes sobre a reunião de processos, o que será relevante em casos em que haja conexão, continência, ou mesmo a reunião por conveniência, o que é novidade, pelo art. 55, § 3º.

O procedimento para resolução do conflito de competência, por sua vez, passa a ser regulado pelos arts. 951 a 959 do novo Código.

O conflito de competência também pode ocorrer no âmbito do processo do trabalho, o que foi muito comum após a Emenda Constitucional n. 45/04 (reforma do Judiciário), na qual muitas causas que tramitavam na Justiça Comum passaram a tramitar na Justiça do Trabalho.

Nessa seara há normatização própria em relação ao tema na Seção VII da CLT, intitulado "Dos Conflitos de Jurisdição", cujos arts. 803 a 808 regem respectivamente que:

Art. 803. Os conflitos de jurisdição podem ocorrer entre:

a) Juntas de Conciliação e Julgamento e Juízes de Direito investidos na administração da Justiça do Trabalho;

b) Tribunais Regionais do Trabalho;

c) Juízos e Tribunais do Trabalho e órgãos da Justiça Ordinária;

d) Câmaras do Tribunal Superior do Trabalho.

Art. 804. Dar-se-á conflito de jurisdição:

a) quando ambas as autoridades se considerarem competentes;

b) quando ambas as autoridades se considerarem incompetentes.

Art. 805. Os conflitos de jurisdição podem ser suscitados:

a) pelos Juízes e Tribunais do Trabalho;

b) pelo procurador-geral e pelos procuradores regionais da Justiça do Trabalho;

c) pela parte interessada, ou o seu representante.

Art. 806. É vedado à parte interessada suscitar conflitos de jurisdição quando já houver oposto na causa exceção de incompetência.

Art. 807. No ato de suscitar o conflito deverá a parte interessada produzir a prova de existência dele.

Art. 808. Os conflitos de jurisdição de que trata o art. 803 serão resolvidos:

a) pelos Tribunais Regionais, os suscitados entre Juntas e entre Juízos de Direito, ou entre uma e outras, nas respectivas regiões;

b) pela Câmara de Justiça do Trabalho, os suscitados entre Tribunais Regionais, ou entre Juntas e Juízos de Direito sujeitos à jurisdição de Tribunais Regionais diferentes;

c) pelo Conselho Pleno, os suscitados entre as Câmaras de Justiça do Trabalho e de Previdência Social; (Vide Decreto Lei n. 9.797, de 1946)

d) pelo Supremo Tribunal Federal, os suscitados entre as autoridades da Justiça do Trabalho e as da Justiça Ordinária.

Por outro lado, é importante ressaltar que o conflito de competência entre justiças especializadas, como entre a Justiça Comum e a Justiça Trabalhista[160], deverá ser resolvido

---

(158) THEODORO JR., Humberto. *Curso de Direito Processual Civil*. Vol. 1. Rio de Janeiro: Forense, 2014.

(159) Idem.

(160) Como, por exemplo, nos seguintes julgados: PROCESSUAL CIVIL. CONFLITO NEGATIVO DE COMPETÊNCIA SUSCITADO ENTRE JUÍZO FEDERAL E JUÍZO TRABALHISTA. AÇÃO DECLARATÓRIA. ATUAÇÃO DE CONSELHO DE FISCALIZAÇÃO PROFISSIONAL. LEGALIDADE DA RESOLUÇÃO CFM N. 1834/08. ATIVIDADE FISCALIZATÓRIA. DIREITO ADMINISTRATIVO. COMPETÊNCIA DA JUSTIÇA FEDERAL. 1. Trata-se de conflito negativo de competência instaurado entre o Juízo da 20ª Vara do Trabalho de Brasília, suscitante, e o Juízo Federal da 4ª Vara da Seção Judiciária do Distrito Federal, suscitado, nos autos da ação declaratória apresentada pela Associação de Hospitais do Estado de Santa Catarina — AHESC e Federação dos Hospitais e Estabelecimento de Serviços de Saúde do Estado de Santa Catarina — FEHOESC em face do Conselho Federal de Medicina visando a ilegalidade de dispositivos da Resolução CFM n. 1.834/08, que regulamentou o regime de sobreaviso dos médicos nos hospitais, inclusive com a necessidade de remuneração. 2. A atividade fiscalizatória exercida pelos conselhos profissionais não pode ser incluída entre as competências estabelecidas no art. 114 da Constituição Federal, uma vez que "não há relação de trabalho entre o Conselho de Fiscalização Profissional e os profissionais perante ele registrados. O que há entre eles é uma relação de natureza estatutária (isto é, regrada por atos normativos, e não por contrato), pertencente ao domínio do Direito Administrativo, que subordina à fiscalização do Conselho o exercício da atividade profissional" (CC 82.775/SP, rel.

perante o Superior Tribunal de Justiça conforme previsão do art. 105, I, "d" da Constituição Federal[161].

> Min. Teori Albino Zavascki, DJ de 10.5.2007). 3. A jurisprudência desta Corte Superior de Justiça é no sentido de que a atividade fiscalizatória exercida pelos conselhos profissionais, decorrente da delegação do poder de polícia, está inserida no âmbito do direito administrativo, não podendo ser considerada relação de trabalho e, por consequência, não está incluída na esfera de competência da Justiça Trabalhista. 4. Conforme afirmado pelo Ministério Público em seu parecer (fls. 279), "ainda que a normatização do regime de sobreaviso de médicos em hospitais particulares consista em matéria tipicamente trabalhista, com efeitos inequívocos sobre o poder diretivo do tomador de serviços e sobre os contratos de trabalho celebrados, não se está diante, no caso dos autos, de lide oriunda de relações de trabalho (art. 114, I, da Constituição), tampouco de lide entre sindicatos e trabalhadores ou entre sindicatos e empregadores (art. 114, III, da Constituição), mas sim de demanda proposta por associação de classe e por entidade sindical patronal no intuito de refrear suposto abuso do poder de polícia de conselho de fiscalização profissional, autarquia corporativa", não há qualquer discussão acerca de uma relação de trabalho, sendo a competência para julgar a presente demanda Justiça Federal, nos termos do art. 109 da Constituição Federal. 5. Conflito conhecido, para declarar a competência do o Juízo Federal da 4ª Vara da Seção Judiciária do Distrito Federal. (STJ – CC: 127761 DF 2013/0109043-6, relator: Ministro Mauro Campbell Marques, Data de Julgamento: 28.8.2013, S1 – PRIMEIRA SEÇÃO, Data de Publicação: DJe 3.9.2013) CONFLITO NEGATIVO DE COMPETÊNCIA. CONTRATAÇÃO IRREGULAR POR AUTARQUIA FEDERAL. JUSTIÇA FEDERAL E JUSTIÇA TRABALHISTA. CONFLITO CONHECIDO PARA DECLARAR A COMPETÊNCIA DO JUÍZO FEDERAL. 1. Nos termos da decisão liminar proferida pelo Supremo Tribunal Federal na ADI n. 3.395/DF, "exclui-se da Competência da Justiça do Trabalho a apreciação de causas que sejam instauradas entre o Poder Público e seus servidores, a ele vinculados por típica relação de ordem estatutária ou de caráter jurídico-administrativo e as relativas a existência, a validade e a eficácia das relações entre servidores e o poder público". 2. A matéria *sub examine* já obteve o deslinde necessário perante esta egrégia Corte de Justiça no sentido de que compete à Justiça Comum processar e julgar ações acerca da contratação temporária ou irregular realizada pelo poder público. 3. Na hipótese em comento, o autor da ação principal, Gilvan Afonso da Silva, ajuizou uma reclamatória trabalhista em face do Conselho Nacional de Técnicos em Radiologia, tendo como causa de pedir a existência de um contrato de trabalho, fazendo pedidos decorrentes desse vínculo laboral. Assim, não há dúvidas de que, nos termos em que foi proposta, a competência para apreciar e julgar a demanda é da Justiça Federal, considerando que a contratação com o poder público, ainda que temporária ou irregular, é ato de natureza administrativa, ensejando a competência da Justiça Comum para resolver as controvérsias pertinentes. 4. Nestes termos, não há como acolher, em sede de conflito de competência, a alegação do agravante de que inexiste contrato de trabalho firmado entre o autor da ação principal, Gilvan Afonso da Silva, e o Conselho Nacional de Técnicos em Radiologia, mas sim comum antigo servidor da autarquia, o que afastaria a competência da Justiça Comum. Isto porque o juízo sobre a competência para a causas e estabelece levando em consideração os termos em que proposta a demanda. 5. Agravo regimental não provido. (STJ – AgRg no CC: 125185 DF 2012/0223999-6, relator: Ministro Mauro Campbell Marques, Data de Julgamento: 27.2.2013, S1 – Primeira Seção, Data de Publicação: DJe 6.32013)

(161) Art. 105. Compete ao Superior Tribunal de Justiça: I – processar e julgar, originariamente: d) os conflitos de competência entre quaisquer tribunais, ressalvado o disposto no art. 102, I, "o", bem como

É digno de registro, outrossim, que não há que se falar em conflito de competência quando a divergência ocorre entre juízes do trabalho e o Tribunal Regional do Trabalho ao qual ele está vinculado, conforme os termos da súmula n. 420 do TST:

> SÚMULA N. 420, TST – COMPETÊNCIA FUNCIONAL. CONFLITO NEGATIVO. TRT E VARA DO TRABALHO DE IDÊNTICA REGIÃO. NÃO CONFIGURAÇÃO (conversão da Orientação Jurisprudencial n. 115 da SBDI-2) – Res. n. 137/2005, DJ 22, 23 e 24.8.2005. Não se configura conflito de competência entre Tribunal Regional do Trabalho e Vara do Trabalho a ele vinculada. (ex-OJ n. 115 da SBDI-2 – DJ 11.8.2000)

Não se pode confundir também conflito de competência com conflito de atribuições entre juízes, como esclarece julgado do Tribunal Regional do Trabalho da 1ª Região:

> CONFLITO NEGATIVO DE COMPETÊNCIA. NÃO CARACTERIZAÇÃO. CONFLITO DE ATRIBUIÇÕES. A divergência entre o Juiz que declinou da competência material para a Justiça Comum quando oficiava na 1ª VT/Nova Iguaçu e o Juiz que ora atua na referida Vara não caracteriza conflito de competência, mas, sim, conflito de atribuição, cuja solução compete ao Corregedor.[162]

CAPÍTULO II
DA COOPERAÇÃO NACIONAL

Artigo 67

Aos órgãos do Poder Judiciário, estadual ou federal, especializado ou comum, em todas as instâncias e graus de jurisdição, inclusive aos tribunais superiores, incumbe o dever de recíproca cooperação, por meio de seus magistrados e servidores.

(Sem correspondente no CPC revogado)

O dispositivo legal é um dos reflexos do princípio da cooperação, norma fundamental do processo positivada no art. 6º do novo CPC. A cooperação ultrapassa as fronteiras da relação jurídica processual — juiz e partes — para assumir papel estruturante no Poder Judiciário, enquanto instituição.

Assim é que o novo Código positivou um capítulo específico para regular a cooperação entre os órgãos do Poder Judiciário, exigindo mútua e recíproca colaboração.

Acerca do tema, o Fórum Permanente de Processualistas Civis editou o Enunciado de n. 5, que estende o dever de cooperação aos árbitros[163].

entre tribunal e juízes a ele não vinculados e entre juízes vinculados a tribunais diversos;

(162) TRT-1 – CC: 00131556720135010000 RJ, relator: Nelson Tomaz Braga, Data de Julgamento: 13.2.2014, Órgão Especial, Data de Publicação: 19.2.2014.

(163) 5. Art. 69, § 3º O pedido de cooperação jurisdicional poderá ser realizado também entre o árbitro e o Poder Judiciário.

O dever de cooperação nacional estende-se às Justiças especializadas, como menciona o *caput* do artigo, de modo que é plena sua aplicabilidade ao processo do trabalho.

À luz desse dispositivo, poder-se-ia defender uma aplicação ainda mais ampla da cooperação nacional, incluindo cartórios extrajudiciais, como, aliás, já ocorre na Justiça do Trabalho[164].

Artigo 68

Os juízes poderão formular entre si pedido de cooperação para prática de qualquer ato processual.

(Sem correspondente no CPC revogado)

No regime do CPC revogado, a previsão de prática de atos processuais por juízo diverso do que tramita o processo constava nos arts. 200 e seguintes, especificamente sobre as cartas de ordem e precatórias. Tais cartas, em geral, cumpriam a função de comunicação sobre atos processuais e de produção de provas.

O novo Código amplia a previsão, dispondo amplamente sobre a possibilidade de quaisquer atos processuais serem objeto de pedido de cooperação entre os órgãos do Poder Judiciário.

Defendemos, nessa hipótese, a possibilidade de incluir atos extrajudiciais, especialmente quanto aos cartórios de registro de imóveis, títulos e documentos, protestos etc., nos termos do comentário ao artigo anterior.

Artigo 69

O pedido de cooperação jurisdicional deve ser prontamente atendido, prescinde de forma específica e pode ser executado como:

I – auxílio direto;

II – reunião ou apensamento de processos;

III – prestação de informações;

IV – atos concertados entre os juízes cooperantes.

§ 1º As cartas de ordem, precatória e arbitral seguirão o regime previsto neste Código.

§ 2º Os atos concertados entre os juízes cooperantes poderão consistir, além de outros, no estabelecimento de procedimento para:

I – a prática de citação, intimação ou notificação de ato;

II – a obtenção e apresentação de provas e a coleta de depoimentos;

III – a efetivação de tutela provisória;

IV – a efetivação de medidas e providências para recuperação e preservação de empresas;

V – a facilitação de habilitação de créditos na falência e na recuperação judicial;

VI – a centralização de processos repetitivos;

VII – a execução de decisão jurisdicional.

§ 3º O pedido de cooperação judiciária pode ser realizado entre órgãos jurisdicionais de diferentes ramos do Poder Judiciário.

(Sem correspondente no CPC revogado)

O dispositivo legal inova o regime anterior das cartas de ordem e precatórias, previsto nos arts. 200 e seguintes do CPC revogado. Ao contrário das regras anteriores, dispõe que o pedido de cooperação terá forma livre e deverá ser cumprido imediatamente, podendo compreender não só pedidos de comunicação de atos processuais e de instrução probatória, mas também a efetivação de decisões judiciais e arbitrais.

Novamente, o parágrafo terceiro explicita a aplicação do dispositivo à Justiça do Trabalho, prevendo que a cooperação pode ocorrer em diversos ramos do Poder Judiciário.

---

(164) "MANDADO DE PROTESTO NOTARIAL DE TÍTULO JUDICIAL TRABALHISTA. ACORDO DE COOPERAÇÃO INSTITUCIONAL/TRIBUNAL REGIONAL DO TRABALHO DA 10ª REGIÃO E O INSTITUTO DE PROTESTO DE TÍTULOS DO BRASIL/SEÇÃO DISTRITO FEDERAL. Analisando a Recomendação n. 001, o Ato GCGT n. 11/2011 e a Recomendação n. 002, todos os atos da Corregedoria-Geral da Justiça do Trabalho, bem como os termos do Acordo de Cooperação Institucional celebrado entre este eg. Tribunal Regional e o Instituto de Protesto de Títulos do Brasil/Seção do Distrito Federal, verifica-se inconteste que a orientação de expedição do mandado de protesto notarial de título judicial trabalhista, consubstanciado na certidão de crédito trabalhista, como inter procedimental executório, anterior à determinação de arquivamento dos autos, continuou a ser mera faculdade do magistrado, que, na análise dos contornos jurisdicionais, decidirá ou não pela respectiva expedição. Contudo, havendo a determinação do Juiz da execução quanto à expedição do mandado de protesto notarial do título judicial — Certidão de Crédito Trabalhista — este deve abranger todos os devedores existentes: principais, subsidiários e solidários, nos termos da cláusula segunda do Acordo de Cooperação Institucional. Agravo conhecido e provido. (TRT-10 – AP: 01103-2008-021-10-00-9 DF, relator: desembargadora Heloisa Pinto Marques, Data de Julgamento: 26.9.2012, 3ª Turma, Data de Publicação: 19.10.2012 no DEJT)."

Livro III — Dos Sujeitos do Processo

TÍTULO I
DAS PARTES E DOS PROCURADORES

CAPÍTULO I
DA CAPACIDADE PROCESSUAL

Artigo 70

Toda pessoa que se encontre no exercício de seus direitos tem capacidade para estar em juízo.
(Art. 7º CPC revogado; ref. CLT: arts. 791, 792 e 793)

Este artigo trata da capacidade de estar em juízo, que, contudo, não se confunde com a capacidade postulatória. Para melhor compreensão da norma, será necessário traçar breves definições de três institutos diversos, quais sejam: capacidade de ser parte, capacidade processual e capacidade postulatória.

A capacidade de ser parte pressupõe, em regra, personalidade jurídica, que compreende tanto a pessoa natural como a pessoa jurídica e ligada à capacidade de direito. A personalidade da pessoa natural se inicia com o nascimento com vida (art. 2º do Código Civil) e, a personalidade da pessoa jurídica, com o registro de seus atos constitutivos no registro competente, como regra geral.

Todos que têm personalidade jurídica têm capacidade para ser parte, ou seja, a "capacidade de ser parte é decorrente da capacidade de direito, significando a aptidão para ser autor, réu ou interveniente em ação judicial. É pressuposto pré-processual. Têm-na os que têm capacidade de direito"[165].

A capacidade de ser parte, contudo, também é conferida por lei a alguns entes despersonalizados, como é o caso da massa falida, do espólio, das sociedades irregulares, dentre outros, nos termos do art. 75 do novo Código.

As partes defendem pretensão própria ou alheia. Cândido Rangel Dinamarco conceitua partes na relação processual. Vejamos:

> Para a conceituação da parte processual, não tem a maior relevância a posição do sujeito em face do direito material nem sua condição de parte legítima ou ilegítima. Partes na relação jurídica *material* são os titulares de direitos e obrigações referentes a um bem de vida, como sujeitos que celebram um contrato ou o que causou o dano e o que sofreu, os cônjuges em face do vínculo material etc. *Partes legítimas* são as pessoas a quem a lei outorga qualidade para estar em juízo na defesa de direitos e interesses, seja propondo a demanda, seja para que em relação a elas a demanda seja proposta (legitimidade ativa ou passiva) (...). O ideal é que figurem como partes no processo precisamente aquelas pessoas a quem a lei oferece condições para isso (partes legítimas, legitimidade ordinária ou extraordinária), mas quando isso não acontece, ainda assim serão partes o sujeito que propôs a demanda e aquele em face do qual a demanda foi proposta e que veio a ser citado[166].

A capacidade de direito — e, portanto, a capacidade de ser parte — não significa necessariamente capacidade de fato, de exercício. Os que possuem capacidade de fato, por sua vez, são os que possuem capacidade processual ou capacidade de estar em juízo, que nada mais é do que a manifestação da capacidade do exercício de atuar no processo judicial, o que é regulado por este artigo.

Assim, há pessoas que possuem capacidade de ser parte e, contudo, não possuem capacidade processual (embora a capacidade processual pressuponha a capacidade de ser parte), como os incapazes, que serão representados ou assistidos, conforme regulado no artigo subsequente.

A capacidade postulatória, por outro lado, é terceira categoria, diversa, e refere-se em geral à capacidade dos advogados de atuarem perante o juízo, o que é regulado no art. 103 do novo Código. Para mais comentários, remetemos à leitura deste dispositivo.

No processo do trabalho as partes que têm capacidade processual podem reclamar pessoalmente, isto é, sem a necessidade de representação por advogado. Nessa seara processual há o *jus postulandi*, como se pode observar do art. 791 da CLT, *in verbis*:

Art. 791. Os empregados e os empregadores poderão reclamar pessoalmente perante a Justiça do Trabalho e acompanhar as suas reclamações até o final.

§ 1º Nos dissídios individuais os empregados e empregadores poderão fazer-se representar por intermédio do sindicato, advogado, solicitador, ou provisionado, inscrito na Ordem dos Advogados do Brasil.

Algumas observações quanto a esse tema são necessárias aqui: (i) Na prática, diante da maior complexidade das lides trabalhistas, atualmente é raro alguma parte comparecer desacompanhada de advogado a uma audiência; (ii) No foro trabalhista há o chamado mandado tácito, que consiste no fato de o advogado conduzir uma audiência para a parte com

---

(165) NERY JR., Nelson; NERY, Rosa. *Código de Processo Civil comentado e legislação extravagante*. São Paulo: Revista dos Tribunais, 2013.

(166) DINAMARCO, Cândido Rangel. *Instituições de direito processual civil*. São Paulo: Malheiros, 2005. 2 v. p. 247-248.

anuência desta, nos termos do parágrafo terceiro do art. 791[167]; (iii) É importante lembrar que nos recursos interpostos para os Tribunais Superiores e nas ações rescisórias a participação de advogado é necessária, conforme exigência prevista na Súmula n. 425 do TST[168]; (iv) Nos dissídios coletivos, conforme parágrafo segundo do art. 791 da CLT é facultada aos interessados a assistência por advogado[169].

Em relação à capacidade de estar em juízo ou capacidade processual, o trabalhador menor de dezoito anos não a possui, conforme os termos dos arts. 792 e 793 da CLT, *in verbis*:

> Art. 792. Os maiores de 18 (dezoito) e menores de 21 (vinte e um) anos e as mulheres casadas poderão pleitear perante a Justiça do Trabalho sem a assistência de seus pais, tutores ou maridos.
>
> Art. 793. A reclamação trabalhista do menor de 18 anos será feita por seus representantes legais e, na falta destes, pela Procuradoria da Justiça do Trabalho, pelo sindicato, pelo Ministério Público estadual ou curador nomeado em juízo.

Artigo 71

O incapaz será representado ou assistido por seus pais, por tutor ou por curador, na forma da lei.

(Art. 8º do CPC revogado, ref. CLT: arts. 791, 797, 793, 893 e 514, b)

Como visto nos comentários ao artigo anterior, a capacidade processual gera a possibilidade de praticar atos processuais, ou seja, de exercer plenamente a capacidade de fato no processo judicial, de estar em juízo. Com efeito, "a capacidade processual ou de estar em juízo diz respeito à prática e à recepção eficazes de atos processuais, a começar pela petição e a citação, isto é, ao pedir e ao ser citado"[170].

Embora o Código Civil regule a capacidade nos arts. 1º e 2º[171], traz algumas exceções nos §§ 3º e 4º[172], dispondo hipóteses de pessoas com capacidade de direito (de ser parte), mas sem capacidade processual plena (de estar em juízo).

Nesse passo, verificamos que todos aqueles que nascem com vida, possuem capacidade de direito, porém, nem todos que possuem capacidade de direito gozam de capacidade processual para estar em juízo.

Para tais casos, surgem as figuras da representação e da assistência, que eram reguladas pelo art. 8º do CPC revogado e são repetidas no CPC vigente. Os absolutamente incapazes (art. 3º do CC) serão representados em juízo e os relativamente incapazes (art. 4º do CC) serão assistidos, justamente por não possuírem capacidade autônoma de estar em juízo.

No Processo do Trabalho, o trabalhador adquire capacidade plena a partir dos 18 (dezoito) anos (art. 792 da CLT). Antes disso, é relativamente incapaz e deverá ser assistido por seu representante. Pode, entretanto, obter autorização judicial para trabalho remunerado, o que cessará com o alcance da maioridade.[173]

O menor de dezesseis anos não pode trabalhar, salvo na condição de aprendiz, a partir dos 14 (quatorze) anos, havendo, segundo a lei trabalhista, incapacidade plena. Por exemplo, para rescindir o contrato de trabalho, o menor deverá ser assistido por seu representante (art. 439 da CLT).

---

(167) Art. 791, § 3º: "A constituição de procurador com poderes para o foro em geral poderá ser efetivada, mediante simples registro em ata de audiência, a requerimento verbal do advogado interessado, com anuência da parte representada".

(168) Súmula n. 425, TST: *JUS POSTULANDI* NA JUSTIÇA DO TRABALHO. ALCANCE. Res. n. 165/2010, DEJT divulgado em 30.4.2010 e 3 e 4.5.2010. O *jus postulandi* das partes, estabelecido no art. 791 da CLT, limita-se às Varas do Trabalho e aos Tribunais Regionais do Trabalho, não alcançando a ação rescisória, a ação cautelar, o mandado de segurança e os recursos de competência do Tribunal Superior do Trabalho.

(169) Art. 791, § 2º: "Nos dissídios coletivos é facultada aos interessados a assistência por advogado".

(170) MIRANDA, Francisco Cavalcanti Pontes de; *apud* DIDIER JR., Fredie. *Curso de direito processual civil*. v. 1, Salvador: Juspodivm, 2014. p. 271.

(171) Art. 1º Toda pessoa é capaz de direitos e deveres na ordem civil.
Art. 2º A personalidade civil da pessoa começa do nascimento com vida; mas a lei põe a salvo, desde a concepção, os direitos do nascituro.

(172) Art. 3º São absolutamente incapazes de exercer pessoalmente os atos da vida civil:
I – os menores de dezesseis anos;
II – os que, por enfermidade ou deficiência mental, não tiverem o necessário discernimento para a prática desses atos;
III – os que, mesmo por causa transitória, não puderem exprimir sua vontade.
Art. 4º São incapazes, relativamente a certos atos, ou à maneira de os exercer:
I – os maiores de dezesseis e menores de dezoito anos;
II – os ébrios habituais, os viciados em tóxicos, e os que, por deficiência mental, tenham o discernimento reduzido;
III – os excepcionais, sem desenvolvimento mental completo;
IV – os pródigos.
Parágrafo único. A capacidade dos índios será regulada por legislação especial.

(173) CONSTITUCIONAL E PROCESSUAL CIVIL. ALVARÁ JUDICIAL PARA AUTORIZAÇÃO DE TRABALHO REMUNERADO POR MENOR DE DEZESSEIS ANOS. MAIORIDADE TRABALHISTA ALCANÇADA. 1. Alcançada a maioridade trabalhista, remanesce sem objeto, pela superveniente perda do interesse processual, processo mediante o qual então menor de idade postulou a expedição de alvará de autorização para trabalhar. 2. Processo extinto, sem resolução de mérito, prejudicado o recurso de apelação. CONSTITUCIONAL E PROCESSUAL CIVIL. ALVARÁ JUDICIAL PARA AUTORIZAÇÃO DE TRABALHO REMUNERADO POR MENOR DE DEZESSEIS ANOS. MAIORIDADE TRABALHISTA ALCANÇADA. 1. Alcançada a maioridade trabalhista, remanesce sem objeto, pela superveniente perda do interesse processual, processo mediante o qual então menor de idade postulou a expedição de alvará de autorização para trabalhar. 2. Processo extinto, sem resolução de mérito, prejudicado o recurso de apelação. (AC 2002.01.99.031619-2/MG, Rel. Desembargador Federal Carlos Moreira Alves, Segunda Turma, e-DJF1 p. 58 de 12.3.2009) (TRF-1 – AC: 31619 MG 2002.01.99.031619-2, relator: Desembargador Federal Carlos Moreira Alves, Data de Julgamento: 17.12.2008, 2ª Turma, Data de Publicação: 12.3.2009 e-DJF1 p. 58)

A legislação trabalhista estabelece que os maiores de 18 anos e menores de 21 anos e as mulheres casadas poderão pleitear sem qualquer tipo de assistência em Juízo. Quando o trabalhador possuir menos de 18 anos, poderá o seu representante propor ação judicial e, na falta deste, o Ministério Público do Trabalho, sindicato, Ministério Público Estadual ou curador nomeado em Juízo (arts. 792 e 793 da CLT).

Nas reclamações plúrimas ou ações de cumprimento, conforme art. 843 da CLT[174], os empregados podem ser representados pelos sindicatos, o qual também tem o dever de prestar assistência judiciária aos seus associados ou qualquer trabalhador que não tenha condições de assumir as custas de um processo[175].

E, quanto ao empregador, este pode ser representado pelo gerente ou preposto[176] que tenha conhecimento dos fatos, conforme o parágrafo primeiro do art. 843 da CLT:

> É facultado ao empregador fazer-se substituir pelo gerente, ou qualquer outro preposto que tenha conhecimento do fato, e cujas declarações obrigarão o proponente.

Artigo 72

O juiz nomeará curador especial ao:

I – incapaz, se não tiver representante legal ou se os interesses deste colidirem com os daquele, enquanto durar a incapacidade;

II – réu preso revel, bem como ao réu revel citado por edital ou com hora certa, enquanto não for constituído advogado.

Parágrafo único. A curatela especial será exercida pela Defensoria Pública, nos termos da lei.

(Art. 9º do CPC revogado, ref.: art. 793 da CLT)

O artigo anterior dispõe que a representação e a assistência dos incapazes competirão aos seus pais, tutores ou curadores. Este dispositivo legal, por sua vez, regula a hipótese de o incapaz não possuir representante (ou possuir representante com interesses colidentes), e do réu preso ou citado por edital, desde que revéis.

---

(174) Art. 843. Na audiência de julgamento deverão estar presentes o reclamante e o reclamado, independentemente do comparecimento de seus representantes, salvo nos casos de Reclamatórias Plúrimas ou Ações de Cumprimento, quando os empregados poderão fazer-se representar pelo Sindicato de sua categoria.

(175) Art. 514. São deveres dos sindicatos:
(...)
b) manter serviços de assistência judiciária para os associados; (...)

(176) Quanto ao tema, são dignos de registro os termos da Súmula n. 377 do TST: PREPOSTO. EXIGÊNCIA DA CONDIÇÃO DE EMPREGADO (nova redação) – Res. n. 146/2008, DJ 28.4.2008, 2 e 5.5.2008. Exceto quanto à reclamação de empregado doméstico, ou contra micro ou pequeno empresário, o preposto deve ser necessariamente empregado do reclamado. Inteligência do art. 843, § 1º, da CLT e do art. 54 da Lei Complementar n. 123, de 14 de dezembro de 2006.

Em tais casos, para viabilizar a atuação em juízo, ser-lhes-á nomeado curador especial, função que será exercida pela Defensoria Pública.

Na Justiça do Trabalho, a jurisprudência admite a nomeação de curador ao incapaz (inciso I do artigo ora analisado), mas, contudo, não entende cabível a nomeação de curador ao réu citado por edital que seja revel (inciso II), conforme se observa dos seguintes julgados, respectivamente:

INCAPACIDADE PROCESSUAL. NOMEAÇÃO DE CURADOR ESPECIAL E INTIMAÇÃO DO MINISTÉRIO PÚBLICO. Verificando o magistrado que o reclamante não possui plena capacidade processual devido a limitações de ordem cognitiva, deve nomear curador especial e intimar o representante do Ministério Público do Trabalho para que oficie no feito. (TRT-3 – RO: 0000972-81.2013.5.03.0138, relator: convocado Jose Marlon de Freitas, Oitava Turma, Data de Publicação: 6.6.2014 5.6.2014. DEJT/TRT3/Cad. Jud. Página 271. Boletim: Não)

Nomeação de "curador especial". Inaplicabilidade no processo do trabalho do art. 9º, II, do CPC. Não há omissão no texto consolidado a justificar a aplicação subsidiária do indigitado dispositivo. A respeito, temos que a CLT é expressa quanto à hipótese de curatela admitida no processo do trabalho, expressamente estabelecida no art. 793. Ademais, a possibilidade de nomeação do "curador especial" ao revel é incompatível com os princípios da celeridade e informalidade que norteiam esta Justiça Especializada. (TRT-2 – RO: 15439620105020 SP 00015439620105020037 A28, relator: Sergio Winnik, Data de Julgamento: 1º.10.2013, 4ª Turma, Data de Publicação: 11.10.2013)

EFEITOS DA REVELIA. NOMEAÇÃO DE CURADOR ESPECIAL. DEFESA GENÉRICA. A nomeação de curador especial, tal como determinada no art. 9º, II do CPC, é inaplicável ao processo trabalhista, que possui norma própria. A ausência do réu citado por edital conduz à presunção de veracidade dos fatos alegados pela autora. Presume-se a dispensa imotivada e acolhe-se a jornada declinada na inicial. Sentença que se reforma em parte. (TRT-1 – RO: 1225000920095010064 RJ, relator: Alexandre de Souza Agra Belmonte, Data de Julgamento: 12.12.2011, Sexta Turma, Data de Publicação: 30.1.2012)

Artigo 73

O cônjuge necessitará do consentimento do outro para propor ação que verse sobre direito real imobiliário, salvo quando casados sob o regime de separação absoluta de bens.

§ 1º Ambos os cônjuges serão necessariamente citados para a ação:

I – que verse sobre direito real imobiliário, salvo quando casados sob o regime de separação absoluta de bens;

II – resultante de fato que diga respeito a ambos os cônjuges ou de ato praticado por eles;

III – fundada em dívida contraída por um dos cônjuges a bem da família;

IV – que tenha por objeto o reconhecimento, a constituição ou a extinção de ônus sobre imóvel de um ou de ambos os cônjuges.

> § 2º Nas ações possessórias, a participação do cônjuge do autor ou do réu somente é indispensável nas hipóteses de composse ou de ato por ambos praticado.
> § 3º Aplica-se o disposto neste artigo à união estável comprovada nos autos.
> (Art. 10 do CPC revogado)

O dispositivo trata do regime aplicável aos casados e companheiros em união estável (novidade em relação ao CPC revogado), quando postularem em juízo, salvo se casados em regime de separação absoluta de bens. O que o Código institui é que a autorização do cônjuge ao outro suprirá a formação de litisconsórcio ativo nas ações que versem sobre direitos reais imobiliários (conforme art. 1.225 do Código Civil).

Por outro lado, institui hipótese de litisconsórcio passivo necessário nas hipóteses do parágrafo primeiro. A disciplina referente ao litisconsórcio, seus efeitos e consequências, está disciplinada nos arts. 114 e seguintes do novo Código.

Tal artigo, contudo, não tem aplicabilidade ao processo do trabalho, em razão da natureza da relação jurídica discutida, a menos que haja alguma ação incidental na execução trabalhista tratando de direito real sobre imóvel que tenha sido objeto de constrição judicial.

Artigo 74

> O consentimento previsto no art. 73 pode ser suprido judicialmente quando for negado por um dos cônjuges sem justo motivo, ou quando lhe seja impossível concedê-lo.
> Parágrafo único. A falta de consentimento, quando necessário e não suprido pelo juiz, invalida o processo.
> (Art. 11 do CPC revogado)

Tendo em vista que o consentimento dos cônjuges — na hipótese do artigo anterior — supre a necessidade de formação de litisconsórcio ativo, o Código determina sua indispensabilidade. Poderá ser suprido por decisão judicial, mas, não o sendo, invalidará o processo, mesma consequência decorrente da ausência de formação de litisconsórcio necessário.

Tal artigo, todavia, igualmente não tem aplicabilidade ao processo do trabalho, salvo no exemplo citado no artigo anterior.

Artigo 75

> Serão representados em juízo, ativa e passivamente:
> I – a União, pela Advocacia-Geral da União, diretamente ou mediante órgão vinculado;
> II – o Estado e o Distrito Federal, por seus procuradores;
> III – o Município, por seu prefeito ou procurador;
> IV – a autarquia e a fundação de direito público, por quem a lei do ente federado designar;
> V – a massa falida, pelo administrador judicial;
> VI – a herança jacente ou vacante, por seu curador;
> VII – o espólio, pelo inventariante;
> VIII – a pessoa jurídica, por quem os respectivos atos constitutivos designarem ou, não havendo essa designação, por seus diretores;
> IX – a sociedade e a associação irregulares e outros entes organizados sem personalidade jurídica, pela pessoa a quem couber a administração de seus bens;
> X – a pessoa jurídica estrangeira, pelo gerente, representante ou administrador de sua filial, agência ou sucursal aberta ou instalada no Brasil;
> XI – o condomínio, pelo administrador ou síndico.
> § 1º Quando o inventariante for dativo, os sucessores do falecido serão intimados no processo no qual o espólio seja parte.
> § 2º A sociedade ou associação sem personalidade jurídica não poderá opor a irregularidade de sua constituição quando demandada.
> § 3º O gerente de filial ou agência presume-se autorizado pela pessoa jurídica estrangeira a receber citação para qualquer processo.
> § 4º Os Estados e o Distrito Federal poderão ajustar compromisso recíproco para prática de ato processual por seus procuradores em favor de outro ente federado, mediante convênio firmado pelas respectivas procuradorias.
> (Art. 12 do CPC revogado)

O dispositivo trata da representação de determinadas pessoas, para que possam estar em juízo. José Miguel Garcia Medina aponta que "representante e representado integram o mesmo centro de interesse, isto é, a mesma parte processual. Na representação, 'o representante age em nome alheio'".[177]

Os órgãos e entes despersonalizados serão obrigatoriamente representados em juízo pelos entes descritos nos respectivos incisos. Fala-se que, em relação às pessoas jurídicas o que há é "presentação" e não "representação, porque elas não são destituídas de capacidade processual".[178]

Esta disciplina legal é aplicável ao processo do trabalho diante da omissão da CLT e conforme se verifica das súmulas e OJs editadas pelo TST acerca da representação (ou presentação) das pessoas jurídicas:

---

(177) MEDINA, José Miguel Garcia. *Código de Processo Civil comentado*. São Paulo: RT.

(178) DIDIER JR., Fredie. *Curso de direito processual civil*. v. 1, Salvador: Juspodivm, 2014. p. 271.

SÚMULA N. 436, TST: REPRESENTAÇÃO PROCESSUAL. PROCURADOR DA UNIÃO, ESTADOS, MUNICÍPIOS E DISTRITO FEDERAL, SUAS AUTARQUIAS E FUNDAÇÕES PÚBLICAS. JUNTADA DE INSTRUMENTO DE MANDATO (conversão da Orientação Jurisprudencial n. 52 da SBDI-I e inserção do item II à redação) – Res. n. 185/2012, DEJT divulgado em 25, 26 e 27.9.2012. I – A União, Estados, Municípios e Distrito Federal, suas autarquias e fundações públicas, quando representadas em juízo, ativa e passivamente, por seus procuradores, estão dispensadas da juntada de instrumento de mandato e de comprovação do ato de nomeação. II – Para os efeitos do item anterior, é essencial que o signatário ao menos declare-se exercente do cargo de procurador, não bastando a indicação do número de inscrição na Ordem dos Advogados do Brasil.

SÚMULA N. 456, TST: REPRESENTAÇÃO. PESSOA JURÍDICA. PROCURAÇÃO. INVALIDADE. IDENTIFICAÇÃO DO OUTORGANTE E DE SEU REPRESENTANTE. (conversão da Orientação Jurisprudencial n. 373 da SBDI-1 com nova redação) – Res. n. 194/2014, DEJT divulgado em 21, 22 e 23.5.2014. É inválido o instrumento de mandato firmado em nome de pessoa jurídica que não contenha, pelo menos, o nome do outorgante e do signatário da procuração, pois estes dados constituem elementos que os individualizam.

OJ N. 318 da SDI-1. REPRESENTAÇÃO IRREGULAR. AUTARQUIA (DJ 11.08.2003). Os Estados e os Municípios não têm legitimidade para recorrer em nome das autarquias detentoras de personalidade jurídica própria, devendo ser representadas pelos procuradores que fazem parte de seus quadros ou por advogados constituídos.

No que tange à representação de empresas públicas e sociedades de economia mista, é digna de registro a exigência de procuração para regularidade daquela, conforme já decidiu o Tribunal Superior do Trabalho:

RECURSO ORDINÁRIO EM AGRAVO REGIMENTAL-PRECATÓRIO — IRREGULARIDADE DE REPRESENTAÇÃO — SOCIEDADE DE ECONOMIA MISTA. Este, o teor da Orientação Jurisprudencial n. 318/SBDI-1: os Estados e Municípios não têm legitimidade para recorrer em nome das autarquias detentoras de personalidade jurídica própria, devendo ser representadas pelos procuradores que fazem parte de seus quadros ou por advogados constituídos -.Sendo tal entendimento aplicável às autarquias, pessoas jurídicas de direito público, com mais razão exige-se a juntada de procuração por parte das pessoas jurídicas de direito privado da administração pública indireta, como as empresas públicas e sociedades de economia mista. Na hipótese, é irregular a representação da Recorrente, sociedade de economia mista, pois o recurso foi subscrito por Procurador do Estado do Amazonas sem que tenha sido juntado instrumento de mandato. Recurso Ordinário não conhecido. (TST – ROAG: 80409620075110000 8040-96.2007.5.11.0000, relatora: Maria Cristina Irigoyen Peduzzi, Data de Julgamento: 3.4.2008, Órgão Especial, Data de Publicação: DJ 2.5.2008)

Artigo 76

Verificada a incapacidade processual ou a irregularidade da representação da parte, o juiz suspenderá o processo e designará prazo razoável para que seja sanado o vício.

§ 1º Descumprida a determinação, caso o processo esteja na instância originária:

I – o processo será extinto, se a providência couber ao autor;

II – o réu será considerado revel, se a providência lhe couber;

III – o terceiro será considerado revel ou excluído do processo, dependendo do polo em que se encontre.

§ 2º Descumprida a determinação em fase recursal perante tribunal de justiça, tribunal regional federal ou tribunal superior, o relator:

I – não conhecerá do recurso, se a providência couber ao recorrente;

II – determinará o desentranhamento das contrarrazões, se a providência couber ao recorrido.

(Art. 13 do CPC revogado)

O dispositivo legal trata da possibilidade de sanar vício relativo à capacidade processual e à capacidade postulatória. A regra visa evitar que exigências formais acarretem em prejuízo às partes — para o autor, extinção, e para o réu, revelia — sem que antes lhes seja possibilitado regularizar a questão.

A norma, já prevista no art. 13 do CPC revogado, vem sendo aplicada no processo do trabalho, conforme se observa dos seguintes acórdãos:

EMBARGOS À EXECUÇAO. REPRESENTAÇAO PROCESSUAL IRREGULAR. VÍCIO SANÁVEL. O instrumento de procuração é formalidade essencial à representação em juízo, sem o qual o advogado não está autorizado a postular, nos termos do art. 37, do CPC. A falta de representação processual, à época da oposição dos embargos à execução, constitui todavia, vício sanável, sendo certo que *in casu*, incumbia ao Juízo primário ofertar à parte prazo razoável para sanar a irregularidade, nos termos do art. 13 do CPC. (TRT-2 – AGVPET: 101818-2002-045-02-00-0 SP, relator: Ricardo Artur Costa e Trigueiros, Data de Julgamento: 11.12.2007, 4ª Turma, Data de Publicação: 18.1.2008)

IRREGULARIDADE DE REPRESENTAÇÃO PRAZO PARA SER SANADO O DEFEITO — ART. 13 DO CPC. A teor do art. 13 da Lei Adjetiva Civil, verificando o Juiz a irregularidade de representação, deverá assinar à parte prazo razoável para sanar o defeito. Verificando-se que, *in casu*, não foi este o procedimento adotado, de se reconhecer o cerceamento de defesa, anulando-se a decisão que declarou a revelia da empresa sem lhe permitir juntar o aditivo ao contrato social que comprovaria a legitimidade da pessoa que firmou a procuração e carta de preposto. (TRT-7 – RO: 0212200-2820065070001 CE, relatora: Lais Maria Rossas Freire, Data de Julgamento: 2.5.2007, Pleno do Tribunal, Data de Publicação: 1º.6.2007 DOJT 7ª Região)

REPRESENTAÇÃO PROCESSUAL. INSTRUMENTO DE MANDATO. AUSÊNCIA. VÍCIO SANÁVEL. A ausência de instrumento de mandato, no momento da propositura da ação, não induz à imediata extinção do processo sem julgamento do mérito, por se tratar de vício sanável, como dispõe a literalidade do art. 13 do CPC. (TRT-10, relator: Desembargador João Amílcar, Data de Julgamento: 25.9.2013, 2ª Turma)

A regra é aplicável ao primeiro grau e ao grau recursal, devendo ser estendido também às instâncias extraordinárias, visando sempre alcançar a tutela do direito material.

Com base nesta regra, o Fórum Permanente de Processualistas Civis editou enunciado, de n. 83, sobre a superação da Súmula n. 115 do STJ, nos seguintes termos: "Fica superado o enunciado 115 da súmula do STJ após a entrada em vigor do NCPC". "Na instância especial é inexistente recurso interposto por advogado sem procuração nos autos".

Não obstante a Justiça trabalhista entenda pela aplicabilidade da regra aos processos de primeira instância, no que se refere às instâncias recursais, vigorava a Súmula n. 383 do TST, que dispõe:

> MANDATO. ARTS. 13 E 37 DO CPC. FASE RECURSAL. INAPLICABILIDADE. I – É inadmissível, em instância recursal, o oferecimento tardio de procuração, nos termos do art. 37 do CPC, ainda que mediante protesto por posterior juntada, já que a interposição de recurso não pode ser reputada ato urgente. (ex-OJ n. 311 da SBDI-1 – DJ 11.8.2003) II – Inadmissível na fase recursal a regularização da representação processual, na forma do art. 13 do CPC, cuja aplicação se restringe ao Juízo de 1º grau. (ex-OJ n. 149 da SBDI-1 – inserida em 27.11.1998)

Ocorre que a recente Lei n. 13.015 trouxe alteração na sistemática recursal trabalhista, ao permitir a regularização de defeitos formais no § 11 do art. 896 da CLT o que, em nosso entendimento, possibilita a regularização de representação antes de o recurso não ser admitido e consiste numa valorização da instrumentalidade do processo[179].

CAPÍTULO II
DOS DEVERES DAS PARTES E DE SEUS PROCURADORES

Seção I
Dos Deveres

Artigo 77

Além de outros previstos neste Código, são deveres das partes, de seus procuradores e de todos aqueles que de qualquer forma participem do processo:

I – expor os fatos em juízo conforme a verdade;

II – não formular pretensão ou de apresentar defesa quando cientes de que são destituídas de fundamento;

III – não produzir provas e não praticar atos inúteis ou desnecessários à declaração ou à defesa do direito;

IV – cumprir com exatidão as decisões jurisdicionais, de natureza provisória ou final, e não criar embaraços à sua efetivação;

V – declinar, no primeiro momento que lhes couber falar nos autos, o endereço residencial ou profissional onde receberão intimações, atualizando essa informação sempre que ocorrer qualquer modificação temporária ou definitiva;

VI – não praticar inovação ilegal no estado de fato de bem ou direito litigioso.

§ 1º Nas hipóteses dos incisos IV e VI, o juiz advertirá qualquer das pessoas mencionadas no *caput* de que sua conduta poderá ser punida como ato atentatório à dignidade da justiça.

§ 2º A violação ao disposto nos incisos IV e VI constitui ato atentatório à dignidade da justiça, devendo o juiz, sem prejuízo das sanções criminais, civis e processuais cabíveis, aplicar ao responsável multa de até vinte por cento do valor da causa, de acordo com a gravidade da conduta.

§ 3º Não sendo paga no prazo a ser fixado pelo juiz, a multa prevista no § 2º será inscrita como dívida ativa da União ou do Estado após o trânsito em julgado da decisão que a fixou, e sua execução observará o procedimento da execução fiscal, revertendo-se aos fundos previstos no art. 97.

§ 4º A multa estabelecida no § 2º poderá ser fixada independentemente da incidência das previstas nos arts. 523, § 1º, e 536, § 1º.

§ 5º Quando o valor da causa for irrisório ou inestimável, a multa prevista no § 2º poderá ser fixada em até 10 (dez) vezes o valor do salário-mínimo.

§ 6º Aos advogados públicos ou privados e aos membros da Defensoria Pública e do Ministério Público não se aplica o disposto nos §§ 2º a 5º, devendo eventual responsabilidade disciplinar ser apurada pelo respectivo órgão de classe ou corregedoria, ao qual o juiz oficiará.

§ 7º Reconhecida violação ao disposto no inciso VI, o juiz determinará o restabelecimento do estado anterior, podendo, ainda, proibir a parte de falar nos autos até a purgação do atentado, sem prejuízo da aplicação do § 2º.

§ 8º O representante judicial da parte não pode ser compelido a cumprir decisão em seu lugar.

(Art. 14 do CPC revogado)

O artigo traz uma série de deveres de todos os sujeitos do processo, que são regras específicas decorrentes das normas fundamentais de boa-fé, cooperação e colaboração no processo judicial. São aplicáveis não só às partes e terceiros intervenientes, mas a seus respectivos procuradores, ao órgão

---

(179) Sobre o tema sugerimos a leitura de nosso artigo "Alguns Breves Comentários sobre a Lei n. 13.015/2014 e as novidades inseridas na Sistemática Recursal Trabalhista", *in Revista LTr*, São Paulo, LTr, 2015, v. 79, p. 59-71.

jurisdicional e aos auxiliares da Justiça, como decorrência do dever de proteção da confiança.

José Miguel Garcia Medina leciona, acerca da boa-fé objetiva, que "são várias as consequências da incidência do princípio da boa-fé objetiva, no âmbito da relação jurídico-processual. P. ex. proíbe-se *venire contra factum proprium*, ou seja, não se permite que o comportamento gerador de expectativa justificada seja posteriormente contrariado, em detrimento de outrem. É que, assim agindo, viola a parte o princípio da confiança no tráfego jurídico, já que, como se observou acima, uma vez despertada a legítima confiança, espera-se um comportamento em legítima sintonia com o procedimento até então manifestado"[180].

No mesmo sentido, Marinoni e Mitidiero apontam que "o processo civil está pautado pela necessidade de observância da probidade em todos os seus atos. Trata-se de preocupação de fundo ético, que se busca atender com a previsão de deveres éticos ao longo de todo o processo. (...) a boa-fé objetiva revela-se no comportamento merecedor de fé, que não frustre a confiança do outro. Age com comportamento adequado aquele que não abusa de suas posições jurídicas"[181].

Do mesmo modo, o dispositivo visa coibir o abuso de direito, que excede os limites dos seus fins econômicos, sociais, boa-fé ou bons costumes, incidindo, na espécie, o art. 187 do Código Civil: "Também comete ato ilícito o titular de um direito que, ao exercê-lo, excede manifestamente os limites impostos pelo seu fim econômico ou social, pela boa-fé ou pelos bons costumes".

Os deveres aqui comentados devem ser observados no processo do trabalho e, diante da omissão da CLT, o presente dispositivo tem total aplicação nas lides trabalhistas.

Artigo 78

É vedado às partes, a seus procuradores, aos juízes, aos membros do Ministério Público e da Defensoria Pública e a qualquer pessoa que participe do processo empregar expressões ofensivas nos escritos apresentados.

§ 1º Quando expressões ou condutas ofensivas forem manifestadas oral ou presencialmente, o juiz advertirá o ofensor de que não as deve usar ou repetir, sob pena de lhe ser cassada a palavra.

§ 2º De ofício ou a requerimento do ofendido, o juiz determinará que as expressões ofensivas sejam riscadas e, a requerimento do ofendido, determinará a expedição de certidão com inteiro teor das expressões ofensivas e a colocará à disposição da parte interessada.

(Art. 15 do CPC revogado)

---

(180) MEDINA, José Miguel Garcia. *Código de Processo Civil comentado*. São Paulo: RT.

(181) MARINONI, Luiz Guilherme; MITIDIERO, Daniel. *Código de Processo Civil Comentado*. São Paulo: RT, 2012.

O dispositivo consagra regra relacionada ao dever de boa-fé e de probidade no processo civil. Trata-se de coibir o uso de expressões ou condutas ofensivas, o que é aplicável e exigido de todos que de alguma forma participem do processo.

Tal dispositivo é aplicável ao processo do trabalho, como se observa da jurisprudência dos Tribunais Regionais do Trabalho:

PROCESSO COOPERATIVO E SEU CONTEÚDO ÉTICO — DEVER DE LEALDADE E DE URBANIDADE — VIOLAÇÃO MEDIANTE A UTILIZAÇÃO DE EXPRESSÕES OFENSIVAS E INFAMANTES — CONSEQUÊNCIA — O processo, sob as óticas da lealdade e da cooperação, acentua a sua instrumentalidade técnico-científica, destinada a resolver o litígio, com o maior grau de justiça, alcançando a ampla pacificação social. Os sujeitos da relação processual, sobretudo as partes, devem praticar os atos processuais correta e escorreitamente, com lealdade e urbanidade. Embora em polos opostos, nem reclamante nem reclamado podem exceder no vernáculo, vale dizer, na utilização de palavras inadequadas ou impróprias ao estrito debate fático jurídico, atacando a parte contrária, com nítido desvio de finalidade. Não apenas desaconselhada, mas proibida é a utilização de expressões ofensivas à parte contrária, porque incompatíveis e desnecessárias à ampla defesa e ao contraditório, que, em todas as situações, pode e deve ser exercido em sua plenitude, porém sem o emprego de expressões injuriosas, vale dizer, infamantes. Esse desvio de finalidade, caracterizado pelo exagero das palavras escritas, deve ser coibido pelo magistrado de ofício ou a requerimento. Em se tratando de ato praticado por escrito, impõe-se sejam riscadas as palavras, bem como as expressões ofensivas, preservando-se o conteúdo ético do processo, eis que, para bem defender as suas posições e teses, não é preciso ofender a parte contrária, ou qualquer outro sujeito do processo. Segundo Daniel Mitidiero, "no plano da ética, a colaboração entre aqueles que participam do processo pressupõe absoluta e recíproca lealdade entre as partes e o juízo, entre o juízo e as partes, a fim de que se alcance a maior aproximação possível da verdade, tornando-se a boa-fé pauta de conduta principal no processo civil do Estado Constitucional. (TRT-3 – RO: 0001670-95.2013.5.03.0103, relator: Luiz Otavio Linhares Renault, 1ª Turma, Data de Publicação: 26.9.2014 25.9.2014. DEJT/TRT3/Cad. Jud. Página 93. Boletim: Sim)

USO DE EXPRESSÕES OFENSIVAS. AFRONTA AO ART. 15 DO CPC. A recorrente desborda dos limites da processualística ao utilizar-se dos vocábulos "absurda", "barbárie" e "imbecil", dentre outros, para criticar o julgado recorrido e para externar sua concepção acerca dos direitos trabalhistas. A utilização de expressões descorteses, agressivas e estranhas ao vernáculo, além de não ter resultado prático, colide frontalmente com o disposto no art. 15 do diploma processual civil, segundo o qual, é defeso às partes e seus advogados empregar expressões injuriosas nos escritos apresentados no processo, cabendo ao juiz, de ofício ou a requerimento do ofendido, mandar riscá-las. (TRT-2 – RO: 00789-2001-462-02-00-6 SP, relator: Paulo Augusto Camara, Data de Julgamento: 5.7.2005, 4ª Turma, Data de Publicação: 15.7.2005)

Seção II
Da Responsabilidade das Partes por Dano Processual

Artigo 79

Responde por perdas e danos aquele que litigar de má-fé como autor, réu ou interveniente.

(Art. 16 do CPC revogado)

Aquele que agir de má-fé responderá por perdas e danos. O art. 17 do CPC revogado (art. 80 do novo CPC) exemplifica algumas condutas que caracterizam a litigância de má-fé. Já o art. 18 do CPC (art. 81 do CPC), estabelece a sanção a ser aplicada a esse litigante.

O artigo aponta para a aplicação, nos atos processuais, da regra contida nos arts. 186 e 187 do Código Civil[182], que preveem a responsabilidade civil.

Fredie Didier Jr., em lição acerca dos ilícitos processuais, aponta que "ilícito indenizativo é o ato contrário ao Direito cujo efeito jurídico é o surgimento de um dever de indenizar. Exemplo mais famoso no direito processual civil é a litigância de má-fé"[183].

O Tribunal Regional da 23ª Região destaca a aplicação de tal regra apenas para as partes (autor, réu e interveniente), haja vista a dicção literal do *caput*:

RECURSO ORDINÁRIO. TESTEMUNHA. MULTA POR LITIGÂNCIA DE MÁ-FÉ. IMPOSSIBILIDADE. De acordo com o art. 16 do CPC, responde por perdas e danos processuais aquele que pleitear de má-fé como autor, réu ou interveniente. Dessa leitura, é possível concluir que é litigante de má-fé apenas a parte (autor e réu) ou interveniente que age com deslealdade processual ou falta de probidade no processo. Por não ser a testemunha litigante, mas sim auxiliar do juízo, não está sujeita à aplicação da sanção específica de litigância de má-fé prevista no art. 18 do CPC. Assim, merece reforma a sentença que condenou a testemunha do juízo em multa por dano processual (TRT-23 - RO: 117201100423004 MT 00117.2011.004.23.00-4, Relator: DESEMBARGADOR EDSON BUENO, Data de Julgamento: 20/03/2012, 1ª Turma, Data de Publicação: 22/03/2012)

Artigo 80

Considera-se litigante de má-fé aquele que:

I – deduzir pretensão ou defesa contra texto expresso de lei ou fato incontroverso;

II – alterar a verdade dos fatos;

III – usar do processo para conseguir objetivo ilegal;

IV – opuser resistência injustificada ao andamento do processo;

V – proceder de modo temerário em qualquer incidente ou ato do processo;

VI – provocar incidente manifestamente infundado;

VII – interpuser recurso com intuito manifestamente protelatório.

(Art.17 do CPC revogado)

O dispositivo lista condutas que se consideram atos de litigância de má-fé e, neste contexto, ilícitos indenizativos[184].

Humberto Dalla B. de Pinho aponta que "violando a parte seus deveres éticos, isto é, de lealdade e boa-fé processual (art. 14, II), ela é considerada litigante de má-fé por estar utilizando o processo com o objetivo de vencer a qualquer custo ou de, pelo menos, prolongar deliberadamente o seu curso normal, causando dano à parte contrária. Todavia, não só a parte (do processo ou da demanda) fica prejudicada. Em verdade, a má-fé processual prejudica todo o processo, na medida em que pode impedir, até mesmo, a solução da controvérsia"[185].

A pena para litigância de má-fé é aplicável no processo do trabalho, porém, é necessário ter parcimônia na aplicação de multa, não confundi-la com a multa prevista para os embargos de declaração e não aplicá-la quando a parte apenas se vale de instrumentos previstos no ordenamento jurídico para tutela de seus direitos. Nesse sentido são os julgados do Tribunal Superior do Trabalho:

AGRAVO DE INSTRUMENTO LITIGÂNCIA DE MÁ-FE. Reconhecida a violação do art. 17 do Código de Processo Civil, dá-se provimento ao agravo de instrumento para determinar o processamento do recurso de revista. RECURSO DE REVISTA LITIGÂNCIA DE MÁ-FÉ. Não caracteriza litigância de má-fé a utilização pela parte de medida processual prevista no ordenamento jurídico, como, no caso, o ajuizamento de reclamação trabalhista mediante a qual busca o obreiro direitos que entende lhe serem devidos. Recurso de revista conhecido e provido. (TST – RR: 13425920115020073, relator: Lelio Bentes Corrêa, Data de Julgamento: 28.5.2014, 1ª Turma, Data de Publicação: DEJT 30.5.2014)

RECURSO DE REVISTA. MULTA. LITIGÂNCIA DE MÁ-FÉ. EMBARGOS DE DECLARAÇÃO. PROTELATÓRIOS 1. A litigância de má-fé configura-se quando a parte atua em desconformidade com o dever jurídico de lealdade processual. 2. A interposição de embargos de declaração com intuito protelatório não denota improbidade processual passível de sanção por litigância de má-fé. Culmina apenas na aplicação da penalidade prevista no parágrafo único do art. 538 do Código de Processo Civil. Inaplicáveis, portanto, as penalidades previstas no art. 18 do mesmo Código, dirigidas

---

(182) Art. 186. Aquele que, por ação ou omissão voluntária, negligência ou imprudência, violar direito e causar dano a outrem, ainda que exclusivamente moral, comete ato ilícito.

Art. 187. Também comete ato ilícito o titular de um direito que, ao exercê-lo, excede manifestamente os limites impostos pelo seu fim econômico ou social, pela boa-fé ou pelos bons costumes.

(183) DIDIER JR., Fredie. *Curso de direito processual civil*. vol. 1, Salvador: Juspodivm, 2009. p. 252.

(184) DIDIER JR., Fredie. *Curso de direito processual civil*. vol. 1, Salvador: Juspodivm, 2009. p. 252.

(185) PINHO, Humberto Dalla B. de. *Direito processual civil contemporâneo*. vol. 1. São Paulo: Saraiva, 2012. p. 384.

exclusivamente ao litigante de má-fé. Precedentes. 3. Recurso de revista de que se conhece e a que se dá provimento, no particular. (TST – RR: 20638920115070002, relator: João Oreste Dalazen, Data de Julgamento: 11.6.2014, 4ª Turma, Data de Publicação: DEJT 24.6.2014)

Artigo 81

De ofício ou a requerimento, o juiz condenará o litigante de má-fé a pagar multa, que deverá ser superior a um por cento e inferior a dez por cento do valor corrigido da causa, a indenizar a parte contrária pelos prejuízos que esta sofreu e a arcar com os honorários advocatícios e com todas as despesas que efetuou.

§ 1º Quando forem 2 (dois) ou mais os litigantes de má-fé, o juiz condenará cada um na proporção de seu respectivo interesse na causa ou solidariamente aqueles que se coligaram para lesar a parte contrária.

§ 2º Quando o valor da causa for irrisório ou inestimável, a multa poderá ser fixada em até 10 (dez) vezes o valor do salário-mínimo.

§ 3º O valor da indenização será fixado pelo juiz ou, caso não seja possível mensurá-lo, liquidado por arbitramento ou pelo procedimento comum, nos próprios autos.

(Art. 18 do CPC revogado)

A aplicação da penalidade de multa nestes casos tem como objetivo coibir a prática dos atos considerados ilícitos processuais e, desse modo, manter a conduta de boa-fé dos participantes do processo.

Considerando que a litigância de má-fé causa danos e prejuízos não só à parte adversa, mas ao Poder Judiciário e, por consequência, ao Estado, a penalidade pode ser aplicável tanto a requerimento do prejudicado, como de ofício pelo juiz embora sempre de maneira fundamentada (RSTJ n. 139/929).

Sobre tal questão, Humberto Dalla B. de Pinho aponta que "a discricionariedade do juiz para a aplicação *ex officio* da sanção encontra limites no próprio sistema jurídico, como os princípios constitucionais, dentre os quais destacamos a obrigação de motivação das decisões judiciais"[186].

A sanção compreende a multa de 1% a 10% sobre o valor corrigido da causa (ou até dez vezes o salário mínimo — § 2º), bem como a indenização à parte pelos prejuízos efetivamente causados, além dos honorários e despesas efetuadas.

A sanção pela litigância de má-fé não está vinculada necessariamente à sucumbência em relação ao pedido da demanda judicial. Com efeito, "o vencedor de má-fé também pode ser condenado em honorários advocatícios, por aplicação do art. 18" (atual art. 81)[187].

---

(186) PINHO, Humberto Dalla B. de. *Direito processual civil contemporâneo.* vol. 1. São Paulo: Saraiva, 2012. p. 385.

(187) NEGRÃO, Theotonio. *Código de Processo Civil e legislação processual civil em vigor.* São Paulo: Saraiva, 2011. p. 134.

Conforme já dito, a penalidade é aplicável no processo do trabalho, porém, não é extensiva ao advogado, patrono da parte que litiga de má-fé, nem se confunde com as custas como pressuposto para interposição de recurso, como já decidiu o Tribunal Superior do Trabalho como se observa de seus julgados e de sua Orientação Jurisprudencial n. 409:

RECURSO DE REVISTA. INDENIZAÇÃO POR LITIGÂNCIA DE MÁ-FÉ. Caracterizada, a teor do acórdão regional, conduta antiética capitulada no art. 17, II, do CPC, na medida em que — o reclamante alterou a verdade dos fatos, trazendo para o polo passivo pessoa jurídica que sabia não ser a tomadora de seus serviços-, a imposição de multa por litigância de má-fé não viola os arts. 17 e 18, § 2º, do CPC e 5º, LV, da Lei Maior. Recurso de revista não conhecido, no tema. INDENIZAÇÃO POR LITIGÂNCIA DE MÁ-FÉ. CONDENAÇÃO SOLIDÁRIA DO ADVOGADO. IMPOSSIBILIDADE. PARÁGRAFO ÚNICO DO ART. 32 DA LEI N. 8.906/1994. IMPRESCINDIBILIDADE DE AÇÃO PRÓPRIA. 1. O art. 18 do CPC atribui apenas à parte a responsabilidade pelos danos processuais delas derivados. 2. A responsabilização solidária do advogado na hipótese de litigância maliciosa exige a verificação da ocorrência de conluio entre o cliente e seu patrono em ação própria a essa finalidade, nos termos do parágrafo único do art. 32 do Estatuto da Advocacia e da Ordem dos Advogados do Brasil. Nesse contexto, é defeso ao magistrado, nos próprios autos do processo em que teria sido praticada a suposta conduta de má-fé ou temerária, condenar o patrono da parte nas penas a que se refere o art. 18 do CPC. Recurso de revista conhecido e provido, no tema. (TST – RR: 238000-77.2008.5.02.0017, relator: Hugo Carlos Scheuermann, Data de Julgamento: 11/09/2013, 1ª Turma, Data de Publicação: DEJT 20.9.2013)

OJ N. 409. MULTA POR LITIGÂNCIA DE MÁ-FÉ. RECOLHIMENTO. PRESSUPOSTO RECURSAL. INEXIGIBILIDADE. (DEJT divulgado em 22, 25 e 26.10.2010) O recolhimento do valor da multa imposta por litigância de má-fé, nos termos do art. 18 do CPC, não é pressuposto objetivo para interposição dos recursos de natureza trabalhista. Assim, resta inaplicável o art. 35 do CPC como fonte subsidiária, uma vez que, na Justiça do Trabalho, as custas estão reguladas pelo art. 789 da CLT.

Seção III
Das Despesas, dos Honorários Advocatícios e das Multas

Artigo 82

Salvo as disposições concernentes à gratuidade da justiça, incumbe às partes prover as despesas dos atos que realizarem ou requererem no processo, antecipando-lhes o pagamento, desde o início até a sentença final ou, na execução, até a plena satisfação do direito reconhecido no título.

§ 1º Incumbe ao autor adiantar as despesas relativas a ato cuja realização o juiz determinar de ofício ou a requerimento do Ministério Público, quando sua intervenção ocorrer como fiscal da ordem jurídica.

§ 2º A sentença condenará o vencido a pagar ao vencedor as despesas que antecipou.

(Arts. 19 e 20 do CPC revogado, ref.: arts. 789, 789-A, 789-B, 790, 790-A, 790-B da CLT)

O processo judicial, para se desenvolver, exige dispêndio de verba pública. Tal custo é dirigido às partes, ainda que parcialmente, por meio das despesas processuais, reguladas neste dispositivo legal.

As despesas serão, em regra, adiantadas pelo requerente, e, depois, ressarcidas pelo vencido. Nesse sentido é que Humberto Dalla B. de Pinho aponta que "as despesas processuais (...) são cobradas de acordo com a natureza do processo e o rito processual adotado. Em relação a elas existe uma responsabilidade provisória e uma responsabilidade definitiva. A responsabilidade provisória consiste no ônus imposto à parte (autor ou réu) de antecipar o pagamento das despesas respeitantes aos atos cuja prática venha a requerer. (...) Além disso, a responsabilidade provisória também impõe ao autor o ônus de antecipar as despesas respeitantes a determinados atos que, embora não provocados por ele, associam-se, no entender do legislador, mais a seu interesse do que ao do réu. (...). A responsabilidade definitiva, por sua vez, é o dever (e não simples ônus) imposto à parte derrotada de ressarcir a vencedora das despesas cujo pagamento esta haja antecipado no curso do processo"[188].

Este capítulo também trata dos honorários advocatícios, outra modalidade de custo do processo que deve ser suportado pela parte vencida, regulada nos artigos subsequentes.

O artigo ressalva expressamente, contudo, a situação do beneficiário da gratuidade da Justiça, que agora passa a ser regulado no Código de Processo Civil, nos arts. 98 e seguintes. A hipossuficiência econômica não pode ser obstáculo ao direito constitucional de acesso à justiça (art. 5º, XXXV, CF), de modo que a parte que atender aos requisitos para concessão da gratuidade, será isenta do pagamento a que se refere este dispositivo legal.

No que se refere ao processo do trabalho, a questão das custas e despesas processuais tem tratamento próprio na seção III da CLT intitulada "Das custas e emolumentos". Elas são calculadas num parâmetro de 2% (dois por cento) do valor da condenação, acordo, ou na hipótese de improcedência da ação sobre o valor da causa, conforme os termos do art. 789 da CLT, *in verbis*:

> Art. 789. Nos dissídios individuais e nos dissídios coletivos do trabalho, nas ações e procedimentos de competência da Justiça do Trabalho, bem como nas demandas propostas perante a Justiça Estadual, no exercício da jurisdição trabalhista, as custas relativas ao processo de conhecimento incidirão à base de 2% (dois por cento), observado o mínimo de R$ 10,64 (dez reais e sessenta e quatro centavos) e serão calculadas:
>
> I – quando houver acordo ou condenação, sobre o respectivo valor;
>
> II – quando houver extinção do processo, sem julgamento do mérito, ou julgado totalmente improcedente o pedido, sobre o valor da causa;
>
> III – no caso de procedência do pedido formulado em ação declaratória e em ação constitutiva, sobre o valor da causa;
>
> IV – quando o valor for indeterminado, sobre o que o juiz fixar.

No processo do trabalho as custas somente são pagas ao final da demanda (após o trânsito em julgado da decisão) ou, na hipótese de interposição de recurso da sentença, dentro do prazo deste como condição de sua admissibilidade, conforme valor fixado pelo juiz. Caso haja acordo, o pagamento das custas cabe às partes em igual valor, mas, na prática, em muitas situações, o magistrado dispensa o reclamante do pagamento. Nos dissídios coletivos, as partes vencidas respondem solidariamente por estas. Tais afirmações podem ser aferidas nos §§ 1º, 2º, 3º e 4º do art. 789 da CLT, *in verbis*:

> § 1º As custas serão pagas pelo vencido, após o trânsito em julgado da decisão. No caso de recurso, as custas serão pagas e comprovado o recolhimento dentro do prazo recursal.
>
> § 2º Não sendo líquida a condenação, o juízo arbitrar-lhe-á o valor e fixará o montante das custas processuais.
>
> § 3º Sempre que houver acordo, se de outra forma não for convencionado, o pagamento das custas caberá em partes iguais aos litigantes.
>
> § 4º Nos dissídios coletivos, as partes vencidas responderão solidariamente pelo pagamento das custas, calculadas sobre o valor arbitrado na decisão, ou pelo Presidente do Tribunal.

Quanto ao processo de execução, os valores das custas estão dispostos no art. 789-A da Consolidação das Leis do Trabalho:

> Art. 789-A. No processo de execução são devidas custas, sempre de responsabilidade do executado e pagas ao final, de conformidade com a seguinte tabela:
>
> I – autos de arrematação, de adjudicação e de remição: 5% (cinco por cento) sobre o respectivo valor, até o máximo de R$ 1.915,38 (um mil, novecentos e quinze reais e trinta e oito centavos);
>
> II – atos dos oficiais de justiça, por diligência certificada:
>
> a. em zona urbana: R$ 11,06 (onze reais e seis centavos);
>
> b. em zona rural: R$ 22,13 (vinte e dois reais e treze centavos);
>
> III – agravo de instrumento: R$ 44,26 (quarenta e quatro reais e vinte e seis centavos);
>
> IV – agravo de petição: R$ 44,26 (quarenta e quatro reais e vinte e seis centavos);
>
> V – embargos à execução, embargos de terceiro e embargos à arrematação: R$ 44,26 (quarenta e quatro reais e vinte e seis centavos);
>
> VI – recurso de revista: R$ 55,35 (cinquenta e cinco reais e trinta e cinco centavos);
>
> VII – impugnação à sentença de liquidação: R$ 55,35 (cinquenta e cinco reais e trinta e cinco centavos)
>
> VIII – despesa de armazenagem em depósito judicial – por dia: 0,1% (um décimo por cento) do valor da avaliação;
>
> IX – cálculos de liquidação realizados pelo contador do juízo – sobre o valor liquidado: 0,5% (cinco décimos por cento) até o limite de R$ 638,46 (seiscentos e trinta e oito reais e quarenta e seis centavos).

---

(188) PINHO, Humberto Dalla B. de. *Direito processual civil contemporâneo*. vol. 1. São Paulo: Saraiva, 2012.

É digno de registro que, como garantia constitucional de acesso à Justiça, os beneficiários da Justiça gratuita que não tenham condições de arcar com as custas do processo sem prejuízo do sustento próprio e da família serão destas dispensadas, inclusive no que tange a honorários periciais quando sucumbente. Além deles, também são dispensados a União, Estados, Distrito Federal, Municípios, respectivas autarquias e fundações, além do Ministério Público do Trabalho, conforme arts. 790-A e 790-B:

> Art. 790-A. São isentos do pagamento de custas, além dos beneficiários de justiça gratuita:
>
> I – a União, os Estados, o Distrito Federal, os Municípios e respectivas autarquias e fundações públicas federais, estaduais ou municipais que não explorem atividade econômica;
>
> II – o Ministério Público do Trabalho.
>
> Parágrafo único. A isenção prevista neste artigo não alcança as entidades fiscalizadoras do exercício profissional, nem exime as pessoas jurídicas referidas no inciso I da obrigação de reembolsar as despesas judiciais realizadas pela parte vencedora.
>
> Art. 790-B. A responsabilidade pelo pagamento dos honorários periciais é da parte sucumbente na pretensão objeto da perícia, salvo se beneficiária de justiça gratuita.

E, conforme comentário já realizado no art. 70, quando tratamos da capacidade postulatória, não são devidos honorários sucumbenciais no processo do trabalho, diante do *"jus postulandi"* que prevalece nesse processo especial. Os empregados que vencem suas demandas têm postulado a restituição dos valores pagos a este título por meio de pedidos indenizatórios, sem muito sucesso, salvo nas exceções permitidas na lei, como se observa dos julgados do TST:

> RECURSO DE REVISTA. PROCEDIMENTO SUMARÍSSIMO. HONORÁRIOS ADVOCATÍCIOS INDENIZATÓRIOS. JUSTIÇA DO TRABALHO. Havendo previsão expressa na Lei n. 5.584/70, quanto às hipóteses em que deferidos honorários advocatícios na Justiça do Trabalho, não há falar em indenização da verba honorária com base nos arts. 389 e 404 do Código Civil de 2002. Precedentes. Recurso de revista conhecido e provido, no tema. CONVERSÃO DO PEDIDO DE DEMISSÃO EM DISPENSA IMOTIVADA. O Tribunal Regional, no particular, manteve a sentença por seus próprios e jurídicos fundamentos. (TST – RR: 100066520145030164, relator: Hugo Carlos Scheuermann, Data de Julgamento: 29.10.2014, 1ª Turma, Data de Publicação: DEJT 7.11.2014)
>
> RECURSO DE REVISTA. HONORÁRIOS ADVOCATÍCIOS INDENIZATÓRIOS. JULGAMENTO EXTRA PETITA A condenação em honorários advocatícios, na Justiça do Trabalho, deve obedecer ao disposto na Lei n. 5.584/70, e está condicionada ao preenchimento dos requisitos indicados na Súmula n. 219 desta Corte. 2. No caso, há procuração que demonstra que a reclamante está assistida por seu sindicato, o que foi afirmado pela própria reclamada e, juntamente com a declaração de pobreza, autorizam a condenação das reclamadas ao pagamento de honorários, conforme pleiteado na inicial. 3. No entanto, a verba é direcionada ao sindicato que prestou a assistência sindical e, não, à reclamante, ao contrário do que decidiu o TRT. (TST – RR: 22445320105020006, relator: Kátia Magalhães Arruda, Data de Julgamento: 14.5.2014, 6ª Turma, Data de Publicação: DEJT 16.5.2014)

Por fim, não se pode olvidar que a inversão do ônus da sucumbência, gera a obrigação de a parte recorrente providenciar o pagamento das custas, sob pena de não ter o seu recurso admitido. Nesse sentido é a Súmula n. 35 e demais julgados do TST:

> Súmula n. 35 do TST: CUSTAS. A parte vencedora na primeira instância, se vencida na segunda, está obrigada, independentemente de intimação, a pagar as custas fixadas na sentença originária, das quais ficará isenta a parte então vencida.
>
> AGRAVO. INVERSÃO DO ÔNUS DA SUCUMBÊNCIA. CUSTAS. NÃO COMPROVAÇÃO. DESERÇÃO. Súmula n. 25 DO TST. Não merece reparo a decisão monocrática devidamente fundamentada em que se nega seguimento a agravo de instrumento pela deserção. Agravo a que se nega provimento. (TST – Ag-AIRR: 1151-09.2010.5.10.0014, relator: João Batista Brito Pereira, Data de Julgamento: 7.8.2013, 5ª Turma, Data de Publicação: DEJT 16.8.2013)

Artigo 83

O autor, brasileiro ou estrangeiro, que residir fora do Brasil ou deixar de residir no país ao longo da tramitação de processo prestará caução suficiente ao pagamento das custas e dos honorários de advogado da parte contrária nas ações que propuser, se não tiver no Brasil bens imóveis que lhes assegurem o pagamento.

§ 1º Não se exigirá a caução de que trata o *caput*:

I – quando houver dispensa prevista em acordo ou tratado internacional de que o Brasil faz parte;

II – na execução fundada em título extrajudicial e no cumprimento de sentença;

III – na reconvenção.

§ 2º Verificando-se no trâmite do processo que se desfalcou a garantia, poderá o interessado exigir reforço da caução, justificando seu pedido com a indicação da depreciação do bem dado em garantia e a importância do reforço que pretende obter.

(Art. 835 do CPC revogado)

Para assegurar o pagamento das custas e honorários advocatícios, o CPC prevê a obrigatoriedade de prestação de caução idônea, caso o autor resida no estrangeiro e não tenha bens imóveis suficientes no Brasil. Esta exigência passa a ser comum ao processo civil como um todo, o que sob a vigência do CPC revogado era apenas uma medida cautelar de caução.

A obrigatoriedade da prestação de caução é excepcionada nas hipóteses dos incisos I a III e deve ser mitigada para os beneficiários de justiça gratuita, como forma de assegurar a garantia constitucional de acesso à justiça.

Diante da inexistência de ônus da sucumbência no processo do trabalho, não vemos razão para aplicação do dispositivo na seara laboral, por incompatibilidade com as regras deste.

Artigo 84

As despesas abrangem as custas dos atos do processo, a indenização de viagem, a remuneração do assistente técnico e a diária de testemunha.

(Art. 20, § 2º do CPC revogado, ref.: arts. 789 e 790 da CLT)

O dispositivo legal repete regra do CPC revogado, quanto à delimitação do conceito de despesas processuais, que abrangem não só as taxas judiciárias propriamente ditas, mas despesas decorrentes do processo como indenização de viagem, remuneração do assistente técnico das partes (no caso de haver perícia) e diária de testemunha, caso haja necessidade de deslocamento para instrução probatória.

Humberto Dalla explicita que "todo o processo importa em um custo. O custo do processo engloba as despesas processuais e honorários advocatícios. Nas primeiras, encontram-se as taxas judiciárias ou custas, os emolumentos, o custo de certos atos ou diligencias, a remuneração de eventuais auxiliares e as multas"[189], o que é explicitado por este artigo.

No que se refere ao processo do trabalho há regra própria tratando de tais espécies de despesas, chamadas de "emolumentos" pelo legislador trabalhista. Na tabela expostas no art. 798-B da CLT não estão incluídas indenizações de viagem, diária de testemunha ou remuneração de assistente técnico, de forma que não há aplicação do art. 84 do novo CPC na seara laboral. Nesse sentido, quanto à última despesa indicada, vejamos os temos da Súmula n. 341 do TST:

> Súmula n. 341 do TST – HONORÁRIOS DO ASSISTENTE TÉCNICO (mantida) – Res. n. 121/2003, DJ 19, 20 e 21.11.2003. A indicação do perito assistente é faculdade da parte, a qual deve responder pelos respectivos honorários, ainda que vencedora no objeto da perícia.

Artigo 85

A sentença condenará o vencido a pagar honorários ao advogado do vencedor.

§ 1º São devidos honorários advocatícios na reconvenção, no cumprimento de sentença, provisório ou definitivo, na execução, resistida ou não, e nos recursos interpostos, cumulativamente.

§ 2º Os honorários serão fixados entre o mínimo de dez e o máximo de vinte por cento sobre o valor da condenação, do proveito econômico obtido ou, não sendo possível mensurá-lo, sobre o valor atualizado da causa, atendidos:

I – o grau de zelo do profissional;

II – o lugar de prestação do serviço;

III – a natureza e a importância da causa;

IV – o trabalho realizado pelo advogado e o tempo exigido para o seu serviço.

§ 3º Nas causas em que a Fazenda Pública for parte, a fixação dos honorários observará os critérios estabelecidos nos incisos I a IV do § 2º e os seguintes percentuais:

I – mínimo de dez e máximo de vinte por cento sobre o valor da condenação ou do proveito econômico obtido até 200 (duzentos) salários mínimos;

II – mínimo de oito e máximo de dez por cento sobre o valor da condenação ou do proveito econômico obtido acima de 200 (duzentos) salários mínimos até 2.000 (dois mil) salários mínimos;

III – mínimo de cinco e máximo de oito por cento sobre o valor da condenação ou do proveito econômico obtido acima de 2.000 (dois mil) salários mínimos até 20.000 (vinte mil) salários mínimos;

IV – mínimo de três e máximo de cinco por cento sobre o valor da condenação ou do proveito econômico obtido acima de 20.000 (vinte mil) salários mínimos até 100.000 (cem mil) salários mínimos;

V – mínimo de um e máximo de três por cento sobre o valor da condenação ou do proveito econômico obtido acima de 100.000 (cem mil) salários mínimos.

§ 4º Em qualquer das hipóteses do § 3º:

I – os percentuais previstos nos incisos I a V devem ser aplicados desde logo, quando for líquida a sentença;

II – não sendo líquida a sentença, a definição do percentual, nos termos previstos nos incisos I a V, somente ocorrerá quando liquidado o julgado;

III – não havendo condenação principal ou não sendo possível mensurar o proveito econômico obtido, a condenação em honorários dar-se-á sobre o valor atualizado da causa;

IV – será considerado o salário mínimo vigente quando prolatada sentença líquida ou o que estiver em vigor na data da decisão de liquidação.

§ 5º Quando, conforme o caso, a condenação contra a Fazenda Pública ou o benefício econômico obtido pelo vencedor ou o valor da causa for superior ao valor previsto no inciso I do § 3º, a fixação do percentual de honorários deve observar a faixa inicial e, naquilo que a exceder, a faixa subsequente, e assim sucessivamente.

§ 6º Os limites e critérios previstos nos §§ 2º e 3º aplicam-se independentemente de qual seja o conteúdo da decisão, inclusive aos casos de improcedência ou de sentença sem resolução de mérito.

---

(189) PINHO, Humberto Dalla B. de. *Direito processual civil contemporâneo.* Vol. 1. São Paulo: Saraiva, 2012.

§ 7º Não serão devidos honorários no cumprimento de sentença contra a Fazenda Pública que enseje expedição de precatório, desde que não tenha sido impugnada.

§ 8º Nas causas em que for inestimável ou irrisório o proveito econômico ou, ainda, quando o valor da causa for muito baixo, o juiz fixará o valor dos honorários por apreciação equitativa, observando o disposto nos incisos do § 2º.

§ 9º Na ação de indenização por ato ilícito contra pessoa, o percentual de honorários incidirá sobre a soma das prestações vencidas acrescida de 12 (doze) prestações vincendas.

§ 10. Nos casos de perda do objeto, os honorários serão devidos por quem deu causa ao processo.

§ 11. O tribunal, ao julgar recurso, majorará os honorários fixados anteriormente levando em conta o trabalho adicional realizado em grau recursal, observando, conforme o caso, o disposto nos §§ 2º a 6º, sendo vedado ao tribunal, no cômputo geral da fixação de honorários devidos ao advogado do vencedor, ultrapassar os respectivos limites estabelecidos nos §§ 2º e 3º para a fase de conhecimento.

§ 12. Os honorários referidos no § 11 são cumuláveis com multas e outras sanções processuais, inclusive as previstas no art. 77.

§ 13. As verbas de sucumbência arbitradas em embargos à execução rejeitados ou julgados improcedentes e em fase de cumprimento de sentença serão acrescidas no valor do débito principal, para todos os efeitos legais.

§ 14. Os honorários constituem direito do advogado e têm natureza alimentar, com os mesmos privilégios dos créditos oriundos da legislação do trabalho, sendo vedada a compensação em caso de sucumbência parcial.

§ 15. O advogado pode requerer que o pagamento dos honorários que lhe caibam seja efetuado em favor da sociedade de advogados que integra na qualidade de sócio, aplicando-se à hipótese o disposto no § 14.

§ 16. Quando os honorários forem fixados em quantia certa, os juros moratórios incidirão a partir da data do trânsito em julgado da decisão.

§ 17. Os honorários serão devidos quando o advogado atuar em causa própria.

§ 18. Caso a decisão transitada em julgado seja omissa quanto ao direito aos honorários ou ao seu valor, é cabível ação autônoma para sua definição e cobrança.

§ 19. Os advogados públicos perceberão honorários de sucumbência, nos termos da lei.

(Art. 20, §§ 3º e 4º, do CPC/73)

Os dispositivos legais anteriores disciplinaram as despesas processuais e a questão dos honorários é regulada por este art. 85, com disciplina bastante peculiar. O regramento referente aos honorários foi substancialmente alterado no novo CPC, para adequar questões que surgiram do regime legal anterior e suscitaram muitas críticas doutrinárias e controvérsias jurisprudenciais.

Inicialmente, é importante destacar que também quanto aos honorários vige o princípio da sucumbência, de modo que o vencido deverá ser condenado a pagar os honorários da parte adversa. Em havendo sucumbência recíproca, ambos deverão efetuar os respectivos pagamentos.

A primeira grande novidade, neste aspecto, refere-se à inclusão do § 14, que dispõe claramente que a verba honorária tem natureza alimentar e que não é possível a sua compensação na hipótese de sucumbência recíproca, afastando-se assim, o entendimento que havia sido sumulado sob o n. 306 no Superior Tribunal de Justiça[190].

O novo CPC também explicita que os honorários são devidos em todas as fases processuais – mesmo quando o advogado atuar em causa própria (§ 17), inclusive nos recursos (§ 1º), em que será fixada nova verba honorária (§ 11), o que servirá para desestimular a propositura de recursos meramente protelatórios.

Os honorários são cumuláveis com outras multas e sanções processuais, inclusive as que dizem respeito à litigância de má-fé e as devidas em decorrência da inobservância de deveres processuais.

Inovação relevante, outrossim, refere-se à gradação legal para fixação de honorários contra a Fazenda Pública (§ 3º), de modo a evitar a fixação de honorários em quantia irrisória, bem como expressa previsão de honorários sucumbenciais para os advogados públicos (§ 19).

Há, ainda, outra relevante novidade no parágrafo 18, que explicitamente dispõe que, caso a decisão seja omissa quanto aos honorários sucumbenciais, estes poderão ser objeto de ação autônoma, superando-se a Súmula n. 453 do STJ[191]. Sobre tal questão, o Fórum Permanente de Processualistas Civis editou dois enunciados[192].

Não há que se falar em pagamento de honorários advocatícios de sucumbência no processo do trabalho, conforme já comentado nos arts. 70 e 82, salvo na hipótese de assistência por sindicato, daqueles beneficiários da justiça gratuita, ação

---

(190) Os honorários advocatícios devem ser compensados quando houver sucumbência recíproca, assegurado o direito autônomo do advogado à execução do saldo sem excluir a legitimidade da própria parte.

(191) Os honorários sucumbenciais, quando omitidos em decisão transitada em julgado, não podem ser cobrados em execução ou em ação própria.

(192) 7. (art. 85, § 18; art. 1.026, § 3º, III) O pedido, quando omitido em decisão judicial transitada em julgado, pode ser objeto de ação autônoma. 8. (art. 85, § 18; art. 1.026, § 3º, III) Fica superado o Enunciado 453 da Súmula do STJ após a entrada em vigor do NCPC ("Os honorários sucumbenciais, quando omitidos em decisão transitada em julgado, não podem ser cobrados em execução ou em ação própria").

rescisória e lides que não derivem de relação de emprego, conforme orientações jurisprudenciais e súmula do TST a seguir transcritas:

> OJ – SDI 1 N. 305 – HONORÁRIOS ADVOCATÍCIOS. REQUISITOS. JUSTIÇA DO TRABALHO (DJ 11.8.2003). Na Justiça do Trabalho, o deferimento de honorários advocatícios sujeita-se à constatação da ocorrência concomitante de dois requisitos: o benefício da justiça gratuita e a assistência por sindicato.
>
> OJ – SDI 1 N. 348 – HONORÁRIOS ADVOCATÍCIOS. BASE DE CÁLCULO. VALOR LÍQUIDO. LEI N. 1.060, DE 5.2.1950 (DJ 25.4.2007). Os honorários advocatícios, arbitrados nos termos do art. 11, § 1º, da Lei n. 1.060, de 05.02.1950, devem incidir sobre o valor líquido da condenação, apurado na fase de liquidação de sentença, sem a dedução dos descontos fiscais e previdenciários.
>
> SÚMULA N. 219 DO TST: HONORÁRIOS ADVOCATÍCIOS. HIPÓTESE DE CABIMENTO (nova redação do item II e inserido o item III à redação) – Res. n. 174/2011, DEJT divulgado em 27, 30 e 31.5.2011. I – Na Justiça do Trabalho, a condenação ao pagamento de honorários advocatícios, nunca superiores a 15% (quinze por cento), não decorre pura e simplesmente da sucumbência, devendo a parte estar assistida por sindicato da categoria profissional e comprovar a percepção de salário inferior ao dobro do salário mínimo ou encontrar-se em situação econômica que não lhe permita demandar sem prejuízo do próprio sustento ou da respectiva família. (ex-Súmula n. 219 – Res. n. 14/1985, DJ 26.9.1985). II – É cabível a condenação ao pagamento de honorários advocatícios em ação rescisória no processo trabalhista. III – São devidos os honorários advocatícios nas causas em que o ente sindical figure como substituto processual e nas lides que não derivem da relação de emprego.

Artigo 86

Se cada litigante for, em parte, vencedor e vencido, serão proporcionalmente distribuídas entre eles as despesas.

Parágrafo único. Se um litigante sucumbir em parte mínima do pedido, o outro responderá, por inteiro, pelas despesas e pelos honorários.

(Art. 21 do CPC revogado)

O pagamento de custas e honorários advocatícios é definido, no processo civil, pelo princípio da sucumbência, de modo que, a despeito do adiantamento ou não dos pagamentos, a verba deverá ser paga pelo vencido. Tal regra será aplicada também quando houver sucumbência recíproca, rateando-se proporcionalmente as custas e honorários.

Não obstante, ocorrendo sucumbência apenas de parte mínima da demanda — como pode ocorrer, por exemplo, no que se refere a pedido acessório, de valor irrisório —, o vencido na maior parte deverá pagar integralmente as despesas e honorários.

Diante das regras próprias existentes na CLT, não há aplicação do presente dispositivo no processo do trabalho, salvo nas hipóteses excepcionais aqui já expostas em que os honorários advocatícios são devidos:

> AGRAVO DE INSTRUMENTO EM RECURSO DE REVISTA — TRABALHADOR AVULSO — LIDE NÃO DECORRENTE DE RELAÇÃO DE EMPREGO — SUCUMBÊNCIA RECÍPROCA — PROPORCIONALIDADE NO PAGAMENTO DOS HONORÁRIOS ADVOCATÍCIOS — ART. 21 DO CPC. Constatada, na decisão regional, possível violação ao art. 21 do CPC, deve ser provido o agravo de instrumento, viabilizando-se o trânsito da revista, nos moldes do art. 896, c, da CLT. Agravo de instrumento conhecido e provido. RECURSO DE REVISTA — INTERESSE DE AGIR — LITISCONSÓRCIO PASSIVO NECESSÁRIO — SÚMULA N. 126 DO TST. Considerando que a decisão regional está intrinsecamente amparada no contexto fático-probatório constante dos autos, para infirmar as conclusões lançadas no acórdão vergastado, no tocante à existência de interesse de agir do reclamante e à não configuração de litisconsórcio passivo necessário, seria necessário o reexame dos fatos e das provas, o que é defeso na instância extraordinária, nos termos da Súmula n. 126 do TST. Recurso de revista não conhecido. TRABALHADOR AVULSO — LIDE NÃO DECORRENTE DE RELAÇÃO DE EMPREGO — SUCUMBÊNCIA RECÍPROCA — PROPORCIONALIDADE NO PAGAMENTO DOS HONORÁRIOS ADVOCATÍCIOS — ART. 21 DO CPC. Com base no art. 21 do Código de Processo Civil, que determina a proporcionalidade no pagamento dos honorários advocatícios em caso de sucumbência recíproca, e considerando que o autor foi sucumbente em dois dos três pedidos formulados, o sindicato demandado deve ser condenado ao pagamento de apenas um terço do valor arbitrado a esse título. E, tendo em vista o teor da Súmula n. 306 do STJ, de acordo com a qual -os honorários advocatícios devem ser compensados quando houver sucumbência recíproca, assegurado o direito autônomo do advogado à execução do saldo sem excluir a legitimidade da própria parte-, deve haver a isenção do sindicato reclamado pelo pagamento de honorários advocatícios, ficando esses tão somente a cargo do autor. Recurso de revista conhecido e provido. (TST – RR: 1350320115050021, relator: André Genn de Assunção Barros, Data de Julgamento: 3.9.2014, 7ª Turma, Data de Publicação: DEJT 12.9.2014)
>
> PROCESSUAL CIVIL. AGRAVO REGIMENTAL NO RECURSO EXTRAORDINÁRIO. HONORÁRIOS DE SUCUMBÊNCIA. FIXAÇÃO. 1.A sucumbência recíproca das partes, oriunda de provimento parcial do recurso, impõe ao STF fixar de forma proporcional os ônus sucumbenciais, nos termos do *caput* do art. 21, do CPC, afastando-se a condenação dos honorários, nos termos do voto proferido pelo Tribunal de origem. (Precedentes: RE n. 494.599-ED, rel. Ministro Dias Toffoli, 1ª Turma, Dje de 27.10.2011; RE n. 523.6751-ED-ED, rel. Ministro Dias Toffoli, 1ª Turma, Dje de 31.8.2011). 2. Agravo regimental a que se dá provimento. (STF – RE n. 549959 PE, relator: Min. Luiz Fux, Data de Julgamento: 8.11.2011, Primeira Turma, Data de Publicação: ACÓRDÃO ELETRÔNICO DJe-023 DIVULG. 1º.2.2012 PUBLIC. 2.2.2012)

Artigo 87

Concorrendo diversos autores ou diversos réus, os vencidos respondem proporcionalmente pelas despesas e pelos honorários.

§ 1º A sentença deverá distribuir entre os litisconsortes, de forma expressa, a responsabilidade proporcional pelo pagamento das verbas previstas no *caput*.

> § 2º Se a distribuição de que trata o § 1º não for feita, os vencidos responderão solidariamente pelas despesas e pelos honorários.
>
> (Art. 23 do CPC revogado)

Outra aplicação do princípio da sucumbência é observada nesta regra, que prevê o rateio do pagamento das despesas processuais e honorários entre as partes do mesmo polo processual, de forma proporcional, quando houver pluralidade de autores ou réus.

Nesse caso, a sentença poderá condenar cada um dos litigantes sucumbentes ao pagamento das verbas de modo não uniforme, levando-se em consideração a participação das partes no feito e seu interesse processual. Omissa a decisão, todos responderão solidariamente.

No que se refere ao processo do trabalho, a aplicação da proporcionalidade no pagamento ou a responsabilização solidária dos litisconsortes na hipótese de ausência de distribuição expressa na sentença restringe-se às despesas, uma vez que, salvo no caso de assistência de sindicato, não são devidos honorários no processo do trabalho.

Artigo 88

> Nos procedimentos de jurisdição voluntária, as despesas serão adiantadas pelo requerente e rateadas entre os interessados.
>
> (Art. 24 do CPC revogado)

A jurisdição voluntária representa a administração pública de interesses privados, que se justifica a partir do pressuposto de que alguns atos têm relevância não só para os diretamente envolvidos, mas para o Estado, que participa por intermédio do órgão judicial. Nessa linha, há atos que somente podem formar-se, modificar-se, documentar-se, extinguir-se ou produzir efeitos a partir da intervenção estatal, o que, em sendo realizado em procedimento diante de autoridade judicial, é caracterizado como procedimento de jurisdição voluntária (GRECO, Leonardo. *Jurisdição voluntária moderna*. São Paulo: Dialética, 2003).

Desse modo, embora não haja atividade jurisdicional propriamente dita, a jurisdição voluntária é importante para chancelar negócios e atos jurídicos específicos, previstos em lei.

No que se refere ao pagamento das despesas de tais procedimentos incidirá disciplina específica, como regulado neste artigo.

No âmbito do processo do trabalho não há aplicação do presente dispositivo, uma vez que a jurisdição exercida nessa seara é quase sempre contenciosa e, mesmo nos poucos casos de jurisdição voluntária como o abaixo descrito, as despesas são pagas ao final do processo, conforme estabelece o art. 798 da CLT:

> COMPETÊNCIA DA JUSTIÇA DO TRABALHO. FGTS. ALVARÁ. JURISDIÇÃO VOLUNTÁRIA. Inscreve-se na competência da Justiça do Trabalho apreciar pretensão de ex-empregado de expedição de alvará judicial para levantamento de créditos do FGTS junto à CAIXA ECONÔMICA FEDERAL, tendo em vista a vinculação do pleito a uma relação de emprego, espécie da relação de trabalho de que trata o novel art. 114, inciso I, da Constituição Federal de 1988, com a redação da Emenda Constitucional n. 45/04. Neste contexto, constatada que a conta vinculada do autor encontra-se inativa há mais de (03) três anos, assiste-lhe direito ao saque dos valores nela existentes, nos termos do art. 20, inciso VIII, da Lei n. 8.036/1990. Recurso não provido. (TRT-7 – RO: 0000239-9520115070002 CE, relator: Maria Roseli Mendes Alencar, Data de Julgamento: 7.5.2012, 1ª Turma, Data de Publicação: 15.5.2012 DEJT)

Artigo 89

> Nos juízos divisórios, não havendo litígio, os interessados pagarão as despesas proporcionalmente a seus quinhões.
>
> (Art. 25 do CPC revogado)

O dispositivo trata dos procedimentos de divisão de bens consensuais, em que não há litígio, e, por consequência, sucumbência. Não se aplicam as regras gerais de distribuição do dever de pagamento de acordo com a sucumbência.

Tal dispositivo, assim, não se aplica ao processo do trabalho, haja vista a especificidade da relação jurídica de direito substancial submetida à apreciação jurisdicional.

Artigo 90

> Proferida sentença com fundamento em desistência, em renúncia ou em reconhecimento do pedido, as despesas e os honorários serão pagos pela parte que desistiu, renunciou ou reconheceu.
>
> § 1º Sendo parcial a desistência, a renúncia ou o reconhecimento, a responsabilidade pelas despesas e pelos honorários será proporcional à parcela reconhecida, à qual se renunciou ou da qual se desistiu.
>
> § 2º Havendo transação e nada tendo as partes disposto quanto às despesas, estas serão divididas igualmente.
>
> § 3º Se a transação ocorrer antes da sentença, as partes ficam dispensadas do pagamento das custas processuais remanescentes, se houver.
>
> § 4º Se o réu reconhecer a procedência do pedido e, simultaneamente, cumprir integralmente a prestação reconhecida, os honorários serão reduzidos pela metade.
>
> (Art. 26 do CPC revogado)

O dispositivo legal consagra a disciplina relativa a custas para determinadas formas de extinção do feito com resolução de mérito (renúncia e reconhecimento da procedência do pedido) e sem resolução de mérito (desistência). O tratamento especial nestas hipóteses refere-se ao fato de que a tutela jurisdicional em tais casos é diferenciada, mais simples, porque não culmina na adjudicação judicial para resolução substancial e meritória do conflito.

Em tais hipóteses, vige a regra de imputar o pagamento a quem deu causa à instauração do processo judicial e depois desistiu ou renunciou (autor) ou a quem deu causa e depois reconheceu que a pretensão do autor era procedente (réu).

Ainda, caso ambas as partes resolvam transacionar antes da prolação da sentença, haverá dispensa do pagamento das custas remanescentes, o que é um incentivo de cunho econômico à resolução consensual dos conflitos.

Quanto ao processo do trabalho há regramento próprio que já foi objeto de comentário no art. 82 e, acerca da transação na esfera trabalhista, o Fórum Permanente de Processualistas Civis editou o Enunciado n. 112, que dispõe:

> No processo do trabalho, se a transação ocorrer antes da sentença, as partes ficam dispensadas do pagamento das custas processuais, se houver.

Artigo 91

As despesas dos atos processuais praticados a requerimento da Fazenda Pública, do Ministério Público ou da Defensoria Pública serão pagas ao final pelo vencido.

§ 1º As perícias requeridas pela Fazenda Pública, pelo Ministério Público ou pela Defensoria Pública poderão ser realizadas por entidade pública ou, havendo previsão orçamentária, ter os valores adiantados por aquele que requerer a prova.

§ 2º Não havendo previsão orçamentária no exercício financeiro para adiantamento dos honorários periciais, eles serão pagos no exercício seguinte ou ao final, pelo vencido, caso o processo se encerre antes do adiantamento a ser feito pelo ente público.

(Art. 27 do CPC revogado)

Ainda no que tange ao pagamento das despesas processuais, o artigo traz regras especiais aplicáveis ao Ministério Público, Defensoria Pública e Fazenda Pública.

Quanto às despesas processuais destinadas ao Estado, como custas e taxas judiciárias, não há controvérsias, eis que tais entes estarão isentos do pagamento adiantado, restando ao vencido, ao final, efetuá-lo. Tais prerrogativas estendem-se, por exemplo, ao INSS, a teor da Súmula n. 483 do STJ[193].

A questão mais preocupante acerca desta temática refere-se a despesas cujo credor não é o Estado, como, por exemplo, a verba honorária devida ao perito. Sob o regime do CPC revogado, a questão levantou algumas controvérsias, tendo parte da jurisprudência consignado que, na condição de partes, tais entes deveriam sim adiantar as custas. A título de exemplo, a Súmula n. 232 do STJ dispõe que a Fazenda Pública, na condição de parte, deverá adiantar os honorários do perito.

O novo CPC pretende dar um tratamento diferenciado à questão, disciplinando que a perícia pode ser realizada por ente público ou, havendo previsão orçamentária, serem adiantados os custos (§ 1º). Contudo, o problema é apenas parcialmente solucionado, já que, não havendo previsão orçamentária, podem vir a ser pagos os honorários só ao final, pelo vencido.

No âmbito do processo do trabalho podemos vislumbrar a aplicação do presente dispositivo na atuação do Ministério Público do Trabalho, em analogia ao Ministério Público Estadual ou Federal citado no artigo.

Artigo 92

Quando, a requerimento do réu, o juiz proferir sentença sem resolver o mérito, o autor não poderá propor novamente a ação sem pagar ou depositar em cartório as despesas e os honorários a que foi condenado.

(Art. 28 do CPC revogado)

O sistema processual impede a renovação da ação que houver sido extinta sem resolução de mérito caso o autor não tenha pago as custas e honorários a que tenha sido condenado.

Tal regra é aplicável ao processo do trabalho, conforme se observa da jurisprudência:

> DIREITO DE AÇÃO. APLICAÇÃO DO ART. 28 DO CPC. A renovação de reclamação trabalhista, anteriormente extinta sem exame do mérito, sem o recolhimento das custas impostas ao reclamante, acarreta a sua extinção, nos termos do art. 28 do CPC. (TRT-5 – RO: 01448-2001-221-05-00-0 BA, relator: Cláudio Brandão, 2ª TURMA, Data de Publicação: DJ 4.5.2006)

Artigo 93

As despesas de atos adiados ou cuja repetição for necessária ficarão a cargo da parte, do auxiliar da justiça, do órgão do Ministério Público ou da Defensoria Pública ou do juiz que, sem justo motivo, houver dado causa ao adiamento ou à repetição.

(Art. 29 do CPC revogado)

O dispositivo legal visa responsabilizar os operadores do direito que tenham dado causa a adiamento ou repetição de atos processuais pelas despesas respectivas, visando, com isso, incentivar uma atuação responsável no processo, colaborativa e, por consequência, prestigiar a economia processual.

---

(193) Súmula n. 483, STJ: O INSS não está obrigado a efetuar depósito prévio do preparo por gozar das prerrogativas e privilégios da Fazenda Pública.

Caso haja justo motivo, não incidirá a responsabilização. Marinoni e Mitidiero lecionam que "não se exige a configuração de caso fortuito ou força maior. Basta o justo motivo, conceito mais brando. Deve o juiz aferi-lo em concreto, alçando mão da razoabilidade e atendendo ao que normalmente acontece a fim de aquilatá-lo. Se ao juiz se imputa a responsabilidade, então quem decide se há ou não justo motivo é o Tribunal"[194].

Tal dispositivo também deve ser aplicado no processo do trabalho, especialmente pela natureza alimentar dos créditos que são objetos de sua tutela e por um dos seus princípios basilares, o da celeridade processual.

Artigo 94

Se o assistido for vencido, o assistente será condenado ao pagamento das custas em proporção à atividade que houver exercido no processo.
(Art. 32 do CPC revogado)

O dispositivo enuncia regra que decorre do art. 121 do novo CPC, ao dispor que "o assistente simples atuará como auxiliar da parte principal, exercerá os mesmos poderes e sujeitar-se-á aos mesmos ônus processuais que o assistido". Assim, sendo vencido o assistido (parte principal), o assistente arcará com as custas equivalentes aos atos que houver praticado no processo.

Tal dispositivo, diante da total omissão da CLT sobre o tema, pode ter plena aplicação no processo do trabalho.

Artigo 95

Cada parte adiantará a remuneração do assistente técnico que houver indicado, sendo a do perito adiantada pela parte que houver requerido a perícia ou rateada quando a perícia for determinada de ofício ou requerida por ambas as partes.

§ 1º O juiz poderá determinar que a parte responsável pelo pagamento dos honorários do perito deposite em juízo o valor correspondente.

§ 2º A quantia recolhida em depósito bancário à ordem do juízo será corrigida monetariamente e paga de acordo com o art. 465, § 4º.

§ 3º Quando o pagamento da perícia for de responsabilidade de beneficiário de gratuidade da justiça, ela poderá ser:

I – custeada com recursos alocados no orçamento do ente público e realizada por servidor do Poder Judiciário ou por órgão público conveniado;

II – paga com recursos alocados no orçamento da União, do Estado ou do Distrito Federal, no caso de ser realizada por particular, hipótese em que o valor será fixado conforme tabela do tribunal respectivo ou, em caso de sua omissão, do Conselho Nacional de Justiça.

§ 4º Na hipótese do § 3º, o juiz, após o trânsito em julgado da decisão final, oficiará a Fazenda Pública para que promova, contra quem tiver sido condenado ao pagamento das despesas processuais, a execução dos valores gastos com a perícia particular ou com a utilização de servidor público ou da estrutura de órgão público, observando-se, caso o responsável pelo pagamento das despesas seja beneficiário de gratuidade da justiça, o disposto no art. 98, § 2º.

§ 5º Para fins de aplicação do § 3º, é vedada a utilização de recursos do fundo de custeio da Defensoria Pública.

(Art. 33 do CPC revogado, ref.: art. 790-B da CLT)

Seguindo a regra geral do art. 82 do novo CPC, este artigo dispõe que a parte requerente arcará com o custo da perícia, salvo se requerida por ambas as partes ou determinada de ofício, hipótese em que os custos serão rateados.

Novamente o CPC preocupa-se com a situação do beneficiário da gratuidade da Justiça, dispondo que nestes casos a perícia pode ser executada por servidor público ou órgão conveniado. Não sendo isso possível, os custos serão pagos ao particular pelo Estado.

No processo do trabalho, o art. 790-B da CLT dispõe apenas que "A responsabilidade pelo pagamento dos honorários periciais é da parte sucumbente na pretensão objeto da perícia, salvo se beneficiária da justiça gratuita."

Assim, diante do tratamento específico da matéria pela CLT, não há aplicação do presente dispositivo no processo do trabalho, conforme já decidiu o Tribunal Superior do Trabalho em relação ao artigo equivalente vigente no antigo CPC:

AGRAVO DE INSTRUMENTO — QUITAÇÃO — HONORÁRIOS PERICIAIS — CONTRARIEDADE À SÚMULA N. 330 DO TST E VIOLAÇÃO LITERAL DO ART. 33 DO CPC NÃO CARACTERIZADAS. 1. Quanto à quitação do contrato de trabalho, o Regional, ao assentar que a quitação não abrange parcelas não consignada no termo de rescisão contratual, decidiu a controvérsia em consonância, e não em contrariedade como sustenta a Reclamada, com o disposto na Súmula n. 330, I, do TST. 2. Quanto aos honorários periciais, o Regional afastou a aplicação do art. 33 do CPC, sob o fundamento de que a matéria é regulada de forma específica no processo trabalhista pelo disposto no art. 790-B da CLT, não se verificando violação literal ensejadora da admissibilidade do recurso de revista (Súmula n. 221, II, do TST). Agravo de instrumento desprovido. (TST – AIRR: 31240-18.2004.5.06.0311, relator: Ives Gandra Martins Filho, Data de Julgamento: 6.12.2006, 4ª Turma, Data de Publicação: DJ 9.2.2007)

É digno de registro, entretanto, que, em relação ao beneficiário da justiça gratuita, a Súmula n. 457 do Tribunal

---

(194) MARINONI, Luiz Guilherme; MITIDIERO, Daniel. *Código de Processo Civil Comentado*. São Paulo: RT, 2012.

Superior do Trabalho está em consonância com o art. 95 do CPC, como se pode observar dos seus termos:

> SÚMULA N. 457 do TST: HONORÁRIOS PERICIAIS. BENEFICIÁRIO DA JUSTIÇA GRATUITA. RESPONSABILIDADE DA UNIÃO PELO PAGAMENTO. RESOLUÇÃO N. 66/2010 DO CSJT. OBSERVÂNCIA. (conversão da Orientação Jurisprudencial n. 387 da SBDI-1 com nova redação) – Res. n. 194/2014, DEJT divulgado em 21, 22 e 23.5.2014. A União é responsável pelo pagamento dos honorários de perito quando a parte sucumbente no objeto da perícia for beneficiária da assistência judiciária gratuita, observado o procedimento disposto nos arts. 1º, 2º e 5º da Resolução n. 66/2010 do Conselho Superior da Justiça do Trabalho — CSJT.

Artigo 96

O valor das sanções impostas ao litigante de má-fé reverterá em benefício da parte contrária, e o valor das sanções impostas aos serventuários pertencerá ao Estado ou à União.
(Art. 35 do CPC revogado)

As sanções decorrentes da litigância de má-fé são revertidas à parte contrária ou ao Estado (em sentido amplo). Na hipótese de o ato ser praticado por um servidor não vemos óbice à aplicação do dispositivo no processo do trabalho, diante da completa omissão sobre o tema na CLT. Sugere-se, entretanto, uma regulamentação da matéria por lei especial, como o fim de ensejar uma maior segurança jurídica aos servidores.

Artigo 97

A União e os Estados podem criar fundos de modernização do Poder Judiciário, aos quais serão revertidos os valores das sanções pecuniárias processuais destinadas à União e aos Estados, e outras verbas previstas em lei.
(Sem correspondente no CPC revogado)

Em diversos trechos do novo CPC e em legislação extravagante há previsão de sanções pecuniárias processuais, revertidas à União e Estados. O novo CPC traz inovação importante neste campo, ao prever a criação de fundos de modernização do Poder Judiciário para os quais tais verbas deverão passar a ser dirigidas.

A iniciativa permite que os valores decorrentes de sanções processuais destinados à União e aos Estados sejam revestidos em prol do próprio Poder Judiciário, que contará com um fundo específico para realização de melhorias de suas atividades, visando sempre atingir a prestação da tutela jurisdicional célere, efetiva e tempestiva.

A novidade serve de exemplo à Justiça do Trabalho, que também deveria criar um fundo de modernização, empregando os valores decorrentes de sanções processuais para a melhoria e modernização da atividade judicial.

Seção IV
Da Gratuidade da Justiça

Artigo 98

A pessoa natural ou jurídica, brasileira ou estrangeira, com insuficiência de recursos para pagar as custas, as despesas processuais e os honorários advocatícios tem direito à gratuidade da justiça, na forma da lei.

§ 1º A gratuidade da justiça compreende:

I – as taxas ou as custas judiciais;

II – os selos postais;

III – as despesas com publicação na imprensa oficial, dispensando-se a publicação em outros meios;

IV – a indenização devida à testemunha que, quando empregada, receberá do empregador salário integral, como se em serviço estivesse;

V – as despesas com a realização de exame de código genético — DNA e de outros exames considerados essenciais;

VI – os honorários do advogado e do perito e a remuneração do intérprete ou do tradutor nomeado para apresentação de versão em português de documento redigido em língua estrangeira;

VII – o custo com a elaboração de memória de cálculo, quando exigida para instauração da execução;

VIII – os depósitos previstos em lei para interposição de recurso, para propositura de ação e para a prática de outros atos processuais inerentes ao exercício da ampla defesa e do contraditório;

IX – os emolumentos devidos a notários ou registradores em decorrência da prática de registro, averbação ou qualquer outro ato notarial necessário à efetivação de decisão judicial ou à continuidade de processo judicial no qual o benefício tenha sido concedido.

§ 2º A concessão de gratuidade não afasta a responsabilidade do beneficiário pelas despesas processuais e pelos honorários advocatícios decorrentes de sua sucumbência.

§ 3º Vencido o beneficiário, as obrigações decorrentes de sua sucumbência ficarão sob condição suspensiva de exigibilidade e somente poderão ser executadas se, nos 5 (cinco) anos subsequentes ao trânsito em julgado da decisão que as certificou, o credor demonstrar que deixou de existir a situação de insuficiência de recursos que justificou a concessão de gratuidade, extinguindo-se, passado esse prazo, tais obrigações do beneficiário.

§ 4º A concessão de gratuidade não afasta o dever de o beneficiário pagar, ao final, as multas processuais que lhe sejam impostas.

> § 5º A gratuidade poderá ser concedida em relação a algum ou a todos os atos processuais, ou consistir na redução percentual de despesas processuais que o beneficiário tiver de adiantar no curso do procedimento.
>
> § 6º Conforme o caso, o juiz poderá conceder direito ao parcelamento de despesas processuais que o beneficiário tiver de adiantar no curso do procedimento.
>
> § 7º Aplica-se o disposto no art. 95, §§ 3º a 5º, ao custeio dos emolumentos previstos no § 1º, inciso IX, do presente artigo, observada a tabela e as condições da lei estadual ou distrital respectiva.
>
> § 8º Na hipótese do § 1º, inciso IX, havendo dúvida fundada quanto ao preenchimento atual dos pressupostos para a concessão de gratuidade, o notário ou registrador, após praticar o ato, pode requerer, ao juízo competente para decidir questões notariais ou registrais, a revogação total ou parcial do benefício ou a sua substituição pelo parcelamento de que trata o § 6º deste artigo, caso em que o beneficiário será citado para, em 15 (quinze) dias, manifestar-se sobre esse requerimento.
>
> (Sem correspondente no CPC revogado, ref.: art. 790-A da CLT)

O presente capítulo consagra uma das mais importantes inovações do novo Código de Processo Civil. Trata-se da disciplina relativa à gratuidade da Justiça, que antes era regulada pela Lei n. 1.060/50. O novo Código não revoga a lei, mas será aplicável naquilo que dela divergir.

A gratuidade da Justiça é instituto fundamental em Estados democráticos como o Brasil, que consagrou como direito fundamental o acesso à Justiça, previsto no art. 5º XXXV, da Constituição Federal. O acesso à Justiça não pode, portanto, sujeitar-se a obstáculos econômicos que o inviabilizem.

Sobre o tema, José Cretella Junior aponta que "em um regime democrático, a falta de recursos econômicos necessários para pagar as custas e taxas processuais não pode constituir óbice a impedir que o cidadão menos favorecido possa bater às portas da Justiça para pleitear e/ou defender seus direitos. O conteúdo dos incisos XXIV e LXXIV do art. 5º, revela que são dispositivos destinados a amparar pessoas economicamente necessitadas, quando pretendam exercer seu direito subjetivo público à prestação jurisdicional, enquanto o inc. XXXV é comando destinado, em um primeiro momento, ao legislador, que não deve elaborar lei insuscetível de apreciação pelo Poder Judiciário".[195]

Assim, muito embora o acesso à justiça não seja, como regra, gratuito, os que não tiverem condições de arcar com os custos do processo poderão obter o benefício da gratuidade, nos termos regulados nestes dispositivos legais ora comentados.

A gratuidade de Justiça poderá ser ampla, compreendendo todos os atos processuais e custas descritas no parágrafo primeiro, estendendo-se também aos atos a serem praticados perante cartórios extrajudiciais, como cumprimento de atos judiciais. Ainda, importante disciplina refere-se à possibilidade de a gratuidade atingir apenas alguns atos (§ 5º) ou, ainda, significar meramente a adequação da forma de pagamento às possibilidades do beneficiário (§ 6º).

O artigo é claro ao dispor que não há isenção absoluta do pagamento das despesas, mas apenas a suspensão da exigibilidade, que perdurará por até 5 anos após o transito em julgado da decisão. Caso a situação fática do beneficiário da justiça se altere e ele passe a ter condições de arcar com os custos do processo, deverá fazê-lo (§ 3º).

A gratuidade, ademais, poderá ser concedida não só para pessoa natural, mas para pessoas jurídicas, entendimento que já havia sido objeto da Súmula n. 481 do Superior Tribunal de Justiça.[196]

Diante da omissão da CLT, não vemos óbice à aplicação do presente dispositivo ao processo do trabalho, lembrando, apenas, das peculiaridades existentes em relação à assistência sindical e inexistência de ônus sucumbencial em relação a honorários advocatícios nos demais casos.

Quanto à concessão de Justiça gratuita às pessoas jurídicas, o Fórum Permanente de Processualistas Civis, a este respeito, editou o Enunciado n. 113, que dispõe: "na Justiça do Trabalho, o empregador pode ser beneficiário da gratuidade da Justiça, na forma do art. 98".

É importante salientar, entretanto, que, conforme entendimento do TST é imprescindível a demonstração da carência econômica financeira, inclusive por sindicatos, para a obtenção do benefício:

DESERÇÃO DO RECURSO DE REVISTA SINDICATO. GRATUIDADE DE JUSTIÇA. 1. Nos termos da jurisprudência dominante nesta Corte superior, é indevida a concessão do benefício da gratuidade de justiça a pessoa jurídica, salvo casos especiais e desde que demonstrada, de forma inequívoca, a sua impossibilidade para responder pelas despesas processuais. 2. No tocante aos entes sindicais, exige-se prova material e definitiva de sua dificuldade financeira, não bastando a mera declaração de miserabilidade. 3. Na presente hipótese, o Tribunal Regional registrou expressamente que o sindicato – goza de situação financeira equilibrada-. 4. Em tais circunstâncias, ainda que o sindicato atue na qualidade

---

(195) CRETELLA JR., José. Do benefício da gratuidade da Justiça. *Revista de Processo*, vol. 235, p. 437, set. 2014.

(196) Tratamos do tema em nosso primeiro artigo jurídico publicado, quando ainda frequentávamos os bancos acadêmicos da querida Faculdade de Direito da UFBA, na revista dos formandos, na qual defendemos essa possibilidade: "Da possibilidade de concessão da Justiça gratuita às pessoas jurídicas". In *Revista Jurídica dos Formandos em Direito da UFBA*, v. IV, p. 405-412, 1998.

de substituto processual, não tem jus ao referido benefício. 5. Precedentes desta Corte superior. 6. Agravo de instrumento a que se nega provimento. (TST – AIRR: 1014408520065050027, relator: Lelio Bentes Corrêa, Data de Julgamento: 8.10.2014, 1ª Turma, Data de Publicação: DEJT 10.10.2014)

É importante salientar que, conforme decisão do TST, a concessão desse benefício se limita às custas do processo, não se estendendo ao depósito recursal, cujo não recolhimento poderá ensejar a deserção do recurso:

AGRAVO DE INSTRUMENTO. RECURSO DE REVISTA. DESERÇÃO DO RECURSO ORDINÁRIO. REQUERIMENTO DE CONCESSÃO DA JUSTIÇA GRATUITA. DEPÓSITO RECURSAL E CUSTAS. 1. Hipótese em que a reclamada não efetuou o preparo do recurso ordinário, ao argumento de que passa por dificuldades financeiras e que houve requerimento de gratuidade da justiça. 2. Esta Corte já pacificou o entendimento de que, mesmo nas hipóteses em que admitida a concessão do benefício da justiça gratuita, previsto no art. 3º da Lei n. 1.060/1950, às pessoas jurídicas, quando haja prova cabal e inequívoca da sua insuficiência econômica, tal consentimento não abrange o depósito recursal, pois está limitado, tão somente, ao pagamento das custas processuais. Assim, constatado que a reclamada não comprovou o recolhimento do depósito recursal, encontra-se deserto o seu recurso ordinário. Precedentes. Agravo de instrumento conhecido e não provido. (TST – AIRR: 12299720125050102, relator: Hugo Carlos Scheuermann, Data de Julgamento: 20.8.2014, 1ª Turma, Data de Publicação: DEJT 29.8.2014)

Não podemos deixar de consignar que vemos com ressalva essa restrição, uma vez que, em nosso entendimento, ele enseja violação à garantia do acesso à justiça e inafastabilidade de controle jurisdicional.

Por fim, ainda no que tange à isenção do pagamento de custas processuais, não se pode olvidar o que dispõe o art. 790-A da CLT:

Art. 790-A. São isentos do pagamento de custas, além dos beneficiários de justiça gratuita:

I – a União, os Estados, o Distrito Federal, os Municípios e respectivas autarquias e fundações públicas, federais, estaduais ou municipais que não explorem atividade econômica;

II – O Ministério Público do Trabalho.

Parágrafo único. A isenção prevista neste artigo não alcança as entidades fiscalizadoras do exercício profissional, nem exime as pessoas jurídicas referidas no inciso I da obrigação de reembolsar as despesas judiciais realizadas pela parte vencedora.

Artigo 99

O pedido de gratuidade da justiça pode ser formulado na petição inicial, na contestação, na petição para ingresso de terceiro no processo ou em recurso.

§ 1º Se superveniente à primeira manifestação da parte na instância, o pedido poderá ser formulado por petição simples, nos autos do próprio processo, e não suspenderá seu curso.

§ 2º O juiz somente poderá indeferir o pedido se houver nos autos elementos que evidenciem a falta dos pressupostos legais para a concessão de gratuidade, devendo, antes de indeferir o pedido, determinar à parte a comprovação do preenchimento dos referidos pressupostos.

§ 3º Presume-se verdadeira a alegação de insuficiência deduzida exclusivamente por pessoa natural.

§ 4º A assistência do requerente por advogado particular não impede a concessão de gratuidade da justiça.

§ 5º Na hipótese do § 4º, o recurso que verse exclusivamente sobre valor de honorários de sucumbência fixados em favor do advogado de beneficiário estará sujeito a preparo, salvo se o próprio advogado demonstrar que tem direito à gratuidade.

§ 6º O direito à gratuidade da justiça é pessoal, não se estendendo a litisconsorte ou a sucessor do beneficiário, salvo requerimento e deferimento expressos.

§ 7º Requerida a concessão de gratuidade da justiça em recurso, o recorrente estará dispensado de comprovar o recolhimento do preparo, incumbindo ao relator, neste caso, apreciar o requerimento e, se indeferi-lo, fixar prazo para realização do recolhimento.

(Sem correspondente no CPC revogado)

As possibilidades previstas na Lei n. 1.060/50, que admitia apenas o pedido de gratuidade por parte do autor, na petição inicial (art. 4º), são ampliadas no novo CPC, o qual consagra que o pedido pode ser formulado a qualquer tempo e não suspende o trâmite do processo.

Sobre tal questão, Fernanda Tartuce esclarece que "a parte pode, inicialmente, não necessitar da gratuidade, mas ser atingida por significativa precariedade econômica ainda em primeiro grau antes do recurso; é exatamente isso o que está previsto na parte final desse artigo. Como se percebe, a previsão do NCPC é muito mais ampla e completa do que o sistema anterior; tal situação é conveniente para evitar alguns entendimentos jurisdicionais – minoritários, felizmente – no sentido de vedar a concessão da gratuidade em momentos posteriores à postulação inicial"[197].

A possibilidade de formular o pedido a qualquer tempo já havia sido objeto de orientação jurisprudencial no processo civil e no processo do trabalho[198]. Sobre este, há OJ do TST sobre o tema, ressalvando, contudo, que o requerimento na

---

(197) TARTUCE, Fernanda; DELLORE, Luiz. Gratuidade da Justiça no novo CPC. *Revista de Processo*, vol. 236, p. 305, out. 2014.

(198) "JUSTIÇA GRATUITA. BENEFÍCIO. REQUERIMENTO. O benefício da justiça gratuita pode ser requerido em qualquer fase processual ou grau de jurisdição." (TRT-2 – RO: 00021399720115020020 SP 00021399720115020020 A28, relator: Álvaro Alves Nôga, Data de Julgamento: .3.4.2014, 17ª Turma, Data de Publicação: 11.4.2014).

fase recursal deve ser feito no respectivo prazo para interposição do recurso:

> OJ N. 269 DA SDI-1. JUSTIÇA GRATUITA. REQUERIMENTO DE ISENÇÃO DE DESPESAS PROCESSUAIS. MOMENTO OPORTUNO (inserida em 27.09.2002). O benefício da justiça gratuita pode ser requerido em qualquer tempo ou grau de jurisdição, desde que, na fase recursal, seja o requerimento formulado no prazo alusivo ao recurso.

E, em julgados recentes, da Corte Superior Trabalhista, há aplicação da citada orientação jurisprudencial:

> RECURSO DE REVISTA. CUSTAS PROCESSUAIS. RECURSO ORDINÁRIO. DESERÇÃO. GRATUIDADE DE JUSTIÇA. Nesta Justiça Especializada, o benefício de gratuidade de justiça pode ser requerido em qualquer tempo ou grau de jurisdição, desde que, na fase recursal, seja formulado no prazo alusivo ao recurso. Havendo o empregado declarado a sua hipossuficiência no prazo referente ao recurso ordinário, na forma das Orientações Jurisprudenciais 269 e 304 da SBDI-1, é plenamente válido esse requerimento e a concessão da gratuidade da justiça. Assim, o não conhecimento do seu recurso ordinário por deserto, em razão do não recolhimento das custas, afronta o art. 5º, LV, da CF/88. Recurso de revista conhecido por violação do art. 5º, LV, da CF/88 e provido. (TST – RR: 148001320095010342, relator: Alexandre de Souza Agra Belmonte, Data de Julgamento: 6.8.2014, 3ª Turma, Data de Publicação: DEJT 8.8.2014)

> RECURSO DE REVISTA. JUSTIÇA GRATUITA. REQUERIMENTO DE ISENÇÃO DE CUSTAS PROCESSUAIS NO PRAZO ALUSIVO AO RECURSO ORDINÁRIO. POSSIBILIDADE. DESERÇÃO DO RECURSO ORDINÁRIO AFASTADA. Na Justiça do Trabalho, o benefício de gratuidade de justiça pode ser requerido em qualquer tempo ou grau de jurisdição, desde que, na fase recursal, seja formulado no prazo alusivo ao recurso. Para o deferimento do referido benefício, basta a simples declaração do empregado, ou de seu representante, para se considerar configurada situação econômica apta a ensejar a concessão da justiça gratuita (OJ n. 304 da SDI-1/TST). No caso concreto, havendo nos autos declaração de pobreza e solicitação dos benefícios da justiça gratuita no prazo alusivo ao recurso ordinário, é plenamente válido tal requerimento, consoante entendimento previsto na OJ n. 269/SBDI-I/TST. Desse modo, o Tribunal a quo, ao não conceder a isenção de custas aos Reclamantes, afrontou o art. 5º, LXXIV, da CF. Recurso de revista conhecido e provido. (TST – RR: 81800-72.2010.5.17.0011, relator: Mauricio Godinho Delgado, Data de Julgamento: 26.6.2013, 3ª Turma)

O novo CPC também dispõe que a pessoa natural poderá declarar a sua hipossuficiência, nos moldes da Lei n. 1.060/50, o que se presumirá ser verdade.

Sobre tal questão, há orientações jurisprudenciais do TST e julgados de TRTs no sentido de possibilitar que o advogado firme a declaração pela parte, dispensando que o mandato ao advogado tenha poderes específicos para tanto:

> OJ–SDI 1–304. HONORÁRIOS ADVOCATÍCIOS. ASSISTÊNCIA JUDICIÁRIA. DECLARAÇÃO DE POBREZA. COMPROVAÇÃO (DJ 11.08.2003). Atendidos os requisitos da Lei n. 5.584/70 (art. 14, § 2º), para a concessão da assistência judiciária, basta a simples afirmação do declarante ou de seu advogado, na petição inicial, para se considerar configurada a sua situação econômica (art. 4º, § 1º, da Lei n. 7.510/86, que deu nova redação à Lei n. 1.060/50).

> OJ – SDI 1 – 331. JUSTIÇA GRATUITA. DECLARAÇÃO DE INSUFICIÊNCIA ECONÔMICA. MANDATO. PODERES ESPECÍFICOS DESNECESSÁRIOS (DJ 9.12.2003). Desnecessária a outorga de poderes especiais ao patrono da causa para firmar declaração de insuficiência econômica, destinada à concessão dos benefícios da justiça gratuita.

> JUSTIÇA GRATUITA. CONCESSÃO. REQUISITOS. A justiça gratuita, no processo do trabalho, decorre do disposto no § 3º do art. 790 da CLT, de modo que, para a concessão do benefício, é suficiente que a parte se declare pobre e que não tem condições de demandar sem prejuízo do sustento próprio e da família, nos termos do art. 4º, § 1º, da Lei n. 1.060/1950. Admite-se, ainda, que a declaração seja feita em qualquer etapa do processo, consoante preconiza a OJ n. 269 da SbDI-1 do TST, por procurador regularmente constituído, mesmo sem estar investido de poderes específicos, a teor da diretriz firmada na OJ n. 331 do mesmo órgão do TST, não sendo imprescindível para o deferimento do pedido que a assistência judiciária esteja sendo prestada pela entidade sindical (art. 14, Lei n. 5.584/1970), em face da garantia insculpida no art. 5º, LXXIV, da Constituição Federal. Assim, presume-se pobre a parte que declara, sob as penas da lei, sua incapacidade de arcar com as despesas processuais, pois do contrário prejudicaria sua própria subsistência ou da sua família, sendo que tal declaração presume-se verdadeira até prova em sentido contrário, cujo ônus incumbe à parte contrária. No caso em apreço, o obreiro declarou na petição inicial, por meio de seu advogado, ser pobre na acepção jurídica da expressão, e requereu os benefícios da justiça gratuita, ao passo que a reclamada sequer afirmou não ser verdadeira referida afirmação, o que é suficiente para a concessão do benefício pleiteado. (TRT-23 – RO: 00463.2010.007.23.00-0 MT, relator: Desembargador Edson Bueno, Data de Julgamento: 10.4.2012, 1ª Turma, Data de Publicação: 11.4.2012)

Por outro lado, o novo CPC também traz regras para obstar a utilização abusiva do benefício da gratuidade, as quais estão dispostas nos parágrafos quarto e quinto e impedem a extensão do benefício aos sucessores e ao advogado, salvo quando também forem hipossuficientes, com plena aplicação no processo do trabalho.

Artigo 100

Deferido o pedido, a parte contrária poderá oferecer impugnação na contestação, na réplica, nas contrarrazões de recurso ou, nos casos de pedido superveniente ou formulado por terceiro, por meio de petição simples, a ser apresentada no prazo de 15 (quinze) dias, nos autos do próprio processo, sem suspensão de seu curso.

Parágrafo único. Revogado o benefício, a parte arcará com as despesas processuais que tiver deixado de adiantar e pagará, em caso de má-fé, até o décuplo de seu valor a título de multa, que será revertida em benefício da Fazenda Pública estadual ou federal e poderá ser inscrita em dívida ativa.

(Sem correspondente no CPC revogado)

Embora o pedido de gratuidade de Justiça possa ser formulado mediante a apresentação de simples declaração de hipossuficiência, tal pedido poderá ser contestado pela parte adversa, o que deverá ser feito no prazo de quinze dias a contar da ciência do requerimento. Tal providência já era admitida pelo art. 7º da Lei n. 1.060/50 e se justifica porque a parte contrária tem interesse em que a parte adversa arque com as custas e honorários, até porque isso pode implicar na não propositura da ação[199].

Fernanda Tartuce e Luiz Dellore lecionam que "a partir da interpretação do § 2º do art. 99, tratando-se o beneficiário de pessoa física, tem-se que esse ônus é do impugnante, considerando a presunção de veracidade do requerimento de gratuidade. De qualquer forma, por analogia ao § 1º do mesmo art. 99, em caso de dúvida é possível inferir que poderá o juiz determinar ao impugnado que apresente documentos aptos a comprovar sua situação de hipossuficiência econômica"[200].

Assim, em regra, em se tratando de pessoa natural a requerente do benefício, o impugnante deverá demonstrar provas ou ao menos indícios de que a parte não atende aos requisitos para a concessão.

Caso o benefício tenha sido concedido e seja revogado, a parte arcará com as custas e poderá incidir na penalidade por litigância de má-fé. Entendemos, neste ponto, que não só em caso de revogação do benefício, mas também nas hipóteses de pedido de justiça gratuita indeferido poderá haver a condenação, a depender, claro, das circunstâncias do caso concreto. E, diante da omissão da CLT, não vemos óbice à aplicação do dispositivo no processo do trabalho.

Artigo 101

Contra a decisão que indeferir a gratuidade ou a que acolher pedido de sua revogação caberá agravo de instrumento, exceto quando a questão for resolvida na sentença, contra a qual caberá apelação.

§ 1º O recorrente estará dispensado do recolhimento de custas até decisão do relator sobre a questão, preliminarmente ao julgamento do recurso.

§ 2º Confirmada a denegação ou a revogação da gratuidade, o relator ou o órgão colegiado determinará ao recorrente o recolhimento das custas processuais, no prazo de 5 (cinco) dias, sob pena de não conhecimento do recurso.

(Sem correspondente no CPC revogado)

---

(199) "Lei n. 1.060/50: art. 7º A parte contrária poderá, em qualquer fase da lide, requerer a revogação dos benefícios de assistência, desde que prove a existência ou o desaparecimento dos requisitos essenciais à sua concessão.
Parágrafo único. Tal requerimento não suspenderá o curso da ação e se processará pela forma estabelecida no final do art. 6º desta Lei."

(200) TARTUCE, Fernanda; DELLORE, Luiz. Gratuidade da Justiça no novo CPC. *Revista de Processo*, vol. 236, p. 305, out. 2014.

Conforme a nova linha adotada no CPC, sobre o cabimento do Agravo de Instrumento apenas em hipóteses taxativas, o artigo vem disciplinar a possibilidade de interposição deste recurso contra a decisão interlocutória que versar sobre a matéria, mas apenas quando prejudicar o requerente do benefício, seja pelo indeferimento ou pela revogação.

Como no processo do trabalho as decisões interlocutórias são irrecorríveis, a via processual que resta ao prejudicado é o mandado de segurança.

Na hipótese de a matéria ser decidida em sentença, o recurso cabível no processo civil é a apelação e no processo do trabalho o recurso ordinário. Nesse caso, o recurso não está sujeito a preparo, até que sobrevenha decisão do relator. Esta orientação, que agora consta do CPC, já era traçada pela jurisprudência trabalhista, com as devidas adequações para o recurso ordinário, nos seguintes termos:

> RECURSO CONTRA INDEFERIMENTO DE GRATUIDADE — DESNECESSIDADE DE PAGAMENTO DAS CUSTAS ATÉ A DECISÃO ESPECÍFICA SOBRE A GRATUIDADE. Busca a reclamada, em suas contrarrazões, o não conhecimento do presente apelo em razão da falta de recolhimento das custas. Trata-se de tema que depende, em meu entender, do resultado do apelo do autor, que requer a gratuidade. Exigir que o autor pague as custas para depois pedir a gratuidade parece-nos contrário à economia processual, pois a instância ad quem, de qualquer forma, poderá apreciar o apelo neste ponto. Se no processo do trabalho não se aplica o recurso específico da Lei n. 1060, é o recurso ordinário o apelo mais adequado para se reexaminar indeferimento da gratuidade. O pagamento das custas pelo recorrente antes do resultado do apelo também seria contrário ao bom senso, pois o necessitado teria que pagar o que a lei o isenta. Nego provimento tendo em vista o ora deferimento da gratuidade. (TRT-1 – RO: 1579420125010067 RJ, relator: Ivan da Costa Alemão Ferreira, Data de Julgamento: 31.7.2013, 4ª Turma, Data de Publicação: 26.8.2013)

Artigo 102

Sobrevindo o trânsito em julgado de decisão que revoga a gratuidade, a parte deverá efetuar o recolhimento de todas as despesas de cujo adiantamento foi dispensada, inclusive as relativas ao recurso interposto, se houver, no prazo fixado pelo juiz, sem prejuízo de aplicação das sanções previstas em lei.

Parágrafo único. Não efetuado o recolhimento, o processo será extinto sem resolução de mérito, tratando-se do autor, e, nos demais casos, não poderá ser deferida a realização de nenhum ato ou diligência requerida pela parte enquanto não efetuado o depósito.

(Sem correspondente no CPC revogado)

O último dispositivo legal deste capítulo trata da situação concernente à revogação da gratuidade, hipótese em que a parte antes beneficiada deverá pagar todas as despesas e eventuais sanções — como a de litigância de má-fé, conforme comentários anteriores. Não o fazendo, o parágrafo único traz a consequência: a extinção do feito, se se tratar do autor; a impossibilidade de prática de atos processuais, nos demais casos.

Salvo na hipótese de interposição de recurso, há óbice para aplicação do parágrafo único ao processo do trabalho, uma vez que nessa seara processual as custas somente são pagas no final do processo, conforme dispõe o art. 789 da CLT.

CAPÍTULO III
DOS PROCURADORES

Artigo 103

A parte será representada em juízo por advogado regularmente inscrito na Ordem dos Advogados do Brasil.

Parágrafo único. É lícito à parte postular em causa própria quando tiver habilitação legal.

(Art. 36 do CPC revogado)

O artigo dispõe sobre a capacidade postulatória, que, como visto em comentários anteriores, não se confunde com a capacidade de ser parte e com a capacidade processual.

Humberto B. Dalla de Pinho leciona que a capacidade postulatória "é a aptidão para a prática de atos processuais. Só o advogado inscrito na Ordem dos Advogados do Brasil e o Ministério Público possuem o direito de postular (*ius postulandi*), salvo para impetrar *habeas corpus* e para postular nos juizados especiais, na Justiça do Trabalho e aos juízes de paz. Para que a parte se considere detentora de capacidade postulatória, ela precisa participar da relação processual por intermédio de quem possua o *ius postulandi*."[201].

Assim, em regra, apesar de as partes possuírem capacidade de estar em Juízo, não possuem autorização de postular diretamente no Poder Judiciário. Para tanto, existe a participação de profissional habilitado, ou seja, do advogado, que possui capacidade postulatória, nos termos do artigo ora comentado.

O advogado é essencial à administração da Justiça, nos termos do art. 133 da Constituição Federal, sendo o exercício da advocacia regulado pelo Estatuto da OAB (Lei n. 8.906/94). Cândido Rangel Dinamarco fala a respeito da atuação do advogado na lide:

> Tem duas importantes razões de ser a indisponibilidade do advogado, proclamada constitucionalmente e refletida no Estatuto do Advogado (art. 2º). A primeira delas é a conveniência técnica de confiar a defesa a pessoas com capacitação profissional adequada e sujeitas a um regime organizacional e disciplinar imposto por entidade de categoria estruturada para tanto (a Ordem dos Advogados do Brasil). A segunda é a conveniência psíquica de evitar atitudes passionais da parte em defesa própria; como puro profissional, que não é o titular dos interesses em conflito, ele não fica tão envolvido como a parte nas angústias e acirramentos de ânimos a que está sujeita. O advogado profissionalmente bem formado opera como eficiente fato de arrefecimento dos conflitos e reúne condições muito melhores que a parte para argumentar racionalmente, evitar condutas agressivas ou desleais e eventualmente negociar a conciliação com o advogado da parte contrária. Por essa segunda razão, embora a parte habilitada como advogado seja autorizada a postular em causa própria (CPC, art. 36), isso é vivamente desaconselhado (DINAMARCO, 2005. p. 287).

No Processo do Trabalho há a possibilidade de a parte postular diretamente em juízo, sem a participação de advogado, conforme o quanto previsto no art. 791 da CLT:

> Art. 791, *caput* da CLT – Os empregados e empregadores poderão reclamar pessoalmente perante a Justiça do Trabalho e acompanhar as suas reclamações até o final."

Não obstante a redação legal que isenta a constituição de advogado para postular em âmbito trabalhista, o TST elaborou a Súmula n. 425, que limita o *ius postulandi* da parte:

> O *jus postulandi* das partes, estabelecido no art. 791 da CLT, limita-se às Varas do Trabalho e aos Tribunais Regionais do Trabalho, não alcançando a ação rescisória, a ação cautelar, o mandado de segurança e os recursos de competência do Tribunal Superior do Trabalho.

Assim, de acordo com o quanto proferido pela Súmula acima citada, conclui-se que é indispensável a presença dos advogados nas ações especiais e na Corte Superior do Trabalho[202].

Artigo 104

O advogado não será admitido a postular em juízo sem procuração, salvo para evitar preclusão, decadência ou prescrição, ou para praticar ato considerado urgente.

§ 1º Nas hipóteses previstas no *caput*, o advogado deverá, independentemente de caução, exibir a procuração no prazo de 15 (quinze) dias, prorrogável por igual período por despacho do juiz.

---

(201) PINHO, Humberto Dalla Bernardina de. *Direito Processual Civil Contemporâneo*. Vol. 1. 4 ed. São Paulo: Saraiva, 2012.

(202) "AGRAVO DE INSTRUMENTO. IRREGULARIDADE DE REPRESENTAÇÃO PROCESSUAL DO RECURSO DE REVISTA. JUS POSTULANDI NA JUSTIÇA DO TRABALHO. ALCANCE. "O *jus postulandi* das partes, estabelecido no art. 791 da CLT, limita-se às Varas do Trabalho e aos Tribunais Regionais do Trabalho, não alcançando a ação rescisória, a ação cautelar, o mandado de segurança e os recursos de competência do Tribunal Superior do Trabalho". Agravo de instrumento a que se nega provimento. (TST – AIRR: 647-84.2010.5.07.0014, relator: Lelio Bentes Corrêa, Data de Julgamento: 24.4.2013, 1ª Turma, Data de Publicação: DEJT 26.4.2013)."

> § 2º O ato não ratificado será considerado ineficaz relativamente àquele em cujo nome foi praticado, respondendo o advogado pelas despesas e por perdas e danos.
>
> (Art. 37 do CPC revogado)

O advogado atua em juízo em nome da parte, na condição de procurador judicial. Trata-se de negócio jurídico de mandato e a procuração é o instrumento que expressa este contrato específico. Por este motivo é que a procuração é exigida como condição indispensável para que o advogado possa regularmente exercer a capacidade postulatória.

A exceção, que permite a apresentação posterior da procuração, refere-se aos casos de urgência, para evitar a perda do direito processual ou material, nos termos regulados no *caput*. Caso não haja a apresentação do instrumento no prazo legal, o ato será considerado inexistente, responsabilizando-se o advogado pelos prejuízos que tenha causado. O mesmo ocorre na hipótese de o advogado não ratificar o ato anteriormente praticado.

No processo do trabalho, diante da omissão da lei trabalhista, há aplicação do referido dispositivo. Não se pode olvidar, entretanto, a possibilidade do mandato tácito, conforme permite o parágrafo 3º do art. 791 da CLT, *in verbis*:

> Art. 791 – Os empregados e os empregadores poderão reclamar pessoalmente perante a Justiça do Trabalho e acompanhar as suas reclamações até o final. (...)
>
> § 3º A constituição de procurador com poderes para o foro em geral poderá ser efetivada, mediante simples registro em ata de audiência, a requerimento verbal do advogado interessado, com anuência da parte representada.

Artigo 105

> A procuração geral para o foro, outorgada por instrumento público ou particular assinado pela parte, habilita o advogado a praticar todos os atos do processo, exceto receber citação, confessar, reconhecer a procedência do pedido, transigir, desistir, renunciar ao direito sobre o qual se funda a ação, receber, dar quitação, firmar compromisso e assinar declaração de hipossuficiência econômica, que devem constar de cláusula específica.
>
> § 1º A procuração pode ser assinada digitalmente, na forma da lei.
>
> § 2º A procuração deverá conter o nome do advogado, seu número de inscrição na Ordem dos Advogados do Brasil e endereço completo.
>
> § 3º Se o outorgado integrar sociedade de advogados, a procuração também deverá conter o nome dessa, seu número de registro na Ordem dos Advogados do Brasil e endereço completo.

> § 4º Salvo disposição expressa em sentido contrário constante do próprio instrumento, a procuração outorgada na fase de conhecimento é eficaz para todas as fases do processo, inclusive para o cumprimento de sentença.
>
> (Art. 38 do CPC revogado)

O dispositivo legal regula o mandato judicial, instrumentalizado mediante a procuração. A procuração dispensa formalidades, podendo ser realizada por instrumento público ou familiar, dispensando-se, ademais, o reconhecimento de firma do outorgante. A procuração também poderá ser assinada digitalmente (§ 1º), o que decorre da Lei n. 11.419/2006.

A procuração geral para o foro engloba os poderes para a prática de todos os atos processuais, como a apresentação de defesa, realização de audiências, interposição de recursos, salvo os poderes especiais para os atos listados no *caput*, que devem ser expressamente mencionados na procuração. Tais poderes especiais referem-se à prática de atos de extrema relevância para as partes, de modo que o legislador optou por manter a regra vigente no CPC revogado, exigindo-se a menção expressa no instrumento de procuração.

Sobre os poderes especiais, o Fórum Permanente de Processualistas Civis aprovou o enunciado n. 114, que dispõe que "a celebração de negócio jurídico processual, pelo advogado em nome da parte, exige a outorga de poder especial", incluindo mais uma hipótese de exigência de cláusula específica.

Por fim, para evitar interpretações restritivas, o novo CPC adotou expressamente a regra da presunção de vigência do mandato judicial em todas as fases do processo, salvo quando a procuração contenha disposição diversa.

Ainda quanto ao mandato judicial, é importante destacar que existe a possibilidade de o advogado substabelecer os poderes que lhe forem outorgados, mediante substabelecimento, salvo se vedado na procuração.

No processo do trabalho, diante de omissão da CLT, aplica-se o presente dispositivo do novo CPC.

No que se refere à relação entre o contrato de mandato e o substabelecimento, o TST editou súmulas e orientações jurisprudenciais, que trazem importantes orientações:

Súmula n. 395: MANDATO E SUBSTABELECIMENTO. CONDIÇÕES DE VALIDADE (conversão das Orientações Jurisprudenciais n.s 108, 312, 313 e 330 da SBDI-1) – Res. n. 129/2005, DJ 20, 22 e 25.4.2005. I – Válido é o instrumento de mandato com prazo determinado que contém cláusula estabelecendo a prevalência dos poderes para atuar até o final da demanda. (ex-OJ n. 312 da SBDI-1 – DJ 11.8.2003) II – Diante da existência de previsão, no mandato, fixando termo para sua juntada, o instrumento de mandato só tem validade se anexado ao processo dentro do aludido prazo. (ex-OJ n. 313 da SBDI-1 – DJ 11.8.2003) III – São válidos os atos praticados pelo substabelecido, ainda que não haja, no mandato, poderes expressos para substabelecer (art. 667, e parágrafos, do Código Civil de 2002). (ex-OJ n. 108 da SBDI-1 – inserida em 1º.10.1997) IV – Configura-se a irregularidade de representação se o substabelecimento é anterior à outorga passada ao substabelecente. (ex-OJ n. 330 da SBDI-1 – DJ 09.12.2003

OJ – SDI-1 – 200:200. MANDATO TÁCITO. SUBSTABELECIMENTO INVÁLIDO (inserido dispositivo) – DJ 20.4.2005 É inválido o substabelecimento de advogado investido de mandato tácito.

OJ N. 371 da SDI-1 – IRREGULARIDADE DE REPRESENTAÇÃO. SUBSTABELECIMENTO NÃO DATADO. INAPLICABILIDADE DO ART. 654, § 1º, DO CÓDIGO CIVIL (DEJT divulgado em 3, 4 e 5.12.2008). Não caracteriza a irregularidade de representação a ausência da data da outorga de poderes, pois, no mandato judicial, ao contrário do mandato civil, não é condição de validade do negócio jurídico. Assim, a data a ser considerada é aquela em que o instrumento for juntado aos autos, conforme preceitua o art. 370, IV, do CPC. Inaplicável o art. 654, § 1º, do Código Civil.

OJ N. 319 da SDI-1 – REPRESENTAÇÃO REGULAR. ESTAGIÁRIO. HABILITAÇÃO POSTERIOR (DJ 11.8.2003) Válidos são os atos praticados por estagiário se, entre o substabelecimento e a interposição do recurso, sobreveio a habilitação, do então estagiário, para atuar como advogado.

Artigo 106

Quando postular em causa própria, incumbe ao advogado:

I – declarar, na petição inicial ou na contestação, o endereço, seu número de inscrição na Ordem dos Advogados do Brasil e o nome da sociedade de advogados da qual participa, para o recebimento de intimações;

II – comunicar ao juízo qualquer mudança de endereço.

§ 1º Se o advogado descumprir o disposto no inciso I, o juiz ordenará que se supra a omissão, no prazo de 5 (cinco) dias, antes de determinar a citação do réu, sob pena de indeferimento da petição.

§ 2º Se o advogado infringir o previsto no inciso II, serão consideradas válidas as intimações enviadas por carta registrada ou meio eletrônico ao endereço constante dos autos.

(Art. 39 do CPC revogado)

O advogado, por possuir capacidade postulatória, pode atuar em causa própria. Isso significa que, quando for parte de uma relação jurídica conflituosa, que ensejar a propositura de ação judicial, o advogado poderá praticar atos processuais para defesa em causa própria. Em termos mais claros, será simultaneamente parte e advogado. Nesta hipótese, o advogado tem que cumprir os deveres indicados nos incisos I e II.

Tal artigo tem aplicabilidade ao processo do trabalho nos casos em que se exige participação de advogado (Súmula n. 475 do TST). Nessas hipóteses, caso o advogado seja parte na ação trabalhista, poderá postular em causa própria. Nas demais situações, não se pode olvidar o *jus postulandi* que rege o processo do trabalho.

Artigo 107

O advogado tem direito a:

I – examinar, em cartório de fórum e secretaria de tribunal, mesmo sem procuração, autos de qualquer processo, independentemente da fase de tramitação, assegurados a obtenção de cópias e o registro de anotações, salvo na hipótese de segredo de justiça, nas quais apenas o advogado constituído terá acesso aos autos;

II – requerer, como procurador, vista dos autos de qualquer processo, pelo prazo de 5 (cinco) dias;

III – retirar os autos do cartório ou da secretaria, pelo prazo legal, sempre que neles lhe couber falar por determinação do juiz, nos casos previstos em lei.

§ 1º Ao receber os autos, o advogado assinará carga em livro ou documento próprio.

§ 2º Sendo o prazo comum às partes, os procuradores poderão retirar os autos somente em conjunto ou mediante prévio ajuste, por petição nos autos.

§ 3º Na hipótese do § 2º, é lícito ao procurador retirar os autos para obtenção de cópias, pelo prazo de 2 (duas) a 6 (seis) horas, independentemente de ajuste e sem prejuízo da continuidade do prazo.

§ 4º O procurador perderá no mesmo processo o direito a que se refere o § 3º se não devolver os autos tempestivamente, salvo se o prazo for prorrogado pelo juiz.

(Art. 40 do CPC revogado)

O exercício da advocacia, e, por consequência, os direitos e deveres dos advogados, estão previstos no Estatuto da OAB (Lei n. 8.906/94) e no Código de Ética e Disciplina da OAB. O presente dispositivo legal repete alguns dos direitos previstos no art. 7º do EOAB, regulando como eles devem ser exercidos.

Os direitos previstos neste artigo são regulados nos incisos XIII e XV do art. 7º, que dispõem que o advogado tem direito a: "XIII – examinar, em qualquer órgão dos Poderes Judiciário e Legislativo, ou da Administração Pública em geral, autos de processos findos ou em andamento, mesmo sem procuração, quando não estejam sujeitos a sigilo, assegurada a obtenção de cópias, podendo tomar apontamentos; XV – ter vista dos processos judiciais ou administrativos de qualquer natureza, em cartório ou na repartição competente, ou retirá-los pelos prazos legais".

Os direitos previstos no EOAB são mais amplos, de modo que o novo CPC apenas traz um recorte neste dispositivo legal. Os parágrafos do artigo dispõem sobre regras para exercer tais direitos, as quais deverão ser observadas pelos advogados, além da previsão de penalidade para o advogado que não devolve os autos tempestivamente.

O dispositivo tem aplicação ao processo do trabalho, tanto por decorrer de previsão do Estatuto da OAB, que regula de forma ampla a advocacia, como porque há aplicação subsidiária do CPC diante da omissão da CLT e compatibilidade entre os sistemas normativos.

CAPÍTULO IV
DA SUCESSÃO DAS PARTES E DOS PROCURADORES

Artigo 108

No curso do processo, somente é lícita a sucessão voluntária das partes nos casos expressos em lei.
(Art. 41 do CPC revogado)

O CPC revogado dispunha, de forma incorreta, que "só é permitida, no curso do processo, a substituição voluntária das partes nos casos expressos em lei" (art. 41 revogado). O novo CPC adota corretamente a expressão "sucessão", após duras críticas doutrinárias.

Com efeito, o fenômeno da substituição processual, forma de legitimação extraordinária, não se confunde com a sucessão, e está regulado no art. 18 do novo CPC. Este capítulo trata, portanto, da sucessão das partes, que pode ser voluntária ou não.

Fredie Didier Jr. aponta que "não se pode confundir a substituição processual com a sucessão processual. Há sucessão processual quando um sujeito sucede outro no processo, assumindo a sua posição processual. Há uma troca de sujeitos no processo, uma mudança subjetiva da relação jurídica processual. Na substituição processual, não há troca de sujeitos; na verdade, não há qualquer alteração na relação processual. Ocorre que um sujeito tem o poder (legitimidade) de estar legitimamente em um processo defendendo direito de outrem"[203].

No mesmo sentido, colhe-se a lição de Luiz Orione Neto, que explica "toda a confusão que reina a respeito desses dois institutos, deve-se à letra do art. 41 do CPC que se utiliza da expressão 'substituição voluntária das partes', quando, a rigor, deveria ter dito 'sucessão voluntária das partes."[204]

A sucessão processual voluntária pode ocorrer quando houver alienação da coisa litigiosa (nos termos do artigo subsequente), quando houver nomeação à autoria, e nos demais casos previstos em lei. Considerando que a alteração da relação processual deve ser excepcional, a regra é que a sucessão das partes apenas pode ocorrer quando previsto em lei.

Clito Fornaciari Jr. leciona que o fenômeno da sucessão processual "deve ser centrado nas partes do processo, que são aqueles sujeitos da relação processual com interesse na solução da lide, seja quem pede a providência jurisdicional (autor), seja em face de quem essa providência é solicitada (réu)"[205]. Assim, tanto o autor como o réu podem ser sucedidos.

No processo do trabalho, diante da omissão da CLT, há aplicação do dispositivo, como se observa dos seguintes julgados:

> Sucessão processual. A sucessão processual é regulada no Capítulo IV do Título II do Livro I do CPC: só é permitida, no curso do processo, a substituição voluntária das partes nos casos expressos em lei (art. 41) e a alienação da coisa ou do direito litigioso, a título particular, por ato entre vivos, não altera a legitimidade das partes (art. 42). (TRT-1 – RO: 8440220105010048 RJ, relatora: Gloria Regina Ferreira Mello, Data de Julgamento: 15.2.2012, 3ª Turma, Data de Publicação: 18.4.2012)

> SUCESSÃO PROCESSUAL. FALECIMENTO DO RECLAMANTE NO CURSO DO PROCESSO. HABILITADOS PERANTE A PREVIDÊNCIA SOCIAL. APLICAÇÃO DA Lei n. 6.858/1980. A teor do quanto disposto no art. 1º da Lei n. 6.858/80, "os valores devidos pelos empregadores aos empregados e os montantes das contas individuais do Fundo de Garantia do Tempo de Serviço e do Fundo de Participação PIS-PASEP, não recebidos em vida pelos respectivos titulares, serão pagos, em quotas iguais, aos dependentes habilitados perante a Previdência Social ou na forma da legislação específica dos servidores civis e militares, e, na sua falta, aos sucessores previstos na lei civil, indicados em alvará judicial, independentemente de inventário ou arrolamento". (TRT-5 – AP: 0011400-43.2006.5.05.0161 BA, relatora: Débora Machado, 2ª TURMA, Data de Publicação: DJ 18.5.2015)

> INCORPORAÇÃO DA EMPRESA RECLAMADA. SUCESSÃO PROCESSUAL. NECESSIDADE DE NOVA PROCURAÇÃO COM OUTORGA DE PODERES PELA EMPRESA SUCESSORA. A incorporação de uma empresa por outra é causa de extinção da empresa incorporada, sucedendo-lhe a incorporadora em todos os seus direitos e obrigações (art. 1.118 do CC c/c art. 227 e § 3º, da Lei n. 6.404/76). Na seara trabalhista, a sucessora passa a responder por todos os créditos trabalhistas de responsabilidade da empresa sucedida, à luz dos arts. 10 e 448, ambos da CLT, inclusive em relação àqueles que são objetos de demandas trabalhistas. Neste caso, ocorre, nos respectivos processos judiciais, a sucessão processual da antiga reclamada pela empresa incorporadora, devendo esta regularizar sua representação processual, apresentando novo instrumento de procuração, sob pena de não conhecimento de eventual recurso interposto pelos representantes da empresa sucedida, nos termos do art. 37 do CPC e Súmula n. 383, II, do Col. TST. (TRT-3 – RO: 0001492-85.2011.5.03.0049, relator: convocado Carlos Roberto Barbosa, Turma Recursal de Juiz de Fora, Data de Publicação: 12.7.2012 11.7.2012. DEJT. Página 211. Boletim: Sim)

---

(203) DIDIER JR., Fredie. *Curso de Direito Processual Civil*. vol. 1. Salvador: Juspodivm, 2014. p. 245.

(204) ORIONE NETO, Luiz. Sucessão e substituição processual. Traços distintivos. *Revista de Processo*, vol. 46, p. 220, abr. 1987.

(205) FORNACIARI JR., Clito. Sucessão processual. *Revista de Processo*, vol. 24, p. 52, out. 1981.

RECURSO ORDINÁRIO EM AÇÃO RESCISÓRIA. SUCESSÃO PROCESSUAL. MORTE DO TITULAR DE FIRMA INDIVIDUAL. AUSÊNCIA DE CITAÇÃO DOS SUCESSORES. RETOMADA DO CURSO PROCESSUAL, COM PROLAÇÃO DA DECISÃO DE MÉRITO. AFRONTA AOS PRINCÍPIOS CONSTITUCIONAIS DO DEVIDO PROCESSO LEGAL, AMPLA DEFESA E CONTRADITÓRIO. DECRETAÇÃO DE NULIDADE DOS ATOS PROCESSUAIS POSTERIORES AO VÍCIO E RETORNO DOS AUTOS AO TRT DE ORIGEM PARA A REABERTURA DA INSTRUÇÃO PROCESSUAL. No caso de morte de uma das partes — ou de extinção da pessoa jurídica que figurava como tal —, o juiz deve, suspendendo o processo, citar todos os sucessores para que estes venham integrar a lide na qualidade de novos sujeitos do processo — trata-se de sucessão processual. Assim, com a morte do titular da firma individual Clínica Dr. Frederico Laydner, tem-se que somente se efetivaria a regularização do polo passivo da demanda com a citação de todos os sucessores do de cujos – o que somente ocorreu após a prolação da sentença, muito embora o óbito tenha ocorrido ainda antes da audiência de instrução. Deste modo, ao retomar o curso do processo mesmo sem a regularização do polo passivo da lide, o Egrégio Tribunal Regional afrontou de forma direta os princípios constitucionais do devido processo legal, da ampla defesa e do contraditório. Decreta-se, pois, a nulidade de todos os atos processuais posteriores ao falecimento do titular da firma individual Clínica Dr. Frederico Laydner e determina-se o retorno dos autos ao Egrégio Tribunal Regional da 4ª Região para a reabertura da instrução processual, desta feita com o polo passivo já regularizado. (TST – ROAR: 329500/2000-000-04-00.8, relator: Renato de Lacerda Paiva, Data de Julgamento: 6.10.2009, Subseção II Especializada em Dissídios Individuais, Data de Publicação: 16.10.2009)

Artigo 109

A alienação da coisa ou do direito litigioso por ato entre vivos, a título particular, não altera a legitimidade das partes.

§ 1º O adquirente ou cessionário não poderá ingressar em juízo, sucedendo o alienante ou cedente, sem que o consinta a parte contrária.

§ 2º O adquirente ou cessionário poderá intervir no processo como assistente litisconsorcial do alienante ou cedente.

§ 3º Estendem-se os efeitos da sentença proferida entre as partes originárias ao adquirente ou cessionário.

(Art. 42 do CPC revogado)

Como mencionado brevemente no comentário anterior, uma das formas de sucessão processual voluntária pode decorrer da alienação da coisa litigiosa, o que é regulado pelo presente dispositivo legal.

Clito Fornaciari Jr. leciona que a legislação processual "não veda que a coisa ou o direito litigioso seja alienado no curso da demanda, no entanto, protege a legitimação para a causa, que fora aferida no momento da citação, fazendo com que a mesma não seja alterada, em princípio, pela só cessão do bem ou do direito litigioso".[206]

Contudo, a sucessão processual neste caso pode ocorrer, já que o adquirente da coisa litigiosa pode suceder o alienante na relação processual. Contudo, para que haja a sucessão, a parte contrária deve consentir (§ 1º), justamente por significar mudança na relação jurídica processual que já havia se estabilizado.

A doutrina aponta que "a *alienação* a que se refere o art. 42 do CPC (LGL/1973/5) compreende todo e qualquer modo de transferência de bens e direitos, independentemente do caráter oneroso ou gratuito da transação. Assim, encontram-se abrangidos pela vedação de sucessão no processo aqueles que passem a ser titulares da relação de direito material por compra e venda, doação, dação em pagamento, permuta e outras formas de transferência, ainda quando decorrentes de alienações judiciais".[207]

Não ocorrendo a sucessão, o artigo prevê a possibilidade de ingresso do adquirente ou cessionário na condição de assistente litisconsorcial do alienante ou cedente (§ 2º). Em qualquer hipótese, o adquirente ou cessionário ficará vinculado aos efeitos da decisão judicial (§ 3º).

No que se refere ao processo do trabalho, diante do objeto da tutela dessa Justiça Especializada (direitos trabalhistas), não vemos aplicação do presente artigo às lides trabalhistas.

Artigo 110

Ocorrendo a morte de qualquer das partes, dar-se-á a sucessão pelo seu espólio ou pelos seus sucessores, observado o disposto no art. 313, §§ 1º e 2º.

(Art. 43 do CPC revogado)

O dispositivo legal trata de outra possibilidade de sucessão processual, involuntária. O espólio ou sucessores sucederão o falecido na condição de parte da relação jurídica processual. Clito Fornaciari Jr. trata da matéria, lecionando que "é imprescindível que se trate de demanda de natureza não personalíssima, pois nesses casos a morte da parte leva à extinção do processo sem julgamento de mérito",[208] desde que ainda não tenha sido proferida sentença.

Contudo, ressalvadas estas situações especialíssimas, "no caso de morte da parte e desde que a ação seja transmissível, ela o é, em primeiro lugar, ao espólio, enquanto não existir inventário e até o seu término. Findo o inventário, haverá nova sucessão, desta vez, transmitindo-se o processo em andamento ao herdeiro a quem foi atribuído o direito ou os bens sobre que versa a demanda em curso".[209]

---

(206) FORNACIARI JR., Clito. Sucessão processual. *Revista de Processo*, vol. 24, p. 42, out. 1981.

(207) FORNACIARI JR., Clito. Sucessão processual. *Revista de Processo*, vol. 24, out/1981, p. 52.

(208) *Idem.*

(209) *Idem.*

No âmbito do processo do trabalho há total aplicação do presente dispositivo que, de acordo com o direito que é objeto da ação, a sucessão processual ocorre com o espólio ou sucessores:

> SUCESSÃO *"CAUSA MORTIS"* — DANOS MORAIS DECORRENTE DE ACIDENTE DE TRABALHO ILEGITIMIDADE ATIVA DO ESPÓLIO. A legitimidade "ad causam" do espólio alcança somente as ações relativas a direitos transmissíveis, não abrangendo aqueles desprovidos de caráter hereditário, tais como o direito ao recebimento de indenização por danos materiais e por danos morais, sofridos individualmente pelos herdeiros em razão do falecimento. Titular desses direitos não é o espólio, mas cada um dos lesados, a quem cabe defendê-los em nome próprio. Conhecer e negar provimento ao recurso ordinário. (TRT-7 – RO: 0159800-7320085070031 CE, relator: Jose Ronald Cavalcante Soares, Data de Julgamento: 23.11.2009, 2ª Turma, Data de Publicação: 12.1.2010 DEJT)

Artigo 111

A parte que revogar o mandato outorgado a seu advogado constituirá, no mesmo ato, outro que assuma o patrocínio da causa.

Parágrafo único. Não sendo constituído novo procurador no prazo de 15 (quinze) dias, observar-se-á o disposto no art. 76.

(Art. 44 do CPC revogado)

O dispositivo legal trata da hipótese de substituição dos procuradores judicias, por vontade do outorgante. Assim, a parte que houver constituído advogado para atuar em determinado processo poderá revogar o mandato, de modo que o advogado não mais terá poderes para representá-la.

A parte deverá indicar no mesmo ato outro advogado que passará a representá-la em juízo, justamente pela impossibilidade de atuar sozinha, por ausência de capacidade postulatória. Caso a parte não o faça, incumbirá ao juiz assinalar prazo razoável para sanar o defeito, nos termos do art. 76.

Entendemos que este artigo pode ser aplicado subsidiareamente ao processo do trabalho, com as necessárias adequações. Assim, quando a parte puder postular em juízo sem advogado, entendemos que, caso revogue o mandato de advogado constituído, não necessariamente deverá indicar outro, em razão de possuir o *ius postulandi*.

Nas hipóteses em que seja exigida a atuação por advogado (Súmula n. 425 do TST), tal regra deverá ser aplicada e deve a parte constituir outro procurador judicial, no prazo assinalado pelo juiz.

Além de tais hipóteses, é necessário comentar sobre a possibilidade de revogação tácita, que ocorre quando a parte, a despeito de não revogar expressamente a procuração anterior, apresenta novo instrumento de mandato em juízo, com outro(s) advogado(s).

O Tribunal Superior do Trabalho tem orientação jurisprudencial nesse sentido, como se observa:

> OJ n. 349 da SDI-1. MANDATO. JUNTADA DE NOVA PROCURAÇÃO. AUSÊNCIA DE RESSALVA. EFEITOS (DJ 25.4.2007). A juntada de nova procuração aos autos, sem ressalva de poderes conferidos ao antigo patrono, implica revogação tácita do mandato anterior.

A revogação do mandato judicial, contudo, não afasta a responsabilidade da parte de honrar com o pagamento dos honorários convencionados e sucumbenciais, ainda que de modo proporcional. Incide, neste caso, o art. 14 do Código de Ética da OAB[210].

Artigo 112

O advogado poderá renunciar ao mandato a qualquer tempo, provando, na forma prevista neste Código, que comunicou a renúncia ao mandante, a fim de que este nomeie sucessor.

§ 1º Durante os 10 (dez) dias seguintes, o advogado continuará a representar o mandante, desde que necessário para lhe evitar prejuízo.

§ 2º Dispensa-se a comunicação referida no *caput* quando a procuração tiver sido outorgada a vários advogados e a parte continuar representada por outro, apesar da renúncia.

(Art. 45 do CPC revogado)

A extinção do contrato de mandato judicial pode ocorrer por iniciativa do outorgante, nos termos do artigo anterior, como por iniciativa do outorgado, o que é regulado pelo presente dispositivo legal.

O advogado poderá renunciar aos poderes de representação, sempre comunicando a parte da revogação, salvo se outros advogados constituídos continuarem a exercer a representação da parte (§ 3º). Na primeira hipótese, o advogado permanecerá representando o outorgante por 10 (dez) dias, de modo a conceder um prazo à parte para que constitua novo advogado, sem prejuízo para prática dos atos processuais. A questão é regulada pelo art. 5º, § 3º, do Estatuto da OAB[211].

Diante da omissão da CLT, a disposição é aplicável ao processo do trabalho, como se pode constatar dos seguintes julgados dos Tribunais Regionais do Trabalho da 1ª e 5ª Região:

---

(210) "Art. 14. A revogação do mandato judicial por vontade do cliente não o desobriga do pagamento das verbas honorárias contratadas, bem cmo não retira o direito do advogado de receber o quanto lhe seja devido em eventual verba honorária de sucumbência, calculada proporcionalmente, em face do serviço efetivamente prestado."

(211) Art. 5º O advogado postula, em juízo ou fora dele, fazendo prova do mandato. § 3º O advogado que renunciar ao mandato continuará, durante os dez dias seguintes à notificação da renúncia, a representar o mandante, salvo se for substituído antes do término desse prazo.

Execução. Impugnação de contas. Renúncia de advogado. Preclusão. Advogado que renuncia ao mandato deve responder pelos autos nos dez dias seguintes a fim de evitar o perecimento do direito. A perda desse prazo não obriga o juiz a devolver ao novo advogado da parte os prazos não aproveitados pelo patrono renunciante. (TRT-1 – AGVPET: 2410000620045010421 RJ, relator: José Geraldo da Fonseca, Data de Julgamento: 4.9.2012, Segunda Turma, Data de Publicação: 12.9.2012)

PROCURAÇÃO. MANDATO. REVOGAÇÃO. RENÚNCIA. A simples juntada de um novo instrumento procuratório, por si só, já revoga os poderes concedidos aos advogados anteriormente constituídos nos autos. Não é preciso sequer que os mesmos renunciem ao mandato ou que haja expressa revogação dos poderes anteriormente concedidos. (TRT-5 – AP: 0241000-90.1997.5.05.0016 BA, Data de Publicação: DJ 21.11.2007)

TÍTULO II
DO LITISCONSÓRCIO

Artigo 113

Duas ou mais pessoas podem litigar, no mesmo processo, em conjunto, ativa ou passivamente, quando:

I – entre elas houver comunhão de direitos ou de obrigações relativamente à lide;

II – entre as causas houver conexão pelo pedido ou pela causa de pedir;

III – ocorrer afinidade de questões por ponto comum de fato ou de direito.

§ 1º O juiz poderá limitar o litisconsórcio facultativo quanto ao número de litigantes na fase de conhecimento, na liquidação de sentença ou na execução, quando este comprometer a rápida solução do litígio ou dificultar a defesa ou o cumprimento da sentença.

§ 2º O requerimento de limitação interrompe o prazo para manifestação ou resposta, que recomeçará da intimação da decisão que o solucionar.

(Art. 46 do CPC revogado, ref.: art. 842 da CLT)

O novo CPC corretamente trata do litisconsórcio em título diverso do que trata da intervenção de terceiros, porque o litisconsórcio significa efetiva participação — na condição de parte — do processo judicial.

O litisconsórcio pressupõe pluralidade de partes ocupando o mesmo polo processual, que pode ser ativo ou passivo. Podemos ter, então, um mesmo processo com diversos autores e/ou diversos réus. O litisconsórcio pode ser inicial ou ulterior, conforme o momento em que seja formado, desde a sua instauração ou no decorrer do processo, respectivamente.

As hipóteses de cabimento do litisconsórcio estão previstas nos incisos I, II e III do presente artigo comentado.

Quanto ao litisconsórcio decorrente da comunhão de direitos ou de obrigações (inciso I), Marinoni e Arenhart lecionam que "em regra, essa comunhão, a que alude a lei, refere-se à comunhão de interesses decorrente do direito material posto em causa, porque o direito subjetivo, concebido diante de certas situações, cria interesses ou obrigações para mais de uma pessoa"[212].

Também pode ocorrer litisconsórcio quando houver causas conexas pelo objeto ou causa de pedir. A conexão, regulada pelos arts. 55 e seguintes do novo CPC, aponta para a necessidade de reunião dos processos para decisão conjunta, mormente pelo risco de decisões conflitantes. Havendo, portanto, conexão entre causas pelo objeto ou pela causa de pedir, as respectivas partes poderão litigar em litisconsórcio.

Marinoni e Arenhart explicam que "a conexão de causas é razão suficiente para, ao invés de se promoverem ações separadas (o que seria, evidentemente, admissível), proporem-se diversas demandas em um único processo, formando-se litisconsórcio"[213].

Por fim, é hipótese de formação de litisconsórcio a afinidade de questões em decorrência de uma questão comum de fato ou de direito (inciso III), ponto este principal, sobre o qual se funda a pretensão do autor ou a defesa do réu.

O litisconsórcio multitudinário, quando prejudicar o trâmite processual, pode ser limitado pelo juiz (§ 1º), o que já era regra no CPC revogado. Sobre o desmembramento, o Fórum Permanente de Processualistas Civis editou alguns enunciados interpretativos[214].

No âmbito do processo do trabalho, a CLT dispõe de um único dispositivo a reger a matéria. O art. 842 da Lei Trabalhista estabelece que: "sendo várias as reclamações e havendo identidade de matéria, poderão ser acumuladas num só processo, se se tratar de empregados da mesma empresa ou estabelecimento."

Os requisitos para formação de litisconsórcio no processo do trabalho são, portanto, a identidade da matéria e que os empregados sejam da mesma empresa.

Amauri Mascaro Nascimento chama tal fenômeno processual na esfera trabalhista de Dissídio Individual Plúrimo: "Dá-se o nome de dissídio individual plúrimo àquele em

---

(212) MARINONI, Luiz Guilherme; ARENHART, Sérgio. *Processo de Conhecimento.* São Paulo: RT, 2008. p. 161.

(213) Idem.

(214) Enunciado n. 10 do III FPPC-Rio: Em caso de desmembramento do litisconsórcio multitudinário, a interrupção da prescrição retroagirá à data de propositura da demanda original.

Enunciado n. 116 do III FPPC-Rio: Quando a formação do litisconsórcio multitudinário for prejudicial à defesa, o juiz poderá substituir a sua limitação pela ampliação de prazos, sem prejuízo da possibilidade de desmembramento na fase de cumprimento de sentença.

Enunciado n. 117 do III FPPC-Rio: Em caso de desmembramento do litisconsórcio multitudinário ativo, os efeitos mencionados no art. 240 são considerados produzidos desde o protocolo originário da petição inicial.

que há um litisconsórcio de empregados agindo contra um ou vários empregadores. Caracteriza-se, portanto, pela pluralidade de autores, fazendo um pedido comum. A palavra "plúrimo" é usada, portanto, para designar pluralidade de empregados num só processo[215]".

O Professor da Universidade de São Paulo também destaca ser importante não confundir o instituto com o dissídio coletivo:

> Não se confunde o dissídio individual plúrimo com o dissídio coletivo. Neste não há empregados individualmente agindo, embora num processo único. Há uma categoria constituída de trabalhadores não conhecidos e que não figuram no processo. No dissídio individual plúrimo, a petição inicial enumera e qualifica cada um dos autores com a determinação do pedido de cada um. Portanto, um é dissídio entre pessoas especificadas e agindo em interesse e nome próprios. Outro é dissídio entre grupos sociais representados pelas suas respectivas organizações sindicais. Num, a sentença estabelece comando concreto. No outro caso, a sentença fixa um comando abstrato[216].

E, conforme jurisprudência pacífica do TST, consubstanciada inclusive em orientação jurisprudencial, não há que se aplicar prazo em dobro para a hipótese de litisconsórcios com procuradores distintos:

> OJ n. 310 da SDI-1. LITISCONSORTES. PROCURADORES DISTINTOS. PRAZO EM DOBRO. ART. 191 DO CPC. INAPLICÁVEL AO PROCESSO DO TRABALHO (DJ 11.8.2003). A regra contida no art. 191 do CPC é inaplicável ao processo do trabalho, em face da sua incompatibilidade com o princípio da celeridade inerente ao processo trabalhista.
>
> AGRAVO. AGRAVO DE INSTRUMENTO. INTEMPESTIVIDADE DO RECURSO DE REVISTA. Não se conhece do recurso de revista, quando protocolizado após o fluxo do prazo a que alude o art. 6º da Lei n. 5.584/70. A teor da OJ n. 310 da SBDI-1, a regra contida no art. 191 do CPC é inaplicável ao processo do trabalho, em decorrência de sua incompatibilidade com o princípio da celeridade inerente ao processo trabalhista. Agravo conhecido e desprovido. (TST – Ag-AIRR: 79600-54.2006.5.13.0008, relator: Alberto Luiz Bresciani de Fontan Pereira, Data de Julgamento: 15.2.2012, 3ª Turma, Data de Publicação: DEJT 24.2.2012)
>
> AGRAVO DE INSTRUMENTO. PRAZO RECURSAL. APLICABILIDADE DO ART. 191 DO CPC. A disposição contida no art. 191 do Código de Processo Civil é inaplicável no âmbito do Processo do Trabalho, porquanto a Consolidação das Leis do Trabalho possui regra específica a respeito da matéria com a qual aquela é incompatível, em razão do princípio da celeridade inerente ao processo trabalhista. (TRT-4 – AIRO: 000168119201254040205 RS 0001681-19.2012.5.04.0205, Relator: BEATRIZ RENCK, Data de Julgamento: 20.2.2013, 5ª Vara do Trabalho de Canoas)

---

(215) NASCIMENTO, Amauri Mascaro. *Curso de direito processual do trabalho*. 28 ed. São Paulo: Saraiva, 2013. p. 450. A terminologia também é utilizada nos termos da Súmula n. 36 do TST: CUSTAS (mantida) – Res. n. 121/2003, DJ 19, 20 e 21.11.2003. Nas ações plúrimas, as custas incidem sobre o respectivo valor global.

(216) NASCIMENTO, Amauri Mascaro. *op. cit. loc. cit., p. 450.*

> RECURSO ORDINÁRIO. PROCURADORES DISTINTOS. PRAZO DO ART. 191 DO CPC INAPLICÁVEL AO PROCESSO TRABALHISTA. ORIENTAÇÃO JURISPRUDENCIAL N. 310 DA SBDI-1 DO COL. TST. INTEMPESTIVIDADE. Os litisconsortes têm interesses distintos, atraindo o entendimento do Col. TST de que inaplicável ao processo do trabalho o art. 191 do CPC, eis incompatível ao princípio da celeridade inerente ao processo trabalhista. Nesse sentido a Orientação Jurisprudencial n. 310 da E. SBDI-I. Recurso não conhecido, por intempestividade. VISTOS. Cuidam os presentes autos de recurso ordinário interposto por FORÇA SINDICAL em face da r. decisão que houve parcialmente procedentes os pedidos formulados à proemial. Embargos declaratórios pela recorrente inacolhidos às fls. 232. Na forma dos fundamentos recursais (fls. 236/248), levanta a ré preliminares de nulidade por cerceamento de defesa, eis que houve dispensada a produção de prova oral, e por negativa de prestação jurisdicional. (TRT-6 – RO: 2004.013.06.00.3 PE, relator: Ibrahim Alves da Silva Filho, Data de Publicação: 2.8.2005)

Artigo 114

O litisconsórcio será necessário por disposição de lei ou quando, pela natureza da relação jurídica controvertida, a eficácia da sentença depender da citação de todos que devam ser litisconsortes.

(Art. 47 do CPC revogado)

O CPC revogado disciplinava em um único artigo (art. 47) o litisconsórcio necessário e o litisconsórcio unitário, o que gerava inúmeras controvérsias e dificuldades práticas. O novo CPC, por sua vez, trata dos institutos separadamente. Haverá litisconsórcio necessário, portanto, sempre que a eficácia da sentença depender da citação de todos aqueles que deveriam figurar como litisconsortes no processo judicial. Tal situação ocorrerá por disposição de lei ou em decorrência da natureza da relação jurídica sob apreciação judicial.

O litisconsórcio necessário "está ligado mais diretamente à indispensabilidade da integração do polo passivo por todos os sujeitos, seja por conta da própria natureza desta relação jurídica (unitariedade) seja por imperativo legal"[217]. O litisconsórcio necessário poderá ser simples ou unitário. Em ambas as situações, os litisconsortes deverão necessariamente integrar a lide, mas no primeiro caso as decisões não precisam ser iguais para cada um deles, e no segundo sim.

O litisconsórcio necessário se contrapõe ao facultativo, que apenas se formará por conveniência, a critério das partes. Quanto a este, o Fórum Permanente de Processualistas Civis vislumbra sua formação quando do incidente de desconsideração da personalidade jurídica:

> Enunciado n. 125 do III FPPC-Rio: (art. 134) Há litisconsórcio passivo facultativo quando requerida a desconsideração da personalidade jurídica, juntamente com outro pedido formulado na petição inicial ou incidentemente no processo em curso. (Grupo: Litisconsórcio e Intervenção de Terceiros)

---

(217) DIDIER JR., Fredie. *Curso de Direito Processual Civil.* vol. 1. Salvador: Juspodivm, 2014. p. 359.

Diante das peculiaridades das lides trabalhistas praticamente inexiste o litisconsórcio necessário no processo do trabalho. Conforme ressalta Sérgio Pinto Martins:

> Não há litisconsórcio necessário no processo do trabalho, pois mesmo no caso de empresas do mesmo grupo econômico, que são solidárias entre si quanto às dívidas de natureza trabalhista (§ 2º do art. 2º da CLT), não é preciso o chamamento de todas ao processo, pois este só se admitiria em relação às empresas secundárias quanto à principal. No entanto, qualquer empresa pode pagar o débito trabalhista da empresa do grupo, em razão dessa solidariedade, e de o empregador ser considerado o próprio grupo econômico.[218]

Vislumbramos, entretanto, a ocorrência do litisconsórcio necessário em alguns procedimentos especiais previstos no CPC e na legislação esparsa que são utilizados na Justiça do Trabalho. Podemos citar como exemplo a necessidade de citação obrigatória da parte contrária para participação nas ações do mandado de segurança ou embargos de terceiro.

Quanto ao litisconsórcio facultativo, que é mais comum no processo do trabalho, Sérgio Pinto Martins traz alguns exemplos, ao tratar dos seus requisitos de formação:

> Exige-se no litisconsórcio facultativo apenas que: a) haja uma mesma relação material entre as partes envolvidas, que possuam mesmos direitos e obrigações a serem cumpridos, quanto ao conflito de interesses; b) os direitos ou as obrigações derivam de um mesmo fundamento de fato ou de direito, como ocorre se vários empregados forem demitidos por justa causa sob a pecha de ato de improbidade; c) deve haver entre as causas conexão, ou pelo objeto ou pela causa de pedir. É possível exemplificar com uma ação proposta por vários empregados contra a mesma empresa postulando as verbas rescisórias que não lhe foram pagas, com a alegação de justa causa para o despedimento. No processo do trabalho, essa situação é regida pelo art. 842 da CLT, que fala que as ações podem ser propostas ou reunidas, se ajuizadas em separado, contra uma mesma empresa, desde que haja "identidade da matéria.[219]

Artigo 115

A sentença de mérito, quando proferida sem a integração do contraditório, será:

I – nula, se a decisão deveria ser uniforme em relação a todos que deveriam ter integrado o processo;

II – ineficaz, nos outros casos, apenas para os que não foram citados.

---

(218) MARTINS, Sergio Pinto. *Direito processual do trabalho*. 35 ed. São Paulo: Atlas, 2014. p. 223.

(219) MARTINS, Sergio Pinto. *op.cit.*, pag. 222-223.

Parágrafo único. Nos casos de litisconsórcio passivo necessário, o juiz determinará ao autor que requeira a citação de todos que devam ser litisconsortes, dentro do prazo que assinar, sob pena de extinção do processo.

(Art. 47, *caput*, do CPC revogado)

Como visto no artigo anterior, o litisconsórcio necessário pressupõe a integração de todos os sujeitos na relação jurídica processual. O presente dispositivo legal trata das consequências para a inobservância do litisconsórcio necessário.

Caso seja hipótese de litisconsórcio unitário, a decisão será nula (inciso I), e caso seja hipótese de litisconsórcio simples, a sentença será ineficaz em relação aos que não integraram a lide (inciso II).

O litisconsórcio necessário e a consequente nulidade dos atos na ausência de sua formação também é aplicável ao processo do trabalho, conforme se observa dos seguintes julgados em âmbito trabalhista:

> RECURSO ORDINÁRIO. MANDADO DE SEGURANÇA. REPRESENTAÇÃO SINDICAL. VÍCIO DE FORMAÇÃO. AUSÊNCIA DE INDICAÇÃO DO LITISCONSORTE NECESSÁRIO. Considerando-se a natureza da controvérsia, relativa à disputa sindical em torno dos limites de sua representação, o provimento judicial pleiteado implica, como requisito de sua validade, a regular citação do litisconsorte necessário (art. 47 do CPC). Entretanto, a despeito de a lide submetida à solução judicial alcançar interesses de terceiro, o impetrante não promoveu, em momento oportuno, a regular formação do polo passivo do mandamus, impondo-se a extinção do feito sem resolução do mérito, nos termos do art. 267, IV, do CPC. (TRT-10 – RO: 00788-2011-014-10-00-3 DF, relator: Desembargador Dorival Borges de Souza Neto, Data de Julgamento: 27.2.2013, 1ª Turma, Data de Publicação: 8.32013 no DEJT)

> EMBARGOS DE TERCEIRO. LITISCONSORTE NECESSÁRIO. AUSÊNCIA DE CITAÇÃO DO EXECUTADO. NULIDADE. Opostos embargos de terceiro com o escopo de liberar de penhora bens dos quais a embargante afirma ter a posse e a propriedade, torna-se necessária a citação tanto do exequente quanto da executada para, querendo, contestar a ação, porquanto a sentença produzirá efeitos para todas as partes, sob pena de nulidade. (TRT-14 – AP: 172 RO 0000172, relatora: Desembargadora Maria Cesarineide de Souza Lima, Data de Julgamento: 30.5.2011, 1ª Turma, Data de Publicação: DETRT14 n. 099, de 1º.6.2011)

Artigo 116

O litisconsórcio será unitário quando, pela natureza da relação jurídica, o juiz tiver de decidir o mérito de modo uniforme para todos os litisconsortes.

(Art. 47, parágrafo único, do CPC de 1973)

O novo CPC, afastando a controvérsia gerada pela redação do art. 47 do CPC/73, explicita que a modalidade de litisconsórcio unitário decorrerá da natureza da relação jurídica, que ensejará solução uniforme para todos os envolvidos.

Logo, nas relações jurídicas bilaterais em que seja indispensável o mesmo tratamento jurídico para as partes, se estará diante de litisconsórcio unitário. É o caso, por exemplo, de relação jurídica de filiação ou de matrimônio, em que a decisão sobre a relação jurídica deverá ser uniforme tanto para o pai, como para o filho, assim como para o marido e para a mulher. Não se pode cogitar de uma relação de parentesco apenas para o pai ou um casamento válido apenas para o marido, por exemplo.

Quando a natureza da relação jurídica o exigir, será necessária a formação do litisconsórcio e a decisão deverá outorgar solução uniforme aos partícipes de tal relação. Alexandre Câmara explicita que um dos fundamentos "da necessariedade do litisconsórcio é a natureza da relação jurídica deduzida no processo (*res in iudicium deducta*)"[220], o que se refere ao litisconsórcio unitário. Acerca da posição do litisconsorte unitário, o Fórum Permanente de Processualistas Civis editou dois enunciados importantes, que consagram o direito do litisconsorte de ampla produção probatória[221] e, ainda, de optar pela integração em quaisquer dos polos do processo[222].

O instituto do litisconsórcio unitário, diante da omissão da CLT, tem plena aplicação no processo do trabalho, como se pode observar do seguinte julgado do Tribunal Regional do Trabalho da 3ª Região:

COMPLEMENTAÇÃO DE APOSENTADORIA — ABONO COMPLEMENTAÇÃO DE PENSÃO POR MORTE — LITISCONSÓRCIO UNITÁRIO — EXTINÇÃO DO PROCESSO — Extingue-se o processo, sem resolução do mérito, quando a reclamante, pretendendo diferenças de abono complementação de pensão por morte, ajuíza a ação somente em face da ex-empregadora, deixando de lado a entidade de previdência complementar. Dada a estreita vinculação entre os elementos atuariais de custeio e benefício, envolvendo a empresa instituidora e fundação por esta instituída, a eficácia da sentença a ser proferida exige que as duas sejam chamadas ao polo passivo da demanda, em litisconsórcio unitário (art. 47 do CPC). Não incluída no polo passivo também a fundação de previdência complementar, configura-se a ausência de pressuposto de constituição e de desenvolvimento válido e regular do processo, o que autoriza sua extinção, sem resolução de mérito, na forma do art. 267, inciso IV, do CPC. (TRT-3 – RO: 0162300-02.2009.5.03.0060, relatora: convocada Maria Cristina Diniz Caixeta, Quarta Turma, Data de Publicação: 6.11.2013 5.11.2013. DEJT. Página 125. Boletim: Não)

Artigo 117

Os litisconsortes serão considerados, em suas relações com a parte adversa, como litigantes distintos, exceto no litisconsórcio unitário, caso em que os atos e as omissões de um não prejudicarão os outros, mas os poderão beneficiar.
(Art. 48 do CPC revogado)

O CPC/73 consagrou o princípio da autonomia dos litisconsortes, que ora é repetido no novo CPC. A mudança alude à ressalva referente à situação do litisconsorte unitário, que poderá ser beneficiado pelos atos dos demais colitigantes, mas não prejudicado.

Assim, salvo o caso de litisconsórcio unitário, o novo CPC mantém a regra já adotada na legislação processual civil brasileira, segundo a qual "dentro da relação processual, os vários sujeitos que figuram como coautores ou como co-réus devem ser tratados com igualdade e independência"[223].

Não obstante, esta independência não é absoluta, eis que há outras regras processuais que permitem o aproveitamento de certos atos, como pode ocorrer, por exemplo, na revelia de apenas um dos litisconsortes, que não pode acarretar na presunção de veracidade dos fatos, se outro houver contestado.

Leonardo Greco explica: "não se aplica o efeito substancial da revelia — presunção de veracidade dos fatos afirmados pelo autor — ao litisconsorte revel, se os fatos forem contestados por outro litisconsorte. Assim, os fatos, ao se tornarem controvertidos, o são em relação a todos, pois seria absurdo que um fato fosse presumido verdadeiro em relação a um determinado litisconsorte revel, mas sua inexistência fosse demonstrada pelo litisconsorte que ofereceu contestação"[224].

Assim, embora os atos dos litisconsortes, como regra, sejam considerados autônomos, esta independência pode sofrer mitigações, como se pode observar, inclusive, na jurisprudência trabalhista:

LITISCONSÓRCIO PASSIVO — AUSÊNCIA INJUSTIFICADA DE UMA DAS DEMANDADAS — APRESENTAÇÃO DE DEFESA PELOS DEMAIS LITISCONSORTES PASSIVOS — NÃO PRODUÇÃO DOS EFEITOS DA REVELIA A apresentação de defesa por algum dos litisconsortes passivos, negando os fatos constitutivos da pretensão autoral, obstaculiza a produção dos efeitos da revelia, *ex vi* da norma disposta no art. 320, I do Código de Processo Civil. Em consequência, compete ao demandante o ônus (processual) de comprovar suas alegações, como previsto no art. 818 da Consolidação das Leis do Trabalho. (TRT-1 – RO: 332007820095010050 RJ, relator: Evandro Pereira Valadão Lopes, Data de Julgamento: 26.10.2011, 7ª Turma, Data de Publicação: 9.1.2012)

---

(220) CÂMARA, Alexandre Freitas. *Lições de Direito Processual Civil*. Rio de Janeiro: Lumen Juris, 2006. p. 171.

(221) Enunciado n. 11 do III FPPC-Rio: O litisconsorte unitário, integrado ao processo a partir da fase instrutória, tem direito de especificar, pedir e produzir provas, sem prejuízo daquelas já produzidas, sobre as quais o interveniente tem o ônus de se manifestar na primeira oportunidade em que falar no processo.

(222) Enunciado n. 118 do III FPPC-Rio: O litisconsorte unitário ativo, uma vez convocado, pode optar por ingressar no processo na condição de litisconsorte do autor ou de assistente do réu.

(223) GRECO, Leonardo. *Instituições de Processo Civil*. vol. I, 2. ed. Rio de Janeiro: Forense, 2010. p. 492.

(224) *Idem*.

Artigo 118

Cada litisconsorte tem o direito de promover o andamento do processo, e todos devem ser intimados dos respectivos atos.

(Art. 49 do CPC revogado)

Este dispositivo legal complementa o princípio da autonomia dos litisconsortes, contemplado no artigo anterior. O novo CPC, neste ponto, repete regra do CPC/73, segundo a qual "todos devem ser intimados dos atos do processo e os atos que cada um praticar não podem sofrer limitações em razão dos atos dos demais, mesmo que o direito seja comum"[225].

A regra é aplicável ao processo do trabalho, como se pode observar dos seguintes julgados do TRT da 10ª Região e do TST:

> MANDADO DE SEGURANÇA: FALTA DE INDICAÇÃO DO LITISCONSORTE PASSIVO NECESSÁRIO E DE REGULAR EXAME PRIMÁRIO RELATIVO AO PEDIDO DE INGRESSO NA LIDE DO SINDICATO ORIGINAL: NULIDADES A CONTAMINAR A SENTENÇA PROFERIDA: POSTERIOR VÍCIO PROCEDIMENTAL TAMBÉM NA INADMISSÃO LIMINAR DO APELO DO TERCEIRO INTERESSADO SEM REGULAR INTIMAÇÃO: REMESSA OFICIAL PROVIDA PARA RESTABELECER O PROCESSO AO CURSO DEVIDO: PECULIARIDADES DO MANDADO DE SEGURANÇA: PRECEDENTES INTERNOS. Remessa oficial conhecida e provida, prejudicado o recurso voluntário do Impetrante. (TRT-10 – ReeNecRO: 00879-2012-009-10-00-4 DF ReeNecRO, relator: Desembargador Alexandre Nery de Oliveira, Data de Julgamento: 27.2.2014, 2ª Turma, Data de Publicação: 14.3.2014 no DEJT)

> NULIDADE DO PROCESSO POR AUSÊNCIA DE REGULAR INTIMAÇÃO DA RECORRENTE PARA APRESENTAR CONTRARRAZÕES AO RECURSO ORDINÁRIO INTERPOSTO PELO RECLAMANTE. LITISCONSÓRCIO PASSIVO, EM QUE O ATO PROCESSUAL REALIZADO POR UM DOS LITISCONSORTES NÃO APROVEITA AO OUTRO. O Regional, não obstante registrar que a recorrente não foi intimada para apresentar contrarrazões ao recurso ordinário do reclamante, não declarou nulidade processual por ela arguida, sob o fundamento de que foram julgados improcedentes os pedidos iniciais, e as outras reclamadas apresentaram contrarrazões. Na verdade, porém, o pedido de reconhecimento de vínculo de emprego do reclamante com a recorrente foi reconhecido na segunda instância, não tendo sido reconhecida a relação de emprego do reclamante com nenhuma das outras duas reclamadas que apresentaram contrarrazões, as quais foram tão somente condenadas subsidiariamente ao pagamento das verbas devidas ao reclamante, na qualidade de tomadoras de serviços. Em tais circunstâncias, a apresentação de contrarrazões pelas duas outras reclamadas não afasta o direito da ora recorrente de praticar o referido ato processual para o qual não foi intimada, nos termos previstos nos arts. 48 e 49 do CPC, respectivamente *in verbis*: Salvo disposição em contrário, os litisconsortes serão considerados, em suas relações com a parte adversa, como litigantes distintos; os atos e as omissões de um não prejudicarão nem beneficiarão os outros; Cada litisconsorte tem o direito de promover o andamento do processo e todos devem ser intimados dos respectivos atos-. Salienta-se que a recorrente, em face da ausência de intimação, foi impedida de exercer a garantia constitucional da ampla defesa e do contraditório, assegurada no art. 5º, inciso LV, da Constituição Federal. Também houve efetivo prejuízo à recorrente, que passou a ser sucumbente, pois o Regional deu provimento ao recurso ordinário do reclamante exatamente para reconhecer o vínculo de emprego com ela. Flagrante, portanto a nulidade processual arguida, com fundamento no art. 794 da CLT. Recurso de revista conhecido e provido. (TST – RR: 41685-73.2005.5.15.0032, relator: José Roberto Freire Pimenta, Data de Julgamento: 21.8.2013, 2ª Turma, Data de Publicação: DEJT 30.8.2013)

TÍTULO III
DA INTERVENÇÃO DE TERCEIROS

CAPÍTULO I
DA ASSISTÊNCIA

Seção I
Das Disposições Comuns

Artigo 119

Pendendo causa entre 2 (duas) ou mais pessoas, o terceiro juridicamente interessado em que a sentença seja favorável a uma delas poderá intervir no processo para assisti-la.

Parágrafo único. A assistência será admitida em qualquer procedimento e em todos os graus de jurisdição, recebendo o assistente o processo no estado em que se encontre.

(Art. 50 do CPC revogado)

No Código de Processo Civil de 1973, a assistência figurava ao lado do litisconsórcio, fora dos limites do capítulo destinado à intervenção de terceiros. No novo CPC, esta questão foi corrigida, situando-se a assistência como modalidade de intervenção de terceiros. Os terceiros, neste caso, devem ser aferidos a partir de uma análise negativa, ou seja, "os sujeitos que exercem no processo atividade preponderantemente postulatória, mas não são as partes originárias, serão considerados terceiros"[226].

Flávio Luiz Yarshell aponta que:

> Sob a ótica formal, terceiro é, por exclusão, todo aquele que não é parte; isto é, não é autor, não é réu e não está em contraditório perante o juiz. Mas a compreensão do tema do terceiro vai além do aspecto formal justamente porque, para saber se e quando ele pode ingressar em processo em que outros figuram, é preciso analisar a sua posição na relação de direito material; o que remete

---

(225) GRECO, Leonardo. *Instituições de Processo Civil*. vol. I, 2. ed. Rio de Janeiro: Forense, 2010. p. 492.

(226) *Ibidem*, p. 499.

novamente à fonte a partir da qual se extrai a legitimação (...). É preciso determinar quem são os titulares da relação jurídica material posta em juízo, destinatários diretos da eficácia da decisão; eles são os legitimados e, no processo, ocuparão a qualidade de autor e réu, conforme o caso. Além deles, pode haver aqueles que são titulares de relações jurídicas conexas ou dependentes daquela posta em juízo e que, precisamente por este nexo, podem ter suas esferas jurídicas atingidas, ainda que de forma reflexa. Esses são os terceiros juridicamente interessados, que poderão intervir na forma de assistentes, ou, eventualmente, por outro modo.[227]

A intervenção de terceiros pode ser espontânea — por iniciativa do próprio terceiro —, ou provocada — por iniciativa das partes ou do juiz, o que pode ocorrer excepcionalmente (*iussi iudicis*).

A assistência é modalidade de intervenção de terceiros voluntária, por meio do qual um sujeito que tem interesse jurídico próprio em uma determinada situação, ingressa em ação pendente para auxiliar a parte em cujo benefício a sentença possa lhe aproveitar.

O interesse que justifica a assistência deve ser jurídico, de modo que se afastam interesses meramente econômicos, afetivos, entre outros. Há de existir, portanto, algum nexo jurídico entre o assistente e o assistido ou a parte contrária, para que seja admissível esta intervenção de terceiros. A decisão deve atingir a esfera jurídica daquele.

Conforme esclarece Leonardo Greco, "toda vez em que, por qualquer razão, a decisão da causa puder comprometer a essência do direito do terceiro ou seu exercício prático, evidencia-se o interesse jurídico, porque, na realidade, o Estado de Direito não protege os direitos somente no seu aspecto abstrato, mas, sim, na medida em que eles outorgam aos seus titulares o gozo de bens que têm conteúdo e valor no mundo real"[228].

A assistência é admitida de forma ampla no processo civil, mas o assistente receberá o processo no estado em que este se encontrar, ou seja, não será possível ao assistente retomar fase procedimental já concluída, nem ressuscitar discussões sobre as quais já tenha se operado a preclusão. Neste ponto, não há modificações substanciais quanto ao regime adotado pelo CPC/73, como se observa da redação do dispositivo legal revogado (art. 50, CPC/73).

No processo do trabalho, diante da omissão da CLT no tratamento da matéria, é plenamente cabível o instituto da assistência. A aplicação subsidiária dos dispositivos do CPC que regem a matéria pode ser aferida por meio da Súmula n. 82 do TST, que exige o interesse público para intervenção do assistente:

> Súmula n. 82, TST: A intervenção assistencial, simples ou adesiva, só é admissível se demonstrado o interesse jurídico e não o meramente econômico.

É importante registrar que essa intervenção, como já dito, deve ser espontânea. O juiz não pode determiná-la de ofício, conforme já decidiu o TRT da 19ª Região:

> RECLAMAÇÃO TRABALHISTA. ASSISTÊNCIA SIMPLES DETERMINADA PELO JUIZ. IMPOSSIBILIDADE. ASSISTÊNCIA É ATO ATRAVÉS DO QUAL TERCEIRO QUE TENHA INTERESSE JURÍDICO NA CAUSA, VOLUNTARIAMENTE, INTERVÉM NO PROCESSO COM A FINALIDADE DE ADJUVAR O ASSISTIDO A QUE A SENTENÇA LHE SEJA FAVORÁVEL, COMO DESPONTA DO ART. 50 DO CPC. DESSE CONCEITO EMERGE QUE A DECISÃO DO JUIZ, QUE AO ARREPIO DA LEGISLAÇÃO DE REGÊNCIA, INCLUI TERCEIRO NA LIDE, FORÇOSAMENTE, NA QUALIDADE DE ASSISTENTE SIMPLES, É NULA DE PLENO DIREITO. (TRT-19 – RO: 01068.2010.061.19.00-2 AL, relator: Pedro Inácio, Data de Publicação: 14.3.2012)

Artigo 120

> Não havendo impugnação no prazo de 15 (quinze) dias, o pedido do assistente será deferido, salvo se for caso de rejeição liminar.
>
> Parágrafo único. Se qualquer parte alegar que falta ao requerente interesse jurídico para intervir, o juiz decidirá o incidente, sem suspensão do processo.
>
> (Art. 51 do CPC revogado)

A assistência é intervenção de terceiros espontânea, cuja iniciativa cabe ao próprio interessado. O que este dispositivo legal regula é o procedimento a ser adotado após a solicitação de intervenção, que será admitida caso não haja impugnação por quaisquer das partes.

Assim, caso uma das partes alegue que não estão presentes os requisitos para assistência – ou seja, o vínculo jurídico – deverá o juiz julgar o pedido, contra o que caberá agravo de instrumento (parágrafo único).

Diante da inexistência do tratamento do instituto na CLT, tal incidente tem aplicação no processo do trabalho. Ressalte-se, entretanto, que as decisões interlocutórias são irrecorríveis nesse sistema e, assim, restará à parte inconformada com a decisão a impetração do mandado de segurança.

Seção II
Da Assistência Simples

Artigo 121

> O assistente simples atuará como auxiliar da parte principal, exercerá os mesmos poderes e sujeitar-se-á aos mesmos ônus processuais que o assistido.

---

(227) YARSHELL, Flávio Luiz. *Curso de Direito Processual Civil*. vol. I. São Paulo: Marcial Pons, 2014. p. 268.

(228) GRECO, Leonardo. *Instituições de Processo Civil*. vol. I, 2. ed. Rio de Janeiro: Forense, 2010. p. 500.

> Parágrafo único. Sendo revel ou, de qualquer outro modo, omisso o assistido, o assistente será considerado seu substituto processual.
>
> (Art. 52 do CPC revogado)

O novo Código dividiu em duas seções distintas as modalidades de assistência (simples e litisconsorcial), o que não constava de modo expresso no CPC/73. O assistente simples é um auxiliar da parte assistida, porque "o interesse jurídico do assistente está vinculado apenas à relação jurídica que ele mantém com o assistido"[229], como é o caso da relação de subcontratos, como o de sublocação.

O assistente simples, por ser auxiliar, pode praticar a maioria dos atos processuais, mas permanece vinculado à vontade e liberdade do litigante principal, que pode agir livremente quanto à desistência, renúncia ou acordo (art. 122, NCPC). Todavia, por poder exercer os mesmos poderes (ainda que em menor grau), também estará sujeito aos mesmos ônus, conforme prevê o *caput* do dispositivo legal.

A novidade do CPC recém-aprovado, porém, consta do parágrafo único. No CPC/73, em caso de revelia do assistido, o assistente era considerado seu gestor de negócios, figura que gerava diversas discussões doutrinárias. No novo Código, em havendo revelia ou mesmo omissão do assistido — o que alarga as hipóteses — o assistente será seu substituto processual.

A substituição processual, como visto nos comentários ao art. 18, é modalidade de legitimação extraordinária, por meio do qual um sujeito, em nome próprio, defende direito alheio. A figura é excepcional no cenário jurídico brasileiro, comum em ações coletivas, e, com o novo diploma, passa a ser adotado à assistência.

A aplicação destas disposições ao processo do trabalho é cabível, diante da omissão da CLT e necessidade de regulamentação do instituto nessa seara, cuja utilização é pacífica, conforme se pode constatar do seguinte julgamento do TRT da 23ª Região:

> LEGITIMIDADE ATIVA DO ASSISTENTE PARA INTERVIR NOS AUTOS COMO TERCEIRO INTERESSADO. A assistência, modalidade de intervenção de terceiros, pode ser admitida em qualquer tipo de procedimento, bem como em todos os graus de jurisdição, de modo que o assistente recebe o processo no estado em que se encontra; podendo, nele intervir para assistir uma das partes, desde que evidenciado o seu 'interesse jurídico em que a sentença seja favorável a uma delas'. No caso dos autos, o interesse jurídico se evidencia no fato de o juízo de primeiro grau não ter reconhecido que a Assistida seria uma pessoa jurídica de direito público ou integrante da administração indireta, abrindo lacuna para que a Assistente, possa num futuro próximo, ser condenada de forma subsidiária ao adimplemento das verbas trabalhistas pleiteadas pelo empregados da Reclamada, já que é a principal tomadora dos serviços desta, sendo este um caso de assistência simples, prevista no art. 50 do CPC, cuja utilização é admitida no Processo Trabalhista, conforme reconhecido na Súmula n. 82 do c. TST (com nova redação dada pela Resolução de n. 121/2003). (TRT-23 – RO: 00953.2003.005.23.00-5 MT, relator: Desembargador Tarcísio Valente, Data de Julgamento: 12.7.2005, Tribunal Pleno, Data de Publicação: 26.7.2005)

Artigo 122

A assistência simples não obsta a que a parte principal reconheça a procedência do pedido, desista da ação, renuncie ao direito sobre o que se funda a ação ou transija sobre direitos controvertidos.

(Art. 53 do CPC revogado)

Como mencionado brevemente no comentário anterior, a assistência simples equipara o assistente a um auxiliar do assistido, o que faz com que este possa, independentemente da vontade daquele, transigir, desistir, renunciar, enfim, dispor sobre o direito controvertido.

Leonardo Greco leciona que "há um limite à extensão da atuação do assistente (...). Vale dizer, o assistente pode fazer tudo aquilo que o assistido poderia fazer, desde que não viole a liberdade de disposição do assistido acerca do seu próprio direito. A assistência tem sempre o intuito de ajudar o assistido, por isso é denominada de intervenção *ad adjuvandum*"[230].

Tal limitação também se aplica no processo do trabalho, como se denota da doutrina especializada laboral. Nesse sentido são as lições de Wagner Giglio:

> O assistente, ao contrário do representante, apenas supre a deficiência de vontade do assistido, e não a substitui. Assim, não pode o assistente, por exemplo, fazer acordo em nome do assistido, mas é este que, após consulta com o seu responsável legal, deve aceitar ou recusar a conciliação proposta.[231]

Artigo 123

Transitada em julgado a sentença no processo em que interveio o assistente, este não poderá, em processo posterior, discutir a justiça da decisão, salvo se alegar e provar que:

I – pelo estado em que recebeu o processo ou pelas declarações e pelos atos do assistido, foi impedido de produzir provas suscetíveis de influir na sentença;

---

(229) GRECO, Leonardo. *Instituições de Processo Civil*. vol. I, 2. ed. Rio de Janeiro: Forense, 2010. p. 501.

(230) *Idem*.

(231) GIGLIO, Wagner D. *Direito Processual do Trabalho*. 16. ed. São Paulo: Saraiva, 1984. p. 113.

> II – desconhecia a existência de alegações ou de provas das quais o assistido, por dolo ou culpa, não se valeu.
> (Art. 55 do CPC revogado)

O dispositivo legal regula a eficácia da assistência, ou seja, os efeitos decorrentes da intervenção sobre o assistente, que não poderá submeter novamente à discussão judicial a questão já debatida. É regra que trata da preclusão decorrente da coisa julgada, obstando-se ao assistente que revigore a discussão sobre a "justiça" da decisão.

Contudo, o assistente não fica vinculado a esta eficácia preclusiva em todas as hipóteses. Assim, poderá rediscutir a matéria julgada quando provar que não foi capaz, em sentido amplo, de influir efetivamente na decisão, seja por receber o processo em estado avançado que não permitia a produção de provas (inciso I), seja por atuar desconhecendo que o assistido possuía provas ou fatos que poderia apresentar em juízo, não o tendo feito por dolo ou culpa (inciso II). Em ambos os casos, a iniciativa e o ônus da prova são do assistente. Trata-se da exceção de processo mal administrado[232].

O dispositivo legal ora comentado gerava controvérsias sob a égide do CPC/73, em que parte da doutrina alegava que tal regra violaria os direitos processuais fundamentais do assistente, que não poderia ficar vinculado ao efeito preclusivo da coisa julgada, já que não possuía os mesmos direitos da parte principal, como se observa das restrições do art. 122, acima. Não obstante, o dispositivo foi reproduzido no novo Código, de modo que a regra continua sendo aplicável ao processo civil e ao processo do trabalho, por ausência de regulamentação da matéria na CLT.

Seção III
Da Assistência Litisconsorcial

Artigo 124

> Considera-se litisconsorte da parte principal o assistente sempre que a sentença influir na relação jurídica entre ele e o adversário do assistido.
> (Art. 54 do CPC revogado)

O Código revogado tratava simultaneamente da assistência simples e da assistência qualificada, ou litisconsorcial, como visto. No novo CPC, tais figuras vêm disciplinadas em seções distintas, o que aponta para a conclusão de que as disposições antes comentadas referem-se de modo restrito à assistência simples.

A assistência litisconsorcial (também chamada de qualificada), é tratada neste dispositivo legal. O assistente litisconsorcial será o sujeito que possua relação jurídica com o adversário do assistido, a qual seja influenciada pela decisão proferida no processo em que se requerer a intervenção.

Alexandre Câmara leciona que "na assistência qualificada o terceiro interveniente é também titular da relação jurídica deduzida no processo, embora não tenha sido parte na demanda. Sendo, porém, uma relação jurídica plúrima, não se poderia impedir que seus demais titulares ingressassem no processo, com o fim de auxiliar aquele cuja vitória lhe interessa"[233].

Do mesmo modo, Leonardo Greco aponta que "a assistência litisconsorcial é uma assistência qualificada, porque o assistente litisconsorcial não tem apenas um vínculo jurídico com o assistido, com a parte em favor da qual ele vai intervir, mas também com o adversário do assistido, liame esse que poderá ser atingido pela decisão da causa."[234]

O novo Código trata o interveniente como litisconsorte, como se observa do *caput* do artigo, o que tem reflexos importantes. Em realidade, o CPC/73 já mencionava que o assistente litisconsorcial seria considerado como litisconsorte, mas a interpretação desta disposição em conjunto com as demais regras de assistência (agora só aplicáveis à assistência simples), ensejava uma conclusão de aplicação de apenas algumas prerrogativas do litisconsorte, como prazo em dobro.

Diante da modificação operada pelo novo CPC, aponta-se para a caracterização do assistente qualificado como verdadeiro litisconsorte, integrado posteriormente à lide. O tratamento processual que há de lhe ser conferido, então, será o de parte. Nesse sentido, *vide* enunciado n. 11 do FPPC[235]. Esta conclusão é corroborada diante do que dispõe o parágrafo único do artigo.

No processo do trabalho se admite o assistente litisconsorcial, com restrições às regras incompatíveis com o procedimento adotado na Justiça do Trabalho (não há prazo em dobro, por exemplo). Exemplo de tal figura nessa seara processual consiste nas ações em que o sindicato atua na busca de tutela dos trabalhadores que representa e estes ingressam no feito. O exemplo pode ser aferido na Súmula n. 310[236] (apesar de já cancelada) e no procedimento da ação de cumprimento, como já admitiu o TRT da 1ª Região:

---

(232) GRECO, Leonardo. *Instituições de Processo Civil*. vol. I, 2. ed. Rio de Janeiro: Forense, 2010. p. 503.

(233) CÂMARA, Alexandre Freitas. *Lições de Direito Processual Civil*. Rio de Janeiro: Lumen Juris, 2006. p. 190.

(234) GRECO, Leonardo. *Instituições de Processo Civil*. vol. I, 2. ed. Rio de Janeiro: Forense, 2010. p. 502.

(235) Enunciado n. 11 do III FPPC-Rio: O litisconsorte unitário, integrado ao processo a partir da fase instrutória, tem direito de especificar, pedir e produzir provas, sem prejuízo daquelas já produzidas, sobre as quais o interveniente tem o ônus de se manifestar na primeira oportunidade em que falar no processo.

(236) Súmula n. 310, TST: I – O art. 8º, III, da CF/88 não assegura a substituição processual pelo sindicato. II – A substituição processual autorizada ao sindicato pelas Leis ns. 6.708, de 30.10.1979, e 7.238, de 29.10.1984,

Assistência litisconsorcial. Cabimento. Restando evidente o interesse jurídico dos substituídos processuais na ação de cumprimento ajuizada pelo sindicato da categoria, impõe-se, com fulcro no caput do art. 50 do cpc, admitir a intervenção deles no processo como assistentes litisconsorciais. (TRT-1 – AP: 00870000620045010241 RJ, relator: Antonio Carlos Areal, Data de Julgamento: 16.1.2007, 5ª Turma, Data de Publicação: 23.3.2007)

Não se admite, entretanto, na hipótese de terceiro herdeiro de ex-empregado falecido quando já beneficiado na sentença, como já decidiu o TRT da 1ª Região:

AGRAVO DE PETIÇÃO — PROCESSO N. 0175500-28.2007.5.01.0343 Agravo de petição. Assistência litisconsorcial. No caso sub judice, é incabível a assistência litisconsorcial prevista no art. 50 do CPC, na medida em que a sentença transitada em julgado já foi favorável ao terceiro herdeiro do ex-empregado falecido, inexistindo, assim, interesse jurídico capaz de justificar a assistência pretendida na fase de execução. (TRT-1 – AP: 01755002820075010343 RJ, relator: Jorge Fernando Gonçalves da Fonte, Data de Julgamento: 22.1.2014, 3ª Turma, Data de Publicação: 12.2.2014)

E, conforme já decidiu o TST, a preclusão que opera para o assistido alcança o assistente, mesmo na hipótese de este ingressar posteriormente na relação processual:

AGRAVO REGIMENTAL. CONHECIMENTO. ASSISTÊNCIA LITISCONSORCIAL. ART. 50, PARÁGRAFO ÚNICO, DO CPC. 1. Agravo regimental que a Assistente Litisconsorcial Passiva interpõe na mesma oportunidade em que requer seu ingresso na relação processual e quando já decorrido o respectivo prazo recursal, para os Assistidos. 2. A assistência litisconsorcial ou qualificada constitui direito processual subjetivo de terceiro que, interessado na vitória de uma das partes, colabora para evitar o pronunciamento de decisão capaz de influir na relação jurídica entre ele próprio e o adversário do assistido (art. 54 do CPC). O assistente recebe o processo no estado em que se encontra (CPC, art. 50, parágrafo único), razão pela qual a preclusão que se opera para o assistido alcança o assistente, ainda que este ingresse posteriormente na relação processual. 3. Agravo regimental não conhecido, por intempestivo. (TST- AGAC 606554 – TP – Rel. Min. João Oreste Dalazen – DJU 9.2.2001 – p. 369)

---

limitada aos associados, restringe-se às demandas que visem aos reajustes salariais previstos em lei, ajuizadas até 3.7.1989, data em que entrou em vigor a Lei n. 7.788/89. III – A Lei n. 7.788/89, em seu art. 8º, assegurou, durante sua vigência, a legitimidade do sindicato como substituto processual da categoria. IV – A substituição processual autorizada pela Lei n. 8.073, de 30.7.1990, ao sindicato alcança todos os integrantes da categoria e é restrita às demandas que visem à satisfação de reajustes salariais específicos resultantes de disposição prevista em lei de política salarial. V – Em qualquer ação proposta pelo sindicato como substituto processual, todos os substituídos serão individualizados na petição inicial e, para o início da execução, devidamente identificados pelo número da Carteira de Trabalho e Previdência Social ou de qualquer documento de identidade. VI – É lícito aos substituídos integrar a lide como assistente litisconsorcial, acordar, transigir e renunciar, independentemente de autorização ou anuência do substituto. VII – Na liquidação da sentença exequenda, promovida pelo substituto, serão individualizados os valores devidos a cada substituído, cujos depósitos para quitação serão levantados através de guias expedidas em seu nome ou de procurador com poderes especiais para esse fim, inclusive nas ações de cumprimento. VIII – Quando o sindicato for o autor da ação na condição de substituto processual, não serão devidos honorários advocatícios.

CAPÍTULO II
DA DENUNCIAÇÃO DA LIDE

Artigo 125

É admissível a denunciação da lide, promovida por qualquer das partes:

I – ao alienante imediato, no processo relativo à coisa cujo domínio foi transferido ao denunciante, a fim de que possa exercer os direitos que da evicção lhe resultam;

II – àquele que estiver obrigado, por lei ou pelo contrato, a indenizar, em ação regressiva, o prejuízo de quem for vencido no processo.

§ 1º O direito regressivo será exercido por ação autônoma quando a denunciação da lide for indeferida, deixar de ser promovida ou não for permitida.

§ 2º Admite-se uma única denunciação sucessiva, promovida pelo denunciado, contra seu antecessor imediato na cadeia dominial ou quem seja responsável por indenizá-lo, não podendo o denunciado sucessivo promover nova denunciação, hipótese em que eventual direito de regresso será exercido por ação autônoma.

(Art. 70 do CPC revogado)

A denunciação da lide é modalidade de intervenção de terceiros provocada, cuja iniciativa pode ser do autor ou do réu. Trata-se de casos em que o terceiro estará obrigado a responder — pela via regressiva — à obrigação discutida, seja em virtude de lei ou de contrato. As hipóteses de admissibilidade desta intervenção já estavam previstas no CPC/73, tendo sido parcialmente repetidas, quais sejam: casos de evicção e, de modo genérico, responsabilidade pela via de regresso.

No CPC/73 havia regra de que a denunciação seria obrigatória, o que foi alterado para constar que a denunciação será admissível. Assim, caberá ao autor ou réu optar por promover a denunciação, mas, caso não seja promovida, ainda restará a via autônoma (§ 1º). Nesse sentido, foi aprovado o Enunciado n. 120 do Fórum Permanente de Processualistas Civis[237].

Contudo, como leciona Leonardo Greco, "a utilidade da denunciação da lide é a concentração em um único processo da ação original e da ação regressiva nos casos em que há essa relação de garantia, existente por força de lei ou de contrato"[238]. A denunciação permite que se antecipe a responsabilidade do terceiro e que toda a questão seja debatida em um único processo, o que é fator de economia processual.

---

(237) Enunciado n. 120 do III FPPC-Rio: A ausência de denunciação da lide gera apenas a preclusão do direito de a parte promovê-la, sendo possível ação autônoma de regresso.

(238) GRECO, Leonardo. *Instituições de Processo Civil.* vol. I, 2. ed. Rio de Janeiro: Forense, 2010. p. 512.

Para que possa ocorrer a denunciação, contudo, devem estar presentes os requisitos legais para a cumulação de ações, devendo, por exemplo, ser competente o mesmo juízo e poder ser adotado o mesmo rito procedimental.

A mudança mais substancial em relação ao diploma processual revogado diz respeito à limitação das denunciações sucessivas, como se observa do parágrafo segundo. No regime anterior, como não havia limitação clara, o denunciado poderia promover nova denunciação e assim por diante, o que agora é limitado para uma única nova intervenção.

No processo do trabalho, a utilização da denunciação da lide gera bastante polêmica, especialmente após a edição da EC n. 45/2004 (reforma do Judiciário) que ampliou a competência da Justiça do Trabalho e, consequentemente, as matérias por esta apreciadas e ritos especiais, bem como o cancelamento da OJ n. 227 da SDI-1[239] do TST, que vedava expressamente o uso do instituto.

A doutrina trabalhista é praticamente unânime no sentido de vedar a utilização da denunciação da lide no processo do trabalho, mas subsiste divergência doutrinária em alguns casos:

> Na doutrina, Amauri Mascaro Nascimento (1992: 194), Carlos Coqueijo Costa (1977:162) e Christóvão Piragibe Tostes Malta (1992:228) admitem a denunciação da lide em casos em que se discuta a sucessão de empregadores, podendo o sucedido denunciar à lide o sucessor, se estiver obrigado pela lei ou pelo contrato a indenizar em ação regressiva o prejuízo decorrente da perda de demanda. José Augusto Rodrigues Pinto (1991:193) entende cabível a denunciação da lide e a recomenda em razão da celeridade processual, todavia sob forma voluntária.[240]

Os principais obstáculos à aplicação do instituto no processo do trabalho são a restrição relativa à competência da Justiça do Trabalho e a incompatibilidade com os princípios da celeridade e simplicidade que regem esse procedimento especial, como se pode observar dos seguintes julgados de Cortes Laborais:

TERCEIRIZAÇÃO — DENEGAÇÃO DO PEDIDO DE DENUNCIAÇÃO À LIDE DO TOMADOR DE SERVIÇOS. Mesmo nos casos de terceirização, é incabível nas ações trabalhistas o instituto da denunciação à lide, por falta de competência da Justiça do Trabalho para julgar possível conflito de interesses entre os litisconsortes passivos, representados pelo empregador e o tomador de serviço, co-responsáveis pelas obrigações trabalhistas, via de regra, pessoas jurídicas. O fato de o Município de Belo Horizonte ser o tomador dos serviços prestados pelo reclamante não é motivo de litisconsórcio necessário, como sustenta a recorrente. O ajuizamento da ação em face do tomador dos serviços, responsável subsidiário pelo pagamento dos direitos trabalhistas do empregado (Súmula n. 331 do TST) é faculdade do reclamante e não exigência legal. (TRT-3 – RO: 2172906 00782-2006-007-03-00-9, relatora: Taisa Maria M. de Lima, 7ª Turma, Data de Publicação: 13.2.2007 DJMG. Página 16. Boletim: Não)

DENUNCIAÇÃO À LIDE. Esta Corte vem consolidando o entendimento de que a denunciação à lide só pode ser acolhida nas hipóteses afetas à competência da Justiça do Trabalho, em nome dos princípios que norteiam o processo do trabalho, especialmente o da celeridade, efetividade e simplicidade. No caso, observa-se que a segunda relação jurídica que surgiria com a denunciação, entre a reclamada Mold Premoldados Comércio e Indústria Ltda. e a denunciante-recorrida (Orca Construtora e Concretos Ltda.), que fora contratada para elaboração de projeto e montagem de estrututa pré-moldada, seria de natureza civil, entre pessoas jurídicas, não estando, portanto, abarcada pela nova competência da Justiça do Trabalho. Recurso de Revista de que se conhece e a que se dá provimento. (TST – RR: 17100-33.2007.5.18.0054, relator: João Batista Brito Pereira, Data de Julgamento: 2.2.2011, 5ª Turma, Data de Publicação: DEJT 11.2.2011)

RECURSO DE REVISTA. DENUNCIAÇÃO DA LIDE. A jurisprudência desta Corte tem se orientado no sentido de que a aplicabilidade do instituto da denunciação da lide no processo do trabalho, a despeito da ampliação da competência desta Justiça Especializada, deve ser analisada caso a caso, considerando-se o interesse do trabalhador na celeridade processual, bem como a própria competência da Justiça do Trabalho para apreciar a controvérsia surgida entre o denunciante e o denunciado. Na hipótese, conforme registrado pelo Tribunal Regional, a relação jurídica entre o denunciante e o denunciado não diz respeito à relação de trabalho, e esta Especializada é incompetente para julgar ações entre tomadores de serviços visando à obtenção de eventual direito regressivo. Recurso de revista conhecido e não provido. (TST – RR: 43300-58.2003.5.09.0025, relatora: Delaíde Miranda Arantes, Data de Julgamento: 12.6.2013, 7ª Turma, Data de Publicação: DEJT 14.6.2013)

Nesse diapasão, parece-nos que resta aos litigantes no processo do trabalho o manejo de ações regressivas, como, aliás, prevê expressamente o parágrafo único do art. 455 para os contratos de subempreitada:

Art. 455. Nos contratos de subempreitada responderá o subempreiteiro pelas obrigações derivadas do contrato de trabalho que celebrar, cabendo, todavia, aos empregados, o direito de reclamação contra o empreiteiro principal pelo inadimplemento daquelas obrigações por parte do primeiro.

Parágrafo único – Ao empreiteiro principal fica ressalvada, nos termos da lei civil, ação regressiva contra o subempreiteiro e a retenção de importâncias a este devidas, para a garantia das obrigações previstas neste artigo.

Artigo 126

A citação do denunciado será requerida na petição inicial, se o denunciante for autor, ou na contestação, se o denunciante for réu, devendo ser realizada na forma e nos prazos previstos no art. 131.

(Arts. 71 e 72 do CPC revogado)

---

(239) OJ-SDI1-227 – DENUNCIAÇÃO DA LIDE. PROCESSO DO TRABALHO. INCOMPATIBILIDADE (cancelada) – DJ 22.11.2005

(240) MARTINS, Sergio Pinto. *Direito Processual do Trabalho*. 35. ed. São Paulo: Atlas, 2014. p. 229.

Como mencionado no comentário anterior, a denunciação à lide é modalidade de intervenção de terceiros provocada pelo autor ou pelo réu. A regra deste artigo é clara e dispõe sobre o procedimento e o momento para requerer a intervenção.

Caso a iniciativa seja do autor, a denunciação será requerida na inicial; caso do réu, no prazo para contestar, prosseguindo-se na forma descrita no art. 131, que trata do procedimento para citação dos réus em litisconsórcio passivo.

Contudo, como visto, o não exercício deste direito não impede a propositura de ação autônoma de regresso (art. 125, § 1º), como nos parece o caminho a ser exercido no processo do trabalho.

Artigo 127

Feita a denunciação pelo autor, o denunciado poderá assumir a posição de litisconsorte do denunciante e acrescentar novos argumentos à petição inicial, procedendo-se em seguida à citação do réu.
(Art. 74 do CPC revogado)

Considerando a dupla possibilidade de provocação da denunciação, o CPC traz as regras aplicáveis à proposta pelo autor, no dispositivo ora comentado; ou pelo réu, no dispositivo seguinte. Como o autor, ao pedir a denunciação, pretende antecipar eventual via regressiva de que poderá se utilizar, o denunciado poderá assumir a condição de seu litisconsorte, de modo a influir — positivamente — no julgamento do pedido.

É o que aponta Leonardo Greco: "o juiz somente julgará a ação regressiva se a original for julgada improcedente, porque, se julgar a ação principal procedente, estará prejudicada, ou melhor, será improcedente a ação regressiva. Então, a cumulação de ações na denunciação da lide promovida pelo autor é subsidiária ou eventual"[241].

Após o eventual acréscimo de argumentos ou pedidos, o réu deverá ser citado para responder. Na hipótese de aplicação do instituto no processo do trabalho, esse seria o procedimento a ser adotado.

Artigo 128

Feita a denunciação pelo réu:

I – se o denunciado contestar o pedido formulado pelo autor, o processo prosseguirá tendo, na ação principal, em litisconsórcio, denunciante e denunciado;

II – se o denunciado for revel, o denunciante pode deixar de prosseguir com sua defesa, eventualmente oferecida, e abster-se de recorrer, restringindo sua atuação à ação regressiva;

III – se o denunciado confessar os fatos alegados pelo autor na ação principal, o denunciante poderá prosseguir com sua defesa ou, aderindo a tal reconhecimento, pedir apenas a procedência da ação de regresso.

Parágrafo único. Procedente o pedido da ação principal, pode o autor, se for o caso, requerer o cumprimento da sentença também contra o denunciado, nos limites da condenação deste na ação regressiva.
(Art. 75 do CPC revogado)

O dispositivo legal trata da denunciação provocada pelo réu. Neste caso, a denunciação gera a situação de que apenas com a procedência do pedido principal haverá a análise do pedido da denunciação — regressivo — de modo que a improcedência do pedido principal prejudica a análise da pretensão do denunciante.

O novo CPC traz algumas inovações quanto à disciplina do CPC revogado.

Em suma, o novo CPC admite condutas processuais mais flexíveis nos casos de revelia ou confissão. No primeiro caso, sendo revel o denunciado, o denunciante poderá optar por prosseguir com sua defesa ou não, resguardando-se na ação regressiva. Por outro lado, caso o denunciado confesse os fatos, também o denunciante poderá optar por prosseguir com a defesa já apresentada ou, por outro lado, aderir à manifestação do denunciado e postular o seu direito pela via regressiva.

No parágrafo único consta importante previsão em favor do autor credor, que poderá requerer o cumprimento da decisão tanto em relação ao denunciante quanto ao denunciado, respeitado, quanto a este, o limite da responsabilidade que houver sido definida na via regressiva.

Quanto a este tema, o Fórum Permanente de Processualistas Civis editou o enunciado n. 121, que dispõe que "o cumprimento da sentença diretamente contra o denunciado é admissível em qualquer hipótese de denunciação da lide fundada no inciso II do art. 125".

A complexidade deste artigo demonstra a incompatibilidade da denunciação da lide com a simplicidade e celeridade que regem o processo do trabalho.

Artigo 129

Se o denunciante for vencido na ação principal, o juiz passará ao julgamento da denunciação da lide.

---

(241) GRECO, Leonardo. *Instituições de Processo Civil*. vol. I, 2. ed. Rio de Janeiro: Forense, 2010. p. 512.

> Parágrafo único. Se o denunciante for vencedor, a ação de denunciação não terá o seu pedido examinado, sem prejuízo da condenação do denunciante ao pagamento das verbas de sucumbência em favor do denunciado.
>
> (Art. 76 do CPC revogado)

Como a denunciação decorre de direito de regresso — por lei ou contrato — esta relação jurídica apenas será apreciada em caso de procedência do pedido inicial. Com efeito, razão não haveria para, por exemplo, em uma ação condenatória decorrente de acidente de trânsito, fosse analisada a higidez e validade do contrato de seguro do suposto causador do dano, sem que antes fosse apurada a sua efetiva responsabilidade pelo acidente.

O que o dispositivo legal dispõe, portanto, é justamente essa eventualidade da denunciação. Contudo, mesmo no caso de improcedência do pedido principal — e, por consequência, na não análise do pedido de denunciação — o denunciante deverá arcar com os ônus do denunciado, já que este foi integrado à lide por iniciativa do denunciante.

Ainda sobre a questão das custas decorrentes da denunciação, o Fórum Permanente de Processualistas Civis editou o Enunciado n. 122, dispondo que "vencido o denunciante na ação principal e não tendo havido resistência à denunciação da lide, não cabe a condenação do denunciado nas verbas de sucumbência".

No processo do trabalho não há verbas de sucumbência, o que ratifica a impossibilidade de aplicação da denunciação da lide nessa seara processual.

CAPÍTULO III
DO CHAMAMENTO AO PROCESSO

Artigo 130

> É admissível o chamamento ao processo, requerido pelo réu:
>
> I – do afiançado, na ação em que o fiador for réu;
>
> II – dos demais fiadores, na ação proposta contra um ou alguns deles;
>
> III – dos demais devedores solidários, quando o credor exigir de um ou de alguns o pagamento da dívida comum.
>
> (Art. 77 do CPC revogado)

O chamamento ao processo é também modalidade de intervenção de terceiros provocada pelo réu, que já tinha previsão no CPC revogado, a qual é repetida praticamente sem alterações, no novo diploma.

O chamamento ao processo "tem fundamento na economia processual e visa a permitir que o devedor ou fiador exerça desde logo a ação regressiva contra o codevedor solidário, o cofiador ou o devedor principal, na ação de cobrança que lhe move o credor"[242]. Provoca, portanto, cumulação de ações no mesmo processo, e a mesma sentença já aprecia essas diversas relações jurídicas. As hipóteses de cabimento desta modalidade de intervenção estão pormenorizadas nos incisos I a III.

A única hipótese dos incisos do art. 130 que tratam do chamamento ao processo que vislumbramos ter aplicação na Justiça do Trabalho é a apresentada no inciso III, uma vez que a fiança tratada nos incisos I e II é instituto típico do direito civil, sem aplicação nas relações de trabalho. Já nos demais casos de solidariedade de devedores, é possível aferirmos essa corresponsabilidade nas hipóteses de grupo econômico tratadas nos §§ 2º, dos arts. 2º e 3º da CLT, *in verbis*:

> Art. 2º Considera-se empregador a empresa, individual ou coletiva, que, assumindo os riscos da atividade econômica, admite, assalaria e dirige a prestação pessoal de serviço.
>
> (...)
>
> § 2º Sempre que uma ou mais empresas, tendo, embora, cada uma delas, personalidade jurídica própria, estiverem sob a direção, controle ou administração de outra, constituindo grupo industrial, comercial ou de qualquer outra atividade econômica, serão, para os efeitos da relação de emprego, solidariamente responsáveis a empresa principal e cada uma das subordinadas.
>
> Art. 3º – Considera-se empregador, rural, para os efeitos desta Lei, a pessoa física ou jurídica, proprietário ou não, que explore atividade agroeconômica, em caráter permanente ou temporário, diretamente ou através de prepostos e com auxílio de empregados.
>
> (...)
>
> § 2º Sempre que uma ou mais empresas, embora tendo cada uma delas personalidade jurídica própria, estiverem sob direção, controle ou administração de outra, ou ainda quando, mesmo guardando cada uma sua autonomia, integrem grupo econômico ou financeiro rural, serão responsáveis solidariamente nas obrigações decorrentes da relação de emprego.

Em alguns julgados do TRT da 1ª Região vislumbramos outras hipóteses, como o caso de prestador de serviço a entes públicos, algumas vezes acolhendo e outras rejeitando o chamamento ao processo:

> CHAMAMENTO AO PROCESSO – O chamamento ao processo tem lugar quando o demandante, credor de dívida que possui devedores solidários, somente apresenta ação em face de um dos sujeitos passivos da relação obrigacional. E, na situação de único demandado pela dívida solidária, o réu chama ao processo os demais codevedores, os quais ingressam na qualidade de litisconsortes passivos (CPC, art. 77). Vale salientar que o chamamento ao processo não inaugura nova ação, mas tão somente amplia o aspecto subjetivo passivo da relação processual em

---

[242] GRECO, Leonardo. *Instituições de Processo Civil.* vol. I, 2. ed. Rio de Janeiro: Forense, 2010. p. 519.

curso. RESPONSABILIDADE SUBSIDIÁRIA DO MUNICÍPIO — O Excelso STF na Ação Direta de Constitucionalidade n. 16 declarou a constitucionalidade do art. 71, § 1º, da Lei n. 8.666/93, mas ressalvou, como não poderia deixar de ser, o exame, caso a caso, das hipóteses trazidas ao crivo jurisdicional, ante o exceptivo constante do art. 37, § 6º, da Constituição Federal, o que levou, inclusive, o C. TST a incluir o item V na nova redação da Súmula n. 331 do C. TST, adequando-a ao que foi decidido. Nesse contexto, parece resultar claro que o descumprimento das obrigações trabalhistas por parte da prestadora dos serviços à Administração Pública só pode ter ocorrido pela falta de fiscalização do contrato administrativo, inarredável obrigação do ente público (art. 67 da Lei n. 8.666/93), cuja inobservância causou prejuízo a terceiros, no caso os empregados da contratada. Destaque-se, ademais, que a ausência de prova do procedimento licitatório impede o exame da adequação das condições contratuais estabelecidas como eficazes a aferição de lastro da contratada para suportar os encargos das obrigações assumidas, de modo a afastar a possibilidade de culpa in contrahendo da Administração. (TRT-1 – RO: 00012824920125010471 RJ, relator: Jose Antonio Teixeira da Silva, Data de Julgamento: 22.1.2014, 6ª Turma, Data de Publicação: 7.2.2014)

CHAMAMENTO AO PROCESSO. INDEFERIMENTO. Cabia à reclamante a indicação dos devedores da relação jurídica e sua inclusão no polo passivo, e não há competência da Justiça do Trabalho para a apreciação de lides envolvendo contratos civis firmados entre pessoas jurídicas e ações de regresso contra servidores públicos. TOMADOR PÚBLICO. RESPONSABILIDADE SUBSIDIÁRIA. LIMITAÇÃO. DANOS MORAIS. HONORÁRIOS ADVOCATÍCIOS. INDEVIDOS. Não foi realizado o procedimento licitatório apto a afastar a *culpa in elegendo*. Ademais, o ente público não logrou demonstrar que fiscalizou o cumprimento das obrigações trabalhistas pelo prestador de serviços. Portanto, é responsável de forma subsidiária o segundo demandado pelas verbas deferidas ao reclamante, a teor da Súmula n. 331, do C. TST. Todavia, não há falar em dano moral por inadimplemento de verbas rescisórias, pois este gera dano de ordem patrimonial, e também não são devidos os honorários advocatícios, uma vez que a autora está assistida por advogado particular e não preenche os requisitos dos arts. 14 e 16, da Lei n. 5.584/70, e das Súmulas ns. 219 e 329, do C.TST. Contudo, como não houve recurso da contratada, mantém-se tais parcelas na condenação, mas exime-se o tomador, ora recorrente, da responsabilidade subsidiária quanto ao seu pagamento. (TRT-1 – RO: 00013474420125010471 RJ, relator: Volia Bomfim Cassar, Data de Julgamento: 6.11.2013, 2ª Turma, Data de Publicação: 14.11.2013)

E, conforme já decidiu o TRT da 15ª Região, não é cabível o chamamento ao processo na fase de execução:

CHAMAMENTO AO PROCESSO. IMPOSSIBILIDADE NA FASE EXECUTÓRIA. Prevalece na doutrina e na jurisprudência a tese segundo a qual a intervenção de terceiros no processo, com exceção da assistência, é possível tão só e unicamente no processo de conhecimento, não no de execução. Tanto na denunciação à lide, como no chamamento ao processo, a lei processual prevê a existência de sentença (arts. 76 e 80), o que inexiste no processo de execução. Ademais, o art. 77, III, do CPC, exige a solidariedade entre os devedores, o que inocorre no presente caso. Agravo de petição improvido. (TRT-15 – AGVPET: 029955/2000 SP, relator: Mauro Cesar Martins de Souza, Data de Publicação: 15.8.2000)

Artigo 131

A citação daqueles que devam figurar em litisconsórcio passivo será requerida pelo réu na contestação e deve ser promovida no prazo de 30 (trinta) dias, sob pena de ficar sem efeito o chamamento.

Parágrafo único. Se o chamado residir em outra comarca, seção ou subseção judiciárias, ou em lugar incerto, o prazo será de 2 (dois) meses.

(Arts. 78 e 79 do CPC revogado)

O chamamento ao processo gera a existência de litisconsórcio no polo passivo, eis que, como visto, o réu chamará para responder ao pedido do autor os demais coobrigados. O artigo dispõe sobre o procedimento para chamamento de tais "terceiros", que passarão a ser partes: deve o réu requerer a sua citação na contestação, a qual deve ser promovida em trinta ou sessenta dias, caso o chamado resida na mesma comarca ou comarca distinta (ou lugar incerto), conforme as hipóteses previstas no *caput* e parágrafo único.

Quanto à criação de litisconsórcio passivo com o chamamento, Leonardo Greco aponta que "o chamado é mais do que um assistente simples, é um assistente litisconsorcial, porque passa a ser corréu da ação originária (litisconsorte passivo) e réu e autor das ações regressivas"[243].

Com efeito, esta mesma disciplina é a que deve ser seguida para a citação do assistente litisconsorcial, como se viu nos comentários ao art. 124, acima, com plena aplicação no processo do trabalho, diante da total omissão da CLT. Lembre-se, apenas, que, nessa seara, a defesa pode ser oral e deve ser apresentada em audiência, oportunidade na qual o réu, ou reclamada, deve proceder ao chamamento ao processo do codevedor.

Artigo 132

A sentença de procedência valerá como título executivo em favor do réu que satisfizer a dívida, a fim de que possa exigi-la, por inteiro, do devedor principal, ou, de cada um dos codevedores, a sua quota, na proporção que lhes tocar.

(Art. 80 do CPC revogado)

O chamamento é cabível para convocar para um processo em trâmite aquele que deveria ser réu originário, criando, como visto, situação de litisconsórcio passivo. Caso haja a procedência da ação, o réu que satisfizer a dívida perante o autor terá crédito proporcional em relação aos demais. A mesma sentença de procedência da ação valerá, então, como título executivo para satisfação deste crédito, conforme determina o dispositivo legal, que tem plena aplicação no processo do trabalho.

---

(243) GRECO, Leonardo. *Instituições de Processo Civil*. vol. I, 2. ed. Rio de Janeiro: Forense, 2010. p. 520.

CAPÍTULO IV
DO INCIDENTE DE DESCONSIDERAÇÃO DA PERSONALIDADE JURÍDICA

Artigo 133

O incidente de desconsideração da personalidade jurídica será instaurado a pedido da parte ou do Ministério Público, quando lhe couber intervir no processo.

§ 1º O pedido de desconsideração da personalidade jurídica observará os pressupostos previstos em lei.

§ 2º Aplica-se o disposto neste Capítulo à hipótese de desconsideração inversa da personalidade jurídica.

(Sem correspondente no CPC revogado)

A desconsideração da personalidade jurídica, desenvolvida como a teoria da *"disregard of legal entity"*, pretende, em suma, a superação episódica da "personalidade da sociedade, em caso de fraude, abuso, ou simples desvio de função, objetivando a satisfação do terceiro lesado junto ao patrimônio dos próprios sócios, que passam a ter responsabilidade pessoal pelo ilícito causado"[244].

A teoria, desenvolvida no final do século 19 em países como Estados Unidos e Alemanha, foi importada para o ordenamento jurídico brasileiro inicialmente por meio da Lei n. 8.078/90 (Código de Defesa do Consumidor). O art. 28 do CDC dispõe que:

> Art. 28. O juiz poderá desconsiderar a personalidade jurídica da sociedade quando, em detrimento do consumidor, houver abuso de direito, excesso de poder, infração da lei, fato ou ato ilícito ou violação dos estatutos ou contrato social. A desconsideração também será efetivada quando houver falência, estado de insolvência, encerramento ou inatividade da pessoa jurídica provocados por má administração.

O Código de Defesa do Consumidor previu a possibilidade de desconsideração, então, sempre que haja abuso de direito, excesso de poder, infração da lei, fato ou ato ilícito, violação dos estatutos ou contrato social, falência, estado de insolvência ou inatividade decorrentes de má administração e, ainda, caso a personalidade seja obstáculo para reparação dos danos (§ 5º).

Após a promulgação do diploma consumerista, a desconsideração da personalidade jurídica foi estendida às demais relações jurídicas, embora em hipóteses menos exaustivas, ao ser inserida no art. 50 do Código Civil. Mencionado dispositivo legal determina que:

> Art. 50. Em caso de abuso da personalidade jurídica, caracterizado pelo desvio de finalidade, ou pela confusão patrimonial, pode o juiz decidir, a requerimento da parte, ou do Ministério Público quando lhe couber intervir no processo, que os efeitos de certas e determinadas relações de obrigações sejam estendidos aos bens particulares dos administradores ou sócios da pessoa jurídica.

O Código Civil, portanto, disciplina que caberá a desconsideração quando ocorrer desvio de finalidade ou confusão patrimonial, ocasião em que as obrigações da sociedade poderão ser honradas com os bens particulares dos sócios ou administradores faltosos. O diploma civil adotou a linha objetivista da teoria da desconsideração, dispensando, portanto, a demonstração de aspectos subjetivos que revelem a intenção ou voluntariedade dos agentes em relação ao abuso da personalidade.

A despeito da previsão inserida no Código de Defesa do Consumidor e no Código Civil, a questão não encontrava previsão legal quanto aos aspectos processuais da desconsideração. Na falta de procedimento disciplinando como deveria ocorrer o pedido e julgamento da desconsideração, inúmeras controvérsias doutrinárias e jurisprudenciais surgiram, admitindo-se, a um só tempo, a desconsideração incidental ou por via autônoma. A questão dos prazos, instrução probatória e garantias processuais dos envolvidos, contudo, não alcançou uniformidade.

O novo Código de Processo Civil vem preencher esta lacuna normativa, disciplinando nos arts. 133 a 137 o incidente de desconsideração da personalidade jurídica. Como o nome diz, trata-se de procedimento incidental, que visa apurar a existência dos requisitos legais para a desconsideração (§ 1º). O Código de Processo Civil avança em relação à disciplina legal do Código Civil, para dispor que o incidente tem aplicação também para a desconsideração inversa, o que, apesar de encontrar guarida em doutrina e jurisprudência, não decorre da literal interpretação do art. 50, CC.

Como menciona o *caput* do artigo, o pedido de desconsideração poderá ser formulado pelas partes ou pelo Ministério Público — quando couber sua intervenção. Sobre esta questão específica, o Fórum Permanente de Processualistas Civis editou o enunciado n. 123 que dispõe que "é desnecessária a intervenção do Ministério Público, como fiscal da ordem jurídica, no incidente de desconsideração da personalidade jurídica, salvo nos casos em que deva intervir obrigatoriamente, previstos no art. 179".

Conforme o teor do art. 50 do CC/2002 e dispositivos legais que tratam da desconsideração, "não pode o juiz afastar-se da formulação maior da teoria, isto é, não pode desprezar o instituto da pessoa jurídica apenas em função do desatendimento de um ou mais credores sociais".[245]

A prática que vem se firmando como regra na execução trabalhista, além de atentar contra a origem e o desenvolvimento da teoria da desconsideração da personalidade jurídica, ainda viola importantes princípios do direito processual.

---

(244) GAGLIANO, Pablo Stolze; PAMPLONA Filho, Rodolfo. *Novo curso de direito civil*. vol. I. São Paulo: Saraiva, 2007. p. 229.

(245) Cf. Coelho, Fábio Ulhoa. *Curso de Direito Comercial*. 15. ed. São Paulo. Saraiva, 2011. v. 2, p. 75.

Os princípios norteadores do processo encontram-se positivados no art. 5º da Constituição federal, no capítulo destinado aos direitos e garantias individuais, tendo sido também introduzidos na parte geral do novo CPC. Entre eles, o devido processo legal e o contraditório já foram alavancados à condição de direitos fundamentais do homem e devem ser observados em qualquer procedimento judicial ou administrativo.

Tais princípios estão intimamente ligados à efetividade da tutela jurisdicional, conforme relata Paulo Henrique dos Santos Lucon:

> A questão que se coloca hoje é saber como os princípios e as garantias constitucionais do processo civil podem garantir uma efetiva tutela jurisdicional aos direitos substanciais deduzidos diariamente. Ou seja, não mais interessa apenas justificar esses princípios e garantias no campo doutrinário. O importante hoje é a realização dos direitos fundamentais e não o reconhecimento desses ou de outros direitos.[246]

É patente que o motivo pelo qual a justiça do trabalho tem desconsiderado a personalidade jurídica dos executados (simples fato de não ter localização dos bens) e a forma que tem aplicado ao instituto (sem a prévia oportunidade de o sócio se defender) viola claramente os princípios do devido processo legal e do contraditório. Ademais, viola também as regras de distribuição do ônus da prova.

Para que seja possível resguardar não só os princípios do contraditório e devido processo legal, mas também a distribuição do ônus da prova, é imperiosa a necessidade de estabelecimento de um processo de conhecimento para a desconsideração da personalidade jurídica.

Dinamarco assevera que é "indispensável colocar esses fatos supostamente caracterizadores da fraude ou da sucessão em algum processo de conhecimento", no qual em sentença o juiz declare que a pessoa em questão "é ou não é, co-titular da obrigação ou mesmo de responsabilidade por obrigação alheia".[247]

Na justiça do trabalho a desconsideração da personalidade jurídica é aplicada em inúmeras situações, sem que se atente para as hipóteses e requisitos previstos na lei:

AGRAVO DE PETIÇÃO. DESCONSIDERAÇÃO DA PERSONALIDADE JURÍDICA. SOCIEDADE ANÔNIMA. Nos termos do art. 158 da Lei n. 6.404/76 e do art. 28 da Lei n. 8.078/90, entende-se aplicável a desconsideração da personalidade jurídica para alcançar o gestor de sociedade anônima. Agravo provido. (TRT 1 – 0093900-27.2002.5.01.0030 – RTOrd, relator Roberto Norris, Data de Julgamento: 10.6.2014, 5ª Turma)

PRESSUPOSTO DE ADMISSIBILIDADE. MEIOS DE EXECUÇÃO EXAURIDOS. DECISÃO INTERLOCUTÓRIA QUE PARALISA A EXECUÇÃO. CABIMENTO. É cabível a interposição de agravo de petição contra decisão que, mesmo possuindo natureza interlocutória, tranca o processo, no qual não houve garantia integral do Juízo. Decisão que não contribui para a efetividade da tutela jurisdicional. EMPRESA SÓCIA. DEVEDORA DERIVADA. EXECUÇÃO INFRUTÍFERA. NOVA DESCONSIDERAÇÃO DA PERSONALIDADE JURÍDICA. CABIMENTO. Justifica-se a desconsideração da personalidade jurídica da empresa sócia, já devedora derivada, quando esta não possui numerário para satisfação das obrigações trabalhistas, atingindo-se a pessoa dos sócios, pessoas físicas. (TRT-1 – AP: 02458003319835010221 RJ, relator: Volia Bomfim Cassar, Data de Julgamento: 6.11.2013, 2ª Turma, Data de Publicação: 14.11.2013)

FLUMITRENS E CENTRAL — AUSÊNCIA DE PATRIMÔNIO. DESCONSIDERAÇÃO DA PERSONALIDADE JURÍDICA. ESTADO DO RIO DE JANEIRO. CABIMENTO. O Estado do Rio de Janeiro, acionista controlador das reclamadas, assume a responsabilidade pelo pagamento da dívida trabalhista, ante o exaurimento de patrimônio do empregador Flumitrens e da sucessora Central, sendo de conhecimento geral que os bens e serviços foram repassados à concessionária Supervia, via contrato de concessão. Aplicável a teoria da desconsideração da personalidade jurídica. (TRT-1 – AP: 00138001920025010052 RJ, relator: Celio Juacaba Cavalcante, Data de Julgamento: 2.7.2014, 10ª Turma, Data de Publicação: 17.7.2014)

AGRAVO DE PETIÇÃO — EMBARGOS DE TERCEIRO — DESCONSIDERAÇÃO DA PERSONALIDADE JURÍDICA. Verificada a inidoneidade financeira da empresa executada e a inexistência de patrimônio social capaz de garantir a dívida existente, e, ainda, tendo agido em descompasso com a legislação trabalhista, visto que condenada ao pagamento das parcelas ora em execução, aplicam-se ao caso o art. 50 do Código Civil e a inteligência do art. 28 da Lei n. 8.078, que autorizam o redirecionamento da execução contra os sócios. A teoria da desconsideração da personalidade jurídica pode ser aplicada na hipótese de inadimplência trabalhista. (TRT-1 – AP: 00002578720135010043 RJ, relator: Valmir de Araujo Carvalho, Data de Julgamento: 27.8.2014, 2ª Turma, Data de Publicação: 10.9.2014)

Execução. Desconsideração da personalidade jurídica — A desconsideração da personalidade jurídica não decorre necessariamente de dolo ou culpa do titular da pessoa jurídica, mas também do fato objetivo de confusão patrimonial (art. 50, CC). (TRT-1 – AGVPET: 1473002820045010048 RJ, relator: Damir Vrcibradic, Data de Julgamento: 27.3.2012, 4ª Turma, Data de Publicação: 24.4.2012)

E, ainda, há o Enunciado n. 20, elaborado na "Jornada sobre Execução na Justiça do Trabalho", em novembro de 2010, na cidade de Cuiabá-MT:

Enunciado n. 20: FALÊNCIA E RECUPERAÇÃO JUDICIAL, PROSSEGUIMENTO NA EXECUÇÃO TRABALHISTA CONTRA COOBRIGADOS, FIADORES, REGRESSIVAMENTE OBRIGADOS E SÓCIOS. A falência e a recuperação judicial, sem prejuízo do direito de habilitação de crédito no juízo universal, não impedem o prosseguimento da execução contra os coobrigados, os fiadores e os obrigados de regresso, bem como os sócios, por força da desconsideração da personalidade jurídica.

---

(246) LUCON, Paulo Henrique dos Santos. Devido Processo Legal Substancial. In: *Leituras Complementares de Processo Civil*. 7. ed. Salvador: Podium.

(247) CINTRA, Antonio Carlos de Araujo; Grinover; Ada Peligrini; Dinamarco, Cândido Rangel. *Fundamento do Processo Civil Moderno*. 4. ed. São Paulo: Malheiros. p. 1.794.

Artigo 134

O incidente de desconsideração é cabível em todas as fases do processo de conhecimento, no cumprimento de sentença e na execução fundada em título executivo extrajudicial.

§ 1º A instauração do incidente será imediatamente comunicada ao distribuidor para as anotações devidas.

§ 2º Dispensa-se a instauração do incidente se a desconsideração da personalidade jurídica for requerida na petição inicial, hipótese em que será citado o sócio ou a pessoa jurídica.

§ 3º A instauração do incidente suspenderá o processo, salvo na hipótese do § 2º.

§ 4º O requerimento deve demonstrar o preenchimento dos pressupostos legais específicos para desconsideração da personalidade jurídica.

(Sem correspondente no CPC revogado)

O dispositivo legal regulamenta os aspectos processuais da desconsideração, dirimindo as controvérsias criadas pela doutrina e jurisprudência. Em síntese, dispõe o Código que o pedido de desconsideração poderá ser formulado tanto na fase de conhecimento, como na de execução — seja por título judicial ou extrajudicial.

Com efeito, não havendo regulamentação processual até o advento do novo CPC, a doutrina debatia "se a desconsideração da personalidade jurídica pode ser invocada originariamente no processo de execução ou se os sócios e administradores têm de participar da relação jurídica processual de conhecimento, ainda que como litisconsortes passivos eventuais"[248], o que passa a ser superado no novo CPC.

O pedido de desconsideração da personalidade jurídica deverá ser formulado por petição, que demonstre a presença dos requisitos legais, com os eventuais documentos comprobatórios (§ 4º). O Código dispõe que, recebido o pedido, serão feitas as anotações na distribuição (§ 1º), e, em seguida, o incidente suspenderá a tramitação do processo (§ 3º).

Há, ainda, a possibilidade de o pedido ser formulado desde logo na petição inicial, hipótese em que não haverá a formação do incidente — por desnecessário — e tampouco haverá a suspensão do processo principal. Pelo que se observa da lei, neste caso o pedido principal e o pedido de desconsideração tramitarão simultaneamente, nos autos do mesmo processo.

É digno de registro que o Enunciado n. 124 da II FPPC-Rio estabeleceu que:

> A desconsideração da personalidade jurídica no processo do trabalho deve ser processada na forma dos arts. 133 a 137, podendo o incidente ser resolvido em decisão interlocutória ou na sentença.

Concordamos que este procedimento deverá ser aplicado ao processo do trabalho, com exceção, porém, do § 3º, que determina a suspensão do processo, uma vez que é incompatível com o princípio da celeridade que rege o processo do trabalho.

Artigo 135

Instaurado o incidente, o sócio ou a pessoa jurídica será citado para manifestar-se e requerer as provas cabíveis no prazo de 15 (quinze) dias.

(Sem correspondente no CPC revogado)

Com a instauração do incidente, ou mesmo no caso de ser requerida a desconsideração na petição inicial, o sócio, administrador ou a pessoa jurídica serão citados para responder à pretensão. Um dos avanços mais importantes do novo Código neste aspecto reside justamente na previsão de citação dos que possivelmente serão afetados pela desconsideração, concedendo-lhes a possibilidade de produzir provas e influir na decisão judicial, consagrando efetivamente o contraditório, norma fundamental do processo.

A citação dos réus gerará a formação de litisconsórcio passivo, situação esta que era muito defendida pela doutrina e que, enfim, garantirá que não sejam violados os direitos fundamentais dos envolvidos. Rodrigo Mazzei aponta, antes do novo CPC, que "os efeitos da desconsideração só deverão ser suportados pelos sócios e administradores da sociedade empresária se houver título executivo judicial hábil contra cada um deles, cuja formação tenha respeitado o exercício de seus direitos de defesa"[249]. Esta questão passa a ser disciplinada pelo novo CPC.

Sobre este aspecto, o Fórum Permanente de Processualistas Civis editou o enunciado n. 125, dispondo que "há litisconsórcio passivo facultativo quando requerida a desconsideração da personalidade jurídica, juntamente com outro pedido formulado na petição inicial ou incidentemente no processo em curso".

No tocante ao processo do trabalho, o estabelecimento de um prévio contraditório para instauração do incidente terá o condão de evitar eventuais injustiças que possam ser cometidas por inobservância dos pressupostos e requisitos da desconsideração da personalidade jurídica.

Artigo 136

Concluída a instrução, se necessária, o incidente será resolvido por decisão interlocutória.

---

(248) GAGLIANO, Pablo Stolze; PAMPLONA Filho, Rodolfo. *Novo curso de direito civil*. vol. I. São Paulo: Saraiva, 2007. p. 235.

(249) Ver: MAZZEI, Rodrigo. Litisconsórcio sucessivo na desconsideração da personalidade jurídica. *In* CARVALHO, Fabiano; BARIONI, Rodrigo. *Aspectos processuais do Código de Defesa do Consumidor*. São Paulo: RT, 2008. p. 281-306.

> Parágrafo único. Se a decisão for proferida pelo relator, cabe agravo interno.
>
> (Sem correspondente no CPC revogado)

Após a fase instrutória, possibilitada nos termos do artigo anterior, o pedido de desconsideração da personalidade jurídica deverá ser julgado, por decisão interlocutória fundamentada (conforme dispõe o art. 499, § 1º).

Considerando os efeitos desta decisão e a possibilidade evidente de causar prejuízos aos sócios ou administradores em desfavor de quem seja decretada a desconsideração, será admitida a interposição de recurso de agravo de instrumento, para que a matéria seja devolvida à apreciação do Tribunal, caso o processo esteja tramitando em primeiro grau.

Caso, contudo, o incidente tenha lugar em fase recursal ou em processo de competência originária do Tribunal, se a decisão for proferida por relator, caberá agravo interno (parágrafo único).

Como no processo do trabalho o agravo de instrumento somente é utilizado para destrancamento de recurso ordinário ou recurso de revista não admitido, cabe à parte prejudicada a interposição do agravo de petição nos termos, inclusive, do enunciado 126 do III FPPC-Rio, *in verbis*:

> Enunciado n. 126 do III FPPC-Rio: No processo do trabalho, da decisão que resolve o incidente de desconsideração da personalidade jurídica na fase de execução cabe agravo de petição, dispensado o preparo.

Artigo 137

> Acolhido o pedido de desconsideração, a alienação ou a oneração de bens, havida em fraude de execução, será ineficaz em relação ao requerente.
>
> (Sem correspondente no CPC revogado)

A desconsideração da personalidade jurídica é excepcional e episódica, não devendo perdurar indefinidamente. A desconsideração não tem o objetivo, portanto, de encerrar as atividades da empresa, considerando a importância de sua função social e econômica. Por este motivo, "o afastamento da personalidade deve ser temporário e tópico, perdurando, apenas no caso concreto, até que os credores se satisfaçam no patrimônio pessoal dos sócios infratores, verdadeiros responsáveis pelos ilícitos praticados"[250].

Por este motivo, com o acolhimento do pedido de desconsideração, não haverá a extinção ou dissolução da sociedade, mas a alienação ou oneração de bens em fraude será ineficaz em relação ao requerente, para que este possa satisfazer seu crédito, o que é aplicável tanto no processo civil como no processo do trabalho.

---

(250) GAGLIANO, Pablo Stolze; PAMPLONA Filho, Rodolfo. *Novo curso de direito civil*. vol. I. São Paulo: Saraiva, 2007. p. 229.

CAPÍTULO V
DO *AMICUS CURIAE*

Artigo 138

> O juiz ou o relator, considerando a relevância da matéria, a especificidade do tema objeto da demanda ou a repercussão social da controvérsia, poderá, por decisão irrecorrível, de ofício ou a requerimento das partes ou de quem pretenda manifestar-se, solicitar ou admitir a participação de pessoa natural ou jurídica, órgão ou entidade especializada, com representatividade adequada, no prazo de 15 (quinze) dias de sua intimação.
>
> § 1º A intervenção de que trata o *caput* não implica alteração de competência nem autoriza a interposição de recursos, ressalvadas a oposição de embargos de declaração e a hipótese do § 3º.
>
> § 2º Caberá ao juiz ou ao relator, na decisão que solicitar ou admitir a intervenção, definir os poderes do *amicus curiae*.
>
> § 3º O *amicus curiae* pode recorrer da decisão que julgar o incidente de resolução de demandas repetitivas
>
> (Sem correspondente no CPC revogado)

A relação processual tem como sujeitos parciais principais as partes, que exercem a pretensão em juízo e em face de quem a pretensão é exercida. Flávio Yarshell aponta que o termo "sujeito parcial da relação processual", "em sentido mais estrito, designa o autor e réu; em sentido mais abrangente, designa todo aquele que se encontrar em contraditório perante o juiz"[251].

Não obstante, também podem ser sujeitos do processo outras figuras não parciais. O *amicus curiae* é sujeito não parcial do processo, que atua sem defender interesse jurídico próprio ou de terceiros, mas visa contribuir para o debate acerca da questão controvertida, auxiliando a formação da decisão judicial. O nome do instituto significa "amigo da corte" e esta é uma boa síntese da figura ora analisada.

Leonardo Greco aponta que "o *amicus curiae* deve ser um sujeito desinteressado, que não intervém para defender um determinado interesse, mas para prestar informações ou fornecer subsídios que possam ser úteis ao julgamento da causa"[252]. Trata-se, então, de pessoas ou órgãos especializados que visam contribuir para a formação da decisão judicial.

O *amicus curiae* já encontrava previsão no ordenamento jurídico brasileiro, diante da possibilidade de sua atuação nas ações de controle de constitucionalidade disciplinadas pela

---

(251) YARSHELL, Flávio Luiz. *Curso de Direito Processual Civil*. vol. I. São Paulo: Marcial Pons, 2014. p. 330.

(252) GRECO, Leonardo. *Instituições de Processo Civil*. vol. I, 2. ed. Rio de Janeiro: Forense, 2010. p. 533.

Lei n. 9.868/99, bem como na análise de repercussão geral em recurso extraordinário e em edição de súmulas vinculantes. Como se vê, a atuação do *amicus* sempre esteve vinculada a processos de natureza objetiva, ou ao menos com reflexos sociais relevantes.

No novo Código de Processo Civil, o amigo da corte ganha especial relevância, pois passa a ser admitida a sua intervenção em processos individuais e coletivos de forma genérica, desde que presentes os requisitos do *caput* do artigo, quais sejam: a relevância da matéria, a especificidade do tema objeto da demanda ou a repercussão social da controvérsia. O *amicus curiae* do novo CPC passa a ser um dos elementos mais importantes de democratização do processo e de contraditório efetivo e participativo, o que pode ensejar — é o que se espera — o incremento na qualidade das decisões judiciais.

Alexandre Melo Franco Bahia aponta que no novo CPC, "há uma ampliação do instituto, que agora não se circunscreve ao controle de constitucionalidade (difuso/concentrado) e ao julgamento de repercussão geral, mas poderá ser usado em qualquer processo, mesmo no primeiro grau"[253].

A intervenção do *amicus curiae* passa a ser admitida por provocação das partes, determinação do magistrado ou de modo espontâneo, mediante pedido daquele que pretenda se manifestar. O juiz admitirá a participação em decisão irrecorrível, em que também fixará os limites para atuação da pessoa ou órgão (§ 2º).

Por fim, considerando que o *amicus* não defende interesse jurídico em juízo, a sua admissão não alterará a competência para julgamento da ação e tampouco autorizará a interposição de recursos, salvo embargos de declaração (§ 1º) e recursos em sede de incidente de resolução de demandas repetitivas (§ 3º), haja vista a relevância da decisão proferida em sede deste incidente.

Como a participação do *amicus curiae* visa enriquecer o debate, sua admissão não poderá ser meramente formal, de modo que as alegações que forem feitas por esta figura deverão ser necessariamente enfrentadas na decisão judicial, conforme dispõe o enunciado n. 128 do Fórum Permanente de Processualistas Civis que "no processo em que há intervenção do *amicus curiae*, a decisão deve enfrentar as alegações por ele apresentadas, nos termos do inciso IV do § 1º do art. 499".

Desde que presentes os requisitos de relevância da matéria, especificidade do tema objeto da demanda ou repercussão social da controvérsia, não vemos óbice para intervenção do *amicus curiae* no processo do trabalho, diante da omissão legislativa nessa seara, conforme reconhece o TST:

> Ocorre que não há previsão legal ou regimental de intervenção de *amicus curiae* no processo trabalhista, diferentemente do que acontece no processo objetivo do controle concentrado de constitucionalidade (art. 7º, § 2º, da Lei n. 9.868/99), por exemplo. Vale lembrar outras hipóteses de cabimento: art. 31 da Lei n. 6.385/76 (processos de interesse da CVM); art. 118 da Lei n. 12.529/11 (processos de interesse do CADE); art. 482, § 3º, do CPC (controle difuso de constitucionalidade); art. 14, § 7º, da Lei n. 10.259/01 (no âmbito dos Juizados Especiais Federais); art. 3º, § 2º, da Lei n. 11.417/06 (procedimento de edição, revisão e cancelamento de enunciado de súmula vinculante pelo STF) e art. 543-A, § 6º, do CPC (análise de repercussão geral pelo STF no julgamento do recurso extraordinário). Registre-se, por oportuno, que o Projeto de Lei do Novo CPC traz inovação quanto o tema, tratando diretamente da figura do *amicus curiae* dentro do capítulo referente à intervenção de terceiros (TST-RR-81100-43.2009.5.01.0281, Ministro Alberto Luiz Bresciani de Fontan Pereira, Data da decisão: 17.10.2014, 3ª Turma, Data da publicação: 20.10.2014).

E, conforme dispõe o Enunciado n. 127 do III FPPC-Rio: A representatividade adequada exigida do *amicus curiae* não pressupõe a concordância unânime daqueles a quem representa.

TÍTULO IV
DO JUIZ E DOS AUXILIARES DA JUSTIÇA

CAPÍTULO I
DOS PODERES, DOS DEVERES E DA RESPONSABILIDADE DO JUIZ

Artigo 139

O juiz dirigirá o processo conforme as disposições deste Código, incumbindo-lhe:

I – assegurar às partes igualdade de tratamento;

II – velar pela duração razoável do processo;

III – prevenir ou reprimir qualquer ato contrário à dignidade da justiça e indeferir postulações meramente protelatórias;

IV – determinar todas as medidas indutivas, coercitivas, mandamentais ou sub-rogatórias necessárias para assegurar o cumprimento de ordem judicial, inclusive nas ações que tenham por objeto prestação pecuniária;

V – promover, a qualquer tempo, a autocomposição, preferencialmente com auxílio de conciliadores e mediadores judiciais;

VI – dilatar os prazos processuais e alterar a ordem de produção dos meios de prova, adequando-os às necessidades do conflito de modo a conferir maior efetividade à tutela do direito;

---

(253) BAHIA, Alexandre Gustavo Melo Franco. O crescimento do papel do *amicus curiae* no novo CPC: perspectivas sobre a jurisprudência atual do STF. In FREIRE, Alexandre, et all. *Novas tendências do processo civil.* vol. I, Salvador: Juspodivm, 2013. p. 277.

Art. 140

> VII – exercer o poder de polícia, requisitando, quando necessário, força policial, além da segurança interna dos fóruns e tribunais;
>
> VIII – determinar, a qualquer tempo, o comparecimento pessoal das partes, para inquiri-las sobre os fatos da causa, hipótese em que não incidirá a pena de confesso;
>
> IX – determinar o suprimento de pressupostos processuais e o saneamento de outros vícios processuais;
>
> X – quando se deparar com diversas demandas individuais repetitivas, oficiar o Ministério Público, a Defensoria Pública e, na medida do possível, outros legitimados a que se referem o art. 5º da Lei n. 7.347, de 24 de julho de 1985, e o art. 82 da Lei n. 8.078, de 11 de setembro de 1990, para, se for o caso, promover a propositura da ação coletiva respectiva.
>
> Parágrafo único. A dilação de prazos prevista no inciso VI somente pode ser determinada antes de encerrado o prazo regular.
>
> (Art. 125 do CPC revogado, ref.: art. 765 da CLT)

O juiz é o mais importante sujeito imparcial do processo. É o juiz que personifica a jurisdição, por ter sido regularmente investido nesta função. A investidura, portanto, é a habilitação do juiz para que este exerça a atividade jurisdicional e "sem investidura não é sequer possível falar em exercício da jurisdição e o vício é usualmente indicado como inexistência do processo. O conceito não se confunde com o de imparcialidade nem com o de competência"[254].

O juiz, regularmente investido, exerce jurisdição. É importante pontuar que "o juiz, como sujeito processual, não é a pessoa física do magistrado, mas o órgão jurisdicional estatal, que é uma unidade de atuação do Poder Judiciário criada pela lei, cujas atividades são desempenhadas por um magistrado — pessoa física, funcionário público — regularmente investido no exercício das atribuições deste órgão"[255].

O dispositivo legal ora comentado trata dos poderes-deveres do juiz, que devem ser observados para o correto exercício da jurisdição. Disciplina regras fundadas em princípios fundamentais do processo, como a isonomia das partes (inciso I) e a razoável duração do processo (inciso II), tratadas como normas fundamentais nos arts. 7º e 4º do novo CPC, respectivamente, além de condutas a serem adotadas em toda a condução do processo, velando pela auto composição (inciso V), pela efetividade e adequação do procedimento que confere tutela jurisdicional (incisos IV, VI e VII), dando sempre primazia à resolução integral dos conflitos, com análise do mérito (inciso IX). Em suma,

as normas fundamentais do processo descritas nos arts. 1º a 12 do novo CPC são refletidas nos deveres do juiz.

Em comparação à disciplina do CPC revogado, vislumbra-se que o novo CPC detalhou mais os poderes-deveres do juiz, preocupando-se em fazer deles um reflexo dos princípios fundamentais do processo. Uma das novidades relevantes consiste no poder de adotar as medidas necessárias ao cumprimento da decisão judicial (IV), o que demonstra a importância da efetivação das ordens judiciais.

No que tange ao processo do trabalho destacamos o art. 765 de CLT que dispõe que:

> Art. 765, CLT – Os Juízes e Tribunais do Trabalho terão ampla liberdade na direção do processo e velarão pelo andamento rápido das causas, podendo determinar qualquer diligência necessária ao esclarecimento delas.

Remetemos também o autor para a leitura do Título VIII da CLT, que trata da justiça do trabalho e, consequentemente, do ingresso e competências dos juízes do trabalho. A despeito da necessidade de atualização das normas ali constantes, por se referirem ainda a "junta de conciliação", elas se compatibilizam e podem ser integradas pelos poderes e deveres do art. 139 do CPC, salvo o inciso VI, que para aplicação necessita de reforma da lei trabalhista.

O referido inciso VI do artigo ora comentado trata da maleabilidade quanto aos prazos processuais e ordem de produção de prova (inciso VI), o que deve vir acompanhado da plena participação dos interessados. Quanto à dilatação dos prazos, o Fórum Permanente de Processualistas Civis editou enunciados, apontando hipóteses específicas de aplicação de tal regra[256].

Podemos ainda afirmar, com segurança, que o inciso V do art. 139 do novo CPC teve total inspiração no processo do trabalho, que tem como um de seus principais princípios a conciliação.

Artigo 140

> O juiz não se exime de decidir sob a alegação de lacuna ou obscuridade do ordenamento jurídico.
>
> Parágrafo único. O juiz só decidirá por equidade nos casos previstos em lei.
>
> (Art. 126 do CPC revogado)

---

(254) YARSHELL, Flávio Luiz. *Curso de Direito Processual Civil.* vol. I. São Paulo: Marcial Pons, 2014. p. 163.

(255) GRECO, Leonardo. *Instituições de Processo Civil.* vol. I, 2. ed. Rio de Janeiro: Forense, 2010. p. 257.

(256) Enunciado n. 107 do III FPPC-Rio: O juiz pode, de ofício, dilatar o prazo para a parte se manifestar sobre a prova documental produzida.

Enunciado n. 129 do III FPPC-Rio: A autorização legal para ampliação de prazos pelo juiz não se presta a afastar preclusão temporal já consumada.

Enunciado n. 150 do III FPPC-Rio: O prazo do art. 334, § 5º, poderá ser dilatado, nos termos do art. 139, I e VI, para assegurar direito ao contraditório e à ampla defesa.

Enunciado n. 179 do III FPPC-Rio: O prazo de cinco dias para prestar caução pode ser dilatado, nos termos do art. 139, inciso VI.

O princípio que apoia a regra ora comentada é, sem dúvida, o da inafastabilidade da jurisdição, sob a perspectiva da adjudicação da solução para a controvérsia submetida à análise judicial.

Flávio Luiz Yarshell aponta que "a inafastabilidade — que se traduz no direito à jurisdição e ao processo que é seu instrumento — é o direito à superação da controvérsia mediante a atuação do direito objetivo, mediante ato de poder, no ambiente do devido processo legal ou do justo processo"[257]. Isso significa dizer que, uma vez submetido o conflito ao judiciário — provocando-se a jurisdição —, deverá ser adjudicada a solução, que não pode ser obstada pela alegação de ausência de norma aplicável, devendo-se recorrer à hermenêutica constitucional para resolução da questão.

As lições do mestre Flávio Luiz Yarshell, com quem tivemos a oportunidade de conviver como discípulo durante quatro anos na Universidade de São Paulo, são plenamente aplicáveis no processo do trabalho.

Artigo 141

O juiz decidirá o mérito nos limites propostos pelas partes, sendo-lhe vedado conhecer de questões não suscitadas a cujo respeito a lei exige iniciativa da parte.
(Art. 128 do CPC revogado)

O dispositivo legal consagra regra relativa ao princípio da demanda, já analisado nos comentários ao art. 2º do novo CPC. O processo começa por iniciativa das partes, que fixam os limites do objeto litigioso, que, por sua vez, vincula a atividade cognitiva e decisória do julgador.

Embora haja matérias que o julgador possa — e deva — conhecer de ofício, tal previsão não confronta com o princípio da demanda e da adstrição aos limites da lide ora analisado. O objeto litigioso não pode ser ampliado ou reduzido pelo juiz, mas, nesta esfera, poderá haver matérias apreciáveis de ofício.

Este artigo consubstancia um desdobramento do princípio da demanda e, conforme leciona Flávio Luiz Yarshell, "se o autor tem o ônus de romper a inércia da jurisdição, isso quer dizer que é ele quem determina o objeto do processo, aqui entendido como o pedido deduzido, à luz da respectiva causa de pedir. Então, para que o princípio seja efetivo, dele decorre a seguinte e necessária consequência: o juiz deve julgar nos limites do objeto do processo delimitado pelo autor (CPC/73, art. 460) — o que se costuma designar como regra da adstrição ou da congruência"[258].

Há, ademais, pedidos implícitos, que decorrem do pedido principal, como juros legais, correção monetária, etc. Nestes casos, ainda que não haja pedido explícito, a jurisprudência vem entendendo que sua previsão decorre de lei, devendo ser considerados como parte integrante do objeto litigioso.

Conforme chama atenção José Carlos Barbosa Moreira, o princípio da congruência ou da correlação entre sentença e pedido não é, como quase nenhum princípio nesta matéria, absoluto: comporta diversas exceções, que precisam ser previstas na lei[259].

No processo do trabalho, diante da informalidade que rege essa seara processual, é possível encontrar doutrina mitigando o princípio da demanda e adstrição, conforme já pontuou Mauro Schiavi:

> Há alguns autores que admitem a possibilidade de o juiz do Trabalho julgar fora do pedido ou até mesmo além do pedido, em razão dos princípios da celeridade, informalidade e simplicidade do Processo do Trabalho[260].

De toda sorte, conforme ressalva de forma ponderada o juiz e Professor paulista,

> Pensamos que o juiz não possa julgar fora do pedido ou além dele. Somente em casos excepcionais se admite o julgamento ultra petita, como a aplicabilidade, de ofício, do art. 467 da CLT e a possibilidade de conversão do pedido de reintegração em indenização (art. 496 da CLT). Além disso, tem a jurisprudência admitido que, nos casos em que se postula a solidariedade de determinada empresa tomadora de mão de obra, o Juiz do Trabalho, presentes os requisitos, possa conceder a condenação subsidiária[261].

Quanto à possibilidade de conversão de pedido de reintegração em indenização, é digno de registro a Súmula n. 396 do C. TST, que rege:

ESTABILIDADE PROVISÓRIA. PEDIDO DE REINTEGRAÇÃO. CONCESSÃO DO SALÁRIO RELATIVO AO PERÍODO DE ESTABILIDADE JÁ EXAURIDO. INEXISTÊNCIA DE JULGAMENTO EXTRA PETITA. I – Exaurido o período de estabilidade, são devidos ao empregado apenas os salários do período compreendido entre a data da despedida e o final do período de estabilidade, não lhe sendo assegurada a reintegração no emprego; II – Não há nulidade por julgamento extra petita da decisão que deferir salário quando o pedido for de reintegração, dados os termos do art. 496 da CLT. (Res. n. 129/2005 – DJ 22.4.2005).

Além da conversão do pedido de reintegração em indenização, não se pode olvidar que também há a possibilidade

---

(257) YARSHELL, Flávio Luiz. *Curso de Direito Processual Civil*. vol. I. São Paulo: Marcial Pons, 2014. p. 86.

(258) *Ibidem*, p. 130.

(259) MOREIRA, José Carlos Barbosa. Correlação entre o pedido e a sentença. In: *Revista de Processo*, São Paulo, Editora Revista dos Tribunais, n. 83, p. 212, jul./set. 1996.

(260) SCHIAVI, Mauro. *Manual de Direito Processual do Trabalho*. 6. ed. São Paulo: LTr, 2013. p. 732.

(261) *Op. cit.*, p. 733

de julgamento extra petita nos dissídios coletivos, tendo em vista que estes podem ser julgados por critérios de justiça e equidade[262].

> **Artigo 142**
>
> Convencendo-se, pelas circunstâncias, de que autor e réu se serviram do processo para praticar ato simulado ou conseguir fim vedado por lei, o juiz proferirá decisão que impeça os objetivos das partes, aplicando, de ofício, as penalidades da litigância de má-fé.
>
> (Art. 129 do CPC revogado)

A jurisdição é atividade eminentemente estatal — pública, portanto, que possui escopos[263] que transcendem os interesses das partes. Por ser atividade pública de extrema importância no Estado Democrático de Direito, a jurisdição não pode ser usada pelas partes como se coisa privada fosse. O artigo coíbe a utilização do processo judicial para a prática de atos simulados ou ilícitos, impondo, ainda, as sanções por litigância de má-fé, reguladas nos arts. 79 e seguintes do novo Código.

O dispositivo é plenamente aplicável no processo do trabalho. A Justiça do Trabalho também coíbe veementemente a simulação de processo, prática ilícita, como se observa dos seguintes julgados dos Tribunais Regionais do Trabalho:

LIDE SIMULADA COM OBJETIVO DE PREJUDICAR EX-SÓCIOS DO EMPREGADOR. Francesco Carnelutti conceitua lide como "o conflito de interesses qualificado por uma pretensão resistida". Trata-se de uma das condições da ação, o interesse de agir, de acionar o Estado a fim de obter a entrega da tutela jurisdicional, ante a resistência à pretensão deduzida na ação intentada. A ausência de lide torna o ajuizamento da ação desnecessário, em vista da falta de resistência da parte adversa em conferir o objeto pretendido. Na lide simulada há mera aparência de litígio, ou, no dizer de Maria Helena Diniz, declaração enganosa de vontade, a qual visa produzir efeito diverso daquele ostensivamente indicado no objeto da ação. A simulação traz em si a configuração de fraude à lei, vez que a real pretensão dos simuladores é obter indevido chancelamento judicial que lhes permita alcançar proveito ou lesar algum direito de terceiros. A lide simulada merece extinção, na forma do art. 129 do CPC e OJ n. 94 da SDI-II do C. TST. 2. LITIGÂNCIA DE MÁ-FÉ. MULTA E INDENIZAÇÃO. CONDENAÇÃO SOLIDÁRIA. Patente, pois, que o autor ajuizou esta ação sob o incentivo da primeira reclamada, que pretende com isto, como confessado por seu próprio patrono, a "apuração das responsabilidades de cada uma das reclamadas". Todavia, esta Justiça Especializada não é sede de discussão de dissensos societários. A existência de lide simulada implica dois efeitos jurídicos: 1) ausência de uma das condições da ação, qual seja, o interesse de agir ou o interesse processual, consubstanciado no binômio necessidade e adequação da ação intentada; 2) litigância de má-fé, pelo aparelhamento indevido do Judiciário para fins escusos, através da indução do magistrado a erro por meio da simulação da lide. Correta pois, a sentença que condenou o autor e a primeira reclamada, solidariamente, ao pagamento de multa de 1% sobre o valor dado à causa, além de indenização correspondente a 2% incidentes também sobre o valor da causa. Sentença mantida. (TRT-2, relator: Ricardo Artur Costa e Trigueiros, Data de Julgamento: 27.8.2013, 4ª TURMA)

PROCESSO À DISPOSIÇÃO DOS SRS. ADVOGADOS NA DIRETORIA DE RECURSOS, RUA GOITACASES, 1475, 2º ANDAR. EMENTA: AÇÃO RESCISÓRIA — COLUSÃO DAS PARTES, A FIM DE FRAUDAR A LEI — ITEM III DO ART. 485 DO CPC, SEGUNDA PARTE — LITIGÂNCIA DE MÁ-FÉ. O art. 485 do CPC, no item III, estabelece que "a sentença de mérito, transitada em julgado, pode ser rescindida quando resultar de dolo da parte vencedora em detrimento da parte vencida, ou de colusão entre as partes, a fim de fraudar a lei". O vício ressaltado na segunda parte do texto legal, que dá suporte à rescisão do julgado, consiste na prática de ardis, maquinações e atividades enganosas, pelas partes, com nítido intuito de fraudar a lei, geralmente em prejuízo de terceiro. Evidenciando a prova do processo que as partes dele se valeram com objetivos ilícitos, simulando lide em demanda trabalhista, com o fim de fraudar a lei e o fisco, desconstitui-se a coisa julgada que se formou em decorrência do engodo dos pseudolitigantes, extinguindo-se o feito originário, com base no art. 129 do CPC (OJ n. 94, da SDBI-2, do C. TST). E, configurada, sobremaneira, a litigação de má-fé prevista nos incisos II, III e V do art. 17 do CPC, condenam-se os réus, solidariamente, no pagamento de multa por utilização indevida do aparato jurisdicional, no valor correspondente a 20% sobre o valor dado à causa que se pretendeu rescindir, com supedâneo no art. 18 do CPC, a ser revertida em favor do FAT — Fundo de Amparo ao Trabalhador. (TRT-3, relator: Emerson Jose Alves Lage, 2ª Seção Espec. de Dissidios Individuais)

EXTINÇÃO DA EXECUÇÃO. LIDE SIMULADA. LITIGÂNCIA DE MÁ FÉ. Os fatos e circunstâncias narradas nestes autos e reiteradas pelo Ministério Público do Trabalho evidenciam conduta incomum e inapropriada por parte das reclamadas, mormente ante os valores envolvidos e apurados no presente feito. Configurado, assim, o caráter simulado da presente demanda, com o objetivo de resguardar o patrimônio das executadas perante outros credores. Manutenção da pena de litigância de má-fé aplicada na origem, apenas adequando sua imposição em relação ao importe fixado, nos termos do disposto no art. 18 do CPC. Apelos parcialmente providos. (TRT da 4ª Região, Seção Especializada em Execução, 0089500-48.2008.5.04.0006 AP, em 19.6.2012,

---

(262) "Recurso Ordinário. Dissídio Coletivo de Greve. Preliminar de Julgamento Extra Petita. O dissídio coletivo de greve não é exclusivamente para examinar a abusividade ou não do movimento paredista. Pode haver discussão sobre as reinvindicações que ensejaram a greve, haja vista o disposto no art. 8º da Lei de Greve, que atribui à Justiça do Trabalho a competência para decidir sobre a procedência ou não das reinvindicações dos empregados grevistas. Ademais, a jurisprudência reiterada dessa Corte Superior não reconhece a possibilidade de julgamento extra petita quando se tratar de dissídio coletivo. Precedentes. Preliminar a que se rejeita. Participação nos Lucros – 2009 – Súmula n. 422 do TST. É imprescindível que a parte apresente as razões de fato e de direito pelas quais impugna a decisão recorrida, consoante o art. 514, II, do CPC, de aplicação subsidiária ao processo trabalhista, em virtude de o recurso ordinário ser mero sucedâneo da apelação cível. Nesse sentido, a Súmula n. 422 do TST e, por analogia, o Precedente Normativo n. 37 da SDC. Recurso Ordinário a que se não se conhece." (Proc. RO 240700-80.2009.5.15.0000 – TST – Min. rel. Kátia Magalhães Arruda. DJe de 1º.7.2011)

(263) Ver DINAMARCO, Candido Rangel. *A instrumentalidade do processo.* São Paulo: Malheiros, 2013.

Desembargador João Ghisleni Filho – relator. Participaram do julgamento: Desembargador João Alfredo Borges Antunes de Miranda, Desembargador João Pedro Silvestrin, Desembargador Luiz Alberto de Vargas, Desembargadora Beatriz Renck, Desembargadora Vania Mattos, Desembargadora Maria da Graça Ribeiro Centeno, Desembargadora Rejane Souza Pedra, Desembargador Wilson Carvalho Dias, Juíza Convocada Lucia Ehrenbrink)

Artigo 143

O juiz responderá, civil e regressivamente, por perdas e danos quando:

I – no exercício de suas funções, proceder com dolo ou fraude;

II – recusar, omitir ou retardar, sem justo motivo, providência que deva ordenar de ofício ou a requerimento da parte.

Parágrafo único. As hipóteses previstas no inciso II somente serão verificadas depois que a parte requerer ao juiz que determine a providência e o requerimento não for apreciado no prazo de 10 (dez) dias.

(Art. 133 do CPC revogado)

O descumprimento dos poderes-deveres descritos nos artigos anteriores, bem como aos demais dispersos no ordenamento jurídico brasileiro, ensejam a imputação de responsabilidades ao juiz. Em suma, a inobservância de tais poderes-deveres gerará a responsabilidade civil do magistrado, o que é tratado no presente dispositivo legal.

A parte interessada em responsabilizar o juiz deverá comprovar que a inobservância dos deveres ocorreu imbuída de dolo ou fraude (inciso I), o que releva um importante fator subjetivo, ainda que se trate de atividade estatal. Por outro lado, o retardo nas providências que deva ordenar pode ensejar responsabilização a despeito da comprovação de dolo ou fraude – como se infere da literalidade do inciso II – desde que haja requerimento expresso da parte neste sentido (parágrafo único).

No processo do trabalho, diante da omissão da CLT, o artigo é plenamente aplicável.

CAPÍTULO II
DOS IMPEDIMENTOS E DA SUSPEIÇÃO

Artigo 144

Há impedimento do juiz, sendo-lhe vedado exercer suas funções no processo:

I – em que interveio como mandatário da parte, oficiou como perito, funcionou como membro do Ministério Público ou prestou depoimento como testemunha;

II – de que conheceu em outro grau de jurisdição, tendo proferido decisão;

III – quando nele estiver postulando, como defensor público, advogado ou membro do Ministério Público, seu cônjuge ou companheiro, ou qualquer parente, consanguíneo ou afim, em linha reta ou colateral, até o terceiro grau, inclusive;

IV – quando for parte no processo ele próprio, seu cônjuge ou companheiro, ou parente, consanguíneo ou afim, em linha reta ou colateral, até o terceiro grau, inclusive;

V – quando for sócio ou membro de direção ou de administração de pessoa jurídica parte no processo;

VI – quando for herdeiro presuntivo, donatário ou empregador de qualquer das partes;

VII – em que figure como parte instituição de ensino com a qual tenha relação de emprego ou decorrente de contrato de prestação de serviços;

VIII – em que figure como parte cliente do escritório de advocacia de seu cônjuge, companheiro ou parente, consanguíneo ou afim, em linha reta ou colateral, até o terceiro grau, inclusive, mesmo que patrocinado por advogado de outro escritório;

IX – quando promover ação contra a parte ou seu advogado.

§ 1º Na hipótese do inciso III, o impedimento só se verifica quando o defensor público, o advogado ou o membro do Ministério Público já integrava o processo antes do início da atividade judicante do juiz.

§ 2º É vedada a criação de fato superveniente a fim de caracterizar impedimento do juiz.

§ 3º O impedimento previsto no inciso III também se verifica no caso de mandato conferido a membro de escritório de advocacia que tenha em seus quadros advogado que individualmente ostente a condição nele prevista, mesmo que não intervenha diretamente no processo.

(Art. 134 do CPC revogado)

A imparcialidade do julgador é um dos princípios mais importantes do processo civil, sendo, ademais, uma das características inerentes à jurisdição. O dispositivo ora comentado e o subsequente disciplinam casos de impedimento e suspeição, respectivamente, que maculam a atividade jurisdicional.

Com efeito, Aluisio Gonçalves de Castro Mendes aponta que "para que se faça justiça, naturalmente o órgão judicial não pode ter razões, objetivas e subjetivas, que, na ótica do legislador ou do próprio julgador, possam impedir ou comprometer o exercício pleno da jurisdição, que deve estar vinculado tão somente aos princípios e regras do sistema jurídico"[264].

No mesmo sentido, Flávio Luiz Yarshell leciona que a jurisdição está assentada na substituição das partes pelo Estado na solução do conflito, que por sua vez tem como pressuposto a imparcialidade: "quando se trata de solução por terceira pessoa, é preciso que ela seja equidistante das partes e que seu compromisso seja exclusivamente com a garantia de um processo pautado pela Constituição e pela lei; e com uma decisão final ajustadas aos parâmetros do direito objetivo e com os elementos submetidos ao contraditório"[265].

Os incisos do artigo ora comentado tratam de hipóteses em que há presunção legal de violação à necessária imparcialidade do julgador, caracterizando-se seu impedimento para atuar no feito. Os impedimentos são hipóteses mais graves ou evidentes de comprometimento do julgador, e tratam de situações de parentesco, de prévia atuação no feito, e da existência de relações jurídicas de dependência ou subordinação com as partes. Em síntese, nestes casos o impedimento decorre de fatores objetivos.

A novidade em relação ao CPC/73 refere-se aos incisos VII a IX, o que demonstra a ampliação das hipóteses de impedimento. Ademais, uma das antigas hipóteses de suspeição (herdeiro presuntivo, donatário ou empregador — art. 135, III, CPC/73) passou a ser tratada como hipótese de impedimento (inciso VI).

Os parágrafos do artigo ora analisado, por sua vez, tratam de regras que visam a indevida utilização dos impedimentos para afastar o julgador de determinado julgamento, o que afrontaria o princípio do juiz natural.

No processo do trabalho, como a CLT trata apenas de hipóteses de suspeição, há total aplicação do presente dispositivo. No tocante à matéria, a doutrina trabalhista já se manifestou da seguinte forma:

"Justifica-se a omissão da CLT a respeito da exceção de impedimento porque quando da sua promulgação, em 1943, era o CPC de 1939 o diploma subsidiário, e não o CPC de 1973. Este diploma legal, como já vimos, alargou o espectro da exceção de suspeição, que passou a abarcar a de impedimento. Neste passo, parece-nos que obrou com inteiro acerto o legislador de 1973, sendo, pois, factível, diante da lacuna normativa da CLT, a aplicação subsidiária do CPC, no particular[266]".

"Embora a CLT não faça previsão a respeito do impedimento, só da suspeição, em razão de na época de sua edição não haver essa distinção, o primeiro será perfeitamente compatível com o processo do trabalho, tendo aplicação na Justiça do Trabalho as disposições subsidiárias do art. 134 do CPC (art. 769 da CLT). O juiz não poderá exercer as funções no processo: a) Em que for parte; b) Em que interveio como mandatário da parte, oficiou como perito, funcionou como órgão do Ministério Público, ou prestou depoimento como testemunha, pois tem conhecimento dos fatos; c) Que conheceu em primeiro grau de jurisdição, tendo-lhe proferido sentença ou decisão. Se a lei não estabelecesse esse impedimento, provavelmente o juiz iria manter sua decisão; d) Quando nele estiver postulando, como advogado da parte, seu cônjuge ou qualquer parente seu, consanguíneo ou afim, em linha reta; ou na linha colateral até o segundo grau; e) Quando cônjuge, parente, consanguíneo ou afim, de alguma das partes, em linha reta ou, na colateral, até o terceiro grau; f) Quando for órgão de direção ou de administração de pessoa jurídica (art. 134 do CPC)[267]."

Artigo 145

Há suspeição do juiz:

I – amigo íntimo ou inimigo de qualquer das partes ou de seus advogados;

II – que receber presentes de pessoas que tiverem interesse na causa antes ou depois de iniciado o processo, que aconselhar alguma das partes acerca do objeto da causa ou que subministrar meios para atender às despesas do litígio;

III – quando qualquer das partes for sua credora ou devedora, de seu cônjuge ou companheiro ou de parentes destes, em linha reta até o terceiro grau, inclusive;

IV – interessado no julgamento do processo em favor de qualquer das partes.

§ 1º Poderá o juiz declarar-se suspeito por motivo de foro íntimo, sem necessidade de declarar suas razões.

§ 2º Será ilegítima a alegação de suspeição quando:

I – houver sido provocada por quem a alega;

II – a parte que a alega houver praticado ato que signifique manifesta aceitação do arguido.

(Art. 135 do CPC revogado; ref. CTL: art. 801)

Como mencionado nos comentários ao artigo anterior, a quebra da imparcialidade do julgador é violação aos princípios inerentes da jurisdição, não sendo admitida em nosso ordenamento jurídico.

As hipóteses de impedimento foram tratadas no artigo anterior, reservando-se ao artigo ora analisado as situações

---

(264) MENDES, Aluisio Gonçalves de Castro. *Teoria Geral do Processo*. Rio de Janeiro: Lumen Juris, 2009. p. 23.

(265) YARSHELL, Flávio Luiz. *Curso de Direito Processual Civil*. vol. I. São Paulo: Marcial Pons, 2014. p. 94.

(266) BEZERRA LEITE, Carlos Henrique. *Curso de direito processual do trabalho*. 12. ed. São Paulo: LTr, 2014. p. 604.

(267) MARTINS, Sérgio Pinto, *Direito processual do trabalho*. 35. ed. São Paulo: Atlas, 2014. p. 294.

que podem gerar suspeição do magistrado. São casos que tratam predominantemente de fatores subjetivos, como relação de amizade e inimizade.

Também há a possibilidade de declaração de suspeição por motivo de foro íntimo, sem a necessidade de declaração das razões para declinar a competência.

Por fim, impende fazer um comentário acerca da taxatividade (ou não) das hipóteses de impedimento e suspeição. Parte da doutrina entende que as hipóteses seriam apenas as previstas nos artigos anteriores, tratando-se de rol exaustivo.

Contudo, como bem aponta Flávio Yarshell, tal afirmação não pode ser considerada de modo absoluto, já que "a imparcialidade do juiz é elemento presente no conceito de jurisdição e, em cada caso, é preciso considerar se os fatos trazidos pela parte, ainda que não exatamente previstos pelas normas legais referidas, não são comprometedores da imprescindível isenção que deve presidir o ofício do magistrado"[268], com o que concordamos.

No processo do trabalho, como já foi dito, a CLT traz as hipóteses de suspeição do juiz no art. 801, *in verbis*:

Art. 801, CLT. O juiz, presidente ou vogal, é obrigado a dar-se por suspeito, e pode ser recusado, por algum dos seguintes motivos, em relação à pessoa dos litigantes:

a) inimizade pessoal;

b) amizade íntima;

c) parentesco por consanguinidade ou afinidade até o terceiro grau civil;

d) interesse particular na causa.

Parágrafo único – Se o recusante houver praticado algum ato pelo qual haja consentido na pessoa do juiz, não mais poderá alegar exceção de suspeição, salvo sobrevindo novo motivo. A suspeição não será também admitida, se do processo constar que o recusante deixou de alegá-la anteriormente, quando já a conhecia, ou que, depois de conhecida, aceitou o juiz recusado ou, finalmente, se procurou de propósito o motivo de que ela se originou.

Como entendemos, seguindo o pensamento do mestre Flávio Yarshell, que o rol não é taxativo, mas exemplificativo, é possível invocar outras hipóteses, como as tratadas no CPC, para suscitar a suspeição ou impedimento do juiz do trabalho. É preciso atentar, entretanto, para as hipóteses de preclusão tratadas no parágrafo único do art. 801 da CLT.

Artigo 146

No prazo de 15 (quinze) dias, a contar do conhecimento do fato, a parte alegará o impedimento ou a suspeição, em petição específica dirigida ao juiz do processo, na qual indicará o fundamento da recusa, podendo instruí-la com documentos em que se fundar a alegação e com rol de testemunhas.

§ 1º Se reconhecer o impedimento ou a suspeição ao receber a petição, o juiz ordenará imediatamente a remessa dos autos a seu substituto legal, caso contrário, determinará a autuação em apartado da petição e, no prazo de 15 (quinze) dias, apresentará suas razões, acompanhadas de documentos e de rol de testemunhas, se houver, ordenando a remessa do incidente ao tribunal.

§ 2º Distribuído o incidente, o relator deverá declarar os seus efeitos, sendo que, se o incidente for recebido:

I – sem efeito suspensivo, o processo voltará a correr;

II – com efeito suspensivo, o processo permanecerá suspenso até o julgamento do incidente.

§ 3º Enquanto não for declarado o efeito em que é recebido o incidente ou quando este for recebido com efeito suspensivo, a tutela de urgência será requerida ao substituto legal.

§ 4º Verificando que a alegação de impedimento ou de suspeição é improcedente, o tribunal rejeitá-la-á.

§ 5º Acolhida a alegação, tratando-se de impedimento ou de manifesta suspeição, o tribunal condenará o juiz nas custas e remeterá os autos ao seu substituto legal, podendo o juiz recorrer da decisão.

§ 6º Reconhecido o impedimento ou a suspeição, o tribunal fixará o momento a partir do qual o juiz não poderia ter atuado.

§ 7º O tribunal decretará a nulidade dos atos do juiz, se praticados quando já presente o motivo de impedimento ou de suspeição.

(Arts. 304, 306, 312, 313 e 314 do CPC revogado; ref. CLT: art. 802)

Sob a vigência do CPC/73, o impedimento e a suspeição eram alegados por exceção, como se observa dos arts. 304 a 306 e 312 a 314 da lei revogada. No novo CPC, não mais vigora a exceção, devendo as alegações serem feitas em petição simples, no prazo de 15 (quinze) dias a contar da ciência do fato que gerou o impedimento ou a suspeição.

A petição deverá ser encaminhada ao próprio juiz da causa, que, se não acolher a alegação, deverá remeter como incidente ao Tribunal a que estiver vinculado, a quem incumbirá analisar a concessão ou não de efeito suspensivo. Durante referido período, caso haja necessidade de concessão de medidas urgentes, o pedido será dirigido ao substituto legal, salvo se o Tribunal houver negado expressamente a suspensão do feito.

Outra importante inovação em relação ao CPC revogado diz respeito à determinação, pelo Tribunal, do momento em que se operou o fato que gerou o impedimento ou a suspeição, decretando a nulidade dos atos subsequentes (§§ 5º e 6º).

---

[268] YARSHELL, Flávio Luiz. *Curso de Direito Processual Civil*. vol. I. São Paulo: Marcial Pons, 2014. p. 100.

Em nosso entendimento o procedimento para o incidente previsto no artigo ora comentado do novo CPC não tem aplicação no processo do trabalho. E isto porque a CLT tem dispositivo que trata do rito do incidente, no art. 802, *in verbis*:

> Art. 802. Apresentada a exceção de suspeição, o juiz ou Tribunal designará audiência dentro de 48 (quarenta e oito) horas, para instrução e julgamento da exceção.
>
> § 1º Nas Juntas de Conciliação e Julgamento e nos Tribunais Regionais, julgada procedente a exceção de suspeição, será logo convocado para a mesma audiência ou sessão, ou para a seguinte, o suplente do membro suspeito, o qual continuará a funcionar no feito até decisão final. Proceder-se-á da mesma maneira quando algum dos membros se declarar suspeito.
>
> § 2º Se se tratar de suspeição de Juiz de Direito, será este substituído na forma da organização judiciária local.

Quanto à não aplicação do prazo previsto no CPC para alegar o incidente, ratificamos a posição de Eroltilde Ribeiro dos Santos Minharro:

> Alguns doutrinadores rechaçam a aplicação do prazo para a interposição da exceção de suspeição e de impedimento previsto no CPC e pregam que a exceção deve ser interposta na primeira oportunidade que a parte tiver de falar nos autos, corrente à qual nos filiamos. Convém salientar que, se houver necessidade de instrução do feito, tanto na exceção de suspeição quanto na de impedimento, a audiência será designada rapidamente — em 48 horas — para que o incidente processual possa ser resolvido com celeridade. Ao ser recebida a exceção, o juiz poderá, de plano, aceitar a alegação de impedimento ou de suspeição, de modo a afastar-se do processo e encaminhá-lo a outro magistrado.[269]

Quanto à aplicação do procedimento previsto no processo comum, a Corregedoria-Geral da Justiça do Trabalho na Consolidação dos seus provimentos, referindo-se ao CPC revogado, assim se manifesta:

> Art. 12. Se o juiz de primeiro grau não reconhecer o impedimento ou a suspeição alegada, será aplicado o procedimento previsto nos arts. 313 e 314 do CPC, exceto, quanto a este último, na parte relativa à condenação às custas ao magistrado.
>
> Parágrafo único. Acolhido o impedimento ou a suspeição do juiz, será designado outro magistrado para dar prosseguimento ao processo, incluindo-o em pauta de julgamento, se for o caso, no prazo máximo de 10 (dez) dias.
>
> Art. 13. Na hipótese de impedimento ou suspeição de desembargador do trabalho, contemporânea ao julgamento do processo, este será mantido em pauta com a convocação de outro desembargador para compor o quórum do julgamento.

---

[269] *In* CLT Interpretada, artigo por artigo, parágrafo por parágrafo. Organizador: Antonio Claudio da Costa Machado; coordenador: Domingos Sávio Zainaghi. Barueri, 2007. p. 758.

Discordamos do citado provimento, uma vez que é possível o trâmite e julgamento do incidente com base no art. 802 da CLT, sem a necessidade da aplicação subsidiária do novo CPC.

Artigo 147

Quando 2 (dois) ou mais juízes forem parentes, consanguíneos ou afins, em linha reta ou colateral, até o terceiro grau, inclusive, o primeiro que conhecer do processo impede que o outro nele atue, caso em que o segundo se escusará, remetendo os autos ao seu substituto legal.

(Art. 136 do CPC revogado)

O artigo traz mais uma das hipóteses de presunção de quebra da parcialidade necessária ao correto exercício judicante. Assim, caso haja relação de parentesco entre juízes que potencialmente apreciaram a mesma causa, o segundo fica impedido de atuar, por entender o legislador que tal fato poderia afetar o convencimento do magistrado.

Não vemos impedimento na aplicação do dispositivo no processo do trabalho, uma vez que, conforme já afirmamos, as hipóteses de impedimento e suspeição, tanto no processo civil, como no processo do trabalho, são exemplificativas, de modo que a hipótese aqui tratada pode ser utilizada no processo do trabalho.

Artigo 148

Aplicam-se os motivos de impedimento e de suspeição:

I – ao membro do Ministério Público;

II – aos auxiliares da justiça;

III – aos demais sujeitos imparciais do processo.

§ 1º A parte interessada deverá arguir o impedimento ou a suspeição, em petição fundamentada e devidamente instruída, na primeira oportunidade em que lhe couber falar nos autos.

§ 2º O juiz mandará processar o incidente em separado e sem suspensão do processo, ouvindo o arguido no prazo de 15 (quinze) dias e facultando a produção de prova, quando necessária.

§ 3º Nos tribunais, a arguição a que se refere o § 1º será disciplinada pelo regimento interno.

§ 4º O disposto nos §§ 1º e 2º não se aplica à arguição de impedimento ou de suspeição de testemunha.

(Art. 138 do CPC revogado)

O processo conta com outros sujeitos não parciais, além do juiz, os quais serão detidamente analisados nos comentários aos artigos seguintes. Trata-se dos auxiliares da justiça, do Ministério Público e de demais sujeitos que não detenham interesse jurídico na controvérsia judicializada. Também para estes sujeitos poderão ser alegados impedimento e suspeição, nas mesmas hipóteses aplicáveis ao juiz, salvo quanto às testemunhas (§ 4º), que poderão ser contraditadas no momento oportuno.

O procedimento para apreciação do impedimento ou suspeição em tais casos é um pouco diferente, dispondo o novo Código que se formará incidente — sem suspensão do feito — proferindo o juiz da causa decisão, recorrível mediante agravo de instrumento.

No processo do trabalho também é possível imputar os motivos de impedimento e suspeição a membro do Ministério Público, auxiliares da justiça e demais sujeitos imparciais do processo. Da decisão do incidente, entretanto, não caberá agravo de instrumento, recurso que nessa seara processual se limita a destrancamento do recurso ordinário ou de revista não admitido. Resta ao jurisdicionado, pois, o manejo de mandado de segurança contra a decisão que julgar o incidente.

CAPÍTULO III
DOS AUXILIARES DA JUSTIÇA

Artigo 149

São auxiliares da Justiça, além de outros cujas atribuições sejam determinadas pelas normas de organização judiciária, o escrivão, o chefe de secretaria, o oficial de justiça, o perito, o depositário, o administrador, o intérprete, o tradutor, o mediador, o conciliador judicial, o partidor, o distribuidor, o contabilista e o regulador de avarias.

(Art. 139 do CPC revogado)

Conforme definição de Cândido Dinamarco:

> São auxiliares da Justiça todas aquelas pessoas que de alguma forma participam da movimentação do processo, sob a autoridade do juiz, colaborando com este para tornar possível a prestação jurisdicional.[270]

Na justiça do trabalho, em geral, são órgãos auxiliares as secretarias, distribuidores e oficiais de justiça avaliadores. A matéria é tratada no capítulo VI da CLT, intitulado "Dos serviços auxiliares da Justiça do Trabalho", a partir do art. 710 da lei trabalhista. É digno de registro que com o PJE (Processo Judicial Eletrônico), a função de distribuidor (art.714 da CLT) deverá ser extinta, pois o processo tem distribuição automática.

Os serventuários são regidos pela Lei n. 8112/90 (servidores públicos federais), ingressando por concurso público de provas e títulos (art. 37, II, CF) e são empossados pelo Presidente do Tribunal, função esta que é delegável.

---
[270] DINAMARCO Cândido Rangel. *Teoria Geral do Processo*, 22. ed. São Paulo: Malheiros, p. 218.

Conforme estabelece o art. 96, *b*, da Constituição Federal, a competência para organizar as secretarias e varas do trabalho é privativa dos Tribunais, que tem autogoverno reconhecido pela Carta Magna.

Seção I
Do Escrivão, do Chefe de Secretaria e do Oficial de Justiça

Artigo 150

Em cada juízo haverá um ou mais ofícios de justiça, cujas atribuições serão determinadas pelas normas de organização judiciária.

(Art. 140 do CPC revogado)

Os ofícios de justiça integram o juízo, tratando-se de órgão que visa auxiliar e possibilitar o ofício judicante. Os ofícios de justiça compõem-se de escrivão, chefe de secretaria e oficial de justiça, cujas atribuições são reguladas nos artigos subsequentes. Tais auxiliares da justiça são indispensáveis para o regular exercício da atividade jurisdicional, de modo que o Código prevê que cada juízo deverá contar com pelo menos um ofício de justiça.

No processo do trabalho eles consistem no chefe ou diretor de secretaria, auxiliar de expediente ou atendente de balcão, datilógrafo de audiência e de gabinete, distribuidores e oficiais de justiça avaliadores.

Artigo 151

Em cada comarca, seção ou subseção judiciária haverá, no mínimo, tantos oficiais de justiça quantos sejam os juízos.

(Sem correspondente no CPC revogado)

O artigo se preocupa em determinar que para cada comarca, seção ou subseção judiciária deverá haver ao menos um oficial de justiça para cada juízo, responsável por comunicar e efetivar as ordens judiciais, nos termos das atribuições previstas no art. 154 do NCPC.

A previsão tem como objetivo garantir a celeridade e efetividade na prestação jurisdicional, normas fundamentais dispostas nos primeiros artigos do Código, notadamente no art. 4º, que garante às partes o "direito de obter, em prazo razoável, a solução integral do mérito, incluída a atividade satisfativa".

Há norma similar no processo do trabalho, como se pode observar dos termos do § 1º do art. 721:

> § 1º Para efeito de distribuição dos referidos atos, cada Oficial de Justiça ou Oficial de Justiça Avaliador funcionará perante uma Junta de Conciliação e Julgamento, salvo quando da existência,

Art. 152

nos Tribunais Regionais do Trabalho, de órgão específico, destinado à distribuição de mandados judiciais.

A preocupação com a efetividade das funções exercidas pelo oficial de justiça também existe no processo do trabalho, como se pode aferir dos §§ 2º e 5º do art. 721 da CLT, *in verbis*:

> § 2º Nas localidades onde houver mais de uma Junta, respeitado o disposto no parágrafo anterior, a atribuição para o cumprimento do ato deprecado ao Oficial de Justiça ou Oficial de Justiça Avaliador será transferida a outro Oficial, sempre que, após o decurso de 9 (nove) dias, sem razões que o justifiquem, não tiver sido cumprido o ato, sujeitando-se o serventuário às penalidades da lei.
>
> § 5º Na falta ou impedimento do Oficial de Justiça ou Oficial de Justiça Avaliador, o Presidente da Junta poderá atribuir a realização do ato a qualquer serventuário.

Artigo 152

Incumbe ao escrivão ou ao chefe de secretaria:

I – redigir, na forma legal, os ofícios, os mandados, as cartas precatórias e os demais atos que pertençam ao seu ofício;

II – efetivar as ordens judiciais, realizar citações e intimações, bem como praticar todos os demais atos que lhe forem atribuídos pelas normas de organização judiciária;

III – comparecer às audiências ou, não podendo fazê-lo, designar servidor para substituí-lo;

IV – manter sob sua guarda e responsabilidade os autos, não permitindo que saiam do cartório, exceto:

a) quando tenham de seguir à conclusão do juiz;

b) com vista a procurador, à Defensoria Pública, ao Ministério Público ou à Fazenda Pública;

c) quando devam ser remetidos ao contabilista ou ao partidor;

d) quando forem remetidos a outro juízo em razão da modificação da competência;

V – fornecer certidão de qualquer ato ou termo do processo, independentemente de despacho, observadas as disposições referentes ao segredo de justiça;

VI – praticar, de ofício, os atos meramente ordinatórios.

§ 1º O juiz titular editará ato a fim de regulamentar a atribuição prevista no inciso VI.

§ 2º No impedimento do escrivão ou chefe de secretaria, o juiz convocará substituto e, não o havendo, nomeará pessoa idônea para o ato.

(Arts. 141 e 142 do CPC revogado)

O escrivão ou chefe de secretaria é um dos auxiliares de justiça de maior importância para a atividade jurisdicional. Com efeito, "o escrivão é o dirigente da unidade administrativa de apoio ao juiz — o cartório — sendo responsável pela organização e implementação de todos os seus serviços, pela atribuição e controle das tarefas desempenhadas pelos diversos serventuários ali lotados. Ele ainda possui o dever de documentar o processo, formando os autos, registrando os atos processuais nos livros cartorários, lavrando os termos dos atos orais, redigindo todo o expediente do cartório, como os ofícios e mandados, atividades que exerce com a colaboração do pessoal lotado na serventia"[271].

As novidades em relação ao Código revogado referem-se à inclusão do inciso VI, que trata da prática dos atos meramente ordinatórios, e do parágrafo primeiro, que dispõe que o magistrado deverá editar ato que regulamente esta atribuição específica.

Na justiça do trabalho o chefe ou diretor de secretaria é o auxiliar da jurisdição correspondente ao escrivão da justiça comum, como se pode aferir do art. 710 da CLT, *in verbis*:

> Art. 710. Cada Junta terá 1 (uma) secretaria, sob a direção de funcionário que o Presidente designar, para exercer a função de secretário, e que receberá, além dos vencimentos correspondentes ao seu padrão, a gratificação de função fixada em lei.

As suas funções estão previstas no art. 712 da lei trabalhista e são as seguintes:

> Art. 712. Compete especialmente aos secretários das Juntas de Conciliação e Julgamento:
>
> a) superintender os trabalhos da secretaria, velando pela boa ordem do serviço;
>
> b) cumprir e fazer cumprir as ordens emanadas do Presidente e das autoridades superiores;
>
> c) submeter a despacho e assinatura do Presidente o expediente e os papéis que devam ser por ele despachados e assinados;
>
> d) abrir a correspondência oficial dirigida à Junta e ao seu Presidente, a cuja deliberação será submetida;
>
> e) tomar por termo as reclamações verbais nos casos de dissídios individuais;
>
> f) promover o rápido andamento dos processos, especialmente na fase de execução, e a pronta realização dos atos e diligências deprecadas pelas autoridades superiores;
>
> g) secretariar as audiências da Junta, lavrando as respectivas atas;
>
> h) subscrever as certidões e os termos processuais;
>
> i) dar aos litigantes ciência das reclamações e demais atos processuais de que devam ter conhecimento, assinando as respectivas notificações;
>
> j) executar os demais trabalhos que lhe forem atribuídos pelo Presidente da Junta.
>
> Parágrafo único – Os serventuários que, sem motivo justificado, não realizarem os atos, dentro dos prazos fixados, serão descontados em seus vencimentos, em tantos dias quantos os do excesso.

---

(271) GRECO, Leonardo. *Instituições de Processo Civil*. vol. I, 2. ed. Rio de Janeiro: Forense, 2010. p. 259.

Artigo 153

O escrivão ou chefe de secretaria deverá obedecer à ordem cronológica de recebimento para publicação e efetivação dos pronunciamentos judiciais.

§ 1º A lista de processos recebidos deverá ser disponibilizada, de forma permanente, para consulta pública.

§ 2º Estão excluídos da regra do *caput*:

I – os atos urgentes, assim reconhecidos pelo juiz no pronunciamento judicial a ser efetivado;

II – as preferências legais.

§ 3º Após elaboração de lista própria, respeitar-se-ão a ordem cronológica de recebimento entre os atos urgentes e as preferências legais.

§ 4º A parte que se considerar preterida na ordem cronológica poderá reclamar, nos próprios autos, ao juiz do processo, que requisitará informações ao servidor, a serem prestadas no prazo de 2 (dois) dias.

§ 5º Constatada a preterição, o juiz determinará o imediato cumprimento do ato e a instauração de processo administrativo disciplinar contra o servidor.

(Sem correspondente no CPC revogado)

O novo Código institui ordem cronológica de julgamento, conforme se observa do art. 12. O dispositivo legal ora comentado regulamenta a aplicação desta norma no que se refere às atividades do escrivão e chefe de secretaria, determinando que os pronunciamentos judiciais devem ser publicados e efetivados segundo tal ordem.

O artigo disciplina, ainda, que poderá ocorrer a responsabilização do servidor que descumprir a regra, conforme se observa dos parágrafos quarto e quinto.

Na maioria das secretarias das varas do trabalho, espalhados pelo Brasil, especialmente as de São Paulo e Rio de Janeiro que conhecemos pelo exercício da advocacia nesses Estados, já há um respeito à ordem cronológica na publicação e efetivação dos procedimentos judiciais.

Diante, porém, da previsão de instauração de processo administrativo disciplinar contra o servidor que descumpre essa regra do novo CPC, entendemos que há necessidade de uma regulamentação própria e estruturação do Poder Judiciário Trabalhista para aplicação de sanções aos seus serventuários.

Artigo 154

Incumbe ao oficial de justiça:

I – fazer pessoalmente citações, prisões, penhoras, arrestos e demais diligências próprias do seu ofício, sempre que possível na presença de 2 (duas) testemunhas, certificando no mandado o ocorrido, com menção ao lugar, ao dia e à hora;

II – executar as ordens do juiz a que estiver subordinado;

III – entregar o mandado em cartório após seu cumprimento;

IV – auxiliar o juiz na manutenção da ordem;

V – efetuar avaliações, quando for o caso;

VI – certificar, em mandado, proposta de autocomposição apresentada por qualquer das partes, na ocasião de realização de ato de comunicação que lhe couber.

Parágrafo único. Certificada a proposta de autocomposição prevista no inciso VI, o juiz ordenará a intimação da parte contrária para manifestar-se, no prazo de 5 (cinco) dias, sem prejuízo do andamento regular do processo, entendendo-se o silêncio como recusa.

(Art. 143 do CPC revogado)

O oficial de justiça é auxiliar com enorme relevância, porque incumbido de comunicar e efetivar as ordens judiciais. Leonardo Greco aponta que "o oficial de justiça tem como função principal a de cumprir ordens do juiz fora da sede do juízo. Nesse sentido, é o oficial de justiça o responsável por cumprir os mandados de citação, intimação e de penhora, entre outros"[272]. É o que dispõem os incisos I, II, III e V do dispositivo legal ora analisado.

Além disso, também deve auxiliar o regular andamento dos atos praticados na sede do juízo, como audiências e sessões de julgamento, auxiliando na manutenção da ordem (inciso IV).

Inovação importante do novo Código consta do inciso VI, que trata da obrigação de o oficial de certificar quaisquer propostas de auto composição advindas das partes, o que demonstra mais uma vez a tendência adotada no novo Código à resolução consensual de conflitos, expressa sobretudo no art. 3º, parágrafos segundo e terceiro.

No processo do trabalho não há uma descrição detalhada das funções do oficial de justiça como existe no processo civil. O art. 721 da CLT se limita a estabelecer que:

> Incumbe aos Oficiais de Justiça e Oficiais de Justiça Avaliadores da Justiça do Trabalho a realização dos atos decorrentes da execução dos julgados das Juntas de Conciliação e Julgamento e dos Tribunais Regionais do Trabalho, que lhes forem cometidos pelos respectivos Presidentes.

Artigo 155

O escrivão, o chefe de secretaria e o oficial de justiça são responsáveis, civil e regressivamente, quando:

I – sem justo motivo, se recusarem a cumprir no prazo os atos impostos pela lei ou pelo juiz a que estão subordinados;

---

(272) GRECO, Leonardo. *Instituições de Processo Civil.* vol. I, 2. ed. Rio de Janeiro: Forense, 2010. p. 259.

Art. 156

> II – praticarem ato nulo com dolo ou culpa.
> (Art. 144 do CPC revogado)

Diante da importância das atribuições dos auxiliares da justiça analisados, o Código dispõe que, em havendo descumprimento das funções, poderá ocorrer a responsabilização civil dos funcionários. Para que ocorra a responsabilização, deverá o interessado comprovar o descumprimento dos atos determinados pelo juiz, sem justo motivo, ou a prática de atos com dolo ou culpa.

É digno de registro que, conforme o art. 39 do Código de Organização e Divisão Judiciária do Estado do Rio de Janeiro — CODJERJ,

> Qualquer pessoa poderá representar, por petição, ao Conselho da Magistratura, por abusos, erros ou omissões de magistrados, ou quaisquer auxiliares da Justiça — CODJERJ.

E, conforme estabelece o art. 728 da CLT, os membros da justiça do trabalho estão sujeitos à aplicação do título XI do Código Penal (Crimes contra administração Pública).

Seção II
Do Perito

Artigo 156

> O juiz será assistido por perito quando a prova do fato depender de conhecimento técnico ou científico.
>
> § 1º Os peritos serão nomeados entre os profissionais legalmente habilitados e os órgãos técnicos ou científicos devidamente inscritos em cadastro mantido pelo tribunal ao qual o juiz está vinculado.
>
> § 2º Para formação do cadastro, os tribunais devem realizar consulta pública, por meio de divulgação na rede mundial de computadores ou em jornais de grande circulação, além de consulta direta a universidades, a conselhos de classe, ao Ministério Público, à Defensoria Pública e à Ordem dos Advogados do Brasil, para a indicação de profissionais ou de órgãos técnicos interessados.
>
> § 3º Os tribunais realizarão avaliações e reavaliações periódicas para manutenção do cadastro, considerando a formação profissional, a atualização do conhecimento e a experiência dos peritos interessados.
>
> § 4º Para verificação de eventual impedimento ou motivo de suspeição, nos termos dos arts. 148 e 467, o órgão técnico ou científico nomeado para realização da perícia informará ao juiz os nomes e os dados de qualificação dos profissionais que participarão da atividade.
>
> § 5º Na localidade onde não houver inscrito no cadastro disponibilizado pelo tribunal, a nomeação do perito é de livre escolha pelo juiz e deverá recair sobre profissional ou órgão técnico ou científico comprovadamente detentor do conhecimento necessário à realização da perícia.
>
> (Art. 145 do CPC revogado; art. 195, § 2º da CLT e art. 3º da Lei n. 5.584/70)

O perito é um dos auxiliares da justiça, desinteressados juridicamente, que terá atuação pontual e eventual, sempre que haja necessidade de esclarecimentos para a completa instrução probatória sobre questões técnicas que o magistrado não tem expertise. O perito "elabora laudos e presta depoimentos informativos ou opinativos para apurar ou interpretar os fatos relevantes da causa, quando para esse fim forem necessários os seus conhecimentos. Então, toda vez que na instrução da causa o juiz carecer de conhecimentos técnicos, científicos ou especializados para poder apurar ou avaliar um fato, ele precisa recorrer à prova pericial, nomeando para tanto um perito de sua confiança"[273].

Aplicam-se ao perito os motivos de impedimento e suspeição, de modo que o perito não pode ter qualquer interesse no desfecho da controvérsia.

Nessa matéria, a grande novidade do Código recém aprovado em relação ao CPC/73 é a previsão detalhada da possibilidade de atuar como perito órgão ou entidade especializada, além de pessoas naturais. Assim, passam a poder atuar como peritos não só os profissionais habilitados, mas as pessoas jurídicas que tenham os requisitos necessários.

O perito — pessoa natural ou jurídica — será nomeado a partir de cadastro feito pelo próprio Tribunal, que será formado a partir de consulta pública e de consulta à OAB e às universidades. O cadastro estará em constante avaliação e atualização, o que promete ser fator de aumento da qualidade das atividades periciais.

Não vemos a possibilidade de aplicação dessas novidades relativas à possibilidade de órgão ou entidade especializada atuar como perito, bem como a exigência de prévios cadastros no processo do trabalho. E isto porque a CLT trata da matéria, bem como a Lei n. 5.584/70 que dispõe sobre normas de Direito Processual do Trabalho. Senão vejamos.

A CLT dispõe no art. 195, § 2º, que "arguida em juízo insalubridade ou periculosidade, seja por empregado, seja por sindicato em favor do grupo de associados, o juiz designará perito habilitado na forma deste artigo, e, onde não houver, requisitará perícia ao órgão competente do Ministério do Trabalho".

---

(273) GRECO, Leonardo. *Instituições de Processo Civil*. vol. I, 2. ed. Rio de Janeiro: Forense, 2010. p. 262.

E o art. 3º da Lei n. 5.584/70 estabelece que "Os exames periciais serão realizados por perito único designado pelo Juiz, que fixará o prazo para entrega do laudo".

Assim, diante do tratamento da matéria pela CLT, não há porque se aplicar subsidiariamente o novo CPC no que tange à nomeação de perito.

Artigo 157

O perito tem o dever de cumprir o ofício no prazo que lhe designar o juiz, empregando toda sua diligência, podendo escusar-se do encargo alegando motivo legítimo.

§ 1º A escusa será apresentada no prazo de 15 (quinze) dias, contado da intimação, da suspeição ou do impedimento supervenientes, sob pena de renúncia ao direito a alegá-la.

§ 2º Será organizada lista de peritos na vara ou na secretaria, com disponibilização dos documentos exigidos para habilitação à consulta de interessados, para que a nomeação seja distribuída de modo equitativo, observadas a capacidade técnica e a área de conhecimento.

(Art. 146 do CPC revogado)

O dispositivo legal trata do procedimento para aceitação e cumprimento do encargo de perito. A aceitação não é obrigatória, mas deverá o profissional ou órgão indicar motivo legítimo para a escusa. Como o perito deve ser sujeito imparcial, deverá escusar-se caso mantenha com as partes alguma das relações indicadas como causas de impedimento e suspeição.

A nomeação do perito, ademais, deverá ser feita de modo equitativo em relação ao cadastro referido no artigo anterior, de modo a evitar favorecimentos indevidos.

No processo do trabalho, o perito também tem o direito de recusar a indicação, especialmente no caso de manter com alguma das partes relação que o torne parcial. Quanto ao cadastro, a despeito da inexistência da obrigatoriedade, a nomeação nessa seara processual também deveria seguir um critério equitativo e que evite favorecimentos indevidos.

Artigo 158

O perito que, por dolo ou culpa, prestar informações inverídicas responderá pelos prejuízos que causar à parte e ficará inabilitado para atuar em outras perícias no prazo de 2 (dois) a 5 (cinco) anos, independentemente das demais sanções previstas em lei, devendo o juiz comunicar o fato ao respectivo órgão de classe para adoção das medidas que entender cabíveis.

(Art. 147 do CPC revogado)

Assim como o novo Código prevê a responsabilização do juiz, do escrivão e chefe de secretaria e do oficial de justiça pelo descumprimento de seus deveres, dispõe este artigo que também o perito ficará sujeito à responsabilização caso atue com dolo ou culpa.

A sanção inclui também a reparação dos prejuízos causados e a inabilitação para atuação em outras perícias, por prazo que pode perdurar de dois a cinco anos. Ademais, o órgão profissional a que o perito estiver vinculado deverá ser informado, para que aplique — se for o caso — as sanções disciplinares cabíveis.

Não vemos razão, inclusive diante da omissão da CLT, para não responsabilizar e imputar sanções ao perito que não cumpre seus deveres no processo do trabalho. Assim como no processo civil, a relevância da função para que a jurisdição possa atingir os seus escopos, justifica a penalização do perito irresponsável que não cumpre os seus deveres no processo.

Seção III
Do Depositário e do Administrador

Artigo 159

A guarda e a conservação de bens penhorados, arrestados, sequestrados ou arrecadados serão confiadas a depositário ou a administrador, não dispondo a lei de outro modo.

(Art. 148 do CPC revogado)

Os depositários ou administradores são sujeitos auxiliares da justiça, também imparciais, que atuarão quando haja necessidade de conservar ou administrar bens que tenham sido objeto de penhora, arresto, sequestro ou arrecadação por ordem judicial. Trata-se de depósito necessário, que se diferencia do contrato de depósito, regulado pelo direito civil.

A questão mais relevante acerca do depositário judicial diz respeito à possibilidade ou não de sua prisão, por descumprimento de seus deveres. Após muitas discussões jurisprudenciais e doutrinárias, geradas a partir da interpretação do art. 5º, LXVII da Constituição Federal, o Superior Tribunal de Justiça editou o enunciado de Súmula n. 419, vedando a prisão civil do depositário.

Do mesmo modo, o Supremo Tribunal Federal editou o enunciado de Súmula Vinculante n. 25, que dispõe: "é ilícita a prisão civil de depositário infiel, qualquer que seja a modalidade de depósito". Como precedente representativo da mencionada súmula, o STF destacou o seguinte julgado:

> Se não existem maiores controvérsias sobre a legitimidade constitucional da prisão civil do devedor de alimentos, assim não ocorre em relação à prisão do depositário infiel. As legislações mais avançadas em matérias de direitos humanos proíbem

expressamente qualquer tipo de prisão civil decorrente do descumprimento de obrigações contratuais, excepcionando apenas o caso do alimentante inadimplente. O art. 7º (n. 7) da Convenção Americana sobre Direitos Humanos 'Pacto de San José da Costa Rica', de 1969, dispõe desta forma: 'Ninguém deve ser detido por dívidas. Este princípio não limita os mandados de autoridade judiciária competente expedidos em virtude de inadimplemento de obrigação alimentar.' Com a adesão do Brasil a essa convenção, assim como ao Pacto Internacional dos Direitos Civis e Políticos, sem qualquer reserva, ambos no ano de 1992, iniciou-se um amplo debate sobre a possibilidade de revogação, por tais diplomas internacionais, da parte final do inciso LXVII do art. 5º da Constituição brasileira de 1988, especificamente, da expressão 'depositário infiel', e, por consequência, de toda a legislação infraconstitucional que nele possui fundamento direto ou indireto. (...) Portanto, diante do inequívoco caráter especial dos tratados internacionais que cuidam da proteção dos direitos humanos, não é difícil entender que a sua internalização no ordenamento jurídico, por meio do procedimento de ratificação previsto na Constituição, tem o condão de paralisar a eficácia jurídica de toda e qualquer disciplina normativa infraconstitucional com ela conflitante. Nesse sentido, é possível concluir que, diante da supremacia da Constituição sobre os atos normativos internacionais, a previsão constitucional da prisão civil do depositário infiel (...) deixou de ter aplicabilidade diante do efeito paralisante desses tratados em relação à legislação infraconstitucional que disciplina a matéria (...). Tendo em vista o caráter supralegal desses diplomas normativos internacionais, a legislação infraconstitucional posterior que com eles seja conflitante também tem sua eficácia paralisada. (...) Enfim, desde a adesão do Brasil, no ano de 1992, ao Pacto Internacional dos Direitos Civis e Políticos (art. 11) e à Convenção Americana sobre Direitos Humanos 'Pacto de San José da Costa Rica' (art. 7º, 7), não há base legal par aplicação da parte final do art. 5º, inciso LXVII, da Constituição, ou seja, para a prisão civil do depositário infiel. (RE n. 466.343, Voto do Ministro Gilmar Mendes, Tribunal Pleno, julgamento em 3.12.2008, DJe de 5.6.2009)

Não é lícita, portanto, a prisão civil do depositário, seja no processo civil seja no processo do trabalho.

A jurisprudência trabalhista destaca alguns aspectos relevantes da função como a necessidade de nomeação do depositário, a desnecessidade de assinatura do auto como validade do ato e a dispensa daquela na hipótese de bem imaterial, conforme julgados a respectivamente transcritos do Tribunal Superior do Trabalho e Tribunal Regional do Trabalho da 1ª Região.

> AGRAVO. AGRAVO DE INSTRUMENTO. RECURSO DE REVISTA. EXECUÇÃO. RECUSA EM SER NOMEADO DEPOSITÁRIO FIEL DE BENS. IRREGULARIDADE. JUÍZO NÃO GARANTIDO. DESERÇÃO. Conforme se verifica, tanto a pessoa que tomou ciência da penhora como a sócia da empresa se recusaram a assumir o múnus de fiel depositário, fato o qual configura irregularidade quando do cumprimento do mandado de penhora e avaliação (art. 665, IV, do Código de Processo Civil). Por conseguinte, considerando que não houve nomeação de depositário de bens, verifica-se que o depósito dos bens penhorados não se aperfeiçoou, não se podendo considerar o Juízo garantido. Agravo a que se nega provimento. (TST – Ag-AIRR: 974002219985050001 97400-22.1998.5.05.0001, relatora: Kátia Magalhães Arruda, Data de Julgamento: 19.4.2013, 6ª Turma, Data de Publicação: DEJT 26.4.2013)

> PENHORA — INEXISTÊNCIA DE FIEL DEPOSITÁRIO — VALIDADE. A falta de assinatura no auto de penhora não torna nula a constrição realizada, uma vez que houve a nomeação de fiel depositário, tendo este plena ciência do seu encargo. Recurso a que se dá provimento. (TRT-1 – AGVPET: 1997002719995010005 RJ, relator: Marcos Palacio, Data de Julgamento: 18.3.2013, 3ª Turma, Data de Publicação: 25.3.2013)

> PENHORA. BEM IMATERIAL. DEPOSITÁRIO. DISPENSA. Recaindo a penhora sobre bem imaterial, dispensa-se a nomeação de fiel depositário, aperfeiçoando-se a penhora com a simples comunicação do órgão responsável pela respectiva averbação. (TRT-1 – AGVPET: 737009820045010039 RJ, relatora: Dalva Amélia de Oliveira, Data de Julgamento: 19.2.2013, Nona Turma, Data de Publicação: 13.3.2013)

Artigo 160

Por seu trabalho o depositário ou o administrador perceberá remuneração que o juiz fixará levando em conta a situação dos bens, ao tempo do serviço e às dificuldades de sua execução.

Parágrafo único. O juiz poderá nomear um ou mais prepostos por indicação do depositário ou do administrador.

(Art. 149 do CPC revogado)

O depósito judicial, assim como o encargo de administrador judicial, são necessários e não voluntários. Por consequência, o Código dispõe que, pelo trabalho realizado, tais sujeitos auxiliares receberão remuneração, que deverá ser proporcional ao encargo. Do mesmo modo, poderá ser nomeado preposto para auxiliar na função do depositário ou administrador, como se infere do parágrafo único deste artigo.

No processo do trabalho a orientação jurisprudencial n. 89 da II seção de dissídios individuais do Tribunal Superior do Trabalho dispõe que a investidura no encargo de depositário depende da aceitação do nomeado, que deve assinar termo de compromisso no auto de penhora. Assim como no processo civil, ele deve ser remunerado para tanto e podem ser nomeados prepostos para auxiliá-lo.

Artigo 161

O depositário ou o administrador responde pelos prejuízos que, por dolo ou culpa, causar à parte, perdendo a remuneração que lhe foi arbitrada, mas tem o direito a haver o que legitimamente despendeu no exercício do encargo.

Parágrafo único. O depositário infiel responde civilmente pelos prejuízos causados, sem prejuízo de sua responsabilidade penal e da imposição de sanção por ato atentatório à dignidade da justiça.

(Art. 150 do CPC revogado)

O depositário e o administrador, assim como os demais sujeitos auxiliares da justiça, exercem múnus público e, em tal qualidade, estão sujeitos à responsabilização, caso atuem com dolo ou culpa. Nestes casos, responderá pelos prejuízos e devolverá a remuneração de que trata o artigo anterior, descontando-se as eventuais despesas decorrentes do encargo.

Como visto nos comentários acima, não há mais controvérsia acerca da ilegalidade da prisão civil do depositário, haja vista o teor dos Enunciados de Súmula Persuasiva n. 419 do Superior Tribunal de Justiça e de Súmula Vinculante n. 25 do Supremo Tribunal Federal. Não obstante, responderá civilmente pelos prejuízos, poderá responder criminalmente caso configurado fato típico e, ainda, sujeitar-se-á à sanção por ato atentatório à dignidade da justiça, o que se aplica integralmente ao depositário no processo do trabalho.

Seção IV
Do Intérprete e do Tradutor

Artigo 162

O juiz nomeará intérprete ou tradutor quando necessário para:

I – traduzir documento redigido em língua estrangeira;

II – verter para o português as declarações das partes e das testemunhas que não conhecerem o idioma nacional;

III – realizar a interpretação simultânea dos depoimentos das partes e testemunhas com deficiência auditiva que se comuniquem por meio da Língua Brasileira de Sinais, ou equivalente, quando assim for solicitado.

(Art. 151 do CPC revogado)

É regra do processo civil brasileiro que todos os atos processuais devem ser praticados em língua portuguesa. O art. 190 do novo Código dispõe que:

Art. 190. Em todos os atos e termos do processo é obrigatório o uso da língua portuguesa.

Parágrafo único. O documento redigido em língua estrangeira somente poderá ser juntado aos autos quando acompanhado de versão para a língua portuguesa tramitada por via diplomática ou pela autoridade central, ou firmada por tradutor juramentado.

Os intérpretes e tradutores são, neste contexto, sujeitos que atuam como auxiliares da justiça, seja para realizar a tradução dos documentos juntados aos autos, seja para auxiliar na prática de atos orais, como depoimentos em audiência.

Os intérpretes e tradutores também são auxiliares da justiça no processo do trabalho, como se pode observar do seguinte julgado do Tribunal Regional do Trabalho da 4ª Região:

TRADUTOR JURAMENTADO. JUSTIÇA GRATUITA. Considerando que a atuação do tradutor juramentado é equiparada à dos peritos judiciais, desempenhando ambos os profissionais a função de auxiliares do Juízo, os honorários correspondentes encontram-se abrangidos pelo benefício da gratuidade judiciária. Inteligência do art. 3º, inc. V, da Lei n. 1.060/50 e da Resolução n. 66/2010 do CSJT. Caso em que houve a extinção do processo, sem resolução de mérito, em face da não apresentação pelo autor, em forma traduzida, de documento dito indispensável à propositura da ação, sem a apreciação do seu requerimento, reiterado, de concessão do benefício da gratuidade judiciária. Situação em que o deferimento do benefício possibilitaria o saneamento da lacuna referida na origem. (TRT-4 – RO: 0000782-36.2013.5.04.0027 RS, relator: George Achutti, Data de Julgamento: 26.6.2014, 27ª Vara do Trabalho de Porto Alegre)

Artigo 163

Não pode ser intérprete ou tradutor quem:

I – não tiver a livre administração de seus bens;

II – for arrolado como testemunha ou atuar como perito no processo;

III – estiver inabilitado para o exercício da profissão por sentença penal condenatória, enquanto durarem seus efeitos.

(Art. 152 do CPC revogado)

A lei prevê algumas hipóteses em que é vedada a atuação como intérprete ou tradutor. São casos de ausência da administração dos bens (inciso I), atuação como testemunha ou perito (inciso II) ou inabilitação profissional (inciso III).

Tais vedações têm o objetivo de evitar qualquer mácula ao exercício do múnus público e ensejam nulidade para o processo judicial, seja por quebra na parcialidade, seja por falta de aptidão para atuar como auxiliar da justiça. Não há modificações em relação à disciplina do CPC/73 e elas também se aplicam no processo do trabalho.

Artigo 164

O intérprete ou tradutor, oficial ou não, é obrigado a desempenhar seu ofício, aplicando-se-lhe o disposto nos arts. 157 e 158.

(Art. 153 do CPC revogado)

O artigo dispõe sobre o procedimento para aceitação do encargo como tradutor ou intérprete, que será o mesmo referente aos peritos. Remetemos o leitor aos comentários respectivos.

Seção V
Dos Conciliadores e Mediadores Judiciais

Artigo 165

Os tribunais criarão centros judiciários de solução consensual de conflitos, responsáveis pela realização de sessões e audiências de conciliação e mediação e pelo desenvolvimento de programas destinados a auxiliar, orientar e estimular a autocomposição.

> § 1º A composição e a organização dos centros serão definidas pelo respectivo tribunal, observadas as normas do Conselho Nacional de Justiça.
>
> § 2º O conciliador, que atuará preferencialmente nos casos em que não houver vínculo anterior entre as partes, poderá sugerir soluções para o litígio, sendo vedada a utilização de qualquer tipo de constrangimento ou intimidação para que as partes conciliem.
>
> § 3º O mediador, que atuará preferencialmente nos casos em que houver vínculo anterior entre as partes, auxiliará aos interessados a compreender as questões e os interesses em conflito, de modo que eles possam, pelo restabelecimento da comunicação, identificar, por si próprios, soluções consensuais que gerem benefícios mútuos.
>
> (Sem correspondente no CPC revogado)

Na resolução de um conflito é possível recorrer ao Judiciário, para que o Estado-juiz adjudique a solução da lide e imponha aos litigantes uma decisão. Em muitos casos, contudo, a auto composição demonstra-se muito mais adequada e efetiva. Há conflitos que não se resolvem pela simples determinação judicial, envolvendo questões subjetivas muito mais complexas.

Tendo em vista a ineficácia da via estatal para resolver alguns tipos de litígios, foram desenvolvidos métodos alternativos de resolução de conflitos, também denominados de MASC. Nos Estados Unidos tais institutos receberam o nome de ADR, ou *alternative dispute resolution*. Trata-se de métodos de resolução de conflitos que trabalham a partir da autocomposição, de modo autônomo ou inserto em um processo judicial.

O novo Código indica, nas normas fundamentais do processo, que "o estado promoverá, sempre que possível, a solução consensual dos conflitos" (art. 3º, § 2º), e que a conciliação e mediação devem ser incentivados pelos magistrados, advogados, membros da Defensoria Pública e do Ministério Público, mesmo no curso de processo judicial contencioso (art. 3º, § 3º).

Com efeito, a mediação e a conciliação são importantes meios alternativos de resolução de conflitos, tendo sido muito prestigiados e enfatizados no novo Código de Processo Civil.

Leonardo Carneiro da Cunha e João Luiz Lessa de Azevedo Neto destacam que trata-se de uma importante mudança de perspectiva, já que "tradicionalmente, desde Chiovenda e Carnelutti, sempre se falou que o processo serve para aplicar a lei, sendo um espaço de decisão e raciocínio subsuntivo. O processo civil brasileiro, sendo aprovado o projeto, entrará na fase do processo como local de diálogo e de busca pelo melhor caminho para a resolução de cada disputa"[274].

O dispositivo ora analisado dispõe que os tribunais criarão centros de resolução consensual de conflitos, para que ocorram as sessões de mediação e conciliação. Há, ainda, a previsão de uma audiência preliminar de mediação e conciliação para todos os processos judiciais.

Na mediação há a participação de um terceiro (mediador) que vai atuar de modo a facilitar a comunicação entre as partes, sem, contudo, apresentar ou impor soluções aos envolvidos. Fernanda Tartuce conceitua a mediação como "o mecanismo de abordagem consensual de controvérsias em que uma pessoa isenta e capacitada atua tecnicamente com vistas a facilitar a comunicação entre os envolvidos para que eles possam encontrar formas produtivas de lidar com as disputas"[275].

São elementos da mediação, conforme a Diretiva n. 52, de 2008, do Conselho da União Europeia: estrutura do processo, existência de pelo menos duas partes, voluntariedade, acordo das partes e participação do mediador.

Na conciliação — também chamada de mediação ativa — este terceiro que participa "adota uma postura mais ativa: ele não vai apenas facilitar o entendimento entre as partes, mas, principalmente, interagir com elas, apresentar soluções, buscar caminhos que não haviam sido pensados por elas, fazer propostas, admoestá-las de que determinada proposta está muito elevada ou de que uma outra proposta está muito baixa; enfim, ele vai ter uma postura verdadeiramente influenciadora no resultado daquele litígio a fim de obter a sua composição"[276].

A diferença entre estas duas modalidades de métodos autocompositivos resta clara pela análise dos parágrafos terceiro e quarto do artigo ora analisado, que tratam de definir as atividades dos conciliadores e mediadores. Em qualquer hipótese, é vedada a imposição de soluções às partes. Sobre o tema é digno de registro o Enunciado n. 187 do Fórum Permanente de Processualistas Civis[277].

Quanto ao processo do trabalho, remetemos o leitor aos comentários realizados ao art. 3º do Novo Código de Processo Civil.

---

(274) CUNHA, Leonardo Carneiro da; AZEVEDO NETO, João Luiz Lessa de. A mediação e a conciliação no projeto do novo CPC: meios integrados de resolução de disputas. *In:* FREIRE, Alexandre *et all. Novas tendências do processo civil*. vol. III. Salvador: Juspodivm, 2014.

(275) TARTUCE, Fernanda. Mediação no novo CPC: questionamentos reflexivos. *In:* FREIRE, Alexandre *et all. Novas tendências do processo civil*. vol. I. Salvador: Juspodivm, 2013.

(276) PINHO, Humberto Dalla Bernardina de. *Direito Processual Civil contemporâneo*. vol. I. São Paulo: Saraiva, 2012. p. 877.

(277) "No emprego de esforços para a solução consensual do litígio familiar, são vedadas iniciativas de constrangimento ou intimidação para que as partes conciliem, assim como as de aconselhamento sobre o objeto da causa".

> **Artigo 166**
>
> A conciliação e a mediação são informadas pelos princípios da independência, da imparcialidade, da autonomia da vontade, da confidencialidade, da oralidade, da informalidade e da decisão informada.
>
> § 1º A confidencialidade estende-se a todas as informações produzidas no curso do procedimento, cujo teor não poderá ser utilizado para fim diverso daquele previsto por expressa deliberação das partes.
>
> § 2º Em razão do dever de sigilo, inerente às suas funções, o conciliador e o mediador, assim como os membros de suas equipes, não poderão divulgar ou depor acerca de fatos ou elementos oriundos da conciliação ou da mediação.
>
> § 3º Admite-se a aplicação de técnicas negociais, com o objetivo de proporcionar ambiente favorável à autocomposição.
>
> § 4º A mediação e a conciliação serão regidas conforme a livre autonomia dos interessados, inclusive no que diz respeito à definição das regras procedimentais.
>
> (Sem correspondente no CPC revogado)

Os princípios da mediação e da conciliação são dispostos no artigo ora analisado. Acerca dos princípios, o Conselho Nacional de Justiça já havia editado a Resolução n. 125/2010, dispondo que:

> Art. 1º São princípios fundamentais que regem a atuação de conciliadores e mediadores judiciais: confidencialidade, decisão informada, competência, imparcialidade, independência e autonomia, respeito à ordem pública e às leis vigentes, empoderamento e validação.
>
> I – Confidencialidade — dever de manter sigilo sobre todas as informações obtidas na sessão, salvo autorização expressa das partes, violação à ordem pública ou às leis vigentes, não podendo ser testemunha do caso, nem atuar como advogado dos envolvidos, em qualquer hipótese;
>
> II – Decisão informada — dever de manter o jurisdicionado plenamente informado quanto aos seus direitos e ao contexto fático no qual está inserido;
>
> III – Competência — dever de possuir qualificação que o habilite à atuação judicial, com capacitação na forma desta Resolução, observada a reciclagem periódica obrigatória para formação continuada;
>
> IV – Imparcialidade — dever de agir com ausência de favoritismo, preferência ou preconceito, assegurando que valores e conceitos pessoais não interfiram no resultado do trabalho, compreendendo a realidade dos envolvidos no conflito e jamais aceitando qualquer espécie de favor ou presente;
>
> V – Independência e autonomia — dever de atuar com liberdade, sem sofrer qualquer pressão interna ou externa, sendo permitido recusar, suspender ou interromper a sessão se ausentes as condições necessárias para seu bom desenvolvimento, tampouco havendo dever de redigir acordo ilegal ou inexequível;
>
> VI – Respeito à ordem pública e às leis vigentes — dever de velar para que eventual acordo entre os envolvidos não viole a ordem pública, nem contrarie as leis vigentes;
>
> VII – Empoderamento — dever de estimular os interessados a aprenderem a melhor resolverem seus conflitos futuros em função da experiência de justiça vivenciada na autocomposição;
>
> VIII – Validação — dever de estimular os interessados perceberem-se reciprocamente como serem humanos merecedores de atenção e respeito.

É relevante notar que o novo Código expressamente dispõe que o emprego de tais métodos não ofende a imparcialidade, enfatizando, ademais, o sigilo necessário para o correto emprego dos métodos. A confidencialidade é um dos aspectos mais importantes dos métodos autocompositivos, lecionando Fernanda Tartuce que "para que possam se comunicar de forma aberta e sem restrições, os participantes da sessão consensual precisam ter certeza de que o que disserem não será usado contra eles indevidamente em outra oportunidade (sobretudo em juízo) (...). Para assegurar o compromisso, é comum a assinatura de um termo de sigilo quanto ao que foi conversado durante a mediação; devem assina-lo não só os mediandos mas também seus advogados (caso estes participem das sessões)"[278].

Trata-se de um subsistema próprio da mediação e da conciliação, regido por princípios específicos, conforme dispõe o artigo de lei e que também devem ser observados no processo do trabalho.

> **Artigo 167**
>
> Os conciliadores, os mediadores e as câmaras privadas de conciliação e mediação serão inscritos em cadastro nacional e em cadastro de tribunal de justiça ou de tribunal regional federal, que manterá registro de profissionais habilitados, com indicação de sua área profissional.
>
> § 1º Preenchendo o requisito da capacitação mínima, por meio de curso realizado por entidade credenciada, conforme parâmetro curricular definido pelo Conselho Nacional de Justiça em conjunto com o Ministério da Justiça, o conciliador ou o mediador, com o respectivo certificado, poderá requerer sua inscrição no cadastro nacional e no cadastro de tribunal de justiça ou de tribunal regional federal.
>
> § 2º Efetivado o registro, que poderá ser precedido de concurso público, o tribunal remeterá ao diretor do foro da comarca, seção ou subseção judiciária onde atuará o conciliador ou o mediador os dados necessários para que seu nome passe a constar da respectiva lista, a ser observada na distribuição alternada e aleatória, respeitado o princípio da igualdade dentro da mesma área de atuação profissional.

---

(278) TARTUCE, Fernanda. Mediação no novo CPC: questionamentos reflexivos. In: FREIRE, Alexandre et all. Novas tendências do processo civil. vol. I. Salvador: Juspodivm, 2013.

> § 3º Do credenciamento das câmaras e do cadastro de conciliadores e mediadores constarão todos os dados relevantes para a sua atuação, tais como o número de processos de que participou, o sucesso ou insucesso da atividade, a matéria sobre a qual versou a controvérsia, bem como outros dados que o tribunal julgar relevantes.
>
> § 4º Os dados colhidos na forma do § 3º serão classificados sistematicamente pelo tribunal, que os publicará, ao menos anualmente, para conhecimento da população e para fins estatísticos e de avaliação da conciliação, da mediação, das câmaras privadas de conciliação e de mediação, dos conciliadores e dos mediadores.
>
> § 5º Os conciliadores e mediadores judiciais cadastrados na forma do *caput*, se advogados, estarão impedidos de exercer a advocacia nos juízos em que desempenhem suas funções.
>
> § 6º O tribunal poderá optar pela criação de quadro próprio de conciliadores e mediadores, a ser preenchido por concurso público de provas e títulos, observadas as disposições deste Capítulo.
>
> (Sem correspondente no CPC revogado)

Como já mencionado, a mediação e a conciliação receberam bastante ênfase no novo Código. A importância de tais métodos vem acompanhada de uma previsão legal de controle e fiscalização sobre as atividades dos mediados e conciliadores. A uma, deverá haver cadastros nacional e regionais com os profissionais habilitados a atuar em tais métodos de resolução de conflitos, exigido ao menos a qualificação de que trata o parágrafo primeiro. Poderá também ser requerida a realização de concurso para as funções de mediador e conciliador, o que deverá ser disciplinado por cada tribunal.

Importante previsão legal é a que diz respeito à publicidade das informações relativas aos conciliadores e mediadores, inclusive com a divulgação de dados quantitativos e qualitativos sobre sua atuação. Tais informações poderão ser usadas, por exemplo, para a nomeação de que trata o artigo subsequente.

No processo do trabalho a matéria já é tratada por meio de legislação específica, de modo que não haverá aplicação desses dispositivos do novo CPC. Destacamos, por exemplo, a Portaria n. 818/1995[279] e o Decreto n. 1.572/95[280] que tratam do cadastro de mediadores perante o Ministério do Trabalho e Emprego.

---

(279) Portaria N. 818, de 30 de Agosto de 1995: O MINISTRO DE ESTADO DO TRABALHO, no uso de suas atribuições legais e considerando o disposto no art. 7º do Decreto n. 1.572, de 28 de julho de 1995, Resolve:

Art. 1º O Ministério do Trabalho nos termos do Decreto n. 1.572, de 28 de julho de 1995, manterá cadastro de profissionais para o exercício da função de mediador, para subsidiar a escolha pelas partes.

§ 1º A inscrição far-se-á mediante requerimento do interessado, perante a Delegacia Regional do Trabalho, desde que o requerente comprove possuir experiência em composição de conflitos trabalhistas e conhecimentos técnicos relativos às questões de natureza trabalhista.

§ 2º A experiência na composição dos conflitos de natureza trabalhista será comprovada com a apresentação de cópia autenticada das atas de reuniões de negociação coletiva que tenha participado, na qual conste o seu nome.

§ 3º Os conhecimentos técnicos relativos às questões de natureza trabalhista serão comprovadas pela atuação em uma das seguintes áreas:

I – advocacia trabalhista;

II – área de recursos humanos;

III – área de relações sindicais.

Art. 2º Preenchidos os requisitos nos §§ 2º e 3º do art. 1º, caberá ao Delegado Regional do Trabalho, após ouvida a Divisão ou Seção de Relações do Trabalho, expedir o competente ato declaratório, que será publicado no Diário Oficial da União.

Art. 3º É vedado o credenciamento de servidores públicos ativos.

Art. 4º A Delegacia Regional do Trabalho, periodicamente, dará conhecimento às entidades sindicais do cadastro de mediadores.

Art. 5º Esta Portaria entra em vigor na data de sua publicação.

(280) Decreto n. 1.572/1995

Art. 1º A mediação na negociação coletiva de natureza trabalhista será exercida de acordo com o disposto neste Decreto.

Art. 2º Frustada a negociação direta, na respectiva data-base anual, as partes poderão escolher, de comum acordo, mediador para composição do conflito.

§ 1º Caso não ocorra a escolha na forma do caput deste artigo, as partes poderão solicitar, ao Ministério do Trabalho, a designação de mediador.

§ 2º A parte que se considerar sem as condições adequadas para, em situação de equilíbrio, participar de negociação direta, poderá, desde logo, solicitar ao Ministério do Trabalho a designação de mediador.

§ 3º A designação de que tratam os parágrafos anteriores poderá recair em:

a) mediador previamente cadastrado nos termos do art. 4º desde que as partes concordem quanto ao pagamento dos honorários por ele proposto por ocasião da indicação; ou

b) servidor do quadro do Ministério do Trabalho, sem ônus para as partes.

Art. 3º Nos casos previstos nos §§ 1º e 2º do artigo anterior, a designação do mediador competirá:

I – ao Delegado Regional do Trabalho, quando se tratar de negociação de âmbito local ou regional; ou

II – ao Secretário de Relações do Trabalho do Ministério do Trabalho, na hipótese de negociação de âmbito nacional.

Art. 4º O Ministério do Trabalho manterá cadastro de profissionais para o exercício da função de mediador para subsidiar a escolha pelas partes.

§ 1º A inscrição no cadastro far-se-á, mediante requerimento do interessado, perante a Delegacia Regional do Trabalho, desde que o requerente demonstre:

a) comprovada experiência na composição dos conflitos de natureza trabalhista;

b) conhecimentos técnicos relativos às questões de natureza trabalhista.

§ 2º Preenchidos os requisitos referidos no parágrafo anterior, caberá ao Delegado Regional do Trabalho expedir o competente ato declaratório, que será publicado no Diário Oficial da União.

§ 3º O credenciamento terá validade pelo prazo de três anos contados da data de sua publicação, facultado ao Delegado Regional do Trabalho o respectivo cancelamento, mediante despacho fundamentado.

As novidades, entretanto, trazidas pelo novo CPC, no tocante ao controle e fiscalização de mediadores e conciliadores devem servir de modelo para a legislação trabalhista, que pode e deve se aperfeiçoar com base nesses parâmetros.

Artigo 168

As partes podem escolher, de comum acordo, o conciliador, o mediador ou a câmara privada de conciliação e de mediação.

§ 1º O conciliador ou mediador escolhido pelas partes poderá ou não estar cadastrado no tribunal.

§ 2º Inexistindo acordo quanto à escolha do mediador ou conciliador, haverá distribuição entre aqueles cadastrados no registro do tribunal, observada a respectiva formação.

§ 3º Sempre que recomendável, haverá a designação de mais de um mediador ou conciliador.

(Sem correspondente no CPC revogado)

O artigo destaca a importância da escolha ou nomeação do terceiro que irá atuar como mediador ou conciliador. Como métodos auto compositivos, Humberto Dalla destaca que é "imprescindível que as partes estejam optando pela mediação de boa-fé, e que conduzam todo o processo nessa perspectiva. Ademais, importante que as partes escolham conjuntamente um mediador (e se empenhem, verdadeiramente, nesse processo de escolha), que seja de sua irrestrita confiança e esteja apto a compreender aquele conflito, suas dimensões e potencialidades"[281].

Como a resolução consensual de conflitos tem características muito diversas da via tradicional estatal, a questão da nomeação do terceiro é essencial, pois pode significar o sucesso ou insucesso da tentativa de resolução amigável.

O dispositivo de lei permite que as partes escolham o mediador ou conciliador e, apenas se não houver acordo, haverá a nomeação a qualquer um dos cadastrados perante o Tribunal.

No processo do trabalho também há essa liberdade na escolha de mediadores e conciliadores, como se pode observar do seguinte julgado do Tribunal Regional do Trabalho da 10ª Região:

PEDIDO DE REGISTRO SINDICAL: REPRESENTAÇÃO DE ÁRBITROS, MEDIADORES E CONCILIADORES: REPRESENTAÇÃO ECLÉTICA INADMISSÍVEL: Exigência de observância ao sistema de solução extrajudicial de conflitos e da livre vontade dos sujeitos litigantes em relação à escolha dos árbitros, mediadores e conciliadores e dos procedimentos para a decisão ou facilitação de acordo entre as partes em conflito; inviabilidade da qualificação de entidade sindical específica para sujeitos representados propriamente por outras entidades sindicais pertinentes a cada profissão; caso concreto; confusão entre a posição como patrão, empregado ou profissional liberal pela leitura do estatuto social; pretensão de criação de entidade com finalidade paralegal expressa; vedação e necessidade de restrições à pretensão de afastar a atuação estatal; possibilidade, sob certas condições, de criar associação de interesses comuns fora da esfera sindical; inteligência normativa da Constituição federal, da CLT e de leis específicas; recurso da entidade autora conhecido e desprovido; ato ministerial que sustou o pedido administrativo mantido ante vícios formais e inadequação material do requerimento de registro sindical por denominado sindicato nacional dos juízes arbitrais do Brasil. (TRT-10, relator: Desembargador Mário Macedo Fernandes Caron, Data de Julgamento: 6.8.2014, 2ª Turma)

Artigo 169

Ressalvada a hipótese do art. 167, § 6º, o conciliador e o mediador receberão pelo seu trabalho remuneração prevista em tabela fixada pelo tribunal, conforme parâmetros estabelecidos pelo Conselho Nacional de Justiça.

§ 1º A mediação e a conciliação podem ser realizadas como trabalho voluntário, observada a legislação pertinente e a regulamentação do tribunal.

§ 2º Os tribunais determinarão o percentual de audiências não remuneradas que deverão ser suportadas pelas câmaras privadas de conciliação e mediação, com o fim de atender aos processos em que deferida gratuidade da justiça, como contrapartida de seu credenciamento.

(Sem correspondente no CPC revogado)

Caso o tribunal não crie um quadro próprio de conciliadores e mediadores concursados (nos termos da autorização do art. 168, § 6º), hipótese esta em que receberão como servidores públicos, e caso não haja realização de trabalho na qualidade de voluntário (§ 1º), os mediadores e conciliadores receberão remuneração de acordo com a atividade exercida, o que deverá ser previsto em tabela fixada pelo tribunal.

---

§ 4º É vedado o credenciamento de servidores públicos ativos.

Art. 5º O mediador designado terá o prazo máximo de trinta dias para a conclusão do processo de negociação, salvo acordo expresso com as partes interessadas.

Parágrafo único. Tendo em vista circunstâncias de ordem pública, o Delegado Regional do Trabalho poderá solicitar redução no prazo de negociação.

Art. 6º Não alcançado o entendimento entre as partes, na negociação direta ou por intermédio de mediador, lavrar-se-á, de imediato, ata contendo:

I – as causas motivadoras do conflito;

II – as reivindicações de natureza econômica.

Art. 7º O Ministro de Estado do Trabalho expedirá as instruções necessárias ao cumprimento do disposto neste Decreto.

Art. 8º Este Decreto entra em vigor na data de sua publicação.

Brasília, 28 de julho de 1995; 174º da Independência e 107º da República.

(281) PINHO, Humberto Dalla Bernardina de. *Direito Processual Civil contemporâneo*. vol. I. São Paulo: Saraiva, 2012. p. 893.

O parágrafo segundo, por sua vez, prevê uma espécie de compensação a ser realizada entre tribunal e câmara privada de conciliação e mediação, como contrapartida do credenciamento, o que por certo gerará controvérsias.

O Tribunal Regional Federal da 2ª Região já decidiu que o exercício da conciliação sem remuneração não gera incompatibilidade para a advocacia, mas apenas impedimento de caráter relativo no próprio juízo.

> ADMINISTRATIVO. CONCILIADOR DO JUIZADO ESPECIAL, SEM REMUNERAÇÃO. EXERCÍCIO DA ADVOCACIA. POSSIBILIDADE. IMPEDIMENTO DE CARÁTER RELATIVO. 1 – O exercício da função de Conciliador junto aos Juizados Especiais sem nenhuma remuneração não configura incompatibilidade com o exercício da advocacia, mas, apenas, impedimento de caráter relativo, ou seja, se verifica tão somente para o patrocínio de ações propostas no próprio Juizado Especial. 2 – Remessa e apelação improvidas. (TRF-2 – AMS: 2001.02.01.003008-6 RJ, relator: Desembargador Federal Antonio Cruz Netto, Data de Julgamento: 8.8.2007, 5ª Turma Especializada, Data de Publicação: DJU – Data: 21.8.2007 – Página: 490)

Artigo 170

No caso de impedimento, o conciliador ou mediador o comunicará imediatamente, de preferência por meio eletrônico, e devolverá os autos ao juiz do processo ou ao coordenador do centro judiciário de solução de conflitos, devendo este realizar nova distribuição.

Parágrafo único. Se a causa de impedimento for apurada quando já iniciado o procedimento, a atividade será interrompida, lavrando-se ata com relatório do ocorrido e solicitação de distribuição para novo conciliador ou mediador.

(Sem correspondente no CPC revogado)

A Resolução n. 125/2010, do Conselho Nacional de Justiça, dispõe sobre a aplicação dos motivos de impedimento e suspeição aos mediadores e conciliadores (art. 5º). Com efeito, ainda que os mediadores e conciliadores não adjudiquem a resolução do conflito, não podem estar comprometidos com uma das partes — seja por relações de parentesco, afetividade, subordinação etc. —, sob pena de comprometer todo o processo de autocomposição.

Leonardo da Cunha e João Azevedo Neto destacam que "o conciliador ou o mediador deve ser imparcial diante dos envolvidos, não podendo ter interesse no resultado em favor de qualquer deles. (...) o mediador ou conciliador deve atuar com independência, para bem desempenhar suas funções, respeitando a autonomia da vontade das partes, inclusive no que respeita à definição das regras procedimentais"[282].

---

(282) CUNHA, Leonardo Carneiro da; AZEVEDO NETO, João Luiz Lessa de. A mediação e a conciliação no projeto do novo CPC: meios integrados de resolução de disputas. *In:* FREIRE, Alexandre *et all. Novas tendências do processo civil.* vol. III. Salvador: Juspodivm, 2014.

Assim, caso fique configurada hipótese de impedimento ou suspeição, o mediador ou conciliador deverá comunicar o ocorrido, para que seja feita nova distribuição, a um terceiro desinteressado, que possa conduzir as sessões, seja no processo civil seja no processo do trabalho.

Artigo 171

No caso de impossibilidade temporária do exercício da função, o conciliador ou mediador informará o fato ao centro, preferencialmente por meio eletrônico, para que, durante o período em que perdurar a impossibilidade, não haja novas distribuições.

(Sem correspondente no CPC revogado)

O artigo repete regra do art. 6º da Resolução n. 125/2010, do Conselho Nacional de Justiça. A medida tem caráter pragmático e visa evitar transtornos aos envolvidos em processos de mediação e conciliação. Caso o mediador ou conciliador tenha qualquer óbice para exercer suas funções, deverá comunicar o centro para que não lhe sejam designadas novas sessões. Entendemos, ademais, que — dependendo do prazo que perdurar a impossibilidade — que as sessões já iniciadas passem a ser conduzidas por outro mediador ou conciliador, evitando-se a interrupção das sessões.

Não vemos óbice à aplicação deste dispositivo no processo do trabalho.

Artigo 172

O conciliador e o mediador ficam impedidos, pelo prazo de 1 (um) ano, contado do término da última audiência em que atuaram, de assessorar, representar ou patrocinar qualquer das partes.

(Sem correspondente no CPC revogado)

Além da incidência das hipóteses de impedimento, esta regra visa evitar o comprometimento da imparcialidade e independência dos mediadores e conciliadores, bem como visa evitar a quebra da confidencialidade e de sigilo durante as sessões.

A previsão já constava do art. 7º da Resolução 125/2010 do CNJ[283], mas, na Resolução, não havia a delimitação temporal agora adotada no novo CPC. O impedimento não mais perdurará indefinidamente, mas apenas pelo prazo de um ano a contar da última sessão. Após este prazo, cessa o impedimento.

No processo do trabalho é importante a aplicação da regra comentada, com o fim de também evitar nessa seara processual qualquer risco à imparcialidade dos mediadores ou conciliadores.

---

(283) Art. 7º O conciliador ou mediador fica absolutamente impedido de prestar serviços profissionais, de qualquer natureza, aos envolvidos em processo de conciliação/mediação sob sua condução.

> **Artigo 173**
>
> Será excluído do cadastro de conciliadores e mediadores aquele que:
>
> I – agir com dolo ou culpa na condução da conciliação ou da mediação sob sua responsabilidade ou violar qualquer dos deveres decorrentes do art. 166, §§ 1º e 2º;
>
> II – atuar em procedimento de mediação ou conciliação, apesar de impedido ou suspeito.
>
> § 1º Os casos previstos neste artigo serão apurados em processo administrativo.
>
> § 2º O juiz do processo ou o juiz coordenador do centro de conciliação e mediação, se houver, verificando atuação inadequada do mediador ou conciliador, poderá afastá-lo de suas atividades por até 180 (cento e oitenta) dias, por decisão fundamentada, informando o fato imediatamente ao tribunal para instauração do respectivo processo administrativo.
>
> (Sem correspondente no CPC revogado)

O dispositivo legal ora analisado trata da suspensão e exclusão dos mediadores e conciliadores dos respectivos cadastros perante os tribunais, sempre que haja descumprimento dos deveres e princípios da mediação, como sigilo, independência e imparcialidade (inciso I), e atuação a despeito de impedimento ou suspeição (inciso II).

Poderá ocorrer a suspensão por até 180 dias, com a consequente exclusão, sempre respeitando-se o regular processo administrativo (§ 1º), em que será franqueado ao mediador ou conciliador o contraditório, com produção de provas.

O descumprimento dos deveres pelos conciliadores e mediadores é regulado também pela Resolução n. 125/2010 do Conselho Nacional de Justiça, que prevê que qualquer interessado poderá representar ao Juiz sobre a ocorrência de fato descrito neste artigo[284], o que também se aplica ao processo do trabalho, especialmente pela resolução falar em "qualquer outro Órgão do Poder Judiciário Nacional".

> **Artigo 174**
>
> A União, os Estados, o Distrito Federal e os Municípios criarão câmaras de mediação e conciliação, com atribuições relacionadas à solução consensual de conflitos no âmbito administrativo, tais como:

---

(284) Resolução n. 125/2010: Art. 8º O descumprimento dos princípios e regras estabelecidos neste Código, bem como a condenação definitiva em processo criminal, resultará na exclusão do conciliador/mediador do respectivo cadastro e no impedimento para atuar nesta função em qualquer outro órgão do Poder Judiciário nacional.

Parágrafo único – Qualquer pessoa que venha a ter conhecimento de conduta inadequada por parte do conciliador/mediador poderá representar ao Juiz Coordenador a fim de que sejam adotadas as providências cabíveis.

> I – dirimir conflitos envolvendo órgãos e entidades da administração pública;
>
> II – avaliar a admissibilidade dos pedidos de resolução de conflitos, por meio de conciliação, no âmbito da administração pública;
>
> III – promover, quando couber, a celebração de termo de ajustamento de conduta.
>
> (Sem correspondente no CPC revogado)

O incentivo à utilização das técnicas autocompositivas para resolução de conflitos observa-se também no dispositivo legal ora analisado. O que o Código prevê é que, não só em âmbito de processos judiciais, mas também em sede de órgãos administrativos, deverão ser criadas câmaras de conciliação e mediação.

A medida merece aplausos, pois conjuga duas questões muito importantes: a possibilidade de resolução de conflitos pela via administrativa, sem necessidade de movimentar a máquina judiciária, com todos os ônus decorrentes; e a utilização de métodos consensuais, que podem possibilitar a resolução da controvérsia por meio de um meio-termo, um acordo entre os envolvidos.

Em tais centros de resolução consensual em âmbito administrativo, poderão ser firmados também termos de ajustamento de conduta, conforme prevê o inciso II.

No âmbito trabalhista, tal exemplo poderia ser seguido pelas Gerências Regionais do Trabalho, nos processos administrativos pelos quais as empresas são autuadas por descumprimento de normas de proteção ao trabalho.

> **Artigo 175**
>
> As disposições desta Seção não excluem outras formas de conciliação e mediação extrajudiciais vinculadas a órgãos institucionais ou realizadas por intermédio de profissionais independentes, que poderão ser regulamentadas por lei específica.
>
> Parágrafo único. Os dispositivos desta Seção aplicam-se, no que couber, às câmaras privadas de conciliação e mediação.
>
> (Sem correspondente no CPC revogado)

A mediação e a conciliação não são métodos judiciais de solução de conflitos. Trata-se de meios que se desenvolveram historicamente como via alternativa ao poder juidiciário, e que passaram a ser adotados de forma incidente ou integrada à resolução judicial.

O que este dispositivo legal dispõe é que a utilização de tais meios em processos judiciais não desnatura sua origem e natureza, de modo que poderão — e deverão — ser praticadas extrajudicialmente. Leonardo Carneiro da Cunha e João Luiz

Azevedo Neto dispõem que "a mediação e a conciliação não devem ser encaradas como medidas destinadas a desafogar as vias judiciais, ou como alternativas a quem não foi bafejado com as melhores condições de aguardar um desfecho demorado de um processo judicial"[285]. São métodos autônomos que por vezes são muito mais efetivos e completos do que o processo judicial, de modo que coexistem com este, o que é reforçado pelo dispositivo legal ora comentado.

A conciliação é um dos princípios norteadores do processo do trabalho e a mediação é utilizada por meio das comissões de conciliação prévia. Sobre o tema, remetemos o leitor aos comentários já realizados ao art. 3º do Novo Código de Processo Civil.[286]

TÍTULO V
DO MINISTÉRIO PÚBLICO

Artigo 176

O Ministério Público atuará na defesa da ordem jurídica, do regime democrático e dos interesses e direitos sociais e individuais indisponíveis.

(Sem correspondente no CPC revogado, arts. 736 e 754 da CLT, Lei Complementar n. 75/93 e Lei n. 8.625/93)

O Ministério Público é instituição permanente, essencial à função jurisdicional do Estado. Nos termos do art. 127 da Constituição Federal, incumbe-lhe a defesa da ordem jurídica, do regime democrático e dos interesses sociais e individuais indisponíveis. São princípios que regem o Ministério Público a unidade, a indivisibilidade e a independência funcional.

As funções institucionais do Ministério Público estão reguladas no art. 129 da Constituição Federal[287] e dizem respeito, dentre outras, à titularidade da ação penal, da ação civil pública, das ações de controle de constitucionalidade, defesa e controle de serviços de relevância pública, dentre outros.

O Ministério Público é o órgão "através do qual o Estado procura tutelar, com atuação militante, o interesse público e a ordem jurídica, na relação processual e nos procedimentos de jurisdição voluntária. Enquanto o juiz aplica imparcialmente o direito objetivo, para compor litígios e dar a cada um o que é seu, o Ministério Público procura defender o interesse público na composição da lide, a fim de que o Judiciário solucione esta *secundum ius*, ou administre interesses privados, nos procedimentos de jurisdição voluntária, com observância efetiva e real da ordem jurídica"[288].

O Ministério Público tem atuação em todos os âmbitos do Poder Judiciário, atuando em processos penais, civis e trabalhistas. No que se refere ao processo do trabalho, a previsão constitucional consta do art. 128 da Carta Magna, que reconhece a existência do Ministério Público do Trabalho:

Art. 128. O Ministério Público abrange:

I – o Ministério Público da União, que compreende:

(...)

b) o Ministério Público do Trabalho;

A Consolidação das Leis do Trabalho tem um título inteiro (IX) sobre o Ministério Público do Trabalho, entre os arts. 736 a 754. No art. 83 da Lei Complementar n. 75 há

---

(285) CUNHA, Leonardo Carneiro da; AZEVEDO NETO, João Luiz Lessa de. A mediação e a conciliação no projeto do novo CPC: meios integrados de resolução de disputas. In: FREIRE, Alexandre et all. *Novas tendências do processo civil*. vol. III. Salvador: Juspodivm, 2014.

(286) SILVA, Bruno Freire e. O art. 3º do Novo Código de Processo Civil e o Processo do Trabalho. Os meios alternativos de solução de conflitos se aplicam nessa seara processual? *Revista da AASP*, Associação dos Advogados de São Paulo.

(287) Art. 129. São funções institucionais do Ministério Público:

I – promover, privativamente, a ação penal pública, na forma da lei;

II – zelar pelo efetivo respeito dos Poderes Públicos e dos serviços de relevância pública aos direitos assegurados nesta Constituição, promovendo as medidas necessárias a sua garantia;

III – promover o inquérito civil e a ação civil pública, para a proteção do patrimônio público e social, do meio ambiente e de outros interesses difusos e coletivos;

IV – promover a ação de inconstitucionalidade ou representação para fins de intervenção da União e dos Estados, nos casos previstos nesta Constituição;

V – defender judicialmente os direitos e interesses das populações indígenas;

VI – expedir notificações nos procedimentos administrativos de sua competência, requisitando informações e documentos para instruí-los, na forma da lei complementar respectiva;

VII – exercer o controle externo da atividade policial, na forma da lei complementar mencionada no artigo anterior;

VIII – requisitar diligências investigatórias e a instauração de inquérito policial, indicados os fundamentos jurídicos de suas manifestações processuais;

IX – exercer outras funções que lhe forem conferidas, desde que compatíveis com sua finalidade, sendo-lhe vedada a representação judicial e a consultoria jurídica de entidades públicas.

§ 1º A legitimação do Ministério Público para as ações civis previstas neste artigo não impede a de terceiros, nas mesmas hipóteses, segundo o disposto nesta Constituição e na lei.

§ 2º As funções do Ministério Público só podem ser exercidas por integrantes da carreira, que deverão residir na comarca da respectiva lotação, salvo autorização do chefe da instituição.

§ 3º O ingresso na carreira do Ministério Público far-se-á mediante concurso público de provas e títulos, assegurada a participação da Ordem dos Advogados do Brasil em sua realização, exigindo-se do bacharel em direito, no mínimo, três anos de atividade jurídica e observando-se, nas nomeações, a ordem de classificação.

§ 4º Aplica-se ao Ministério Público, no que couber, o disposto no art. 93.

§ 5º A distribuição de processos no Ministério Público será imediata.

(288) MARQUES, José Frederico. *Manual de Direito Processual Civil*. Campinas: Bookseller, 1997. v. I, p. 284.

previsão das atribuições do Ministério Público do Trabalho na Justiça do Trabalho:

Art. 83. Compete ao Ministério Público do Trabalho o exercício das seguintes atribuições junto aos órgãos da Justiça do Trabalho:

I – promover as ações que lhe sejam atribuídas pela Constituição Federal e pelas leis trabalhistas;

II – manifestar-se em qualquer fase do processo trabalhista, acolhendo solicitação do juiz ou por sua iniciativa, quando entender existente interesse público que justifique a intervenção;

III – promover a ação civil pública no âmbito da Justiça do Trabalho, para defesa de interesses coletivos, quando desrespeitados os direitos sociais constitucionalmente garantidos;

IV – propor as ações cabíveis para declaração de nulidade de cláusula de contrato, acordo coletivo ou convenção coletiva que viole as liberdades individuais ou coletivas ou os direitos individuais indisponíveis dos trabalhadores;

V – propor as ações necessárias à defesa dos direitos e interesses dos menores, incapazes e índios, decorrentes das relações de trabalho;

VI – recorrer das decisões da Justiça do Trabalho, quando entender necessário, tanto nos processos em que for parte, como naqueles em que oficiar como fiscal da lei, bem como pedir revisão dos Enunciados da Súmula de Jurisprudência do Tribunal Superior do Trabalho;

VII – funcionar nas sessões dos Tribunais Trabalhistas, manifestando-se verbalmente sobre a matéria em debate, sempre que entender necessário, sendo-lhe assegurado o direito de vista dos processos em julgamento, podendo solicitar as requisições e diligências que julgar convenientes;

VIII – instaurar instância em caso de greve, quando a defesa da ordem jurídica ou o interesse público assim o exigir;

IX – promover ou participar da instrução e conciliação em dissídios decorrentes da paralisação de serviços de qualquer natureza, oficiando obrigatoriamente nos processos, manifestando sua concordância ou discordância, em eventuais acordos firmados antes da homologação, resguardado o direito de recorrer em caso de violação à lei e à Constituição Federal;

X – promover mandado de injunção, quando a competência for da Justiça do Trabalho;

XI – atuar como árbitro, se assim for solicitado pelas partes, nos dissídios de competência da Justiça do Trabalho;

XII – requerer as diligências que julgar convenientes para o correto andamento dos processos e para a melhor solução das lides trabalhistas;

XIII – intervir obrigatoriamente em todos os feitos nos segundo e terceiro graus de jurisdição da Justiça do Trabalho, quando a parte for pessoa jurídica de Direito Público, Estado estrangeiro ou organismo internacional.

Sobre o tema, também não se pode olvidar a Lei n. 8.625/93, que consiste na Lei Orgânica do Ministério Público.

Artigo 177

O Ministério Público exercerá o direito de ação em conformidade com suas atribuições constitucionais.

(Art. 81 do CPC revogado)

O Ministério Público poderá atuar na condição de parte ou na condição de fiscal da lei. No primeiro caso, regulado pelo artigo ora comentado, o Ministério Público não atuará como representante, mas sim em nome próprio.

Humberto Theodoro Jr. destaca que "sua posição é a de substituto processual (art. 6º), em razão da própria natureza e fins da instituição do Ministério Público ou em decorrência da vontade da lei"[289].

Leonardo Greco destaca, por outro lado, que em algumas ações "o Ministério Público atua como legitimado ordinário, porque age em nome próprio na busca da tutela do interesse geral da coletividade. É o que ocorre, por exemplo, nas ações diretas de inconstitucionalidade propostas pelo Procurador-Geral da República (art. 103 da Constituição Federal, embora ele não seja o único legitimado a propô-la"[290].

O Ministério Público poderá assumir a condição de parte nos casos previstos no art. 129 da Constituição Federal, exercendo o direito de ação regularmente, com os mesmo ônus e poderes processuais. As ações mais destacadas em que o Ministério Público pode atuar como parte são as relativas ao controle de constitucionalidade e a ação civil pública para defesa de direitos coletivos *lato sensu*, que também envolve a tutela dos direitos dos trabalhadores por meio da ação civil pública trabalhista.

Artigo 178

O Ministério Público será intimado para, no prazo de 30 (trinta) dias, intervir como fiscal da ordem jurídica nas hipóteses previstas em lei ou na Constituição Federal e nos processos que envolvam:

I – interesse público ou social;

II – interesse de incapaz;

III – litígios coletivos pela posse de terra rural ou urbana.

Parágrafo único. A participação da Fazenda Pública não configura, por si só, hipótese de intervenção do Ministério Público.

(Art. 82 e 84 do CPC revogado)

Além de ser parte, o Ministério Público tem como função a intervenção na condição de fiscal da lei ou *custos legis*. Nestes casos, não formulará pretensão propriamente dita — função que cabe à parte —, mas terá livre atuação na defesa da lei e da ordem jurídica. Nestas ações, "o promotor postula e opina livremente, de acordo com sua consciência, sem estar, assim, obrigado a defender qualquer dos interesses específicos das partes"[291].

---

(289) THEODORO JR., Humberto. *Curso de Direito Processual Civil*. vol. I, 55. ed. Rio de Janeiro: Forense, 2014.

(290) GRECO, Leonardo. *Instituições de Processo Civil*. vol. I. Rio de Janeiro: Forense, 2010. p. 264.

(291) *Ibidem*, p. 265.

O legislador reputou indispensável a atuação do órgão em algumas causas específicas, além das previstas no art. 129 e de modo esparso na Constituição Federal, que envolvem interesse público, social, de incapazes e litígios de natureza coletiva. Há presunção legal de que em tais casos é essencial a atuação do órgão.

Importante pontuar que o novo Código visa encerrar a controvérsia doutrinária e jurisprudencial acerca da indispensabilidade de atuação do Ministério Público nos casos em que há participação da Fazenda Pública. O CPC, no parágrafo único, expressamente dispõe que a mera presença da Fazenda não configura hipótese de atuação do Ministério Público, que apenas ocorrerá caso se evidenciem as hipóteses dos incisos I a IV.

Os arts. 19 e 20 da Consolidação dos Provimentos da Corregedoria-Geral da Justiça do Trabalho dispõe sobre a atuação do Ministério Público do Trabalho como parte ou intervenção como fiscal da Lei nos seguintes termos:

Art. 19. Os membros do Ministério Público do Trabalho serão cientificados pessoalmente das decisões proferidas pelo Judiciário do Trabalho nas causas em que o órgão haja atuado como parte ou como fiscal da lei.

Parágrafo único. As intimações serão pessoais, mediante o envio dos autos às respectivas sedes das procuradorias regionais do trabalho, ou da forma como for ajustado entre o Presidente do Tribunal e o Procurador-Chefe Regional.

Art. 20. Às Procuradorias Regionais do Trabalho serão enviados processos para parecer nas seguintes hipóteses:

I – obrigatoriamente, quando for parte pessoa jurídica de direito público, Estado estrangeiro ou organismo internacional;

II – facultativamente, e de forma seletiva, por iniciativa do relator, quando a matéria, por sua relevância, recomendar a prévia manifestação do Ministério Público;

III – por iniciativa do Ministério Público do Trabalho, quando este reputar presente interesse público que justifique a sua intervenção;

IV – por determinação legal, os mandados de segurança, de competência originária ou em grau recursal, as ações civis coletivas, os dissídios coletivos, caso não haja sido emitido parecer na instrução, e os processos em que forem parte indígena ou respectivas comunidades e organizações.

Parágrafo único. Os processos nos quais figure como parte pessoa jurídica de direito público, Estado estrangeiro ou organismo internacional serão encaminhados às Procuradorias Regionais do Trabalho imediatamente após os registros de autuação, salvo se houver necessidade de pronta manifestação do desembargador do trabalho relator.

O Tribunal Regional do Trabalho da 1ª Região reconhece como nulo processo que envolve incapaz e não há intimação do Ministério Público para acompanhar o feito:

EMENTA: RECURSO ORDINÁRIO. RECURSO DO RECLAMANTE. PROCESSO QUE ENVOLVE MENOR INCAPAZ. AUSÊNCIA DE INTIMAÇÃO DO PARQUET. NULIDADE. Na hipótese, deve ser observado o entendimento contido no art. 246 e seu parágrafo único do CPC, que prevê ser nulo o processo, quando o Ministério Público do Trabalho não for intimado a acompanhar o feito em que deva intervir. Parágrafo único. Se o processo tiver corrido, sem conhecimento do Ministério Público, o juiz o anulará a partir do momento em que o órgão devia ter sido intimado. Assim, diante da impossibilidade de se definir o mérito da demanda em favor da filha menor do obreiro falecido, deve prevalecer o entendimento contido no art. 246 e seu parágrafo único do CPC. E como bem indicou o *parquet* em seu parecer de fls. 140/142, é inegável o seu prejuízo e da menor com a ausência de intimação do MPT desde o início, uma vez que este perdeu a oportunidade de emendar à inicial, requerer provas ou mesmo interpor recursos, caso julgasse necessário. Ou seja, tratando-se de ação em que menor incapaz figura no polo passivo da lide é obrigatória a intervenção do órgão ministerial, desde o início, como órgão interveniente, sob pena de nulidade, o que, *in casu*, ocorreu. Recurso provido. (TRT-1 – RO: 6959420105010342 RJ, relator: Bruno Losada Albuquerque Lopes, Data de Julgamento: 30.4.2013, 5ª Turma, Data de Publicação: 13.5.2013)

Já o Tribunal Superior do Trabalho mitiga tal exigência e ressalta que na hipótese de incapazes não sofrerem prejuízos, a nulidade não deve ser acolhida nem declarada:

RECURSO DE REVISTA. NULIDADE DO FEITO. MINISTÉRIO PÚBLICO DO TRABALHO. LEGITIMIDADE PARA ATUAR NA QUALIDADE DE *CUSTOS LEGIS*. DEFESA DE INTERESSE DE HERDEIROS ABSOLUTAMENTE INCAPAZES. O eg. TRT entendeu que não há necessidade de intervenção do MPT em processo que envolve interesse de menores, tendo em vista a norma específica disposta no art. 793 da CLT. Ressaltou a ausência de prejuízo, pois, a despeito da declaração da prescrição, os pedidos foram rejeitados, no mérito. Consignou que os menores encontram-se devidamente representados pelo seu representante legal. O art. 82, I, do CPC estabelece que compete ao Ministério Público intervir nas causas em que há interesses de menores, entretanto, no processo do trabalho, as nulidades somente são acolhidas quando resultar dos atos inquinados manifesto prejuízo às partes. Recurso de revista não conhecido. LEGITIMIDADE. ACIDENTE DE TRABALHO. INDENIZAÇÃO POR DANO MORAL E MATERIAL. AÇÃO AJUIZADA PELOS HERDEIROS DA VÍTIMA. INDENIZAÇÃO PRETENDIDA DECORRENTE DA RELAÇÃO DE EMPREGO. DIREITO DE HERANÇA. Segundo o art. 943 do Código Civil, o direito de exigir reparação e a obrigação de prestá-la transmitem-se com a herança. Sendo, assim, os dependentes do de cujus são partes legítimas para ajuizarem ação com pedido de indenização por danos morais e materiais por acidente de trabalho fatal sofrido por seu pai no desempenho de suas atividades no reclamado. Recurso de revista conhecido e provido. (TST, relator: Aloysio Corrêa da Veiga, Data de Julgamento: 11.12.2013, 6ª Turma)

Artigo 179

Nos casos de intervenção como fiscal da ordem jurídica, o Ministério Público:

I – terá vista dos autos depois das partes, sendo intimado de todos os atos do processo;

II – poderá produzir provas, requerer as medidas processuais pertinentes e recorrer.

(Art.83 do CPC revogado)

Na condição de parte, o Ministério Público sujeitar-se-á aos ônus e poderes processuais reservados aos litigantes em geral, de modo que o CPC não regula especificamente esta atuação, por evidente desnecessidade.

Quanto à atuação como fiscal da lei, contudo, por se tratar de intervenção diversa, há regras específicas, reguladas neste artigo. Como fiscal da lei, o Ministério Público será intimado de todos os atos, poderá produzir provas e interpor recursos, mas sempre se manifestará após o prazo concedido às partes, o que também ocorre no processo do trabalho.

Não se pode olvidar que essa atuação do Ministério Público, que engloba o Ministério Público do Trabalho, deve sempre estar voltada para o interesse público, jamais para defesa de interesses privados, como alerta a orientação jurisprudencial n. 237 do Tribunal Superior do Trabalho:

OJ-SDI1-237 – MINISTÉRIO PÚBLICO DO TRABALHO. ILEGITIMIDADE PARA RECORRER (inserida em 20.6.2001). O Ministério Público não tem legitimidade para recorrer na defesa de interesse patrimonial privado, inclusive de empresas públicas e sociedades de economia mista.

Artigo 180

O Ministério Público gozará de prazo em dobro para manifestar-se nos autos, que terá início a partir de sua intimação pessoal, nos termos do art. 183, § 1º.

§ 1º Findo o prazo para manifestação do Ministério Público sem o oferecimento de parecer, o juiz requisitará os autos e dará andamento ao processo.

§ 2º Não se aplica o benefício da contagem em dobro quando a lei estabelecer, de forma expressa, prazo próprio para o Ministério Público.

(Arts. 188 e 236, § 1º, do CPC revogado)

O art. 188 do Código de Processo Civil de 1973 dispunha que, quando a parte fosse o Ministério Público, haveria prazo em dobro para recorrer e em quádruplo para contestar. Sob a égide de tal regra, a doutrina construiu entendimento segundo o qual o Ministério Público, como fiscal da lei, não gozaria dos prazos especiais. Não obstante, a jurisprudência oscilava quanto à aplicação do prazo[292].

O novo Código altera a redação do dispositivo, para dispor que haverá prazo em dobro para manifestação pelo Ministério Público, sem fazer a distinção em relação a que título. Apenas não ocorrerá o prazo em dobro caso a lei estabelecer expressamente algum outro prazo (§ 2º).

No processo do trabalho, a questão alusiva aos prazos do Ministério Público do Trabalho não goza de expressa previsão na Consolidação das Leis Trabalhistas.

Por não haver incompatibilidade para aplicação subsidiária deste instituto no sistema laboral, entendemos ser possível a aplicação do previsto no art. 180 ao processo do trabalho.

Neste sentido é a lição esclarecedora de Carlos Henrique Bezerra Leite[293]:

A Consolidação das Leis do Trabalho e a Lei Complementar n. 75/93 são omissas a respeito do prazo alusivo ao recurso do Ministério Público do Trabalho, pelo que, ante a ausência de incompatibilidade da aplicação subsidiária do direito processual comum, entendemos ser perfeitamente factível a invocação do art. 188 do CPC para resolução da *quaestio*.

E conclui:

Logo, o Ministério Público do Trabalho, por ser instituição estatal, embora sem personalidade jurídica, dispõe de prazo em dobro para recorrer tanto nos processos em que atua como parte como naqueles em que oficia como fiscal da lei.

Artigo 181

O membro do Ministério Público será civil e regressivamente responsável quando agir com dolo ou fraude no exercício de suas funções.

(Art. 85 do CPC revogado)

O Ministério Público (incluindo o Ministério Público do Trabalho), assim como o juiz e auxiliares da justiça, está sujeito à responsabilização quando agir com dolo ou fraude no exercício de suas funções. A questão é regulada pela Lei Orgânica do Ministério Público, que prevê também sanções disciplinares para o descumprimento dos deveres pelo *parquet*.

Por fim, não se olvide que se aplicam ao Ministério Público, seja no processo civil ou no processo do trabalho, os motivos de impedimento e suspeição, haja vista a necessidade de preservar sua imparcialidade e independência.

---

(292) Veja, por exemplo, julgado do TST, que aplicava o prazo em dobro ao MP em quaisquer das hipóteses: RECURSO DE REVISTA. MINISTÉRIO PÚBLICO. PRAZO EM DOBRO PARA RECORRER. ART. 188 DO CPC. Consoante a diretriz do art. 188 do CPC, computar-se-á em dobro o prazo para recorrer quando a parte for o Ministério Público. Nesse contexto, e na esteira de precedentes da SBDI-1 do TST, o privilégio concedido ao *parquet* por meio do referido comando legal decorre das relevantes atribuições outorgadas ao Ministério Público, quer quando atua como parte, quer quando atua como *custos legis*, não havendo hierarquia entre os direitos e interesses tutelados. Recurso de revista conhecido e provido. (TST – RR: 721185-08.2001.5.04.5555, relatora: Dora Maria da Costa, Data de Julgamento: 26.3.2008, 8ª Turma, Data de Publicação: DJ 28.3.2008)

(293) BEZERRA LEITE, Carlos Henrique. *Ministério Público do Trabalho:* doutrina, jurisprudência e prática. 5 ed. São Paulo: LTr, 2011. p. 326-327.

TÍTULO VI
DA ADVOCACIA PÚBLICA

Artigo 182

Incumbe à Advocacia Pública, na forma da lei, defender e promover os interesses públicos da União, dos Estados, do Distrito Federal e dos Municípios, por meio da representação judicial, em todos os âmbitos federativos, das pessoas jurídicas de direito público que integram a administração direta e indireta.

(Sem correspondente no CPC revogado)

A advocacia pública é prevista no art. 131 da Constituição Federal, que dispõe:

> Art. 131. A Advocacia-Geral da União é a instituição que, diretamente ou através de órgão vinculado, representa a União, judicial e extrajudicialmente, cabendo-lhe, nos termos da lei complementar que dispuser sobre sua organização e funcionamento, as atividades de consultoria e assessoramento jurídico do Poder Executivo.

Em suma, portanto, à advocacia pública incumbe a defesa dos interesses dos entes públicos, representando-os em juízo, nos termos do art. 75 do NCPC. Os advogados públicos devem ingressar mediante concurso público de provas e títulos e assumem a condição de servidores públicos, com estabilidade (art. 132, parágrafo único, da CF/88). Por tal motivo, também ficam sujeitos à responsabilização caso atuem com dolo ou fraude.

A Advocacia-Geral da União é regulada pela Lei Complementar n. 73/1993 e as advocacias dos Estados, Distrito Federal, Municípios e demais entes são disciplinadas por leis próprias. Sujeitam-se, ademais, ao estatuto e às normas da Ordem dos Advogados do Brasil. É importante pontuar, ademais, a regra do art. 75 do novo Código, que dispõe: "§ 4º Os Estados e o Distrito Federal poderão ajustar compromisso recíproco para prática de ato processual por seus procuradores em favor de outro ente federado, mediante convênio firmado pelas respectivas procuradorias", o que permitirá a atuação de procuradores em princípio vinculados a um ente em favor de outro.

Artigo 183

A União, os Estados, o Distrito Federal, os Municípios e suas respectivas autarquias e fundações de direito público gozarão de prazo em dobro para todas as suas manifestações processuais, cuja contagem terá início a partir da intimação pessoal.

§ 1º A intimação pessoal far-se-á por carga, remessa ou meio eletrônico.

§ 2º Não se aplica o benefício da contagem em dobro quando a lei estabelecer, de forma expressa, prazo próprio para o ente público.

(Art. 188 do CPC revogado)

Assim como o Ministério Público, os entes públicos identificados no *caput* deste artigo possuem prazos especiais para manifestação processual, além de também possuírem a prerrogativa de intimação pessoal.

É importante atentar para os termos do § 2º quando a lei estabelece, de forma expressa, prazo próprio para o ente público. O Superior Tribunal de Justiça assim já decidiu em julgado recente:

> PROCESSUAL CIVIL. SUSPENSÃO DE LIMINAR. AGRAVO CONTRA DECISÃO DA PRESIDÊNCIA DE TRIBUNAL. PRAZO EM DOBRO. ART. 188 DO CPC. NÃO INCIDÊNCIA. PRECEDENTES DO STF. PRECEDENTE JULGADO PELA SEGUNDA TURMA. RESP. N. 1.331.730/RS. 1. Discute-se a incidência do art. 188 do CPC, que confere prazo em dobro para recorrer quando a parte for a Fazenda Pública ou o Ministério Público, na hipótese de o recurso interposto ser o previsto no art. 4º, § 3º, da Lei n. 8.437/1992. 2. Em consonância com a jurisprudência pacífica do Pleno do STF, no incidente de Suspensão de Segurança ou de Liminar, não se reconhece a prerrogativa da contagem de prazo em dobro para recorrer (SS 3.740 AgR-segundo, Relator Min. Cezar Peluso, publicado em 2.5.2012; SS 4.119 AgR-ED-ED, Relator Min. Cezar Peluso, publicado em 5.8.2011; STA 172 AgR, Relator Min. Cezar Peluso, publicado em 2.12.2010). 3. Em precedente julgado pela Segunda Turma do Superior Tribunal de Justiça (REsp. n. 1.331.730/RS), adotou-se o entendimento pacificado no STF. 4. Agravo Regimental não provido. (STJ – AgRg no REsp: 1408864 PR 2013/0331723-3, relator: Ministro Herman Benjamin, Data de Julgamento: 3.4.2014, T2 – 2ª Turma, Data de Publicação: DJe 22.4.2014)

O benefício do prazo em dobro para os entes públicos também se aplica no processo do trabalho, conforme reconhece o Tribunal Regional do Trabalho da 1ª Região:

> AGRAVO DE INSTRUMENTO. PROCESSAMENTO DO RECURSO ORDINÁRIO. TEMPESTIVIDADE. ENTIDADE AUTÁRQUICA. PRAZO EM DOBRO. As autarquias têm prazo em dobro para recorrer, portanto o não conhecimento do recurso, por intempestividade, implicou ofensa ao art. 1º do Decreto-lei n. 779/1969 e art. 188 do CPC. Agravo de instrumento conhecido e provido. (TRT-1 – AIRO: 00013759720135010302 RJ, relator: Enoque Ribeiro dos Santos, Data de Julgamento: 15.4.2014, Quinta Turma, Data de Publicação: 28.4.2014)

Artigo 184

O membro da Advocacia Pública será civil e regressivamente responsável quando agir com dolo ou fraude no exercício de suas funções.

O membro da Advocacia Pública, do mesmo modo que os demais servidores públicos, se sujeita à responsabilização quando atuar com dolo ou fraude no exercício de suas funções, tanto no processo civil como no processo do trabalho.

TÍTULO VII
DA DEFENSORIA PÚBLICA

Artigo 185

A Defensoria Pública exercerá a orientação jurídica, a promoção dos direitos humanos e a defesa dos direitos individuais e coletivos dos necessitados, em todos os graus, de forma integral e gratuita.

(Sem correspondente no CPC revogado)

O acesso à justiça, direito fundamental, não pode ser obstado por inexistência de recursos financeiros para arcar com os encargos — custas processuais e honorários — decorrentes do processo judicial. O exercício do direito de ação não pode estar vinculado à situação econômico-financeira do interessado, que deve contar com o apoio do Estado para o regular exercício de seus direitos.

A Constituição Federal consagrou como direito fundamental a assistência jurídica integral e gratuita aos necessitados (art. 5º, LXXIV) e atribuiu à Defensoria Pública a função de exercer tal assistência. É assim que o art. 134 da Constituição Federal dispõe que: "Art. 134. A Defensoria Pública é instituição permanente, essencial à função jurisdicional do Estado, incumbindo-lhe, como expressão e instrumento do regime democrático, fundamentalmente, a orientação jurídica, a promoção dos direitos humanos e a defesa, em todos os graus, judicial e extrajudicial, dos direitos individuais e coletivos, de forma integral e gratuita, aos necessitados, na forma do inciso LXXIV do art. 5º desta Constituição Federal".

José Afonso da Silva destaca que "a assistência jurídica integral e gratuita aos que comprovarem insuficiência de recursos vem configurada, relevantemente, como direito individual no art. 5º, LXXIV. Sua eficácia e efetiva aplicação, como outras prestações estatais, constituirão um meio de realizar o princípio da igualização das condições dos desiguais perante a Justiça. Nesse sentido, é justo reconhecer que a Constituição deu um passo importante, prevendo, em seu art. 134, a Defensoria Pública como instituição essencial à função jurisdicional, incumbida da orientação jurídica e defesa, em todos os graus, dos necessitados"[294].

A Defensoria Pública, enquanto instituição essencial à função jurisdicional, está organizada em Defensoria Pública da União, dos Estados e do Distrito Federal, de acordo com suas atribuições e competências. Não obstante, são princípios da Defensoria a unidade, indivisibilidade e independência funcional.

O novo Código dispõe que a Defensoria prestará a assistência aos necessitados, de forma integral e gratuita, o que também é objeto da Lei n. 1.060/50. Outro aspecto que deve ser destacado, nesta linha, é a gratuidade da justiça regulada nos arts. 98 e seguintes do novo Código, já comentados.

No processo do trabalho, seja pela existência do "*jus postulandi*" do trabalhador, seja pela possibilidade de a assistência jurídica ser prestada pelos sindicatos, infelizmente a Defensoria Pública não se encontra instituída no âmbito dessa justiça especializada, a despeito da previsão de criação dessa instituição para representação jurídica daqueles que dela necessitarem no art. 14 da Lei Complementar n. 80 de 12 de janeiro de 1994.

Falamos infelizmente pois, conforme já nos posicionamos, vemos no "*jus postulandi*" um óbice ao acesso à justiça, pela falta de capacidade técnica do trabalhador para postular seus direitos, especialmente pela maior complexidade das relações laborais na atualidade.

E, como na maioria dos casos, esse trabalhador acaba contratando um advogado, é obrigado a pagar ente 20% e 30%, do valor que recebe na ação ao seu patrono. É mais do que justo, porém, diante da inexistência do ônus da sucumbência, não consegue restituir esse valor daquele que deu causa à demanda, por não pagar as verbas oriundas da relação jurídica laboral, o seu empregador.

Diante de tal quadro, reputamos imprescindível a instituição de Defensorias Públicas junto à Justiça do Trabalho, como forma de os necessitados desse serviço e assistência jurídica poderem ter um acesso efetivo à justiça ou um "acesso à ordem jurídica justa", nos valendo da expressão cunhada pelo professor Kazuo Watanabe.

Artigo 186

A Defensoria Pública gozará de prazo em dobro para todas as suas manifestações processuais.

§ 1º O prazo tem início com a intimação pessoal do defensor público, nos termos do art. 183, § 1º.

§ 2º A requerimento da Defensoria Pública, o juiz determinará a intimação pessoal da parte patrocinada quando o ato processual depender de providência ou informação que somente por ela possa ser realizada ou prestada.

§ 3º O disposto no *caput* aplica-se aos escritórios de prática jurídica das faculdades de Direito reconhecidas na forma da lei e às entidades que prestam assistência jurídica gratuita em razão de convênios firmados com a Defensoria Pública.

§ 4º Não se aplica o benefício da contagem em dobro quando a lei estabelecer, de forma expressa, prazo próprio para a Defensoria Pública.

(Sem correspondente no CPC revogado)

---

(294) SILVA, José Afonso da. *Curso de Direito Constitucional Positivo*. São Paulo: Malheiros, 2008. p. 607.

Assim como à Fazenda Pública e ao Ministério Público, à Defensoria Pública se aplicam prazos especiais para manifestação, além da intimação pessoal. Importante previsão do novo Código consta do parágrafo segundo, que trata da intimação pessoal à parte, quanto aos atos que esta deva praticar, facilitando, assim, a comunicação com tais pessoas necessitadas.

Do mesmo modo, merece destaque a previsão do § 3º, acerca da incidência dos prazos especiais para os escritórios de prática jurídica de faculdades de direitos e entidades vinculadas à OAB e à Defensoria para a prática da função de assistência jurídica.

A questão havia gerado bastante debate, tendo prevalecido perante o Superior Tribunal de Justiça o entendimento pela aplicação dos prazos especiais em relação aos escritórios de prática das faculdades públicas, equiparáveis à Defensoria Pública[295]. A controvérsia permanecia, contudo, em relação aos núcleos de faculdades particulares.

O novo Código adota redação que permite concluir pela aplicabilidade dos prazos especiais de forma ampla, porque apenas se refere à faculdades de Direito assim reconhecidas por lei, de modo que devem ser compreendidas tanto as faculdades públicas como as privadas.

Destacamos a atuação de dois escritórios modelos de prática jurídica, inclusive no processo do trabalho: o da Universidade Federal da Bahia (onde nos graduamos e trabalhamos no chamado SAJU — Serviço de Assistência Judiciária Gratuita) e o da Universidade do Estado do Rio de Janeiro (onde lecionamos atualmente).

Artigo 187

O membro da Defensoria Pública será civil e regressivamente responsável quando agir com dolo ou fraude no exercício de suas funções.

(Sem correspondente no CPC revogado)

O membro do Ministério Público, servidor público ingressante por concurso de provas e títulos (art. 134, § 1º, da CF/88), também está sujeito à responsabilização caso atue com dolo ou fraude no exercício de suas funções. Sem prejuízo, ainda, de eventuais sanções disciplinares.

---

(295) PROCESSO CIVIL. AÇÃO INDENIZATÓRIA. ASSISTÊNCIA JUDICIÁRIA. NÚCLEO DE PRÁTICA JURÍDICA. UNIVERSIDADE PÚBLICA. PRAZO EM DOBRO.

1. Segundo a jurisprudência desta Corte, interpretando art. 5º, § 5º, da Lei n. 1.060/50, para ter direito ao prazo em dobro, o advogado da parte deve integrar serviço de assistência judiciária organizado e mantido pelo Estado, o que é a hipótese dos autos, tendo em vista que os recorrentes estão representados por membro de núcleo de prática jurídica de entidade pública de ensino superior.

2. Recurso especial provido para que seja garantido à entidade patrocinadora da presente causa o benefício do prazo em dobro previsto no art. 5º, § 5º, da Lei n. 1.060/50 (STJ – REsp n. 1.106.213, j. em 25.10.2011).

Livro IV — Dos Atos Processuais

TÍTULO I
DA FORMA, DO TEMPO E DO LUGAR DOS ATOS PROCESSUAIS

CAPÍTULO I
DA FORMA DOS ATOS PROCESSUAIS
Seção I
Dos Atos em Geral

Artigo 188

Os atos e os termos processuais independem de forma determinada, salvo quando a lei expressamente a exigir, considerando-se válidos os que, realizados de outro modo, lhe preencham a finalidade essencial.
(Art. 154 do CPC revogado; ref.: arts. 771, 777, 787 e 897 da CLT)

Os atos processuais são atos jurídicos praticados pelos sujeitos da relação jurídica processual, a partir do qual se criam, extinguem-se ou modificam-se situações jurídicas substanciais no ambiente do processo judicial.

Flávio Luiz Yarshell aponta que "os atos processuais são espécies do gênero ato jurídico lato sensu, o que significa dizer que são atos voluntários, isto é, resultantes de uma vontade especialmente direcionada para a produção de um determinado efeito. Porém, conquanto apresentem este aspecto, não tem — ao menos como regra — seu conteúdo e efeitos determinados a partir da vontade dos sujeitos do processo (...) os atos processuais têm seu conteúdo e efeitos previamente estabelecidos pela lei, que determina o alcance das posições jurídicas que resultam da relação processual"[296].

O novo Código repete regra do CPC/73, quanto à forma dos atos processuais. Embora o artigo mencione que os atos independem de forma específica, o que vige é a tipicidade de forma, porque o dispositivo legal expressamente ressalva a hipótese de previsão legal específica. Assim, o artigo ora comentado deve ser lido como regra que enuncia a tipicidade das formas dos atos processuais, vigorando a atipicidade apenas para os atos em que não haja forma pré-determinada, desde que preencham a finalidade essencial do ato.

Além da finalidade do ato, que leva à aplicação da instrumentalidade das formas, desde que atingido o fim do ato processual, a aplicação deste dispositivo deve ser conjugada com o princípio do contraditório.

Flávio Yarshell pontua que "a associação entre tipicidade e forma do ato processual deve se harmonizar com a ideia de que o procedimento é instrumento do contraditório — que é a exigência de participação dos destinatários do provimento estatal, de sorte a legitimar o ato imperativo"[297].

Em suma, serão válidos os atos atípicos, desde que atendam a finalidade e que tenham respeitado o contraditório.

A tipicidade das formas dos atos processuais também tem aplicação no processo do trabalho, como se observa dos dispositivos da CLT abaixo transcritos:

Art. 771, CLT – Os atos e termos processuais poderão ser escritos a tinta, datilografados ou a carimbo.

Art. 772, CLT – Os atos e termos processuais, que devam ser assinados pelas partes interessadas, quando estas, por motivo justificado, não possam fazê-lo, serão firmados a rogo, na presença de 2 (duas) testemunhas, sempre que não houver procurador legalmente constituído.

Art. 787, CLT – A reclamação escrita deverá ser formulada em 2 (duas) vias e desde logo acompanhada dos documentos em que se fundar.

A validade de atos atípicos, desde que atendam a finalidade e respeitem o contraditório também se aplica nessa seara processual. Exemplo disso é a previsão de defesa oral no art. 897[298] da Consolidação das Leis do Trabalho e a aceitação no cotidiano forense de apresentação da contestação de forma escrita.

Artigo 189

Os atos processuais são públicos, todavia tramitam em segredo de justiça os processos:
I – em que o exija o interesse público ou social;
II – que versem sobre casamento, separação de corpos, divórcio, separação, união estável, filiação, alimentos e guarda de crianças e adolescentes;
III – em que constem dados protegidos pelo direito constitucional à intimidade;
IV – que versem sobre arbitragem, inclusive sobre cumprimento de carta arbitral, desde que a confidencialidade estipulada na arbitragem seja comprovada perante o juízo.
§ 1º O direito de consultar os autos de processo que tramite em segredo de justiça e de pedir certidões de seus atos é restrito às partes e aos seus procuradores.

---

(296) YARSHELL, Flávio Luiz. *Curso de Direito Processual Civil*. Vol. I. São Paulo: Marcial Pons, 2014. p. 321.

(297) YARSHELL, Flávio Luiz. *Curso de Direito Processual Civil*. vol. I. São Paulo: Marcial Pons, 2014. p. 313.

(298) Art. 897, CLT: Não havendo acordo, o reclamado terá vinte minutos para aduzir sua defesa, após a leitura da reclamação, quando esta não for dispensada por ambas as partes.

Art. 190

> § 2º O terceiro que demonstrar interesse jurídico pode requerer ao juiz certidão do dispositivo da sentença, bem como de inventário e de partilha resultantes de divórcio ou separação.
>
> (Art. 155 do CPC revogado)

O dispositivo legal enuncia a aplicação do princípio da publicidade aos atos processuais. A publicidade é norma fundamental do processo, nos termos do art. 8º do novo Código, o que não poderia ser diferente, considerando que a atividade jurisdicional é sobretudo atividade estatal, sendo a publicidade e a transparência princípios básicos que norteiam a administração pública (art. 37 da Constituição Federal).

Não obstante ser a publicidade a regra geral aplicável ao processo judicial, há situações que autorizam a tramitação de alguns processos em segredo de justiça, haja vista a existência de outros direitos igualmente relevantes, como o da intimidade, da honra, do interesse público. Nas causas descritas nos incisos I a III, há interesses que autorizam excepcionar a regra da publicidade dos atos processuais.

Do mesmo modo, como um dos princípios básicos da arbitragem é a confidencialidade, os processos que versem sobre arbitragem também gozarão da prerrogativa da tramitação em sigilo, nos termos do inciso IV. Acerca da incidência da publicidade nos procedimentos arbitrais, o Fórum Permanente de Processualistas Civis editou dois enunciados, elucidando os contornos do segredo de justiça em tais casos.[299]

Nos casos em que haja previsão de tramitação em segredo de justiça, apenas as partes e procuradores terão acesso aos autos do processo, conforme previsão do parágrafo 1º do artigo ora comentado. E, conforme o parágrafo 2º, o terceiro juridicamente interessado poderá obter certidão do dispositivo da sentença, bem como de inventário e de partilha resultantes de divórcio ou separação.

No processo do trabalho, diante da completa omissão da CLT sobre o tema[300], há aplicação subsidiária dos dispositivos do novo CPC sobre segredo de justiça. O Tribunal Regional da 2ª Região assim já decidiu:

> RECURSO DO ORDINÁRIO DA RECLAMADA: Do segredo de justiça. Em razão das fotografias das menores (fls. 62/66), mantenho o segredo de justiça já deferido pelo Juiz de origem à fl. 40. Da justa causa. Considerando o término do contrato de trabalho mediante dispensa sem justa causa, o ato se consuma e torna perfeito, produzindo seus efeitos jurídicos e somente seria possível desfazê-lo se comprovado fosse a existência de algum vício do consentimento que pudesse macular a extinção do contrato, o que não ocorreu na hipótese. Mantenho. Da estabilidade da gestante. Indenização. Conforme bem decidiu o Juiz de origem, o fato de a reclamada estar residindo na Alemanha impossibilitou a reintegração da reclamante ao seu anterior posto de trabalho. Salienta-se também que ultrapassado o período estabilitário, prevalece a indenização substitutiva e demais desdobramentos. Mantenho. RECURSO ADESIVO DA RECLAMANTE. Dano moral. A recorrente inova em razões recursais, ou seja, arquiu fundamento estranho ao da petição inicial, o que não pode ser admitido. Nego provimento. Recursos ordinários a que se negam provimento. (TRT-2 – RO: 00861-2007-031-02-00-0 SP, relatora: Marta Casadei Momezzo, Data de Julgamento: 15.12.2009, 10ª Turma, Data de Publicação: 19.1.2010)

Artigo 190

> Versando o processo sobre direitos que admitam autocomposição, é lícito às partes plenamente capazes estipular mudanças no procedimento para ajustá-lo às especificidades da causa e convencionar sobre os seus ônus, poderes, faculdades e deveres processuais, antes ou durante o processo.
>
> Parágrafo único. De ofício ou a requerimento, o juiz controlará a validade das convenções previstas neste artigo, recusando-lhes aplicação somente nos casos de nulidade ou de inserção abusiva em contrato de adesão ou em que alguma parte se encontre em manifesta situação de vulnerabilidade.
>
> (Sem correspondente no CPC revogado)

A análise das normas fundamentais do processo (arts. 1º a 12) permite concluir que o novo Código adotou um novo paradigma para o processo judicial, um modelo cooperativo, fundado no contraditório, na adequação e na efetividade da tutela jurisdicional.

Uma das mais importantes novidades do diploma processual é o resgate da liberdade e da autonomia da vontade das partes em relação aos atos jurídicos processuais, com a previsão expressa da possibilidade de celebração de negócios jurídicos processuais, positivada como cláusula geral no artigo ora analisado.

A existência de negócios jurídicos processuais não é inovação do novo Código, porque já contávamos, na égide do CPC/73, com algumas figuras semelhantes, como a eleição de foro, a suspensão convencionada do processo, dentre outros.

---

(299) Enunciado n. 13: O disposto no inciso IV do art. 189 abrange todo e qualquer ato judicial relacionado à arbitragem, desde que a confidencialidade seja comprovada perante o Poder Judiciário, ressalvada em qualquer caso a divulgação das decisões, preservada a identidade das partes e os fatos da causa que as identifiquem.

Enunciado n. 15: As arbitragens que envolvem a Administração Pública respeitarão o princípio da publicidade, observadas as exceções legais (vide art. 2º, § 3º, do Projeto n. 406/2013).

(300) Os arts. 778 e 779 apenas dispõem sobre a possibilidade de manuseio dos autos de processo:

Art. 778 – Os autos dos processos da Justiça do Trabalho, não poderão sair dos cartórios ou secretarias, salvo se solicitados por advogados regularmente constituído por qualquer das partes, ou quando tiverem de ser remetidos aos órgãos competentes, em caso de recurso ou requisição

Art. 779 – As partes, ou seus procuradores, poderão consultar, com ampla liberdade, os processos nos cartórios ou secretarias.

A inovação consiste no reforço de tais institutos já existentes, na criação de novos negócios jurídicos processuais típicos e na inserção de uma regra geral que permite às partes celebrar negócios jurídicos atípicos.

Leonardo Carneiro da Cunha destaca que:

> O projeto do novo CPC brasileiro mantém vários dos negócios jurídicos típicos previstos no atual CPC. Realmente, há, no projeto do novo CPC, da mesma forma que existem no CPC/1973, negócios processuais típicos. As partes podem eleger o foro competente (NCPC, art.63), convencionar a suspensão do processo (NCPC, art. 314, II), negociar o adiamento da audiência (NCPC, art. 369, I), acordar sobre a distribuição diversa do ônus da prova (NCPC, art. 380, §§ 3º e 4º), convencionar que a liquidação da sentença seja por arbitramento (NCPC, art. 523, I). Essas — e outras aqui não mencionadas — são hipóteses de negócios processuais típicos. Além deles, prevê outros novos, a saber: a) redução de prazos peremptórios; (...) b) calendário processual (...), c) perícia consensual (...) d) audiência de saneamento e organização em cooperação com as partes (...); e) acordo de saneamento (...); f) desistência do documento cuja falsidade foi arguida (...).[301]

Paralelamente a tais negócios típicos, o artigo de lei ora comentado institui a cláusula geral de negociação, permitindo, com base nos princípios da adequação e da colaboração, que as partes estipulem: 1) "mudanças no procedimento para ajustá-lo às especificidades da causa"; e 2) convencionem "sobre os seus ônus, poderes, faculdades e deveres processuais, antes ou durante o processo".

Tratam-se, portanto de duas espécies diversas: a primeira, trata da mudança do procedimento, que pode ser ajustado à especificidade da causa; a segunda, trata de forma mais ampla da negociação sobre os ônus, poderes, faculdades e deveres processuais. O negócio jurídico pode ser bilateral — ajustado apenas entre as partes[302] — ou plurilateral, conforme haja necessidade de integração da manifestação de vontade do juiz, como é o caso do calendário processual (§ 1º).

Ainda, o negócio processual pode ser fixado antes ou durante a pendência do processo judicial. Leonardo Carneiro da Cunha aponta que "admite-se, como se percebe, que, num negócio ou contrato celebrado antes mesmo de existir o processo, as partes já estabeleçam determinadas regras processuais a serem observadas, caso sobrevenha algum litígio e seja proposta demanda judicial a esse respeito. O negócio processual pode, por outro lado, ser celebrado no próprio processo, em qualquer etapa, seja no início, ou na audiência de saneamento ou, até mesmo, no âmbito recursal"[303].

Os limites para celebração do negócio jurídico processual são diversos, embora não se tenha desenvolvido até o presente momento — haja vista o curto espaço de tempo — uma teoria muito precisa. É evidente que o negócio jurídico processual não pode contrariar as normas fundamentais do processo, o que, aliás, foi objeto do Enunciado n. 6 do Fórum Permanente de Processualistas Civis[304].

Não se admitem convenções, ademais, em relação a direitos que não admitem autocomposição, por não estarem situados na esfera de disposição das partes. Não podem as partes convencionar, deste modo, sobre posições jurídicas de terceiros, sobre direitos que afetem interesse público, social, entre outros.

Nessa linha, o Fórum Permanente de Processualistas Civis editou dois enunciados, que apontam — não exaustivamente — exemplos de negócios processuais lícitos e ilícitos[305].

A validade do negócio processual celebrado estará sujeita à análise judicial, que poderá negar sua aplicação nos casos em que haja nulidade, inserção abusiva em contrato de adesão ou em detrimento de parte em situação de manifesta vulnerabilidade[306] (§ 4º). O Fórum Permanente de Processualistas civis indica, ainda, a necessidade de prejuízo[307].

---

(301) CUNHA, Leonardo Carneiro da. *Negócios jurídicos processuais no processo civil brasileiro*. Texto preparado e apresentado no I Congresso Peru-Brasil de Direito Processual, em Lima, no Peru, em novembro de 2014. Disponível em: <ufpe.academia.edu/LeonardoCarneiroda-Cunha>. Acesso em: 3 fev. 2015.

(302) Neste caso, entende o Fórum Permanente de Processualistas Civis que: Salvo nos casos expressamente previstos em lei, os negócios processuais do caput do art. 191 não dependem de homologação judicial (Enunciado n. 113).

(303) CUNHA, Leonardo Carneiro da. *Negócios jurídicos processuais no processo civil brasileiro*. Texto preparado e apresentado no I Congresso Peru-Brasil de Direito Processual, em Lima, no Peru, em novembro de 2014. Disponível em: <ufpe.academia.edu/LeonardoCarneiroda-Cunha>. Acesso em: 3 fev. 2015.

(304) Enunciado n. 6: O negócio jurídico processual não pode afastar os deveres inerentes à boa-fé e à cooperação.

(305) Enunciado n. 19: São admissíveis os seguintes negócios processuais, dentre outros: pacto de impenhorabilidade, acordo de ampliação de prazos das partes de qualquer natureza, acordo de rateio de despesas processuais, dispensa consensual de assistente técnico, acordo para retirar o efeito suspensivo da apelação, acordo para não promover execução provisória.

Enunciado n. 20: Não são admissíveis os seguintes negócios bilaterais, dentre outros: acordo para modificação da competência absoluta, acordo para supressão da 1ª instância.

Enunciado n. 21: São admissíveis os seguintes negócios, dentre outros: acordo para realização de sustentação oral, acordo para ampliação do tempo de sustentação oral, julgamento antecipado da lide convencional, convenção sobre prova, redução de prazos processuais

(306) Fórum Permanente de Processualistas Civis, enunciado n. 18: Há indício de vulnerabilidade quando a parte celebra acordo de procedimento sem assistência técnico-jurídica.

(307) Enunciado n. 16: O controle dos requisitos objetivos e subjetivos de validade da convenção de procedimento deve ser conjugado com a regra segundo a qual não há invalidade do ato sem prejuízo.

Ainda sobre a invalidação, foram editados outros enunciados interpretativos[308].

Por fim, dada a importância dos negócios jurídicos processuais, entende-se que só podem ser celebrados pelo advogado quanto este detenha poderes expressos específicos[309].

No processo do trabalho, a cláusula de convenções processuais somente poderá ser aplicada com rigoroso acompanhamento e autorização do magistrado trabalhista, diante da rotineira hipossuficiência do empregado em relação ao empregador, o que pode ser mitigado nos dissídios coletivos diante da presença dos sindicatos. Assim, não se aplica a segunda parte do parágrafo quarto, pois não será a requerimento da parte, mas sempre de ofício que o magistrado controlará a validade das convenções realizadas pelas partes.

É digno de registro o enunciado n. 131 do III FPPC-Rio: Aplica-se ao processo do trabalho o disposto no art. 191 no que se refere à flexibilidade do procedimento por proposta das partes, inclusive quanto aos prazos.

Artigo 191

De comum acordo, o juiz e as partes podem fixar calendário para a prática dos atos processuais, quando for o caso.

§ 1º O calendário vincula as partes e o juiz, e os prazos nele previstos somente serão modificados em casos excepcionais, devidamente justificados.

§ 2º Dispensa-se a intimação das partes para a prática de ato processual ou a realização de audiência cujas datas tiverem sido designadas no calendário.

O dispositivo autoriza que as partes fixarem, de comum acordo, calendário para a prática dos atos processuais, que vinculará as partes e o juiz, modificando-se os prazos somente em casos excepcionais, devidamente justificados. Designadas as datas no calendário, as partes não precisarão ser intimadas para a prática de ato processual ou audiências.

Trata-se de uma grande novidade do Código, que, caso os negócios jurídicos processuais sejam adotados no processo do trabalho, as partes litigantes e o juiz poderão se valer do novo instituto, consistente no calendário aqui previsto.

---

(308) Enunciado n. 132 do III FPPC-Rio: Além dos defeitos processuais, os vícios da vontade e os vícios sociais podem dar ensejo à invalidação dos negócios jurídicos atípicos do art. 191.

Enunciado n. 134 do III FPPC-Rio: Negócio jurídico processual pode ser invalidado parcialmente.

Enunciado n. 135 do III FPPC-Rio: A indisponibilidade do direito material não impede, por si só, a celebração de negócio jurídico processual.

(309) Enunciado n. 114 do III FPPC-Rio: A celebração de negócio jurídico processual, pelo advogado em nome da parte, exige a outorga de poder especial.

Enunciado n. 115 do III FPPC-Rio: O negócio jurídico celebrado nos termos do art. 191 obriga herdeiros e sucessores.

Artigo 192

Em todos os atos e termos do processo é obrigatório o uso da língua portuguesa.

Parágrafo único. O documento redigido em língua estrangeira somente poderá ser juntado aos autos quando acompanhado de versão para a língua portuguesa tramitada por via diplomática ou pela autoridade central, ou firmada por tradutor juramentado.

(Arts. 156 e 157 do CPC revogado)

A língua portuguesa deverá ser adotada obrigatoriamente em todos os atos processuais, haja vista o caráter público e estatal da jurisdição. Para a correta observância dessa regra, os atos redigidos em língua estrangeira deverão ser traduzidos por tradutores ou intérpretes, que são, como visto nos comentários anteriores, sujeitos auxiliares da justiça, exercendo múnus público.

A regra incide no processo do trabalho, como se observa do seguinte julgado do Tribunal Regional do Trabalho da 2ª Região:

RECURSO DAS RECLAMADAS (...). RECURSO DO RECLAMANTE. DOCUMENTOS, TRADUÇÃO OFICIAL. INDENIZAÇÃO. É obrigatória a tradução para o idioma nacional dos documentos redigidos em língua estrangeira, mormente onde se intenta, por esse meio, a prova do alegado. Mais ainda, o Reclamante da ação deve trazer ao caderno processual todos os documentos que arrimam a pretensão (art. 787, da CLT), cabendo então a ele, interessado no acolhimento de suas reivindicações, arcar com as despesas decorrentes da regularização daqueles. Por derradeiro, não há falar em juntada posterior de documentos, no transcorrer da fase executória, tanto não comprovadas quaisquer das situações aludidas na Súmula n. 08, do C. TST. Aplicação dos arts. 13, da CF, 157, do CPC, e 224, do CC (...) (TRT-2 – RO: 00000834720115020067 A28 SP, relator: Luiz Carlos Gomes Godoi, Data de Julgamento: 4.12.2013, 2ª Turma, Data de Publicação: 10.12.2013)

É, ainda, digno de registro o art. 819 da CLT, o qual estabelece que:

Art. 819, CLT: O depoimento das partes e testemunhas que não souberem falar a língua nacional será feito por meio de intérprete nomeado pelo juiz ou presidente.

§ 1º Proceder-se-á da forma indicada neste artigo, quando se tratar de surdo-mudo, ou de mudo que não saiba escrever.

§ 2º Em ambos os casos de que este artigo trata, as despesas correrão por conta da parte a que interessar o depoimento.

Seção II
Da Prática Eletrônica de Atos Processuais

Artigo 193

Os atos processuais podem ser total ou parcialmente digitais, de forma a permitir que sejam produzidos, comunicados, armazenados e validados por meio eletrônico, na forma da lei.

> Parágrafo único. O disposto nesta Seção aplica-se, no que for cabível, à prática de atos notariais e de registro.
> (Art. 154, §§ 1º e 2º do CPC revogado)

A Lei n. 11.419/2006 instituiu a informatização do processo judicial, com previsão do uso de meio eletrônico para a tramitação de processos judiciais, prática e comunicação de atos processuais. O CPC/73 contava com algumas disposições esparsas sobre a tramitação eletrônica, inseridos por reformas pontuais.

É o caso do revogado art. 154, parágrafos primeiro e segundo, que dispunham:

> § 1º Os tribunais, no âmbito da respectiva jurisdição, poderão disciplinar a prática e a comunicação oficial dos atos processuais por meios eletrônicos, atendidos os requisitos de autenticidade, integridade, validade jurídica e interoperabilidade da Infra-Estrutura de Chaves Públicas Brasileira — ICP — Brasil.
>
> § 2º Todos os atos e termos do processo podem ser produzidos, transmitidos, armazenados e assinados por meio eletrônico, na forma da lei.

O novo Código trata a disciplina legal relativa aos processos virtuais, dispondo nesta seção sobre as regras para a prática eletrônica de atos processuais, o que também será aplicável aos atos notariais e de registro, nos termos do *caput*. Em síntese, foram mantidas muitas das regras da Lei n. 11.419/2006.

O processo do trabalho também acompanha essa evolução tecnológica. Desde 2001, durante a gestão do Ministro Almir Pazzianotto Pinto, que, por meio do trabalho das equipes de informática e orçamento do Tribunal Superior do Trabalho, iniciou-se a modernização da Justiça do Trabalho por meio do Projeto de Implantação do Sistema Integrado de Gestão da Informação Jurisdicional.

Após a Lei n. 11.419/06, que disciplinou o uso de meios eletrônicos na tramitação dos processos judiciais, o Conselho Superior da Justiça do Trabalho publicou a Resolução n. 94/2012 que institui no âmbito da Justiça do Trabalho o sistema de processo judicial eletrônico, conhecido como PJe-JT.

O art. 2º da referida resolução estabelece que:

> Art. 2º (Resolução CSJT n. 94/2012) O PJe-JT compreenderá o controle do sistema judicial trabalhista nos seguintes aspectos:
>
> I – o controle da tramitação do processo;
>
> II – a padronização de todos os dados e informações compreendidas pelo processo judicial;
>
> III – a produção, registro e publicidade dos atos processuais; e
>
> IV – o fornecimento de dados essenciais à gestão das informações necessárias aos diversos órgãos de supervisão, controle e uso do sistema judiciário trabalhista.

A implantação do PJe-JT vem ocorrendo de forma gradual e uniforme na Justiça do Trabalho. Ela abrange todos os Tribunais Regionais do Trabalho que, conforme já visto nos comentários aos artigos que tratam da competência, somam 24 tribunais.

Tendo em vista os avanços tecnológicos que o PJe-JT traz para os jurisdicionados e, consequentemente, o aumento de demandas na seara trabalhista, para praticar qualquer ato processual, o advogado precisa de um certificado digital, ferramenta que exerce a função da assinatura pessoal em ambientes virtuais.

Tal certificado tem o objetivo de garantir a segurança jurídica e os requisitos legais para a formação de um processo. A opção pelo certificado digital partiu do Conselho Nacional de Justiça (CNJ) e segue uma tendência mundial em segurança da informação. O sistema fica disponível 24 horas por dia, salvo quando em manutenção.

Conforme consignou a presidência do C. TST[310] o "processo eletrônico além de agilizar e dar maior segurança e confiabilidade ao trâmite propicia economia anual da ordem de R$ 11 milhões, entre despesas com armazenamento, transporte, correios, mão de obra terceirizada, mensagens, papéis e outros materiais diretamente relacionados à existência de processos físicos".

Como restou definido que o PJe-JT será o único sistema a ser usado na tramitação de processos na Justiça do Trabalho, a Resolução n. 94/CSJT de 23 de março de 2012, em seu art. 12, I, dispõe:

> O sistema receberá arquivos com tamanho máximo de 1,5 megabytes e apenas nos seguintes formatos:
>
> I – arquivos de texto, no formato PDF, com resolução máxima de 300 dpi e formatação A4.

Conforme esclarece Carlos Henrique Bezerra Leite, alguns aspectos distinguem o processo eletrônico do processo comum, tais como:

> Ampla publicidade, pois os autos do processo eletrônico ficam disponíveis na rede mundial de computadores, internet, qualquer pessoa, de qualquer lugar, poderá ver a situação de um processo e ler seu conteúdo na íntegra (desde que não se trata de um processo que tramite em segredo de justiça).
>
> Velocidade, na medida em que o PJe encontra-se em plena sintonia com o princípio da duração razoável do processo (CF, art. 5º, LXXVIII), com nítida economia de tempo com a prática de atos processuais, como citações, intimações etc.
>
> Comodidade, uma vez que a utilização da *internet* para o conhecimento e prática dos atos processuais implica maior comodidade para os usuários. Com efeito, os magistrados poderão despachar em gabinetes virtuais

---

(310) Disponível em: <http://www.tst.jus.br/> Acesso em: 27 abr. 2015.

sem necessidade de levar "os autos para casa" e os advogados não precisarão comparecer às Secretarias ou Cartórios para "fazer carga" dos autos.

Facilidade de acesso às informações, porquanto no PJe as informações contidas no processo são facilmente acessadas por qualquer pessoa.

Digitalização dos autos, pois o PJe não utiliza o papel como meio físico. Assim, todos os documentos que compõem o caderno processual eletrônico devem ser digitalizados para serem juntados aos autos virtuais.

Segurança e autenticidade, na medida em que as informações inseridas no sistema ficam sob a responsabilidade de guarda do setor da Tecnologia da Informação, que tem condições de monitorar a veracidade e autenticidade das informações e dos usuários do sistema.[311]

Artigo 194

Os sistemas de automação processual respeitarão a publicidade dos atos, o acesso e a participação das partes e de seus procuradores, inclusive nas audiências e sessões de julgamento, observadas as garantias da disponibilidade, independência da plataforma computacional, acessibilidade e interoperabilidade dos sistemas, serviços, dados e informações que o Poder Judiciário administre no exercício de suas funções.

(Art. 154 do CPC revogado)

O processo eletrônico tem normas próprias, haja vista sua natureza. Em síntese, destacam-se a publicidade, a acessibilidade e independência da prática eletrônica de atos processuais.

Parte da doutrina, contudo, alerta para os riscos da excessiva publicidade em processos judiciais, considerando o efeito potencializador da informatização sobre a circulação de dados e informações.

José Carlos Almeida Filho e Francis Noblat, por exemplo, sustentam que "a publicidade decorrente da midiatização — potencializada pela virtualização — em igual medida, não permite o esquecimento. E não permite a isenção do julgamento. Em contraposição à imparcialidade do juiz diante das partes, um processo midiático não pode ser algo que não seja parcial"[312]. Do mesmo modo, preocupa-se a doutrina com o vazamento de informações relativas a negócios empresariais, contratos de expressivo valor etc.

---

(311) BEZERRA LEITE, Carlos Henrique. *Curso de direito processual do trabalho*. 12. ed. São Paulo: LTr, 2014. p. 426

(312) ALMEIDA FILHO, José Carlos de Araújo; NOBLAT, Francis. Informatização judicial do processo: a omissão do CPC e alguns problemas que acarretará. In: FREIRE, Alexandre et all. *Novas tendências do processo civil*. vol. III. Salvador: Juspodvim, 2014. p. 97.

Alguns dos sistemas que implantaram processos virtuais possuem espécies de filtro no acesso, exigem cadastro prévio e registra todos os acessos. Parece-nos que tais medidas, aliadas ao deferimento casuístico da tramitação em segredo de justiça para os casos mais delicados (conforme hipóteses do art. 189), podem conjugar o direito à informação e o direito à proteção de dados e informações privadas, tanto no processo civil, como no processo do trabalho.

Artigo 195

O registro de ato processual eletrônico deverá ser feito em padrões abertos, que atenderão aos requisitos de autenticidade, integridade, temporalidade, não repúdio, conservação e, nos casos que tramitem em segredo de justiça, confidencialidade, observada a infraestrutura de chaves públicas unificada nacionalmente, nos termos da lei.

(Art. 154, § 1º, do CPC revogado)

O dispositivo legal emprega conceitos jurídicos informáticos, já disciplinados pela Lei n. 11.419/2006 e pela Medida Provisória n. 2.200-2, de 2001, que instituiu a Infraestrutura de Chaves Públicas Brasileira (ICP-Brasil). São critérios técnicos para certificação dos sistemas eletrônicos para tramitação e prática de atos processuais.

Importante anotar que a infraestrutura de chaves públicas nacional e unificada deve ser observada em qualquer sistema, civil ou trabalhista, e a ausência da certificação digital enseja o não conhecimento do ato processual praticado, como já decidiu o Supremo Tribunal Federal:

> AGRAVO REGIMENTAL NO AGRAVO REGIMENTAL NO RECURSO EXTRAORDINÁRIO COM AGRAVO. PETIÇÃO ELETRÔNICA SEM CERTIFICAÇÃO DIGITAL. CONSEQUÊNCIA: INAUTENTICIDADE DO RECURSO. NÃO CONHECIMENTO DA IMPUGNAÇÃO. RETIFICAÇÃO DO ATO PROCESSUAL MEDIANTE O REENVIO DE NOVA PETIÇÃO, DESTA FEITA COM CERTIFICAÇÃO DIGITAL. IMPOSSIBILIDADE. AGRAVO REGIMENTAL NO AGRAVO REGIMENTAL AO QUAL SE NEGA PROVIMENTO. I – Nos termos do art. 6º da Resolução n. 427/2010-STF, é de exclusiva responsabilidade do titular da certificação digital o sigilo da chave privada de sua identidade digital, devendo ser observado, também, consoante disposto no art. 10 da referida resolução, que o protocolo, a autuação e a juntada de petições eletrônicas serão feitos automaticamente, sem intervenção da Secretaria Judiciária. II – Desse modo, a ausência de certificação digital na petição de interposição de agravo regimental por meio eletrônico traz como consequência a inautenticidade da peça processual e a inexistência de formalização do recurso. III – Retificação do ato processual. Impossibilidade, em face da ocorrência do fenômeno processual da preclusão consumativa. *In casu*, o agravante pretendeu ratificar a interposição do primeiro agravo regimental após haver sido certificado o trânsito em julgado da decisão que negou seguimento ao agravo nos autos do recurso extraordinário. IV – Agravo regimental ao qual se nega provimento. (STF – ARE: 681231 DF, relator: Min. Ricardo Lewandowski, Data de Julgamento: 03.12.2013, Segunda Turma, Data de Publicação: DJe-250 DIVULG. 17.12.2013 PUBLIC. 18.12.2013)

Eventuais erros na utilização do sistema, entretanto, como indevido uso da opção "sigilo", não terão o condão de anular o ato processual praticado, sob pena de violação do devido processo legal, como já decidiu o Tribunal Superior do Trabalho:

> RECURSO DE REVISTA. EMBARGOS DE DECLARAÇÃO. PJE. UTILIZAÇÃO INDEVIDA DA OPÇÃO — SIGILO. A indevida utilização da opção -sigilo- em processo eletrônico, em demanda que não se enquadra nas hipóteses de segredo de justiça, deve ter como consequência a mera correção do equívoco pelo magistrado. Não se admite seja tal procedimento interpretado como não preenchimento de pressuposto de admissibilidade recursal a ensejar o não conhecimento de embargos de declaração tempestivos e regulares, na medida em que não há essa exigência em Lei, sob pena de violação do devido processo legal (art. 5º, LIV, da Constituição Federal). Recurso de revista conhecido e provido. (TST – RR: 20582620125230022, Data de Julgamento: 10.12.2014, Data de Publicação: DEJT 12.12.2014)

Artigo 196

Compete ao Conselho Nacional de Justiça e, supletivamente, aos tribunais, regulamentar a prática e a comunicação oficial de atos processuais por meio eletrônico e velar pela compatibilidade dos sistemas, disciplinando a incorporação progressiva de novos avanços tecnológicos e editando, para esse fim, os atos que forem necessários, respeitadas as normas fundamentais deste Código.

(Art. 154 do CPC revogado)

Após a implantação dos processos eletrônicos, o que se observou foi que cada tribunal passou a utilizar um sistema eletrônico, muitas vezes gerando incompatibilidade em relação aos demais.

O novo Código preocupa-se com a compatibilidade dos sistemas e com a incorporação progressiva dos novos avanços tecnológicos, determinando que competirá ao Conselho Nacional de Justiça e supletivamente aos tribunais regulamentar e disciplinar tal matéria.

Essa preocupação com a compatibilidade de sistemas não se aplica ao processo do trabalho, tendo em vista a padronização e uniformização trazida pelo sistema PJe-JT. É importante registrar que neste sistema a responsabilidade de guarda dos autos, que antes estava relacionada a quem detinha os autos fisicamente, agora passa a ser de quem é a atribuição de guardar os dados da instituição (pessoal da área de tecnologia da informação TI).

Artigo 197

Os tribunais divulgarão as informações constantes de seu sistema de automação em página própria na rede mundial de computadores, gozando a divulgação de presunção de veracidade e confiabilidade.

Parágrafo único. Nos casos de problema técnico do sistema e de erro ou omissão do auxiliar da justiça responsável pelo registro dos andamentos, poderá ser configurada a justa causa prevista no art. 223, *caput* e § 1º.

(Art. 154 do CPC revogado)

Os meios eletrônicos para tramitação e prática de atos processuais devem estar disponíveis na *internet*, gozando de presunção de veracidade. A regra visa afastar jurisprudência defensiva construída na lacuna da lei, que não admitia a oficialidade das informações divulgadas virtualmente.

Ademais, caso haja qualquer problema no sistema de que impeça a prática de algum ato processual, estará configurada a justa causa, permitindo-se a devolução de prazo para a regular prática do ato, inclusive na seara do processo do trabalho. A única exigência é a comprovação da indisponibilidade do sistema, como fator obstativo da prática do ato processual eletrônico, como se pode aferir da jurisprudência trabalhista que já se forma sobre o tema:

> AGRAVO DE INSTRUMENTO. RECURSO DE REVISTA. INTEMPESTIVIDADE DO RECURSO DE REVISTA. INDISPONIBILIDADE DO SISTEMA E-DOC NÃO COMPROVADA. DESPACHO DENEGATÓRIO MANTIDO. Nos termos do art. 10, § 2º, da Lei n. 11.419/2006, se o Sistema do Poder Judiciário se tornar indisponível por motivo técnico, o prazo fica automaticamente prorrogado para o primeiro dia útil seguinte à resolução do problema. Contudo, incumbe à parte recorrente comprovar a impossibilidade do envio do recurso por meio do sistema e-Doc em razão da indisponibilidade do sistema, sob pena de não o fazendo, ter seu recurso considerado intempestivo. Agravo de Instrumento conhecido e desprovido. (TST, relatora: Vania Maria da Rocha Abensur, Data de Julgamento: 19.11.2014, 3ª Turma)

Artigo 198

As unidades do Poder Judiciário deverão manter gratuitamente, à disposição dos interessados, equipamentos necessários à prática de atos processuais e à consulta e ao acesso ao sistema e aos documentos dele constantes.

Parágrafo único. Será admitida a prática de atos por meio não eletrônico no local onde não estiverem disponibilizados os equipamentos previstos no *caput*.

(Art. 154 do CPC revogado)

A informatização judicial não pode resultar em óbice ao acesso à justiça, garantia constitucional prevista no art. 5º, XXXV, da Constituição Federal. Por este motivo o Estado, através do Poder Judiciário, deve fornecer os meios para possibilitar a inclusão digital dos jurisdicionados.

Nas sedes do Poder Judiciário deverão ser mantidas a infraestrutura necessária para a prática eletrônica dos atos processuais. Na ausência de tais equipamentos, será franqueada a utilização de meios não eletrônicos, justamente para evitar a imposição de óbices inconstitucionais ao acesso à justiça.

No processo do trabalho, tal dispositivo deve ser aplicado para assegurar a garantia de acesso à justiça dos jurisdicionados nessa seara processual.

> **Artigo 199**
>
> As unidades do Poder Judiciário assegurarão às pessoas com deficiência acessibilidade aos seus sítios na rede mundial de computadores, ao meio eletrônico de prática de atos judiciais, à comunicação eletrônica dos atos processuais e à assinatura eletrônica.
>
> (Art. 154 do CPC revogado)

Novamente, preocupa-se o legislador com a inexistência de óbices para acesso aos meios eletrônicos na tramitação dos feitos e prática de atos processuais pelos jurisdicionados. Este artigo trata da acessibilidade dos sistemas, que deverão ser compatíveis para as pessoas que possuam deficiências. Como visto, a virtualização do processo não pode acarretar na inviabilização do acesso à justiça.

A instrução normativa n. 30/2007 trata no seu art. 4º da assinatura eletrônica nos seguintes termos:

> Art. 4º (Instrução Normativa n. 30/2007) A assinatura eletrônica, no âmbito da Justiça do Trabalho, será admitida sob as seguintes modalidades:
>
> I – assinatura digital, baseada em certificado digital emitido pelo ICP-Brasil, com uso de cartão e senha;
>
> II – assinatura cadastrada, obtida perante o Tribunal Superior do Trabalho ou Tribunais Regionais do Trabalho, com fornecimento de login e senha
>
> § 1º Para o uso de qualquer das duas modalidades de assinatura eletrônica, o usuário deverá se credenciar, previamente, perante o Tribunal Superior do Trabalho ou o Tribunal Regional do Trabalho com jurisdição sobre a cidade em que tenha domicílio, mediante o preenchimento de formulário eletrônico, disponibilizado no Portal da Justiça do Trabalho (Portal-JT);
>
> § 2º No caso de assinatura digital, em que a identificação presencial já se realizou perante a autoridade certificadora, o credenciamento dar-se-á pela simples identificação do usuário, por meio de seu certificado digital, e remessa do formulário devidamente preenchido;
>
> § 3º No caso da assinatura cadastrada, o interessado deverá comparecer, pessoalmente, perante o órgão do Tribunal no qual deseje cadastrar sua assinatura eletrônica, munido do formulário devidamente preenchido, obtendo senhas e informações para a operacionalização de sua assinatura eletrônica;
>
> § 4º Ao credenciado será atribuído registro e meio de acesso ao Sistema, de modo a preservar o sigilo (mediante criptografia de senha), a identificação e a autenticidade de suas comunicações;
>
> § 5º Alterações de dados cadastrais poderão ser feitas pelos usuários, a qualquer momento, na seção respectiva do Portal-JT;
>
> § 6º O credenciamento implica a aceitação das normas estabelecidas nesta Instrução Normativa e a responsabilidade do credenciado pelo uso indevido da assinatura eletrônica.

Apesar de não ser referir às pessoas com deficiências, não há dúvida de que o art. 199 do novo CPC se aplica ao processo do trabalho.

Seção III
Dos Atos da Parte

> **Artigo 200**
>
> Os atos das partes consistentes em declarações unilaterais ou bilaterais de vontade produzem imediatamente a constituição, modificação ou extinção de direitos processuais.
>
> Parágrafo único. A desistência da ação só produzirá efeitos após homologação judicial.
>
> (Art. 158 do CPC revogado)

O processo judicial desenvolve-se pela prática de atos processuais, geralmente praticados pelas partes e pelo juiz, mas também pelos auxiliares da justiça e por terceiros. O artigo em análise trata dos atos da parte, disciplinando a eficácia imediata de tais atos — unilaterais ou bilaterais — para a criação, modificação ou extinção de direitos processuais, regra já vigente no CPC/73.

Os atos da parte são comumente divididos em três categorias: atos postulatórios, atos instrutórios e atos dispositivos. Flávio Luiz Yarshell aponta que "os primeiros são abrangentes da demanda e da resposta, inclusive no âmbito recursal. No curso do processo, eles recebem o nome de requerimento. Os atos de instrução — aqui entendidos em sentido estrito — referem-se ao requerimento e produção de prova. A terceira categoria, como resulta da expressão, envolve a disposição de alguma posição de vantagem contida no plano de direito material ou mesmo processual (renúncia ou desistência)"[313]. Parte da doutrina aponta, ainda, para uma quarta categoria, de atos reais[314].

Os atos dispositivos podem ser relativos ao direito material ou ao direito processual, com ou sem repercussão para a relação jurídica processual, com consequências diversas. São exemplos de atos de disposição do direito material o reconhecimento da procedência do pedido e a renúncia ao direito, bem como a transação, ais quais surtem efeitos imediatos entre as partes, mas estão sujeitas à homologação judicial para fins de por termo ao processo, sem, contudo, apreciação do conteúdo do ato.

---

[313] YARSHELL, Flávio Luiz. *Curso de Direito Processual Civil*. vol. I. São Paulo: Marcial Pons, 2014. p. 322.

[314] É o caso de Leonardo Greco, que aponta como atos reais as ações humanas que se destinam a produzir efeitos no processo, como exibição de documento ou depoimento pessoal, muitos destes de caráter personalíssimo. Ver: GRECO, Leonardo. *Instituições de Processo Civil*. vol. I. Rio de Janeiro: Forense, 2010. p. 291.

Quanto aos atos de disposição de direitos processuais — que podem ser unilaterais ou bilaterais, como no caso de negócios jurídicos processuais (art. 191 do novo CPC), em regra também geram efeitos imediatos, não estando sujeitos à homologação. A exceção está disposta no parágrafo único, que trata da desistência da ação.

O art. 482, § 5º, do novo Código, dispõe que a desistência poderá ser apresentada até a sentença, mas, ocorrendo após o oferecimento de contestação, dependerá de consentimento do réu (§ 4º), sendo, após, homologada judicialmente.

Entendemos, todavia, que a concordância do réu deve ser condição para todos os casos em que este tenha sido citado, apresentada ou não a contestação. Afinal, o réu pode optar por não oferecer defesa, ciente da improcedência do pedido autoral, e, por tal motivo, discordar do pedido de desistência, com o objetivo de obter uma tutela jurisdicional sobre a questão.

Por outro lado, no que se refere à fase recursal, a desistência do recurso poderá ocorrer a qualquer tempo, independendo da anuência da parte adversa ou dos litisconsortes, consolidando-se, quanto à parte recorrida, o que houver sido decidido em sentença.

Por fim, importante anotar que, sendo o negócio jurídico processual uma modalidade de ato processual da parte, enunciou o Fórum Permanente de Processualistas Civis a dispensabilidade de sua homologação, salvo quando exigido expressamente por lei[315].

No processo do trabalho, diante da hipossuficiência do trabalhador, que justificou a criação de uma Justiça Especializada para sua proteção, entendemos ser necessário a homologação judicial de qualquer ato de disposição da parte.

Artigo 201

As partes poderão exigir recibo de petições, arrazoados, papéis e documentos que entregarem em cartório.
(Art. 160 do CPC revogado)

O artigo disciplina regra meramente procedimental, que trata do recibo das petições e documentos protocolados e dirigidos ao processo judicial. Trata-se de regra já consagrada no CPC/73, refletindo a prática forense de exigir o mencionado recibo, o que confere segurança à parte acerca da prática do ato, bem como possibilita, caso venha a ser necessário, a formação de autos suplementares com as cópias e respectivos recibos.

Em tempos de virtualização do processo, o recibo passa a ser eletrônico, comprovando a prática por meio eletrônico do ato processual. Em qualquer dos casos, seja físico ou eletrônico, o recibo também tem o condão de comprovar a tempestividade da prática do ato processual, que deve ser realizado dentro do prazo previsto em lei ou ajustado pelas partes no negócio jurídico processual. Não há qualquer impedimento para aplicação do dispositivo no processo do trabalho.

Artigo 202

É vedado lançar nos autos cotas marginais ou interlineares, as quais o juiz mandará riscar, impondo a quem as escrever multa correspondente à metade do salário mínimo.
(Art. 161 do CPC revogado)

As manifestações das partes no processo — seus atos processuais — devem ser feitos por meio de petições escritas, ou na forma oral, quando facultado por lei. Não se admite, assim, manifestações às margens ou entrelinhas de peças constantes dos autos processuais, conforme dispõe este artigo.

Luiz Fux aponta que "tal forma dos atos impede a inclusão surpreendente de textos originariamente não encartados nas peças processuais. Em consequência, muito embora não seja recomendável sublinhar trechos de depoimentos de testemunhas, a prática não está sancionada pela lei. A multa antes referida converte-se em obrigação fiscal e inscrita e é passível de exigibilidade por meio de execução fiscal"[316].

O processo do trabalho também deve coibir a prática desses atos, que demonstram um desrespeito da parte litigante com os demais sujeitos da relação processual. E, diante da omissão da CLT em relação ao tema, não vemos óbice à aplicação do dispositivo na seara das lides trabalhistas.

Seção IV
Dos Pronunciamentos do Juiz

Artigo 203

Os pronunciamentos do juiz consistirão em sentenças, decisões interlocutórias e despachos.

§ 1º Ressalvadas as disposições expressas dos procedimentos especiais, sentença é o pronunciamento por meio do qual o juiz, com fundamento nos arts. 485 e 487, põe fim à fase cognitiva do procedimento comum, bem como extingue a execução.

§ 2º Decisão interlocutória é todo pronunciamento judicial de natureza decisória que não se enquadre no § 1º.

---

(315) Enunciado n. 133: Salvo nos casos expressamente previstos em lei, os negócios processuais do *caput* do art. 191 não dependem de homologação judicial.

(316) FUX, Luiz. *Teoria Geral do Processo Civil*. Rio de Janeiro: Forense, 2014. p. 211.

Art. 203

> § 3º São despachos todos os demais pronunciamentos do juiz praticados no processo, de ofício ou a requerimento da parte.
>
> § 4º Os atos meramente ordinatórios, como a juntada e a vista obrigatória, independem de despacho, devendo ser praticados de ofício pelo servidor e revistos pelo juiz quando necessário.
>
> (Art. 162 do CPC revogado; ref.: arts. 831, 832 e 833 da CLT)

O novo Código aperfeiçoa a disciplina legal relativa aos pronunciamentos judiciais, adotando esta nomenclatura, ao invés de "atos do juiz". Os pronunciamentos judiciais continuam sendo classificados em sentença, decisões interlocutórias e em despachos, mas, nos parágrafos primeiro e segundo, são melhor explicitadas as duas primeiras categorias.

A redação do parágrafo primeiro é uma conciliação entre o que previa o art. 162, § 1º do CPC/73, antes e depois da reforma operada pela Lei n. 11.232/2005[317], para dispor que a sentença é o ato pelo qual o juiz põe fim à fase cognitiva do procedimento comum — nas hipóteses dos arts. 485 e 487 do novo Código[318] — ou que extingue a execução, ressalvadas, assim, as especificidades dos procedimentos especiais.

Por outro lado, serão decisões interlocutórias os pronunciamentos do juiz que, tendo caráter decisório, não se enquadrem na categoria sentença. Os despachos serão os demais atos, sem conteúdo decisório. Não importa, portanto, o *nomen juris* do ato, mas seu conteúdo.

Flávio Luiz Yarshell, acerca dos pronunciamentos do juiz, aponta que "a lei os categorizou em atos com conteúdo decisório, de um lado, e de mero impulso, de outro. Esses segundos são referidos como *despachos de mero expediente*, porque não resolvem nenhuma questão e se limitam a dar impulso ao processo"[319].

Leonardo Greco aponta, ainda, para a caracterização dos atos do juiz em atos decisórios, de movimentação, de instrução, de coação e de documentação[320].

A classificação dos pronunciamentos judiciais é relevante, notadamente para a análise de cabimento de recursos contra tais atos. Para cada espécie de pronunciamento (sentença ou decisão interlocutória), poderá ser manejado recurso diverso, sendo irrecorríveis os meros despachos. Sobre esta questão da irrecorribilidade dos despachos, Yarshell alerta que "é preciso cuidado para que, a pretexto de não se admitir recurso contra esse tipo de ato (mero despacho), o conceito não seja indevidamente alargado. Se houver conteúdo decisório, por menor que seja, não se trata de mero despacho"[321].

No processo do trabalho, os pronunciamentos do juiz são os mesmos do processo civil, ou seja, sentenças (acórdãos quando proferidos por órgãos colegiados), despachos e decisões

---

(317) Redação original: art. 162, § 1º Sentença é o ato pelo qual o juiz põe termo ao processo, decidindo ou não o mérito da causa.

Redação modificada pela Lei n. 11.232/2005: § 1º Sentença é o ato do juiz que implica alguma das situações previstas nos arts. 267 e 269 desta Lei.

(318) Art. 485. O juiz não resolverá o mérito quando:

I – indeferir a petição inicial;

II – o processo ficar parado durante mais de 1 (um) ano por negligência das partes;

III – por não promover os atos e as diligências que lhe incumbir, o autor abandonar a causa por mais de 30 (trinta) dias;

IV – verificar a ausência de pressupostos de constituição e de desenvolvimento válido e regular do processo;

V – reconhecer a existência de perempção, de litispendência ou de coisa julgada;

VI – verificar ausência de legitimidade ou de interesse processual;

VII – acolher a alegação de existência de convenção de arbitragem ou quando o juízo arbitral reconhecer sua competência;

VIII – homologar a desistência da ação;

IX – em caso de morte da parte, a ação for considerada intransmissível por disposição legal; e

X – nos demais casos prescritos neste Código.

§ 1º Nas hipóteses descritas nos incisos II e III, a parte será intimada pessoalmente para suprir a falta no prazo de 5 (cinco) dias.

§ 2º No caso do § 1º, quanto ao inciso II, as partes pagarão proporcionalmente as custas, e, quanto ao inciso III, o autor será condenado ao pagamento das despesas e dos honorários de advogado.

§ 3º O juiz conhecerá de ofício da matéria constante dos incisos IV, V, VI e IX, em qualquer tempo e grau de jurisdição, enquanto não ocorrer o trânsito em julgado.

§ 4º Oferecida a contestação, o autor não poderá, sem o consentimento do réu, desistir da ação.

§ 5º A desistência da ação pode ser apresentada até a sentença.

§ 6º Oferecida a contestação, a extinção do processo por abandono da causa pelo autor depende de requerimento do réu.

§ 7º Interposta a apelação em qualquer dos casos de que tratam os incisos deste artigo, o juiz terá 5 (cinco) dias para retratar-se.

Art. 487. Haverá resolução de mérito quando o juiz:

I – acolher ou rejeitar o pedido formulado na ação ou na reconvenção;

II – decidir, de ofício ou a requerimento, sobre a ocorrência de decadência ou prescrição;

III – homologar:

a) o reconhecimento da procedência do pedido formulado na ação ou na reconvenção;

b) a transação;

c) a renúncia à pretensão formulada na ação ou na reconvenção.

Parágrafo único. Ressalvada a hipótese do § 1º do art. 332, a prescrição e a decadência não serão reconhecidas sem que antes seja dada às partes oportunidade de manifestar-se.

(319) YARSHELL, Flávio Luiz. *Curso de Direito Processual Civil*. vol. I. São Paulo: Marcial Pons, 2014. p. 322.

(320) GRECO, Leonardo. *Instituições de Processo Civil*. vol. I. Rio de Janeiro: Forense, 2010. p. 287.

(321) YARSHELL, Flávio Luiz. *Curso de Direito Processual Civil*. vol. I. São Paulo: Marcial Pons, 2014. p. 323.

interlocutórias. Sobre o tema, localizamos na Consolidação das Leis do Trabalho os arts. 831, 832, e 833 que dispõem respectivamente que:

> Art. 831. A decisão será proferida depois de rejeitada pelas partes a proposta de conciliação.
>
> Parágrafo único. No caso de conciliação, o termo que for lavrado valerá como decisão irrecorrível, salvo para a Previdência Social quanto às contribuições que lhe forem devidas.
>
> Art. 832. Da decisão deverão constar o nome das partes, o resumo do pedido e da defesa, a apreciação das provas, os fundamentos da decisão e a respectiva conclusão.
>
> § 1º Quando a decisão concluir pela procedência do pedido, determinará o prazo e as condições para o seu cumprimento.
>
> § 2º. A decisão mencionará sempre as custas que devam ser pagas pela parte vencida.
>
> § 3º As decisões cognitivas ou homologatórias deverão sempre indicar a natureza jurídica das parcelas constantes da condenação ou do acordo homologado, inclusive o limite de responsabilidade de cada parte pelo recolhimento da contribuição previdenciária, se for o caso.
>
> § 4º A União será intimada das decisões homologatórias de acordos que contenham parcela indenizatória, na forma do art. 20 da Lei n. 11.033, de 21 de dezembro de 2004, facultada a interposição de recurso relativo aos tributos que lhe forem devidos.
>
> § 5º Intimada da sentença, a União poderá interpor recurso relativo à discriminação de que trata o § 3º deste artigo.
>
> § 6º O acordo celebrado após o trânsito em julgado da sentença ou após a elaboração dos cálculos de liquidação de sentença não prejudicará os créditos da União.
>
> § 7º O Ministro de Estado da Fazenda poderá, mediante ato fundamentado, dispensar a manifestação da União nas decisões homologatórias de acordos em que o montante da parcela indenizatória envolvida ocasionar perda de escala decorrente da atuação do órgão jurídico.
>
> Art. 833. Existindo na decisão evidentes erros ou enganos de escrita, de datilografia ou de cálculo, poderão os mesmos, antes da execução, ser corrigidos, *ex officio*, ou a requerimento dos interessados ou da Procuradoria da Justiça do Trabalho.

Artigo 204

Acórdão é o julgamento colegiado proferido pelos tribunais.
(Art. 163 do CPC revogado)

Os pronunciamentos judiciais não se limitam ao primeiro grau de jurisdição. Há atos com e sem conteúdo decisório praticados nos Tribunais. Nos casos em que os pronunciamentos forem singulares, denominar-se-á de decisão monocrática; nos casos de pronunciamento colegiado, o ato receberá o nome de acórdão, nos termos do artigo ora analisado. Não há novidades em relação ao CPC/73, sendo a regra aplicável também para o processo do trabalho.

Artigo 205

Os despachos, as decisões, as sentenças e os acórdãos serão redigidos, datados e assinados pelos juízes.

§ 1º Quando os pronunciamentos previstos no *caput* forem proferidos oralmente, o servidor os documentará, submetendo-os aos juízes para revisão e assinatura.

§ 2º A assinatura dos juízes, em todos os graus de jurisdição, pode ser feita eletronicamente, na forma da lei.

§ 3º Os despachos, as decisões interlocutórias, o dispositivo das sentenças e a ementa dos acórdãos serão publicados no Diário de Justiça Eletrônico.

(Art. 164 do CPC revogado)

O dispositivo enuncia regra lógica, determinando que os pronunciamentos judiciais sejam redigidos, datados e assinados pelos juízes que os proferirem, visando assegurar a autenticidade e momento da realização do ato pelo juiz.

Nos casos em que o pronunciamento for oral, serão documentados na forma escrita e validados pelo juiz, compondo os autos do processo, juntamente com as demais petições, documentos e decisões. Nestes casos, como o pronunciamento oral em geral ocorre em audiência, a transcrição deve ser feita preferencialmente na presença das partes, rubricando-se os respectivos documentos impressos.

O parágrafo terceiro, embora não constasse da redação do art. 164 do CPC/73, decorre da exigência da publicidade dos atos processuais, sobretudo das decisões do Estado-juiz e, a despeito da inexistência anterior da norma, todos os atos do juiz já eram publicados no Diário de Justiça, que passou a ser eletrônico.

Esse procedimento de validade e publicidade dos pronunciamentos jurisdicionais também de aplicam no processo do trabalho.

Seção V
Dos Atos do Escrivão ou do Chefe de Secretaria

Artigo 206

Ao receber a petição inicial de processo, o escrivão ou o chefe de secretaria a autuará, mencionando o juízo, a natureza do processo, o número de seu registro, os nomes das partes e a data de seu início, e procederá do mesmo modo em relação aos volumes em formação.

(Art. 166 do CPC revogado; ref.: art. 711 da CLT)

Além do juiz e das partes, também os auxiliares da justiça praticam atos de extrema relevância para o processo judicial. Compete-lhe não só a prática de atos ordinários genericamente referidos no art. 203, § 4º, mas também todos os atos específicos desta Seção.

Leonardo Greco subdivide os atos dos auxiliares da justiça em atos de movimentação, de execução e de documentação. No primeiro grupo, estariam compreendidos os atos de comunicação processual; no segundo, os atos de apreensão, depósito, entre outros; no terceiro, os atos de formação dos autos do processo, do registro dos atos processuais, da lavratura de certidões, atas, entre outros[322].

O dispositivo ora comentado trata da autuação do processo judicial — ato de documentação — que competirá ao escrivão ou chefe de secretaria. Serão formados os autos do processo judicial, com a indicação de seus dados básicos, como partes, juízo, natureza da causa e data de propositura da ação.

A função do escrivão ou chefe da secretaria exercida no processo cível corresponde à do diretor da Vara do Trabalho realizada no processo do trabalho, conforme os comentários realizados ao art. 150. As competências da secretaria da Vara do Trabalho estão dispostas no art. 711 da CLT, *in verbis*:

> Art. 711, CLT – Compete à secretaria das Juntas:
>
> a) o recebimento, a autuação, o andamento, a guarda e a conservação dos processos e outros papéis que lhe forem encaminhados;
>
> b) a manutenção do protocolo de entrada e saída dos processos e demais papéis;
>
> c) o registro das decisões;
>
> d) a informação, às partes interessadas e seus procuradores, do andamento dos respectivos processos, cuja consulta lhes facilitará;
>
> e) a abertura de vista dos processos às partes, na própria secretaria;
>
> f) a contagem das custas devidas pelas partes, nos respectivos processos;
>
> g) o fornecimento de certidões sobre o que constar dos livros ou do arquivamento da secretaria;
>
> h) a realização das penhoras e demais diligências processuais;
>
> i) o desempenho dos demais trabalhos que lhe forem cometidos pelo Presidente da Junta, para melhor execução dos serviços que lhe estão afetos.

Artigo 207

O escrivão ou o chefe de secretaria numerará e rubricará todas as folhas dos autos.

Parágrafo único. À parte, ao procurador, ao membro do Ministério Público, ao defensor público e aos auxiliares da justiça é facultado rubricar as folhas correspondentes aos atos em que intervierem.

(Art. 167 do CPC revogado)

Os autos do processo judicial são compostos de documentos diversos, relativos aos atos praticados por todos, entre os quais petições das partes, do Ministério Público, dos terceiros intervenientes, decisões do juiz, entre outros. O que o artigo regula é o dever do escrivão e do chefe de secretaria de numerarem e rubricarem todas as folhas dos autos, dando-lhes autenticidade e confiabilidade. Do mesmo modo, faculta aos demais sujeitos rubricarem as folhas relativas aos atos que praticarem no processo.

No processo eletrônico valerão as modalidades equivalentes de numeração de páginas e certificação ou autenticação da prática de atos pelos sujeitos do processo.

A regra não é nova e há correspondente no CPC/73, aplicando-se ao processo do trabalho, cujo processo eletrônico está regulado, conforme já exposto, pela Resolução n. 94/2012 do Conselho Superior da Justiça do Trabalho.

Artigo 208

Os termos de juntada, vista, conclusão e outros semelhantes constarão de notas datadas e rubricadas pelo escrivão ou pelo chefe de secretaria.

(Art. 168 do CPC revogado; ref.: art. 773 da CLT)

O escrivão ou chefe de secretaria, além de numerarem e rubricarem as folhas dos autos do processo judicial, deverão datar e assinar os termos de juntada, vista, conclusão e demais atos. A regra é justificada pela natureza do procedimento do processo judicial, que prevê uma série de atos encadeados numa sequência lógico-temporal, bem como pelo sistema de preclusões adotados no processo civil brasileiro.

Os atos processuais, sobretudo os de comunicação, devem ser formalizados no processo, com as respectivas datas, justamente porque, em regra, os atos subsequentes devem ser praticados em determinado espaço temporal. A regra ora analisada apenas objetiva um requisito importante para o procedimento, que também se aplica no processo do trabalho, como se observa do art. 773 da CLT, *in verbis*:

> Art. 773, CLT – Os termos relativos ao movimento dos processos constarão de simples notas, datadas e rubricadas pelos secretários ou escrivães.

Artigo 209

Os atos e os termos do processo serão assinados pelas pessoas que neles intervierem, todavia, quando essas não puderem ou não quiserem firmá-los, o escrivão ou o chefe de secretaria certificará a ocorrência.

§ 1º Quando se tratar de processo total ou parcialmente documentado em autos eletrônicos, os atos processuais praticados na presença do juiz poderão ser produzidos e armazenados de modo integralmente digital em arquivo eletrônico inviolável, na forma da lei, mediante registro em termo, que será assinado digitalmente pelo juiz e pelo escrivão ou chefe de secretaria, bem como pelos advogados das partes.

---

(322) GRECO, Leonardo. *Instituições de Processo Civil*. vol. I. Rio de Janeiro: Forense, 2010. p. 294.

> § 2º Na hipótese do § 1º, eventuais contradições na transcrição deverão ser suscitadas oralmente no momento de realização do ato, sob pena de preclusão, devendo o juiz decidir de plano e ordenar o registro, no termo, da alegação e da decisão.
>
> (Art. 169 do CPC revogado; ref.: art. 772 da CLT)

Este dispositivo legal repete regra já vigente no CPC/73, que também trata da regularidade, confiabilidade e autenticidade dos autos do processo judicial. Os documentos constantes do processo deverão ser assinados pelos respectivos titulares. Não é diferente para o processo eletrônico, que contará com um sistema próprio de autenticação e certificação digital, inclusive quanto aos atos praticados em audiência, como é o caso referido no parágrafo primeiro.

No processo do trabalho também há essa preocupação com a autenticidade e confiabilidade dos autos do processo, como se observa do art. 772 da CLT, a seguir transcrito:

> Os atos e termos processuais, que devam ser assinados pelas partes interessadas, quando estas, por motivo justificado, não possam fazê-lo, serão firmados a rogo, na presença de 2 (duas) testemunhas, sempre que não houver procurador legalmente constituído.

Artigo 210

> É lícito o uso da taquigrafia, da estenotipia ou de outro método idôneo em qualquer juízo ou tribunal.
>
> (Art. 170 do CPC revogado)

Os métodos de escrita que utilizam abreviaturas, como a taquigrafia e a estenotipia, embora não constituam a regra nos atos processuais, poderão ser admitidos em juízo, especialmente quando indispensáveis para a integral transcrição dos atos realizados, em especial em audiência, seja no processo civil ou no processo do trabalho.

Artigo 211

> Não se admitem nos atos e termos processuais espaços em branco, salvo os que forem inutilizados, assim como entrelinhas, emendas ou rasuras, exceto quando expressamente ressalvadas.
>
> (Art. 171 do CPC revogado)

Trata-se de regra procedimental que visa ordenar os autos do processo, organizando-os da maneira mais clara possível. Não se admitem espaços em branco, entrelinhas e rasuras, que, quando ocorrerem, deverão ser excepcionais e ressalvadas.

A regra é aplicável ao processo do trabalho, nos termos da jurisprudência do Tribunal Superior do Trabalho:

> AGRAVO DE INSTRUMENTO. RECURSO DE REVISTA. IRREGULARIDADE DE REPRESENTAÇÃO. RASURA NA PROCURAÇÃO. ART. 171 DO CPC. Nos termos do art. 171 do CPC, de aplicação subsidiária ao Processo do Trabalho, não se admitem, nos atos e termos, espaços em branco, bem como entrelinhas, emendas ou rasuras, salvo se aqueles forem inutilizados e estas expressamente ressalvadas. Agravo de instrumento não conhecido. (TST – AIRR: 76400-73.1999.5.15.0058, relator: Mauricio Godinho Delgado, Data de Julgamento: 6.3.2013, 3ª Turma, Data de Publicação: DEJT 8.3.2013)

CAPÍTULO II
DO TEMPO E DO LUGAR DOS ATOS PROCESSUAIS

Seção I
Do Tempo

Artigo 212

> Os atos processuais serão realizados em dias úteis, das 6 (seis) às 20 (vinte) horas.
>
> § 1º Serão concluídos após as 20 (vinte) horas os atos iniciados antes, quando o adiamento prejudicar a diligência ou causar grave dano.
>
> § 2º Independentemente de autorização judicial, as citações, intimações e penhoras poderão realizar-se no período de férias forenses, onde as houver, e nos feriados ou dias úteis fora do horário estabelecido neste artigo, observado o disposto no art. 5º, inciso XI, da Constituição Federal.
>
> § 3º Quando o ato tiver de ser praticado por meio de petição em autos não eletrônicos, essa deverá ser protocolada no horário de funcionamento do fórum ou tribunal, conforme o disposto na lei de organização judiciária local.
>
> (Art. 172 do CPC revogado)

Os atos processuais, além de forma, devem ser praticados dentro de um lapso temporal. A seção seguinte (arts. 217 e seguintes) regula os prazos – legais e judiciais – para a prática dos atos, enquanto a presente seção regula questões práticas acerca do momento de realização dos atos, respeitados aqueles prazos processuais. Trata-se, então, de questões formais relativas ao procedimento, no aspecto tempo, para prática dos atos.

A primeira regra vigente no processo civil referente ao tempo dos atos processuais é que sua realização deverá ocorrer em dias úteis, de seis a vinte horas, respeitado, contudo, o horário de funcionamento do fórum ou tribunal, quando tratar-se de protocolo de petições físicas (§ 3º).

Assim, o Código traz uma regra geral, um limite máximo para funcionamento dos órgãos judiciais, os quais podem ser regulados por normas locais, mais específicas. É comum que os fóruns ou tribunais encerrem expediente antes das 20h, de modo que os operadores do direito deverão consultar tanto a lei federal como as leis locais, de organização judiciária.

Não obstante a regra geral disposta no *caput*, o artigo privilegia alguns atos — sobretudo de comunicação — que poderão ser praticados em dias não úteis, conforme prevê o § 2º, desde que respeitados direitos fundamentais, como o da inviolabilidade de domicílio (art. 5º, XI, CF).

Os dias úteis, conforme a lei processual, consistem naqueles que não são feriados, conforme a definição do art. 216. A grande novidade em relação ao CPC/73 encontra-se justamente neste ponto. O art. 175 do CPC/73 considerava como feriados para efeito forense os declarados por lei, além dos domingos. O novo Código inclui na classificação de feriado para efeitos forenses os sábados (art. 216), de modo que se altera a classificação dos dias úteis. Os dias não úteis, nos quais não haverá realização de atos processuais, portanto, passam a ser sábados, domingos, além de feriados decretados por lei.

No processo do trabalho já há norma semelhante no *caput* do art. 212, dispondo sobre a regra da prática dos atos processuais nos dias úteis, das 6 (seis) às 20 (vinte) horas. Remetemos o leitor ao art. 770 da CLT, *in verbis*:

> Os atos processuais serão públicos salvo quando o contrário determinar o interesse social, e realizar-se-ão nos dias úteis das 6 (seis) às 20 (vinte) horas.
>
> Parágrafo único – A penhora poderá realizar-se em domingo ou dia feriado, mediante autorização expressa do juiz ou presidente.

Os parágrafos do art. 212, entretanto, devem ser aplicados ao processo do trabalho diante da insuficiência de parágrafo único do art. 770 da CLT para regular a matéria[323].

Artigo 213

A prática eletrônica de ato processual pode ocorrer em qualquer horário até as 24 (vinte e quatro) horas do último dia do prazo.

Parágrafo único. O horário vigente no juízo perante o qual o ato deve ser praticado será considerado para fins de atendimento do prazo.

(Sem correspondente no CPC revogado)

Embora a regra para a prática de atos processuais seja o horário de 6h às 20h, para o processo eletrônico, considerando a continuidade ininterrupta dos serviços em rede, os atos poderão ser praticados até as 24h, respeitando-se, evidentemente, os prazos processuais regulados nos arts. 218 e seguintes. A regra não encontra correspondente no CPC/73, mas na Lei n. 11.419/2006[324].

---

(323) O parágrafo único do art. 770 da CLT rege apenas e tão somente que "A penhora poderá realizar-se em domingo ou dia feriado, mediante autorização expressa do juiz ou presidente".

(324) Lei n. 11.419/2006: art. 3º Consideram-se realizados os atos processuais por meio eletrônico no dia e hora do seu envio ao sistema do Poder Judiciário, do que deverá ser fornecido protocolo eletrônico.

Alguns problemas práticos costumam ocorrer no período de implantação dos sistemas de processo virtual nos tribunais, que podem gerar a indisponibilidade do sistema eletrônico. No processo do trabalho, após algumas ocorrências, editou-se a Resolução n. 94/2012 do CSTJ, para regular a prorrogação do prazo nos casos de indisponibilidade[325].

É digno de registro, ainda, que, conforme o parágrafo único do art. 213, para fins de aferição da prática do ato dentro do prazo legal ou convencional, deve ser considerado o horário vigente no juízo onde o ato é praticado. Tal norma tem o condão de evitar inúmeros problemas relacionados a diferenças de horários, como nos casos do chamado "horário de verão".

Artigo 214

Durante as férias forenses e nos feriados, não se praticarão atos processuais, excetuando-se:

I – os atos previstos no art. 212, § 2º;

II – a tutela de urgência.

(Art. 173 do CPC revogado)

O artigo complementa a regra de realização de atos processuais em dias úteis, excepcionando duas situações: os casos indicados no art. 212, § 2º, que tratam de atos de citação, intimação e penhora; bem casos em que se trate de tutela de urgência, que poderão ser praticados em feriados e em férias forenses.

A tutela de urgência é tratada no novo Código nos arts. 298 e seguintes, e será concedida sempre que haja perigo de dano ou risco ao resultado do processo[326]. Assim, a própria

---

Parágrafo único. Quando a petição eletrônica for enviada para atender prazo processual, serão consideradas tempestivas as transmitidas até as 24 (vinte e quatro) horas do seu último dia.

(325) Art. 10 (Resolução CSJT n. 94/2012). Os prazos que se vencerem no dia da ocorrência de indisponibilidade de quaisquer dos serviços referidos no art. 8º serão automaticamente prorrogados para o dia útil seguinte à retomada de funcionamento, quando:

I – a indisponibilidade for superior a 60 minutos, ininterruptos ou não, se ocorrida entre 06h00 e 23h00; e

II – ocorrer indisponibilidade entre 23h01 e 24h00.

§ 1º As indisponibilidades ocorridas entre 00h00 e 06h00 dos dias de expediente forense e as ocorridas em feriados e finais de semana, a qualquer hora, não produzirão o efeito do caput.

§ 2º Os prazos fixados em hora serão prorrogados na mesma proporção das indisponibilidades ocorridas no intervalo entre 06h00 e 23h00. Nesse caso, o reinício da contagem do prazo em horas ocorrerá a partir da plena ciência das partes ou dos interessados quanto ao restabelecimento dos serviços que estavam indisponíveis. (NR dada pela Resolução CSJT n. 120, de 21 de fevereiro de 2013)

(326) Art. 298. A tutela de urgência será concedida quando houver elementos que evidenciem a probabilidade do direito e o perigo de dano ou o risco ao resultado útil do processo.

§ 1º Para a concessão da tutela de urgência, o juiz pode, conforme o caso, exigir caução real ou fidejussória idônea para ressarcir os danos

urgência que justifica a concessão da tutela diferenciada é o que justifica a autorização para a prática de atos em dias não úteis. A regra é plenamente aplicável no processo do trabalho.

Neste sentido, ainda sobre o antigo CPC, Sérgio Pinto Martins aponta o seguinte:

> No recesso forense, não são praticados quaisquer atos processuais. Poderão entretanto, ser praticados atos processuais como o arresto, sequestro, penhora, arrecadação, a busca e apreensão, o depósito, a prisão do depositário infiel, os embargos de terceiro, utilizando-se por analogia o inciso II, do art. 173, do CPC. Os atos que importarem em resposta do réu só começarão a correr no primeiro dia útil seguinte ao término do recesso, utilizando-se por analogia o parágrafo único, do art. 173, do CPC.[327]

Artigo 215

Processam-se durante as férias forenses, onde as houver, e não se suspendem pela superveniência delas:

I – os procedimentos de jurisdição voluntária e os necessários à conservação de direitos, quando puderem ser prejudicados pelo adiamento;

II – a ação de alimentos e os processos de nomeação ou remoção de tutor e curador;

III – os processos que a lei determinar.

(Art. 174 do CPC revogado)

O dispositivo repete regra já existente no CPC/73, que excepciona situações em que poderão ser praticados atos processuais, com a regular tramitação dos feitos, pela natureza dos direitos controvertidos.

No processo do trabalho os procedimentos que tramitam nas férias forenses têm seus prazos suspensos, retomando a contagem a partir do primeiro dia útil seguinte ao término das férias.

Como o período do recesso forense na Justiça do Trabalho ocorre entre 20 de dezembro e 6 de janeiro, Wagner Giglio entende que "não se inicia, não corre e não se vence qualquer prazo; o que se iniciou antes do dia 20 tem seu curso suspenso recomeçando a correr a partir do dia 7 de janeiro, como dispõe o art. 179 do CPC[328]".

Artigo 216

Além dos declarados em lei, são feriados, para efeito forense, os sábados, os domingos e os dias em que não haja expediente forense.

(Art. 175 do CPC revogado)

O CPC/73 previa que os feriados, para efeitos forenses, seriam os dias declarados por lei, bem como os domingos. O novo Código mantém os feriados legais[329], os domingos e inclui o sábado entre os dias não úteis, o que tem consequências diversas, como a não realização de atos processuais e a não contagem de prazos em tais dias.

No processo do trabalho já ocorria, pelo menos parcialmente, a ideia trazida pela nova regra do processo civil, como se pode constatar da Súmula n. 262 do Tribunal Superior do Trabalho:

> Súmula n. 262 TST – PRAZO JUDICIAL. NOTIFICAÇÃO OU INTIMAÇÃO EM SÁBADO. RECESSO FORENSE.
>
> I – Intimada ou notificada a parte no sábado, o início do prazo se dará no primeiro dia útil imediato e a contagem, no subsequente.
>
> II – O recesso forense e as férias coletivas dos Ministros do Tribunal Superior do Trabalho suspendem os prazos recursais.

Seção II
Do Lugar

Artigo 217

Os atos processuais realizar-se-ão ordinariamente na sede do juízo, ou, excepcionalmente, em outro lugar em razão de deferência, de interesse da justiça, da natureza do ato ou de obstáculo arguido pelo interessado e acolhido pelo juiz.

(Art. 176 do CPC revogado)

Como regra, o lugar da prática dos atos processuais é a sede do juízo. Não obstante, em hipóteses especiais, poderão

---

que a outra parte possa vir a sofrer; a caução pode ser dispensada se a parte economicamente hipossuficiente não puder oferecê-la.

§ 2º A tutela de urgência pode ser concedida liminarmente ou após justificação prévia.

§ 3º A tutela de urgência, de natureza antecipada, não será concedida quando houver perigo de irreversibilidade dos efeitos da decisão.

Art. 299. A tutela urgente de natureza cautelar pode ser efetivada mediante arresto, sequestro, arrolamento de bens, registro de protesto contra alienação de bem e qualquer outra medida idônea para asseguração do direito.

(327) MARTINS, Sérgio Pinto. Direito Processual do Trabalho. 35. ed. São Paulo: Atlas, 2014. p.160.

(328) GILGIO, Wagner D. A substituição processual trabalhista e a Lei n. 8.073. Revista LTr, 55-02/155, 1984.

(329) A Lei n. 5.010/1966, decretou feriados na Justiça Federal, os seguintes dias: art. 62. Além dos fixados em lei, serão feriados na Justiça Federal, inclusive nos Tribunais Superiores:

I – os dias compreendidos entre 20 de dezembro e 6 de janeiro, inclusive;

II – os dias da Semana Santa, compreendidos entre a quarta-feira e o Domingo de Páscoa;

III – os dias de segunda e terça-feira de Carnaval;

IV – os dias 11 de agosto e 1º e 2 de novembro.

IV – os dias 11 de agosto, 1º e 2 de novembro e 8 de dezembro.

ser praticados em outros locais. Há hipóteses previstas em lei para a prática de atos processuais em locais diversos, como é o caso da oitiva de testemunha via precatória. Há outras situações em que a prática do ato em local distinto poderá decorrer de determinação judicial, especialmente quando haja necessidade em razão da natureza do ato a ser praticado. Para tais casos, o que deverá nortear a decisão do juiz deverá ser a conveniência da prática em local diverso, com vistas à obtenção do melhor resultado do processo judicial.

De outro lado, diante do processo eletrônico, deverá ser repensada a questão referente ao local de prática dos atos processuais. Flávio Yarshell aponta que "é preciso considerar as repercussões que a implantação de tal ferramenta possa ter sobre o lugar e o tempo do procedimento; e a partir daí, sobre algumas das posições resultantes da relação processual (notadamente das partes)"[330].

Com efeito, as partes podem praticar atos virtualmente, sem a necessidade de protocolo físico no juízo, bem como há a possibilidade de prática de atos por videoconferência, como audiências, colheita de depoimentos e sustentações orais. Tais casos estão regrados na lei e constituirão as hipóteses excepcionais à regra do artigo ora analisado, de modo que não vemos incompatibilidade, mas complementariedade, seja no processo civil, seja no processo do trabalho por meio do PJe-JT já comentado anteriormente.

CAPÍTULO III
DOS PRAZOS

Seção I
Das Disposições Gerais

Artigo 218

Os atos processuais serão realizados nos prazos prescritos em lei.

§ 1º Quando a lei for omissa, o juiz determinará os prazos em consideração à complexidade do ato.

§ 2º Quando a lei ou o juiz não determinar prazo, as intimações somente obrigarão a comparecimento após decorridas 48 (quarenta e oito) horas.

§ 3º Inexistindo preceito legal ou prazo determinado pelo juiz, será de 5 (cinco) dias o prazo para a prática de ato processual a cargo da parte.

§ 4º Será considerado tempestivo o ato praticado antes do termo inicial do prazo.

(Arts. 177, 185 e 192 do CPC revogado)

Outro aspecto de extrema relevância quanto ao tempo dos atos processuais refere-se aos prazos processuais, regulados nesta seção. Os prazos processuais, definidos para a prática dos atos processuais, contribui para que o procedimento tenha uma tramitação ordenada, sequencial e que se desenvolva até a prolação da decisão e satisfação integral do direito controvertido.

Leonardo Greco aponta que "os atos processuais têm de ser praticados em determinados prazos, porque o processo precisa continuamente marchar em direção ao seu fim. Se não existissem os prazos processuais, o processo poderia retardar-se indefinidamente, comprometendo sua celeridade, que é uma garantia fundamental do processo"[331].

Conforme esclarece Flávio Luiz Yarshell, os prazos processuais "podem ser entendidos como o lapso de tempo que se confere a um dos sujeitos do processo para o exercício de determinada posição jurídica (emergente da relação processual) e para a consequente prática de um ato; que pode ser processual ou pode estar situado no plano material (...). Ao mesmo tempo em que é lapso de tempo para o exercício de uma posição, o estabelecimento de prazos é, em si mesmo, um encargo que se atribuiu aos interessados"[332].

Os prazos podem ser classificados, ainda, em próprios e impróprios. Quanto aos primeiros, diz-se que a não observância do prazo leva à perda do direito de praticar o ato, ou seja, gera preclusão, motivo pelo qual tal categoria é geralmente vinculada aos atos da parte. Os prazos impróprios, por outro lado, seriam aqueles dirigidos ao órgão jurisdicional (juiz e auxiliares), que podem até gerar consequências administrativas ou disciplinares, mas não impedem a prática do ato.

Neste sentido, Luiz Fux aponta que "os prazos são lapsos dentro dos quais se praticam os atos processuais. Por seu turno, os prazos podem ser 'legais' ou 'judiciais'. Diz-se ainda que os prazos são 'particulares' quando ocorrem apenas para uma das partes', e 'comuns' quando o transcurso é para ambas. Classificam-se ainda em prazos 'próprios' quando o descumprimento implica numa sanção, e 'impróprios', quando seu desatendimento traz consequências apenas de cunho não processual, como, v.g., a falta funcional dos auxiliares da justiça"[333].

A preocupação da lei com o estabelecimento de regras claras acerca dos prazos decorre da importância que estes têm para o procedimento e para a relação jurídica processual. O artigo ora comentado dispõe que a lei deverá prescrever

---

(330) YARSHELL, Flávio Luiz. *Curso de Direito Processual Civil.* vol. I. São Paulo: Marcial Pons, 2014. p. 320.

(331) GRECO, Leonardo. *Instituições de Processo Civil.* vol. I. Rio de Janeiro: Forense, 2010. p. 358-359.

(332) YARSHELL, Flávio Luiz. *Curso de Direito Processual Civil.* vol. I. São Paulo: Marcial Pons, 2014. p. 316.

(333) FUX, Luiz. *Teoria Geral do Processo Civil.* Rio de Janeiro: Forense, 2014. p. 218.

os prazos para a prática dos atos e que a atividade do juiz é subsidiária neste campo (§ 1º). Ressalta, ainda, que omissas a lei e o juiz, o prazo-base será de cinco dias (§ 3º) e, que, a intimação apenas obriga o comparecimento após 48 horas (§ 2º).

A inovação mais relevante deste dispositivo legal consta do parágrafo quarto, que enuncia a tempestividade do ato praticado antes do termo inicial. A positivação da norma foi necessária, diante de entendimentos doutrinários e jurisprudenciais que entendiam pela intempestividade do ato prematuro. O Superior Tribunal de Justiça, inclusive, havia editado a Súmula n. 418, incorporando tal entendimento[334]. O Fórum Permanente de Processualistas Civis editou, à luz desta regra, dois enunciados[335].

Diante da omissão da CLT no tocante a um tratamento detalhado e específico dos prazos, entendemos ser plenamente aplicável ao processo do trabalho o regramento trazido no presente dispositivo.

A regulamentação vem em boa hora, pois, apesar de a Subseção Especializada em Dissídios Individuais (SDI-1) do Tribunal Superior do Trabalho ter revertido decisão em que havia considerado intempestivo o recurso do reclamante, interposto antes da publicação da sentença em órgão oficial, o Ministro Relator Renato de Lacerda Paiva esclareceu[336] que a sentença começa a valer a partir da sua juntada ao processo, ficando à disposição das partes, porém, este entendimento não se aplica aos acórdãos, cuja validade depende da publicação em órgão de divulgação oficial, conforme dispõe a Súmula n. 434 do TST[337].

Artigo 219

Na contagem de prazo em dias, estabelecido por lei ou pelo juiz, computar-se-ão somente os dias úteis.

Parágrafo único. O disposto neste artigo aplica-se somente aos prazos processuais.

(Art. 178 do CPC revogado)

Os prazos processuais, dada sua importância, possuem normas específicas relativas à contagem, que irão definir o termo inicial e o termo final para a prática dos atos respectivos.

O novo Código traz importante alteração quanto à disciplina legal relativa à contagem dos prazos processuais. O art. 178 do Código revogado dispunha que os prazos seriam contados continuamente, sem interrupção ou suspensão dos feriados. Desse modo, iniciada a contagem de um prazo na quinta-feira, por exemplo, seriam computados nos dias de prazo os sábados e domingos, bem como eventuais feriados legais.

A regra é alterada substancialmente para dispor que na contagem dos prazos apenas serão computados os dias úteis, excluindo-se, portanto, os sábados, domingos e feriados legais (art. 216). Desse modo, o prazo não correrá durante os dias considerados como feriado forense, mas apenas nos dias úteis. Na prática, isso significa que apenas nos dias úteis, de regular funcionamento das atividades judiciais (art. 212), é que serão computados os prazos. Se o prazo se iniciar, utilizando-se do mesmo exemplo, na quinta-feira, ele será computado na quinta-feira, na sexta-feira, continuando na segunda-feira e por daí em diante. O sábado e domingos estarão excluídos dessa contagem.

O processo do trabalho não é completamente omisso no que tange à contagem de prazos. Há uma seção na CLT intitulada "Dos Atos, Termos e Prazos Processuais" dentro do capítulo que trata do processo em geral.

Nesta seção que trata dos prazos, o art. 775 dispõe que eles são contínuos: "Os prazos estabelecidos neste título contam-se com exclusão do dia do começo e inclusão do dia do vencimento, e são contínuos...".

Como a CLT determina que os prazos são contínuos, e, portanto, o processo do trabalho tem regime próprio na contagem destes, não há como aplicarmos a novidade do processo comum neste ponto da contagem somente em dias úteis.

Aliada ao argumento do tratamento específico da matéria e consequente inexistência de omissão, não se pode olvidar a incompatibilidade da novidade com o princípio da celeridade que rege o processo do trabalho. Em situação semelhante, a jurisprudência trabalhista não admite, por exemplo, a contagem em dobro dos prazos quando há litisconsórcio com procuradores diferentes:

AÇÃO ANULATÓRIA — CONTESTAÇÃO — LITISCONSÓRCIO — PRAZO EM DOBRO — INAPLICABILIDADE DO ART. 191 DO CPC AO PROCESSO DO TRABALHO — O C. TST já firmou entendimento no sentido de que o art. 191 do CPC é incompatível com as regras

---

(334) Súmula n. 418 STJ: É inadmissível o recurso especial interposto antes da publicação do acórdão dos embargos de declaração, sem posterior ratificação.

(335) Enunciado n. 22: O Tribunal não poderá julgar extemporâneo ou intempestivo recurso, na instância ordinária ou na extraordinária, interposto antes da abertura do prazo.
Enunciado n. 23: Fica superado o enunciado 418 da súmula do STJ após a entrada em vigor do NCPC ("É inadmissível o recurso especial interposto antes da publicação do acórdão dos embargos de declaração, sem posterior ratificação").

(336) Disponível em: <http://www.tst.jus.br/noticias/-/asset_publisher/89Dk/content/sdi-1-considera-valido-recurso-contra-sentenca-ainda-nao--publicada-em-orgao-oficial>. Acesso em: 5 maio 2015.

(337) RECURSO. INTERPOSIÇÃO ANTES DA PUBLICAÇÃO DO ACÓRDÃO IMPUGNADO. EXTEMPORANEIDADE.
I – É extemporâneo recurso interposto antes de publicado o acórdão impugnado.
II – A interrupção do prazo recursal em razão da interposição de embargos de declaração pela parte adversa não acarreta qualquer prejuízo àquele que apresentou seu recurso tempestivamente.

e princípios que regem o Processo do Trabalho, não amparando a contagem do prazo para contestar em dobro mesmo quando distintos os procuradores dos litisconsortes (OJ n. 310 da C. SDI). (TRT-24 – ED: 00134-2007-000-24-00-4 MS (ED), relator: Ricardo G. M. Zandona, Data de Julgamento: 24.1.2008, Data de Publicação: DO/MS N. 236 de 1º.2.2008)

1. AGRAVO DE INSTRUMENTO DO BANCO BANERJ S.A. RECURSO DE REVISTA. TEMPESTIVIDADE. LITISCONSÓRCIO. DIFERENTES PROCURADORES. PROCESSO DO TRABALHO. PRAZO EM DOBRO. INAPLICABILIDADE. A regra do prazo em dobro para recorrer quando se tratar de litisconsórcio com diferentes procuradores, art. 191 do CPC, não tem aplicação subsidiária no processo do trabalho, por ser incompatível com o princípio da celeridade. Esta é a tese esposada na OJSBDI1 de n. 310 do TST. Agravo de Instrumento a que se nega provimento (TST – AIRR: 8819600-94.2003.5.01.0900, relator: Ricardo Alencar Machado, Data de Julgamento: 10.5.2006, 3ª Turma, Data de Publicação: DJ 2.6.2006)

AGRAVO DE INSTRUMENTO EM RECURSO DE REVISTA — RECURSO DE REVISTA INTEMPESTIVO. LITISCONSÓRCIO. PROCURADORES DISTINTOS. PRAZO EM DOBRO. ART. 191 DO CPC. INAPLICABILIDADE AO PROCESSO DO TRABALHO. ORIENTAÇÃO JURISPRUDENCIAL 310 DA SBDI-1 DO TST. Nega-se provimento ao Agravo de Instrumento que não logra desconstituir os fundamentos do despacho que denegou seguimento ao Recurso de Revista. Agravo de Instrumento a que se nega provimento. (TST – AIRR: 106440-67.2003.5.03.0014, relator: Márcio Eurico Vitral Amaro, Data de Julgamento: 3.8.2011, 8ª Turma, Data de Publicação: DEJT 5.8.2011)

É importante consignarmos que somos favoráveis à contagem dos prazos somente em dias úteis, mas, infelizmente, por uma questão técnica nas regras de subsidiariedade e a coerência que devemos manter ao longo do trabalho, entendemos por sua não aplicação no processo do trabalho. Remetemos o leitor para os comentários do art. 224 e sugerimos uma alteração na lei trabalhista para aplicação da novidade nessa seara processual. A solução da questão é de lege ferenda.

Artigo 220

Suspende-se o curso do prazo processual nos dias compreendidos entre 20 de dezembro e 20 de janeiro, inclusive.

§ 1º Ressalvadas as férias individuais e os feriados instituídos por lei, os juízes, os membros do Ministério Público, da Defensoria Pública e da Advocacia Pública e os auxiliares da Justiça exercerão suas atribuições durante o período previsto no *caput*.

§ 2º Durante a suspensão do prazo, não se realizarão audiências nem sessões de julgamento.

(Sem correspondente no CPC revogado)

Regra geral, os prazos computam-se continuamente nos dias úteis. Não obstante, podem ocorrer situações de suspensão ou interrupção dos prazos processuais, institutos que não se confundem.

Leonardo Greco diferencia as situações, apontando que "a suspensão é a paralisação do curso e da contagem do prazo por algum motivo legalmente previsto, que determina a retomada do seu curso pelo tempo que sobejava, a partir do momento em que cessar a causa da suspensão. A interrupção também é a paralisação do curso do prazo por um motivo legalmente previsto, mas, quando cessa a causa que o determinou, o prazo deverá recomeçar por inteiro, e não apenas pelo tempo que restava no momento de sua paralisação"[338].

Este artigo trata da suspensão dos prazos processuais no período do recesso forense, entre os dias 20 de dezembro e 20 de janeiro. A inclusão deste dispositivo legal no novo Código decorreu de exigências da classe dos advogados, em geral profissionais autônomos, que clamavam por um período de férias, sem cômputo dos prazos processuais. Durante tal prazo, portanto, não serão computados os prazos e tampouco haverá realização de audiências ou sessões de julgamento (§ 2º). Após o dia 20 de janeiro, os prazos processuais retomarão seu curso, sendo a contagem retomada a partir de onde havia sido suspensa, sem reinício dos prazos.

O recesso na Justiça do Trabalho geralmente ocorre entre o dia 20 de dezembro e 6 de janeiro. Como o art. 62, I da Lei n. 5.010 considera o recesso como feriado e não como férias na Justiça Federal, alguns autores entendem que neste período não se suspendem os prazos no processo do trabalho.

Sérgio Pinto Martins sustenta que "em se tratando de feriados, continua a fluir o prazo para qualquer ato processual. Não há suspensão do prazo para o recurso no período de 20 de dezembro a 6 de janeiro, até porque os prazos são contínuos e irrelevantes (art. 775 da CLT)".[339]

Essa posição, entretanto, já está superada pela jurisprudência trabalhista:

PRAZO RECURSAL. RECESSO FORENSE. O recesso forense, compreendido entre os dias 20 de dezembro e 06 de janeiro, suspende a contagem dos prazos recursais, nos termos do art. 179 do CPC, haja vista que se equipara às férias dos juízes. Embargos conhecidos e desprovidos. (TST – ERR 59246-SDDI-1 – Rel. Min. Vantuil Abdala – 18.12.2001)

Nesse sentido, também é digno de registro a Súmula n. 262 do TST:

Súmula n. 262, TST: PRAZO JUDICIAL. NOTIFICAÇÃO OU INTIMAÇÃO EM SÁBADO. RECESSO FORENSE.

I – Intimada ou notificada a parte no sábado, o início do prazo se dará no primeiro dia útil imediato e a contagem, no subsequente.

II – O recesso forense e as férias coletivas dos Ministros do Tribunal Superior do Trabalho suspendem os prazos recursais.

---

(338) GRECO, Leonardo. *Instituições de Processo Civil*. vol. I. Rio de Janeiro: Forense, 2010. p. 379-380.

(339) MARTINS, Sérgio Pinto. *Direito processual do trabalho*. 35 ed. São Paulo, Atlas, 2014. p. 162.

Artigo 221

Suspende-se o curso do prazo por obstáculo criado em detrimento da parte ou ocorrendo qualquer das hipóteses do art. 313, devendo o prazo ser restituído por tempo igual ao que faltava para sua complementação.

Parágrafo único. Suspendem-se os prazos durante a execução de programa instituído pelo Poder Judiciário para promover a autocomposição, incumbindo aos tribunais especificar, com antecedência, a duração dos trabalhos.

(Art. 180 do CPC revogado)

Além da suspensão de prazos prevista no artigo anterior, poderá haver suspensão dos prazos caso haja obstáculo em detrimento da parte que deveria praticar o ato, e também nas hipóteses do art. 313, que trata da suspensão do feito.

É exemplo da primeira hipótese a situação em que a parte fica impedida de consultar os autos, por estar em carga ou por não ser localizado na serventia, e, por consequência, não consegue manifestar-se no prazo assinalado por lei ou pelo juiz. Nestes casos, provado o obstáculo, o prazo deve ser suspenso.

Já os casos de suspensão tratados no art. 313, ocorrem no caso de morte, perda da capacidade processual de qualquer das partes, representante legal ou procurador, convenção daquelas, arguição de impedimento ou suspeição do magistrado, motivo de força maior ou quando a sentença de mérito depende do julgamento de outra causa ou da declaração da existência ou inexistência da relação jurídica que constitua o objeto principal de outro processo pendente, tiver que ser proferida somente após a verificação de determinado fato ou a produção de certa prova, requisitada a outro juízo e nos demais casos previstos em lei.

Quando a causa da suspensão é cessada, os prazos voltam a fluir, contando-se o que restava do prazo na data em que foi suspenso.

Além dos casos indicados no *caput*, também podem ser suspensos os prazos processuais para a realização de mutirões de conciliação e mediação, conforme autoriza o parágrafo único, o que demonstra mais um incentivo legal à auto composição.

No processo do trabalho são muito comuns as chamadas "semanas da conciliação"[340], como se pode aferir no calendário dos tribunais, durante as quais os prazos também são suspensos.

---

(340) O Projeto Conciliar – PROJUS tem por objetivo incentivar a conciliação entre as partes litigantes, em 1º e 2º graus de jurisdição, reduzindo o tempo de duração e o número de processos em tramitação. O PROJUS recomenda que os Juízes de 1º grau designem um dia por mês para a realização de conciliação nos processos submetidos a sua jurisdição. Desta forma, o Juiz da causa determinará, de ofício ou a requerimento das partes, a inclusão do processo na pauta de conciliação. Disponível em: <http://www.trt1.jus.br/conciliacao-projus>. Acesso em: 5 maio 2015.

Artigo 222

Na comarca, seção ou subseção judiciária onde for difícil o transporte, o juiz poderá prorrogar os prazos por até 2 (dois) meses.

§ 1º Ao juiz é vedado reduzir prazos peremptórios sem anuência das partes.

§ 2º Havendo calamidade pública, o limite previsto no *caput* para prorrogação de prazos poderá ser excedido.

(Art. 182 do CPC revogado)

O artigo traz regra que permite a adequação dos prazos, dilatando-os por até dois meses, nas comarcas em que for difícil o acesso ou transporte. Leonardo Greco aponta que a lei refere-se "àquelas comarcas mais distantes e isoladas, localizadas no interior dos Estados, em especial aquelas com grande extensão territorial, em que muitas vezes o transporte entre uma e outra localidade pode demorar vários dias"[341].

Tal limite pode ser estendido em casos de calamidade pública, hipóteses em que defendemos a aplicação do dispositivo mesmo às comarcas que não se enquadrem nas características do *caput*.

A inovação que se observa neste dispositivo legal, em relação ao CPC/73, refere-se à modificação dos prazos pelo juiz. O Código revogado tinha norma rígida que proibia a alteração dos prazos peremptórios, mesmo que com o consentimento das partes.

No novo Código a questão é substancialmente alterada. O juiz passa a ter a possibilidade de dilatar os prazos processuais (art. 139, VI), inclusive para manifestação sobre a prova produzida (art. 434, § 2º) e às partes é conferida liberdade para convencionar sobre procedimento e sobre ônus, poderes e deveres processuais (art. 189), inclusive quanto aos prazos.

Assim, este artigo apenas veda a redução dos prazos peremptórios pelo juiz, sem anuência das partes. Entendemos, assim, que poderá haver a prorrogação determinada pelo juiz ou, ainda, redução, desde que convencionada com as partes.

No processo do trabalho não é possível a redução de prazo peremptório como permite o § 2º do art. 227 do novo CPC. A CLT permite, entretanto, a prorrogação de prazo por tempo estritamente necessário pelo juiz ou tribunal ou em razão de força maior devidamente comprovada, como se pode aferir da segunda parte do art. 775, que considera os prazos contínuos e irreleváveis, "podendo, entretanto, ser prorrogados pelo tempo estritamente necessário pelo juiz ou tribunal, ou em virtude de força maior, devidamente comprovada".

A "força maior" pode ocorrer com eventos inesperados de fenômenos da natureza ou, conforme encontramos na

---

(341) GRECO, Leonardo. *Instituições de Processo Civil*. vol. I. Rio de Janeiro: Forense, 2010. p. 371.

jurisprudência trabalhista, uma greve inesperada que obste a prática do ato processual:

> RECURSO DE REVISTA — DESERÇÃO DO RECURSO ORDINÁRIO — COMPROVAÇÃO DO RECOLHIMENTO DAS CUSTAS E DO DEPÓSITO RECURSAL FORA DO PRAZO LEGAL — GREVE DOS BANCÁRIOS — INOBSERVÂNCIA DO PRINCÍPIO DO DEVIDO PROCESSO LEGAL. 1. A greve dos bancários, em 2009, fato de repercussão nacional, constituiu ocorrência de força maior, que, consoante reconhecido pelo TST em seu Ato n. 603/09, ensejava a prorrogação dos prazos processuais para recolhimento do preparo recursal e para comprovação deste, em respeito ao princípio constitucional da razoabilidade. (TST – RR: 297800-09.2004.5.01.0242, relator: Ives Gandra Martins Filho, Data de Julgamento: 2.5.2012, 7ª Turma, Data de Publicação: DEJT 4.5.2012)

Artigo 223

Decorrido o prazo, extingue-se o direito de praticar ou de emendar o ato processual, independentemente de declaração judicial, ficando assegurado, porém, à parte provar que não o realizou por justa causa.

§ 1º Considera-se justa causa o evento alheio à vontade da parte e que a impediu de praticar o ato por si ou por mandatário.

§ 2º Verificada a justa causa, o juiz permitirá à parte a prática do ato no prazo que lhe assinar.

(Art. 183 do CPC revogado)

O artigo trata da perda da faculdade processual pelo decurso do prazo processual. Não realizado o ato pela parte no prazo assinalado, ocorrerá a preclusão temporal, impedindo-se a prática posterior do ato[342].

A preclusão pode ser excepcionada, permitindo-se a prática do ato após o término do prazo regular, nos casos em que haja justa causa, devidamente comprovada pela parte interessada.

São exemplos de justa causa os episódios de falta de luz no fórum ou tribunal, impedindo a prática do ato, greves de transportes públicos, calamidades, doenças graves, entre outros atos que impeçam a prática dos atos processuais regularmente.

Não há novidades relevantes em relação ao Código revogado, que previa norma similar. Entendemos aplicável o dispositivo no processo do trabalho. A "força maior" tratada no art. 775 da CLT e comentada no artigo anterior é, inclusive, a hipótese de justa causa prevista no dispositivo ora comentado e que permite a prática do ato em novo prazo que o juiz assinalar.

Artigo 224

Salvo disposição em contrário, os prazos serão contados excluindo o dia do começo e incluindo o dia do vencimento.

§ 1º Os dias do começo e do vencimento do prazo serão protraídos para o primeiro dia útil seguinte, se coincidirem com dia em que o expediente forense for encerrado antes ou iniciado depois da hora normal ou houver indisponibilidade da comunicação eletrônica.

§ 2º Considera-se como data de publicação o primeiro dia útil seguinte ao da disponibilização da informação no Diário da Justiça eletrônico.

§ 3º A contagem do prazo terá início no primeiro dia útil que seguir ao da publicação.

(Art. 184 do CPC revogado)

A contagem dos prazos processuais tem regras específicas quanto ao termo inicial e termo final. A lei dispõe que os prazos serão contados com a exclusão do dia de começo e inclusão do dia final, sempre nos dias úteis (art. 218).

Não obstante tais dias de início e vencimento do prazo, estes serão prorrogados para o dia útil subsequente, caso haja qualquer anormalidade no expediente forense ou no sistema eletrônico, em se tratando de processos virtuais (§ 1º).

Ainda, o prazo apenas começará a ser contado no dia útil subsequente à intimação da parte, ressalvando-se, ainda, que, nos casos em que a intimação se dê por Diário da Justiça, o dia da disponibilização não é considerado como o dia da publicação, que será o dia útil subsequente (§ 1º), o que não constava no CPC/73 e, apesar de ser entendimento consolidado na jurisprudência, gerou inúmeras controvérsias.

Novamente, é necessário alertar que o dia de início da contagem não será em dias não úteis, de modo que o início do prazo em tais casos será sempre prorrogado. A Súmula n. 310 do Supremo Tribunal Federal é clara: "quando a intimação tiver lugar na sexta-feira, ou a publicação com efeito de intimação for feita nesse dia, o prazo judicial terá início na segunda-feira imediata, salvo se não houver expediente, caso em que começara no primeiro dia útil que se seguir".

Este dispositivo legal é aplicável ao processo do trabalho. Há súmulas do Tribunal Superior do Trabalho com teor similar, além dos arts. 774 e 775 da CLT, já citados, mas que transcrevemos novamente aqui:

> Art. 774, CLT – Salvo disposição em contrário, os prazos previstos neste Título contam-se, conforme o caso, a partir da data em que for feita pessoalmente, ou recebida a notificação, daquela em que for publicado o edital no jornal oficial ou no que publicar o expediente da Justiça do Trabalho, ou, ainda, daquela em que for afixado o edital na sede da Junta, Juízo ou Tribunal.
>
> Parágrafo único – Tratando-se de notificação postal, no caso de não ser encontrado o destinatário ou no de recusa de recebimento, o Correio ficará obrigado, sob pena de responsabilidade do servidor, a devolvê-la, no prazo de 48 (quarenta e oito) horas, ao Tribunal de origem.
>
> Art. 775, CLT – Os prazos estabelecidos neste Título contam-se com exclusão do dia do começo e inclusão do dia do vencimento,

---

(342) Sobre o tema preclusão, indicamos a obra "Preclusão Processual Civil" da autoria de nosso colega Heitor Vitor Mendonça Sica.

e são contínuos e irreleváveis, podendo, entretanto, ser prorrogados pelo tempo estritamente necessário pelo juiz ou tribunal, ou em virtude de força maior, devidamente comprovada.

Parágrafo único – Os prazos que se vencerem em sábado, domingo ou dia feriado, terminarão no primeiro dia útil seguinte.

Artigo 225

A parte poderá renunciar ao prazo estabelecido exclusivamente em seu favor, desde que o faça de maneira expressa.

(Art. 186 do CPC revogado)

Os prazos processuais conferem às partes situações de vantagem na relação jurídica processual, facultando-lhes a prática de atos processuais. A parte pode, então, dispor de tais prazos quando forem estabelecidos em seu favor. A alteração em relação ao CPC/73 refere-se à parte final do dispositivo legal, que exige a manifestação expressa, exigida, aliás, para quaisquer atos de disposição de direitos.

No processo do trabalho, diante da hipossuficiência do empregado, qualquer ato de disposição de direitos ou prazos deve ter a expressa concordância e homologação do magistrado trabalhista.

Artigo 226

O juiz proferirá:

I – os despachos no prazo de 5 (cinco) dias;

II – as decisões interlocutórias no prazo de 10 (dez) dias;

III – as sentenças no prazo de 30 (trinta) dias.

(Art. 189 do CPC revogado)

O Código fixa prazos para a prática dos pronunciamentos do juiz (art. 203). A regra, embora vise atender o direito fundamental das partes à razoável duração do processo, fixa um prazo impróprio, que não impede a prática do ato posterior, o que significaria negação da prestação jurisdicional.

As consequências do descumprimento dos prazos podem ser a responsabilização do juiz, em âmbito civil, administrativo ou disciplinar, nas hipóteses previstas em lei. Luiz Fux aponta que "a obrigação de cumprimento dos prazos processuais compete primariamente aos juízes e tribunais, facultando-se, por conseguinte, a qualquer das partes ou ao órgão do Ministério Público representar ao Presidente do Tribunal de Justiça contra o magistrado que excedeu os prazos previstos em lei"[343]. Essa responsabilização do juiz ocorre tanto no processo civil como no processo do trabalho.

(343) FUX, Luiz. *Teoria Geral do Processo Civil*. Rio de Janeiro: Forense, 2014. p. 228.

Artigo 227

Em qualquer grau de jurisdição, havendo motivo justificado, pode o juiz exceder, por igual tempo, os prazos a que está submetido.

(Art. 187 do CPC revogado)

O juiz pode, eventualmente, exceder os prazos a que está submetido. A lei exige, contudo, a motivação como requisito para a mencionada dilação, o que poderá ser suficiente para afastar eventual responsabilização, nos termos do artigo anterior.

Artigo 228

Incumbirá ao serventuário remeter os autos conclusos no prazo de 1 (um) dia e executar os atos processuais no prazo de 5 (cinco) dias, contado da data em que:

I – houver concluído o ato processual anterior, se lhe foi imposto pela lei;

II – tiver ciência da ordem, quando determinada pelo juiz.

§ 1º Ao receber os autos, o serventuário certificará o dia e a hora em que teve ciência da ordem referida no inciso II.

§ 2º Nos processos em autos eletrônicos, a juntada de petições ou de manifestações em geral ocorrerá de forma automática, independentemente de ato de serventuário da justiça.

(Art. 190 do CPC revogado)

A lei prevê também prazos para a prática de atos pelos auxiliares da justiça, considerando o objetivo final de prestar a atividade jurisdicional em tempo razoável. Os prazos são, novamente, impróprios, pois não geram preclusão.

Poderão, contudo, gerar a responsabilização dos servidores, especialmente diante do comando do art. 155, I, que prevê a responsabilidade do escrivão, chefe de secretaria e oficial de justiça quando "I – sem justo motivo, se recusarem a cumprir no prazo os atos impostos pela lei ou pelo juiz a que estão subordinados". Essa responsabilização também ocorre no processo do trabalho.

Artigo 229

Os litisconsortes que tiverem diferentes procuradores, de escritórios de advocacia distintos, terão prazos contados em dobro para todas as suas manifestações, em qualquer juízo ou tribunal, independentemente de requerimento.

§ 1º Cessa a contagem do prazo em dobro se, havendo apenas 2 (dois) réus, é oferecida defesa por apenas um deles.

Art. 230

> § 2º Não se aplica o disposto no *caput* aos processos em autos eletrônicos.
>
> (Art. 191 do CPC revogado)

O dispositivo consagra mais uma hipótese de prazo especial, ao lado dos prazos concedidos ao Ministério Público (art. 180), à Fazenda Pública (art. 183) e à Defensoria Pública. Os prazos serão especiais quando houver litisconsórcio ativo ou passivo (arts. 113 e seguintes), desde que os litisconsortes possuam procuradores diversos.

O CPC/73 já previa prazos especiais para os litisconsortes com procuradores diversos, no art. 191. A disciplina é mantida no novo Código, com alguns aprimoramentos.

A primeira observação que deve ser feita é que não basta que os advogados constituídos sejam distintos, mas não podem integrar o mesmo escritório de advocacia. A questão gerou controvérsia na jurisprudência, que agora é resolvida pelo legislador.

O parágrafo primeiro dispõe sobre a cessação do prazo em dobro quando apenas um dos réus litisconsortes apresenta contestação. Nestes casos, entendemos que, sob pena de causar grave insegurança e prejuízo às partes, o prazo em dobro deve ser presumido sempre que haja litisconsórcio passivo, especialmente para fins de contagem de prazo para contestação. Uma vez decorrido o prazo dobrado e não apresentada contestação por um dos réus é que deverá ser adotado o prazo simples.

Outra observação que merece ser feita quanto ao prazo em dobro diz respeito à interposição de recursos. Em regra, o prazo especial também se aplica a tais atos processuais, salvo quando apenas um dos litisconsortes sucumbir. É o teor do enunciado de Súmula n. 641 do Supremo Tribunal Federal[344].

Também merece destaque a previsão do parágrafo segundo, que dispõe sobre a inaplicabilidade do prazo em dobro para o processo eletrônico. Um dos motivos para a concessão do prazo especial é que, em sendo dois ou mais os litisconsortes, o prazo simples dificultaria a consulta e retirada dos autos e as consequentes manifestações. Tramitando eletronicamente o processo, deixa de haver tal óbice, o que explicaria a não aplicabilidade da regra.

No processo do trabalho não há aplicação do presente dispositivo que prevê o prazo em dobro quando há litisconsortes com procuradores distintos, uma vez que tal regra é incompatível com o princípio da celeridade que rege essa seara processual. Nestes termos é a Orientação Jurisprudencial n. 310 do Tribunal Superior do Trabalho:

> OJ - SDI 1 - N. 310. LITISCONSORTES. PROCURADORES DISTINTOS. PRAZO EM DOBRO. ART. 191 DO CPC. INAPLICÁVEL AO PROCESSO DO TRABALHO (DJ 11.08.2003). A regra contida no art. 191 do CPC é inaplicável ao processo do trabalho, em face da sua incompatibilidade com o princípio da celeridade inerente ao processo trabalhista.

Em sentido semelhante, vedando ampliação de prazos, é a impossibilidade de contagem deste a partir da juntada do último aviso de recebimento quando há vários réus, conforme já decidiu o Tribunal Regional do Trabalho da 7ª Região:

> EMBARGOS DE DECLARAÇÃO. ART. 241, III, DO CPC. APLICAÇÃO SUBSIDIÁRIA AO PROCESSO DO TRABALHO. IMPOSSIBILIDADE. Não se aplica ao processo do trabalho a regra inserta no art. 241, III, do Código de Processo Civil brasileiro, segundo a qual, quando houver vários réus, o termo inicial do prazo corresponde à data da juntada aos autos do último aviso de recebimento, dada a flagrante incompatibilidade do mencionado comando legal com o princípio da celeridade processual, de prestigiada aplicação no âmbito da Justiça do Trabalho. Embargos de declaração conhecidos, mas não providos. (TRT-7 – ED: 0140100-7520075070022 CE, relator: Manoel Arízio Eduardo de Castro, Data de Julgamento: 12.1.2009, 1ª Turma, Data de Publicação: 10.2.2009 DOJTe, 7ª Região)

Por conta deste entendimento da jurisprudência trabalhista de vedar a ampliação de prazos em razão do princípio da celeridade processual que nos posicionamos anteriormente no sentido de não se aplicar nessa seara processual a contagem de prazos somente em dias úteis. Remetemos o leitor aos comentários do art. 219.

Artigo 230

> O prazo para a parte, o procurador, a Advocacia Pública, a Defensoria Pública e o Ministério Público será contado da citação, da intimação ou da notificação.
>
> (Art. 240 do CPC revogado)

Os atos de comunicação processual, disciplinados no Título II seguinte, são atos processuais de extrema importância para a formação da relação jurídica processual e regular tramitação do processo judicial, porque indispensáveis à instauração do contraditório.

Luiz Fux sintetiza: "o processo é informado pelo princípio do contraditório, segundo o qual seu resultado é fruto do trabalho de cooperação das partes. Nesse segmento, ambos os interessados devem ser ouvidos acerca das postulações de seu adversário e, para isso, devem ser convocados. A convocação das partes ou de auxiliares do juízo para a prática de atos processuais compõe o tema 'comunicação dos atos processuais'"[345].

E, conforme esclarece o Professor Titular da Universidade do Estado do Rio de Janeiro, "citação é um ato de comunicação com a finalidade de convocar o réu ou o interessado a fim de se defender. A intimação é um ato de comunicação

---

(344) Súmula n. 641 do Supremo Tribunal Federal: Não se conta em dobro o prazo para recorrer, quando só um dos litisconsortes haja sucumbido.

(345) FUX, Luiz. *Teoria Geral do Processo Civil*. Rio de Janeiro: Forense, 2014. p. 228.

endereçada a um dos interessados na relação processual para que pratique determinada atividade. A notificação, por seu turno, visa a comunicar um fazer ou um não fazer, sob pena de consequências jurídicas variadas"[346].

O que o dispositivo legal regula é o prazo para a prática dos atos processuais, que apenas se inicia com esse ato de convocação ou comunicação da parte interessada, seja na modalidade de citação — instaurando-se a relação jurídica processual —, seja nos posteriores atos de intimação ou notificação.

No processo do trabalho há, como já visto, regramento próprio e o legislador trabalhista utiliza apenas o termo notificação, para todas as situações, como se pode observar do art. 774 da CLT, novamente transcrito:

> Art. 774, CLT – Salvo disposição em contrário, os prazos previstos neste Título contam-se, conforme o caso, a partir da data em que for feita pessoalmente, ou recebida a notificação, daquela em que for publicado o edital no jornal oficial ou no que publicar o expediente da Justiça do Trabalho, ou, ainda, daquela em que for afixado o edital na sede da Junta, Juízo ou Tribunal.
>
> Parágrafo único – Tratando-se de notificação postal, no caso de não ser encontrado o destinatário ou no de recusa de recebimento, o Correio ficará obrigado, sob pena de responsabilidade do servidor, a devolvê-la, no prazo de 48 (quarenta e oito) horas, ao Tribunal de origem.

Artigo 231

Salvo disposição em sentido diverso, considera-se dia do começo do prazo:

I – a data de juntada aos autos do aviso de recebimento, quando a citação ou a intimação for pelo correio;

II – a data de juntada aos autos do mandado cumprido, quando a citação ou a intimação for por oficial de justiça;

III – a data de ocorrência da citação ou da intimação, quando ela se der por ato do escrivão ou do chefe de secretaria;

IV – o dia útil seguinte ao fim da dilação assinada pelo juiz, quando a citação ou a intimação for por edital;

V – o dia útil seguinte à consulta ao teor da citação ou da intimação ou ao término do prazo para que a consulta se dê, quando a citação ou a intimação for eletrônica;

VI – a data de juntada do comunicado de que trata o art. 232 ou, não havendo esse, a data de juntada da carta aos autos de origem devidamente cumprida, quando a citação ou a intimação se realizar em cumprimento de carta;

VII – a data de publicação, quando a intimação se der pelo Diário da Justiça impresso ou eletrônico;

VIII – o dia da carga, quando a intimação se der por meio da retirada dos autos, em carga, do cartório ou da secretaria.

§ 1º Quando houver mais de um réu, o dia do começo do prazo para contestar corresponderá à última das datas a que se referem os incisos I a VI do *caput*.

§ 2º Havendo mais de um intimado, o prazo para cada um é contado individualmente.

§ 3º Quando o ato tiver de ser praticado diretamente pela parte ou por quem, de qualquer forma, participe do processo, sem a intermediação de representante judicial, o dia do começo do prazo para cumprimento da determinação judicial corresponderá à data em que se der a comunicação.

§ 4º Aplica-se o disposto no inciso II do *caput* à citação com hora certa.

(Art. 241 do CPC revogado)

O dispositivo em análise traz regras específicas acerca da contagem dos prazos processuais a partir de cada ato de comunicação processual. São regras de procedimento que devem ser observadas para definir o dia de começo do prazo em cada uma das hipóteses descritas nos incisos do artigo.

A norma fixa algumas datas que materializam a ciência dos atos processuais, criando ficções que facilitam a definição e apuração dos prazos respectivos. Assim, por exemplo, embora a ciência do processo judicial ocorra, de fato, por ocasião do recebimento da carta de citação, para fins de contagem do prazo é considerada a data de juntada aos autos do aviso de recebimento devidamente assinado (inciso I).

Nestes casos, Leonardo Greco aponta a diferença entre o curso do prazo e a sua contagem: "o curso do prazo é a fluência do período de tempo no qual o ato pode ser praticado; ele se inicia a partir do término do prazo para a pratica ou da efetiva prática do ato imediatamente anterior na cadeia procedimental (...). O termo inicial da contagem do prazo é o momento a partir do qual se inicia o efetivo cômputo das unidades de tempo em que o ato deve ser praticado, o que irá, consequentemente, determinar o seu momento final. (...) Então, em razão do que vimos no exemplo mencionado, o prazo pode estar em curso sem que tenha sido iniciada sua contagem"[347].

É o que se observa deste dispositivo legal. Embora a ciência dos atos processuais ocorra, de fato, em um determinado momento, a contagem do prazo para a prática do ato processual seguinte se inicia a partir de uma outra data específica, fixada na lei.

Mesmo com regramento próprio em relação à contagem de prazos, tal fenômeno também pode ser constatado no processo de trabalho, como se observa do art. 841 da CLT:

---

[346] FUX, Luiz. *Teoria Geral do Processo Civil*. Rio de Janeiro: Forense, 2014. p. 228.

[347] GRECO, Leonardo. *Instituições de Processo Civil*. vol. I. Rio de Janeiro: Forense, 2010. p. 376.

Recebida e protocolada a reclamação, o escrivão ou secretário, dentro de 48 (quarenta e oito) horas, remeterá a segunda via da petição, ou do termo, ao reclamado, notificando-o ao mesmo tempo, para comparecer à audiência do julgamento, que será a primeira desimpedida, depois de 5 (cinco) dias.

§ 1º A notificação será feita em registro postal com franquia. Se o reclamado criar embaraços ao seu recebimento ou não for encontrado, far-se-á a notificação por edital, inserto no jornal oficial ou no que publicar o expediente forense, ou, na falta, afixado na sede da Junta ou Juízo.

§ 2º O reclamante será notificado no ato da apresentação da reclamação ou na forma do parágrafo anterior.

Quanto ao tema, é digno de registro algumas súmulas e orientações jurisprudenciais do TST, que tratam de nulidade da intimação, interrupção de prescrição e presunção de recebimento da notificação:

SÚMULA N. 427 TST – INTIMAÇÃO. PLURALIDADE DE ADVOGADOS. PUBLICAÇÃO EM NOME DE ADVOGADO DIVERSO DAQUELE EXPRESSAMENTE INDICADO. NULIDADE (editada em decorrência do julgamento do processo TST-IUJERR 5400-31.2004.5.09.0017) – Res. n. 174/2011, DEJT divulgado em 27, 30 e 31.05.2011. Havendo pedido expresso de que as intimações e publicações sejam realizadas exclusivamente em nome de determinado advogado, a comunicação em nome de outro profissional constituído nos autos é nula, salvo se constatada a inexistência de prejuízo.

OJ-SDI1-392 – PRESCRIÇÃO. INTERRUPÇÃO. AJUIZAMENTO DE PROTESTO JUDICIAL. MARCO INICIAL. (DEJT divulgado em 9, 10 e 11.6.2010). O protesto judicial é medida aplicável no processo do trabalho, por força do art. 769 da CLT, sendo que o seu ajuizamento, por si só, interrompe o prazo prescricional, em razão da inaplicabilidade do § 2º do art. 219 do CPC, que impõe ao autor da ação o ônus de promover a citação do réu, por ser ele incompatível com o disposto no art. 841 da CLT.

SÚMULA N. 16 TST – NOTIFICAÇÃO (nova redação) – Res. n. 121/2003, DJ 19, 20 e 21.11.2003. Presume-se recebida a notificação 48 (quarenta e oito) horas depois de sua postagem. O seu não recebimento ou a entrega após o decurso desse prazo constitui ônus de prova do destinatário.

Artigo 232

Nos atos de comunicação por carta precatória, rogatória ou de ordem, a realização da citação ou da intimação será imediatamente informada, por meio eletrônico, pelo juiz deprecado ao juiz deprecante.

(Sem correspondente no CPC revogado)

As cartas — precatória, rogatória e de ordem — podem se destinar à prática de atos de comunicação, como citação, intimação ou notificação, tanto mediante cooperação nacional (art. 67) como internacional (art. 26).

Nestes casos, cumprida a carta, com a realização do ato de citação, intimação ou notificação, o juízo deprecante deverá ser informado pelo juízo deprecado, preferencialmente por meio eletrônico, de modo a dar celeridade à tramitação processual. É o que determina este dispositivo legal.

O prazo para a prática dos atos processuais decorrentes dos atos de comunicação iniciar-se-á a partir da certificação de juntada aos autos da comunicação referida neste artigo (art. 231, VI). Apenas nas hipóteses em que não seja feita a comunicação ora analisada é que deverá ser adotada a data da juntada da carta aos autos como termo inicial do prazo.

A regra é aplicada no processo do trabalho, que também se vale de carta precatória, rogatória e de ordem para comunicação de atos processuais.

Seção II
Da Verificação dos Prazos e das Penalidades

Artigo 233

Incumbe ao juiz verificar se o serventuário excedeu, sem motivo legítimo, os prazos estabelecidos em lei.

§ 1º Constatada a falta, o juiz ordenará a instauração de processo administrativo, na forma da lei.

§ 2º Qualquer das partes, o Ministério Público ou a Defensoria Pública poderá representar ao juiz contra o serventuário que injustificadamente exceder os prazos previstos em lei.

(Arts. 193 e 194 do CPC revogado)

Embora o desrespeito aos prazos fixados para a prática de atos pelo juiz e pelos auxiliares da justiça não gere a mesma consequência comumente imputada às partes, ou seja, a perda da faculdade processual, a lei prevê algumas consequências e penalidades, como se observa nesta seção.

O dispositivo legal repete regra instituída no CPC/73, sem novidades substanciais. Os serventuários que excederem os prazos fixados em lei para a prática de suas atividades poderão, caso não apresentem justo motivo, sofrer processo administrativo, que poderá ser instaurado pelo juiz a pedido de qualquer interessado.

Da mesma forma, no processo do trabalho, os serventuários que excedam os prazos fixados em lei sem justo motivo poderão também sofrer processo administrativo, conforme os estatutos de sua categoria.

Artigo 234

Os advogados públicos ou privados, o defensor público e o membro do Ministério Público devem restituir os autos no prazo do ato a ser praticado.

§ 1º É lícito a qualquer interessado exigir os autos do advogado que exceder prazo legal.

§ 2º Se, intimado, o advogado não devolver os autos no prazo de 3 (três) dias, perderá o direito à vista fora de cartório e incorrerá em multa correspondente à metade do salário-mínimo.

> § 3º Verificada a falta, o juiz comunicará o fato à seção local da Ordem dos Advogados do Brasil para procedimento disciplinar e imposição de multa.
>
> § 4º Se a situação envolver membro do Ministério Público, da Defensoria Pública ou da Advocacia Pública, a multa, se for o caso, será aplicada ao agente público responsável pelo ato.
>
> § 5º Verificada a falta, o juiz comunicará o fato ao órgão competente responsável pela instauração de procedimento disciplinar contra o membro que atuou no feito.
>
> (Arts. 195, 196 e 197 do CPC revogado)

Os procuradores judiciais também estão sujeitos a prazos. Este artigo regula o dever de devolução dos autos no prazo fixado para a prática do ato processual respectivo, ou, não havendo, no prazo assinalado pelo juiz para tanto.

Novamente, qualquer interessado pode requerer a devolução, que será objeto de intimação dirigida ao advogado faltoso. Se apesar da intimação os autos não forem devolvidos, o advogado incorre na penalidade da perda do direito de retirar os autos novamente, bem como em multa.

Caso se trate de advogado particular, a OAB será informada para as providências cabíveis. Em se tratando de membro do Ministério Público, Defensoria Pública ou Advocacia Pública, os respectivos órgãos serão comunicados para que instaurem, se for o caso, procedimento disciplinar.

A norma visa evitar tumulto processual e retardamento indevido na tramitação do feito, em prejuízo da parte adversa. Os autos devem permanecer na sede do juízo, apenas sendo retirados para consulta quando destinada a prática dos atos processuais, e, por isso, devem respeitar os prazos assinalados.

A norma, que já existia no antigo CPC, sempre foi aplicada no processo do trabalho. Atualmente, porém, com o processo eletrônico (PJe-JT) ela perde a razão de existir, pois os advogados checam e acompanham os processos do seu computador.

Artigo 235

Qualquer parte, o Ministério Público ou a Defensoria Pública poderá representar ao corregedor do tribunal ou ao Conselho Nacional de Justiça contra juiz ou relator que injustificadamente exceder os prazos previstos em lei, regulamento ou regimento interno.

§ 1º Distribuída a representação ao órgão competente e ouvido previamente o juiz, não sendo caso de arquivamento liminar, será instaurado procedimento para apuração da responsabilidade, com intimação do representado por meio eletrônico para, querendo, apresentar justificativa no prazo de 15 (quinze) dias.

§ 2º Sem prejuízo das sanções administrativas cabíveis, em até 48 (quarenta e oito) horas após a apresentação ou não da justificativa de que trata o § 1º, se for o caso, o corregedor do tribunal ou o relator no Conselho Nacional de Justiça determinará a intimação do representado por meio eletrônico para que, em 10 (dez) dias, pratique o ato.

§ 3º Mantida a inércia, os autos serão remetidos ao substituto legal do juiz ou do relator contra o qual se representou para decisão em 10 (dez) dias.

(Art. 198 do CPC revogado)

A regra disposta neste artigo encontra correspondente no CPC/73 e trata da representação direcionada contra os magistrados que excederem os prazos assinalados para seus pronunciamentos. Novamente, por se tratar de prazos impróprios e por não ser possível cogitar a perda do dever de prestar a tutela jurisdicional, o descumprimento daqueles poderá acarretar sanções disciplinares e eventual responsabilização pessoal, mas não terá maiores influências na relação jurídica processual e na tramitação do feito.

A norma também tem aplicação no processo do trabalho, cuja relevância e natureza alimentar do bem a ser tutelado, justifica até com maior veemência a apuração da responsabilidade e aplicação de sanções disciplinares aos juízes que excedem sem justo motivo os prazos de prática de seus atos para a efetiva e célere prestação jurisdicional.

TÍTULO II
DA COMUNICAÇÃO DOS ATOS PROCESSUAIS

CAPÍTULO I
DISPOSIÇÕES GERAIS

Artigo 236

Os atos processuais serão cumpridos por ordem judicial.

§ 1º Será expedida carta para a prática de atos fora dos limites territoriais do tribunal, da comarca, da seção ou da subseção judiciárias, ressalvadas as hipóteses previstas em lei.

§ 2º O tribunal poderá expedir carta para juízo a ele vinculado, se o ato houver de se realizar fora dos limites territoriais do local de sua sede.

§ 3º Admite-se a prática de atos processuais por meio de videoconferência ou outro recurso tecnológico de transmissão de sons e imagens em tempo real.

(Art. 200 do CPC revogado)

O Título em análise trata dos atos de comunicação processual, relevante categoria dos atos processuais. Esta primeira seção disciplina disposições gerais sobre tais atos, consagrando em sua maioria regras procedimentais.

Os parágrafos primeiro e segundo tratam das cartas, necessárias para cumprimento de ordens judiciais em limites fora dos da sede do juízo ou tribunal. Para melhor compreensão da disciplina legal das cartas, remetemos o leitor aos capítulos que tratam da cooperação internacional (arts. 26 e seguintes) e cooperação nacional (arts. 67 e seguintes), complementados pelas disposições legais a seguir.

O parágrafo terceiro, por sua vez, atento à informatização do processo judicial e à simplificação e celeridades decorrentes da utilização dos meios eletrônicos, admite a realização de atos processuais por videoconferência, o que deve ser compreendido de forma ampla.

A Lei n. 11.419/2006 que dispõe sobre a informatização do processo judicial não possui tratamento específico da matéria quanto ao processo do trabalho. Em caso recente[348], o TST entendeu que a iniciativa do TRT-2 (Portaria GP n. 21/2015) de empreender estudos com a finalidade de analisar a possível implantação de Sistema de Audiência por Videoconferência não contraria qualquer norma legal, pelo contrário, está em consonância com o disposto na Resolução n. 105 do CNJ que trata desta matéria e consiste num instrumento capaz de proporcionar ao judiciário economia processual, de tempo e recursos materiais.

Artigo 237

Será expedida carta:

I – de ordem, pelo tribunal, na hipótese do § 2º do art. 236;

II – rogatória, para que órgão jurisdicional estrangeiro pratique ato de cooperação jurídica internacional, relativo a processo em curso perante órgão jurisdicional brasileiro;

III – precatória, para que órgão jurisdicional brasileiro pratique ou determine o cumprimento, na área de sua competência territorial, de ato relativo a pedido de cooperação judiciária formulado por órgão jurisdicional de competência territorial diversa;

IV – arbitral, para que órgão do Poder Judiciário pratique ou determine o cumprimento, na área de sua competência territorial, de ato objeto de pedido de cooperação judiciária formulado por juízo arbitral, inclusive os que importem efetivação de tutela provisória.

Parágrafo único. Se o ato relativo a processo em curso na justiça federal ou em tribunal superior houver de ser praticado em local onde não haja vara federal, a carta poderá ser dirigida ao juízo estadual da respectiva comarca.

(Art. 201 do CPC revogado)

O dispositivo legal explicita quais as hipóteses para a prática de atos via carta de ordem, rogatória, precatória e arbitral. As situações específicas de tais cartas estão pormenorizadas nos artigos que tratam da cooperação internacional (arts. 26 e seguintes) e da cooperação nacional (arts. 67 e seguintes).

O parágrafo único, por sua vez, trata da subsidiariedade da justiça estadual na hipótese de inexistir vara da justiça federal para a prática de tais atos. É semelhante ao que ocorre no processo do trabalho, quando a demanda trabalhista tramita em local onde não há juiz do trabalho e o juiz da Justiça Comum passa a exercer jurisdição trabalhista, nos termos do art. 699 da CLT, *in verbis*:

> Art. 669, CLT – A competência dos Juízos de Direito, quando investidos na administração da Justiça do Trabalho, é a mesma das Juntas de Conciliação e Julgamento, na forma da Seção II do Capítulo II.
>
> § 1º Nas localidades onde houver mais de um Juízo de Direito a competência é determinada, entre os Juízes do Cível, por distribuição ou pela divisão judiciária local, na conformidade da lei de organização respectiva.
>
> § 2º Quando o critério de competência da lei de organização judiciária for diverso do previsto no parágrafo anterior, será competente o Juiz do Cível mais antigo.

Diante da omissão da CLT no tocante a normas que regulem a comunicação de atos processuais, o dispositivo tem aplicação no processo do trabalho, com as restrições pertinentes ao juízo arbitral, como já exposto nos comentários do art. 42.

Ainda sobre o tema, é mister ressaltar que na execução por carta precatória há regras especiais de competência para o julgamento de embargos, como se pode constatar da Súmula n. 419 do TST:

> SUM-419 – COMPETÊNCIA. EXECUÇÃO POR CARTA. EMBARGOS DE TERCEIRO. JUÍZO DEPRECANTE.
>
> Na execução por carta precatória, os embargos de terceiro serão oferecidos no juízo deprecante ou no juízo deprecado, mas a competência para julgá-los é do juízo deprecante, salvo se versarem, unicamente, sobre vícios ou irregularidades da penhora, avaliação ou alienação dos bens, praticados pelo juízo deprecado, em que a competência será deste último.

Os atos executórios, entretanto, não são admitidos por cartas rogatórias, em respeito à soberania estrangeira, como já decidiu o TRT da 1ª Região:

> AGRAVO DE PETIÇÃO. EXECUÇÃO. EXPEDIÇÃO DE CARTA ROGATÓRIA INADMISSIBILIDADE. A carta rogatória é a medida judicial, de cooperação internacional, que tem por finalidade específica o cumprimento de ato instrutórios ou diligências necessárias à movimentação processo (como citações, provas periciais, inquirição de testemunhas, etc). Não se destinam, em regra, à produção de atos executórios no estrangeiro. Questão de respeito à soberania estrangeira. (TRT-1 – AP 01916004619865010003. relatora: Maria Jose Aguiar Teixeira Oliveira. Data de publicação 27.7.2010. 8ª Turma)

---

(348) TST-Pedido de Providências CSJT-PP 48530820155900000, Conselheiro relator Altino Pedrozo dos Santos, 10.4.2015.

CAPÍTULO II
DA CITAÇÃO

Artigo 238

Citação é o ato pelo qual são convocados o réu, o executado ou o interessado para integrar a relação processual.

(Art. 213 do CPC revogado)

O dispositivo legal ora comentado é um dos mais importantes para a ciência processual. Trata da citação como ato indispensável para a integração da parte na relação jurídica processual.

Com efeito, recorremos às lições do mestre Flávio Luiz Yarshell, que explicita que "processo, a um só tempo, é um procedimento — entendido como a sequência de atos teleologicamente encadeados — e uma relação jurídica processual — entendida como a somatória das posições jurídicas entre autor, Estado e réu (poderes, sujeições, ônus, faculdades e deveres)"[349].

Conforme também explica Leonardo Greco, o processo é "uma relação jurídica complexa e dinâmica, composta por uma série de atos coordenados, praticados pelos diversos sujeitos processuais em decorrência da multiplicidade de vínculos que os une no seu curso, através dos quais se prepara e se exerce a função jurisdicional"[350].

A relação jurídica processual, portanto, releva o que há de substancial no processo, os vínculos entre os sujeitos – parciais e imparciais – em contraditório. A citação é o ato de comunicação processual mais relevante, porque integra o réu, executado ou interessado na relação jurídica processual, triangularizando-a.

O novo Código adota disposição mais ampla do que o CPC/73 quanto à citação, já que o revogado art. 213 apenas mencionava a convocação para "se defender". Pode parecer singela a mudança, mas a referência à relação jurídica processual abre espaço para compreender o fenômeno em seu aspecto completo e dinâmico.

Uma vez integrada na relação jurídica processual, a parte pode exercer e integrar o contraditório, garantia fundamental prevista no art. 5º, LV, da Constituição Federal. Novamente, Flávio Yarshell aponta que "é clássica a definição de contraditório segundo a qual ele consiste na ciência bilateral dos atos e termos do processo, com a possibilidade de impugnação pelas partes (Canuto Mendes de Almeida). A doutrina determinou o conteúdo do princípio que, no processo civil, traduz-se em informação necessária e em reação possível"[351].

Em síntese, a citação é ato por meio do qual a parte integra-se à relação jurídica processual e, a partir daí, exerce o contraditório, por meio da informação, reação e participação.

Toda a teoria desenvolvida no processo civil em relação à citação, como ato que integra o réu à relação processual e por meio do qual este poderá tomar conhecimento da lide para exercer o contraditório e ampla defesa se aplica ao processo do trabalho.

A única distinção é que no processo do trabalho o legislador utiliza o termo "notificação" ao invés de citação, o que ontologicamente em nada altera a essência do instituto. A previsão está no art. 844 da CLT:

Art. 841, CLT – Recebida e protocolada a reclamação, o escrivão ou secretário, dentro de 48 (quarenta e oito) horas, remeterá a segunda via da petição, ou do termo, ao reclamado, notificando-o ao mesmo tempo, para comparecer à audiência do julgamento, que será a primeira desimpedida, depois de 5 (cinco) dias.

§ 1º A notificação será feita em registro postal com franquia. Se o reclamado criar embaraços ao seu recebimento ou não for encontrado, far-se-á a notificação por edital, inserto no jornal oficial ou no que publicar o expediente forense, ou, na falta, afixado na sede da Junta ou Juízo.

§ 2º O reclamante será notificado no ato da apresentação da reclamação ou na forma do parágrafo anterior.

Artigo 239

Para a validade do processo é indispensável a citação do réu ou do executado, ressalvadas as hipóteses de indeferimento da petição inicial ou de improcedência liminar do pedido.

§ 1º O comparecimento espontâneo do réu ou do executado supre a falta ou a nulidade da citação, fluindo a partir desta data o prazo para apresentação de contestação ou de embargos à execução.

§ 2º Rejeitada a alegação de nulidade, tratando-se de processo de:

I – conhecimento, o réu será considerado revel;

II – execução, o feito terá seguimento.

(Art. 214 do CPC revogado)

Discorremos no artigo anterior sobre a importância da citação, por ser o ato de comunicação que permite a formação completa da relação jurídica processual e a participação do réu por meio do contraditório.

Alguns autores consideram a citação tão essencial ao processo que tratam a sua ausência como pressuposto de existência do processo e não de desenvolvimento regular e válido deste.

---

(349) YARSHELL, Flávio Luiz. *Curso de Direito Processual Civil*. vol. I. São Paulo: Marcial Pons, 2014. p. 295.

(350) GRECO, Leonardo. *Instituições de Processo Civil*. vol. I. Rio de Janeiro: Forense, 2010. p. 254.

(351) YARSHELL, Flávio Luiz. *Curso de Direito Processual Civil*. vol. I. São Paulo: Marcial Pons, 2014. p. 104.

Art. 240

Nesse sentido, Teresa Arruda Alvim Wamber já se manifestou:

> A citação, como já se viu anteriormente, figura entre os pressupostos de existência. Entretanto, a esta altura do desenvolvimento deste trabalho, cabe perguntar se basta que tenha havido citação, ainda que viciada, para que se repute existente a relação processual e, portanto, também o processo. A resposta é negativa. Assim, uma sentença proferida em processo em que tenha havido citação viciada e em que o réu tenha sido revel é inexistente, porque o foi também o processo.[352]

Independente de posições doutrinárias mais arrojadas, como a da professora Teresa Arruda Alvim Wambier[353] o artigo trata do vício da citação como nulidade, que invalida o processo, salvo se o réu comparecer espontaneamente a juízo. Neste caso, o réu terá ciência dos termos da pretensão do autor, e, a partir de seu comparecimento, fluirá o prazo para manifestação.

Há, contudo, duas exceções em que a inexistência da citação do réu não invalida o processo: o indeferimento da petição inicial e o julgamento de improcedência liminar do pedido. Isso porque nestas duas hipóteses não há qualquer prejuízo ao réu, porque a extinção sem e com resolução do mérito (respectivamente) lhe favorecem.

No processo do trabalho a citação também é essencial para o desenvolvimento válido e regular do processo e a sua inexistência ou vício enseja a nulidade da relação processual, como já decidiu o TRT da 1ª Região:

> AGRAVO DE PETIÇÃO. VÍCIO DE CITAÇÃO. NULIDADE *AB INITIO* DO PROCESSO EM FACE DA NÃO CONSTITUIÇÃO DE RELAÇÃO PROCESSUAL VÁLIDA. Não tendo havido, em nenhum momento processual, a citação válida da parte demandada, nos termos do art. 214 do CPC, aplicável ao processo laboral por força do art. 769 da CLT, há falta de legitimação do Estado-Juiz para prosseguir na solução da lide, sob pena de ofensa aos princípios do devido processo legal, contraditório e ampla defesa. Isto implica dizer que o processo deve ser anulado *ab ovo* para que seja a parte regularmente citada, reabrindo-se a instrução processual e proferindo-se, por conseguinte, nova sentença. Vale lembrar que tal alegação pode ser feita em qualquer grau de jurisdição e em qualquer fase processual por se constituir numa garantia essencial ao Estado Democrático de Direito. (TRT-1, relator: Marcelo Augusto Souto de Oliveira, Data de Julgamento: 25.11.2014, 5ª Turma)

Artigo 240

A citação válida, ainda quando ordenada por juízo incompetente, induz litispendência, torna litigiosa a coisa e constitui em mora o devedor, ressalvado o disposto nos arts. 397 e 398 da Lei n. 10.406, de 10 de janeiro de 2002 (Código Civil).

§ 1º A interrupção da prescrição, operada pelo despacho que ordena a citação, ainda que proferido por juízo incompetente, retroagirá à data de propositura da ação.

§ 2º Incumbe ao autor adotar, no prazo de 10 (dez) dias, as providências necessárias para viabilizar a citação, sob pena de não se aplicar o disposto no § 1º.

§ 3º A parte não será prejudicada pela demora imputável exclusivamente ao serviço judiciário.

§ 4º O efeito retroativo a que se refere o § 1º aplica-se à decadência e aos demais prazos extintivos previstos em lei.

(Arts. 219 e 220 do CPC revogado)

O dispositivo legal em análise trata dos efeitos da citação. A citação é ato que dá ciência ao réu sobre os termos da pretensão do autor e, a partir de sua concretização, torna litigiosa a coisa controvertida no processo judicial, constitui em mora o devedor[354] e gera situação de litispendência[355].

Há algumas modificações em relação ao CPC/73. O código revogado dispunha que a citação interrompia a prescrição, que retroagiria à data de propositura da ação, desde que a parte interessada promovesse a citação no prazo legal (§§ 1º e 2º do art. 219, CPC/73). Agora, o novo Código dispõe que o despacho que ordena a citação é que interrompe a prescrição, que também retroagirá à propositura, desde que o autor cumpra os requisitos do parágrafo segundo. Na prática, então, se o autor for diligente, não haverá alterações.

Acerca da interrupção da prescrição, o Fórum Permanente de Processualistas Civis editou dois enunciados[356].

A prevenção do juízo, ademais, passa a ser definida no momento de registro ou distribuição da petição inicial[357],

---

(352) WAMBIER, Teresa Arruda Alvim. *Nulidades do Processo e da Sentença*. São Paulo: Revista dos Tribunais, 2007. p. 354 e 356.

(353) Tivemos a grande oportunidade de ser seu aluno no mestrado e doutorado que realizamos na PUC/SP, a qual participou, inclusive, de nossa banca de doutoramento.

(354) Salvo nas hipóteses em que já esteja em mora o devedor, por força das previsões dos arts. 397 e 398 do Código Civil, *in verbis*: Art. 397. O inadimplemento da obrigação, positiva e líquida, no seu termo, constitui de pleno direito em mora o devedor.

Parágrafo único. Não havendo termo, a mora se constitui mediante interpelação judicial ou extrajudicial.

Art. 398. Nas obrigações provenientes de ato ilícito, considera-se o devedor em mora, desde que o praticou.

(355) Art. 334, § 1º Verifica-se a litispendência ou a coisa julgada quando se reproduz ação anteriormente ajuizada.

§ 2º Uma ação é idêntica a outra quando possui as mesmas partes, a mesma causa de pedir e o mesmo pedido.

§ 3º Há litispendência quando se repete ação que está em curso.

(356) Enunciado n. 10: Em caso de desmembramento do litisconsórcio multitudinário, a interrupção da prescrição retroagirá à data de propositura da demanda original.

Enunciado n. 136: A citação válida no processo judicial interrompe a prescrição, ainda que o processo seja extinto em decorrência do acolhimento da alegação de convenção de arbitragem.

(357) É o teor do art. 59: O registro ou distribuição da petição inicial torna prevento o juízo.

não mais ocorrendo com a citação, conforme regulava o art. 219 do Código revogado.

A determinação ou os efeitos da citação, previstos no presente artigo, como induzir a litispendência, tornar litigiosa a coisa, constituir em mora o devedor e interromper a prescrição também se aplicam ao processo do trabalho. Sobre este último efeito o TRT da 1ª Região assim já decidiu:

> INTERRUPÇÃO DA PRESCRIÇÃO. Verificada, como no presente caso, a identidade de pedidos e causa de pedir entre as ações ajuizadas perante os Juízos Cível e Trabalhista e, ainda, a citação válida da ré, tem-se que a primeira, ajuizada perante Juízo incompetente, acarreta a interrupção da prescrição, mesmo tendo sido extinta sem julgamento do mérito, conforme os termos do art. 219 do CPC. (TRT-1 – RO: 14572020105010081 RJ, relatora: Mirian Lippi Pacheco, Data de Julgamento: 7.8.2012, Quinta Turma, Data de Publicação: 24.8.2012)

Artigo 241

Transitada em julgado a sentença de mérito proferida em favor do réu antes da citação, incumbe ao escrivão ou ao chefe de secretaria comunicar-lhe o resultado do julgamento.

(Art. 219, § 6º, do CPC revogado)

Nas hipóteses em que for dispensável a citação do réu — indeferimento da petição inicial e improcedência liminar do pedido — este será comunicado do resultado do julgamento, nos termos regulados neste artigo, seja no processo civil, seja no processo do trabalho.

Artigo 242

A citação será pessoal, podendo, no entanto, ser feita na pessoa do representante legal ou do procurador do réu, do executado ou do interessado.

§ 1º Na ausência do citando, a citação será feita na pessoa de seu mandatário, administrador, preposto ou gerente, quando a ação se originar de atos por eles praticados.

§ 2º O locador que se ausentar do Brasil sem cientificar o locatário de que deixou, na localidade onde estiver situado o imóvel, procurador com poderes para receber citação será citado na pessoa do administrador do imóvel encarregado do recebimento dos aluguéis, que será considerado habilitado para representar o locador em juízo.

§ 3º A citação da União, dos Estados, do Distrito Federal, dos Municípios e de suas respectivas autarquias e fundações de direito público será realizada perante o órgão de Advocacia Pública responsável por sua representação judicial.

(Art. 215 do CPC revogado)

A importância do ato de citação exige que esta seja feita na forma pessoal, diretamente ao réu ou interessado. Significa dizer, então, que a citação não poderá ser recebida por pessoa diversa da indicada como réu ou interessado, salvo as exceções expressamente previstas na lei.

Além das hipóteses previstas neste artigo para a realização de citação na pessoa do representante legal, mandatário, administrador e órgãos da advocacia pública, porque se presume a representação, há outras situações em que se excepciona a regra da pessoalidade, como nos casos dos entes despersonalizados (art. 75).

Do mesmo modo, poderá a citação ser feita na pessoa do advogado, desde que haja poderes específicos para tanto (art. 105).

No processo do trabalho não há a exigência da pessoalidade do réu no recebimento da citação, denominada nessa seara processual, como já visto, de notificação. Conforme já decidiu o TRT da 1ª Região:

> Nos termos do art. 841, § 1º da CLT, tem-se que a citação no processo do trabalho é feita mediante notificação postal, expedida automaticamente para o endereço do reclamado fornecido pelo reclamante e constante da petição inicial, não havendo necessidade de que a citação ou a intimação sejam pessoais, sendo certo que o litigante tem direito constitucional ao devido processo legal e à ampla defesa (TRT-1 – RO 00013166120135010512 RJ, relator: Leonardo Borges, Data de Julgamento: 24.9.2014, 12ª Turma, Data de Publicação:10.10.2014).

A informalidade nessa seara processual é muito maior, como se pode aferir da presunção prevista na Súmula n. 16 do TST, *in verbis*:

> SÚM-16 – NOTIFICAÇÃO. Presume-se recebida a notificação 48 (quarenta e oito) horas depois de sua postagem. O seu não recebimento ou a entrega após o decurso desse prazo constitui ônus de prova do destinatário.

Assim, remetendo-se a notificação para o endereço correto da reclamada, a presunção é que ela tenha recebido a citação e tenha ciência da reclamação trabalhista, podendo ser-lhe aplicada a pena de revelia na hipótese de inércia, salvo se comprovada a invalidade daquela, como já decidiu o Tribunal Regional do Trabalho da 1ª Região:

> CITAÇÃO INVÁLIDA. REVELIA. CERCEAMENTO DE DEFESA. NULIDADE PROCESSUAL. Reputa-se válida a citação do empregador, quando remetida a notificação ao seu correto endereço, não restam comprovadas as alegações em que fundamenta a sua nulidade, subsistindo plenos os efeitos advindos da sua revelia. (TRT-1 – RO: 00003385720125010015 RJ, relatora: Dalva Amelia de Oliveira, Data de Julgamento: 25.11.2014, Oitava Turma, Data de Publicação: 12/01/2015)

De toda sorte, qualquer invalidade da notificação enseja nulidade do processo, como por exemplo, a realização desta fora do quinquídio mínimo previsto no art. 841, *caput*, da CLT:

> CITAÇÃO INVÁLIDA. ANULAÇÃO DE SENTENÇA. Impõe-se a anulação da sentença ante a invalidade de citação por inobservado o quinquídio mínimo previsto no art. 841, *caput* da CLT. Recorrente:

Guigusman Comércio de Alimentos e Bebidas Ltda – EPP Recorrido: Alberto Carlos Ramos Reis. (TRT-1 – RO: 9172920125010007 RJ, relatora: Giselle Bondim Lopes Ribeiro, Data de Julgamento: 30.4.2013, 8ª Turma, Data de Publicação: 14.5.2013)

Tal invalidade ou ausência enseja nulidade do processo, pois macula garantias imprescindíveis ao processo justo, como o contraditório, ampla defesa e devido processo legal:

> A ausência de citação válida e regular impede a formação da relação processual, tornando nulos todos os atos do processo que exigem a triangulação legítima e vulnerando o disposto nos arts. 5º, incisos LIV e LV da CF, 841 da CLT e 214 e 247 do Código de Processo Civil. No caso em tela, pode-se concluir que a primeira reclamada não foi devidamente citada para comparecer à audiência designada pelo M.M. juízo de origem e responder os termos da presente ação, o que enseja nulidade da sentença e de todos os atos processuais a partir da declaração de revelia da primeira reclamada. (TRT-1 – RO 00013166120135010512 RJ, relator: Leonardo Borges, Data de Julgamento: 24.9.2014, 12ª Turma, Data de Publicação: 10.10.2014).

Há, ainda, algumas situações especiais relacionadas ao tema da notificação, como a necessidade de intermediação do Ministério das Relações Exteriores na citação de seus funcionários em missões diplomáticas ou do representante legal ou procurador legalmente habilitado, no caso de reclamação contra a municipalidade, que exigem a pessoalidade da notificação, como já decidiram respectivamente o TRT da 10ª e 2ª Região:

> REPRESENTANTE DIPLOMÁTICO. CITAÇÃO DIRETA SEM INTERMÉDIO DO MINISTÉRIO DAS RELAÇÕES EXTERIORES. NULIDADE. Em se tratando de missões diplomáticas e seus funcionários, para aperfeiçoamento da notificação (citação), há necessidade intervenção direta do Ministério das Relações Exteriores, na esteira da práxis adotada pelo Estado Brasileiro e do disposto no art. 41 da Convenção de Viena, ratificada pelo Decreto n. 56.435/65. Guize-se que a notificação (citação) da missão diplomática e de seus funcionários, via Ministério das Relações Exteriores, deve ser observada em qualquer caso (ato relacionado com a missão ou ato privado), mormente considerando que somente após a notificação (citação), ou seja, com a triangulação do processo, é que há o estabelecimento do limite da lide. O Reclamado foi notificado (citado) diretamente via Correios. Assim, há se acolher a preliminar para reconhecer a nulidade de todos os atos processuais a contar da notificação (citação) inválida. (TRT-10 – RO: 1651201201510003 DF 01651-2012-015-10-00-3 RO, relator: Desembargador José Leone Cordeiro Leite, Data de Julgamento: 29.5.2013, 3ª Turma, Data de Publicação: 7.6.2013 no DEJT)

> PREFEITURA. CITAÇÃO. ARTS. 12, II, 215, 222, ALÍNEA *"C"*, E 224, *CAPUT*, DO CPC. Tratando-se a Reclamada de Municipalidade, a citação deverá ser feita na pessoa de seu representante legal, ou de procurador legalmente autorizado, por Oficial de Justiça, nos termos dos arts. 12, II,215, 222, alínea *"c"*, e 224, *caput*, todos do CPC. Preliminar arguida pelo D. Ministério Público do Trabalho que se acolhe. (TRT-2 – RECEXOFF: 04174-2003-202-02-00-0 SP, relatora: Anelia Li Chum, Data de Julgamento: 22.5.2007, 5ª Turma, Data de Publicação: 15.6.2007)

Artigo 243

A citação poderá ser feita em qualquer lugar em que se encontre o réu, o executado ou o interessado.

Parágrafo único. O militar em serviço ativo será citado na unidade em que estiver servindo, se não for conhecida sua residência ou nela não for encontrado.

(Art. 216 do CPC revogado)

A citação não exige local específico para ser realizada, conforme dispõe este artigo, não sendo possível cogitar qualquer invalidade na realização do ato em local diverso do indicado pelo autor. Não vemos qualquer óbice para a aplicação dessa norma no processo do trabalho.

Decorre dessa regra, então, o caráter itinerante do mandado de citação e deve o oficial de justiça proceder à citação em qualquer lugar em que encontre o réu, desde que nos limites de sua competência territorial. Leonardo Greco aponta que "não encontrando o réu no endereço declinado no mandado e obtendo informações de que ele se encontra em local distinto, tem o poder-dever de dirigir-se ao endereço onde o réu se encontra e lá efetivar a citação"[358]

Não obstante a possibilidade de realizar a citação em qualquer local, há regras que impedem a realização de citação em todos os momentos, o que é regulado pelo artigo subsequente.

Artigo 244

Não se fará a citação, salvo para evitar o perecimento do direito:

  I – de quem estiver participando de ato de culto religioso;

  II – de cônjuge, de companheiro ou de qualquer parente do morto, consanguíneo ou afim, em linha reta ou na linha colateral em segundo grau, no dia do falecimento e nos 7 (sete) dias seguintes;

  III – de noivos, nos 3 (três) primeiros dias seguintes ao casamento;

  IV – de doente, enquanto grave o seu estado.

(Art. 217 do CPC revogado)

O artigo impõe algumas regras acerca do momento para cumprimento do ato de citação. O legislador elencou situações especiais que justificam a não realização da citação, para preservar ocasiões importantes à intimidade da parte, ou por entender que a parte citada não teria condições de suportar os ônus do processo judicial naquele momento.

São situações delicadas da vida cotidiana, que envolvem tradições religiosas, casamento, óbitos e doenças, em que

---

(358) GRECO, Leonardo. *Instituições de Processo Civil*. vol. I. Rio de Janeiro: Forense, 2010. p. 299.

não poderá ser realizado o ato de citação, salvo para evitar perecimento do direito, hipótese em que a urgência justifica o cumprimento do ato.

Tais limitações também se aplicam no processo do trabalho, diante da completa omissão da CLT sobre o tema.

Artigo 245

Não se fará citação quando se verificar que o citando é mentalmente incapaz ou está impossibilitado de recebê-la.

§ 1º O oficial de justiça descreverá e certificará minuciosamente a ocorrência.

§ 2º Para examinar o citando, o juiz nomeará médico, que apresentará laudo no prazo de 5 (cinco) dias.

§ 3º Dispensa-se a nomeação de que trata o § 2º se pessoa da família apresentar declaração do médico do citando que ateste a incapacidade deste.

§ 4º Reconhecida a impossibilidade, o juiz nomeará curador ao citando, observando, quanto à sua escolha, a preferência estabelecida em lei e restringindo a nomeação à causa.

§ 5º A citação será feita na pessoa do curador, a quem incumbirá a defesa dos interesses do citando.

(Art. 218 do CPC revogado)

A citação, ato de ciência dos termos do processo judicial, exige, para ser válido seu recebimento, completo discernimento do citado. Caso o oficial de justiça perceba que o citado é absoluta ou relativamente incapaz, deverá certificar a ocorrência, que será seguida por realização de exame médico (§ 2º), salvo se apresentada prova da incapacidade desde já (§ 3º).

A representação do incapaz será feita por curador, nos termos dos arts. 71 e seguintes, para os quais remetemos o leitor.

A inobservância do disposto neste artigo, com a citação de réu relativa ou absolutamente incapaz, gera a nulidade do processo por invalidade da citação (art. 239), caso este não compareça em juízo posteriormente devidamente representado.

Tal nulidade, decorrente da inobservância da presente norma, também se aplica ao processo do trabalho, como já decidiu o TRT da 3ª Região:

CITAÇÃO IRREGULAR INCAPACIDADE MAL DE ALZHEIMER Demonstrado por documentação hábil que o reclamado, à época da citação (irregular) já era portador de doença degenerativa progressiva, que o incapacitava para atividades gerais, necessitando de auxílio familiar para alimentação, higiene pessoal e autocuidado, impõe-se a anulação do processo desde a citação. (TRT-3, relator: convocado Salvador Valdevino Conceição, 4ª Turma)

Artigo 246

A citação será feita:

I – pelo correio;

II – por oficial de justiça;

III – pelo escrivão ou chefe de secretaria, se o citando comparecer em cartório;

IV – por edital;

V – por meio eletrônico, conforme regulado em lei.

§ 1º Com exceção das microempresas e das empresas de pequeno porte, as empresas públicas e privadas são obrigadas a manter cadastro nos sistemas de processo em autos eletrônicos, para efeito de recebimento de citações e intimações, as quais serão efetuadas preferencialmente por esse meio.

§ 2º O disposto no § 1º aplica-se à União, aos Estados, ao Distrito Federal, aos Municípios e às entidades da administração indireta.

§ 3º Na ação de usucapião de imóvel, os confinantes serão citados pessoalmente, exceto quando tiver por objeto unidade autônoma de prédio em condomínio, caso em que tal citação é dispensada.

(Art. 221 do CPC revogado)

Há cinco modalidades para realização do ato de citação: por oficial de justiça, através de mandado de citação; por correio, através de carta com aviso de recebimento; pelo serventuário, caso o citando compareça em juízo; por edital; por meios eletrônicos.

A citação por correio é preferencial, conforme regulado pelo artigo seguinte, salvo nos casos de empresas públicas e privadas e aos entes da administração pública direta e indireta, em que será usado preferencialmente o meio eletrônico (§§ 1º e 2º).

Artigo 247

A citação será feita pelo correio para qualquer comarca do país, exceto:

I – nas ações de estado, observado o disposto no art. 695, § 3º;

II – quando o citando for incapaz;

III – quando o citando for pessoa de direito público;

IV – quando o citando residir em local não atendido pela entrega domiciliar de correspondência;

V – quando o autor, justificadamente, a requerer de outra forma.

(Art. 222 do CPC revogado)

A citação por correio é a modalidade preferencial, que não será adotada, contudo, nos casos descritos nos incisos deste artigo. A opção do legislador pela citação por correio decorre do fato de ser mais econômica, simples e célere, por dispensar a atuação do oficial de justiça.

Ademais, "a citação pelo correio tem outra vantagem: enquanto o oficial de justiça somente pode exercer suas funções nos limites geográficos da comarca ou nas áreas contíguas, o serviço postal opera em todo o território nacional"[359]. Os tribunais firmam convênios com a Empresa Brasileira de Correios e Telégrafos, possibilitando a adoção desta modalidade de comunicação de atos processuais.

A regra se aplica no processo do trabalho, com exceção das ações de estado, uma vez que estas não são da competência do juiz do trabalho.

Artigo 248

Deferida a citação pelo correio, o escrivão ou o chefe de secretaria remeterá ao citando cópias da petição inicial e do despacho do juiz e comunicará o prazo para resposta, o endereço do juízo e o respectivo cartório.

§ 1º A carta será registrada para entrega ao citando, exigindo-lhe o carteiro, ao fazer a entrega, que assine o recibo.

§ 2º Sendo o citando pessoa jurídica, será válida a entrega do mandado a pessoa com poderes de gerência geral ou de administração ou, ainda, a funcionário responsável pelo recebimento de correspondências.

§ 3º Da carta de citação no processo de conhecimento constarão os requisitos do art. 250.

§ 4º Nos condomínios edilícios ou nos loteamentos com controle de acesso, será válida a entrega do mandado a funcionário da portaria responsável pelo recebimento de correspondência, que, entretanto, poderá recusar o recebimento, se declarar, por escrito, sob as penas da lei, que o destinatário da correspondência está ausente.

(Art. 223 do CPC revogado)

A carta de citação enviada pelo correio deverá conter os requisitos do mandado de citação e será acompanhada de cópia da petição inicial, para que o citando tenha ciência do teor do processo. Leonardo Greco aponta que "nesta modalidade de citação, o escrivão expede a carta de citação, que deverá conter os mesmos requisitos do mandado de citação e será entregue ao réu pelo agente postal. A citação tem de ser confirmada pela assinatura de mão própria do réu no aviso de recebimento (AR), pela sua devolução ao cartório e consequente juntada aos autos"[360].

A assinatura do citando é indispensável para a validade da citação pelo correio (§ 1º), o que foi sumulado pelo Superior Tribunal de Justiça na Súmula n. 429: "A citação postal, quando autorizada por lei, exige o aviso de recebimento".

O recebimento pessoal é excepcionado em duas situações: a) em se tratando de pessoa jurídica, será válido o recebimento por seu representante legal ou pelo funcionário do setor de correspondências; b) nos casos de condomínios ou loteamentos com controle de acesso, será válido o recebimento na portaria.

Estas exceções ao recebimento pessoal foram inseridas no novo Código após controvérsias doutrinárias e jurisprudenciais surgidas em razão do silêncio do Código revogado. É muito comum o recebimento das correspondências por setores específicos, como portaria de prédios, o que ensejava alegações diversas de nulidade. Agora, a lei prevê expressamente a validade da citação nestes casos.

O processo comum se aproxima do processo do trabalho no que tange a essas presunções de recebimento da notificação, como é possível aferir dos comentários já feitos ao art. 242 e do seguinte julgado do TRT da 2ª Região:

EMENTA: SEED. COMPROVAÇÃO DE ENTREGA. ÔNUS DA PARTE. CONSULTA NA EBCT VIA INTERNET. RECURSO INTEMPESTIVO. Não há, nos autos, comprovante de entrega da notificação expedida à parte, via EBCT. Ressalte-se que a EBCT não mais fornece comprovantes de entrega via SEED ao Tribunal, devendo o interessado consultar diretamente o site do Correio para obter a informação da data de sua entrega. Vale esclarecer, outrossim, que mesmo essa consulta permanece disponibilizada no sítio da EBCT durante certo lapso de tempo, após o qual a informação é retirada, não mais permanecendo em seus cadastros. Destaca-se que a verificação de entrega no sítio da EBCT foi realizada nesta Instância, com resultado negativo, ou seja, a informação não mais se encontra disponível no Correio. Assim, aplica-se, à hipótese, o entendimento da Súmula n. 16 do C.TST: "16 – Notificação (RA n. 28/1969, DO-GB 21.8.1969. Nova redação – Res. n. 121/2003, DJ 19.11.2003). Presume-se recebida a notificação 48 (quarenta e oito) horas depois de sua postagem. O seu não recebimento ou a entrega após o decurso desse prazo constitui ônus de prova do destinatário." Logo, a notificação postada presume-se recebida em 48 horas, encontrando-se o apelo irremediavelmente intempestivo. Destarte, não conheço do recurso ordinário interposto por intempestivo. (TRT-2 – RO: 16826620115020 SP 00016826620115020052 A28, Relator: Ricardo Artur Costa e Trigueiros, Data de Julgamento: 13.8.2013, 4ª TURMA, Data de Publicação: 23.8.2013)

E, no tocante às exceções de entrega pessoal da citação previstas nos parágrafos do artigo, essa tendência segue na mesma linha, como se pode constatar da decisão do Tribunal Superior do Trabalho sobre citação de autarquia federal:

RECURSO DE REVISTA. PRELIMINAR DE NULIDADE. CERCEAMENTO DO DIREITO DE DEFESA. IRREGULARIDADE DA NOTIFICAÇÃO DA SENTENÇA. CONFIGURAÇÃO. A intimação é o ato por meio do qual se busca dar publicidade aos atos processuais, a fim de viabilizar às partes, querendo, dele se manifestar. Por essa

---

[359] GRECO, Leonardo. *Instituições de Processo Civil*. vol. I. Rio de Janeiro: Forense, 2010. p. 301.

[360] Idem.

razão, cumpre ao julgador zelar pela sua regularidade, de modo a preservar a condução íntegra do processo e prevenir eventual alegação de nulidade. No caso, a autarquia federal não foi intimada na pessoa de seu procurador, como determina o art. 17 da Lei n. 10.910/04. Ocorreu, assim, cerceamento do legítimo direito de defesa, estando configurada a violação do art. 5º, L V, da CF/88. Precedentes desta Corte. Recurso de revista conhecido e provido. (TST – RR: 32000-34.2006.5.15.0088, relatora: Dora Maria da Costa, Data de Julgamento: 15.6.2011, 8ª Turma, Data de Publicação: DEJT 17.6.2011)

Artigo 249

A citação será feita por meio de oficial de justiça nas hipóteses previstas neste Código ou em lei, ou quando frustrada a citação pelo correio.

(Art. 224 do CPC revogado)

Nos casos em que não seja possível a citação por correio — seja por vedação legal, judicial ou por impossibilidade de entrega da carta de citação — esta deverá ocorrer por mandado, cumprido pelo oficial de justiça. O oficial de justiça possui como uma de suas funções o cumprimento de atos de comunicação processual, dentre os quais o de maior relevância é o mandado de citação.

O oficial receberá o mandado do escrivão e deverá deslocar-se ao endereço do réu — seja aquele indicado na inicial ou outro onde este se encontre, desde que nos limites de sua competência — para cumpri-lo. Dará ciência ao citando dos termos do mandado, entregando-lhe cópia, e deverá certificar o recebimento, com a coleta da assinatura do réu.

No processo do trabalho a citação por oficial de justiça também ocorre quando frustrada a realização do ato pelo correio, assim como ocorre também para as intimações, como prevê o Tribunal Regional do Trabalho da 5ª Região:

> INTIMAÇÃO PESSOAL DA AUTORA PARA APRESENTAR CTPS. SITUAÇÃO EXCEPCIONAL. Após ser constituído advogado nos autos, as intimações são feitas por publicação nos órgãos oficiais, nos termos do art. 236 do CPC, priorizando-se, assim, a via mais célere. E, apenas quando essa for frustrada, procede-se à intimação pelo correio e, sucessivamente, por oficial de justiça. Assim, a regular intimação do advogado da reclamante por meio do Diário Oficial, a princípio, dispensa a notificação pessoal dos litigantes. Entretanto, diante da afirmativa de que o casuístico não logrou êxito em localizar a sua cliente, considerando o princípio da economicidade, bem como visando dar efetividade e celeridade à decisão judicial transitada em julgado, excepcionalmente, defere-se notificação pessoal da reclamante. Agravo de petição provido. (TRT-5 – AP: 0000089-56.2012.5.05.0028 BA, relator: Paulo Sérgio Sá, 4ª Turma, Data de Publicação: DJ 8.4.2014)

A citação por oficial de justiça também ocorre quando expressamente previsto na lei trabalhista, como ocorre no procedimento de execução, tratado no art. 880 da CLT, *in verbis*:

> Art. 880, CLT. Requerida a execução, o juiz ou presidente do tribunal mandará expedir mandado de citação do executado, a fim de que cumpra a decisão ou o acordo no prazo, pelo modo e sob as cominações estabelecidas ou, quando se tratar de pagamento em dinheiro, inclusive de contribuições sociais devidas à União, para que o faça em 48 (quarenta e oito) horas ou garanta a execução, sob pena de penhora.
>
> § 1º O mandado de citação deverá conter a decisão exequenda ou o termo de acordo não cumprido.
>
> § 2º A citação será feita pelos oficiais de diligência.
>
> § 3º Se o executado, procurado por 2 (duas) vezes no espaço de 48 (quarenta e oito) horas, não for encontrado, far-se-á citação por edital, publicado no jornal oficial ou, na falta deste, afixado na sede da Junta ou Juízo, durante 5 (cinco) dias.

Artigo 250

O mandado que o oficial de justiça tiver de cumprir conterá:

I – os nomes do autor e do citando e seus respectivos domicílios ou residências;

II – a finalidade da citação, com todas as especificações constantes da petição inicial, bem como a menção do prazo para contestar, sob pena de revelia, ou para embargar a execução;

III – a aplicação de sanção para o caso de descumprimento da ordem, se houver;

IV – se for o caso, a intimação do citando para comparecer, acompanhado de advogado ou de defensor público, à audiência de conciliação ou de mediação, com a menção do dia, da hora e do lugar do comparecimento;

V – a cópia da petição inicial, do despacho ou da decisão que deferir tutela provisória;

VI – a assinatura do escrivão ou do chefe de secretaria e a declaração de que o subscreve por ordem do juiz.

(Art. 225 do CPC revogado)

O artigo dispõe sobre os requisitos que deve conter o mandado de citação — os quais também deverão ser observados na carta de citação via correio. Como a citação é ato de comunicação de extrema importância, as formalidades deste artigo devem ser observadas, sob pena de acarretar na invalidade do ato.

A invalidade do ato, entretanto, não é declarada, seja no processo civil ou no processo do trabalho, se não ocorrer prejuízo para a parte, como já decidiu o Tribunal Superior do Trabalho:

> EMBARGOS DE DECLARAÇÃO – OCORRÊNCIA DE OMISSÃO NO JULGADO. PRELIMINAR DE NULIDADE DE CITAÇÃO. Embora o instrumento de citação dos Réus não preencha as exigências constantes do art. 225 e 285 do CPC, não constando da notificação recebida pelos Réus a possível cominação da pena de revelia e confissão, conforme alegam os Reclamantes, o certo é que, tendo apresentado contestação, os Réus se deram por citados, e, consequentemente, não lhes foi aplicada qualquer penalidade que justifique declarar nula a citação. Ademais, em

se tratando de ação rescisória, não há que se falar em revelia e confissão ficta, uma vez que está em discussão a coisa julgada (...). (TST – ED-RXOFROAR: 417883-38.1998.5.08.5555, relator: Ives Gandra Martins Filho, Data de Julgamento: 22.8.2000, Subseção II – Especializada em Dissídios Individuais, Data de Publicação: DJ 15.9.2000)

Artigo 251

Incumbe ao oficial de justiça procurar o citando e, onde o encontrar, citá-lo:

I – lendo-lhe o mandado e entregando-lhe a contrafé;

II – portando por fé se recebeu ou recusou a contrafé;

III – obtendo a nota de ciente ou certificando que o citando não a apôs no mandado.

(Art. 226 do CPC revogado)

O oficial de justiça deve cumprir o ato de citação onde encontrar o réu, o que releva o caráter itinerante do mandado, como já mencionado. Deverá ler o mandado, entregar ao citando, bem como coletar a assinatura deste ou certificar, caso este se recuse.

Não há modificações em relação à disciplina legal do Código revogado e, no que tange ao processo do trabalho, o procedimento é idêntico.

Artigo 252

Quando, por 2 (duas) vezes, o oficial de justiça houver procurado o citando em seu domicílio ou residência sem o encontrar, deverá, havendo suspeita de ocultação, intimar qualquer pessoa da família ou, em sua falta, qualquer vizinho de que, no dia útil imediato, voltará a fim de efetuar a citação, na hora que designar.

Parágrafo único. Nos condomínios edilícios ou nos loteamentos com controle de acesso, será válida a intimação a que se refere o *caput* feita a funcionário da portaria responsável pelo recebimento de correspondência.

(Art. 227 do CPC revogado)

Este dispositivo legal trata da citação por hora certa, uma das modalidades de citação realizada por oficial de justiça. É uma hipótese de citação ficta, ou presumida, que terá lugar quando houver suspeita de ocultação do citando, de modo que há um componente subjetivo que não pode ser ignorado e que diferencia esta modalidade das demais.

Há uma importante alteração em relação ao CPC/73: passam a ser exigidas apenas duas tentativas de citação, ao invés das três que eram requisito do Código revogado. Assim, após duas tentativas de citação, caso o oficial suspeite que o réu se oculta para não receber o mandado, poderá comunicar a qualquer familiar ou vizinho que será feita, do dia útil subsequente, a "citação por hora certa".

Tal modalidade também poderá ser adotada nos condomínios edilícios ou loteamentos, hipótese em que não será necessário intimar os familiares ou vizinhos acerca da citação no dia subsequente, mas apenas ao porteiro ou responsável pelas correspondências do local. Também esta previsão é novidade em relação ao CPC/73. Caso o réu seja citado por hora certa e não apresente contestação, deverá ser-lhe nomeado curador especial, justamente em razão de tratar-se de citação ficta, nos termos do art. 72 do novo Código[361].

Apesar da omissão da CLT em relação à citação por hora certa, a aplicação subsidiária do dispositivo encontraria algum óbice na compatibilidade com o processo do trabalho, diante do princípio da simplicidade dos procedimentos e expressa inaplicabilidade do princípio da pessoalidade da citação, conforme disposto no art. 841, § 1º da CLT.

Por outro lado, alguns autores defendem a utilização do instituto no processo do trabalho, como já pontuou Amauri Mascaro do Nascimento:

> A lei trabalhista não prevê citação por hora certa. Nada impede, no entanto, que o juiz, segundo as necessidades de cada caso concreto e de acordo com o seu prudente arbítrio, utilize-se desse instrumento previsto na legislação processual civil, que é de aplicação subsidiária.[362]

No mesmo sentido, Carlos Henrique Bezerra Leite também demonstra a necessidade de aplicabilidade do instituto em algumas situações excepcionais, como "nas hipóteses em que o réu reside em propriedade rurais ou local de difícil acesso ou onde, notoriamente, não haja serviços regulares do correio".[363]

Na linha da melhor doutrina processual trabalhista, também pensamos que, excepcionalmente, a citação por hora certa poderá ser aplicada nessa seara processual, desde que necessária à efetividade da prestação jurisdicional.

Artigo 253

No dia e na hora designados, o oficial de justiça, independentemente de novo despacho, comparecerá ao domicílio ou à residência do citando a fim de realizar a diligência.

§ 1º Se o citando não estiver presente, o oficial de justiça procurará informar-se das razões da ausência, dando por feita a citação, ainda que o citando se tenha ocultado em outra comarca, seção ou subseção judiciárias.

---

(361) Art. 72. O juiz nomeará curador especial ao:

II – réu preso revel, bem como ao réu revel citado por edital ou com hora certa, enquanto não for constituído advogado.

(362) NASCIMENTO, Amauri Mascaro. *Curso de Direito Processual do Trabalho.* 28 ed. São Paulo: Saraiva, 2013. p. 588.

(363) BEZERRA LEITE, Carlos Henrique. *Curso de Direito Processual do Trabalho.* 12. ed. São Paulo: LTr, p. 397.

> § 2º A citação com hora certa será efetivada mesmo que a pessoa da família ou o vizinho que houver sido intimado esteja ausente, ou se, embora presente, a pessoa da família ou o vizinho se recusar a receber o mandado.
>
> § 3º Da certidão da ocorrência, o oficial de justiça deixará contrafé com qualquer pessoa da família ou vizinho, conforme o caso, declarando-lhe o nome.
>
> § 4º O oficial de justiça fará constar do mandado a advertência de que será nomeado curador especial se houver revelia.
>
> (Art. 228 do CPC revogado)

O artigo trata do procedimento para proceder à citação por hora certa, depois da intimação feita ao familiar, vizinho ou porteiro, nos termos do artigo anterior.

Nestes casos, Barbosa Moreira, em comentários ao Código revogado (aplicáveis a este diploma processual), leciona que "duas hipóteses podem ocorrer: 1ª) o oficial encontra o réu, e neste caso procede à citação (...); 2ª) o oficial não encontra o réu; cabe-lhe então informar-se das razões da ausência. Se concluir que para esta há motivo justo (*v.g.*, o citando foi convocado para trabalho a que não podia furtar-se, ou hospitalizado em virtude de acidente etc.), fica sem efeito a marcação de dia e hora, mas, salvo quando o excluírem as circunstâncias, fará o oficial nova designação (...). Se a ausência confirmar a suspeita de ocultação (e só neste caso, apesar da dicção genérica do art. 228, § 1º), o oficial dará por efetuada a citação"[364].

Assim, ou o oficial fará a citação na pessoa do réu, caso este compareça, ou, não comparecendo e não havendo justo motivo, fará a citação ficta. Deixará a contrafé a qualquer vizinho ou familiar que se encontre presente — inclusive o porteiro, entendemos — certificando nos autos.

Como já mencionado no comentário anterior, se revel, o réu citado por hora certa será representado por curador (art. 72).

Artigo 254

> Feita a citação com hora certa, o escrivão ou chefe de secretaria enviará ao réu, executado ou interessado, no prazo de 10 (dez) dias, contado da data da juntada do mandado aos autos, carta, telegrama ou correspondência eletrônica, dando-lhe de tudo ciência.
>
> (Art. 229 do CPC revogado)

Como se trata de citação ficta, o legislador tem o cuidado de determinar que o citado por hora certa receba comunicação,

---
(364) BARBOSA MOREIRA, José Carlos. *O novo processo civil brasileiro*. Rio de Janeiro: Forense, 2005. p. 29.

informando-lhe do ocorrido, o que já era previsto no Código revogado. Não obstante, o prazo para apresentar defesa iniciar-se-á com a juntada do mandado aos autos, conforme art. 231, II, § 4º, do CPC, o que não ocorre no processo do trabalho, cujo momento processual para apresentação da defesa é a audiência.

Artigo 255

> Nas comarcas contíguas de fácil comunicação e nas que se situem na mesma região metropolitana, o oficial de justiça poderá efetuar, em qualquer delas, citações, intimações, notificações, penhoras e quaisquer outros atos executivos.
>
> (Art. 230 do CPC revogado)

O dispositivo trata do caráter itinerante do mandado e reforça a autorização legal para a prática de atos processuais em locais diversos dos indicados inicialmente, o que já era regra do Código revogado, e também se aplica no processo do trabalho.

Artigo 256

> A citação por edital será feita:
>
> I – quando desconhecido ou incerto o citando;
>
> II – quando ignorado, incerto ou inacessível o lugar em que se encontrar o citando;
>
> III – nos casos expressos em lei.
>
> § 1º Considera-se inacessível, para efeito de citação por edital, o país que recusar o cumprimento de carta rogatória.
>
> § 2º No caso de ser inacessível o lugar em que se encontrar o réu, a notícia de sua citação será divulgada também pelo rádio, se na comarca houver emissora de radiodifusão.
>
> § 3º O réu será considerado em local ignorado ou incerto se infrutíferas as tentativas de sua localização, inclusive mediante requisição pelo juízo de informações sobre seu endereço nos cadastros de órgãos públicos ou de concessionárias de serviços públicos.
>
> (Art. 231 do CPC revogado)

A citação por edital é outra modalidade de citação ficta, ou presumida. Apenas ocorrerá excepcionalmente, nos casos em que for desconhecida ou incerta a pessoa que se deva citar (inciso I) ou seu paradeiro (inciso II), além de casos específicos previstos em lei, como é o caso da usucapião.

No caso descrito no inciso I, é certo que o autor não pode propor ação contra um réu que seja absolutamente desconhecido, de modo que o dispositivo legal refere-se às situações em que o autor não possua todos os dados de identificação oficial do citando, mas possa identificá-lo a partir de suas características físicas, codinomes, entre outras questões.

Quanto às hipóteses do inciso II, para que seja reputado incerto ou desconhecido o local e autorizada a citação editalícia, primeiramente devem ser esgotadas as tentativas de obtenção de tais informações, inclusive por meio dos sistemas disponíveis ao Judiciário e outros órgãos públicos, como o INFOJUD.

Concordamos com Leonardo Greco no sentido de que "a citação editalícia deve ser excepcionalíssima, somente se justificando, do ponto de vista humanitário, quando a citação pessoal do autor (por mandado ou por correio) for realmente impossível, para que a ausência do réu não inviabilize o acesso do autor à justiça"[365].

No processo do trabalho, como já visto, admite-se a citação por edital, com regramento próprio nos arts. 841 e 880 da CLT. Conforme a jurisprudência do TRT da 1ª Região e TST, tal modalidade de citação é excepcional e somente deve ser utilizada nos casos em que se esgotam os demais meios de citação e a parte não é encontrada:

> EXECUÇÃO. CITAÇÃO POR EDITAL. O art. 880 da CLT autoriza a citação por edital quando não localizado o executado, não havendo nulidade no procedimento adotado. (TRT-1 – AP: 02164003419935010023 RJ, relator: Marcos Palacio, Data de Julgamento: 7.4.2014, 3ª Turma, Data de Publicação: 11.4.2014)
>
> RECURSO ORDINÁRIO DO RECLAMADO. CITAÇÃO POR EDITAL. A citação por edital deve ser empregada como medida excepcional, quando esgotados todos os meios para localizar a parte contrária, em respeito ao princípio do devido processo legal. Recurso conhecido e provido. (TRT-1 – RO: 00001937720135010431 RJ, relatora: Sayonara Grillo Coutinho Leonardo da Silva, Data de Julgamento: 28.5.2014, 7ª Turma, Data de Publicação: 18.7.2014)

Artigo 257

São requisitos da citação por edital:

I – a afirmação do autor ou a certidão do oficial informando a presença das circunstâncias autorizadoras;

II – a publicação do edital na rede mundial de computadores, no sítio do respectivo tribunal e na plataforma de editais do Conselho Nacional de Justiça, que deve ser certificada nos autos;

III – a determinação, pelo juiz, do prazo, que variará entre 20 (vinte) e 60 (sessenta) dias, fluindo da data da publicação única ou, havendo mais de uma, da primeira;

IV – a advertência de que será nomeado curador especial em caso de revelia.

Parágrafo único. O juiz poderá determinar que a publicação do edital seja feita também em jornal local de ampla circulação ou por outros meios, considerando as peculiaridades da comarca, da seção ou da subseção judiciárias.

(Art. 232 do CPC revogado)

O dispositivo trata dos requisitos formais para que a citação por edital seja válida. A observância de tais formalidades demonstra-se especialmente importante, haja vista a excepcionalidade da citação ficta. Tais requisitos também devem ser observados no processo do trabalho.

Artigo 258

A parte que requerer a citação por edital, alegando dolosamente a ocorrência das circunstâncias autorizadoras para sua realização, incorrerá em multa de 5 (cinco) vezes o salário-mínimo.

Parágrafo único. A multa reverterá em benefício do citando.

(Art. 233 do CPC revogado)

O dispositivo legal repete regra do Código revogado, que impõe uma penalidade pecuniária para aquele que dolosamente requerer a citação por edital, mesmo quando não presentes as hipóteses para sua realização.

Já mencionamos a importância do ato de citação e a excepcionalidade de sua realização na forma de edital, já que não há efetivamente a ciência real e concreta dos termos do processo, mas sua presunção. A regra ora comentada visa coibir o abuso que pode ocorrer por parte do autor da demanda, já que a citação editalícia pode lhe beneficiar.

Barbosa Moreira leciona que "não se contenta a lei com a mera falsidade da alegação: se o alegante incidiu em erro, não incorre, só por isso, na sanção. O dolo há de ficar comprovado por elementos constantes dos autos, não se excluindo que o órgão judicial o infira de indícios. A multa é aplicável pelo juiz *ex officio* ou a requerimento do interessado, isto é, do réu, em cujo benefício reverterá"[366].

Além da penalidade de multa prevista neste artigo, entendemos plenamente aplicáveis as penalidades por litigância de má-fé, previstas nos arts. 79 e seguintes, e ambas se aplicam no processo do trabalho.

Artigo 259

Serão publicados editais:

I – na ação de usucapião de imóvel;

II – na ação de recuperação ou substituição de título ao portador;

III – em qualquer ação em que seja necessária, por determinação legal, a provocação, para participação no processo, de interessados incertos ou desconhecidos.

(Arts. 908, I, e 942 do CPC revogado)

---

(365) GRECO, Leonardo. *Instituições de Processo Civil*. vol. I. Rio de Janeiro: Forense, 2010. p. 305.

(366) BARBOSA MOREIRA, José Carlos. *O novo processo civil brasileiro*. Rio de Janeiro: Forense, 2005. p. 31.

O Código prevê situações em que deverão ser publicados editais para citação e intimação dos interessados, por reputar impossível a citação pessoal de todos os envolvidos. São as hipóteses de usucapião de bem imóvel, ações de recuperação ou substituição de títulos ao portador e, genericamente, das demais ações em que seja necessário ouvir interessados incertos ou desconhecidos.

O Fórum Permanente de Processualistas Civis, atento a esta regra, editou enunciado que dispõe: "em caso de relação jurídica plurilateral que envolva diversos titulares do mesmo direito, o juiz deve convocar, por edital, os litisconsortes unitários ativos incertos e indeterminados (art. 259, III), cabendo-lhe, na hipótese de dificuldade de formação do litisconsórcio, oficiar o Ministério Público, a Defensoria Pública ou outro legitimado para que possa requerer a conversão da ação individual em coletiva (art. 334)" (Enunciado n. 119), que também trata da conversão da ação individual em coletiva, instituto novo, tratado no art. 334 do Código.

Os procedimentos especiais previstos nos incisos I e II do artigo não têm aplicação no processo do trabalho. Já a previsão do inciso III, podemos conceber sua aplicação em ações coletivas trabalhistas.

CAPÍTULO III
DAS CARTAS

Artigo 260

São requisitos das cartas de ordem, precatória e rogatória:

I – a indicação dos juízes de origem e de cumprimento do ato;

II – o inteiro teor da petição, do despacho judicial e do instrumento do mandato conferido ao advogado;

III – a menção do ato processual que lhe constitui o objeto;

IV – o encerramento com a assinatura do juiz.

§ 1º O juiz mandará trasladar para a carta quaisquer outras peças, bem como instruí-la com mapa, desenho ou gráfico, sempre que esses documentos devam ser examinados, na diligência, pelas partes, pelos peritos ou pelas testemunhas.

§ 2º Quando o objeto da carta for exame pericial sobre documento, este será remetido em original, ficando nos autos reprodução fotográfica.

§ 3º A carta arbitral atenderá, no que couber, aos requisitos a que se refere o *caput* e será instruída com a convenção de arbitragem e com as provas da nomeação do árbitro e de sua aceitação da função.

(Art. 202 do CPC revogado)

As cartas — de ordem rogatória e precatória — são destinadas a dar cumprimento a atos judiciais em locais diversos da sede do juízo, seja em cooperação internacional, seja em cumprimento a pedido de cooperação nacional, nos termos do art. 235[367]. As cartas arbitrais, por sua vez, destinam-se a dar cumprimento a atos objeto de pedido de cooperação formulado por juízo arbitral.

Os requisitos das cartas estão dispostos neste artigo, que repete redação do Código revogado. Ressalte-se que o Superior Tribunal de Justiça tem entendimento no sentido de que não se aplicam tais requisitos às cartas rogatórias passivas[368].

A novidade consta do parágrafo terceiro, que trata da carta arbitral, que deverá ser instruída com a convenção de arbitragem e os documentos relativos à escolha do árbitro.

No processo civil, a carta precatória é devolvida ao juízo de origem no prazo de 10 dias do seu cumprimento, independentemente de traslado, estando as partes obrigadas ao pagamento das custas correspondentes. No processo do trabalho, se o ato for praticado na fase de conhecimento, as custas serão pagas pelo vencido após o trânsito em julgado da sentença/ acórdão; já na fase de execução, as custas serão pagas pelo executado ao final do procedimento.

Artigo 261

Em todas as cartas o juiz fixará o prazo para cumprimento, atendendo à facilidade das comunicações e à natureza da diligência.

§ 1º As partes deverão ser intimadas pelo juiz do ato de expedição da carta.

---

(367) Art. 235. Será expedida carta:

I – de ordem, pelo tribunal, na hipótese do § 2º do art. 234;

II – rogatória, para que órgão jurisdicional estrangeiro pratique ato de cooperação jurídica internacional, relativo a processo em curso perante órgão jurisdicional brasileiro;

III – precatória, para que órgão jurisdicional brasileiro pratique ou determine o cumprimento, na área de sua competência territorial, de ato relativo a pedido de cooperação judiciária formulado por órgão jurisdicional de competência territorial diversa;

IV – arbitral, para que órgão do Poder Judiciário pratique ou determine o cumprimento, na área de sua competência territorial, de ato objeto de pedido de cooperação judiciária formulado por juízo arbitral, inclusive os que importem efetivação de tutela provisória.

(368) AGRAVO REGIMENTAL NA CARTA ROGATÓRIA. EXEQUATUR. HIPÓTESES DE CONCESSÃO. AUSÊNCIA DE OFENSA À SOBERANIA NACIONAL OU À ORDEM PÚBLICA. OBSERVÂNCIA DOS REQUISITOS DA RESOLUÇÃO N. 9/2005/STJ. DOCUMENTAÇÃO SUFICIENTE À COMPREENSÃO DA CONTROVÉRSIA. I – Não sendo hipótese de ofensa à soberania nacional, à ordem pública ou de inobservância dos requisitos da Resolução n. 9/2005, cabe apenas a este e. Superior Tribunal de Justiça emitir juízo meramente delibatório acerca da concessão do exequatur nas cartas rogatórias, sendo competência da Justiça rogante a análise de eventuais alegações relacionadas ao mérito da causa. II – Não são aplicáveis às cartas rogatórias passivas os requisitos do art. 202 do CPC. III – *In casu*, a rogatória está acompanhada de documentação suficiente à compreensão da controvérsia. Não se vislumbra, portanto, violação à ordem pública ou à soberania nacional. (Precedentes) Agravo regimental desprovido. (STJ – AgRg na CR: 8368 EX 2013/0259345-1, relator: Ministro Felix Fischer, Data de Julgamento: 21.5.2014, CE – Corte Especial, Data de Publicação: DJe 29.5.2014)

> § 2º Expedida a carta, as partes acompanharão o cumprimento da diligência perante o juízo destinatário, ao qual compete a prática dos atos de comunicação.
>
> § 3º A parte a quem interessar o cumprimento da diligência cooperará para que o prazo a que se refere o *caput* seja cumprido.
>
> (Art. 203 do CPC revogado)

O *caput* do artigo traz regra já instituída pelo Código revogado, acerca da designação, pelo juiz deprecante, do prazo para cumprimento dos atos objeto das cartas. Os parágrafos do artigo trazem algumas inovações legais, que tratam do procedimento a ser adotado para a correta comunicação às partes acerca da expedição da carta.

As partes serão intimadas da expedição da carta e deverão acompanhar as diligências — nos prazos fixados — no juízo destinatário. Nesse sentido, destaca-se a Súmula n. 273 do Superior Tribunal de Justiça, que dispõe que "intimada a defesa da expedição de carta precatória, torna-se desnecessária a intimação da data de audiência no juízo deprecado".

Entendemos que, não obstante as partes sejam intimadas acerca da expedição da carta, deverão ser intimadas quanto aos atos praticados no juízo destinatário, sob pena de imputar às partes um ônus excessivo, que não lhes é exigido na tramitação do processo e na designação de atos perante o juiz da causa.

Diante da omissão da CLT sobre a matéria, o dispositivo se aplica no processo do trabalho com a ressalva que fizemos acima e as adaptações necessárias no caso do processo eletrônico pelo sistema PJe-JT.

Artigo 262

> A carta tem caráter itinerante, podendo, antes ou depois de lhe ser ordenado o cumprimento, ser encaminhada a juízo diverso do que dela consta, a fim de se praticar o ato.
>
> Parágrafo único. O encaminhamento da carta a outro juízo será imediatamente comunicado ao órgão expedidor, que intimará as partes.
>
> (Art. 204 do CPC revogado)

As cartas destinam-se a dar cumprimento a ordens judiciais, e, por isso, é dado primazia ao seu efetivo cumprimento, mesmo que em local diverso do que era originariamente o destinatário. Tendo em vista a possibilidade de ser enviada para cumprimento em local diverso, diz a lei que as cartas têm caráter itinerante. Não há alterações em relação ao Código revogado.

A inovação legal consta do parágrafo único, que dispõe que estas mudanças no trajeto das cartas deverão ser comunicadas ao juízo expedidor, que deverá intimar as partes, haja vista a aplicação do disposto no artigo anterior.

Não vemos qualquer óbice ao caráter itinerante para dinamismo no cumprimento das cartas no processo do trabalho, cuja natureza alimentar do crédito que é objeto do litígio justifica qualquer medida legal e lícita que enseje uma maior efetividade da tutela jurisdicional.

Artigo 263

> As cartas deverão, preferencialmente, ser expedidas por meio eletrônico, caso em que a assinatura do juiz deverá ser eletrônica, na forma da lei.
>
> (Art. 205 do CPC revogado)

Reforçando a tendência do processo eletrônico e da adoção dos meios virtuais para a prática dos atos processuais, inclusive os atos de comunicação, o Código adota preferencialmente o meio eletrônico para expedição das cartas. Embora o CPC/73 já previsse essa possibilidade, não adotava o meio eletrônico como preferencial, mas apenas como uma possibilidade (art. 203, § 3º, CPC/73).

A regra já constava do art. 7º da Lei n. 11.419/2006[369], é adotada expressamente no novo diploma processual e se aplica ao processo do trabalho, já adaptado a essa nova realidade pelo sistema PJe-JT.

Artigo 264

> A carta de ordem e a carta precatória por meio eletrônico, por telefone ou por telegrama conterão, em resumo substancial, os requisitos mencionados no art. 250, especialmente no que se refere à aferição da autenticidade.
>
> (Art. 206 do CPC revogado)

O dispositivo enuncia regra procedimental acerca do conteúdo da carta enviada por meio eletrônico, telefone ou telegrama, e dispõe que deverão ser observados os requisitos das cartas, previstos no art. 250, que já comentados e para onde remetemos o leitor. Tais requisitos também devem ser observados no processo do trabalho.

Artigo 265

> O secretário do tribunal, o escrivão ou o chefe de secretaria do juízo deprecante transmitirá, por telefone, a carta de ordem ou a carta precatória ao juízo em que houver de se cumprir o ato, por intermédio do escrivão do primeiro ofício da primeira vara, se houver na comarca mais de um ofício ou de uma vara, observando-se, quanto aos requisitos, o disposto no art. 264.

---

[369] Art. 7º (Lei n. 11.419/2006): As cartas precatórias, rogatórias, de ordem e, de um modo geral, todas as comunicações oficiais que transitem entre órgãos do Poder Judiciário, bem como entre os deste e os dos demais Poderes, serão feitas preferentemente por meio eletrônico.

> § 1º O escrivão ou o chefe de secretaria, no mesmo dia ou no dia útil imediato, telefonará ou enviará mensagem eletrônica ao secretário do tribunal, ao escrivão ou ao chefe de secretaria do juízo deprecante, lendo-lhe os termos da carta e solicitando-lhe que os confirme.
>
> § 2º Sendo confirmada, o escrivão ou o chefe de secretaria submeterá a carta a despacho.
>
> (Art. 207 do CPC revogado)

O artigo traz outra regra procedimental que deve ser observada para expedição das cartas, repetindo o que era previsto no CPC/73. A transmissão da carta de ordem ou precatória por telefone é medida que, tomados os devidos cuidados com o devido processo legal para segurança das partes, mostra-se simples, desburocratizada e rápida no cumprimento das decisões e cooperação entre os órgãos, o que já era adotado por alguns juízos da Justiça do Trabalho preocupados com a celeridade processual.

Artigo 266

> Serão praticados de ofício os atos requisitados por meio eletrônico e de telegrama, devendo a parte depositar, contudo, na secretaria do tribunal ou no cartório do juízo deprecante, a importância correspondente às despesas que serão feitas no juízo em que houver de praticar-se o ato.
>
> (Art. 208 do CPC revogado)

O cumprimento dos atos objeto das cartas depende do pagamento das respectivas custas, devendo a parte interessada depositar no juízo expedidor o valor correspondente aos atos que devam ser praticados no juízo destinatário. O dispositivo repete regra do CPC/73 e se aplica no processo do trabalho, salvo os casos dos litigantes beneficiados pela justiça gratuita.

Artigo 267

> O juiz recusará cumprimento a carta precatória ou arbitral, devolvendo-a com decisão motivada quando:
>
> I – a carta não estiver revestida dos requisitos legais;
>
> II – faltar ao juiz competência em razão da matéria ou da hierarquia;
>
> III – o juiz tiver dúvida acerca de sua autenticidade.
>
> Parágrafo único. No caso de incompetência em razão da matéria ou da hierarquia, o juiz deprecado, conforme o ato a ser praticado, poderá remeter a carta ao juiz ou ao tribunal competente.
>
> (Art. 209 do CPC revogado)

As cartas devem ser cumpridas pelos juízos destinatários, gozando de presunção de legalidade e autenticidade, desde que preenchidos os requisitos legais. Não obstante, o dispositivo legal ora comentado prevê hipóteses em que pode ser recusado o cumprimento de carta precatória ou arbitral.

Humberto Theodoro Jr., sobre o cumprimento das cartas, leciona que "a carta de ordem, por questão de hierarquia, nunca pode deixar de ser cumprida. A carta rogatória depende de *exequatur* do Presidente do Superior Tribunal de Justiça (Constituição Federal, art. 105, inc. I, *"i"*; Resolução/STJ n. 9, de 4.5.2005, art. 2º), o qual, uma vez concedido, vincula o juiz inferior (rogado), que também não poderá deixar de cumpri-la. Já com relação à carta precatória, que circula entre juízes do mesmo grau de jurisdição, é lícito ao juiz deprecado recusar-lhe cumprimento e devolvê-la ao juiz deprecante"[370], o que poderá ocorrer justamente nestas hipóteses legais.

Quando a carta não estiver revestida dos requisitos legais[371], quando houver dúvida fundada sobre sua autenticidade, ou quando o juízo destinatário não for competente para cumprimento do ato, poderá ser recusado seu cumprimento. Nesta última hipótese, e considerando o caráter itinerante da carta, deverá ser preferencialmente remetida a juízo competente, privilegiando a economia processual e a celeridade, sempre com a intimação das partes.

O mesmo poderá ocorrer quanto à carta arbitral. Ressalta-se que o juízo destinatário não deverá adentrar no exame do mérito da carta, limitando-se a verificar o cumprimento dos seus requisitos formais,[372] o que também se aplica ao processo do trabalho.

O Tribunal Superior do Trabalho já decidiu que a competência que impede o cumprimento da carta deve ser absoluta, não se aplicando à competência relativa:

> CONFLITO NEGATIVO. CARTA PRECATÓRIA. COMPETÊNCIA PARA A REALIZAÇÃO DE PENHORA DE BEM IMÓVEL LOCALIZADO FORA DOS LIMITES TERRITORIAIS DA COMPETÊNCIA DO JUÍZO DEPRECANTE. Conflito negativo suscitado em razão da recusa do Juízo deprecado de dar cumprimento ao disposto na carta precatória de penhora de bem imóvel localizado no foro do juízo deprecado. Considerando que os atos processuais que precisam ser realizados fora dos limites territoriais da comarca devem ser requisitados mediante carta precatória (CPC, art. 200), se o devedor não tinha bens no foro da causa, far-se-á a execução por carta, penhorando-se, avaliando-se e alienando-se os bens no foro da situação (CPC, art. 658). Desse modo, não sendo o caso de carta precatória que deixa de observar os requisitos legais (CPC, art. 202), nem que falte competência em razão da matéria ou hierarquia e muito menos não se cogita de dúvida quanto

---

(370) THEODORO JR., Humberto. *Curso de Direito Processual Civil*. vol. I. Rio de Janeiro: Forense, 2014.

(371) O Fórum Permanente de Processualistas Civis editou enunciado sobre a matéria: Enunciado n. 26: Os requisitos legais mencionados no inciso I do art. 267 são os previstos no art. 260.

(372) Sobre a questão, o Fórum Permanente de Processualistas Civis editou enunciado: Enunciado n. 27: Não compete ao juízo estatal revisar o mérito da medida ou decisão arbitral cuja efetivação se requer por meio da carta arbitral.

à autenticidade do documento, entende-se que a recusa no cumprimento da carta precatória de penhora de bem imóvel localizado no foro do juízo deprecado não encontra respaldo na lei. Conflito Negativo julgado procedente, a fim de declarar o Juízo Suscitado (78ª Vara do Trabalho de São Paulo) competente para a realização da penhora do bem imóvel descrito em certidão dos autos da Reclamação Trabalhista 1553/2002-007-17-00. 1. (TST – CC: 1906946-43.2008.5.00.0000, relator: José Simpliciano Fontes de F. Fernandes, Data de Julgamento: 25.3.2008, Subseção II – Especializada em Dissídios Individuais, Data de Publicação: DJ 4.42008)

CONFLITO NEGATIVO DE COMPETÊNCIA — EXECUÇÃO POR CARTA PRECATÓRIA — NULIDADE DA ARREMATAÇÃO — VÍCIO PROCESSUAL PELA AUSÊNCIA DE INTIMAÇÃO DOS CO-PROPRIETÁRIOS DO BEM ARREMATADO DA DATA DO LEILÃO — COMPETÊNCIA — ATO ATACADO VINCULADO À ATUAÇÃO DO JUÍZO DEPRECADO — ART. 747 DO CPC — SÚMULA N. 419 DO TST. A discussão perpetrada nos embargos de arrematação interpostos na ação originária se circunscreve a arguição de nulidade da arrematação pelo vício processual consubstanciado na ausência de intimação dos co-proprietários do bem arrematado. Na espécie a competência para decidir sobre o eventual desfazimento da arrematação diante do vício apontado sobre o incidente relativo à realização do leilão é do juízo deprecado, na forma do art. 747 do CPC, por estar a ele vinculado o ato impugnado, sendo que a pacífica jurisprudência da Corte consagra que, na execução por carta precatória, os embargos de terceiro serão oferecidos no juízo deprecante ou no juízo deprecado, mas a competência para julgá-los será do juízo deprecado quando neles versarem, unicamente, questões inerentes a vícios ou irregularidades da penhora, avaliação ou alienação dos bens, por ele praticado. Conflito de competência acolhido, para declarar competente o Juízo do Trabalho da 58ª Vara do Trabalho do Rio de Janeiro. (TST – CC: 25332420115000000 2533-24.2011.5.00.0000, relator: Luiz Philippe Vieira de Mello Filho, Data de Julgamento: 24.5.2011, Subseção II – Especializada em Dissídios Individuais, Data de Publicação: DEJT 27.5.2011)

Artigo 268

Cumprida a carta, será devolvida ao juízo de origem no prazo de 10 (dez) dias, independentemente de traslado, pagas as custas pela parte.
(Art. 212 do CPC revogado)

Após o cumprimento dos atos objeto da carta — de ordem, precatória, rogatória ou arbitral — deverá esta ser devolvida ao juízo expedidor, independentemente de traslado. Não há alterações em relação à disciplina legal do CPC/73 e o dispositivo também se aplica ao processo do trabalho.

CAPÍTULO IV
DAS INTIMAÇÕES

Artigo 269

Intimação é o ato pelo qual se dá ciência a alguém dos atos e dos termos do processo.

§ 1º É facultado aos advogados promover a intimação do advogado da outra parte por meio do correio, juntando aos autos, a seguir, cópia do ofício de intimação e do aviso de recebimento.

§ 2º O ofício de intimação deverá ser instruído com cópia do despacho, da decisão ou da sentença.

§ 3º A intimação da União, dos Estados, do Distrito Federal, dos Municípios e de suas respectivas autarquias e fundações de direito público será realizada perante o órgão de Advocacia Pública responsável por sua representação judicial.

(Art. 234 do CPC revogado, ref.: arts. 825 e 852, CLT)

A intimação é a segunda modalidade de comunicação de atos processuais, ao lado da citação, já comentada. Como dispõe o artigo de lei, "trata-se de ato pelo qual se comunica qualquer pessoa de alguma forma ligada ao processo (autor, réu, testemunha, perito, entre outros) dos acontecimentos do processo"[373].

As intimações podem ser dirigidas às partes do processo, mas também a terceiros que tenham interesse jurídico na controvérsia, terceiros imparciais, testemunhas, auxiliares da justiça como peritos, tradutores, enfim, qualquer pessoa natural ou jurídica, exceto o próprio juiz e os auxiliares permanentes da justiça, como o escrivão e chefe de secretaria.

Do mesmo modo, poderá ser feito para dar ciência acerca de algum ato específico, ou, ainda, para informar o sujeito acerca da existência da ação judicial, sem que disso decorra a necessidade da prática ou abstenção de qualquer ato. Aliás, a legislação foi parcialmente alterada neste ponto, para suprimir o correspondente à parte final do art. 234 do CPC/73, que vinculava a intimação ao ato de fazer ou não fazer.

O referido ato diferencia-se da citação, pois esta é o ato de comunicação inicial, que integra a parte à relação jurídica processual. Leonardo Greco conceitua a intimação por exclusão, como "quaisquer atos de comunicação, que não a citação inicial, dirigidas aos sujeitos do processo — salvo o juiz e seus auxiliares permanentes —, com a finalidade de dar ciência aos seus destinatários dos atos processuais já praticados ou de que eles devam praticar determinado ato"[374].

Humberto Theodoro Jr. complementa: "trata-se de ato de comunicação processual da mais relevante importância, pois é da intimação que começam a fluir os prazos para que as partes exerçam os direitos e faculdades processuais. (...) É, outrossim, em decorrência das intimações que o processo se encaminha, inexoravelmente, gerando preclusão das fases

---

[373] CÂMARA, Alexandre. *Lições de Direito Processual Civil.* vol. I. São Paulo: Atlas, 2013. p. 301.

[374] GRECO, Leonardo. *Instituições de Direito Processual Civil.* Rio de Janeiro: Forense, 2010. p. 314.

vencidas, rumo à prestação jurisdicional, que é sua razão de ser"(375).

O novo Código traz algumas alterações em relação ao CPC/73, dispostas nos parágrafos deste artigo. Primeiramente, é importante mencionar a autorização aos advogados para que promovam diretamente — por correio — a intimação da parte adversa, desde que juntem aos autos cópia do ofício, que deve conter cópia da decisão, despacho ou sentença, e aviso de recebimento devidamente assinado pelo destinatário (§§ 1º e 2º). A medida visa facilitar a comunicação dos atos processuais e dar celeridade à tramitação dos feitos, mas deve ser feita com a observância dos preceitos legais para assegurar que não haverá violação às garantias processuais das partes.

Ademais, o Código autoriza que a intimação dos entes da Administração Pública seja feita diretamente na pessoa responsável por sua representação (§ 3º), o que também deve facilitar a comunicação dos atos.

No processo do trabalho há regras próprias tratando das intimações, que nessa seara recebem o nome de notificação, como se pode observar do art. 852 da CLT:

> Art. 852, CLT – Da decisão serão os litigantes notificados, pessoalmente, ou por seu representante, na própria audiência. No caso de revelia, a notificação far-se-á pela forma estabelecida no § 1º do art. 841.

Desde que expressamente autorizado pelo juiz, que deverá ter o cuidado de assegurar todas as garantias do processo justo, entendemos que a novidade do § 1º do art. 269 do novo CPC pode ser aplicado ao processo do trabalho. Além de estar em consonância com o princípio da celeridade que rege esse processo especial, encontramos na CLT norma semelhante, que permite às próprias partes a comunicação para as testemunhas que indicar comparecerem à audiência. É o que se observa do art. 825, *in verbis*:

> Art. 825, CLT – As testemunhas comparecerão a audiência independentemente de notificação ou intimação.
>
> Parágrafo único – As que não comparecerem serão intimadas, ex officio ou a requerimento da parte, ficando sujeitas a condução coercitiva, além das penalidades do art. 730, caso, sem motivo justificado, não atendam à intimação.

Quanto ao § 3º, que determina que a intimação da Fazenda Pública seja realizada por meio do órgão da Advocacia Pública ou pessoa responsável por sua representação judicial, a norma, diante de omissão da CLT, se aplica ao processo do trabalho e beneficia o órgão público, na tentativa de dar maior segurança à comunicação de atos processuais, de modo a evitar a ocorrência de revelias, como se constata do seguinte julgado do TST:

> AGRAVO DE INSTRUMENTO. INTEMPESTIVIDADE. PROCURADORIA DE ESTADO. INTIMAÇÃO PESSOAL. DESNECESSIDADE. O Código de Processo Civil prevê, em seu art. 236, que a intimação será feita pela publicação dos atos no órgão oficial. Nesse contexto, não havendo previsão legal para que a intimação do Procurador do Estado seja pessoal, aplica-se, por conseguinte, a regra geral do Código de Processo Civil. Precedentes desta Corte. Agravo de instrumento de que não se conhece. (TST, relator: Walmir Oliveira da Costa, Data de Julgamento: 26.6.2013, 1ª Turma)

Artigo 270

As intimações realizam-se, sempre que possível, por meio eletrônico, na forma da lei.

Parágrafo único. Aplica-se ao Ministério Público, à Defensoria Pública e à Advocacia Pública o disposto no § 1º do art. 246.

(Art. 237, parágrafo único, do CPC revogado)

O CPC/73 previa que as intimações poderiam ser feitas por meio eletrônico, no revogado parágrafo único do art. 237. O novo Código expressamente adota o meio eletrônico como o preferencial para realização das intimações dirigidas aos advogados, inclusive para os membros do Ministério Público, Defensoria Pública e Advocacia Pública.

A Lei n. 11.419/2006 já previa, nos arts. 5º e 9º, a realização de intimações pelo meio eletrônico(376), que não se confunde

---

(375) THEODORO JR., Humberto. *Curso de Direito Processual Civil*. vol. I. Rio de Janeiro: Forense, 2014.

(376) Art. 5º, Lei n. 11.419/2006 – As intimações serão feitas por meio eletrônico em portal próprio aos que se cadastrarem na forma do art. 2º desta Lei, dispensando-se a publicação no órgão oficial, inclusive eletrônico.
§ 1º Considerar-se-á realizada a intimação no dia em que o intimando efetivar a consulta eletrônica ao teor da intimação, certificando-se nos autos a sua realização.
§ 2º Na hipótese do § 1º deste artigo, nos casos em que a consulta se dê em dia não útil, a intimação será considerada como realizada no primeiro dia útil seguinte.
§ 3º A consulta referida nos §§ 1º e 2º deste artigo deverá ser feita em até 10 (dez) dias corridos contados da data do envio da intimação, sob pena de considerar-se a intimação automaticamente realizada na data do término desse prazo.
§ 4º Em caráter informativo, poderá ser efetivada remessa de correspondência eletrônica, comunicando o envio da intimação e a abertura automática do prazo processual nos termos do § 3º deste artigo, aos que manifestarem interesse por esse serviço.
§ 5º Nos casos urgentes em que a intimação feita na forma deste artigo possa causar prejuízo a quaisquer das partes ou nos casos em que for evidenciada qualquer tentativa de burla ao sistema, o ato processual deverá ser realizado por outro meio que atinja a sua finalidade, conforme determinado pelo juiz.
§ 6º As intimações feitas na forma deste artigo, inclusive da Fazenda Pública, serão consideradas pessoais para todos os efeitos legais.
Art. 9º, Lei n. 11.419/2006 – No processo eletrônico, todas as citações, intimações e notificações, inclusive da Fazenda Pública, serão feitas por meio eletrônico, na forma desta Lei.
§ 1º As citações, intimações, notificações e remessas que viabilizem o acesso à íntegra do processo correspondente serão consideradas vista pessoal do interessado para todos os efeitos legais.
§ 2º Quando, por motivo técnico, for inviável o uso do meio eletrônico para a realização de citação, intimação ou notificação, esses atos processuais poderão ser praticados segundo as regras ordinárias, digitalizando-se o documento físico, que deverá ser posteriormente destruído.

com as publicações em Diário Oficial, a qual exige que o usuário faça um cadastro prévio perante o sistema que o tribunal adotar, com certificação digital, para regular recebimento das intimações. É importante pontuar que estes sistemas devem ter mecanismos para controlar a autenticidade do acesso pelo usuário e meios para registrar os acessos.

No processo do trabalho, com a implantação do sistema PJe-JT, as intimações também passam a ser preferencialmente eletrônicas. Remetemos o leitor aos comentários do art.193.

Artigo 271

O juiz determinará de ofício as intimações em processos pendentes, salvo disposição em contrário.
(Art. 235 do CPC revogado)

As intimações são necessárias para dar andamento ao feito, possibilitando sua tramitação regular e o desenvolvimento da marcha processual até que haja prolação de decisão final. As intimações são determinadas de ofício, porque intimamente ligadas ao impulso oficial. A regra já era prevista no CPC/73 e tem total aplicação no processo do trabalho.

Artigo 272

Quando não realizadas por meio eletrônico, consideram-se feitas as intimações pela publicação dos atos no órgão oficial.

§ 1º Os advogados poderão requerer que, na intimação a eles dirigida, figure apenas o nome da sociedade a que pertençam, desde que devidamente registrada na Ordem dos Advogados do Brasil.

§ 2º Sob pena de nulidade, é indispensável que da publicação constem os nomes das partes e de seus advogados, com o respectivo número de inscrição na Ordem dos Advogados do Brasil, ou, se assim requerido, da sociedade de advogados.

§ 3º A grafia dos nomes das partes não deve conter abreviaturas.

§ 4º A grafia dos nomes dos advogados deve corresponder ao nome completo e ser a mesma que constar da procuração ou que estiver registrada na Ordem dos Advogados do Brasil.

§ 5º Constando dos autos pedido expresso para que as comunicações dos atos processuais sejam feitas em nome dos advogados indicados, o seu desatendimento implicará nulidade.

§ 6º A retirada dos autos do cartório ou da secretaria em carga pelo advogado, por pessoa credenciada a pedido do advogado ou da sociedade de advogados, pela Advocacia Pública, pela Defensoria Pública ou pelo Ministério Público implicará intimação de qualquer decisão contida no processo retirado, ainda que pendente de publicação.

§ 7º O advogado e a sociedade de advogados deverão requerer o respectivo credenciamento para a retirada de autos por preposto.

§ 8º A parte arguirá a nulidade da intimação em capítulo preliminar do próprio ato que lhe caiba praticar, o qual será tido por tempestivo se o vício for reconhecido.

§ 9º Não sendo possível a prática imediata do ato diante da necessidade de acesso prévio aos autos, a parte limitar-se-á a arguir a nulidade da intimação, caso em que o prazo será contado da intimação da decisão que a reconheça.

(Art. 236 do CPC revogado)

No novo Código, as intimações deverão ser feitas preferencialmente pelo meio eletrônico. Contudo, caso essa modalidade não possa ser adotada, as intimações devem ser feitas mediante publicação no Diário Oficial. A novidade em relação ao Código revogado refere-se à possibilidade de a intimação ser feita em nome da sociedade de advogados, desde que assim seja requerido (§ 1º).

O novo Código avança na disciplina relativa às intimações, prevendo expressamente que deve constar os dados completos, sem abreviaturas, para identificação das partes, seus advogados e a sociedade de advogados — se for o caso — sob pena de serem inválidas as intimações. A nova redação legal visa afastar entendimentos jurisprudenciais controvertidos acerca da necessidade de indicação do nome completo e do número de inscrição perante a OAB[377].

---

(377) Cita-se julgado do Superior Tribunal de Justiça, sobre a questão, que ilustra a controvérsia: RECURSO ORDINÁRIO EM MANDADO DE SEGURANÇA — PUBLICAÇÃO — NOME DE ADVOGADO — REQUISITO DE VALIDADE DAS INTIMAÇÕES — OUTROS ELEMENTOS CARACTERÍSTICOS DO PROCESSO — EXAME — POSSIBILIDADE — IDENTIFICAÇÃO DE GRAFIA INCORRETA DO NOME DO ADVOGADO — NULIDADE — ALEGAÇÃO NA PRIMEIRA OPORTUNIDADE DE SE MANIFESTAR NOS AUTOS — INEXISTÊNCIA — RECURSO ORDINÁRIO IMPROVIDO.

I – É certo que a consignação do nome completo e correto do advogado é necessária para a validade da intimação. Assim, é até despiciendo que o número de inscrição na Ordem dos Advogados do Brasil esteja correto, pois mister é que o nome do advogado conste da publicação, como expressamente exige o § 1º do art. 236 do Código de Processo Civil.

II – A ratio dessa norma é que o destinatário da intimação é o próprio advogado, de sorte que a errônea grafia de seu nome, que não permita sua correta identificação pode causar prejuízo à parte por ele representada, acarretando a plena nulidade da intimação. Precedentes.

III – Contudo, o estipulado no § 1º do art. 236 do Código de Processo Civil deve ser examinado em conjunto com a ideia de que o erro inescusável é tão somente aquele que impede o conhecimento da publicação ao seu destinatário. Ou seja, a identificação do advogado reveste-se de elementos específicos de maneira que não há de se concentrar apenas e exclusivamente no seu nome, mas ainda em outros elementos que o caracterizam como atuante no processo, ainda mais em tempos de processo eletrônico.

IV – Especificados o processo e a ação, identificado-se os nomes das partes, como no caso, o erro na publicação de seu nome que

O artigo também regula o procedimento para retirada dos autos em carga, que acarretará na intimação da parte acerca dos atos anteriores. Para este procedimento, os advogados poderão credenciar perante o juízo os prepostos autorizados a retirar os autos em carga, que também deverão receber as intimações por ocasião da retirada.

Ocorre, entretanto, que a correta intimação das partes, no que tange a grafia, abreviatura, siglas e registros constitui uma grande preocupação na Justiça do Trabalho, como se pode aferir do art. 30 da CPCGJT, *in verbis*:

> Art. 30, CPCGJT. No registro do nome de partes e advogados, observar-se-ão os seguintes padrões de grafia:
>
> I – os nomes serão grafados em caracteres maiúsculos e minúsculos, acentuando-se, quando necessário, vedado o uso dos tipos itálico e negrito;
>
> II – as abreviaturas de palavras são vedadas, salvo se impossível identificar sua escrita completa ou fizerem parte do nome fantasia ou da razão social do empregador;
>
> III – as seguintes siglas serão adotadas como padrão: S.A., Ltda., S/C, CIA e ME;
>
> IV – as siglas que não fazem parte da razão social serão grafadas após o nome da empresa, em letras maiúsculas e precedidas de hífen;
>
> V – os registros complementares ao nome da parte serão grafados da seguinte forma, exemplificativamente: José da Silva (Espólio de), União (Extinto INAMPS), Banco do Estado do Rio de Janeiro S.A. — BANERJ (em Liquidação Extrajudicial), José da Silva e Outro;
>
> VI – na grafia do nome de autoridades, não se utilizará pronome de tratamento.
>
> Parágrafo único. O tamanho dos campos e demais detalhes relacionados à informática constarão do Anexo II desta Consolidação.

O Tribunal Regional do Trabalho da 1ª Região já decidiu que o mero erro de grafia de uma letra não enseja a invalidade da intimação:

> EMBARGOS DE DECLARAÇÃO VICIO DE INTIMAÇÃO. ERRO NA GRAFIA DO NOME DO ADVOGADO. NÃO CONFIGURAÇÃO. Não há vício na intimação da parte por ter ocorrido troca de uma letra na grafia do nome do patrono, seja porque não impede a identificação do advogado, seja porque a publicidade dos atos processuais não depende para a sua validade do meio utilizado pelo patrono para recebimento de suas notificações. é, diga-se, lamentável, apresenta-se, *data venia*, sem a relevância pretendida, no sentido de se reconhecer a nulidade da intimação e a respectiva devolução do prazo recursal, tendo em vista que o Tribunal de origem é expresso ao afirmar que o erro na grafia do nome da advogada ocorria desde outras publicações sem que houvesse, por parte dela, qualquer impugnação e, tampouco, impedia a prática de atos processuais, dentro dos prazos legais.
>
> V – Portanto, alegação da nulidade de publicação errônea do nome de advogado deve ocorrer na primeira oportunidade de se falar nos autos.
>
> VI – Recurso improvido (STJ – RMS n. 31408, rel. Min. Massami Uyeda, j. em 13.11.2012).

Sendo possível a identificação da parte, considera-se válida a publicação realizada por meios eletrônicos do qual conste a inscrição correta no conselho profissional regional. (TRT1 – ED 00011520720105010026, relator: Flávio Ernesto Rodrigues Silva, Data da Publicação: 27.4.2011, 10ª Turma)

Artigo 273

> Se inviável a intimação por meio eletrônico e não houver na localidade publicação em órgão oficial, incumbirá ao escrivão ou chefe de secretaria intimar de todos os atos do processo os advogados das partes:
>
> I – pessoalmente, se tiverem domicílio na sede do juízo;
>
> II – por carta registrada, com aviso de recebimento, quando forem domiciliados fora do juízo.
>
> (Art. 237 do CPC revogado)

O artigo traz uma regra que se aplicará subsidiariamente, na hipótese de não ser possível a intimação via meio eletrônico ou mediante publicação no órgão oficial. Nestes casos, os advogados das partes deverão ser intimados pessoalmente ou mediante carta com aviso de recebimento, conforme residam na sede do juízo ou não. A regra não é nova, encontra correspondente no Código revogado e se aplica no processo do trabalho.

Artigo 274

> Não dispondo a lei de outro modo, as intimações serão feitas às partes, aos seus representantes legais, aos advogados e aos demais sujeitos do processo pelo correio ou, se presentes em cartório, diretamente pelo escrivão ou chefe de secretaria.
>
> Parágrafo único. Presumem-se válidas as intimações dirigidas ao endereço constante dos autos, ainda que não recebidas pessoalmente pelo interessado, se a modificação temporária ou definitiva não tiver sido devidamente comunicada ao juízo, fluindo os prazos a partir da juntada aos autos do comprovante de entrega da correspondência no primitivo endereço.
>
> (Art. 238 do CPC revogado)

Este dispositivo de lei trata da intimação realizada por correio ou diretamente em cartório judicial. Embora a redação legal mencione os advogados, a regra se aplica prioritariamente às partes, representantes legais e demais sujeitos do processo, já que, como visto, a intimação dos advogados deve ser realizada preferencialmente por meio eletrônico ou diário oficial (arts. 270 e 272).

As intimações pelo correio devem ser realizadas com aviso de recebimento, para que indiquem quem efetivamente recebeu a correspondência. A questão mais delicada deste dispositivo de lei refere-se ao parágrafo único, que dispõe sobre a presunção de validade das intimações dirigidas ao endereço que a parte houver informado, caso tenha alterado o endereço sem comunicar ao juízo. Isso porque essa regra — que já existia no Código revogado — gerou debates acerca da necessidade de recebimento pessoal da intimação via correio.

Entendemos, assim como Leonardo Greco, que a presunção de validade da intimação não recebida pela parte pessoalmente apenas deve ocorrer nas hipóteses de mudança de endereço não informada. Assim, "se não há prova de que a parte mudou de endereço ou se, ao fazê-lo, comunicou ao juiz, não pode ser dispensado o aviso de recebimento".(378)

O entendimento aqui exposto e positivado no artigo ora comentado já era adotado no processo do trabalho, como se observa do seguinte julgado do Tribunal Regional do Trabalho da 1ª Região:

> RECURSO ORDINÁRIO. PROCESSO DO TRABALHO. CITAÇÃO. NOTIFICAÇÃO POSTAL. No Processo do Trabalho, em conformidade com o princípio da celeridade que lhe é inerente, os requisitos de validade da citação estão limitados à remessa da segunda via da petição inicial, via notificação postal, para o endereço correto da ré (aquele constante dos seus estatutos), presumindo-se devidamente recebida após 48 horas de sua expedição (Súmula n. 16 do C. TST). Não exige a lei a pessoalidade na diligência, a citação dos sócios em local diverso daquele no qual estabelecida a empresa ou mesmo que a parte autora proceda quaisquer diligências pessoais com o intuito de localizar o endereço correto da demandada, nos casos em que não é encontrada no domicílio comercial constante dos seus estatutos ou no endereço informado na contestação. Da mesma forma, compete ao advogado da parte informar o endereço em que receberá intimação, reputando-se válidas as intimações enviadas para o endereço constante dos autos (art. 39 do CPC). Assim, comprovada a impossibilidade de remessa da notificação postal ao empregador, a citação ou notificação será procedida, pela via editalícia, na forma como estabelecida no § 1º, do art. 841, da CLT. Recurso ordinário da parte autora conhecido e provido. (TRT-1 - RO: 00003767120115010058 RJ, relatora: Marcia Leite Nery, Data de Julgamento: 27.1.2014, Quinta Turma, Data de Publicação: 11.2.2014)

Artigo 275

A intimação será feita por oficial de justiça quando frustrada a realização por meio eletrônico ou pelo correio.

§ 1º A certidão de intimação deve conter:

I – a indicação do lugar e a descrição da pessoa intimada, mencionando, quando possível, o número de seu documento de identidade e o órgão que o expediu;

II – a declaração de entrega da contrafé;

III – a nota de ciente ou a certidão de que o interessado não a apôs no mandado.

---

(378) GRECO, Leonardo. *Instituições de Direito Processual Civil*. Rio de Janeiro: Forense, 2010. p. 319.

§ 2º Caso necessário, a intimação poderá ser efetuada com hora certa ou por edital.

(Art. 239 do CPC revogado)

Caso não seja possível a intimação pelos meios indicados nos artigos anteriores, ocorrerá a intimação pessoal por oficial de justiça. Observa-se, portanto, que esta modalidade será apenas subsidiária, quando frustradas as tentativas pelos meios preferenciais.

O artigo trata dos requisitos indispensáveis à validade da intimação, por meio de oficial de justiça, requisitos esses que também se aplicam no processo do trabalho.

A novidade importante refere-se à possibilidade expressa de realizar-se a intimação por "hora certa" ou por edital. A jurisprudência já admitia a intimação por estas modalidades fictas ou presumidas, mas agora há previsão legal expressa. Quanto aos requisitos e procedimentos, remetemos o leitor aos comentários referentes à citação, que deverão ser aplicados para as intimações.

No processo do trabalho a regra do *caput* do art. 275 também tem total aplicação, como é possível se aferir do seguinte julgado do TRT da 1ª Região:

> INTIMAÇÃO INVÁLIDA. NULIDADE. A notificação de fl. 622 foi devolvida pelo motivo — ausente —, e não pela razão — mudou-se —, não permitindo, pois, a presunção de mudança de endereço. Isso porque, não havendo qualquer notícia ou evidência nos autos de que o reclamante tenha se mudado, não há base legal para considerar válida a notificação a ele enviada. Com fulcro no art. 239, *caput*, do CPC, frustrada a intimação pelo correio, deverá ser feita por meio de oficial de justiça, o que não ocorreu no caso em tela. Em razão disso, declaro a nulidade da decisão de primeiro grau, determinando o retorno dos autos à Vara de origem para reabertura da instrução processual. Recurso provido. (TRT-1 – RO: 532003220095010040 RJ, relator: Bruno Losada Albuquerque Lopes, Data de Julgamento: 16.1.2013, 5ª Turma, Data de Publicação: 25.1.2013)

Quanto às modalidades fictas de citação (hora certa e edital), remetemos o leitor para os comentários realizados aos art. 252 a 257.

TÍTULO III
DAS NULIDADES

Artigo 276

Quando a lei prescrever determinada forma sob pena de nulidade, a decretação desta não pode ser requerida pela parte que lhe deu causa.

(Art. 243 do CPC revogado)

O novo Código traz um título destinado a tratar das nulidades no processo, à semelhança do CPC/73. Muito embora não se observem, na redação dos dispositivos legais deste título, substanciais alterações em relação ao Código revogado, o tema das nulidades deve passar a ser lido à luz das normas fundamentais do processo, sobretudo do contraditório e da efetividade da tutela jurisdicional, visando garantir real acesso à justiça.

O primeiro dispositivo legal trata da vedação da alegação de nulidade pela parte que houver dado causa ao defeito do ato processual. Os atos processuais, em regra, independem de forma determinada, salvo quando requerido por lei expressamente[379]. Nos casos em que a lei expressamente exigir determinada forma, que compreende todos os requisitos extrínsecos do ato (lugar, tempo e modo), cominando nulidade para sua inobservância, a parte que houver dado causa à nulidade não poderá alega-la para se beneficiar.

É importante destacar que o artigo trata expressamente das nulidades cominadas, ou seja, aquelas cuja sanção de invalidação está expressa na lei, de modo que uma interpretação mais restrita poderia indicar que a regra não se aplicaria às nulidades que, embora não cominadas expressamente, possam ocorrer.

O dispositivo legal encontra correspondente no CPC/73 e no processo do trabalho há norma idêntica, como se observa dos termos do art. 796 da CLT, *in verbis*:

> Art. 796, CLT – A nulidade não será pronunciada:
>
> a) quando for possível suprir-se a falta ou repetir-se o ato;
>
> b) quando arguida por quem lhe tiver dado causa.

Além do art. 796, ainda destacamos os seguintes dispositivos sobre o tema na CLT, a seguir transcritos:

> Art. 9º, CLT – Serão nulos de pleno direito os atos praticados com o objetivo de desvirtuar, impedir ou fraudar a aplicação dos preceitos contidos na presente Consolidação.
>
> Art. 117, CLT – Será nulo de pleno direito, sujeitando o empregador às sanções do art. 120, qualquer contrato ou convenção que estipule remuneração inferior ao salário mínimo estabelecido na região, zona ou subzona, em que tiver de ser cumprido.

Na correta interpretação da lei, a jurisprudência trabalhista não acolhe nulidade arguida por aquele que lhe deu causa:

> NULIDADE DA SENTENÇA POR CERCEIO DE DEFESA. AUSÊNCIA DE INTIMAÇÃO PARA AUDIÊNCIA. Na hipótese, não resta configurada a alegada nulidade da intimação para audiência onde a parte deveria prestar depoimento pessoal, considerando que foram os próprios reclamados que lhe deram causa, ao não comunicar a alteração de endereço no processo. Válida, portanto a intimação por meio de oficial de justiça no endereço fornecido na cotestação. Inteligência do parágrafo único do art. 39 do CPC. (TRT-1 – RO: 628004720085010029 RJ, relator: Marcelo Antero de Carvalho, Data de Julgamento: 31.7.2013, 10ª Turma, Data de Publicação: 12.8.2013)

Artigo 277

Quando a lei prescrever determinada forma, o juiz considerará válido o ato se, realizado de outro modo, lhe alcançar a finalidade.

(Art. 244 do CPC revogado)

O dispositivo legal ora comentado trata do equilíbrio entre a rigidez formal dos atos processuais e a sua finalidade, em sintonia com o art. 187 do novo Código[380]. Leonardo Greco aponta que "forma é especificamente o meio de exteriorização do ato processual. O ato é gerado pela vontade livre do sujeito que o pratica, mas ele se exterioriza, se comunica, se transmite aos demais sujeitos para poder produzir efeitos no processo através de uma determinada forma. A forma se compõe do conjunto de requisitos extrínsecos que devem ser observados na prática do ato, abrangendo o como, o onde e o quando do ato: o lugar, o tempo e o modo de expressão"[381].

As formas dos atos processuais devem ser observadas, justamente porque elas é que conferem segurança, garantem a regular tramitação do processo e, por consequência, a observância das garantias do devido processo legal, da legalidade e da isonomia das partes. Não obstante, a rigidez das formas não pode ser óbice para obtenção da tutela jurisdicional que efetivamente solucione a crise de direito e, assim, a prática do ato de outra forma, mas, que atinge sua finalidade, surte efeitos práticos na vida dos litigantes.

A rigidez das formas é temperada, pois, com a aferição do cumprimento da finalidade do ato. Assim, os atos defeituosos do ponto de vista formal poderão ser considerados válidos, desde que atendam às suas finalidades.

A mudança que se observa em relação ao CPC/73 é sutil em termos redacionais, mas substancial para a teoria das nulidades. No art. 244 do Código revogado[382], havia menção expressa à cominação de nulidade, dando margem à interpretação de que a regra da instrumentalidade apenas se aplicaria às nulidades não cominadas. No novo Código, não há menção à cominação, de modo que a regra passa a ser aplicável de modo mais amplo.

No processo do trabalho, além do disposto no art. 796 da CLT, no regramento da matéria e de modo também semelhante no processo civil, há a regra disposta no art. 794, *in verbis*:

> Art. 794, CLT – Nos processos sujeitos à apreciação da Justiça do Trabalho só haverá nulidade quando resultar dos atos inquinados manifesto prejuízo às partes litigantes.

---

(379) Art. 187. Os atos e os termos processuais independem de forma determinada, salvo quando a lei expressamente a exigir, considerando-se válidos os que, realizados de outro modo, lhe preencham a finalidade essencial.

(380) Art. 187. Os atos e os termos processuais independem de forma determinada, salvo quando a lei expressamente a exigir, considerando-se válidos os que, realizados de outro modo, lhe preencham a finalidade essencial.

(381) GRECO, Leonardo. *Instituições de Direito Processual Civil*. Rio de Janeiro: Forense, 2010. p. 385.

(382) Art. 244. Quando a lei prescrever determinada forma, sem cominação de nulidade, o juiz considerará válido o ato se, realizado de outro modo, lhe alcançar a finalidade.

No mesmo sentido é a orientação jurisprudencial n. 33 da SDI-1 do TST:

> OJ-SDI1-33 – DESERÇÃO. CUSTAS. CARIMBO DO BANCO. VALIDADE. O carimbo do banco recebedor na guia de comprovação do recolhimento das custas supre a ausência de autenticação mecânica.

E, seguindo essa orientação jurisprudencial, outros julgados do TST:

> RECURSO DE REVISTA. DESERÇÃO DO RECURSO ORDINÁRIO. CUSTAS. PREENCHIMENTO DA GUIA GRU. NÚMERO INCORRETO DO "CÓDIGO DE RECOLHIMENTO". PRINCÍPIO DA INSTRUMENTALIDADE DAS FORMAS. O registro do número incorreto do "Código de Recolhimento" na guia de custas processuais não configura a deserção do recurso ordinário, quando é possível identificar a data do recolhimento e o valor arbitrado na sentença. No caso, a guia GRU consta o nome da reclamada-recorrente, o CNPJ, o número do processo, o valor das custas fixado na sentença, o código da unidade gestora, a autenticação bancária e a data de recolhimento, o que é suficiente para se concluir pela regularidade do preparo do recurso ordinário. Nesse contexto, é forçoso que o magistrado examine a questão conforme o princípio da instrumentalidade dos atos processuais, previsto no art. 244 do CPC, levando em conta se o ato atingiu a sua finalidade. Recurso de revista a que se dá provimento. (TST – RR: 5695420125150093, relatora: Kátia Magalhães Arruda, Data de Julgamento: 24.9.2014, 6ª Turma, Data de Publicação: DEJT 26.9.2014)

Artigo 278

A nulidade dos atos deve ser alegada na primeira oportunidade em que couber à parte falar nos autos, sob pena de preclusão.

Parágrafo único. Não se aplica o disposto no *caput* às nulidades que o juiz deva decretar de ofício, nem prevalece a preclusão provando a parte legítimo impedimento.

(Art. 245 do CPC revogado)

O tema das nulidades no processo civil é bastante controvertido, especialmente pela discordância em relação à aplicabilidade da teoria construída para o direito privado. Neste, as nulidades se distinguem das anulabilidades em diversos pontos, especialmente no que se refere à sua eficácia retroativa, à contaminação dos atos posteriores e à inviabilidade de convalidação. No direito privado também há distinção entre nulidade absoluta e nulidade relativa.

Para o direito processual, tais categorias não se aplicam, a não ser com substanciais adequações. A lei processual não usa tais institutos, embora por vezes utilize conceitos afetos a tais categorias, o que gera embates doutrinários[383].

A primeira questão relevante que se observa do dispositivo legal em análise é a possibilidade de preclusão acerca das nulidades, o que caracteriza a convalidação pelo decurso do tempo.

As nulidades processuais estão, portanto, sujeitas à convalidação. Tal regra não é absoluta, contudo, porque inaplicável a preclusão quando houver justo impedimento e quanto às nulidades que o juiz deva decretar de ofício. A primeira das exceções não gera muitas polêmicas, pois o justo impedimento pode ser lido como a justa causa prevista no art. 221.[384] A segunda das exceções é que atrai os debates doutrinários. Afinal, quais as nulidades que o juiz deve declarar de ofício?

Leonardo Greco diferencia as nulidades processuais em absolutas e relativas. Quanto às primeiras leciona que são insanáveis, e devem ser decretadas de ofício, a qualquer tempo, independentemente da apuração de prejuízo. As nulidades relativas seriam sanáveis, convalidadas pela preclusão. Contudo, também aponta a dificuldade na definição de quais atos pertenceriam a cada categoria, concluindo que a nulidade será absoluta "se atinge requisito do ato imposto de modo imperativo para assegurar proteção de interesse público precisamente determinado, o respeito a direito fundamentais e a observância de princípios do devido processo legal, quando indisponíveis para as partes"[385].

Humberto Dalla leciona que a "nulidade relativa verifica-se quando o objeto de proteção visado é de interesse da parte, só podendo ser declarada mediante provocação dela na primeira oportunidade que tiver para falar nos autos, sob pena de convalescimento do ato"[386].

Humberto Theodoro Jr. aponta que a nulidade absoluta "compromete a execução normal da função jurisdicional e, por isso, é vício *insanável*. Diz respeito a interesse de ordem pública, afetando, por isso, a própria jurisdição (falta de pressupostos processuais ou condições da ação)"[387].

É exemplo de nulidade relativa a incompetência relativa, que, se não alegada a tempo e modo, prorroga-se. Por outro lado, a incompetência absoluta não preclui e deve ser conhecida de ofício. É certo que tais hipóteses de nulidades absolutas são excepcionais e deve se admitir, em regra, a convalidação da nulidade pela preclusão.

---

(383) Para um estudo aprofundado do tema das nulidades, ver: WAMBIER, Teresa Arruda Alvim. *Nulidades do processo e da sentença*. 7 ed. São Paulo: Revista dos Tribunais, 2013; CABRAL, Antonio do Passo. *Nulidades no processo moderno*. Rio de Janeiro: Forense, 2010.

(384) Art. 221. Decorrido o prazo, extingue-se o direito de praticar ou emendar o ato processual, independentemente de declaração judicial, ficando assegurado, porém, à parte provar que o não realizou por justa causa.

§ 1º Considera-se justa causa o evento alheio à vontade da parte e que a impediu de praticar o ato por si ou por mandatário.

§ 2º Verificada a justa causa, o juiz permitirá à parte a prática do ato no prazo que lhe assinar.

(385) GRECO, Leonardo. *Instituições de Direito Processual Civil*. Rio de Janeiro: Forense, 2010. p. 398.

(386) PINHO, Humberto Dalla B. de. *Direito processual civil contemporâneo*. vol. I. São Paulo: Saraiva, 2012.

(387) THEODORO JR., Humberto. *Curso de Direito Processual Civil*. vol. I. Rio de Janeiro: Forense, 2014.

No processo do trabalho, há regime semelhante para as nulidades, as quais devem ser arguidas no primeiro momento em que a parte prejudicada se manifesta nos autos, como se observa do art. 795 da CLT, que positiva, entretanto, um regime distinto para incompetência de foro que é relativa:

> Art. 795, CLT – As nulidades não serão declaradas senão mediante provocação das partes, as quais deverão argui-las à primeira vez em que tiverem de falar em audiência ou nos autos.
>
> § 1º – Deverá, entretanto, ser declarada *ex officio* a nulidade fundada em incompetência de foro. Nesse caso, serão considerados nulos os atos decisórios.
>
> § 2º – O juiz ou Tribunal que se julgar incompetente determinará, na mesma ocasião, que se faça remessa do processo, com urgência, à autoridade competente, fundamentando sua decisão.

Assim como no processo civil, caso não haja alegação de nulidade no primeiro momento que a parte se manifestar, na seara processual trabalhista também pode ocorrer a convalidação do ato, como já decidiu o TST:

> AGRAVO DE INSTRUMENTO EM RECURSO DE REVISTA. EXECUÇÃO. NULIDADE PROCESSUAL. INTIMAÇÃO PESSOAL DA UNIÃO FEDERAL. PRECLUSÃO. A segunda reclamada argui a nulidade do processo em razão de ausência de intimação pessoal acerca da sentença prolatada na fase de conhecimento. Contudo, verifica-se que o ente público não cuidou de arguir a nulidade ora suscitada na primeira oportunidade em que se manifestou nos autos, qual seja nos embargos de declaração opostos em face do acórdão regional, razão pela qual incide a preclusão como óbice à análise da matéria, à luz dos arts. 795 da CLT e 245 do CPC. Descabe, portanto, falar em declaração de nulidade e em ofensa ao contraditório e à ampla defesa, estando incólume o art. 5º, LIV e LV, da CF. Agravo de instrumento conhecido e não provido. (TST – AIRR: 64600-51.2009.5.10.0021, relatora: Dora Maria da Costa, Data de Julgamento: 21.8.2012, 8ª Turma)

> AGRAVO DE INSTRUMENTO. RECURSO DE REVISTA. NULIDADE POR CERCEAMENTO DE DEFESA. DEPOIMENTO DO RECLAMANTE. NULIDADE NÃO ALEGADA NA PRIMEIRA OPORTUNIDADE. ART. 795 DA CLT. PRECLUSÃO. DECISÃO DENEGATÓRIA. MANUTENÇÃO. Não há como assegurar o processamento do recurso de revista quando o agravo de instrumento interposto não desconstitui os fundamentos da decisão denegatória, que subsiste por seus próprios fundamentos. Agravo de instrumento desprovido. (TST – AIRR: 8931820135180128, relator: Mauricio Godinho Delgado, Data de Julgamento: 18.12.2013, 3ª Turma, Data de Publicação: DEJT 31.1.2014)

As nulidades absolutas, outrossim, também podem ser conhecidas e decretadas de ofício pelo juiz, como também já decidiu o TST e o TRT da 1ª Região:

> RECURSO DE REVISTA. PRINCÍPIO DA TRANSCENDÊNCIA. A aplicação do princípio da transcendência, previsto no art. 896-A da CLT, ainda não foi regulamentada no âmbito deste Tribunal. Recurso de revista não conhecido. ATIVIDADE INSALUBRE. HORAS EXTRAS. ACORDO DE COMPENSAÇÃO. INVALIDADE. INAPLICABILIDADE DA SÚMULA N. 85 DO TST. O Regional, além de consignar que em vários períodos do contrato houve trabalho em dias de sábado, e que a reclamante excedia a jornada estipulada no referido ajuste, julgou ser nulo o acordo de compensação havido entre as partes, tendo em vista que a reclamante exerce atividade insalubre. Registrou ainda que as normas que tratam da saúde, nas quais estão inseridas as relativas à jornada de trabalho, são de natureza indisponível, não podendo ser negociadas em prejuízo do trabalhador, independentemente da anuência do sindicato. Desse modo, por verificar a potencial prejudicialidade na norma, como é o caso dos autos, é dever do julgador **decretar** a sua **nulidade, de ofício**, ainda que não haja pedido para tanto. Diante do quadro fático acima delineado, não há como se cogitar da contrariedade dos itens III e IV da Súmula n. 85 do TST, porquanto não é apenas uma questão de falha formal do referido acordo de compensação, mas, sim, da impossibilidade de se celebrar o mesmo em razão do exercício de atividade insalubre pela reclamante. (TST – RR: 6668220115120025, relator: Augusto César Leite de Carvalho, Data de Julgamento: 10.9.2014, 6ª Turma, Data de Publicação: DEJT 12.9.2014)

> EMBARGOS DE DECLARAÇÃO. NULIDADE DECRETADA DE OFÍCIO. OMISSÃO E CONTRADIÇÃO NÃO CONFIGURADAS. A nulidade declarada de ofício não faz surgir no julgado omissão e contradição sanáveis por meio de embargos de declaração. (TRT-1 – ED: 2430002919945010065 RJ, relator: Rildo Brito, Data de Julgamento: 21.5.2012, 3ª Turma, Data de Publicação: 25.5.2012)

Artigo 279

É nulo o processo quando o membro do Ministério Público não for intimado a acompanhar o feito em que deva intervir.

§ 1º Se o processo tiver tramitado sem conhecimento do membro do Ministério Público, o juiz invalidará os atos praticados a partir do momento em que ele deveria ter sido intimado.

§ 2º A nulidade só pode ser decretada após a intimação do Ministério Público, que se manifestará sobre a existência ou a inexistência de prejuízo.

(Art. 246 do CPC revogado)

O Ministério Público é órgão indispensável à função jurisdicional do Estado, competindo-lhe a "defesa da ordem jurídica, do regime democrático e dos interesses sociais e individuais indisponíveis" (art. 127, da Constituição Federal). No novo Código, a instituição é regulada nos arts. 176 a 181. Há casos em que obrigatoriamente o Ministério Público deve intervir na condição de fiscal da ordem jurídica, o que é regulado no art. 178[388], todos já comentados.

Nestas hipóteses, quando não houver intimação do Ministério Público, será nulo o processo a partir do momento em que este deveria ter sido intimado (§ 1º). Contudo, a nulidade

---

[388] Art. 178. O Ministério Público será intimado para, no prazo de trinta dias, intervir como fiscal da ordem jurídica:

I – nas causas que envolvam interesse público ou social;

II – nas causas que envolvam interesse de incapaz;

III – nas causas que envolvam litígios coletivos pela posse de terra rural ou urbana;

IV – nas demais hipóteses previstas em lei ou na Constituição Federal.

Parágrafo único. A participação da Fazenda Pública não configura, por si só, hipótese de intervenção do Ministério Público.

não decorre automaticamente da falta de intimação, pois o Ministério Público deve ser ouvido para apurar a existência de prejuízo que justifique a invalidação. Isso porque é possível que o interesse do menor, por exemplo, tenha sido preservado mesmo sem a atuação do *parquet*.

Esta previsão, contida no parágrafo segundo, reforça o princípio da inexistência de nulidade sem prejuízo, já é bastante desenvolvida na doutrina pátria, expressamente adotado no novo CPC e já aplicada no processo do trabalho.

No mesmo sentido de nulidade do ato por inobservância das prescrições legais são os julgados da Corte Superior Trabalhista:

> AGRAVO DE INSTRUMENTO EM RECURSO DE REVISTA. EXECUÇÃO. NULIDADE POR VÍCIO DE CITAÇÃO. Provável violação do art. 5º, LIV, da Constituição da República. Agravo de instrumento provido. RECURSO DE REVISTA. EXECUÇÃO. NULIDADE POR VÍCIO DE CITAÇÃO. O art. 888 da CLT se refere a — jornal local —, e não a Diário Oficial; portanto, o TRT, ao manter a hasta pública publicada apenas no DO, — ainda que haja outros [jornais] no local —, ofende o devido processo legal por adotar regra inexistente no processo do trabalho e com ele incompatível. Recurso de revista conhecido por violação do art. 5º, LIV, da Constituição Federal e provido. (TST, relator: Alexandre de Souza Agra Belmonte, Data de Julgamento: 6.11.2013, 3ª Turma)

No processo do trabalho, a ausência de intimação do Ministério Público, quando obrigatória sua participação, também enseja a nulidade do processo e da decisão que nele foi proferida, como já decidiram os TRTs da 1ª e 2ª Região:

> NULIDADE. AUSÊNCIA DE INTIMAÇÃO DO MINISTÉRIO PÚBLICO. INTERESSE DE MENOR INCAPAZ. É nulo o processo quando o Ministério Público não for intimado a acompanhar o feito em que deveria intervir. Inteligência dos arts. 82, inciso I, e 246 do CPC. Preliminar de nulidade acolhida. (TRT-2 – AP: 00020483120135020442 SP A28, relator: Nelson Nazar, Data de Julgamento: 9.9.2014, 3ª Turma, Data de Publicação: 16.9.2014)

> NULIDADE. MINISTÉRIO PÚBLICO DO TRABALHO. INTERVENÇÃO. OBRIGATORIEDADE. A ausência de intimação do Ministério Público do Trabalho para intervir no processo de ação coletiva, quando não for parte, acarreta a nulidade do julgado, porquanto obrigatória a sua atuação no feito como fiscal da lei, a teor do art. 5º, § 1º, da Lei n. 7.347/85, e do art. 246, do CPC, de aplicação subsidiária, nos termos do art. 769, da CLT. (TRT-1 – RO: 5294620125010551 RJ, relator: Alexandre Teixeira de Freitas Bastos Cunha, Data de Julgamento: 8.5.2013, 7ª Turma, Data de Publicação: 23-05-2013)

O TST já decidiu, outrossim, que em razão de vício de não intimação e participação do Ministério Público ser pressuposto de validade e não de existência do processo, o ajuizamento de ação declaratória (*querela nulitatis*) não é o meio processual adequado para conhecimento e decretação da nulidade:

> QUERELA NULLITATIS INSANABILIS. AUSÊNCIA DE INTIMAÇÃO DO MINISTÉRIO PÚBLICO E PENHORA DE BEM DE FAMÍLIA. INADEQUAÇÃO DA VIA ELEITA. 1. O emprego da ação ordinária declaratória de nulidade somente é possível no caso de inobservância dos pressupostos processuais de existência, porquanto a sua falta acarreta a inexistência do processo no mundo jurídico. Os demais vícios constatados no curso do processo convertem-se em motivos de recorribilidade, incidindo o instituto da preclusão, no caso de omissão da parte. 2. Portanto, os vícios de ausência de intimação do Ministério Público e penhora de bem de família, por não acarretarem a inexistência do processo, não são impugnáveis pela via da querela *nullitatis insanabilis*. 3. Revela-se, assim, escorreita a decisão recorrida mediante a qual se extinguiu o processo sem resolução do mérito por ausência de interesse processual. 4. Agravo de instrumento a que se nega provimento. (TST – AIRR: 92100-39.2008.5.15.0102, relator: Lelio Bentes Corrêa, Data de Julgamento: 26.10.2011, 1ª Turma, Data de Publicação: DEJT 11.11.2011)

Artigo 280

As citações e as intimações serão nulas quando feitas sem observância das prescrições legais.

(Art. 247 do CPC revogado)

A comunicação dos atos processuais é tema de grande importância para o processo, justamente por viabilizarem a ciência dos atos e o exercício do contraditório. Há diversas regras formais aplicáveis aos atos de citação e intimação, como vimos nos comentários aos arts. 234 e seguintes.

A inobservância de tais requisitos formais gera, em princípio, a nulidade dos atos. Contudo, a regra não é absoluta, e poderá ser relativizada quando não houver prejuízo à parte que em tese seria prejudicada pela inobservância da formalidade. Afinal, até mesmo a nulidade na citação — que é o ato de comunicação mais importante, por integrar a parte à relação jurídica processual — é relativizada pelo comparecimento espontâneo[389].

A regra não é nova, encontrando correspondente no CPC/73 e total aplicação no processo do trabalho, como regem a Súmula n. 427 e a Orientação Jurisprudencial n. 142 do TST:

> SUM-427 INTIMAÇÃO. PLURALIDADE DE ADVOGADOS. PUBLICAÇÃO EM NOME DE ADVOGADO DIVERSO DAQUELE EXPRESSAMENTE INDICADO. NULIDADE (Editada em decorrência do julgamento do processo TST-IUJERR 5400-31.2004.5.09.0017) – Res. n. 174/2011, DEJT divulgado em 27, 30 e 31.5.2011. Havendo pedido expresso de que as intimações e publicações sejam realizadas exclusivamente em nome de determinado advogado, a comunicação em nome de outro profissional constituído nos autos é nula, salvo se constatada a inexistência de prejuízo.

> OJ-SDI1-142 – EMBARGOS DE DECLARAÇÃO. EFEITO MODIFICATIVO. VISTA À PARTE CONTRÁRIA (inserido o item II à redação) – Res. n. 178/2012, DEJT divulgado em 13, 14 e 15.2.2012. I – É

---

[389] Art. 237. Para a validade do processo é indispensável a citação do réu ou do executado, ressalvadas as hipóteses de indeferimento da petição inicial ou de improcedência liminar do pedido.

§ 1º O comparecimento espontâneo do réu ou do executado supre a falta ou a nulidade da citação, fluindo a partir desta data o prazo para apresentação de contestação ou de embargos à execução.

passível de nulidade decisão que acolhe embargos de declaração com efeito modificativo sem que seja concedida oportunidade de manifestação prévia à parte contrária. II – Em decorrência do efeito devolutivo amplo conferido ao recurso ordinário, o item I não se aplica às hipóteses em que não se concede vista à parte contrária para se manifestar sobre os embargos de declaração opostos contra sentença.

Artigo 281

Anulado o ato, consideram-se de nenhum efeito todos os subsequentes que dele dependam, todavia, a nulidade de uma parte do ato não prejudicará as outras que dela sejam independentes.

(Art. 248 do CPC revogado)

O artigo trata do princípio da causalidade ou do efeito expansivo das nulidades. Caso seja anulado um ato processual, deverão ser declarados ineficazes os atos posteriores que tenham com o ato anulado uma relação de causalidade, ou seja, que dele dependam. É a aplicação da teoria dos frutos envenenados.

Não obstante, os atos posteriores que não tenham com o ato anulado uma relação de causalidade ou de dependência não serão afetados, mantendo-se incólumes. A regra já era prevista no Código revogado.

A regra tem aplicação no processo do trabalho, o qual tem norma própria, com idêntico teor no art. 798 da CLT:

"A nulidade do ato não prejudicará senão os posteriores que dele dependam ou sejam consequência."

No sentido da nulidade de um ato tornar sem efeito o anterior, também é o item IV da Súmula n. 299 do TST:

SÚMULA N. 299 DO TST: AÇÃO RESCISÓRIA. DECISÃO RESCINDENDA. TRÂNSITO EM JULGADO. COMPROVAÇÃO. EFEITOS.

(...)

IV – O pretenso vício de intimação, posterior à decisão que se pretende rescindir, se efetivamente ocorrido, não permite a formação da coisa julgada material. Assim, a ação rescisória deve ser julgada extinta, sem julgamento do mérito, por carência de ação, por inexistir decisão transitada em julgado a ser rescindida.

Artigo 282

Ao pronunciar a nulidade, o juiz declarará que atos são atingidos e ordenará as providências necessárias a fim de que sejam repetidos ou retificados.

§ 1º O ato não será repetido nem sua falta será suprida quando não prejudicar a parte.

§ 2º Quando puder decidir o mérito a favor da parte a quem aproveite a decretação da nulidade, o juiz não a pronunciará nem mandará repetir o ato ou suprir-lhe a falta.

(Art. 249 do CPC revogado)

A decretação de nulidade dos atos processuais deve ser feita de forma fundamentada, indicando o magistrado quais os atos dependentes afetados, conforme artigo anterior. O ato nulo ou os que forem afetados pela relação de dependência deverão ser, na medida do possível, repetidos ou retificados, para que se aproveite o processo judicial e se atenda ao fim maior da jurisdição, a pacificação social.

Afinal, são princípios informativos da teoria das nulidades processuais a economia processual, a instrumentalidade e o aproveitamento dos atos. Conforme leciona Leonardo Greco, "essas regras estabelecem que, quando se reconhece a invalidade de um ato, repete-se apenas o ato ou a parte do ato em que ela ocorreu e todos os atos subsequentes por ela afetados (regra da repetição), aproveitando-se as demais partes do ato e os demais atos posteriores que não tiverem sido por ela atingidos (regra do aproveitamento)"[(390)].

A repetição ou retificação dos atos, entretanto, exige a existência de prejuízo, de modo que se não houver prejuízo, o ato não necessitará ser repetido (§ 1º). Do mesmo modo, caso o magistrado vá decidir em favor da parte que seria beneficiada, deverá desconsiderar a nulidade, pronunciando decisão, o que evidencia a primazia da decisão de mérito como um dos princípios mais relevantes do novo Código.

No processo do trabalho há regra semelhante ao disposto no *caput* do art. 797 da CLT, *in verbis*:

"O juiz ou Tribunal que pronunciar a nulidade declarará os atos a que ela se estende."

Quanto aos §§ 1º e 2º, encontramos a aplicação do que elas dispõem na jurisprudência trabalhista, que reconhece a necessidade de aplicação dos postulados da economia processual e instrumentalidade das formas:

EMBARGOS DE DECLARAÇÃO EM AGRAVO REGIMENTAL — MANDADO DE SEGURANÇA — AUSÊNCIA DE INTIMAÇÃO PESSOAL DA ADVOCACIA-GERAL DA UNIÃO — ARTS. 6º E 7º, INCISO II, DA LEI N. 12.016/2009 — NULIDADE — PRINCÍPIO DA ECONOMIA PROCESSUAL — AUSÊNCIA DE PREJUÍZO. O comando legal inscrito nos arts. 6º e 7º da Lei n. 12.016/2009 reflete o que antes já restava normatizado nos arts. 9º e 35 da Lei Complementar n. 73/93, pelo que a intimação da Advocacia Geral da União já se fazia necessária desde então. Todavia, não obstante a existência da regra processual específica, a inobservância à ela, de toda sorte, não exsurge como causa definitiva de nulidade processual, pois quando se tratar de arguição de nulidade, como aqui está sendo suscitada, deve ser demonstrado claramente o prejuízo decorrente da ausência de intimação, exato para se cumprir com os postulados da economia processual e da instrumentalidade das formas, já que inexistente em nosso ordenamento processual a acolhida de nulidade sem demonstração de prejuízo. Portanto, não basta para a caracterização da nulidade a alegação genérica de cerceamento de defesa, sendo necessária a indicação e demonstração do dano ou prejuízo sofrido, o que na espécie não ocorreu, limitando-se a embargante a apontar a violação à lei que prevê a intimação do representante judicial. Embargos

---

(390) GRECO, Leonardo. *Instituições de Direito Processual Civil*. Rio de Janeiro: Forense, 2010. p. 398.

de declaração conhecidos e providos. (TST – ED-ReeNec e RO: 176-31.2012.5.11.0000, relator: Luiz Philippe Vieira de Mello Filho, Data de Julgamento: 6.5.2013, Órgão Especial, Data de Publicação: DEJT 17.5.2013)

Artigo 283

O erro de forma do processo acarreta unicamente a anulação dos atos que não possam ser aproveitados, devendo ser praticados os que forem necessários a fim de se observarem as prescrições legais.

Parágrafo único. Dar-se-á o aproveitamento dos atos praticados desde que não resulte prejuízo à defesa de qualquer parte.

(Art. 250 do CPC revogado)

O artigo repete regra do CPC/73, devendo ser lido conjuntamente com os demais artigos deste título. O aproveitamento dos atos processuais é a tônica do processo civil, que deverá ocorrer sempre que não haja prejuízo ao contraditório. Apenas os atos que não puderem ser aproveitados é que serão anulados, nos termos da lei.

A regra é acolhida no processo do trabalho, como demonstra expressamente o seguinte julgado do TRT da 5ª Região:

EMBARGOS À EXECUÇÃO. PETIÇÃO PROTOCOLADA COM NÚMERO DE PROCESSO DIVERSO. Ainda que protocolada a petição de embargos à execução com número de processo errado, devem ser conhecidos se atendidos os demais pressupostos de admissibilidade, considerando-se tratar-se de mero erro material, que pode ser sanado a qualquer momento, podendo ser conhecido até mesmo de ofício, *ex vi* do art. 897-A, parágrafo único, CLT, bem como porque o erro de forma do processo acarreta unicamente a anulação dos atos que não possam ser aproveitados, devendo praticar-se os que forem necessários, a fim de se observarem, quanto possível, as prescrições legais, como preceitua o art. 250, CPC. Agravo ao qual se dá provimento parcial para determinar o processamento dos embargos à execução opostos. (TRT-5 – AP: 0134700-11.2000.5.05.0013 BA, relatora: Luíza Lomba, 6ª Turma, Data de Publicação: DJ 27.2.2007)

TÍTULO IV
DA DISTRIBUIÇÃO E DO REGISTRO

Artigo 284

Todos os processos estão sujeitos a registro, devendo ser distribuídos onde houver mais de um juiz.

(Art. 251 do CPC revogado)

A distribuição e o registro, disciplinados neste título, são atos processuais relevantes para o processo, porque têm íntima relação com a definição de competência, com o princípio do juiz natural e com a imparcialidade do órgão julgador. O registro é ato burocrático que decorre da propositura da ação e se refere à documentação do processo judicial; a distribuição, por sua vez, será adotada sempre que haja mais de um juiz na vara ou comarca de propositura da ação.

Sobre o registro, Humberto Theodoro Jr. aponta que: "faz-se o registro, por meio de lançamento em livro próprio do cartório, dos dados necessários à identificação do feito. A observância de uma sequência numeral para os atos de registro é medida indispensável para a consecução de seu objetivo. O registro é o primeiro ato que o escrivão pratica logo após a autuação da petição inicial. Também nas secretarias dos Tribunais, quando o processo é remetido em grau de recurso, há novo registro, apesar de se manter a numeração original. Por meio do registro, o cartório ou a secretaria estará sempre documentado para certificar a existência ou não de processo sobre determinado litígio"[391].

Quanto à distribuição, o Professor mineiro leciona que "sempre que houver diversos órgãos concorrentes em matéria de competência ou atribuições, ou seja, vários juízes ou cartórios com igual competência, numa mesma comarca, haverá necessidade de distribuir os feitos entre eles na sua entrada em juízo"[392].

A importância do registro e a distribuição da petição inicial decorre, ademais, de serem tais atos que definirão a prevenção, como estabelece o art. 59[393] do novo Código.

Os atos de distribuição e registro também ocorrem no processo, como preveem os arts. 784, 837 e 838 da CLT, a seguir transcritos:

Art. 784, CLT – As reclamações serão registradas em livro próprio, rubricado em todas as folhas pela autoridade a que estiver subordinado o distribuidor.

Art. 837 – Nas localidades em que houver apenas 1 (uma) Junta de Conciliação e Julgamento, ou 1 (um) escrivão do cível, a reclamação será apresentada diretamente à secretaria da Junta, ou ao cartório do Juízo.

Art. 838 – Nas localidades em que houver mais de 1 (uma) Junta ou mais de 1 (um) Juízo, ou escrivão do cível, a reclamação será, preliminarmente, sujeita a distribuição, na forma do disposto no Capítulo II, Seção II, deste Título.

Tais atos possuem a mesma função e importância nessa seara processual, em nada se distinguindo do processo civil.

Artigo 285

A distribuição, que poderá ser eletrônica, será alternada e aleatória, obedecendo-se rigorosa igualdade.

Parágrafo único. A lista de distribuição deverá ser publicada no Diário de Justiça.

(Art. 252 do CPC revogado; ref. CLT: arts. 783, 785, 786 e 788)

A distribuição definirá o juízo competente para julgamento da demanda, de modo que deverá ser aleatória, sob pena

---

(391) THEODORO JR., Humberto. *Curso de Direito Processual Civil*. vol. I. Rio de Janeiro: Forense, 2014.

(392) *Idem*.

(393) Art. 59. O registro ou distribuição da petição inicial torna prevento o juízo.

de violar o princípio do juiz natural e da igualdade entre as partes. Também deverá ser alternada, de modo que haja equilíbrio na distribuição entre os juízes de determinada vara ou comarca. A publicidade da distribuição também é enaltecida, devendo a lista de distribuição ser publicada no Diário de Justiça.

No processo do trabalho, há algumas peculiaridades na distribuição, diante da possibilidade de reclamação verbal e, quando inexistente juiz do trabalho na localidade, o feito é distribuído para um juiz cível. Vejamos o que rege a CLT:

> Art. 785, CLT – O distribuidor fornecerá ao interessado um recibo do qual constarão, essencialmente, o nome do reclamante e do reclamado, a data da distribuição, o objeto da reclamação e a Junta ou o Juízo a que coube a distribuição.
>
> Art. 783, CLT – A distribuição das reclamações será feita entre as Juntas de Conciliação e Julgamento, ou os Juízes de Direito do Cível, nos casos previstos no art. 669, § 1º, pela ordem rigorosa de sua apresentação ao distribuidor, quando o houver.
>
> Art. 786, CLT – A reclamação verbal será distribuída antes de sua redução a termo.
>
> Parágrafo único – Distribuída a reclamação verbal, o reclamante deverá, salvo motivo de força maior, apresentar-se no prazo de 5 (cinco) dias, ao cartório ou à secretaria, para reduzi-la a termo, sob a pena estabelecida no art. 731.
>
> Art. 788, CLT – Feita a distribuição, a reclamação será remetida pelo distribuidor à Junta ou Juízo competente, acompanhada do bilhete de distribuição.

Artigo 286

Serão distribuídas por dependência as causas de qualquer natureza:

I – quando se relacionarem, por conexão ou continência, com outra já ajuizada;

II – quando, tendo sido extinto o processo sem resolução de mérito, for reiterado o pedido, ainda que em litisconsórcio com outros autores ou que sejam parcialmente alterados os réus da demanda;

III – quando houver ajuizamento de ações nos termos do art. 55, § 3º, ao juízo prevento.

Parágrafo único. Havendo intervenção de terceiro, reconvenção ou outra hipótese de ampliação objetiva do processo, o juiz, de ofício, mandará proceder à respectiva anotação pelo distribuidor.

(Art. 253 do CPC revogado)

A distribuição deve ser, em regra, realizada por sorteio e de modo aleatório. Não obstante, nas situações descritas nos incisos I a III deste artigo, haverá distribuição por dependência a um juízo pré-determinado, sem que isso caracterize ofensa ao princípio do juiz natural. Com efeito, visando evitar decisões conflitantes e privilegiar a economia processual, algumas demandas deverão ser distribuídas para juízos específicos.

Assim, as causas que tenham relação de conexão ou continência (arts. 54 e seguintes do novo Código) com outra já proposta serão distribuídas para o juízo em que tramitar a primeira ação ajuizada (inciso I). As ações conexas ou continentes devem ser julgadas conjuntamente, o que justifica a distribuição por dependência nestes casos.

Por outro lado, caso haja reiteração de um pedido veiculado em ação já proposta, seja em havendo tríplice identidade (pedido, causa de pedir e partes), seja em litisconsórcio com novas partes, o juízo prevento deverá julgar a nova demanda (incisos I e III). Essa medida visa evitar que a parte tente burlar o princípio do juiz natural, que será definido por ocasião da primeira distribuição. A regra encontra correspondente no CPC/73.

Humberto Theodoro Jr. comenta que "para coibir a má-fé com que se costumava burlar o princípio do juiz natural graças a expedientes astuciosos para dirigir a distribuição, a Lei n. 10.358 ampliou a prevenção do juízo a que primeiro se atribuiu uma causa. Mesmo que a parte, para fugir de uma determinada vara, desista da ação, ao renovar-lhe a propositura terá de submeter-se à prevenção estabelecida por força da primeira distribuição (art. 253, inc. II, [do CPC/73] com texto dado pela Lei n. 10.358). A regra de vinculação do juiz natural definido na primeira distribuição prevalecerá ainda que o autor volte, na nova causa, listiconsorciado com outros interessados"[394].

Diante da omissão da CLT sobre o tema e do reconhecimento e possibilidade da existência dos fenômenos da conexão, continência, litisconsórcio e prevenção nas lides trabalhistas, o dispositivo tem plena aplicação no processo do trabalho, como já decidiu o Tribunal Regional do Trabalho da 1ª Região:

> DISTRIBUIÇÃO POR DEPENDÊNCIA. VIOLAÇÃO DO PRINCÍPIO DO JUIZ NATURAL. Para falar-se em conexão de causas deve-se estabelecer se uma ação é ligada a outra, de modo que a decisão de uma venha a influir na da outra. A ausência dessa ligação afasta a conexão e a determinação de distribuição por dependência estará violando o Princípio do Juiz Natural. (TRT-1 – RO: 873008520065010341 RJ, relator: Alvaro Luiz Carvalho Moreira, Data de Julgamento: 9.7.2013, 4ª Turma, Data de Publicação: 22.7.2013)
>
> ÓRGÃO ESPECIAL. DISTRIBUIÇÃO POR DEPENDÊNCIA. CONFLITO DE COMPETÊNCIA. O fato de a ação anterior idêntica ter sido arquivada ou julgada extinta sem julgamento de mérito não desautoriza a distribuição por dependência para o mesmo juízo, segundo o inciso II do art. 253 do CPC. (TRT-1 – CC: 42865220125010000 RJ, relator: Gustavo Tadeu Alkmim, Data de Julgamento: .2.8.2012, Órgão Especial, Data de Publicação: 14.8.2012)

Inexistente as hipóteses ou situações previstas no dispositivo, não há motivo para se determinar a distribuição por

---

(394) THEODORO JR., Humberto. *Curso de Direito Processual Civil*. vol. I. Rio de Janeiro: Forense, 2014.

dependência, sob pena de nulidade da decisão. Nesse sentido o TRT da 1ª Região também já decidiu:

> RECURSO ORDINÁRIO. DISTRIBUIÇÃO POR DEPENDÊNCIA. NULIDADE DA DECISÃO. É nula de pleno direito a decisão que determina a distribuição da ação por dependência à outra anteriormente ajuizada por empregado diverso, ainda que contra o mesmo empregador, após a obtenção, na primeira demanda, de tutela antecipada para o restabelecimento de plano de saúde em favor do litigante paradigma, eis que caracteriza violação aos princípios do Juiz Natural, do Devido Processo Legal e da Livre Distribuição dos Processos (incisos LIV e XXXVII do art. 5º, da CRFB/88 e arts. 251 e 252 do CPC). (TRT-1 – RO: 1366005020055010341 RJ, relator: Jose Antonio Piton, Data de Julgamento: 5.12.2012, 6ª Turma, Data de Publicação: 11.1.2013)

Artigo 287

A petição inicial deve vir acompanhada de procuração, que conterá os endereços do advogado, eletrônico e não eletrônico.

Parágrafo único. Dispensa-se a juntada da procuração:

I – no caso previsto no art. 104;

II – se a parte estiver representada pela Defensoria Pública;

III – se a representação decorrer diretamente de norma prevista na Constituição Federal ou em lei.

(Art. 254 do CPC revogado)

O artigo trata de requisito para a correta distribuição da petição, qual seja, a apresentação de procuração outorgando poderes ao signatário (arts. 103 e seguintes do novo Código). A procuração deverá conter os dados do advogado, conforme disposto no art. 105, § 2º, incluindo-se endereço eletrônico.

A procuração é dispensada para fins de registro e distribuição nos casos do art. 104[395], caso a parte seja representada por membro da Defensoria Pública e se a representação decorrer de norma prevista expressamente em lei.

Nas hipóteses em que o reclamante estiver acompanhado de advogado, a norma se aplica ao processo do trabalho, diante da omissão da CLT sobre o tema.

A necessidade de indicação do endereço do advogado na petição inicial, como requisito desta, foi inclusive objeto de um enunciado do Forum Permanente de Processualistas Civil, realizado no Rio de Janeiro, elaborado pelo grupo que participamos, que analisou os impactos do Novo Código de Processo Civil no processo do trabalho:

---

(395) Art. 104. O advogado não será admitido a postular em juízo sem procuração, salvo para evitar preclusão, decadência ou prescrição, ou para praticar ato considerado urgente.

§ 1º Nas hipóteses previstas no *caput*, o advogado deverá, independentemente de caução, a exibir a procuração no prazo de quinze dias, prorrogável por igual período por despacho do juiz.

§ 2º O ato não ratificado será considerado ineficaz relativamente àquele em cujo nome foi praticado, respondendo o advogado pelas despesas e perdas e danos.

> Enunciado n. 139 do III FPPC-Rio: No processo do trabalho, é requisito da petição inicial a indicação do endereço, eletrônico ou não, do advogado, cabendo-lhe atualizá-lo, sempre que houver mudança, sob pena de se considerar válida a intimação encaminhada para o endereço informado nos autos.

Artigo 288

O juiz, de ofício ou a requerimento do interessado, corrigirá o erro ou compensará a falta de distribuição.

(Art. 255 do CPC revogado)

O artigo repete regra do CPC/73, tratando a possibilidade de compensar a distribuição quando houver erro. Caso se apure qualquer falha mais grave, como favorecimento de quaisquer das partes, deverá ser instaurado procedimento administrativo, sem prejuízo da repetição dos atos inválidos.

A regra tem aplicação no processo do trabalho, diante da omissão da CLT sobre o tema.

Artigo 289

A distribuição poderá ser fiscalizada pela parte, por seu procurador, pelo Ministério Público e pela Defensoria Pública.

(Art. 256 do CPC revogado)

A importância do ato de distribuição é observada também pela previsão legal de que o ato está sujeito à fiscalização não só pelo próprio órgão jurisdicional, mas pelas partes e procuradores, e também pelo Ministério Público e Defensoria Pública, o que foi inserido no novo Código.

Apurada qualquer falha ou invalidade na distribuição, serão diversas as soluções: tratando-se de erro, este será corrigido, nos termos do artigo anterior; tratando-se de ato praticado com dolo ou culpa do serventuário, haverá necessidade de repetição do ato sem o defeito, incorrendo o serventuário nas penalidades cabíveis, como procedimento disciplinar, responsabilização civil pelos prejuízos.

A regra, que objetiva a fiscalização da distribuição, é salutar e deve ser adotada no processo do trabalho ou pelo menos servir de exemplo para que o legislador busque normas semelhantes.

Artigo 290

Será cancelada a distribuição do feito se a parte, intimada na pessoa de seu advogado, não realizar o pagamento das custas e despesas de ingresso em 15 (quinze) dias.

(Art. 257 do CPC revogado)

A distribuição poderá ser cancelada caso a parte autora não realize o pagamento das custas processuais. Humberto Theodoro Jr., aponta que "da distribuição decorre para o autor o primeiro ônus processual, que é o de pagar as custas iniciais para que o feito possa ter andamento. Assim, registrada e autuada a petição inicial, o cumprimento do despacho de citação ficará na dependência do referido preparo. Se passar o prazo de 30 dias, com o feito paralisado por falta do preparo inicial, a distribuição será cancelada e o feito trancado em seu nascedouro (art. 257 [do CPC/73]). Trata-se de uma causa de extinção do processo antes mesmo de a relação processual se tornar trilateral com a citação do réu"[396].

O CPC/73 já previa regra acerca do cancelamento da distribuição. O novo Código altera parcialmente esta questão, para esclarecer que a intimação para recolher as custas será feita na pessoa do advogado do autor, reduzindo o prazo de 30 (trinta) para 15 (quinze) dias.

No processo do trabalho as custas são recolhidas ao final no processo ou, na hipótese de interposição de recurso, junto com este, pois consiste em pressuposto para sua admissibilidade como já decidiu o TRT da 9ª Região:

> AÇÃO DE INDENIZAÇÃO AJUIZADA NA JUSTIÇA COMUM E REMETIDA À JUSTIÇA DO TRABALHO POR FORÇA DA AMPLIAÇÃO DA COMPETÊNCIA IMPLEMENTADA PELA EC N. 45/2004 — CUSTAS PROCESSUAIS — ADMISSIBILIDADE DO RECURSO ORDINÁRIO. A comprovação das custas iniciais devidas à Escrivania Cível, de autos que vieram da Justiça Comum, em decorrência da ampliação da competência da Justiça do Trabalho, implementada pela EC n. 45/2004, nada tem a ver com as custas processuais que viabilizam a admissibilidade do recurso ordinário no processo do trabalho, regido por regras próprias. As custas processuais iniciais constituem pressuposto processual objetivo da existência do processo. Segundo o disposto no art. 257, do CPC, a falta de preparo (pagamento das custas iniciais), no Juízo Cível, impede que o processo chegue sequer a se formar, morre no seu nascedouro. A Instrução Normativa n. 27/2005 do TST, deixa claro, em seu art. 3º, que "Aplicam-se quanto às custas as disposições da Consolidação das Leis do Trabalho", reforçando, no § 2º do referido artigo, que "Na hipótese de interposição de recurso, as custas deverão ser pagas e comprovado seu recolhimento no prazo recursal (arts. 789, 789-A, 790 e 790-A da CLT)". O recolhimento das custas processuais impostas em sentença proferida por esta Justiça Especializada, constitui pressuposto indispensável à admissibilidade recursal, e cuja ausência implica em deserção do recurso apresentado. (TRT-9 6416200715906 PR 6416-2007-15-9-0-6, relator: Arnor Lima Neto, 4ª Turma, Data de Publicação: 28.9.2010)

Sobre o prazo para pagamento das custas, Amauri Mascaro Nascimento esclarece que:

> O prazo para pagamento, no caso de recurso, é contado da intimação do cálculo (STST n.25), salvo da decisão em que consta o valor, em sentença ou acórdão; intimada a parte da decisão, está concomitantemente intimada do valor para pagamento. Incorre deserção de recurso da massa falida por falta de pagamento ou depósito da condenação (STS n. 86).

TÍTULO V
DO VALOR DA CAUSA

Artigo 291

A toda causa será atribuído valor certo, ainda que não tenha conteúdo econômico imediatamente aferível.
(Art. 258 do CPC revogado)

A todas as causas deve ser atribuído um valor certo, que será o "valor da causa", importante para delimitar diversas questões processuais, desde competência e procedimento, até despesas e custas processuais.

O valor da causa não corresponde obrigatoriamente ao valor do bem que estiver sendo discutido em juízo, mas à expressão econômica da relação jurídica que estiver controvertida entre as partes, que resultará, ao final, em benefício econômico em favor de alguma delas. Contudo, o valor da causa deverá ser atribuído mesmo que não haja um benefício econômico imediatamente aferível — e não benefício econômico imediato, como dispunha a redação do art. 258 do Código revogado.

Humberto Theodoro Jr. leciona que "determina-se, portanto, o valor da causa apurando-se a expressão econômica da relação jurídica material que o autor quer opor ao réu. O valor do objeto imediato pode influir nessa estimativa, mas nem sempre será decisivo. Há, outrossim, aquelas causas que não versam sobre bens ou valores econômicos, e ainda os que, mesmo cogitando de valores patrimoniais, não oferecem condições para imediata prefixação de seu valor. Em todos esses casos, haverá de atribuir-se, por simples estimativa, um valor à causa, já que, em nenhuma hipótese, a parte é dispensada do encargo de atribuir um valor à demanda"[397]. Com efeito, o valor da causa é requisito da petição inicial, conforme dispõe o art. 317, V do novo CPC.

A CLT é completamente omissa em relação ao tema, de modo que é necessária a aplicação subsidiária do processo comum, em tudo que for compatível com o processo do trabalho.

A indicação do valor da causa nessa seara processual também é imprescindível para definição do procedimento e fixação posterior das custas pelo juiz.

Entendemos que é requisito essencial da petição inicial, a despeito da divergência doutrinária quanto ao tema, registrada por Carlos Henrique Bezerra Leite:

> Há divergências quanto à sua exigência no processo laboral. Alguns consideram o requisito essencial da petição inicial da ação trabalhista, cujo objetivo é estabelecer o tipo de procedimento a ser adotado (ordinário, sumário ou sumaríssimo) e, consequentemente,

---

(396) THEODORO JR., Humberto. *Curso de Direito Processual Civil*. vol. I. Rio de Janeiro: Forense, 2014.

(397) THEODORO JR., Humberto. *Curso de Direito Processual Civil*. vol. I. Rio de Janeiro: Forense, 2014.

Art. 292

possibilitar a interposição de recursos. Outros advogam a desnecessidade da indicação na petição inicial, uma vez que o juiz pode, de ofício, fixá-lo, quando omissa a peça vestibular a respeito.[398]

Quanto ao tema, em relação ao mandado de segurança e ação rescisória há a Súmula n. 365 do TST, *in verbis*:

> SÚMULA N. 365 do TST – ALÇADA. AÇÃO RESCISÓRIA E MANDADO DE SEGURANÇA. Não se aplica a alçada em ação rescisória e em mandado de segurança.

No procedimento sumaríssimo, quando a parte indica valor meramente estimativo e não liquida os pedidos, o juiz deve converter o feito para o procedimento ordinário, como já decidiu o TST:

> EXTINÇÃO DO FEITO. RITO SUMARÍSSIMO. VALOR ATRIBUÍDO À CAUSA MERAMENTE ESTIMATIVO. AUSÊNCIA DE PREJUÍZO. CONVERSÃO PARA O RITO ORDINÁRIO. 1. Nos termos do art. 852-B da Consolidação das Leis do Trabalho, nas reclamações processadas sob o rito sumaríssimo, o pedido inicial deverá ser certo, determinado e líquido. Resulta impróprio, assim, o processamento do feito sob tal rito especial diante da atribuição de mero valor — estimado — à causa. 2. Daí não segue, todavia, como consequência necessária, a extinção do feito. Afigurando-se possível a conversão para o rito ordinário, ante a inexistência de prejuízo manifesto às partes, afigura-se imperioso proceder, de ofício, à adequação do rito processual, em observância aos princípios da celeridade, da economia processual e da instrumentalidade das formas. Interpretação conjunta dos arts. 852-B e 794 da Consolidação das Leis do Trabalho e 277 do Código de Processo Civil. 3. Agravo de instrumento a que se nega provimento. (TST – AIRR: 12075020125050551, relator: Lelio Bentes Corrêa, Data de Julgamento: 27.8.2014, 1ª Turma, Data de Publicação: DEJT 29.8.2014)

> RECURSO DE REVISTA DO RECLAMANTE. FALTA DE INDICAÇÃO DE PEDIDOS LÍQUIDOS. VALOR DA CAUSA SUPERIOR A 40 SALÁRIOS MÍNIMOS. DESNECESSIDADE. Quando o reclamante formula a inicial sem apresentação de parcelas líquidas e dando à causa valor superior ao limite do art. 852-A da CLT, o correto é seguir o rito ordinário, sob pena de se exigir que todas as reclamatórias trabalhistas sejam líquidas ou expressem pedidos líquidos, obrigação essa que a lei não impõe, à exceção da hipótese prevista na Lei n. 9.957/2000. Recurso conhecido e provido. (TST – RR: 795787-56.2001.5.08.5555, relator: Horácio Raymundo de Senna Pires, Data de Julgamento: 5.10.2005, 2ª Turma, Data de Publicação: DJ 28.10.2005)

Artigo 292

O valor da causa constará da petição inicial ou da reconvenção e será:

I – na ação de cobrança de dívida, a soma monetariamente corrigida do principal, dos juros de mora vencidos e de outras penalidades, se houver, até a data de propositura da ação;

II – na ação que tiver por objeto a existência, a validade, o cumprimento, a modificação, a resolução, a resilição ou a rescisão de ato jurídico, o valor do ato ou o de sua parte controvertida;

III – na ação de alimentos, a soma de 12 (doze) prestações mensais pedidas pelo autor;

IV – na ação de divisão, de demarcação e de reivindicação, o valor de avaliação da área ou do bem objeto do pedido;

V – na ação indenizatória, inclusive a fundada em dano moral, o valor pretendido;

VI – na ação em que há cumulação de pedidos, a quantia correspondente à soma dos valores de todos eles;

VII – na ação em que os pedidos são alternativos, o de maior valor;

VIII – na ação em que houver pedido subsidiário, o valor do pedido principal.

§ 1º Quando se pedirem prestações vencidas e vincendas, considerar-se-á o valor de umas e outras.

§ 2º O valor das prestações vincendas será igual a uma prestação anual, se a obrigação for por tempo indeterminado ou por tempo superior a 1 (um) ano, e, se por tempo inferior, será igual à soma das prestações.

§ 3º O juiz corrigirá, de ofício e por arbitramento, o valor da causa quando verificar que não corresponde ao conteúdo patrimonial em discussão ou ao proveito econômico perseguido pelo autor, caso em que se procederá ao recolhimento das custas correspondentes.

(Art. 259 e 260 do CPC revogado)

A fixação do valor da causa pode ser legal ou voluntária, conforme haja determinação expressa na lei ou possa ser atribuída por estimativa feita pelo autor[399]. O dispositivo legal em análise trata justamente dos critérios para determinação do valor da causa, indicado em seus incisos qual o cálculo que deve ser observado pelo autor para a atribuição do valor. Dispositivo análogo já era previsto no CPC/73, mas o novo Código aperfeiçoa a disciplina legal e descreve de maneira mais minuciosa as diferentes formas de fixação do valor, conforme o direito controvertido e a modalidade de tutela pretendida pelo autor.

É importante a lição de José Carlos Barbosa Moreira, que aponta que "a fixação do valor da causa leva em conta o estado de fato e o regime jurídico do momento em que a ação é proposta; são irrelevantes as modificações porventura ocorrentes na pendência do processo. Por igualdade de razão, quando a lei, para atribuir qualquer efeito ao valor da causa, faz referência a índice móvel, entende-se que o toma no *quantum* correspondente ao momento da propositura"[400].

No processo do trabalho, o valor da causa geralmente corresponde ao valor pretendido, uma vez que na grande maioria das causas trabalhistas os pedidos são condenatórios e aduzidos para pagamento de verbas trabalhistas inadimplidas.

---

(398) BEZERRA LEITE, Carlos Henrique. *Curso de Direito Processual do Trabalho*. São Paulo, LTr, 2008. p. 470.

(399) É a lição de José Carlos Barbosa Moreira em: *O novo processo civil brasileiro*. Rio de Janeiro: Forense, 2005. p. 18.

(400) BARBOSA MOREIRA, José Carlos. *O novo processo civil brasileiro*. Rio de Janeiro: Forense, 2005. p. 18.

Sobre o tema há a Súmula n. 71 do TST e quanto à ação rescisória e mandado de segurança a orientação jurisprudencial n. 155 desse mesmo Tribunal:

> SÚMULA N. 71 DO TST – ALÇADA. A alçada é fixada pelo valor dado à causa na data de seu ajuizamento, desde que não impugnado, sendo inalterável no curso do processo.
>
> OJ-SDI2-155 – AÇÃO RESCISÓRIA E MANDADO DE SEGURANÇA. VALOR ATRIBUÍDO À CAUSA NA INICIAL. MAJORAÇÃO DE OFÍCIO. INVIABILIDADE. (DEJT divulgado em 9, 10 e 11.6.2010). Atribuído o valor da causa na inicial da ação rescisória ou do mandado de segurança e não havendo impugnação, nos termos do art. 261 do CPC, é defeso ao Juízo majorá-lo de ofício, ante a ausência de amparo legal. Inaplicável, na hipótese, a Orientação Jurisprudencial da SBDI-2 n. 147 e o art. 2º, II, da Instrução Normativa n. 31 do TST.

A fixação do valor da causa em alçada superior ou de procedimento adotado não gera a extinção do processo por inadequação do rito como já decidiu o TRT da 5ª Região:

> ARBITRAMENTO DO VALOR DA CAUSA PELO JUÍZO. DEFINIÇÃO DO RITO. AUSÊNCIA DE IMPUGNAÇÃO. Fixado o valor da causa pelo juízo em quantia superior a quarenta salários mínimos sem que haja insurgência da parte, não há se falar em extinção da ação por inadequação ao rito processual sumaríssimo. (TRT-5 – RecOrd: 0000223-96.2011.5.05.0132 BA, relator: Renato Mário Borges Simões, 2ª Turma, Data de Publicação: DJ 22.6.2012)

E o valor arbitrado à condenação pelo juiz prolator da decisão não corresponde ao valor que será objeto da execução, conforme esclarece o julgado do TRT da 1ª Região:

> EMBARGOS DE DECLARAÇÃO. RECURSO ORDINÁRIO. VALOR DA CAUSA. ARBITRAMENTO. Não obstante o disposto na Instrução Normativa n. 3, o valor arbitrado à condenação pelo Juízo prolator da decisão é estimado, não correspondendo, necessariamente, àquele objeto de futura execução. Sendo assim, qualquer reforma na sentença que não venha alterar substancialmente o valor da condenação prescinde de nova fixação, mantendo-se aquele anteriormente arbitrado. (TRT-1 – ED: 12280043200950100040 RJ, relatora: Claudia de Souza Gomes Freire, Data de Julgamento: 10.9.2012, Nona Turma, Data de Publicação: 18.9.2012)

Artigo 293

O réu poderá impugnar, em preliminar da contestação, o valor atribuído à causa pelo autor, sob pena de preclusão, e o juiz decidirá a respeito, impondo, se for o caso, a complementação das custas.

(Art. 261 do CPC revogado)

Embora seja atribuído pelo autor na petição inicial (art. 317, V) com base nos critérios do artigo anterior, o valor não é inalterável, podendo ser modificado por iniciativa do juiz (nos termos do parágrafo terceiro do artigo anterior) ou da parte adversa, o que seguirá o procedimento indicado no dispositivo ora analisado, que consiste na chamada impugnação ao valor da causa.

Como mencionado, a definição do valor da causa poderá influir na determinação da competência — por exemplo, para tramitação nos juizados especiais —, bem como no procedimento, além de ter efeitos diretos na fixação de custas e, após, de honorários advocatícios. A parte adversa terá interesse, portanto, em impugnar o valor da causa caso este tenha sido atribuído ao arrepio da lei.

O procedimento a ser seguido para a impugnação foi alterado no novo Código. No CPC/73, a impugnação ao valor da causa era oferecida no prazo para contestar, sendo autuada em apenso[401]. No novo Código, a impugnação é oferecida como preliminar de contestação, sendo decidida nos mesmos autos pelo magistrado. Contra a decisão caberá agravo de instrumento ou apelação, conforme seja determinada por decisão interlocutória ou na sentença.

No processo do trabalho também é possível a impugnação ao valor da causa, especialmente em razão desta ter o condão de definir o procedimento a ser seguido para solução da lide trabalhista.

Diante da omissão da lei processual trabalhista, a forma adotada para a impugnação ao valor da causa é a prevista no processo comum e, assim, após a *vacacio legis*, será a do novo CPC, com exceção do recurso de agravo de instrumento previsto para a decisão que julga o incidente, incabível no processo do trabalho para impugnar decisão interlocutória.

Como o valor da causa é definido na sentença, o recurso cabível no processo do trabalho é o recurso ordinário, conforme prevê inclusive a orientação jurisprudencial n. 88 do TST:

> OJ-SDI2-88 – MANDADO DE SEGURANÇA. VALOR DA CAUSA. CUSTAS PROCESSUAIS. CABIMENTO. Incabível a impetração de mandado de segurança contra ato judicial que, de ofício, arbitrou novo valor à causa, acarretando a majoração das custas processuais, uma vez que cabia à parte, após recolher as custas, calculadas com base no valor dado à causa na inicial, interpor recurso ordinário e, posteriormente, agravo de instrumento no caso de o recurso ser considerado deserto.

É importante consignar por fim que, conforme já decidiu o TST, o valor da causa indicado no mandado de segurança não corresponde ao da causa que lhe deu origem, pois não persegue vantagem econômica e deve ser indicado com razoabilidade:

> RECURSO ORDINÁRIO. MANDADO DE SEGURANÇA. VALOR DA CAUSA. IMPUGNAÇÃO. Segundo o entendimento consolidado nesta Corte Superior, o mandado de segurança não persegue vantagem econômica, mas sim defesa de direito líquido e certo. Neste contexto, o valor da causa, na ação mandamental trabalhista, não necessariamente deve corresponder ao do processo a que se refere, mas sim, ao revés, à prerrogativa da Impetrante indicá-lo dentro do princípio da razoabilidade. Precedentes. (TST – RO 30600932009517000030600-93.2009.5.17.0000, rel. Emanoel Pereira. Data de Julgamento: 25.6.2013. Subseção II – Especializada em Dissídios Individuais)

---

[401] Art. 261. O réu poderá impugnar, no prazo da contestação, o valor atribuído à causa pelo autor. A impugnação será autuada em apenso, ouvindo-se o autor no prazo de 5 (cinco) dias. Em seguida o juiz, sem suspender o processo, servindo-se, quando necessário, do auxílio de perito, determinará, no prazo de 10 (dez) dias, o valor da causa.

Parágrafo único. Não havendo impugnação, presume-se aceito o valor atribuído à causa na petição inicial.

Livro V — Da Tutela Provisória

TÍTULO I
DAS DISPOSIÇÕES GERAIS

Artigo 294

A tutela provisória pode fundamentar-se em urgência ou evidência.

Parágrafo único. A tutela provisória de urgência, cautelar ou antecipada, pode ser concedida em caráter antecedente ou incidental.

(Arts. 273, 461, 461-A, 796 e seguintes do CPC revogado; ref.: art. 659, IX e X, da CLT)

Entre os problemas enfrentados pelos usuários do Poder Judiciário e pelos operadores de direito na atualidade se destacam a falta de efetividade e celeridade da prestação jurisdicional. Visando atenuar tais problemas, diversas reformas processuais ocorreram nas últimas décadas, modificando o CPC/73 em pontos específicos relativos à antecipação de tutela e às medidas cautelares, especialmente nos arts. 273, 461 e 461-A, 527 e 796 a 889.

No novo Código de Processo Civil, uma das diretrizes mais importantes consiste na busca de efetividade da prestação jurisdicional, sob a perspectiva da razoável duração do feito e da adequação dos meios de efetivar as ordens judiciais. Com efeito, observa-se claramente essa tônica nas normas fundamentais do processo, especialmente no art. 4º[402].

A tutela provisória foi substancialmente reformulada no novo Código, visando atender tais escopos. Com efeito, "é dentro desse contexto que o estudo das tutelas de urgência ganha extrema relevância, pois quanto mais demorada é a obtenção de resposta final do Judiciário para pôr fim à contenda, mais necessário será o uso dessas decisões que visam proteger o direito que não pode esperar o curso normal do processo"[403].

A tutela provisória, no novo diploma processual, passa a abarcar as situações que antes eram tratadas de modo diferenciado, seja como antecipação dos efeitos da tutela, seja como medidas cautelares — nominadas e inominadas.

Deixa de existir, no novo Código, um livro destinado ao processo cautelar, passando a ser aplicável o título ora comentado para todas as situações em que se exigir a concessão de tutela provisória assecuratória. Do mesmo modo, as medidas antecipatórias requeridas pelas partes passam a ser reguladas pelo disposto nos artigos ora analisados.

A tutela provisória poderá fundar-se em urgência, compreendendo tutela de natureza cautelar ou antecipada[404], ou em evidência. A tutela provisória de urgência, tanto de natureza antecipatória como de natureza cautelar, poderá ser concedidas incidentalmente ou em caráter antecedente, cujo procedimento é regulado nos arts. 304 a 311. O procedimento e os requisitos para cada uma das modalidades de tutela provisória é regulado de maneira pormenorizada nos dispositivos que seguem, os quais serão comentados separadamente.

A tutela de urgência ou, na nova denominação adotada pelo Código, tutela provisória, tem total aplicação no processo do trabalho, especialmente pela natureza alimentar das verbas que são objeto das lides trabalhistas. Infelizmente, a CLT é bastante omissa sobre o tema. Contempla apenas duas hipóteses especiais que permitem ao juiz conceder medida liminar, conforme os incisos do art. 659 da CLT a seguir transcritos:

> "Competem privativamente aos Presidentes das Juntas, além das que lhes forem conferidas neste Título e das decorrentes de seu cargo, as seguintes atribuições: IX – conceder medida liminar, até decisão final do processo, em reclamações trabalhistas que visem a tornar sem efeito transferência disciplinada pelos parágrafos do art. 469 desta Consolidação; X- conceder medida liminar, até decisão final do processo, em reclamações trabalhistas que visem reintegrar no emprego dirigente sindical afastado, suspenso ou dispensado pelo empregador".

Assim, diante da escassez no tratamento do tema pela lei processual trabalhista, há necessidade de aplicar subsidiariamente os dispositivos do processo comum e, assim, os juízos do trabalho certamente recorrerão bastante à supletividade do novo CPC.

No processo do trabalho é bastante comum a tutela antecipada para obter a reintegração do empregado protegido pela estabilidade provisória ou decorrente de lei, como se observa dos seguintes julgados e orientação jurisprudencial do TST:

OJ-SDI2-64 – MANDADO DE SEGURANÇA. REINTEGRAÇÃO LIMINARMENTE CONCEDIDA – Não fere direito líquido e certo a

---

(402) Art. 4º As partes têm direito de obter em prazo razoável a solução integral do mérito, incluída a atividade satisfativa.

(403) BAUERMANN, Desirê. As tutelas de urgência no projeto de novo Código de Processo Civil. *Revista de Processo*, vol. 224, out. 2013.

(404) O título ora comentado havia recebido durante a tramitação legislativa a nomenclatura de tutela antecipada, posteriormente alterada para tutela provisória. Ainda sob a nomenclatura anterior, o Fórum Permanente de Processualistas Civis editou o Enunciado n. 28, que esclarecia que "tutela antecipada é uma técnica de julgamento que serve para adiantar efeitos de qualquer tipo de provimento, de natureza cautelar ou satisfativa, de conhecimento ou executiva", o que continua sendo aplicável, embora compreendido como tutela provisória.

concessão de tutela antecipada para reintegração de empregado protegido por estabilidade provisória decorrente de lei ou norma coletiva.

RECURSO ORDINÁRIO EM MANDADO DE SEGURANÇA. DIRIGENTE SINDICAL. CATEGORIA DIFERENCIADA. ESTABILIDADE PROVISÓRIA. SÚMULA N. 369, III, DO TST. PRESENÇA DOS PRESSUPOSTOS QUE AUTORIZAM A ANTECIPAÇÃO DA TUTELA. 1. A tutela provisória deita suas raízes na efetividade do processo, pois, enquanto espécie de providência imediata e de urgência, afasta a possibilidade de dano decorrente da demora na prestação jurisdicional (CF, art. 5º, LXXVIII). 2. Funciona, portanto, como instrumento de harmonização entre a segurança jurídica e a efetividade do processo, na medida em que viabiliza a outorga de providências de natureza temporária, tendentes a frear situações de risco. 3. Nessa perspectiva e a teor do art. 273 do CPC, a concessão de tutela antecipada depende tanto da existência de prova inequívoca capaz de convencer o julgador da verossimilhança da alegação quanto do — fundado receio de dano irreparável ou de difícil reparação — ou do — abuso de direito ou o manifesto propósito protelatório do réu — (incisos I e II do art. 273 do CPC). 4. A noção de urgência dá margem ao julgador para decidir sem a necessidade de aprofundar a cognição, desde que presentes os elementos que impulsionem a formação do seu convencimento quanto à existência do direito. 5. A titularidade de representação sindical, nos moldes da Súmula n. 369, III, outorga estabilidade provisória ao trabalhador. 6. A presença dos requisitos do art. 273 do CPC aconselha a concessão da segurança e a antecipação da tutela. Recurso ordinário em mandado de segurança conhecido e provido, para se determinar a reintegração do impetrante ao emprego. (TST – RO: 1910-06.2012.5.15.0000, relator: Alberto Luiz Bresciani de Fontan Pereira, Data de Julgamento: 22.10.2013, Subseção II – Especializada em Dissídios Individuais, Data de Publicação: DEJT 25.10.2013)

A tutela antecipada, na modalidade de tutela inibitória, também é muito utilizada nas ações coletivas trabalhistas, como meio de se impor provisoriamente as obrigações de não fazer, na hipótese de descumprimento das leis trabalhistas:

AÇÃO CIVIL PÚBLICA. TUTELA INIBITÓRIA. EFICÁCIA. A tutela inibitória encontra respaldo nos arts. 84 da Lei n. 8.078/90 e 461, § 4º, do CPC, e tem por escopo evitar a prática de atos futuros, reputados ilícitos ou danosos, assegurando assim o efetivo cumprimento da tutela jurisdicional intentada. É, assim, instituto posto à disposição do juiz pelo legislador, justamente para prevenir o descumprimento da lei. Portanto, é permitida a utilização da tutela inibitória para impor uma obrigação de não fazer bem como para prevenir a violação ou a repetição dessa violação a direitos. Nesse diapasão, mesmo quando é constatada no curso do processo a cessação do dano, não se mostra plausível deixar de aplicar o instituto da tutela inibitória para prevenir o descumprimento da determinação judicial e a violação à lei, em face de eventuais consequências da condenação que alcance o período da irregularidade. Recurso de Revista de que se conhece e a que se dá provimento. (TST – RR: 61800-98.2007.5.17.0191, relator: João Batista Brito Pereira, Data de Julgamento: 4.9.2013, 5ª Turma, Data de Publicação: DEJT 13.9.2013)

É imperiosa, entretanto, a presença dos requisitos para concessão da tutela de provisória, sob pena desta ser indeferida:

TUTELA INIBITÓRIA. A tutela inibitória é cabível em caso de ameaça concreta ou de justo receio de ilícito ou de dano a um bem jurídico patrimonial ou extrapatrimonial. No caso, inexistindo sequer indícios de que possa ocorrer a lesão, não há como deferir a tutela, levando em conta, que a tutela inibitória se dá para garantir a obrigação de não fazer em situações concretas e não em situações hipotéticas. HORAS EXTRAS. CARGO DE CONFIANÇA. BANCÁRIO. Ainda que o empregado receba gratificação pela função exercida, essa gratificação apenas remunera as responsabilidades do cargo, não podendo servir de base para o seu enquadramento na excludente do § 2º do art. 224 da CLT. O tão só fato do recebimento da gratificação e dispensa de marcar o ponto não se presta à configuração do exercício do cargo de confiança a que se refere o texto legal. Na hipótese sequer é possível falar em "fidúcia especial", em razão da natureza estritamente técnica da função. A "maior fidúcia" não decorre pura e simplesmente do exercício de função comissionada, de natureza técnica. (TRT-1 – RO: 00000558620125010321 RJ, relator: Mario Sergio Medeiros Pinheiro, Data de Julgamento: 15.7.2014, Primeira Turma, Data de Publicação: 21.7.2014)

No que tange à tutela antecipada contra o poder público, é digno de registro a existência de legislação específica sobre o tema, consistente nas Leis ns. 4.384/64, 5.021/66, 8.437/1992 e 9.494/97.

O art. 1º da Lei n. 9.494/97 veda a concessão da tutela antecipada requerida contra a Fazenda Pública nos casos de reclassificação funcional ou equiparação dos servidores púbicos; concessão de aumento ou extensão de vantagens pecuniárias; outorga ou acréscimo de vencimentos; pagamento de vencimentos e vantagens pecuniárias ao servidor público; esgotamento, total ou parcial, do objeto da ação, desde que esta diga respeito, exclusivamente, a qualquer das matérias acima referidas.

Em nosso entendimento qualquer dispositivo que vede a tutela antecipada contra o poder público é inconstitucional por obstar o acesso à justiça e a efetividade da tutela jurisdicional.

Felizmente a jurisprudência trabalhista não tem se curvado a tais normas inconstitucionais e concede a antecipação da tutela jurisdicional contra o poder público, como se pode constatar dos seguintes julgados do TRT da 15ª Região e do TST:

PESSOA IDOSA. ANTECIPAÇÃO DE TUTELA CONTRA A FAZENDA PÚBLICA. VERBA DE NATUREZA ALIMENTAR. POSSIBILIDADE. Tratando-se de cidadãos enquadrados legalmente como idosos, possível a concessão de antecipação de tutela contra a Fazenda Pública para garantir a percepção imediata de verba de natureza alimentar, necessária à sua própria subsistência. Constituem fundamentos da República Federativa do Brasil a dignidade da pessoa humana e os valores sociais do trabalho (Constituição Federal, artigo. (TRT-15 – Cautelar Inominada: 43513 SP 043513/2011, relator: Fernando da Silva Borges, Data de Publicação: 15.7.2011)

REEXAME NECESSÁRIO E RECURSO ORDINÁRIO EM AÇÃO CAUTELAR — FAZENDA PÚBLICA DO ESTADO DE SÃO PAULO — ANTECIPAÇÃO DE TUTELA — COMPLEMENTAÇÃO DE APOSENTADORIA — EXCEÇÃO À VEDAÇÃO DA LEI N. 9.494/97 — O Supremo Tribunal Federal tem entendido que a vedação à antecipação de tutela contra a Fazenda Pública de que trata a Lei n. 9.494/97 não se aplica às causas de natureza previdenciária. Reexame Necessário e Recurso Ordinário a que se nega provimento. (TST – ReeNec e RO: 14608-15.2010.5.15.0000, relator: Sebastião Geraldo de Oliveira, Data de Julgamento: 23.11.2011, 8ª Turma, Data de Publicação: DEJT 25.11.2011)

A tutela cautelar também é utilizada no processo do trabalho, sendo muito comum para obtenção de efeito suspensivo nos recursos interpostos nessa seara:

AÇÃO CAUTELAR. RECURSO ORDINÁRIO. EFEITO SUSPENSIVO. CABIMENTO. 1. A ação cautelar é o meio processual apropriado para obtenção de efeito suspensivo ao recurso interposto contra sentença que deferiu antecipação da tutela. Inteligência da Súmula n. 414, I, do TST. 2. A concessão de antecipação dos efeitos da sentença exige a prova inequívoca da urgência da medida, em especial quando se trata de determinação de pagamento de pensão sem a correspondente prestação dos serviços, sob pena de multa diária (TRT-15 – AC: 48593 SP 048593/2008, relator: Luiz Antonio Lazarim, Data de Publicação: 15.8.2008)

Na hipótese de inexistência dos requisitos necessários para sua concessão, assim como na tutela antecipada, ela deve ser indeferida:

RECURSO ORDINÁRIO EM AÇÃO CAUTELAR. DIFERENÇAS DE COMPLÇÃO DE APOSENTADORIA. TUTELA ANTECIPADA CONTRA A FAZENDA PÚBLICA. RESTRIÇÕES DA LEI N. 9.494/97. NÃO INCIDÊNCIA. AUSÊNCIA DOS PRESSUPOSTOS QUE AUTORIZAM O DEFERIMENTO DE MEDIDA PREVENTIVA. 1. A tutela provisória deita suas raízes na efetividade do processo, pois, enquanto espécie de providência imediata e de urgência, afasta a possibilidade de dano decorrente da demora na prestação jurisdicional (CF, art. 5º, LXXVIII). 2. Funciona, portanto, como instrumento de harmonização entre a segurança jurídica e a efetividade do processo, na medida em que viabiliza a outorga de providências de natureza temporária, tendentes a frear situações de risco. 3. A noção de urgência dá margem ao julgador para decidir sem a necessidade de aprofundar a cognição, desde que presentes os elementos que impulsionem a formação do seu convencimento quanto à plausibilidade do direito. 4. A constatação da ausência dos requisitos inerentes à cognição sumária aconselha o indeferimento da pretensão cautelar. Recurso ordinário em ação cautelar conhecido e desprovido. (TST, relator: Alberto Luiz Bresciani de Fontan Pereira, Data de Julgamento: 7.8.2013, 3ª Turma)

Artigo 295

A tutela provisória requerida em caráter incidental independe do pagamento de custas.
(Sem correspondente no CPC revogado)

Quando o pedido de tutela provisória for formulado em caráter antecedente, deverá seguir o regramento dos arts. 304 a 311, dependendo do pagamento de custas. Quando, contudo, for formulado de modo incidental a um processo judicial em trâmite, independerá do recolhimento de custas adicionais, já que a parte já terá recolhido custas em decorrência da ação proposta, ou terá sido dispensada do pagamento, nas hipóteses legais, como gratuidade da justiça (arts. 98 e seguintes).

Sobre o tema, o Fórum Permanente de Processualistas Civis editou o Enunciado n. 29, que dispõe que "a decisão que condicionar a apreciação da tutela antecipada incidental ao recolhimento de custas ou a outra exigência não prevista em lei equivale a negá-la, sendo impugnável por agravo de instrumento".

No processo do trabalho o manejo da ação cautelar seja incidente, seja antecipatória dispensa o pagamento de custas, que serão pagas somente ao final do processo pela parte vencida.

Artigo 296

A tutela provisória conserva sua eficácia na pendência do processo, mas pode, a qualquer tempo, ser revogada ou modificada.
Parágrafo único. Salvo decisão judicial em contrário, a tutela provisória conservará a eficácia durante o período de suspensão do processo.
(Art. 807 do CPC revogado)

O artigo trata da eficácia da tutela provisória, que perdurará durante a tramitação do processo — inclusive durante a sua suspensão, salvo decisão contrária. Não obstante a regra da eficácia continuada da tutela provisória, esta poderá ser revogada ou modificada durante a tramitação do feito. No CPC/73, já se admitia a eficácia das medidas antecipadas ou cautelares durante a tramitação do feito, bem como a possiblidade de sua revogação ou modificação.

O Fórum Permanente de Processualistas Civis editou enunciado de n. 140, que dispõe corretamente que a "decisão que julga improcedente o pedido final gera a perda de eficácia da tutela antecipada", salvo se houver decisão judicial em sentido contrário, o que poderá ocorrer em situações excepcionais, que exigirão fundamentação específica.

No processo do trabalho a tutela de urgência, até mesmo pela própria denominação atualmente estabelecida pelo novo CPC, revela-se também com caráter provisório e pode ser modificada ou revogada a qualquer tempo, como se observa do seguinte julgado do TRT da 1ª Região:

EXECUÇÃO DE SENTENÇA. OBRIGAÇÃO DE FAZER. ANTECIPAÇÃO DE TUTELA NA SENTENÇA. FIXAÇÃO DE MULTA DIÁRIA. POSTERIOR EXCLUSÃO NOS AUTOS DE AÇÃO CAUTELAR. PRINCÍPIO DA FUNGIBILIDADE ENTRE AS TUTELAS DE URGÊNCIA. EXECUÇÃO INCIDENTAL INDEVIDA. 1) Tendo o Tribunal julgado procedente a ação cautelar ajuizada pela Executada, para revogar a tutela antecipada, deferida na sentença proferida nos autos da ação de cumprimento, não se pode afirmar que, com o trânsito em julgado ocorrido na ação de cumprimento, tenha a medida de urgência revogada se tornado rediviva, a fim de retomar-se sua eficácia. 2) Em observância ao princípio da fungibilidade entre as tutelas de urgência, ocorrendo expressamente a revogação da tutela antecipada concedida na sentença exequenda, por meio do julgamento proferido nos autos da ação cautelar, indevida é a multa diária cobrada pelo E. Juízo *a quo*, determinando-se a sua exclusão. (TRT-1 – AGVPET: 1486007520015010033 RJ, relator: Rogerio Lucas Martins, Data de Julgamento: 2.4.2012, Nona Turma, Data de Publicação: 9.4.2012)

> **Artigo 297**
>
> O juiz poderá determinar as medidas que considerar adequadas para efetivação da tutela provisória.
>
> Parágrafo único. A efetivação da tutela provisória observará as normas referentes ao cumprimento provisório da sentença, no que couber.
>
> (Arts. 798, 805 e 273, § 3º, do CPC revogado)

O artigo de lei trata de tema de especial relevância para a tutela provisória: a adequação dos meios utilizados para conferir efetividade à ordem judicial, o que é um dos reflexos dos arts. 4º e 6º, que preveem a concessão de tutela justa, efetiva, adequada e célere, incluindo-se a atividade satisfativa.

Com efeito, é dever do juiz "determinar todas as medidas indutivas, coercitivas, mandamentais ou sub-rogatórias necessárias para assegurar o cumprimento de ordem judicial, inclusive nas ações que tenham por objeto prestação pecuniária" (art. 139, IV), o que encontra ampla aplicação no que se refere especialmente à concessão de tutela de urgência.

Esse é, aliás, o traço característico das tutelas diferenciadas, que "são pautadas na efetividade e alinhadas a partir de um elemento que possibilita a sua aplicação sensível e flexibilizada ao caso concreto: a adaptabilidade"[405].

Assim, quando a parte requerer ao Estado-juiz a concessão de uma medida de caráter provisório, considerando a urgência da situação, o magistrado deverá conceder a medida que se demonstre mais apta e adequada a proteger o direito em risco, assegurando um resultado mais efetivo. Quanto à efetivação da tutela provisória, deverão ser observados os procedimentos do cumprimento provisório da sentença, regulados nos arts. 517 e seguintes do novo Código.

No processo do trabalho, ainda com maior razão, em função da natureza alimentar do crédito que é objeto do litígio, o juiz deve aplicar todas as medidas necessárias à efetivação da tutela provisória, como *astreintes*, busca e apreensão, multas por ato atentatório à dignidade da justiça, entre outros.

> **Artigo 298**
>
> Na decisão que conceder, negar, modificar ou revogar a tutela provisória, o juiz motivará seu convencimento de modo claro e preciso.
>
> (Art. 273, § 1º, do CPC revogado)

As decisões judiciais devem ser fundamentadas (art. 93, IX, da Constituição Federal), o que assume ainda maior importância no novo Código de Processo Civil, à luz das normas fundamentais do processo, previstas nos arts. 1º a 12.

O dever de fundamentação das decisões judiciais é pormenorizado, ademais, no art. 486, parágrafo único[406], que exige a específica motivação dos pronunciamentos do juiz. No que se refere ao tema das tutelas provisórias, o Código é ainda mais enfático, exigindo a fundamentação clara e precisa.

Tal regra justifica-se diante do fato de que se trata de uma tutela diferenciada, que abrevia o procedimento regular de um processo judicial, cercado de todas as garantias de contraditório e ampla defesa.

Com efeito, embora os arts. 9 e 10 do novo Código[407] vedem a prolação de decisões sem que as partes tenham

---

(405) CASTRO, Marcello Soares. Tutela de urgência e tutela de evidência: limites e possibilidades de um regime único. *In*: FREIRE, Alexandre et all (Orgs.). *Novas tendências do processo civil*. Salvador: Juspodivm, 2013. p. 285-302.

(406) Art. 486. São elementos essenciais da sentença:

I – o relatório, que conterá os nomes das partes, a identificação do caso, com a suma do pedido e da contestação, bem como o registro das principais ocorrências havidas no andamento do processo;

II – os fundamentos, em que o juiz analisará as questões de fato e de direito;

III – o dispositivo, em que o juiz resolverá as questões principais que as partes lhe submeterem.

§ 1º Não se considera fundamentada qualquer decisão judicial, seja ela interlocutória, sentença ou acórdão, que:

I – se limitar à indicação, à reprodução ou à paráfrase de ato normativo, sem explicar sua relação com a causa ou a questão decidida;

II – empregar conceitos jurídicos indeterminados, sem explicar o motivo concreto de sua incidência no caso;

III – invocar motivos que se prestariam a justificar qualquer outra decisão;

IV – não enfrentar todos os argumentos deduzidos no processo capazes de, em tese, infirmar a conclusão adotada pelo julgador;

V – se limitar a invocar precedente ou enunciado de súmula, sem identificar seus fundamentos determinantes nem demonstrar que o caso sob julgamento se ajusta àqueles fundamentos;

VI – deixar de seguir enunciado de súmula, jurisprudência ou precedente invocado pela parte, sem demonstrar a existência de distinção no caso em julgamento ou a superação do entendimento.

§ 2º No caso de colisão entre normas, o juiz deve justificar o objeto e os critérios gerais da ponderação efetuada, enunciando as razões que autorizam a interferência na norma afastada e as premissas fáticas que fundamentam a conclusão.

§ 3º A decisão judicial deve ser interpretada a partir da conjugação de todos os seus elementos e em conformidade com o princípio da boa-fé.

(407) Art. 9º Não se proferirá decisão contra uma das partes sem que esta seja previamente ouvida.

Parágrafo único. O disposto no *caput* não se aplica:

I – à tutela provisória de urgência;

II – às hipóteses de tutela da evidência previstas no art. 309, incisos II e III;

III – à decisão prevista no art. 699.

Art. 10. O juiz não pode decidir, em grau algum de jurisdição, com base em fundamento a respeito do qual não se tenha dado às partes oportunidade de se manifestar, ainda que se trate de matéria sobre a qual deva decidir de ofício.

tido oportunidade de manifestação, o art. 9º excepciona justamente as hipóteses de tutela provisória (incisos I e II) como situações em que se admite o contraditório postergado. Diante de tal cenário, a fundamentação desponta como contraponto indispensável.

Especificamente sobre fundamentação e o contraditório postergado nas tutelas de urgência, o Fórum Permanente de Processualistas Civis editou o Enunciado n. 30, no sentido de que "o juiz deve justificar a postergação da análise liminar da tutela antecipada de urgência sempre que estabelecer a necessidade de contraditório prévio".

O dispositivo tem total aplicação no processo do trabalho. Nessa seara processual, as decisões também devem ser devidamente motivadas, de modo claro e preciso. Conforme alerta Sérgio Pinto Martins:

> "ainda quando é negada ou concedida liminar, a decisão deve ser fundamentada, até para que a parte contrária possa saber os motivos que levaram o juiz a decidir, inclusive para poder fundamentar eventual recurso".(408)

Artigo 299

A tutela provisória será requerida ao juízo da causa e, quando antecedente, ao juízo competente para conhecer do pedido principal.

Parágrafo único. Ressalvada disposição especial, na ação de competência originária de tribunal e nos recursos a tutela provisória será requerida ao órgão jurisdicional competente para apreciar o mérito.

(Art. 800 do CPC revogado)

O dispositivo de lei trata da competência para requerer a tutela provisória. Caso seja incidental, será requerida nos próprios autos, diretamente para o juízo da causa. Não obstante, caso seja antecedente, será dirigida ao juízo competente para julgar o pedido principal, seguindo-se as regras de competência do Código.

No processo do trabalho a regra é a mesma e, quando postulada em recurso, deve ser requerida ao relator deste, como rege a Orientação Jurisprudencial n. 68 do TST:

OJ-SDI2-68 2 ANTECIPAÇÃO DE TUTELA. COMPETÊNCIA (nova redação) – DJ 22.8.2005. Nos Tribunais, compete ao relator decidir sobre o pedido de antecipação de tutela, submetendo sua decisão ao Colegiado respectivo, independentemente de pauta, na sessão imediatamente subsequente.

---
(408) MARTINS, Sérgio Pinto. *Direito Processual do Trabalho*. 35. ed. São Paulo: Atlas, 2014. p. 575.

TÍTULO II
DA TUTELA DE URGÊNCIA

Artigo 300

A tutela de urgência será concedida quando houver elementos que evidenciem a probabilidade do direito e o perigo de dano ou o risco ao resultado útil do processo.

§ 1º Para a concessão da tutela de urgência, o juiz pode, conforme o caso, exigir caução real ou fidejussória idônea para ressarcir os danos que a outra parte possa vir a sofrer, podendo a caução ser dispensada se a parte economicamente hipossuficiente não puder oferecê-la.

§ 2º A tutela de urgência pode ser concedida liminarmente ou após justificação prévia.

§ 3º A tutela de urgência de natureza antecipada não será concedida quando houver perigo de irreversibilidade dos efeitos da decisão.

(Arts. 295 e 258-B do CPC revogado)

O artigo trata da tutela de urgência, que poderá ser, como visto, de natureza cautelar ou antecipatória. Cândido Rangel Dinamarco leciona que "são cautelares as medidas com que a ordem jurídica visa a evitar que o passar do tempo prive o processo de algum meio exterior que poderia ser útil ao correto exercício da jurisdição e consequente produção, no futuro, de resultados úteis e justos; e são antecipações de tutela aquelas que vai diretamente à vida das pessoas e, antes do julgamento final da causa, oferecem a algum dos sujeitos em litígio o próprio bem pelo qual ele pugna ou algum benefício que a obtenção do bem poderá proporcionar-lhe".(409)

Apesar de institutos distintos, a tutela antecipada e a tutela cautelas são espécies do gênero tutela de urgência. O novo Código sistematiza-as conjuntamente(410), tratando da tutela de evidência em seção específica (arts. 312 e seguintes).

Com efeito, "tutelas de urgência são, portanto, o gênero, do qual as tutelas preventivas e satisfativas são espécies. As tutelas de urgência preventivas são aquelas deferidas através de processo cautelar. Podem ser ainda concedidas por medidas cautelares. Se o objetivo do requerimento da tutela de urgência for para proteger pessoas, provas e bens antes ou no curso do processo principal, a tutela é preventiva, cautelar. Se o objetivo do requerimento da tutela de urgência

---
(409) DINAMARCO, Cândido Rangel. *Nova era do processo civil*. São Paulo: Malheiros, 2007. p. 67.

(410) Ver também, sobre o tema: SILVA, Bruno Freire e. Algumas considerações sobre a tutela de urgência no projeto de novo Código de Processo Civil. In: José Anchieta da Silva. (Org.). *O Novo Processo Civil*. 1. ed. São Paulo: Lex Editora, 2012. v. 1, p. 121-138.

for para antecipar os efeitos do provimento (da sentença), ou seja, entregar desde já o objeto da pretensão para o gozo imediato do autor, em face de prova que evidencie o direito afirmado na petição inicial, então estamos diante das tutelas satisfativas"[411].

A tutela de urgência poderá ter natureza cautelar (preventiva) ou antecipatória (satisfativa). O artigo de lei ressalva, contudo, que a tutela provisória de natureza antecipada — por antecipar a concessão do bem da vida ou de seus efeitos — não poderá ser concedida quando houver risco de irreversibilidade, o que já era regra do CPC/73.

Do mesmo modo e visando evitar prejuízos em desfavor da parte contra quem for deferida a tutela de urgência, dispõe o Código que o magistrado poderá exigir a prestação de caução (§ 1º).

Conforme já tivemos oportunidade de consignar em comentário a esse requisito que já existia no CPC/73[412], em algumas situações, de acordo com a relevância do bem que será objeto da tutela, ele pode ser mitigado. Por exemplo, a realização de uma cirurgia negada por um plano de saúde é irreversível, porém a saúde e integridade física do jurisdicionado justificam a concessão da tutela de urgência.

É necessário ter cuidado, outrossim, em relação à possibilidade de exigência de caução, pois em algumas situações pode obstar a parte, diante de recursos, de ter acesso à justiça, com violação do princípio da inafastabilidade do controle jurisdicional.

Tanto o art. 301 do novo CPC, como os comentários que realizamos aqui se aplicam integralmente ao processo do trabalho, cuja jurisprudência tem um cuidado especial com os requisitos para concessão da tutela de urgência, como se observa dos seguintes julgados dos TRTs da 1ª e 2ª Região e TST:

ANTECIPAÇÃO DOS EFEITOS DA TUTELA. CONCESSÃO INCABÍVEL. A teor do art. 273, § 2º, do CPC, não se concederá a antecipação de tutela quando houver perigo de irreversibilidade do provimento antecipado. (TRT-1 - RO: 5806020115010432 RJ, relatora: Angela Fiorencio Soares da Cunha, Data de Julgamento: 24.10.2012, 4ª Turma, Data de Publicação: 31.10.2012)

A antecipação de tutela se insere no âmbito do livre convencimento do julgador, quando convencido da verossimilhança do pedido e evidenciar o perigo de irreversibilidade da medida. Entendendo o juiz pela inexistência de fundado receio de dano irreparável ou de difícil reparação, como exigido no inc. I, do art. 273 do CPC, o indeferimento não ofende direito líquido e certo do impetrante. Segurança denegada. (TRT-2 - MS: 00280007220125020000 SP, Relator: Sonia Maria Prince Franzini, Data de Julgamento: 16.4.2013, SDI TURMA, Data de Publicação: 8.5.2013)

---

(411) MACIEL JR., Vicente de Paula. A tutela antecipada no projeto do novo CPC. In: FREIRE, Alexandre, et all (Orgs.). Novas tendências do processo civil. Salvador: Juspodivm, 2013. p. 311.

(412) Ação Rescisória: Possibilidade e Forma de Suspensão da Execução da Decisão Rescindenda. Curitiba: Juruá, 2005. v. 01. p. 191.

RECURSO ORDINÁRIO EM MANDADO DE SEGURANÇA. REINTEGRAÇÃO. DOENÇA OCUPACIONAL. EMPREGADO PROTEGIDO POR GARANTIA PROVISÓRIA DE EMPREGO PREVISTA NO ART. 118 DA LEI N. 8.213/1991. AUSÊNCIA DE DIREITO LÍQUIDO E CERTO DO IMPETRANTE. 1. A constatação de que, ao tempo da dissolução contratual, o litisconsorte passivo se encontrava acometido de doença incapacitante relacionada ao trabalho autoriza a antecipação dos efeitos da tutela, para fim de reintegração ao emprego. 2. Nessa hipótese, a garantia provisória encontra lastro no direito objetivo (art. 118 da Lei n. 8.213/91), razão pela qual não há que se cogitar de afronta a direito líquido e certo. Inteligência das Orientações Jurisprudenciais ns. 64 e 142 da SBDI-2 e da Súmula n. 378, II, desta Corte. Recurso ordinário em mandado de segurança conhecido e desprovido. (TST, relator: Alberto Luiz Bresciani de Fontan Pereira, Data de Julgamento: 22.10.2013, Subseção II – Especializada em Dissídios Individuais)

Artigo 301

A tutela de urgência de natureza cautelar pode ser efetivada mediante arresto, sequestro, arrolamento de bens, registro de protesto contra alienação de bem e qualquer outra medida idônea para asseguração do direito.

(Art. 273, § 2º, do CPC revogado)

Consta da exposição de motivos do novo Código que "extinguiram-se também as ações cautelares nominadas. Adotou-se a regra de que basta à parte a demonstração do *fumus boni iuris* e o perigo de ineficácia da prestação jurisdicional para que a providência pleiteada possa ser deferida".

Com efeito, diante da tendência do direito processual pátrio de expansão das medidas cautelares, a priori não se justificaria a manutenção de procedimentos cautelares típicos, diante do aumento dos poderes do juiz e, consequentemente, liberdade deste para decidir casuisticamente sobre a existência dos requisitos da tutela cautelar.

Já tivemos oportunidade de nos manifestar sobre essa opção legislativa e vemos com cautela a abolição de requisitos específicos para concessão de medidas como o arresto e sequestro[413].

O que o artigo em análise dispõe é que a tutela cautelar pode assumir a natureza de arresto, sequestro, arrolamento de bens — medidas previstas como cautelares nominadas no Código revogado — ou pode assumir qualquer outra modalidade de tutela, que seja útil, adequada, suficiente e proporcional para assegurar o direito que está sendo ameaçado. A previsão legal dispõe, em suma, que poderão ser adotadas as medidas cautelares que antes eram tratadas como medidas típicas no CPC/73, e também quaisquer outras medidas, que costumavam receber a denominação de atípicas ou

---

(413) Sobre o tema ver nosso trabalho "Primeiras impressões sobre a Exclusão de alguns Institutos no Novo Código de Processo Civil". In: Revista de Informação Legislativa, v. 58, p. 75-88, 2011.

inominadas, no diploma revogado, mas o relevante, independentemente da forma, será a efetivação da tutela e a asseguração do direito.

Diante da omissão da CLT, a novidade se aplica no processo do trabalho. Nessa seara processual, diante da natureza alimentar dos créditos que são objeto da tutela jurisdicional, qualquer opção legislativa de aumento dos poderes do juiz é bem recebida pelos operadores do direito.

Artigo 302

Independentemente da reparação por dano processual, a parte responde pelo prejuízo que a efetivação da tutela de urgência causar à parte adversa, se:

I – a sentença lhe for desfavorável;

II – obtida liminarmente a tutela em caráter antecedente, não fornecer os meios necessários para a citação do requerido no prazo de 5 (cinco) dias;

III – ocorrer a cessação da eficácia da medida em qualquer hipótese legal;

IV – o juiz acolher a alegação de decadência ou prescrição da pretensão do autor.

Parágrafo único. A indenização será liquidada nos autos em que a medida tiver sido concedida, sempre que possível.

(Art. 811 do CPC revogado)

O artigo de lei trata da responsabilização pelos prejuízos que a parte sofra por ocasião da efetivação de tutela de urgência, sempre que haja uma das situações dos incisos I a IV, ou seja, hipóteses em que não haverá o julgamento final do pedido principal em favor do beneficiado pela tutela provisória.

Uma das questões que surge da análise deste dispositivo diz respeito à possibilidade de penalização da parte na situação inversa, ou seja, quando não é concedida a tutela provisória, mas o pedido principal é julgado procedente, ao final da demanda.

Entendemos que se não puder ser admitida esta penalização, não haverá tratamento isonômico entre as partes[414]. Luiz Guilherme Marinoni e Daniel Mitidiero apontam que "o autor responde objetivamente pela obtenção de tutela ao seu direito provável em detrimento da posição jurídica improvável do réu caso ao final se chegue à conclusão pela improcedência do pedido. De outro lado, se é negada tutela de cognição sumária ao autor – o que significa que, na prática, o órgão jurisdicional entendeu mais verossímeis as alegações do réu — e, exaurindo-se a cognição, chega-se à procedência do pedido do autor, não há qualquer previsão de responsabilidade objetiva por eventual dano por ele experimentado em face de não se encontrar fruindo, enquanto pendente o processo do bem da vida que nele foi buscar. Ora, é evidente que aí há tratamento desigual entre as partes"[415].

Diante deste contexto, entendemos pela instituição de responsabilidade subjetiva, para ambas as hipóteses, ou seja, com a responsabilização sempre que a parte agir com dolo ou culpa de modo a trazer prejuízos para a parte contrária, seja na concessão de tutela antecipada, seja no seu indeferimento e tanto no processo civil como no processo do trabalho.

CAPÍTULO I
DO PROCEDIMENTO DA TUTELA ANTECIPADA REQUERIDA EM CARÁTER ANTECEDENTE

Artigo 303

Nos casos em que a urgência for contemporânea à propositura da ação, a petição inicial pode limitar-se ao requerimento da tutela antecipada e à indicação do pedido de tutela final, com a exposição da lide, do direito que se busca realizar e do perigo de dano ou do risco ao resultado útil do processo.

§ 1º Concedida a tutela antecipada a que se refere o *caput* deste artigo:

I – o autor deverá aditar a petição inicial, com a complementação de sua argumentação, a juntada de novos documentos e a confirmação do pedido de tutela final, em 15 (quinze) dias ou em outro prazo maior que o juiz fixar;

II – o réu será citado e intimado para a audiência de conciliação ou de mediação na forma do art. 334;

III – não havendo autocomposição, o prazo para contestação será contado na forma do art. 335.

§ 2º Não realizado o aditamento a que se refere o inciso I do § 1º deste artigo, o processo será extinto sem resolução do mérito.

§ 3º O aditamento a que se refere o inciso I do § 1º deste artigo dar-se-á nos mesmos autos, sem incidência de novas custas processuais.

§ 4º Na petição inicial a que se refere o *caput* deste artigo, o autor terá de indicar o valor da causa, que deve levar em consideração o pedido de tutela final.

§ 5º O autor indicará na petição inicial, ainda, que pretende valer-se do benefício previsto no *caput* deste artigo.

---

(414) Ver também, sobre o tema: SILVA, Bruno Freire e. Algumas considerações sobre a tutela de urgência no projeto de novo Código de Processo Civil. In: SILVA, José Anchieta da (Org.). *O Novo Processo Civil*. 1. ed. São Paulo: Lex Editora, 2012. v. 1, p. 121-138.

(415) MARINONI, Luiz Guilherme; MITIDIERO, Daniel. *O processo do CPC – críticas e propostas*. São Paulo: Revista dos Tribunais, 2010. p. 110-111.

> § 6º Caso entenda que não há elementos para a concessão de tutela antecipada, o órgão jurisdicional determinará a emenda da petição inicial em até 5 (cinco) dias, sob pena de ser indeferida e de o processo ser extinto sem resolução de mérito.
>
> (Sem correspondente no CPC revogado)

No exercício do poder-dever da jurisdição, o Estado deve declarar e realizar direitos, de forma adequada, justa e efetiva. Contudo, as vicissitudes do processo judicial, as complexidades da vida humana e os infindáveis problemas de gestão do Poder Judiciário impedem que seja imediata a prestação jurisdicional e deixam o direito exposto aos danos decorrentes do tempo e da atuação da parte adversa.

Existem situações, portanto, que demandam atuação urgente, por meio da prestação da tutela satisfativa de modo diferenciado, antecipado, o que se impõe nos casos em que há risco de perecimento ou ineficácia posterior do direito, situações muito comuns quando se litiga direitos relativos à saúde, vida e moradia.

Antes das reformas ocorridas a partir de 1994 no Código de Processo Civil de 1973, as medidas cautelares passaram a ser usadas para a obtenção de tutelas satisfativas em caráter antecipado. Quando a urgência era demasiada, o pedido era veiculado por medidas cautelares preparatórias, embora nada tivessem de cautelares.

Sobre este movimento, ocorrido sob a vigência do CPC/73, Desirê Bauermann aponta que "na prática, todavia, há situações em que, embora a situação de urgência exija a concessão de medida antecipada para a tutela do direito *sub judice*, não se dispõe ou do tempo, ou dos elementos necessários para a propositura de processo principal para, incidentalmente a esse, elaborar o pedido de antecipação. E são protocolados inúmeros pedidos de concessão de tutela antecipada preparatória, tendo por fundamento o disposto nos arts. 796 e 798 do CPC (LGL/1973/5). Mesmo diante da incorreção técnica, de acordo com doutrina dominante, a jurisprudência vem constantemente deferindo medidas antecipadas requeridas em "ação cautelar inominada satisfativa"[416].

Conforme chama atenção José Roberto dos Santos Bedaque, "Em sede doutrinária, a existência de uma tutela cautelar satisfativa não é admitida. A concessão dessas liminares envolvendo o próprio direito material, de natureza satisfativa portanto, implica satisfazer completa e definitivamente a pretensão do autor, a quem é atribuído de forma irreversível o bem da vida, esgotando-se por inteiro a atividade jurisdicional[417]".

O novo Código altera substancialmente esta questão e passa a tratar do procedimento para a concessão de medidas antecipadas de natureza satisfativa, em caráter antecedente. É o que dispõe o capítulo ora comentado. Em suma, trata-se de tutela provisória de urgência, de natureza satisfativa ou antecipada, em procedimento antecedente — e não incidental.

Nos casos de extrema urgência, o autor poderá formular petição inicial simplificada, em que se limitará a requerer o pedido de tutela antecipada, com a indicação breve da lide, acompanhada do mínimo de provas que fundamentem suas alegações. Se for concedida a tutela antecipada, o autor deverá aditar a petição inicial em 15 (quinze) dias, complementando-a. O réu será citado para a audiência de conciliação e mediação, contando-se o prazo para contestação na forma do art. 336[418].

Alguns detalhes devem ser observados pelo autor que pretenda utilizar o procedimento previsto neste artigo: deverá indicar na petição inicial que se trata de medida antecipada em caráter antecedente; deverá dar à causa o valor considerando o pedido final (art. 292), recolhendo as custas.

Caso o magistrado entenda que não há elementos para a concessão da tutela antecipada, concederá ao autor a oportunidade de emendar a petição, em cinco dias, sob pena de extinção do feito (§ 6º).

Diante da total omissão da CLT sobre o tema, o procedimento pode e deve ser aplicado no processo do trabalho.

Artigo 304

> A tutela antecipada, concedida nos termos do art. 303, torna-se estável se da decisão que a conceder não for interposto o respectivo recurso.
>
> § 1º No caso previsto no *caput*, o processo será extinto.
>
> § 2º Qualquer das partes poderá demandar a outra com o intuito de rever, reformar ou invalidar a tutela antecipada estabilizada nos termos do *caput*.
>
> § 3º A tutela antecipada conservará seus efeitos enquanto não revista, reformada ou invalidada por decisão de mérito proferida na ação de que trata o § 2º.
>
> § 4º Qualquer das partes poderá requerer o desarquivamento dos autos em que foi concedida a medida, para instruir a petição inicial da ação a que se refere o § 2º, prevento o juízo em que a tutela antecipada foi concedida.
>
> § 5º O direito de rever, reformar ou invalidar a tutela antecipada, previsto no § 2º deste artigo, extingue-se após 2 (dois) anos, contados da ciência da decisão que extinguiu o processo, nos termos do § 1º.

---

[416] BAUERMANN, Desirê. As tutelas de urgência no projeto de novo Código de Processo Civil. *Revista de Processo*, vol. 224, out. 2013.

[417] BEDAQUE, José Roberto dos Santos. Tutela Cautelar e Tutela Antecipada: Tutelas Sumárias e de Urgência (tentativa de sistematização), 3. ed. São Paulo: Malheiros, 2003. p. 199.

[418] Enunciado n. 144 do FPPC: Ocorrendo a hipótese do art. 304, § 1º, II, será designada audiência de conciliação ou mediação e o prazo para a defesa começará a correr na forma do art. 336, I ou II.

> § 6º A decisão que concede a tutela não fará coisa julgada, mas a estabilidade dos respectivos efeitos só será afastada por decisão que a revir, reformar ou invalidar, proferida em ação ajuizada por uma das partes, nos termos do § 2º deste artigo.
>
> (Sem correspondente no CPC revogado)

O que o artigo ora analisado disciplina é a estabilidade da decisão que conceder a tutela antecipada em caráter antecedente, quando não interposto recurso pela parte sucumbente. O art. 1.012, inciso I, do novo Código, por sua vez, dispõe que cabe recurso de agravo de instrumento contra decisões interlocutórias que versarem sobre tutelas provisórias.

Trata-se de grande novidade do diploma processual, inserido a partir de influências do direito estrangeiro, sobretudo do *refere* francês. Em síntese, concedida a medida antecipada, caso a parte que for prejudicada não interpuser recurso contra a decisão, esta continuará estável e a gerar efeitos mesmo após a extinção do feito (§ 1º), independendo de prolação de decisão posterior de mérito.

A doutrina aponta que "a legislação processual projetada insere inovação no sistema das tutelas de urgência: a possibilidade de estabilização da tutela antecipada, que corresponde à possibilidade de se permitir conserve a medida antecipada sua eficácia independentemente de confirmação por decisão posterior de mérito, resolvendo de forma definitiva a lide submetida à análise jurisdicional"[419].

Com efeito, "o objetivo primordial das tutelas satisfativas é inverter o ônus do tempo no processo, seguindo a ideia de que o autor que se apresenta com uma prova forte de sua afirmação de direito acaba 'condenado ao processo'. (...) Por isso sustentam a possibilidade de que haja o deferimento liminar de tutelas satisfativas, para que o autor, que se apresenta com uma prova forte do seu direito, goze e use o bem desde já e transfira ao réu o ônus do tempo da solução da lide. Ou seja, é o réu que, privado do bem objeto de disputa, terá de esperar toda a solução da lide para tentar provas que o pedido inicial é improcedente. Com isso ele teria pressa na resolução da controvérsia (porque não estaria mais com o bem) e somente recorreria se lhe pudesse advir algum resultado prático útil decorrente do recurso, pois, a cada fase o processo se tornaria mais caro para ele"[420].

A estabilidade da decisão poderá ser revista, por iniciativa de qualquer das partes — e também de terceiros juridicamente interessados — desde que proponham ação cujo objeto seja o direito tutelado em caráter antecedente, o que deverá ser feito no prazo máximo de dois anos a contar da data da ciência da decisão de extinção do feito a que se refere o § 1º.

O diploma processual aprovado traz uma nova modalidade de estabilização dos efeitos da decisão judicial, que, contudo, não se trata de sentença de mérito sujeita à coisa julgada material, e, que, por consequência, não desafia ação rescisória. Neste sentido é o Enunciado n. 33 do Fórum Permanente de Processualistas Civis[421]. O mesmo Fórum, aliás, entende que é possível estabelecer negócio jurídico processual referente à estabilização da tutela provisória, nos casos deste artigo legal[422].

A novidade é digna de aplausos, se aproxima do que há de mais moderno no direito comparado e deve ser aplicado no processo do trabalho, diante da omissão da CLT sobre a matéria.

CAPÍTULO II
DO PROCEDIMENTO DA TUTELA CAUTELAR REQUERIDA EM CARÁTER ANTECEDENTE

> **Artigo 305**
>
> A petição inicial da ação que visa à prestação de tutela cautelar em caráter antecedente indicará a lide e seu fundamento, a exposição sumária do direito que se objetiva assegurar e o perigo de dano ou o risco ao resultado útil do processo.
>
> Parágrafo único. Caso entenda que o pedido a que se refere o *caput* tem natureza antecipada, o juiz observará o disposto no art. 303.
>
> (Art. 801 do CPC revogado)

O capítulo antecedente tratou da concessão de tutela provisória de caráter antecipado (ou satisfativo) em caráter antecedente. O presente capítulo, por sua vez, regula o procedimento aplicável à tutela de natureza cautelar requerida de modo antecedente, que não se confunde com aquele procedimento.

O processo cautelar foi criado para assegurar a utilidade das demais formas de tutela e em defesa da jurisdição, diante da constatação de que não existe um sistema ideal de imediata resposta jurisdicional. A lição de Carnellutti no sentido de que o processo principal serve à tutela do direito material e o processo cautelar serve à tutela do processo, é pilar essencial para a compreensão deste instituto.

---

(419) BAUERMANN, Desirê. As tutelas de urgência no projeto de novo Código de Processo Civil. *Revista de Processo*, vol. 224, out. 2013.

(420) MACIEL JR., Vicente de Paula. A tutela antecipada no projeto do novo CPC. *In:* FREIRE, Alexandre *et all* (Orgs.). *Novas tendências do processo civil*. Salvador: Juspodivm, 2013. p. 312.

(421) Enunciado n. 33: Não cabe ação rescisória nos casos estabilização da tutela antecipada de urgência.

(422) Enunciado n. 32: Além da hipótese prevista no art. 305, é possível a estabilização expressamente negociada da tutela antecipada de urgência satisfativa antecedente.

Com efeito, José Roberto dos Santos Bedaque aponta que a finalidade da tutela cautelar é a "proteção imediata e provisória de determinada situação ou bem, mediante cognição sumária, a fim de que o tempo necessário ao desenvolvimento do devido processo legal não comprometa a efetividade do instrumento." [423]

O artigo regula que também a tutela cautelar pode ser requerida em caráter antecedente, devendo o autor indicar a lide, o fundamento, a exposição do direito que visa assegurar e o perigo na demora que justifique a concessão da tutela de urgência. A regra se assemelha à previsão contida no art. 801 do Código revogado.

Merece destaque, ainda, o parágrafo único, que dispõe que — dada a fungibilidade entre as tutelas diferenciadas — se o juiz entender que se trata de pedido de tutela de caráter satisfativo e não cautelar, deverá processar o pedido conforme o procedimento do capítulo anterior[424].

A fungibilidade também deve ser aplicada no processo do trabalho, como se pode observar do seguinte julgado do TST, que privilegia um processo de resultados:

> A 'fungibilidade' ou a 'conversão' do pedido de tutela jurisdicional é providência impositiva ao magistrado e que deriva não da lei, mas do sistema processual civil como um todo, desde a Constituição Federal. Se é certo que os incisos XXXV e LXXVIII do art. 5º daquela Carta deixam ao alvedrio do legislador a escolha das técnicas pelas quais ameaças a direito serão imunizadas e pelas quais o processo será célere no atingimento de seus resultados, não é menos certo que não é dado ao legislador criar uma situação tal que resulte no afastamento de determinadas situações da apreciação tempestiva do Poder Judiciário. (TST, relator: Alberto Luiz Bresciani de Fontan Pereira, Data de Julgamento: 22.10.2013, Subseção II – Especializada em Dissídios Individuais)

Artigo 306

O réu será citado para, no prazo de 5 (cinco) dias, contestar o pedido e indicar as provas que pretende produzir.

(Art. 802 do CPC revogado)

O procedimento da tutela cautelar antecedente é distinto da tutela antecipada antecedente. Para o pedido de natureza cautelar, o novo Código adota regramento muito similar ao adotado para o processo cautelar que era regulado pelo CPC/73. O réu, citado, terá o prazo de cinco dias para responder ao pedido de tutela cautelar formulado pelo autor, indicando as provas que pretenda produzir para demonstrar suas alegações. Esse é o procedimento adotado no processo

---

(423) BEDAQUE, José Roberto dos Santos. *Efetividade do processo e técnica processual*. 3. ed. Malheiros: São Paulo, 2006. p. 519.

(424) Para um maior aprofundamento sobre a questão da fungibilidade entre a tutela antecipada e cautelar, indicamos capítulo de nosso livro *Ação Recisória:* Possibilidade e Forma de Suspensão da Decisão Rescindenda. 2. ed. Curitiba: Juruá, 2011, que tratamos do tema.

do trabalho, como se pode constatar no seguinte julgado do TST:

> Trata-se de Ação Cautelar Inominada, incidental ao Proc. N. TST-AIRR-6000-29.1997.5.24.066, em execução, do qual sou Relator, ajuizada pela União (PGU), com pedido de liminar *inaudita altera pars*, para conceder efeito suspensivo ao agravo de instrumento e à execução que tramita na Vara do Trabalho de Ponta Porã – MS. Todavia, em juízo de prévia delibação, não se verifica a hipótese na qual o réu, sendo citado, possa tornar ineficaz a medida cautelar pleiteada. Assim, reservo-me o direito de analisar o pedido de liminar após a citação dos réus. Citem-se os réus, para, querendo, contestar a presente ação, no prazo de cinco dias, e indicar as provas que pretendem produzir, na forma do art. 802 do CPC. (TST – CauInom: 3222-97.2013.5.00.0000, Data de Publicação: DEJT 18.4.2013)

Artigo 307

Não sendo contestado o pedido, os fatos alegados pelo autor presumir-se-ão aceitos pelo réu como ocorridos, caso em que o juiz decidirá dentro de 5 (cinco) dias.

Parágrafo único. Contestado o pedido no prazo legal, observar-se-á o procedimento comum.

(Art. 803 do CPC revogado)

Caso o réu, citado, não conteste o pedido formulado em caráter antecedente, os fatos que houverem sido alegados pelo autor serão reputados verdadeiros, decidindo o magistrado em cinco dias.

Contudo, caso o réu conteste o pedido, haverá a conversão do procedimento para o rito comum, que está regulado nos arts. 316 e seguintes do novo Código. Neste caso, o processo tramitará seguindo as disposições regulares do procedimento comum, com realização de instrução probatória e prolação de sentença, ao final, seja no processo civil, seja no processo do trabalho.

Artigo 308

Efetivada a tutela cautelar, o pedido principal terá de ser formulado pelo autor no prazo de 30 (trinta) dias, caso em que será apresentado nos mesmos autos em que deduzido o pedido de tutela cautelar, não dependendo do adiantamento de novas custas processuais.

§ 1º O pedido principal pode ser formulado conjuntamente com o pedido de tutela cautelar.

§ 2º A causa de pedir poderá ser aditada no momento de formulação do pedido principal.

§ 3º Apresentado o pedido principal, as partes serão intimadas para a audiência de conciliação ou de mediação, na forma do art. 334, por seus advogados ou pessoalmente, sem necessidade de nova citação do réu.

Arts. 309 e 310

> § 4º Não havendo autocomposição, o prazo para contestação será contado na forma do art. 335.
>
> (Art. 806 do CPC revogado)

O artigo trata do procedimento a ser adotado quando a medida cautelar for concedida e efetivada. Nestes casos, o autor deverá aditar a petição inicial do pedido de caráter antecedente, formulando o pedido principal nos mesmos autos, sem necessidade de recolhimento de custas complementares, complementando, portanto, suas alegações e pedidos.

O réu será intimado para audiência de conciliação e mediação, a partir da qual será contado o prazo para a contestação referente ao pedido principal, uma vez que a contestação de que trata o artigo anterior refere-se ao pedido de natureza cautelar, e por isso, tem prazo reduzido de cinco dias e não segue o procedimento comum (arts. 335 e 336).

Diante da omissão da CLT, esse é o procedimento que deve ser adotado no processo do trabalho.

Artigo 309

> Cessa a eficácia da tutela concedida em caráter antecedente, se:
>
> I – o autor não deduzir o pedido principal no prazo legal;
>
> II – não for efetivada dentro de 30 (trinta) dias;
>
> III – o juiz julgar improcedente o pedido principal formulado pelo autor ou extinguir o processo sem resolução de mérito.
>
> Parágrafo único. Se por qualquer motivo cessar a eficácia da tutela cautelar, é vedado à parte renovar o pedido, salvo sob novo fundamento.
>
> (Art. 808 do CPC revogado)

Caso a tutela cautelar antecedente seja concedida e efetivada, o autor tem o dever de formular o pedido principal, nos termos do artigo antecedente. Se não o fizer, cessa a eficácia da medida cautelar, à semelhança do regime adotado no CPC/73.

Do mesmo modo, se, concedida a tutela cautelar, esta não for efetivada por motivos imputáveis ao autor, como desídia na condução do feito, ausência do pagamento de custas de oficial de justiça, entre outros motivos, não mais terá efeitos a decisão que a conceder.

Por fim, caso o pedido principal seja julgado improcedente ou se o processo for extinto sem resolução de mérito, fica sem eficácia a decisão que houver deferido o pedido de natureza cautelar.

Nestes casos, além da penalidade de reparação pelos danos prevista no art. 303, o Código prevê outra sanção ao autor: a impossibilidade de renovar o pedido, salvo se puder fundamentá-lo em outra causa de pedir fática ou jurídica.

Também este regramento é muito similar ao que era previsto no Código revogado, diante do caráter provisório da tutela de urgência.

O procedimento aqui previsto também se aplica no processo do trabalho, incluída a provisoriedade da tutela cautelar, inerente a tais medidas de urgência, que justificam inclusive a nova denominação dada pelo legislador. Tal provisoriedade pode ser observada nos seguintes julgados do TST e do TRT da 10ª Região:

RECURSO ORDINÁRIO EM MANDADO DE SEGURANÇA. REINTEGRAÇÃO. ANTECIPAÇÃO DE TUTELA CONCEDIDA NA SENTENÇA. AJUIZAMENTO DE AÇÃO CAUTELAR PARA ATRIBUIR EFEITO SUSPENSIVO AO RECURSO ORDINÁRIO ENTÃO INTERPOSTO. CESSAÇÃO DOS EFEITOS DA CAUTELAR DEFERIDA COM O POSTERIOR JULGAMENTO E DESPROVIMENTO DO RECURSO. AUSÊNCIA DE DIREITO LÍQUIDO E CERTO DA IMPETRANTE. A antecipação de tutela, para fim de reintegração dos Litisconsortes Passivos, foi concedida na sentença. O cumprimento da ordem de reintegração foi obstado, em face do manejo de ação cautelar incidental pela ora Impetrante, a qual foi julgada procedente, tão somente, para fim de concessão de efeito suspensivo ao recurso ordinário por ela interposto nos autos da reclamação trabalhista. A pretensão da Recorrente é de cumprimento da decisão proferida na ação cautelar incidental em que foi deferida a concessão de efeito suspensivo ao recurso ordinário interposto contra a sentença proferida nos autos originários. Com o julgamento e desprovimento daquele recurso, cessou o efeito suspensivo então concedido, não restando configurada ilegalidade ou abuso de poder, na posterior expedição, pelo MM. Juízo de primeiro grau, de mandado de reintegração dos Litisconsortes. Não se tem notícia, nos autos, de concessão de efeito suspensivo aos recursos posteriormente manejados, efeito esse que, de toda forma, já teria cessado com os julgamentos ocorridos. Recurso ordinário em mandado de segurança conhecido e desprovido. (TST – ROMS: 36600-67.2005.5.20.0000, relator: Alberto Luiz Bresciani de Fontan Pereira, Data de Julgamento: 20.11.2007, Subseção II – Especializada em Dissídios Individuais, Data de Publicação: DJ 30.11.2007)

AÇÃO CAUTELAR. EFEITO SUSPENSIVO AO RECURSO EM RAZÃO DA ANTECIPAÇÃO DA TUTELA CONCEDIDA NA SENTENÇA. Nos termos da lei, cessa a eficácia da medida cautelar, quando o juiz declarar extinto o processo com ou sem resolução de mérito (art. 808, III, do CPC). Na hipótese, o feito ainda se encontra em pauta de julgamento podendo, inclusive, sofrer alterações. Desta forma, considerando que o processo cautelar objetiva apenas assegurar o resultado útil e eficaz do processo principal, o qual ainda não se encontra com decisão em grau de recurso, julgo procedente a presente ação, ratificando a decisão liminar. (TRT-10 - AC: 00285-2007-000-10-00-9, relator: Juiz Jose Leone Cordeiro Leite, Data de Julgamento: 4.6.2008, 2ª Turma, Data de Publicação: 27.6.2008)

Artigo 310

> O indeferimento da tutela cautelar não obsta a que a parte formule o pedido principal, nem influi no julgamento desse, salvo se o motivo do indeferimento for o reconhecimento de decadência ou de prescrição.
>
> (Art. 810 do CPC revogado)

O pedido de natureza cautelar (que visa proteger o processo em que será formulada a pretensão de direito material) e o pedido principal (referente ao bem da vida controvertido) não se confundem, não havendo, por isso nenhuma relação de dependência ou prejudicialidade deste em relação àquele.

Assim, mesmo que indeferido o pedido de natureza cautelar, poderá a parte formular o pedido principal. Afinal, os motivos do indeferimento do pedido cautelar podem não ter qualquer relação com o pedido principal, como, por exemplo, a ausência de prova do perigo de dano pela demora — que é requisito específico da tutela de urgência. A única hipótese em que a parte não poderá formular o pedido principal refere-se ao julgamento de decadência ou prescrição, porque, nestes casos, o próprio direito da parte estará fulminado pelo decurso do prazo fixado em lei (arts. 189 e seguintes do Código Civil).

A regra encontra correspondente no CPC/73 e se aplica ao processo do trabalho, cuja autonomia é reconhecida pela doutrina laboral, a exemplo do que afirma Carlos Henrique Bezerra Leite:

É inegável que a partir do CPC de 1973 restou consagrada a autonomia do processo cautelar em relação aos demais processos de execução e de cognição, na medida em que sua finalidade, ou seja, o pedido e a causa de pedir, é buscada independente ou não do pedido principal. Não obstante processo cautelar necessite de um processo principal para existir, isso não o coloca em posição de dependência, pois a autonomia, tanto do processo cautelar em si como dos seus objetos, difere do processo principal, seja de cognição ou o de execução.[425]

TÍTULO III
DA TUTELA DA EVIDÊNCIA

Artigo 311

A tutela da evidência será concedida, independentemente da demonstração de perigo de dano ou de risco ao resultado útil do processo, quando:

I – ficar caracterizado o abuso do direito de defesa ou o manifesto propósito protelatório da parte;

II – as alegações de fato puderem ser comprovadas apenas documentalmente e houver tese firmada em julgamento de casos repetitivos ou em súmula vinculante;

III – se tratar de pedido reipersecutório fundado em prova documental adequada do contrato de depósito, caso em que será decretada a ordem de entrega do objeto custodiado, sob cominação de multa;

IV – a petição inicial for instruída com prova documental suficiente dos fatos constitutivos do direito do autor, a que o réu não oponha prova capaz de gerar dúvida razoável.

Parágrafo único. Nas hipóteses dos incisos II e III, o juiz poderá decidir liminarmente.

(Art. 273, II, e § 6º, do CPC revogado)

O novo Código dispõe que a tutela provisória compreende hipóteses de tutela de urgência — subdividida em cautelar/preventiva e antecipada/satisfativa — e em tutela de evidência. O artigo ora analisado trata da tutela de evidência, modalidade de tutela diferenciada que dispensa o requisito da urgência para ser concedida.

Com efeito, o artigo trata de situações em que a probabilidade de existência do direito da parte e a inconsistência da defesa ou abuso desta justificam a outorga de tutela imediata à parte que, provavelmente, será vencedora do litígio, sem a necessidade de aguardar o desenrolar ordinário do processo judicial, que demande o exercício pleno do contraditório e a realização de instrução probatória completa.

A tutela de evidência foi objeto de amplo estudo do mestre Luiz Fux, que defendeu o tema em sua tese de titularidade na Universidade do Estado do Rio de Janeiro[426], para quem "é evidente o direito cuja prova dos fatos sobre os quais incide revela-os incontestáveis ou ao menos impassíveis de contestação séria"[427]. Com efeito, o objeto litigioso já se oferece completo ao juízo. É um procedimento comprimido, em razão da evidência do direito alegado.

As hipóteses que autorizam que o juiz conceda esta tutela processual diferenciada estão dispostas nos incisos I a IV do dispositivo legal. A primeira hipótese que autoriza a tutela de evidência é o abuso de direito de defesa ou manifesto propósito protelatório[428], o que já era previsto como hipótese de antecipação dos efeitos da tutela do art. 273, II, do Código revogado.

A segunda hipótese legal diz respeito às situações denominadas de "repetitivas" pelo novo Código, bem como àquelas abrangidas por entendimento firmado em súmula vinculante. Assim, caso a tese jurídica já tenha sido firmada

---

(425) BEZERRA LEITE, Carlos Henrique. *Curso de direito processual do trabalho*. 12. ed. São Paulo: LTr, 2014. p. 1.479

(426) Ver: FUX, Luiz. *Tutela de segurança e tutela da evidência:* fundamentos da tutela antecipada. São Paulo: Saraiva, 1996.

(427) *Ibidem*, p. 311.

(428) Sobre o tema, o Fórum Permanente de Processualistas Civis editou enunciado com o seguinte teor: "Enunciado n. 34: Considera-se abusiva a defesa da Administração Pública, sempre que contrariar entendimento coincidente com orientação vinculante firmada no âmbito administrativo do próprio ente público, consolidada em manifestação, parecer ou súmula administrativa, salvo se demonstrar a existência de distinção ou da necessidade de superação do entendimento".

em demandas repetitivas — seja pelo incidente de resolução de demandas repetitivas, seja pelos recursos especial ou extraordinário repetitivos — ou caso já haja súmula vinculante pacificando entendimento jurisprudencial em um determinado sentido, não haverá motivos para submeter a parte à tramitação regular e demorada de um processo judicial pelo procedimento comum. Se a parte tiver prova documental suficiente que a enquadre como hipótese de aplicação da tese firmada, deverá desde já lhe ser concedida a tutela jurisdicional, porque evidente seu direito.

Do mesmo modo, caso a parte tenha prova documental suficiente para comprovar o direito que alega possuir (incisos III e IV), deverá o magistrado conceder a tutela abreviada de que trata o artigo de lei.

Sobre a tutela de evidência, o Fórum Permanente de Processualistas Civis também editou o Enunciado n. 35, no sentido de que as "vedações à concessão de tutela antecipada contra a Fazenda Pública não se aplicam aos casos de tutela de evidência", o que é importante para que essa tutela diferenciada seja efetiva, considerando que o Estado é um dos maiores litigantes, especialmente nos casos repetitivos.

A tutela de evidência aqui tratada deve ser aplicada ao processo do trabalho, especialmente pela relevância e natureza alimentar dos créditos que são objeto de sua tutela, como já era realizado sob a égide do CPC/73, a exemplo do seguinte julgado do TRT da 20ª Região:

AGRAVO REGIMENTAL. AÇÃO CAUTELAR INOMINADA. PRESENÇA DO *FUMUS BONI IURIS* E DO *PERICULUM IN MORA*. SÓLIDOS ESTEIOS PARA DESCONSTITUIÇÃO DA DECISÃO LIMINAR DENEGATÓRIA. EFEITO SUSPENSIVO AO RECURSO ORDINÁRIO. CONCESSÃO. *In casu*, o exame dos Autos leva ao reconhecimento, em cognição sumária, da existência do *fumus boni juris* (Tutela de Evidência) e do *periculum in mora* (Tutela de Emergência), os quais autorizam a concessão da medida de Exceção pretendida, sopesando-se, para tanto, que a Decisão que deferira diferença de complementação de aposentadoria é objeto de ataque via Recurso Ordinário pela Autora da Medida Cautelar, com possibilidade de reforma por este Egrégio Regional, o que, caso ocorrente, causaria prejuízos à Empresa, com impossibilidade de reparação, devendo ser cassada a Decisão proferida pelo Relator às fls. 116/117, concedendo-se a liminar no sentido de emprestar efeito suspensivo ao Recurso interposto pela ora Agravante nos Autos da Reclamatória 0001678-18-2010-5-20-000. (TRT-20 – Cautelar Inominada: 0000028-05.2011.5.20.0000 SE, Data de Publicação: 14.3.2011)

Livro VI — Formação, Suspensão e Extinção do Processo

TÍTULO I
DA FORMAÇÃO DO PROCESSO

Artigo 312

Considera-se proposta a ação quando a petição inicial for protocolada, todavia, a propositura da ação só produz quanto ao réu os efeitos mencionados no art. 240 depois que for validamente citado.
(Art. 263 do CPC revogado)

O novo Código altera a legislação no que se refere ao momento de formação do processo. No CPC/73, a regra era de que a ação era considerada proposta a partir do despacho da petição inicial. No novo Código, a ação passa a ser considerada proposta quando do protocolo da petição inicial.

Mesmo na vigência do CPC/73, a doutrina e a jurisprudência já defendiam que a interpretação da lei deveria ser feita no sentido que agora é adotado pelo novo Código. Nesse sentido, citam-se decisões do Superior Tribunal de Justiça:

> Data da propositura da ação. Art. 263 do Código de Processo Civil. 1. A interpretação do art. 263 do Código de Processo Civil que melhor cobre a prática judiciária é aquela que considera proposta a ação, ainda que se trate de comarca de vara única, no dia em que protocolada a petição no cartório, recebida pelo serventuário, o qual deve despachá-la com o Juiz. Com isso, a contar desta data correm os efeitos da propositura do pedido, dentre os quais o de interromper a prescrição, na forma do art. 219, § 1º, do Código de Processo Civil. (STJ, REsp n. 598798, rel. Min. Menezes Direito, j. em 6.9.2005)

> PROCESSUAL CIVIL. DISTRIBUIÇÃO MÚLTIPLA. LIMINAR. LITISPENDÊNCIA. PROSSEGUIMENTO NOS AUTOS DA PRIMEIRA DEMANDA PROPOSTA. 1. Os efeitos da litispendência, para o autor, são produzidos desde a propositura da demanda. O fato de a relação processual ainda estar incompleta antes do ato citatório não significa que inexiste ação, uma vez que a pretensão já se encontra materializada por meio do petitório inicial. (STJ, AgRg no AREsp 51513, rel. Min. Castro Meira, j. em 20.3.2012)

Contudo, mesmo que proposta a ação na data do protocolo, surtindo efeitos para o autor a partir desta data[429], a relação jurídica processual apenas se completa após a citação válida do réu, justamente por ser o ato que o integra ao processo (art. 236). Por isso, somente partir da citação é que se operarão seus efeitos em relação ao réu, descritos no art. 240. Há a formação gradual da relação jurídica processual, tanto no processo civil, como no processo do trabalho, como se observa do seguinte julgado do TRT da 16ª Região:

> AUSÊNCIA DE CITAÇÃO — NULIDADE DOS ATOS PROCESSUAIS — A propositura da ação somente produz efeito, quanto ao réu, depois de validamente citado. Tem-se por válida a citação quando o demandado, expressa ou tacitamente, tem ciência do ajuizamento da demanda. No PROCESSO do Trabalho, embora a Súmula n. 16 do c. TST estabeleça presunção de que a notificação haja sido recebida no prazo de 48 (quarenta e oito) horas após a postagem, dita compreensão não pode ter por base outro juízo de aparência, mas conter um mínimo de materialidade para que seja aceita, sob pena de violação ao princípio do devido PROCESSO legal, cuja infração importa em anulação dos atos processuais atingidos pelo vício. Recurso conhecido e provido. (TRT-16 – 00905-2007-016-16-00-2 MA, relator: Luiz Cosmo da Silva Júnior, Data de Julgamento: 16.9.2008, Data de Publicação: 20.10.2008)

Quanto ao tema, o TST já decidiu que a mera propositura da ação tem o condão de interromper o prazo prescricional, independente de o réu ter sido citado:

> RECURSO DE REVISTA. PRESCRIÇÃO. INTERRUPÇÃO DA PRESCRIÇÃO QUINQUENAL E BIENAL. MARCO INICIAL DA INTERRUPÇÃO: DATA DA PROPOSITURA DA AÇÃO. DESNECESSIDADE DE CITAÇÃO VÁLIDA. MARCO DE REINÍCIO DO FLUXO DOS PRAZOS BIENAL E QUINQUENAL: EXTINÇÃO DO RESPECTIVO PROCESSO COM OU SEM RESOLUÇÃO DO MÉRITO. A jurisprudência trabalhista firmou-se no sentido de que a extinção do processo sem resolução de mérito não prejudica a interrupção prescricional efetuada com a propositura da ação (Súmula n. 268, TST). O critério abrange extinções processuais por ausência injustificada do obreiro, autor da ação, à audiência, por desistência, por inépcia da inicial e outras correlatas. Assim, o simples ajuizamento da reclamação trabalhista produz o efeito de interromper a fluência do prazo prescricional, razão pela qual é desnecessária a citação válida da demandada para tais fins. Na hipótese, os prazos prescricionais foram interrompidos com o ajuizamento da primeira reclamatória trabalhista, proposta pelo Autor em face das Reclamadas em 27.8.2004, com identidade de pedidos, causas de pedir e partes e, conforme o teor da sentença, o arquivamento do processo se deu em 24.2.2005, por meio do qual se daria o reinício da contagem dos referidos prazos, conforme jurisprudência desta Corte. Recurso de revista conhecido e provido. (TST, relator: Mauricio Godinho Delgado, Data de Julgamento: 20.11.2013, 3ª Turma)

---

(429) O Fórum Permanente de Processualistas Civis editou enunciado sobre a formação do processo e o desmembramento de litisconsórcio multitudinário: "Enunciado n. 117: Em caso de desmembramento do litisconsórcio multitudinário ativo, os efeitos mencionados no art. 240 são considerados produzidos desde o protocolo originário da petição inicial".

TÍTULO II
DA SUSPENSÃO DO PROCESSO

Artigo 313

Suspende-se o processo:

I – pela morte ou pela perda da capacidade processual de qualquer das partes, de seu representante legal ou de seu procurador;

II – pela convenção das partes;

III – pela arguição de impedimento ou de suspeição;

IV – pela admissão de incidente de resolução de demandas repetitivas;

V – quando a sentença de mérito:

a) depender do julgamento de outra causa ou da declaração de existência ou de inexistência de relação jurídica que constitua o objeto principal de outro processo pendente;

b) tiver de ser proferida somente após a verificação de determinado fato ou a produção de certa prova, requisitada a outro juízo;

VI – por motivo de força maior;

VII – quando se discutir em juízo questão decorrente de acidentes e fatos da navegação de competência do Tribunal Marítimo;

VIII – nos demais casos que este Código regula.

§ 1º Na hipótese do inciso I, o juiz suspenderá o processo, nos termos do art. 689.

§ 2º Não ajuizada ação de habilitação, ao tomar conhecimento da morte, o juiz determinará a suspensão do processo e observará o seguinte:

I – falecido o réu, ordenará a intimação do autor para que promova a citação do respectivo espólio, de quem for o sucessor ou, se for o caso, dos herdeiros, no prazo que designar, de no mínimo 2 (dois) e no máximo 6 (seis) meses;

II – falecido o autor e sendo transmissível o direito em litígio, determinará a intimação de seu espólio, de quem for o sucessor ou, se for o caso, dos herdeiros, pelos meios de divulgação que reputar mais adequados, para que manifestem interesse na sucessão processual e promovam a respectiva habilitação no prazo designado, sob pena de extinção do processo sem resolução de mérito.

§ 3º No caso de morte do procurador de qualquer das partes, ainda que iniciada a audiência de instrução e julgamento, o juiz determinará que a parte constitua novo mandatário, no prazo de 15 (quinze) dias, ao final do qual extinguirá o processo sem resolução de mérito, se o autor não nomear novo mandatário, ou ordenará o prosseguimento do processo à revelia do réu, se falecido o procurador deste.

§ 4º O prazo de suspensão do processo nunca poderá exceder 1 (um) ano nas hipóteses do inciso V e 6 (seis) meses naquela prevista no inciso II.

§ 5º O juiz determinará o prosseguimento do processo assim que esgotados os prazos previstos no § 4º.

(Art. 265 do CPC revogado)

A tramitação regular do processo ocorre de forma continuada, com o desenrolar dos atos processuais, encadeados lógica e temporalmente. Não obstante, algumas situações — voluntárias ou involuntárias — podem acarretar na paralisação da tramitação processual, período em que não serão praticados atos processuais, denominado de suspensão do processo.

Humberto Theodoro Jr. leciona que "ao contrário dos fatos extintivos, no caso de simples suspensão, tão logo cesse o efeito do evento extraordinário que a causou, a movimentação do processo se restabelece normalmente. Na verdade, a suspensão inibe o andamento do feito, mas não elimina o vínculo jurídico emanado da relação processual, que, mesmo inerte, continua a subsistir com toda sua eficácia"[430].

Fredie Didier Jr. aponta, no mesmo sentido, que "o curso do procedimento pode, em razão de certos fatos, ficar suspenso temporariamente; esse fenômeno é chamado de suspensão do processo. A suspensão do processo não significa a suspensão dos efeitos jurídicos do processo (efeitos da litispendência); não há suspensão do conteúdo eficacial da relação jurídica processual. Não obstante suspenso o processo, a coisa ou direito ainda é litigioso, permitindo a incidência do art. 42 do CPC"[431]. Há, portanto, suspensão do procedimento.

O artigo de lei ora analisado trata das hipóteses de suspensão do feito, muitas das quais já eram previstas no Código revogado. O processo será suspenso pela morte de quaisquer das partes ou seus procuradores (inciso I) ou qualquer outro motivo de força maior que impeça seu prosseguimento (inciso VI), bem como quando dependa da resolução de alguma questão externa aos autos, seja fática ou jurídica (incisos IV e V). O processo também será suspenso caso se esteja apurando causa de impedimento ou suspeição do juiz (inciso III), justamente para evitar prática de atos posteriormente anuláveis. Há, ainda, a possibilidade de convenção das partes para suspensão da tramitação do feito, o que é comum quando há possibilidade de realização de acordo.

A CLT prevê em dois dispositivos (arts. 799 e 844) a suspensão do processo, a primeira nas hipóteses de exceção de impedimento e suspeição, a segunda no caso de ocorrer "motivo relevante":

---

(430) THEODORO JR., Humberto. *Curso de Direito Processual Civil*. vol. I. Rio de Janeiro: Forense, 2014.

(431) DIDIER JR., Fredie. *Curso de Direito Processual Civil*. vol. 1. Salvador: Juspodivm, 2014. p. 627.

Art. 799, CLT – Nas causas da jurisdição da Justiça do Trabalho, somente podem ser opostas, com suspensão do feito, as exceções de suspeição ou incompetência.

§ 1º As demais exceções serão alegadas como matéria de defesa.

§ 2º Das decisões sobre exceções de suspeição e incompetência, salvo, quanto a estas, se terminativas do feito, não caberá recurso, podendo, no entanto, as partes alegá-las novamente no recurso que couber da decisão final.

Art. 844, CLT. Parágrafo único – Ocorrendo, entretanto, motivo relevante, poderá o presidente suspender o julgamento, designando nova audiência.

Assim, as hipóteses previstas no art. 313 se aplicam também no processo do trabalho, como já ocorria sob a égide do Código anterior, como se observa da jurisprudência trabalhista:

MORTE DE UM DOS REPRESENTANTES DA PARTE. PRAZOS. SUSPENSÃO DO PROCESSO. Art. 265, INCISO I, DO CPC. INAPLICABILIDADE. 1. É correta a afirmativa – não implicando ofensa à literalidade do art. 265, inciso I, do CPC — de que a morte de um dos advogados da parte, ainda no caso de ser aquele em nome do qual as notificações eram feitas, não tem o condão de suspender o processo e, por conseguinte, a contagem dos prazos recursais, quando o segundo causídico já havia participado no processo, tendo, inclusive, oferecido memorial constando razões finais da Reclamada. É evidente, portanto, que a morte de um dos advogados não causou danos diretos à parte, pois mantida a oportunidade de produção de alegações e de defesa, cujo exercício, substancialmente, buscou o legislador preservar, quando da edição do art. 265, I, do CPC. 2.Agravo de instrumento desprovido. (TST – AIRR: 122940-59.2000.5.04.0024, relator: Emmanoel Pereira, Data de Julgamento: 27.4.2005, 1ª Turma, Data de Publicação: DJ 20.5.2005)

FALECIMENTO DA PARTE. SUSPENSÃO DO PROCESSO. Nos termos do art. 43, do CPC, "Ocorrendo a morte de qualquer das partes, dar-se-á a substituição pelo seu espólio ou pelos seus sucessores, observado o disposto no art. 265", cujo inciso I prevê a suspensão do processo "pela morte ou perda da capacidade processual de qualquer das partes, de seu representante legal ou de seu procurador. (TRT-5 – AP: 0023200-24.2004.5.05.0651 BA, 2ª Turma, Data de Publicação: DJ 3.2.2012)

PRELIMINAR DE NULIDADE DOS ATOS PROCESSUAIS. INCIDENTE DE HABILITAÇÃO DE HERDEIROS NÃO RESOLVIDO. SUSPENSÃO DO PROCESSO. Após o falecimento do 1º Reclamante, e a posterior suspensão do processo para a habilitação dos herdeiros, na forma do art. 265, I, do CPC, não há qualquer notícia nos autos a respeito da resolução de tal incidente, motivo pelo qual os julgamentos dos Embargos de Declaração da Reclamada configuraram-se atos nulos. Dessa forma, necessário o retorno dos autos à instância de origem, para que regularize a questão incidental e promova, enfim, o julgamento dos primeiros Embargos de Declaração da Reclamada. Recurso de Revista conhecido e provido. (TST, relator: José Simpliciano Fontes de F. Fernandes, Data de Julgamento: 10.6.2009, 2ª Turma)

RECURSO DE REVISTA. SUSPENSÃO DO PROCESSO. RELAÇÃO DE PREJUDICIALIDADE ENTRE CAUSAS. Transitada em julgado a decisão proferida em outra ação em que se discutia questão prejudicial (inserção ou não do obreiro na hipótese do art. 62,II, da CLT), não se justifica o acolhimento do pleito de suspensão do processo em análise. Hipótese em que não se verifica violação ao art. 265,IV, do CPC. Recurso de revista não conhecido. (TST – RR: 41800-47.2006.5.04.0103, relator: Mauricio Godinho Delgado, Data de Julgamento: 14.9.2011, 6ª Turma, Data de Publicação: DEJT 23.9.2011)

SUSPENSÃO DO PROCESSO. MORTE. O falecimento de uma das partes acarreta a suspensão automática do processo, que só retoma seu curso após a habilitação dos sucessores ou a prova de que, devidamente intimado, o espólio não se manifestou. (TRT-2, relatora: Ana Maria Moraes Barbosa Macedo, Data de Julgamento: 30.9.2014, 17ª Turma)

RECURSO ORDINÁRIO EM MANDADO DE SEGURANÇA. JULGAMENTO SIMULTÂNEO E UNIFORME DE AÇÕES PROPOSTAS EM SEPARADO. CONEXÃO PELA CAUSA DE PEDIR. OBSTÁCULO À REUNIÃO DAS DEMANDAS. SUSPENSÃO DO PROCESSO COMO FORMA DE IMPEDIR A PROLAÇÃO DE DECISÕES CONTRADITÓRIAS. 1. A identidade entre duas ou mais ações propostas em separado, pela causa de pedir ou pelo pedido, traz à memória o fato jurídico da conexão (CPC, art. 103), cujo efeito principal consiste na reunião das demandas, para julgamento simultâneo e uniforme. 2. A constatação de obstáculo à reunião das ações, materializado no julgamento de qualquer delas, aconselha a suspensão daquela ainda não decidida, como forma de impedir a prolação de decisões contraditórias. Recurso ordinário em mandado de segurança conhecido e desprovido. (TST – RO: 34300-43.2010.5.17.0000, relator: Alberto Luiz Bresciani de Fontan Pereira, Data de Julgamento: 27.9.2011, Subseção II – Especializada em Dissídios Individuais, Data de Publicação: DEJT 7.10.2011)

Artigo 314

Durante a suspensão é vedado praticar qualquer ato processual, podendo o juiz, todavia, determinar a realização de atos urgentes a fim de evitar dano irreparável, salvo no caso de arguição de impedimento e de suspeição.

(Art. 266 do CPC revogado)

A suspensão do processo acarreta na suspensão da prática de quaisquer atos processuais. Assim, durante o período de suspensão, estarão suspensos também os prazos processuais. Não obstante, caso os sujeitos do processo pratiquem atos durante este período, não será configurada sua invalidade imediata, o que deve ser interpretado conjuntamente com a teoria das nulidades, que exige prejuízo para a invalidação.

Fredie Didier Jr. leciona que, nestes casos, "o defeito do ato processual somente gera nulidade se houver prejuízo. Partindo da premissa de que a vedação à prática de atos processuais durante a paralisação do processo decorre da garantia do devido processo legal, sendo regra que dá efetividade à segurança jurídica e ao contraditório, só haverá invalidade se esses bens jurídicos forem afetados"[432], com o que concordamos.

Os atos urgentes fogem da regra de suspensão, pois poderão ser determinados mesmo no período de suspensão do

---

[432] DIDIER JR., Fredie. *Curso de Direito Processual Civil*. vol. 1. Salvador: Juspodivm, 2014. p. 638.

processo, justamente porque visam evitar perecimento do direito ou graves prejuízos decorrentes do decurso do tempo.

Na hipótese de suspensão por alegação de impedimento ou suspeição (inciso III do artigo anterior), não está vedada a concessão de medidas urgentes, como parece dispor o artigo ora analisado. O que deverá ocorrer é o procedimento do art. 146, que determina que o pedido de tutela de urgência seja requerido ao substituto legal.

Quanto ao término da suspensão e, por consequência, à retomada da prática dos atos processuais, Humberto Theodoro Jr. aponta que "o término da suspensão é automático naqueles casos em que haja um momento preciso, fixado na própria *lei* (como na hipótese de exceção de incompetência), ou no *ato judicial* que a decretou (como no caso em que se defere a paralisação do feito por prazo determinado). Sendo, porém, impreciso o termo da suspensão (tal como se passa em situação de motivo de força maior), a retomada da marcha e dos prazos processuais dependerá de uma nova deliberação judicial e da consequente intimação das partes"[433].

A regra se aplica no processo do trabalho, no qual não se admite a prática de atos processuais durante a suspensão do processo, salvo aqueles reputados urgentes, como já decidiu o TRT da 13ª Região:

> PROCESSO SUSPENSO POR DETERMINAÇÃO DO JUÍZO. Nos termos do art. 266 do CPC, durante a suspensão do processo é defeso praticar qualquer ato processual, exceto os urgentes. Se o ato praticado não tiver sido em caráter emergencial, este será nulo. Recurso ordinário a que se da provimento para determinar que se mantenha a suspensão do processo até que se dê o trânsito em julgado da decisão a ser proferida na reclamação trabalhista ajuizada perante a 2ª Vara do Trabalho de João Pessoa/PB. (TRT-13 – RO: 88893 PB 00479.2005.004.13.00-1, relator: Francisco de Assis Carvalho e Silva, Data de Julgamento: 13.6.2006, Tribunal Pleno, Data de Publicação: 22.7.2006)

Artigo 315

Se o conhecimento do mérito depender de verificação da existência de fato delituoso, o juiz pode determinar a suspensão do processo até que se pronuncie a justiça criminal.

§ 1º Se a ação penal não for proposta no prazo de 3 (três) meses, contado da intimação do ato de suspensão, cessará o efeito desse, incumbindo ao juiz cível examinar incidentemente a questão prévia.

§ 2º Proposta a ação penal, o processo ficará suspenso pelo prazo máximo de 1 (um) ano, ao final do qual aplicar-se-á o disposto na parte final do § 1º.

(Art. 110 do CPC revogado)

O dispositivo legal traz regra similar à que constava no art. 110 do Código revogado, que diz respeito à suspensão do processo judicial cível quando houver necessidade de apurar algum fato delituoso na justiça criminal. Trata-se de hipótese de suspensão por causa prejudicial externa, nos termos do inciso V do art. 314.

A suspensão do processo cível não poderá, contudo, ser indefinida, de modo que o dispositivo traz lapsos temporais dentre os quais será suspensa a tramitação do feito. Caso a questão não seja resolvida no juízo criminal no período indicado por lei, o juízo cível deverá decidir a questão incidentalmente, para viabilizar o julgamento com resolução de mérito.

Entendemos, contudo, que o prazo disposto neste artigo pode ser prorrogado sempre que o juízo cível possa concluir que, pelo estado do processo criminal, será proferida decisão em prazo próximo, desde que respeitados limites razoáveis. Isso porque o processo criminal tem, via de regra, instrução probatória mais ampla e completa, de modo que permitirá uma melhor apuração do fato.

Da mesma maneira a norma é aplicada ao processo do trabalho, constituindo faculdade do juiz suspender a reclamação trabalhista até o julgamento do processo criminal:

> CERCEAMENTO DE DEFESA. SUSPENSÃO DA RECLAMAÇÃO TRABALHISTA ATÉ O JULGAMENTO DO PROCESSO CRIMINAL. (...) A existência de processo-crime para a apuração de ato de improbidade atribuído ao reclamante não tem o condão de suspender o trâmite da ação trabalhista, uma vez que, a par da incompatibilidade com os princípios que regem o direito do trabalho, a CLT não contém norma específica no sentido de vincular os julgamentos desta Justiça Especializada àqueles proferidos na Justiça Criminal. Com efeito, a prática de falta grave capaz de pôr fim ao contrato de trabalho deve ser provada pelo empregador nesta esfera do Poder Judiciário, cabendo ao Juiz do Trabalho, à luz dos princípios que regem a entrega da prestação jurisdicional, aplicar a norma legal ao caso concreto, para acolher ou rejeitar o fato impeditivo do direito alegado. Por essas razões, é de se reconhecer que o acórdão recorrido não violou a literalidade do art. 5º, incisos XXXV, LIV e LV, ou art. 93, X, da CF/1988. Se é certo que o princípio da inafastabilidade da jurisdição assegura a todos o direito de ação, é certo, também, que a esse direito não está atrelado o resultado da entrega da prestação jurisdicional, uma vez que o Estado não se obriga a decidir em favor do autor ou do réu, cumprindo-lhe apenas aplicar o direito ao caso concreto desenhado nos autos. Nesse passo, se o provimento jurisdicional, ainda que contrário ao interesse da parte, está conforme a legislação infraconstitucional que espelha referido princípio, não cabe pretender o acolhimento de manifestação de inconformismo por violação àquele dispositivo da Carta Magna. Inviável, pois, o processamento do recurso de revista pela alínea c do art. 896 da CLT. Não há dúvida de que o disposto no art. 110 do CPC não constitui norma de caráter cogente, porquanto representa mera faculdade do juiz, exercitável quando se faça necessário aguardar a decisão da ação penal. Não está o Juízo Trabalhista, diante da apuração dos fatos na esfera criminal, obrigado a suspender o processo. Nos próprios termos legais, tal suspensão é definida como faculdade: (...), pode o juiz mandar sobrestar (...). Não há

---

(433) THEODORO JR., Humberto. *Curso de Direito Processual Civil*. vol. I. Rio de Janeiro: Forense, 2014.

como ocorrer violação de lei pela não observância de determinado ato processual se a própria lei o define como faculdade. Ademais, na hipótese dos autos, o Regional explicitou que o conjunto probatório existente nos autos foi suficiente para o deslinde da questão, deixando mais do que evidenciada a desnecessidade de suspensão do andamento do processo trabalhista enquanto pendente a ação penal (...). (TST – RR: 86800-10.1999.5.10.0019, relator: Antônio José de Barros Levenhagen, Data de Julgamento: 7.12.2005, 4ª Turma, Data de Publicação: DJ 24.2.2006)

TÍTULO III
DA EXTINÇÃO DO PROCESSO

Artigo 316

A extinção do processo dar-se-á por sentença.

(Sem correspondente no CPC revogado)

A sentença, ato que põe fim ao processo, pode resolver o mérito, ou não. Neste caso, será meramente extintiva ou terminativa, enquanto que, naquele, recebe a alcunha de sentença definitiva. A sentença se diferencia das decisões interlocutórias, que não extinguem o processo[434].

Com efeito, a sentença com resolução de mérito "é o ato pelo qual o juiz cumpre a função jurisdicional, aplicando o direito ao caso concreto, definindo o litígio e carreando a paz social pela imperatividade que a decisão encerra"[435]. A sentença sem resolução de mérito, apesar de extinguir uma determinada relação jurídica processual, não dá solução ao conflito instaurado entre as partes.

O que o artigo de lei dispõe é que a extinção do processo — com ou sem resolução do mérito, dar-se-á por sentença. A disposição é semelhante à redação originária do art. 162, § 1º, do CPC/73, que dispunha que "§ 1º Sentença é o ato pelo qual o juiz põe termo ao processo, decidindo ou não o mérito da causa".

A definição é a mesma que se dá no processo do trabalho, como se pode observar da doutrina laboral. Amauri Mascaro Nascimento afirma que a sentença é o meio pelo qual o juiz põe termo ao processo, decidindo ou não o mérito da causa, distinguindo-se da decisão interlocutória, ato praticado pelo juiz, no curso do processo, que resolve questão incidente.[436]

Artigo 317

Antes de proferir decisão sem resolução de mérito, o juiz deverá conceder à parte oportunidade para, se possível, corrigir o vício.

(Sem correspondente no CPC revogado)

Embora a extinção do processo com e sem resolução de mérito se deem por sentença, nos termos do artigo anterior, é clara a opção do novo Código pela primazia da decisão de mérito, o que se coaduna com o modelo constitucional de processo e com a busca pela tutela jurisdicional adequada, efetiva e, acima de tudo, justa.

Com efeito, "a forma normal de extinção do processo é a definição do litígio com a análise da questão de fundo: a própria controvérsia de direito material. Denomina-se essa sentença que enfrenta o pedido de sentença definitiva"[437]. A extinção do processo sem a resolução do mérito deve ser excepcional, justamente por não resultar em efetiva prestação da tutela jurisdicional.

Assim, sempre que se deparar com um vício que possa levar à extinção do feito sem resolução de mérito (hipóteses do art. 482), caso seja possível sanar o defeito, o magistrado deverá oportunizar à parte que o faça, o que também se coaduna com a previsão do art. 10 do novo Código.

A primazia da decisão de mérito também deve ser adotada no processo do trabalho. Aliás, é possível observar tal cuidado dos magistrados trabalhistas nas hipóteses de inépcia da petição inicial, como se observa dos seguintes julgados do TRT da 10ª Região:

DETERMINAÇÃO DE EMENDA À PETIÇÃO INICIAL. NÃO ATENDIMENTO. EXTINÇÃO DO PROCESSO. Verificando o juiz, antes mesmo da realização da audiência, que a petição inicial apresenta algum defeito, deverá, como medida de celeridade e economia processual, determinar que o autor emende a inicial no prazo de dez dias, nos termos do art. 765 da CLT e 284 do CPC. Não emendada a inicial nos moldes do delineado pela Legislação Adjetiva Civil, utilizada subsidiariamente no processo do trabalho, a extinção do processo, pelo não atendimento à determinação judicial de correção dos vícios na peça propedêutica, é medida que se impõe, com fulcro no art. 267, I, do CPC. Recurso conhecido e não provido. (TRT-10 – RO: 00785-2011-005-10-00-9 DF, relatora: Desembargadora Márcia Mazoni Cúrcio Ribeiro, Data de Julgamento: 8.2.2012, 3ª Turma, Data de Publicação: 17.2.2012 no DEJT)

1. INÉPCIA PARCIAL DA PETIÇÃO INICIAL. VÍCIO SANÁVEL. IMPOSSIBILIDADE DE EXTINÇÃO DO PROCESSO SEM A CONCESSÃO DE PRAZO PARA CORREÇÃO DO DEFEITO. A petição inicial deve ser indeferida quando for inequívoca a sua inadequação para o seguro julgamento da lide. Assim, sempre que a peça de ingresso

---

(434) Art. 201. Os pronunciamentos do juiz consistirão em sentenças, decisões interlocutórias e despachos.

§ 1º Ressalvadas as disposições expressas dos procedimentos especiais, sentença é o pronunciamento por meio do qual o juiz, com fundamento nos arts. 482 e 484, põe fim à fase cognitiva do procedimento comum, bem como extingue a execução.

§ 2º Decisão interlocutória é todo pronunciamento judicial de natureza decisória que não se enquadre no § 1º.

(435) FUX, Luiz. *Teoria geral do processo civil*. Rio de Janeiro: Forense, 2014. p. 279.

(436) NASCIMENTO, Amauri Mascaro. *Curso de direito processual do trabalho*. 28. ed. São Paulo: Saraiva, 2013. p. 670.

(437) FUX, Luiz. *Teoria geral do processo civil*. Rio de Janeiro: Forense, 2014. p. 281.

Art. 317

se mostre defeituosa, incompleta, caso dos autos, aconselhável, antes que se decrete a sua inépcia, que se proporcione à parte a possibilidade de adequá-la aos preceitos do art. 840, § 1º, da CLT. Desse modo, e ante os termos dos arts. 284 do CPC c/c art. 769 da CLT e da Súmula n. 263 do TST, deve ser conferida à parte a oportunidade para a emenda da peça de ingresso. 2. Recurso conhecido e provido. (TRT-10 – RO: 00011-2011-014-10-00-9 DF, relator: Desembargador Brasilino Santos Ramos, Data de Julgamento: 10.10.2011, 2ª Turma, Data de Publicação: 21.10.2011 no DEJT)

Referências Bibliográficas

ALEXY, Robert. *Teoría de los derechos fundamentales*. São Paulo: Malheiros, 2008.

ALMEIDA FILHO, José Carlos de Araújo; NOBLAT, Francis. Informatização judicial do processo: a omissão do CPC e alguns problemas que acarretará. In: FREIRE, Alexandre et all. *Novas tendências do processo civil*. vol. III. Salvador: Juspodvim, 2014.

BAHIA, Alexandre Gustavo Melo Franco. O crescimento do papel do *amicus curiae* no novo CPC: perspectivas sobre a jurisprudência atual do STF. In: FREIRE, Alexandre, et all. *Novas tendências do processo civil*. vol. I, Salvador: Juspodivm, 2013.

BARBOSA MOREIRA, José Carlos. *O novo processo civil brasileiro*. Rio de Janeiro: Forense, 2005.

_____. Correlação entre o pedido e a sentença. In: *Revista de Processo*, São Paulo, Editora Revista dos Tribunais, n. 83, jul./set. 1996.

BAUERMANN, Desirê. As tutelas de urgência no projeto de novo Código de Processo Civil. *Revista de Processo*, vol. 224, out. 2013.

BEDAQUE, José Roberto dos Santos. *Direito e Processo*. São Paulo: RT, 1995.

_____. *Efetividade do Processo e Técnica Processual*. 3. ed. São Paulo: Malheiros, 2010.

_____. *Tutela Cautelar e Tutela Antecipada: Tutelas Sumárias e de Urgência* (tentativa de sistematização), 3. ed. São Paulo: Malheiros, 2003. p. 199.

BEZERRA LEITE, Carlos Henrique. *Curso de Direito Processual do Trabalho*. 12. ed. São Paulo, LTr. 2014.

_____. *Ministério Público do Trabalho*: doutrina, jurisprudência e prática. 5 ed. São Paulo: LTr, 2011.

CALAMANDREI, Piero. *Instituições de Direito Processual Civil*. v. II. Campinas: Bookseller, 2002.

CÂMARA, Alexandre Freitas. *Lições de Direito Processual Civil*. Rio de Janeiro: Lumen Juris, 2013.

CARNEIRO, Paulo César Pinheiro. *Acesso à justiça*: juizados especiais cíveis e ação civil pública: uma nova sistematização da teoria geral do processo. Rio de Janeiro: Forense, 2007.

_____. *A ética e os personagens do processo*. Aula magna do ano acadêmico 2000, da Faculdade de Direito da Universidade do Estado do Rio de Janeiro e discurso na cerimônia de posse dos novos professores titulares (22 mar. 2000).

CARRION, Valetin. *Comentários à Consolidação das Leis do Trabalho*. 38. ed. São Paulo: Saraiva: 2013.

CASTRO, Marcello Soares. Tutela de urgência e tutela de evidência: limites e possibilidades de um regime único. In: FREIRE, Alexandre et all (Orgs.). *Novas tendências do processo civil*. Salvador: Juspodivm, 2013.

CHAVES, Luciano Athayde. Curso de Processo do Trabalho. São Paulo: LTr, 2012.

CINTRA, Antonio Carlos de Araújo; GRINOVER, Ada Pellegrini; DINAMARCO, Candido Rangel. *Teoria Geral do Processo*. 28. ed. São Paulo: Malheiros, 2012.

_____. *Fundamento do Processo Civil Moderno*. 4. ed. São Paulo: Malheiros, 2013.

_____. CLT Interpretada, artigo por artigo, parágrafo por parágrafo. Organizador: Antonio Claudio da Costa Machado; coordenador: Domingos Sávio Zainaghi. Barueri, Manole, 2007.

COELHO, Fábio Ulhoa. *Curso de Direito Comercial*. 15. ed. São Paulo. Saraiva, 2011.

CRETELLA JR., José. Do benefício da gratuidade da Justiça. *Revista de Processo*, vol. 235, set. 2014.

CUNHA, Leonardo Carneiro da. *Negócios jurídicos processuais no processo civil brasileiro*. Texto preparado e apresentado no I Congresso Peru-Brasil de Direito Processual, em Lima, no Peru, em novembro de 2014. Disponível em: <ufpe.academia.edu/LeonardoCarneirodaCunha>. Acesso em: 3 fev. 2015.

CUNHA, Leonardo Carneiro da; AZEVEDO NETO, João Luiz Lessa de. A mediação e a conciliação no projeto do novo CPC: meios integrados de resolução de disputas. In: FREIRE, Alexandre et all. *Novas tendências do processo civil*. vol. III. Salvador: Juspodivm, 2014.

DELGADO, Mauricio Godinho. *Curso de Direito do Trabalho*. 6. ed. São Paulo: LTr, 2007.

DIDIER JR., Fredie. *Curso de direito processual civil*. v. 1, Salvador: Juspodivm, 2014.

_____. O princípio da cooperação: uma apresentação. *Revista de Processo*, vol. 127, p. 75, set. 2005.

_____. *Curso de Direito Processual Civil*: Teoria Geral do Processo de Conhecimento. v. I. 6. ed. Salvador: Juspodivm, 2009. p. 171.

DINAMARCO, Candido Rangel. *A instrumentalidade do processo*. São Paulo: Malheiros, 2013.

_____. *Instituições de Direito Processual Civil II*. 4. ed. São Paulo: Malheiros, 2004.

_____. *Instituições de direito processual civil*. São Paulo: Malheiros, 2005.

_____. *Nova era do processo civil*. São Paulo: Malheiros, 2007.

_____. *Execução Civil*. 7. ed. São Paulo: Malheiros, 2000.

FORNACIARI JR., Clito. Sucessão processual. *Revista de Processo*, vol. 24, out. 1981.

FUX, Luiz. *Teoria Geral do Processo Civil*. Rio de Janeiro: Forense, 2014.

_____. *Tutela de segurança e tutela da evidência*: fundamentos da tutela antecipada. São Paulo: Saraiva, 1996.

GAGLIANO, Pablo Stolze; PAMPLONA Filho, Rodolfo. *Novo curso de direito civil*. vol. I. São Paulo: Saraiva, 2007.

GIGLIO, Wagner D. *Direito Processual do Trabalho*. 16. ed. São Paulo: Saraiva, 1984.

_____. A substituição processual trabalhista e a Lei n. 8.073. *Revista LTr*, 55-02/155, 1984.

GRECO FILHO, Vicente. *Direito Processual Civil Brasileiro*. 11. ed. São Paulo: Saraiva, 1995, n. 14-2.

GRECO, Leonardo. Garantias fundamentais do processo: o processo justo. *Estudos de direito processual*. Campos dos Goytacazes: Ed. Faculdade de Direito de Campos, 2005.

_____. *Instituições de Direito Processual Civil*. Rio de Janeiro: Forense, 2010.

_____. *Translatio iudicii* e reassunção do processo. *Revista de Processo*, vol. 166, p. 9, dez. 2008.

GRINOVER, Ada Pellegrini. *Os Princípios Constitucionais e o Código de Processo Civil*. São Paulo: José Bushatsky Editor, 1975.

HILL, Flávia Pereira. A cooperação jurídica internacional no projeto de novo Código de Processo Civil. O alinhamento do Brasil aos modernos contornos do direito processual. *Revista de Processo*, vol. 205, mar. 2012.

LIEBMAN, Enrico Tullio. *Manual de Direito Processual*. v. 1. 3. ed. São Paulo: Malheiros, 2005.

LUCON, Paulo Henrique dos Santos. Devido Processo Legal Substancial. *In: Leituras Complementares de Processo Civil*. 7. ed. Salvador: Podium.

MACIEL JR., Vicente de Paula. A tutela antecipada no projeto do novo CPC. *In:* FREIRE, Alexandre, *et all* (Orgs.). *Novas tendências do processo civil*. Salvador: Juspodivm, 2013.

MAGANO, Octavio Bueno. *Manual de direito do trabalho — Parte Geral*. São Paulo: LTr, 1990.

MARINONI, Luiz Guilherme; ARENHART, Sérgio. *Processo de Conhecimento*. São Paulo: RT, 2008.

MARINONI, Luiz Guilherme; MITIDIERO, Daniel. *Código de Processo Civil Comentado*. São Paulo: RT, 2012.

MARINONI, Luiz Guilherme; MITIDIERO, Daniel. *O processo do CPC – críticas e propostas*. São Paulo: Revista dos Tribunais, 2010.

MARQUES, Fabíola; ABUD, Cláudia José. *Direito do Trabalho*. 3. ed. São Paulo: Atlas, 2007.

MARQUES, José Frederico. *Manual de Direito Processual Civil*. Campinas: Bookseller, 1997. v. I.

MARTINS, Sérgio Pinto, *Direito processual do trabalho*. 35. ed. São Paulo: Atlas, 2014. p. 294.

MAXIMILIANO, Carlos. *Hermenêutica e aplicação do direito*. 20. ed. Rio de Janeiro: Forense, 2011.

MAZZEI, Rodrigo. Litisconsórcio sucessivo na desconsideração da personalidade jurídica. *In* CARVALHO, Fabiano; BARIONI, Rodrigo. *Aspectos processuais do Código de Defesa do Consumidor*, São Paulo, RT, 2008.

MEDINA, José Miguel Garcia. *Código de Processo Civil comentado*. São Paulo: RT, 2012.

MENDES, Aluisio Gonçalves de Castro. *Teoria Geral do Processo*. Rio de Janeiro: Lumen Juris, 2009.

MIRANDA, Francisco Cavalcanti Pontes de. *Tratado das Ações*. Tomo III – Ações Constitutivas, São Paulo: Revista dos Tribunais, 1972.

_____. *Comentários ao Código de Processo Civil*. São Paulo: Forense, 1973.

NASCIMENTO, Amauri Mascaro. *Curso de Direito Processual do Trabalho*. 28. ed. São Paulo: Saraiva, 2013.

NEGRÃO, Theotonio. *Código de Processo Civil e legislação processual civil em vigor*. São Paulo: Saraiva, 2011.

NERY JR., Nelson; NERY, Rosa. *Código de Processo Civil comentado e legislação extravagante*. São Paulo: Revista dos Tribunais, 2013.

NETO, Abílio. *Código de Processo do Trabalho anotado*. Lisboa: Ediforum, 2002.

ORIONE NETO, Luiz. Sucessão e substituição processual. Traços distintivos. *Revista de Processo*, vol. 46, p. 220, abr. 1987.

PAUMGARTTEM, A Mediação de Conflitos Trabalhistas no Brasil e a Mediação Judicial no Tribunal do Trabalho do Reino Unido. *Revista Eletrônica de Direito Processual da UERJ*, Rio de Janeiro, ano 8, vol. XIV, p. 427, jul./dez. 2014.

PINHO, Humberto Dalla B. de. *Direito Processual Civil Contemporâneo*. vol. 1. São Paulo: Saraiva, 2012.

PIROLO, Miguel Angel. *Manual de Derecho Procesal del Trabajo*. Buenos Aires: Astrea, 2006.

REDFERN, Alan; HUNTER, Martin. *Internacional Arbitration*. Fifth Edition. Oxford; New York: Oxford University Press, 2009.

SCHIAVI, Mauro. *Manual de Direito Processual do Trabalho*. 6. ed. São Paulo: LTr. 2013.

SILVA, Bruno Freire e. *Ação Recisória:* Possibilidade e Forma de Suspensão da Decisão Rescindenda. 2. ed. Curitiba: Juruá, 2011.

_____. A inversão e a distribuição dinâmica do ônus da prova no Processo do Trabalho. *In: OLIVEIRA NETO*, Olavo de; MEDEIROS NETO, Elias Marques de; AUGUSTO, Ricardo (Orgs). *A prova no Direito Processual Civil* — Estudos em homenagem ao Prof. João Batista Lopes. 1. ed. São Paulo: Verbatim, 2013. v. 1.

_____. Algumas considerações sobre a tutela de urgência no projeto de novo Código de Processo Civil. *In: SILVA,* José Anchieta da (Org.). *O Novo Processo Civil*. 1. ed. São Paulo: Lex Editora, 2012. v. 1.

_____. O art. 3º do Novo Código de Processo Civil e o Processo do Trabalho. Os meios alternativos de solução de conflitos se aplicam nessa seara processual? *Revista da AASP*, Associação dos Advogados de São Paulo, 2015.

_____. Primeiras impressões sobre a Exclusão de alguns Institutos no Novo Código de Processo Civil. *In: Revista de Informação Legislativa*, v. 58, 2011.

SILVA, José Afonso da. *Curso de Direito Constitucional Positivo*. São Paulo: Malheiros, 2008.

TARTUCE, Fernanda. Mediação no novo CPC: questionamentos reflexivos. *In:* FREIRE, Alexandre *et all*. *Novas tendências do processo civil*. vol. I. Salvador: Juspodivm, 2013.

TARTUCE, Fernanda; DELLORE, Luiz. Gratuidade da Justiça no novo CPC. *Revista de Processo*, vol. 236, out. 2014.

TESHEINER, José Maria. Cooperação judicial internacional no novo Código de Processo Civil. *Revista de Processo,* vol. 234, ago. 2014.

THEODORO JR., Humberto. *Curso de Direito Processual Civil*. Vol. 1. Rio de Janeiro: Forense, 2014.

_____. *Curso de Direito Processual Civil* — Teoria Geral do Direito Processual Civil e Processo de Conhecimento. 51. ed. Rio de Janeiro: Forense, 2010. p. 72.

THEODORO JÚNIOR, Humberto. *Código de Processo Civil anotado*.Humberto Theodoro Júnior: colaboradores, Humberto Theodoro Neto, Adriana Mandim Theodoro de Mello, Ana Vitoria Mandim Theodoro. 17. ed. Rio de Janeiro: Forense, 2013.

WAMBIER, Teresa Arruda Alvim. *Nulidades do Processo e da Sentença*. São Paulo: Revista dos Tribunais, 2007.

YARSHELL, Flávio Luiz. *Curso de Direito Processual Civil*. vol. I. São Paulo: Marcial Pons, 2014.

_____. *Tutela Jurisdicional*. São Paulo: Atlas, 1999.

ZAVASCKI, Teori. Cooperação jurídica internacional e a concessão de *exequatur. Revista de Processo*, vol. 183, p. 9, maio 2010.